Studientexte zur Soziologie

Reihe herausgegeben vom Institut für Soziologie der FernUniversität in Hagen, repräsentiert durch
D. Funcke, Hagen, Deutschland
F. Hillebrandt, Hagen, Deutschland
U. Vormbusch, Hagen, Deutschland
S. M. Wilz, Hagen, Deutschland

Die „Studientexte zur Soziologie" wollen eine größere Öffentlichkeit für Themen, Theorien und Perspektiven der Soziologie interessieren. Die Reihe soll in klassische und aktuelle soziologische Diskussionen einführen und Perspektiven auf das soziale Handeln von Individuen und den Prozess der Gesellschaft eröffnen. In langjähriger Lehre erprobt, sind die Studientexte als Grundlagentexte in Universitätsseminaren, zum Selbststudium oder für eine wissenschaftliche Weiterbildung auch außerhalb einer Hochschule geeignet. Wichtige Merkmale sind eine verständliche Sprache und eine unaufdringliche, aber lenkende Didaktik, die zum eigenständigen soziologischen Denken anregt.

Reihe herausgegeben vom Institut für Soziologie der FernUniversität in Hagen, repräsentiert durch
Dorett Funcke
Frank Hillebrandt
Uwe Vormbusch
Sylvia Marlene Wilz

FernUniversität in Hagen, Deutschland

Weitere Bände in der Reihe http://www.springer.com/series/12376

Heinz Abels

Einführung in die Soziologie

Band 2: Die Individuen in ihrer Gesellschaft

5., grundlegend überarbeitete und aktualisierte Auflage

Heinz Abels
Institut für Soziologie
FernUniversität in Hagen
Hagen, Deutschland

Studientexte zur Soziologie
ISBN 978-3-658-22475-2   ISBN 978-3-658-22476-9   (eBook)
https://doi.org/10.1007/978-3-658-22476-9

Die Deutsche Nationalbibliothek verzeichnet diese Publikation in der Deutschen National-
bibliografie; detaillierte bibliografische Daten sind im Internet über http://dnb.d-nb.de abrufbar.

Springer VS
© Springer Fachmedien Wiesbaden GmbH, ein Teil von Springer Nature 2001, 2004, 2007, 2019
Das Werk einschließlich aller seiner Teile ist urheberrechtlich geschützt. Jede Verwertung, die
nicht ausdrücklich vom Urheberrechtsgesetz zugelassen ist, bedarf der vorherigen Zustimmung
des Verlags. Das gilt insbesondere für Vervielfältigungen, Bearbeitungen, Übersetzungen,
Mikroverfilmungen und die Einspeicherung und Verarbeitung in elektronischen Systemen.
Die Wiedergabe von Gebrauchsnamen, Handelsnamen, Warenbezeichnungen usw. in diesem
Werk berechtigt auch ohne besondere Kennzeichnung nicht zu der Annahme, dass solche
Namen im Sinne der Warenzeichen- und Markenschutz-Gesetzgebung als frei zu betrachten
wären und daher von jedermann benutzt werden dürften.
Der Verlag, die Autoren und die Herausgeber gehen davon aus, dass die Angaben und Informa-
tionen in diesem Werk zum Zeitpunkt der Veröffentlichung vollständig und korrekt sind.
Weder der Verlag, noch die Autoren oder die Herausgeber übernehmen, ausdrücklich oder
implizit, Gewähr für den Inhalt des Werkes, etwaige Fehler oder Äußerungen. Der Verlag bleibt
im Hinblick auf geografische Zuordnungen und Gebietsbezeichnungen in veröffentlichten Karten
und Institutionsadressen neutral.

Springer VS ist ein Imprint der eingetragenen Gesellschaft Springer Fachmedien Wiesbaden GmbH
und ist ein Teil von Springer Nature
Die Anschrift der Gesellschaft ist: Abraham-Lincoln-Str. 46, 65189 Wiesbaden, Germany

Inhalt

Welche Themen in diesem Band behandelt werden,
was soziologische Aufklärung heißt, wie man sich in Theorien
zurechtfinden kann, was Soziologie bringt
und wozu sie beitragen soll 1
Zitierte Literatur 10

1 Werte und Normen: Was Individuen in ihrer Gesellschaft verbindet und ihr Handeln bestimmt 11
1.1 Die Ordnung der Dinge – die Rangierung nach Werten (Simmel) 13
1.2 Gewohnheiten, Regeln, sittliches Bewusstsein (Durkheim) 16
1.3 Erfahrung des Richtigen, Generalisierung des Guten (Mead) ... 23
1.4 Werte bestimmen die Richtung des Handelns (Parsons) 28
1.5 Von materialistischen zu postmaterialistischen Werten (Riesman, Inglehart, Bell) 33
1.6 Pflicht, Selbstentfaltung, Wertesynthese (Klages) 41
1.7 Normen – das Urphänomen des Sozialen (König) 48
1.8 Normative Integration, Normverletzung und der Nutzen der Dunkelziffer 50
Zitierte Literatur 53

2 Sozialisation: Wie wir werden, was wir sind 57
2.1 Socialisierung – soziale Verähnlichung und Versittlichung (Simmel) 58
2.2 The development of a social nature or character (Ross, Giddings, Cooley) 60
2.3 Socialisation méthodique (Durkheim) 61

2.4	Unterwerfung unter die Kultur und die Ausbildung eines Über-Ichs (Freud)	63
2.5	Lernen unter den Bedingungen der Umwelt (Watson)	65
2.6	Integration in einen organisierten Verhaltensprozess (Mead)	67
2.7	Lernen von Rollen, Herstellung funktional notwendiger Motivation (Parsons)	73
2.8	Kommunikatives Handeln, Rollendistanz, personale Identität (Habermas)	77
2.9	Sozialisation als objektive und subjektive Konstruktion von Wirklichkeit	80
2.10	Bildung des Subjekts, sozialisatorische Interaktion, Biographisierung	82
2.11	Sozialisation als produktive Verarbeitung der inneren und äußeren Realität (Hurrelmann)	86
2.12	Inkorporation eines Klassenhabitus (Bourdieu)	89
2.13	Individualisierung – der Zwang, das Leben fortlaufend neu zu entscheiden	91
2.14	Sozialisation als selbstreferentielle Reproduktion des personalen Systems (Luhmann)	92
2.15	Selbstsozialisation – strukturloser Subjektzentrismus?	95
2.16	Sozialisation als soziale Praxis (Grundmann)	97
Zitierte Literatur		99
3	**Rolle: Was vom Individuum erwartet wird und wie es damit umgeht**	**105**
3.1	Rolle – normative Erwartung (Parsons)	107
3.2	Kulturelle Ziele, legitime Mittel; Rollenkonflikte, Bezugsgruppen (Merton)	115
3.3	Homo Sociologicus und die ärgerliche Tatsache der Gesellschaft (Dahrendorf)	121
3.4	Die quasi dingliche Existenz von Rollen und die Entäußerung der Person (Habermas)	129
Zitierte Literatur		133
4	**Soziales Handeln**	**135**
4.1	Verhalten unter gegebenen Umständen oder sinnvolles Handeln?	137
4.2	Bestimmungsgründe des Handelns: zweckrational, wertrational, affektuell, traditional (Weber)	141

4.3	Alternative Wertorientierungen des Handelns: Universalismus vs. Partikularismus, Leistung vs. Zuschreibung, Spezifität vs. Diffusität, Affektivität vs. Neutralität, Selbstorientierung vs. Kollektivorientierung (Parsons)	146
4.4	Rationale Wahl, gerechter Tausch, symbolische Transaktion (Homans, Coleman)	155
4.5	Dualität der Struktur (Giddens)	163
4.6	Rationale Wahl trotz habits und frames (Esser)	168
4.7	Vier Handlungsbegriffe: teleologisches, normenorientiertes, dramaturgisches und kommunikatives Handeln (Habermas)	174
4.8	Handlung und Kommunikation (Luhmann)	177
Zitierte Literatur		181

5	**Interaktion**	**185**
5.1	Wechselwirkung und Vergesellschaftung (Simmel)	186
5.2	Interaction, mutual influence, form of cooperation (Cooley)	188
5.3	Soziale Beziehung – aufeinander eingestelltes Verhalten (Weber)	190
5.4	Interaktion – Verschränkung der Perspektiven (Mead)	192
5.5	Das soziale System als Interaktionssystem – Rolle, Austausch, Kontingenz (Parsons)	198
5.6	Symbolische Interaktion, Definition der Situation (Blumer, Thomas)	203
5.7	Die Ordnung der Interaktion (Goffman)	208
5.8	Interaktionssysteme, Kommunikation unter Anwesenden (Luhmann, Kieserling)	213
5.9	Praktische Methoden, alltägliche Interaktionen in Gang zu halten (Garfinkel)	216
5.10	Annahmen über das Gelingen von Interaktion (Krappmann)	221
5.11	Kommunikatives Handeln und Diskurs (Habermas)	223
Zitierte Literatur		230

6	**Gruppe: Über Wir-Gefühle, sozialen Einfluss und Fremde**	**235**
6.1	Die Herstellung moralischer Gefühle in der Gruppe (Durkheim)	236
6.2	Die Selbsterhaltung der socialen Gruppe (Simmel)	239
6.3	Primärgruppen – nursery of human nature (Cooley)	247
6.4	Peer group – Sozialisation auf der Schwelle zur Gesellschaft (Riesman, Krappmann, Eisenstadt, Erikson)	249
6.5	Bezugsgruppe, soziale Beeinflussung, Gruppendruck (Locke, Smith, Durkheim, Riesman)	256

6.6	Wir und Andere: Gelernte Wir-Gefühle und Ethnozentrismus (Sumner, Freud)	261
6.7	Fremde	264
6.7.1	Distanzierte Nähe (Simmel)	264
6.7.2	Marginal man (Park)	268
6.7.3	Gespür für Krisen und zögerliche Loyalität (Schütz)	269
6.7.4	Die Unbestimmtheit des Fremden gefährdet die soziale Ordnung (Bauman)	271
6.8	Etablierte und Außenseiter (Elias u. Scotson, Becker)	275
	Zitierte Literatur	277

7	Status: Wo das Individuum in der Gesellschaft steht und wie es angesehen wird	281
7.1	Zuschreibung und Leistung (Linton)	283
7.2	Statuskriterien, Statusinkonsistenz, Statussymbole (Parsons, Homans)	284
7.3	Demonstrativer Müßiggang und Konsum der feinen Leute (Veblen)	291
7.4	Der Kampf um den sozialen Status: Habitus und feine Unterschiede (Bourdieu)	297
7.5	Stigma und soziale Identität (Goffman)	305
7.6	Statuswechsel, Statuszwang, Transformation von Statusarten (Strauss)	310
7.7	Investive Statusarbeit (Schimank u. a.)	315
	Zitierte Literatur	319

8	Identität	323
8.1	Soziale Kreise, individuelles Gesetz, Übertreibung der Individualität (Simmel)	324
8.2	Identität – sich mit den Augen des Anderen sehen (Mead)	328
8.3	Die Präsentation des Selbst im Alltag (Goffman)	332
8.4	Spiegel und Masken: die Verortung der sozialen Identität (Strauss)	339
8.5	Erfahrung eigener Gleichheit, Grundhaltung zur Welt (Erikson)	342
8.6	Außenleitung: Identität bleibt offen, Individualität folgt dem Trend (Riesman)	347
8.7	Identität als System der Strukturerhaltung der Persönlichkeit (Parsons)	353

8.8	Autonomie des Subjekts in und gegen Rollen, Ich-Identität als Balance (Habermas, Krappmann)	356
8.9	Die Krise der modernen Identität (Berger, Berger und Kellner)	362
8.10	Habitus und ein Subjekt in Anführungszeichen (Bourdieu)	366
8.11	Individualisierung – strukturelle Bedingungen der Gewinnung und Behinderung von Identität (Beck)	369
8.12	Krise der Lebenswelt, Ende der Eindeutigkeit, Identitätsarbeit (Habermas, Giddens, Bauman, Sennett, Keupp, Reckwitz)	374
Zitierte Literatur		386
9	Wie man theoretische Positionen im Gesamtzusammenhang und in typischen Ausschnitten lesen kann	391
10	Sachregister	403
Inhaltsübersicht Band 1: Der Blick auf die Gesellschaft		417

Welche Themen in diesem Band behandelt werden, was soziologische Aufklärung heißt, wie man sich in Theorien zurechtfinden kann, was Soziologie bringt und wozu sie beitragen soll

Soziologie befasst sich mit gesellschaftlichen Verhältnissen und dem Handeln zwischen Individuen in diesen Verhältnissen. Diese Definition aus dem ersten Band der Einführung in die Soziologie soll die Brücke zwischen den Fragen bilden, die dort behandelt werden, und denen, um die es hier gehen wird. Dort steht die Frage im Vordergrund, wie *Gesellschaft* möglich ist, in welchen Institutionen sie uns gegenübersteht und wie sie sich sowohl als Struktur wie auch als Prozess darstellt. Um es mit einem Schlagwort zu sagen: Es geht um die Makrothemen der Soziologie. Deshalb trägt der erste Band auch den Titel „Der Blick auf die Gesellschaft".

In diesem zweiten Band, dessen 5. Auflage ebenfalls grundlegend überarbeitet, aktualisiert und erweitert wurde, wird die Frage gestellt, wie die *Individuen* Teil der Gesellschaft werden, wie sie in ihr handeln und miteinander umgehen und wie sie ein Bild von sich selbst gewinnen. Wieder mit einem Schlagwort: Es geht um *Mikrothemen*. Deshalb lautet der Untertitel auch „Die Individuen in ihrer Gesellschaft" und deshalb gibt es auch drei Schwerpunkte: „Sozialisation", „Interaktion" und „Identität". Es geht um so einfache wie umstürzende Fragen wie zum Beispiel die folgenden:

- Woran orientieren wir uns?
- Wie werden wir eigentlich, was wir sind?
- Wie gehen wir miteinander um?
- Wie stehen wir zu „den Anderen"?
- Wer „sind" wir resp. wer wollen wir sein?
- Wie stellen wir uns vor den Anderen dar?

Soziologische Aufklärung

Die in diesem zweiten Band aufgeworfenen soziologischen Fragen rücken ganz nah an das Individuum, wie es denkt und handelt, heran und damit auch an Situationen und Phänomene, die uns aus dem eigenen Alltag höchst vertraut zu sein scheinen. Und hier liegt die Gefahr, dass man am Anfang des Studiums gerne nach soziologischen Beschreibungen und Erklärungen sucht, die das eigene Vorwissen angenehm bestätigen. Doch so funktioniert Soziologie nicht, und schon gar nicht ist es ihre Aufgabe, den Schein der Wirklichkeit zu verdoppeln. Im Gegenteil ist ihre erste Aufgabe, soziale Phänomene und Verhältnisse kritisch zu analysieren, hinter den Schein der Dinge auf die wirkenden Strukturen, auf die Handlungen der Individuen wie auf die gesellschaftliche Konstruktion der Wirklichkeit zu blicken. Der französische Soziologe PIERRE BOURDIEU (1930–2002) hat es drastisch so ausgedrückt: „Die Soziologie enthüllt jene *self-deception,* jene kollektiv ermöglichte und unterhaltene Selbstlüge, auf der die heiligsten Werte einer jeden Gesellschaft, und damit des gesellschaftlichen Daseins insgesamt, basieren." (Bourdieu 1984, S. 65 f.) Und ich will Ihnen für die unermüdliche Suche nach sicheren Kriterien für das eigene Handeln und für die Suche nach Erklärungen für das Denken und Handeln der Individuen in dieser Gesellschaft auch das Wort des französischen Philosophen und Naturwissenschaftlers des 17. Jahrhunderts, René Descartes, das Bourdieu in dem Zusammenhang zitiert, nicht vorenthalten: „Ich billige es nicht, dass man sich zu täuschen versucht, indem man sich falschen Einbildungen hingibt. Weil ich sehe, dass es vollkommener ist, die Wahrheit zu kennen, als sie nicht zu kennen, und selbst wenn sie uns zum Nachteil gereichte, gestehe ich offen, dass es besser ist, etwas weniger fröhlich zu sein, dafür aber mehr zu wissen." (Descartes, zit. nach Bourdieu 1984, S. 65) Sicher ein großes Wort, und wenn man es auf die Soziologie bezieht, heißt es: Nur ein bisschen Aufklärung gibt es nicht.

Ein genauer Kenner der Theorie Bourdieus hat dessen Umschreibung der Aufgabe der Soziologie einmal so wiedergegeben: Ziel seiner Theorie ist, „die Konstitution und Reproduktion sozialen Lebens zu verstehen und die Mechanismen aufzudecken, die dabei wirksam sind. (...) Ihn interessieren *der praktische Sinn* und die *praktischen Wertungen,* die der gesellschaftlichen Konstruktion der Wirklichkeit und den Strategien der individuellen wie der kollektiven Akteure zu Grunde liegen." Und an anderer Stelle referierte er ihn weiter: „Die Suche ‚nach umfassender Erkenntnis der Sozialwelt' darf sich nicht nur auf die leicht zugänglichen oberflächlichen Erscheinungsformen beschränken, die auch dem Alltagsverständnis unmittelbar zugänglich sind, sondern muss in tiefere und entlegenere Sinnschichten vordringen. Bei diesem Unterfangen ist die Rücksichtnahme auf gesellschaftliche Mächte genauso unangebracht wie die Scheu vor ‚Entzauberung' der kollektiv geteilten Werte und Überzeugungen." (Müller 1992, S. 239 u. 298)

Was Bourdieu der Soziologie außerdem noch abverlangt, können sie an anderer[1] Stelle lesen. Hier möchte ich lediglich seinen Anspruch an die Intellektuellen herausstellen, den ich dort in einer Fußnote versteckt habe: Bourdieu betrachtete die Soziologie als Kampf, und von den Intellektuellen forderte er, sich als „Militanten der Vernunft" zu verhalten. Wem das zu anstrengend ist, sollte wenigstens ab und an einhalten in seinem Denken des „Und so weiter" und sich vorstellen, wie es gekommen wäre und wie es weitergehen würde, wenn man mit NIKLAS LUHMANN (1927–1998) Soziologie als Lehre von einem zweiten Blick (Luhmann 1979, S. 170) versteht oder sich von MAX WEBERS (1864–1920) Ermunterung anstecken ließe, „sich gegenüber den jeweilig herrschenden Idealen, auch den majestätischsten, einen kühlen Kopf im Sinn der persönlichen Fähigkeit zu bewahren, nötigenfalls gegen den Strom zu schwimmen". (Weber 1917, S. 394)

Wenn Sie jetzt noch einmal nachlesen, was ich im ersten Band in Kap. 2.6 über eine *mögliche* fünfte Aufgabe der Soziologie, nach den Aufgaben, (1) gesellschaftliche Phänomene genau zu *beobachten,* sie (2) systematisch zu *beschreiben* und sie (3) zu verstehen und einleuchtend zu *erklären* und (4) das Handeln der Individuen und die gesellschaftlichen Verhältnisse, in denen sie stehen, nach der Rationalität einer bestimmten Theorie zu *beurteilen,* geschrieben habe, nämlich (5) in gesellschaftliche Strukturen und Entwicklungen mit Kritik und Rat und Tat *einzugreifen,* dann sollte deutlich geworden sein, was ich mir von dieser Einführung in die Soziologie verspreche. Soziologie hat etwas mit Verantwortung zu tun – für uns, für die Gesellschaft und auch für ganz konkrete Andere. Und wenn Sie das hier und jetzt auch so sehen, soziologisches Wissen also nicht nur für irgendeine Prüfung anhäufen, sondern auch in die Humanisierung der Welt investieren zu wollen, dann will ich gerne noch einmal erklären, warum ich Ihnen auch in diesem zweiten Band weiterhin zumute, die Dinge immer wieder von einer neuen Seite aus zu betrachten und von keiner Theorie die endgültige Erklärung zu erwarten: Ich wollte einem *beweglichen Denken* eine Richtung weisen. Der schon in der Einführung zum ersten Band zitierte kluge Beobachter der kleinen und großen Dinge der Welt, Bernard Shaw, hat sie so bestimmt: *Wir dürfen die Dinge nicht so sehen, wie sie sind, sondern wie sie sein sollen.*

Wie man sich in soziologischen Theorien zurechtfinden kann

Wer sich „auf das weite Feld soziologischer Theorien begibt", wird „mit einer Vielzahl von Positionen, konzeptionellen Perspektiven, Ansätzen und Schultraditio-

---

1 Vgl. Band 1, Kap. 2.4 *Soziologie wozu? Eine moderne Debatte.*

nen konfrontiert." (Kneer u. Schroer 2009, S. 7) Außenstehende, aber auch manche Soziologen selbst, „begreifen die Vielfalt soziologischer Theorien als einen misslichen Zustand und interpretieren ihn als Zeichen für die Unreife des Fachs", andere sprechen dagegen „von einer produktiven Vielfalt" und betrachten die Pluralität „als ein verheißungsvolles Gut, welches die Offenheit und Innovationsfähigkeit der Soziologie" dokumentiere. (Kneer u. Schroer 2009, S. 8 f.) Ich halte es mit der zweiten Auffassung, weiß aber auch, dass die produktive Vielfalt der Theorien am Anfang eines Studiums verwirrt. Da die vorliegende Einführung in die Soziologie ausdrücklich die Spannung zwischen *Gesellschaft* und *Individuum* thematisiert, werde ich zwei grundsätzliche soziologische Perspektiven und zwei Paradigmen unterscheiden, unter denen sich die verheißungsvolle Pluralität der Theorien wenigstens ein wenig ordnen lässt.

(a) Handlungstheorien und Strukturtheorien

Individuum und Gesellschaft sind aufeinander verwiesen. Das liegt auf der Hand, und unter dieser Perspektive werde ich auch Grundbegriffe, Themen und Theorien der Soziologie behandeln. Obwohl man bei den allermeisten soziologischen Fragen sowohl den Blick auf das Individuum und sein Handeln als auch auf die Gesellschaft und ihre Struktur einnehmen kann (und sollte!), lohnt es sich, die beiden Perspektiven zunächst einmal deutlich zu unterscheiden und ihre Ausgangsfragen zu präzisieren. Die eine Perspektive firmiert unter Titeln wie *Handlungstheorien* oder Mikrotheorien, die andere unter Titeln wie *Strukturtheorien* oder Makrotheorien. In diesen geht es um gesellschaftliche Ordnung und Prozesse, wie sie zustande kommen, wie sie funktionieren und was daraus folgt; in jenen geht es um das Handeln von Individuen, wie es zustande kommt, wie es funktioniert und was daraus folgt.

Die eine Perspektive nimmt die Gesellschaft als Gebilde mit einer bestimmten Ordnung in den Blick und fragt, wie sich Strukturen entwickeln, zu einem System fügen und wie das Individuum dazu gebracht wird, diese Ordnung mitzutragen und nach ihren Regeln zu handeln. Die andere nimmt das Individuum in den Blick und fragt, wie aus seinen Handlungen fortlaufend soziale Regelungen entstehen und sich Individuen unter gesellschaftlichen Bedingungen oder auch gegen sie behaupten. Dahinter steckt natürlich die uralte Menschheitsfrage nach der Freiheit des Einzelnen bzw. der Unterordnung unter die Gesellschaft, die Frage nach Determinismus und freiem Willen. Dass diese Frage auch die soziologische Theorie von Anfang an bewegt hat, liegt auf der Hand.

Wenn man diese Frage auf das Verhältnis von Individuum und Gesellschaft im Allgemeinen und auf das Handeln der Individuen im Besonderen bezieht, dann lautet sie so: Bestimmt das Handeln die Strukturen oder bestimmen die Strukturen das Handeln? Das ist nicht die müßige Frage, was zuerst da war, die Henne oder das Ei. Da kein Mensch mehr in die glückliche – vielleicht wäre es ja auch gar keine glückliche? – Lage kommt, ganz allein für sich zu regeln, wie hinfort Gesellschaft sein soll, steht ohnehin jeder einer solchen gegenüber. Die konkrete Frage, um die es in der Soziologie geht, läuft deshalb darauf hinaus: Wie abhängig ist das Individuum von dieser Gesellschaft bzw. welchen Effekt hat sein Handeln?

Um die polaren Positionen gleich zu Anfang deutlich zu machen, zitiere ich zwei Klassiker dieser gegensätzlichen Perspektiven, den englischen Nationalökonomen John Stuart Mill und den deutschen Philosophen Karl Marx.

JOHN STUART MILL (1806–1873), der als liberales Mitglied im englischen Unterhaus saß, verfocht eine streng positivistische Soziologie, deren Aufgabe es sein sollte, Gesetzmäßigkeiten des menschlichen Lebens und der Gesellschaft herauszufinden und damit soziale Phänomene zu erklären. Als Wissenschaftstheoretiker forderte er eine Forschungslogik, die für die Natur-, wie für die Geisteswissenschaften gelten sollte. Mill schreibt nun in seiner „Logik der Moralwissenschaften" aus dem Jahre 1843: „Die Gesetze der gesellschaftlichen Phänomene sind faktisch und können nichts anderes sein als die Gesetze des Tuns und Leidens menschlicher Wesen, die durch den gesellschaftlichen Zustand miteinander verbunden sind. Menschen sind jedoch auch im Gesellschaftszustand immer Menschen, ihr Tun und Leiden gehorcht den Gesetzen der individuellen menschlichen Natur. Die Menschen werden nicht, wenn sie zusammenkommen, in eine andere Art von Substanz mit verschiedenen Eigenschaften verwandelt. (...) Menschliche Wesen in der Gesellschaft besitzen keine anderen Eigenschaften als jene, die von den Gesetzen der Natur des individuellen Menschen herstammen und sich in diese auflösen lassen." (Mill 1843, S. 91)

Im Klartext heißt das: Wenn wir von Gesellschaft sprechen, dann meinen wir nur Einzelmenschen, die handeln. Nach Mill wird die gesellschaftliche Struktur aus den Handlungen der Individuen erklärt. Da alle Individuen an ihrem persönlichen Nutzen interessiert sind, schaffen sie im freien Spiel der Kräfte Strukturen, die den größten *Nutzen* bringen. Deshalb wird diese Theorie auch „utilitaristisch"[2] genannt.

Eine andere Position vertrat KARL MARX (1818–1883). Er stand zunächst unter dem Einfluss Hegels, wandte sich aber schließlich von dessen idealistischer Philosophie ab. In Frankreich kam er in Berührung mit der sozialistischen Arbeiterbewegung und trat, nach seiner Ausweisung aus Paris, in London dem Bund der Kommunisten bei. Sein Menschenbild war durch die Auffassung geprägt, dass die Geschichte der Menschheit eine Geschichte der Unterdrückung des Individuums

---

2 Utilis – lat. nützlich. Beispiele neuerer Theorien dieses Typs werden in Kap. 4.4 *Rationale Wahl, gerechter Tausch, symbolische Transaktion* vorgestellt.

durch die materiellen Verhältnisse ist. Darunter verstand er die Strukturen der Macht, wie sie durch die konkreten Produktionsverhältnisse gegeben sind. Unter den objektiven Verhältnissen entfremdet sich das Individuum seiner selbst. Diesen Gedanken bringt Marx im Jahre 1859 im Vorwort seiner Schrift „Zur Kritik der politischen Ökonomie" zum Ausdruck, in der er das Ergebnis seiner kritischen Auseinandersetzung mit der Hegelschen Rechtsphilosophie mit den folgenden Worten bekanntgab: „Meine Untersuchung mündete in dem Ergebnis, dass Rechtsverhältnisse wie Staatsformen weder aus sich selbst zu begreifen sind noch aus der so genannten allgemeinen Entwicklung des menschlichen Geistes, sondern vielmehr in den materiellen Lebensverhältnissen wurzeln." (Marx 1859, S. 8) Deshalb sei die „Anatomie der bürgerlichen Gesellschaft in der politischen Ökonomie zu suchen". Marx fährt dann fort: „In der gesellschaftlichen Produktion ihres Lebens gehen die Menschen bestimmte, notwendige, von ihrem Willen unabhängige Verhältnisse ein, Produktionsverhältnisse, die einer bestimmten Entwicklungsstufe ihrer materiellen Produktivkräfte entsprechen. Die Gesamtheit dieser Produktionsverhältnisse bildet die ökonomische Struktur der Gesellschaft, die reale Basis, worauf sich ein juristischer und politischer Überbau erhebt und welcher bestimmte gesellschaftliche Bewusstseinsformen entsprechen. Die Produktionsweise des materiellen Lebens bedingt den sozialen, politischen und geistigen Lebensprozess überhaupt. Es ist nicht das Bewusstsein der Menschen, das ihr Sein, sondern umgekehrt ihr gesellschaftliches Sein, das ihr Bewusstsein bestimmt." (Marx 1859, S. 8 f.)

Die Menschen handeln nicht aus freien Stücken, sondern sie können nur so handeln, wie die historisch-materiellen Bedingungen ihres Lebens es erzwingen bzw. ermöglichen. Die Handlungen der Individuen werden also aus den gesellschaftlichen Verhältnissen, und nur aus diesen, erklärt.

Lässt man die politischen Implikationen der liberalistischen Theorie von Mill bzw. der historisch-materialistischen Theorie von Marx einmal beiseite, dann kann man sagen, dass sich hier schon die gerade angesprochenen zwei soziologischen Perspektiven abzeichnen: Die eine Soziologie ist systemisch angelegt und rückt die Strukturen in den Vordergrund. Die andere ist individualistisch ausgerichtet und rückt das Handeln in den Vordergrund.

Ich habe beide Positionen auch deshalb gegeneinander gestellt, um deutlich zu machen, wo in den beiden Bände der Einführung in die Soziologie bei den Grundbegriffen, Themen und Theorien jeweils Akzente gesetzt wurden und werden. Im Grunde geht es immer um die Sicht aus der Perspektive einer *institutionalisierten Gesellschaft* oder der *handelnden Individuen*.

(b) Normatives und interpretatives Paradigma

Im vorliegenden zweiten Band steht der Blick auf die *handelnden Individuen* naturgemäß im Vordergrund. Die verschiedenen theoretischen Erklärungen des Handelns haben den amerikanischen Soziologen Thomas B. Wilson veranlasst, zwischen einem *normativen* und einem *interpretativen Paradigma* zu unterscheiden. (Wilson 1970, S. 55 f.) Mit diesen Paradigmen wird erklärt, wie die Individuen und die soziale Ordnung aufeinander bezogen sind und vor allem, wie sie unter gegebenen sozialen Verhältnissen handeln und voneinander abhängen.

Nach dem *normativen Paradigma* folgen die Individuen den in einer Gesellschaft geltenden Werten und Normen, die sie im Prozess der Sozialisation verinnerlicht haben, und spielen gesellschaftlich vorgegebene Rollen. Beim normativen Paradigma steht die Ordnung oder die Gesellschaft als Strukturzusammenhang im Vordergrund. Der wichtigste Vertreter dieser Art, Soziologie zu betreiben, ist Talcott Parsons gewesen. Der wichtigste Klassiker, der hinter dieser Richtung steht, ist Emile Durkheim.

Die andere Sicht findet sich in Theorien, die zwischenmenschliches Handeln damit erklären, dass die Handelnden die Situation und ihr Handeln wechselseitig *interpretieren* und sich fortlaufend anzeigen, wie sie die Situation des gemeinsamen Handelns *definieren* und welche Regelungen gelten sollen. Aus dieser fortlaufenden Interpretation ergeben sich schließlich Institutionen und Strukturen, die sich allerdings auch nur solange erhalten, wie Individuen in ihren wechselseitigen Interpretationen übereinstimmen. Die wichtigsten Vertreter dieses *interpretativen Paradigmas* waren George Herbert Mead, Herbert Blumer und Erving Goffman. Bei ihnen steht das Individuum im Vordergrund, was auch für die Ethnomethodologie von Harold Garfinkel gilt. Der wichtigste Klassiker, von dem diese Art Soziologie zu betreiben ihren Ausgang genommen hat, ist Georg Simmel. Eng verwandt mit diesem interpretativen Paradigma ist der *phänomenologische* Ansatz von Peter L. Berger und Thomas Luckmann, nach dem die Individuen mit dem Wissen, das ihnen im Prozess der Sozialisation vermittelt wurde, und mit den Erfahrungen, die sie in Interaktionen mit den Anderen gemacht haben, eine gemeinsame Welt kontinuierlich konstruieren. Gemeinsam ist den interpretativen und phänomenologischen Ansätzen, dass sie „die Wechselseitigkeit der Sinndeutungen und das Aushandeln", was in einer konkreten Handlungssituation gelten soll, „in den Mittelpunkt der Analyse" stellen. (Schäfers 2013, S. 236)

Die Gegenüberstellung der zwei Soziologien und der beiden Paradigmen darf natürlich nicht so verstanden werden, dass man damit auch gleich wüsste, was die richtige oder die falsche Theorie wäre. Glauben Sie mir: Kein Theoretiker ist ein Dummkopf! Jeder hat gute Gründe für seine Sicht der Dinge. Das Problem ist, dass sich im Laufe der Zeit Gedanken, Perspektiven und Theorien aufhäufen, und schließlich niemand mehr in der Lage ist, die soziologische Diskussion in ihrer ganzen historischen Tiefe und aktuellen Breite zu überblicken. Deshalb ist jede Einführung in die Soziologie selektiv und exemplarisch.

Damit aber das Wichtigste nicht verloren geht, muss man bei der Darstellung der Theorien manchmal etwas nachhelfen. Das ist Sinn und Zweck einer Einführung in die Soziologie. Sie soll interessante Erkenntnisse vor dem Vergessen bewahren, überraschende Verbindungen herstellen und zu eigenem Denken anregen.

Auch in diesem zweiten Band ist jedes Kapitel chronologisch aufgebaut, um zu zeigen, wie sich eine Diskussion aus der anderen ergibt und wie der gesellschaftliche Diskurs in die soziologischen Diskurse hineinspielt. Dabei werde ich die Themen soweit wie möglich immer wieder daran spiegeln, was alte und neue *Klassiker* dazu ausgeführt haben. Das hat zwei Vorteile: Man kommt im Laufe der Lektüre auf die strukturellen Unterschiede zwischen theoretischen Positionen, und man kann sich eine bestimmte Theorie erarbeiten, indem man die entsprechenden Unterkapitel hintereinander liest. Das neue Kapitel 9 „Wie man theoretische Positionen im Gesamtzusammenhang und in typischen Ausschnitten lesen kann" bietet dazu eine Hilfestellung. Dass im Sachregister (Kap. 10) nicht mehr Seiten, sondern Kapitel angegeben werde, hat den Grund, dass ich Sie ermuntern möchte, Begriffe und Themen in einem größeren Kontext zu sehen.

Wie man lesen soll, was Soziologie bringt und wozu sie beitragen soll

Vorweg: Obwohl im ersten Band der Einführung wichtige Grundlagen für die Fragen in diesem zweiten Band angesprochen wurden und hier Themen ausgeführt werden, die die Grundlagen dort plastischer machen, meine ich doch, dass beide Bände für sich gelesen und verstanden werden können. Was allerdings das Ideale wäre, erhellt aus meiner eingangs gegebenen Definition von Soziologie.[3]

Im ersten Band der Einführung habe ich erklärt, warum ich immer wieder Theorien gegeneinanderstelle und jede einzelne so behandele, als ob gerade sie „die richtige und wahre Theorie" wäre, und meine Hoffnung zum Ausdruck gebracht, dass Sie dadurch jeder Theorie gleiche Aufmerksamkeit entgegenbringen. Und ich habe Friedrich Nietzsches Rat, wie man lesen soll, zitiert: Langsam, wohlwollend und zugleich kritisch Gedanken hin und her wendend und auch Türen offen lassend, um auf eigene Gedanken zu kommen. Eine Sache wiederhole ich wörtlich, weil sie für den Zugang zur Soziologie m. E. unabdingbar ist: Eine so-

---

[3] Für alle Fälle habe ich die Gliederung des ersten Bandes der Einführung in die Soziologie am Ende dieses zweiten Bandes zitiert.

ziologische Einführung soll mit einer neuen Wissenschaft vertraut gemacht werden, die von fast nichts anderem handelt als dem, was wir immer schon verstanden zu haben glauben. Das gelingt am besten, wenn man in Ruhe mitdenkt. Wenn ich also immer wieder Beispiele bringe, dann sollten Sie nicht das Tempo erhöhen und sagen „klar, kenn' ich!", sondern nachdenken, welches Beispiel *Ihnen* dazu einfällt. Wenn Ihnen eins einfällt, das meine Überlegungen oder die der anderen Soziologen widerlegt, umso besser. Dann beginnt soziologisches Denken zu wirken! Soziologie hat etwas mit Irritation zu tun – und vor allem: mit dem Mut, sich des eigenen Verstandes zu bedienen. Beim ersten beginnt Theorie, beim zweiten – so hoffe ich – Praxis.

In jedem Fall beginnt etwas Neues, wenn man sich gerade auf die Themen dieses zweiten Bandes einlässt. Wie sich das Individuum als Mitglied von Gesellschaft erfährt, das interessiert hin und wieder auch den Mann auf der Straße, vor allem immer dann, wenn es ihm nicht gut geht. Dann lamentiert er über die Verhältnisse („Was sind das bloß für Zeiten?!"), vermisst Freundlichkeit und Zuwendung („Die Anderen denken nur noch an sich!") oder fühlt sich von den Anderen nicht verstanden. Doch anders als der Mann auf der Straße, der sich oft nur dann, wenn ihm seine „Betroffenheit" auf die Seele fällt, zum Nachdenken anschickt, wartet der Soziologe nicht, bis ihn etwas persönlich berührt, sondern macht sich professionell in den Problemen und ganz besonders in den Gewissheiten im Alltag von ganz normalen Menschen zu schaffen. Warum das so ist und auch so sein sollte und womit man dann rechnen muss, wenn man beginnt, den Dingen auf den Grund zu gehen, und sich im soziologischen Misstrauen übt, das habe ich ausführlich im ersten Band diskutiert.

Ich will aber auch nicht verhelen, dass Sie mit ihrem soziologischen Nachdenken leicht zum Störenfried werden, weil Sie Dinge, die Anderen ganz selbstverständlich sind, ganz anders sehen. Manche Soziologen genießen diese Rolle als professionelle Durchblicker, wundern sich aber, warum ihnen keiner so richtig zuhört oder warum sich die Verhältnisse nicht ändern. Andere sind frustriert, weil ihre soziologischen Fragen bei den allermeisten Zeitgenossen ins Leere laufen. Letztere sind sich ihrer Sicht der Dinge meistens ziemlich sicher, und große soziologische Erklärungen wie „Rollenübernahme", „Klassenhabitus" oder „Individualisierung" sagen ihnen nichts. Da bedarf es schon geduldiger Aufklärung und vor allem einer verständlichen Sprache, um auch bei ihnen ein klein wenig soziologisches Denken in Gang zu bringen.

Verstehen Sie diese knappen Andeutungen deshalb auch als Ermunterung und als Warnung zugleich. Soziologie ist nicht leicht zu haben, auch wenn man meint, mit Fragen zu beginnen, die einem „eigentlich" vertraut sind. Aber umgekehrt gilt auch: Von der Soziologie lässt man nicht mehr so leicht, wenn man erst einmal gelernt hat, sich vorzustellen, wie die Dinge auch anders sein könnten. Bei den guten

Verhältnissen kommen wir so darauf, unter welchen Bedingungen wir sie erhalten können, bei den schlechten, wie wir sie möglicherweise ändern können. Das wäre nicht der schlechteste Beitrag, den die Soziologie als nützliche und praktische Wissenschaft für eine humane Welt leisten könnte!
Soziologie, das habe ich gerade schon angedeutet, ist eine Wissenschaft, die wie kaum eine andere in der Spannung von Theorie und Praxis steht. In dieser Hinsicht verfolge ich zwei Absichten. Zum einen möchte ich Sie ermuntern, die soziologische Aufklärung über gesellschaftliche Strukturen und Prozesse und die Wechselwirkung zwischen Individuum und Gesellschaft als Hinweis (und Anstiftung!) zu lesen, was Sie selbst und ganz konkret unter *gegebenen sozialen Verhältnissen* tun können. Zum anderen möchte ich betonen, dass die Reflexion sozialer Verhältnisse und der dadurch bedingten Stellung und Entwicklung des Individuums von dem Interesse geleitet sein muss, *das Machbare zu denken*. Auch dieser zweite Band der Einführung in die Soziologie soll Mut machen, öffentlich für die Bedingungen einer humanen Gesellschaft einzutreten und dabei auch mögliche und notwendige Alternativen zu denken.

Zitierte Literatur

Bourdieu, Pierre (1984): Sozialer Raum und „Klassen". In: Bourdieu (1985): Sozialer Raum und „Klassen". Frankfurt am Main: Suhrkamp

Kneer, Georg; Schroer, Markus (2009): Soziologie als multiparadigmatische Wissenschaft. In: Kneer u. Schroer (Hrsg.) (2009): Handbuch Soziologische Theorien. Wiesbaden: VS Verlag für Sozialwissenschaften

Luhmann, Niklas (1979): Unverständliche Wissenschaft. Probleme einer theorieeigenen Sprache. In: Luhmann (1981b): Soziologische Aufklärung 3. Soziales System, Gesellschaft, Organisation. Opladen: Westdeutscher Verlag, 3. Aufl., 1993

Marx, Karl (1859): Zur Kritik der Politischen Ökonomie. In: Marx u. Engels (1958): Werke, Bd. 13. Berlin: Dietz, 1981

Mill, John Stuart (1843): Zur Logik der Moralwissenschaften. Frankfurt am Main: Klostermann, 1997

Müller, Hans-Peter (1992): Sozialstruktur und Lebensstile. Der neuere theoretische Diskurs über soziale Ungleichheit. Frankfurt am Main: Suhrkamp

Schäfers, Bernhard (2013): Einführung in die Soziologie. Wiesbaden: Springer VS

Weber, Max (1917): Der Sinn der „Wertfreiheit" der soziologischen und ökonomischen Wissenschaften. In: Weber (2002): Schriften 1894-1922. Ausgewählt von Dirk Kaesler. Stuttgart: Kröner

Wilson, Thomas P. (1970): Theorien der Interaktion und Modelle soziologischer Erklärung. In: Arbeitsgruppe Bielefelder Soziologen (Hrsg.) (1973): Alltagswissen, Interaktion und gesellschaftliche Wirklichkeit. Bd. 1: Symbolischer Interaktionismus und Ethnomethodologie. Reinbek: Rowohlt

Werte und Normen: Was Individuen in ihrer Gesellschaft verbindet und ihr Handeln bestimmt

Inhalt:
1.1 Die Ordnung der Dinge – die Rangierung nach Werten (Simmel) 13
1.2 Gewohnheiten, Regeln, sittliches Bewusstsein (Durkheim) 16
1.3 Erfahrung des Richtigen, Generalisierung des Guten (Mead) 23
1.4 Werte bestimmen die Richtung des Handelns (Parsons) 28
1.5 Von materialistischen zu postmaterialistischen Werten
   (Riesman, Inglehart, Bell) 33
1.6 Pflicht, Selbstentfaltung, Wertesynthese (Klages) 41
1.7 Normen – das Urphänomen des Sozialen (König) 48
1.8 Normative Integration, Normverletzung und der Nutzen der Dunkelziffer 50
   Literatur 53

Über den Handlungsreisenden Willy Loman schreibt Arthur Miller: „Er besitzt tatsächlich Werte. Nur die Tatsache, dass diese Werte sich nicht verwirklichen lassen, ist es, was ihn zur Verzweiflung treibt, wie so viele andere Menschen leider auch. Nur derjenige, der wirklich ohne alle Werte und Ideale lebt, fühlt sich immer und überall vollkommen wohl, denn zwischen nichts und irgendetwas ist ja kein Konflikt möglich."[1] Das erste mag man wohl glauben, das zweite ist soziologisch wohl nicht denkbar, denn es gibt kein Individuum ohne Werte, und eine Gesellschaft ohne Werte wäre keine Gesellschaft.[2]

Im soziologischen Sinne kann man unter Werten die bewussten oder unbewussten Vorstellungen der Mitglieder einer Gesellschaft verstehen, was man er-

---

1 Programmheft „Der Tod eines Handlungsreisenden", Schauspiel Essen 1993.
2 Das Kapitel über Werte und Normen korrespondiert eng mit Band 1, Kap. 3 *Soziale Ordnung oder: Wie ist Gesellschaft möglich?* Es ist gewissermaßen ein weiterer Ansatz, Gesellschaft zu beschreiben und zu erklären, diesmal mit dem besonderen Blick auf die handelnden Individuen. Gelegentliche Wiederholungen, auch in den folgenden Kapiteln, sollen die Verbindung zwischen den Fragen hier und dort festigen.

© Springer Fachmedien Wiesbaden GmbH, ein Teil von Springer Nature 2019
H. Abels, *Einführung in die Soziologie*, Studientexte zur Soziologie,
https://doi.org/10.1007/978-3-658-22476-9_2

streben und wie man handeln soll. Durch diese kollektiven Vorstellungen des Guten und Richtigen fühlen sich die Individuen einander verbunden. Werte geben einen allgemeinen Orientierungsrahmen für Denken und Handeln ab, *Normen* schreiben mehr oder weniger streng vor, wie gehandelt werden soll. Normen sind Regeln, über deren Einhaltung die Gesellschaft wacht. Das tut sie mittels positiver oder negativer Sanktionen, also Lob und Strafe. Sie erreicht Normkonformität aber viel wirkungsvoller dadurch, dass uns Normen im Prozess der *Sozialisation* als „normal" nahegebracht werden, dass wir sie als vernünftige Regelungen *internalisieren* und sie im täglichen Handeln als „selbstverständlich" bestätigen.

Obwohl Werten und Normen oft natürliche, gar göttliche Dignität zugeschrieben wird, darf man nicht vergessen, dass es Menschen waren, aus deren Denken und Handeln sie erwuchsen. Allerdings, das hat Max Weber in seiner Studie über die „Protestantische Ethik und den Geist des Kapitalismus" (1905)[3] gezeigt, können die materiellen und ideellen Interessen, die unser Handeln unmittelbar beherrschen, durch „Weltbilder" in bestimmte Bahnen gelenkt werden. Diese Weltbilder wurzeln oft in religiösen Überzeugungen, und deshalb gelten sie vielen auch als absolut und „selbstverständlich". Es besteht die Gefahr, dass die „höchsten und letzten Werturteile, die unser Handeln bestimmen und unserem Leben Sinn und Bedeutung geben, (…) von uns als etwas ‚objektiv' Wertvolles empfunden" werden. (Weber 1904, S. 81)

Doch sie sind nur insofern „objektiv", als sie in *dieser* Kultur oder sogar nur in *dieser* Gruppe tatsächlich gelten. So hat Durkheim auch von sozialen *Tatsachen* gesprochen. Wenn wir also in der Soziologie von Werten sprechen, dann sind immer kulturspezifische Werte gemeint. Natürlich versichern wir uns gerne allgemeinmenschlicher Werte in der Hoffnung, damit im globalen Konsens mit allen Gutmeinenden zu sein.

Doch die Geschichte hat gezeigt, dass es selten um die Durchsetzung universaler Werte, sondern meist um höchst einseitige Auslegungen solcher Werte gegangen ist. Wo die Gefahr dieser naiven – oder interessierten! – Annahme „selbstverständlicher" Werte liegt, kann man in Zeiten dogmatischen Denkens sehen. Dann unterscheiden Wissenschaftler zwischen entwickelten und primitiven Kulturen, Missionare ziehen aus, um anderen Völkern das Heil zu bringen, und Fanatiker entscheiden, was wertvoll bis hin zum Lebenswerten ist.

An dieser Grenze zum Ethnozentrismus, der Werte nur aus der eigenen Kultur heraus definiert und zulässt, befinden wir uns immer. Deshalb kann man die folgende Mahnung Max Webers, die gleiche Dignität verschiedener Kulturwerte zu achten, nicht ernst genug nehmen: „Nur positive Religionen – präziser ausgedrückt: dogmatisch gebundene Sekten – vermögen dem Inhalt von Kulturwer-

---

[3] Vgl. Band 1, Kap. 10.5 *Asketischer Protestantismus und rationale Lebensführung*.

ten die Dignität unbedingt gültiger ethischer Gebote zu verleihen. Außerhalb ihrer sind Kulturideale, die der Einzelne verwirklichen will, und ethische Pflichten, die er erfüllen soll, von prinzipiell verschiedener Dignität. Das Schicksal einer Kulturepoche, die vom Baum der Erkenntnis gegessen hat, ist es, wissen zu müssen, dass wir den Sinn des Weltgeschehens nicht aus dem noch so sehr vervollkommneten Ergebnis seiner Durchforschung ablesen können, sondern ihn selbst zu schaffen imstande sein müssen, dass ‚Weltanschauungen' niemals Produkt fortschreitenden Erfahrungswissens sein können, und dass also die höchsten Ideale, die uns am mächtigsten bewegen, für alle Zeit nur im Kampf mit anderen Idealen sich auswirken, die Anderen ebenso heilig sind, wie uns die unseren." (Weber 1904, S. 84)

1.1 Die Ordnung der Dinge – die Rangierung nach Werten (Simmel)

Mit den Werten ordnen die Mitglieder einer Gesellschaft ihre Welt. Das ist die These von GEORG SIMMEL (1858–1918). Er setzt an den Beginn seiner „Philosophie des Geldes" (1900), einem Schlüsselwerk der Soziologie des 20. Jahrhunderts, einen Einwand: Aus der Sicht der Naturwissenschaft ruht „die Ordnung der Dinge, in die sie sich als natürliche Wirklichkeiten einstellen", auf der Voraussetzung, dass die Dinge in ihrer Existenz *gleichberechtigt* sind. Mit dieser „gleichgültigen Notwendigkeit", geben wir uns im sozialen Leben aber nicht zufrieden, sondern verleihen der Ordnung der Wirklichkeit eine andere, „in der die Allgleichheit völlig durchbrochen ist". Das tiefste Wesen dieser Ordnung ist „nicht die Einheit, sondern der Unterschied (…): die Rangierung nach *Werten*," (Simmel 1900, S. 23) Insofern bilden Werte den Hintergrund der *Wechselwirkungen*, in denen Individuen und Gruppen untereinander und mit der objektiven Welt stehen und die in der Summe die dynamische Ordnung der Gesellschaft ausmachen. Das will ich kurz erklären.[4] Für Simmel bestand die Aufgabe der neuen Wissenschaft der „Sociologie" darin, „die Formen des Zusammenseins von Menschen zu beschreiben und die Regeln zu finden, nach denen das Individuum, insofern es Mitglied einer Gruppe ist, und die Gruppen untereinander sich verhalten." (Simmel 1890, S. 118) Er nahm an, dass die Ordnung der *Gesellschaft eine Ordnung im Prozess* ist, und dass in der Welt „Alles mit Allem in irgend einer Wechselwirkung steht, dass zwischen jedem Punkte der Welt und jedem andern Kräfte und hin- und hergehende Beziehungen bestehen." (Simmel 1890, S. 130) Gesellschaft entsteht, indem sich

---

4 Vgl. zum Begriff der Wechselwirkungen Band 1, Kap. 3.5 *Verdichtung von Wechselwirkungen zu einer Form* und unten Kap. 5.1 *Wechselwirkung und Vergesellschaftung.*

Individuen wechselseitig beeinflussen, also aufeinander *einwirken*. Sie „*vergesellschaften*" sich. (Simmel 1908, S. 23) Wechselwirkung ist nur ein anderes Wort für Vergesellschaftung. (vgl. Simmel 1894, S. 54, wo er auch von „Sozialisierungsformen" spricht.) Indem sich die Individuen wechselseitig beeinflussen, schaffen sie Bedingungen, die ihr weiteres Verhalten als jetzt „vergesellschaftete Individuen" bestimmen. Sie werden also *bewirkt*. „Gesellschaft ist nur der Name für die Summe dieser Wechselwirkungen". (Simmel 1890, S. 131)

Der Begriff der Wechselwirkung fasst ein komplexes Geschehen des Bewirkens und Bewirktwerdens, des Tuns und Erleidens, des Verfügens über etwas und des Verfügtseins durch etwas. Wechselwirkungen bilden Einheiten. Solche Einheiten können in Personen bestehen, aber „es können auch ganze Gruppen sein, die mit andern zusammen wieder eine Gesellschaft ergeben." Und auch die Vorstellungen in einer Gesellschaft wirken als Einheiten. (Simmel 1890, S. 131) Hier nun kommt der Begriff der Werte ins Spiel: Werte sind Einheiten, die ideelle und soziale Einheiten und gleichzeitig Unterschiede zwischen diesen Einheiten bewirken. Werte ordnen die Welt und differenzieren sie:

Simmel: Die Welt der Werte fasst die Inhalte der Wirklichkeit in eine völlig autonome Ordnung

„Man macht sich selten klar, dass unser ganzes Leben, seiner Bewusstseinsseite nach, in Wertgefühlen und Wertabwägungen verläuft und überhaupt nur dadurch Sinn und Bedeutung bekommt, dass die mechanisch abrollenden Elemente der Wirklichkeit über ihren Sachgehalt hinaus unendlich mannigfaltige Maße und Arten von Wert für uns besitzen. In dem Augenblick, in dem unsere Seele kein bloßer interesseloser Spiegel der Wirklichkeit ist – was sie vielleicht niemals ist, da selbst das objektive Erkennen nur aus einer Wertung seiner[5] hervorgehen kann – lebt sie in der Welt der Werte, die die Inhalte der Wirklichkeit in eine völlig autonome Ordnung fasst." (Simmel 1900, S. 25)

Die gerade zitierten Sätze muss man genau lesen, denn Simmel verweist hier auf die subjektive Komponente des *Interesses*, mit dem den Dingen Wert beigemessen wird. Deshalb kann „ein und derselbe Gegenstand in einer Seele den höchsten, in einer anderen den niedrigsten Grad des Wertes besitzen". (Simmel 1900, S. 28) Doch diese Subjektivität vergessen wir leicht und meinen, die Dinge hätten einen Wert an sich. Das ist aber nicht der Fall: „Dass Gegenstände, Gedanken, Geschehnisse wertvoll sind, das ist aus ihrem bloß natürlichen Dasein und Inhalt niemals abzulesen." (Simmel 1900, S. 23) Wertvoll sind sie nur insofern, als wir ihnen eine bestimmte *Bedeutung* beimessen und sie *begehren*. Diese Bedeutung erhalten die

---

5   Gemeint ist das Erkennen, das durch den Prozess der Auswahl und Gewichtung dessen, was wahrgenommen wird, schon Wertung ist.

Dinge auch erst in dem Augenblick, wo sie dem Subjekt als Objekte *gegenübertreten*, über die es nicht mehr ohne weiteres verfügen kann und die sich einer Erlangung widersetzen: „Erst die Repulsionen, die wir von dem Objekt erfahren, die Schwierigkeiten seiner Erlangung, die Warte- und Arbeitszeit, die sich zwischen Wunsch und Erfüllung schieben, treiben das Ich und das Objekt auseinander" – und wecken Begehren: Wir stellen uns vor, dass uns etwas, was wir nicht haben, nützlich sein könnte oder dass es uns Lust bereiten würde, wenn wir es besäßen. (vgl. Simmel 1900, S. 43 u. 47)

Es gibt also ein Nebeneinander von *Wert*, der einem Objekt zugeschrieben wird, und *Wirklichkeit*. (vgl. Simmel 1900, S. 27) Diese Differenz will der Mensch überwinden. Als ein Wesen, das Bedürfnisse – materieller, sozialer oder geistiger Art – hat und diese Bedürfnisse befriedigen will, bewertet er in dem Augenblick, in dem er einem Objekt eine Bedeutung zur Befriedigung der Bedürfnisse beimisst. Bedeutung beimessen heißt, dass wir nicht unmittelbar die Erfüllung eines Wunsches durchsetzen, sondern von unserem Begehren zurücktreten und nach Möglichkeiten der Befriedigung Ausschau halten. Wir legen also eine Distanz zwischen unser Bedürfnis und die möglichen Objekte, durch die wir es befriedigen wollen. Wo diese Distanz fehlt, ist es im soziologischen Sinne kein Wert, der uns antreibt, sondern – unsoziologisch gewendet – Gier, wo diese Distanz allerdings zu groß ist, verschwindet der Wert, weil er unrealistisch wird. Distanz ist also Voraussetzung für die Bewertung von Möglichkeiten des Handelns. Distanz ist darüber hinaus Antrieb zu handeln, denn „der Sinn jeder Distanzierung ist, dass sie überwunden werde." (Simmel 1900, S. 49)

Damit muss man als weitere Konsequenz denken, dass Wert etwas mit *Balance* zwischen zu viel und zu wenig zu tun hat. Wo keine Anstrengung nötig ist, Befriedigung zu erreichen, weil z. B. die Möglichkeiten der Befriedigung im Übermaß vorhanden sind, verliert jede einzelne Möglichkeit an Wert; wo die Anstrengungen alles Maß übersteigen würden, löst sich der Wert im Abstrakten auf.

Bewertung heißt, von etwas, das man selbst nicht ist oder hat, eine geringere oder höhere Befriedigung zu erwarten. Da wir nach einer höheren Befriedigung streben, bevorzugen wir eben dieses gegenüber einem anderen. Je häufiger diese Befriedigung eintritt, umso sicherer wird sie erwartet. Je mehr Individuen diese Erwartung teilen, *umso genereller wird der Wert* und *leitet schließlich das Handeln vieler an*.

1.2 Gewohnheiten, Regeln, sittliches Bewusstsein (Durkheim)

Der französische Soziologe EMILE DURKHEIM (1858–1917) erklärt in seinem Buch „Über soziale Arbeitsteilung. Studie über die Organisation höherer Gesellschaften" (1893) soziale Ordnung aus einem integrativen Prinzip, das er als *Solidarität* bezeichnet.[6] Ganz allgemein heißt Solidarität sich jemandem verbunden zu fühlen. Durkheim hat für dieses Gefühl eine doppelte Erklärung: „Jeder weiß, dass wir den lieben, der uns ähnlich ist, der so denkt und fühlt wie wir. Aber das gegenteilige Phänomen ist nicht weniger häufig. Es kommt sehr oft vor, dass wir uns zu Personen, die uns nicht ähnlich sind, hingezogen fühlen, gerade weil sie uns nicht ähnlich sind." (Durkheim 1893, S. 101) Diese scheinbar widersprüchliche Tatsache hat die Philosophen aller Zeiten bewegt, und beide Erklärungen wurden zur Begründung der wahren Natur von Freundschaft herangezogen. Weniger erhaben weiß der Volksmund: Gleich und gleich gesellt sich gern – Gegensätze ziehen sich an. Durkheim nimmt nun besonders die zweite Erklärung für die Hinwendung zu einem Anderen in den Blick und leitet daraus das Prinzip von Gesellschaft ab. Er schreibt: „Wie reich wir auch begabt seien, es fehlt uns immer etwas." (Durkheim 1893, S. 102) Deshalb suchen wir immer jemanden, der etwas kann, was wir nicht können, und werden selbst aus dem gleichen Grund gesucht. So kommt es zu einer Aufteilung von unterschiedlichen, aber aufeinander bezogenen Leistungen. Durkheim nennt es „Aufteilung der Funktionen" oder *Arbeitsteilung*. Die Arbeitsteilung bewirkt etwas zwischen den Menschen; sie stellt zwischen ihnen „ein Gefühl der Solidarität" her. (Durkheim 1893, S. 102) *Solidarität* als das Gefühl der wechselseitigen Verbundenheit ist das Prinzip des Sozialen schlechthin.

Seine Form hat sich in der Geschichte der Gesellschaft gewandelt, wobei ein entscheidender Faktor in der Organisation der Arbeit besteht. Im historisch älteren Typ, den Durkheim *segmentierte* Gesellschaft nennt, leben die Menschen in abgegrenzten Gruppen oder Clans, die nach außen, zu anderen Gruppen, relativ wenige Beziehungen pflegen. Das Charakteristikum der sozialen Struktur einer solchen Gesellschaft ist, „dass sie ein System von homogenen und untereinander ähnlichen Segmenten darstellt." (Durkheim 1893, S. 237) In diesen einfachen Gesellschaften *(sociétés primitives)* ist die Arbeit kaum geteilt. Im Prinzip sorgt jeder für seinen gesamten Lebensunterhalt selbst. Die Mitglieder sind sich im großen Ganzen ähnlich; sie stimmen in ihren Anschauungen und religiösen Überzeugungen, die seit je zu existieren scheinen, überein und folgen ihnen wie mechanisch. Deshalb nennt Durkheim die Solidarität, die diese Beziehungen

---

6   Vgl. Band 1, Kap. 3.6 *Mechanische und organische Solidarität.*

auszeichnet, auch *Solidarität der Ähnlichkeiten* oder *mechanische Solidarität*. (vgl. Durkheim 1893, S. 156)

Die Beziehungen änderten sich, als sich entscheidende Randbedingungen der Gesellschaft veränderten: Die Bevölkerung nahm zu, und es kam zu einer sozialen Verdichtung. Dadurch wurden die Kommunikations- und Verkehrswege zahlreicher und komplexer, aber es entstanden auch neue Bedürfnisse und neue Abhängigkeiten der Menschen untereinander. Die wichtigste Änderung besteht aber in der *Arbeitsteilung*. Keiner tut mehr alles, sondern jeder erfüllt eine bestimmte Aufgabe in einem bestimmten Ausschnitt des gesellschaftlichen Ganzen. In der Summe ergänzen sich alle Leistungen zum Erhalt des Lebens aller.

Arbeitsteilung bedeutet *Differenzierung der Funktionen*. Die einzelnen Mitglieder der Gesellschaft sind nun nicht mehr gleich, sondern unterscheiden sich nach ihrem funktionalen Beitrag für das Ganze. Dadurch entsteht ein Gefühl der *Individualität*. Individualität wird durch Differenzierung begünstigt. Durch die Arbeitsteilung entstehen spezielle Funktionen, die wiederum spezielle Tätigkeiten verlangen. Das aber heißt: Individualität wird zur Voraussetzung der Entwicklung der Gesellschaft.

Mit wachsender Differenzierung werden auch die Vorstellungen, was die einzelnen leisten und was man von einander erwartet, heterogener, d. h. individueller. Der unaufhaltsame Fortschritt von der segmentierten zur *arbeitsteiligen* Gesellschaft und die damit gegebene Ausweitung des Individualbewusstseins könnten also bedeuten, dass die sozialen Bande schwächer würden. Dies ist aber nicht der Fall: Der soziale Fortschritt besteht „nicht aus einer stetigen Auflösung; im Gegenteil, je mehr man fortschreitet, desto mehr gewinnen die Gesellschaften ein tiefes Gefühl ihrer selbst und ihrer *Einheit*." (Durkheim 1893, S. 228, Hervorhebung H. A.) Die Arbeitsteilung fördert nämlich das Bewusstsein, dass jeder auf jeden angewiesen ist, dass aber auch jeder für das Ganze eine Funktion hat. Die Solidarität, die sich aus der Arbeitsteilung ergibt, nennt Durkheim deshalb *organische Solidarität*. Es ist eine *Solidarität der Individualität*.

Damit stellt sich die doppelte Frage, was dieser Solidarität vorausgehen muss bzw. wie sie in Gang gehalten wird. Es geht also um die Frage, wie „die wechselseitigen Beziehungen der Funktionen", denn in dieser Form stehen sich die Individuen gegenüber, geregelt werden. (Durkheim 1893, S. 434) Sie von Fall zu Fall zu regeln, scheidet wegen der Vielfalt und Verzweigung aus. Außerdem wäre es unsinnig, Dinge, die immer wieder passieren, jedes Mal neu zu regeln. Zweitens könnte man an Verträge denken, die Standardsituationen reglementieren, aber dagegen wendet Durkheim ein, dass „nicht alle sozialen Beziehungen dieser rechtlichen Form fähig" sind, man denke z. B. an Liebe, Vertrauen oder Hilfe, und außerdem lässt jeder Vertrag Raum „für alle möglichen Reibungen", und die wiederum sind durchaus nicht unnötig im sozialen Leben. Drittens: Da der

Mensch von Natur aus egoistisch ist, kann man auch nicht darauf rechnen, dass er von vornherein seine Solidarität empfindet. Ergo: Es muss „die Art und Weise bestimmt sein", wie die Individuen „zusammenwirken müssen, wenn auch nicht bei jeder Art ihres Aufeinandertreffens, so doch für die am häufigsten anzutreffenden Umstände". (Durkheim 1893, S. 434) Und in der Tat gibt es diese Bestimmungen überall, wo Menschen zusammenleben. Durkheim nennt sie *soziale Tatsachen* oder *Institutionen*.[7]

In jeder Gesellschaft gibt es kollektive Vorstellungen, wie Gesellschaft sinnvollerweise geordnet ist und wie man sich deshalb zu verhalten hat. Es sind Vorstellungen des Guten, und insofern sind sie als *Werte* zu verstehen, und zugleich Vorstellungen des Richtigen, und insofern sind sie *Normen*. Es sind *soziale Tatsachen*, die vor jeder sozialen Beziehung schon existieren und als *Regeln* unser Verhalten bestimmen.

Wie kommen diese Regeln nun zustande? Durkheim sieht es so: „Es gibt bestimmte Arten, aufeinander zu reagieren, die, weil sie der Natur der Dinge gemäßer sind, sich öfter wiederholen und Gewohnheiten werden. Diese Gewohnheiten verwandeln sich, je stärker sie werden, sodann in Verhaltensregeln." (Durkheim 1893, S. 435) Sie werden verbindliche Verkehrsform und *soziale* Norm. „Eine Regel ist nämlich nicht nur eine gewohnheitsmäßige Form des Handelns, sie ist vor allem eine verpflichtende Form des Handelns, d. h. sie ist in bestimmtem Umfang der individuellen Willkür entzogen." (Durkheim 1893, S. 45)

Werte und Normen sind aufgehoben im *Kollektivbewusstsein*. Darunter versteht Durkheim „die Gesamtheit der gemeinsamen religiösen Überzeugungen und Gefühle im Durchschnitt der Mitglieder einer bestimmten Gesellschaft". (Durkheim 1893, S. 128) Durkheim hat den schwierigen Begriff des Kollektivbewusstseins häufig interpretiert. Am ehesten kann man ihn so verstehen: Er meint das, was in der Gesellschaft als Vorstellung des *Verbindenden* und *Verbindlichen* existiert und an dem jedes einzelne Bewusstsein teilhat. Schließlich scheint Durkheim selbst das Kollektivbewusstsein mit Institutionen gleichzusetzen, denn die definiert er an anderer Stelle gleichlautend als „alle Glaubensvorstellungen" und – den Blick auf ihre Verbindlichkeit werfend – als „durch die Gesellschaft festgesetzten Verhaltensweisen"! (Durkheim 1895, S. 100) Die Betonung der Bindung in der Erklärung der Funktion des Kollektivbewusstseins scheint mir wichtig, denn *religio* heißt ursprünglich genau das! Luhmann interpretiert Durkheim so, dass „das Kollektivbewusstsein (…) die Gesellschaft" ist, und deshalb könne man den Begriff auch mit dem der Moral zusammenbringen. (Luhmann 1992, S. 24)

Werfen wir einen Blick darauf, wie die Individuen zu einem kollektiven Bewusstsein des Verbindenden, den sozialen Gefühlen, und institutionalisierten

---

7   Vgl. Band 1, Kap. 3.6 *Soziale Tatsachen*.

moralischen Überzeugungen gebracht werden. Dazu heißt es bei Durkheim: „Es ist unmöglich, dass Menschen zusammenleben und regelmäßig miteinander verkehren, ohne schließlich ein Gefühl für das Ganze zu entwickeln, das sie mit ihrer Vereinigung bilden, ohne sich an das Ganze zu binden, sich um dessen Interesse zu sorgen und es in ihr Verhalten einzubeziehen. Nun ist aber diese Bindung an etwas, was das Individuum überschreitet, diese Unterordnung der Einzelinteressen unter ein Gesamtinteresse, die eigentliche Quelle jeder moralischen Tätigkeit. Damit sich nun dieses Gefühl präzisieren und bestimmen und auf die gewöhnlichsten oder bedeutsamsten Umstände auswirken kann, überträgt es sich in bestimmte Formeln; und infolgedessen entsteht ein Korpus moralischer Regeln." (Durkheim 1893, S. 56)

Diese Vorstellungen des richtigen Denkens und Handelns existierten schon, bevor wir auf die Bühne des Lebens traten, und sie werden uns auch überdauern. Sie sind soziale Tatsachen und dauerhaft festgestellt, weshalb Durkheim sie ja auch als „Institutionen" bezeichnet, und *verbindlich*. Institutionen sind Systeme von Normen, die spezifische Prozesse regulieren. Wir kommen nicht an ihnen vorbei, weil in ihnen festgelegt ist, wie „man" sich zu verhalten hat und weil sie mit Sanktionen – von mildem Spott über Missbilligung bis zu Strafen – verbunden sind.

Mit der Aussage, dass Institutionen normative Systeme sind, ist auch die Frage aufgeworfen, ob dann das in einer Gesellschaft als „normal" bezeichnet werden kann, was institutionellen Regelungen entspricht. Für Durkheim lautet die Antwort: ja. Normal ist, was sich durchschnittlich am häufigsten zeigt. (vgl. Durkheim 1895, S. 147) Wenn man Durkheim in dem Gedanken folgt, dass soziale Tatsachen nicht nur normal, sondern auch *normativ* sind, dann kann man diese Antwort leicht nachvollziehen. Und trotzdem bleibt eine zweite Frage als Stachel: Und was ist mit all den Formen des nicht-normalen Verhaltens, z. B. dem Verbrechen? Genau diese Frage hat sich Durkheim auch gestellt. Getreu seiner Forderung, Soziales nicht mit irgendeiner religiösen oder philosophischen Spekulation zu beschreiben, sondern „Soziales mit Sozialem", also das soziale Leben aus der „Natur der Gesellschaft" und einen soziologischen Tatbestand aus den *„sozialen Phänomenen, die ihm zeitlich vorangehen"* (Durkheim 1895, S. 186 u. 193) zu erklären, hat er sich der scheinbar individuellsten Handlung eines Menschen zugewandt, dem *Selbstmord*.

Die Studie über den Selbstmord, die Durkheim im Jahr 1897 veröffentlichte, ist das Ergebnis einer grandiosen empirischen Untersuchung und Dokument eines streng soziologischen Zugriffs auf ein *soziales* Phänomen. Von der Psychologie hält er sich fern, indem er nicht nach den Motiven fragt, die jemanden bewogen haben könnten, seinem Leben ein Ende zu setzen. Von Alltagserklärungen oder angeblich wissenschaftlichen Erklärungen, die z. B. das Klima, die Umwelt oder eine Krankheit anführen, hält er sich fern, indem er den Selbstmord von vornherein als „normales" Phänomen in einer *Gesellschaft* verankert. Deshalb will er auch nicht den Selbstmord an sich erklären, sondern die Selbstmordrate in einer bestimmten sozialen Situation. Die Erklärung, die Durkheim gibt, wirft ein helles Licht auf den Zusammenhang von Verhalten und Normen. Ich will sie kurz referieren.

Durkheim fiel auf, dass protestantische Länder höhere Selbstmordraten als katholische Länder aufweisen, obwohl beide Konfessionen den Selbstmord in gleicher Weise verurteilen. Durkheim sah die Erklärung darin, dass der Protestantismus dem eigenen Denken des einzelnen Gläubigen mehr Raum gibt. Im Prinzip stellt sich der Einzelne seinem Gott und hat die Wahrheit selbst zu entscheiden. Dadurch bleiben die Bindungen an eine Glaubensgemeinschaft loser als das bei den Katholiken der Fall ist. Die Funktion der *Gemeinschaft* ist in zweierlei Hinsicht geschwächt: Sie übt eine geringere soziale Kontrolle aus, weil die sozialen Beziehungen seltener und schwächer sind, und sie gibt deshalb auch einem kollektiven Dasein nicht genügend Inhalt. (vgl. Durkheim 1897, S. 185) Die Religion schützt den Menschen also nicht vor der Selbstzerstörung, weil sie ihm „die Achtung vor seiner eigenen Person predigt, sondern weil sie eine Gemeinschaft ist." (Durkheim 1897, S. 184)

Wenn diese Erklärung richtig ist, dann müsste sich auch in anderen sozialen Gemeinschaften, die eng und dauerhaft sind, eine geringere Selbstmordrate zeigen. Und das stellt Durkheim in der Tat auch fest: In Gesellschaften, in denen die *Familie* enge Beziehungen aufweist, ist die Selbstmordrate signifikant geringer. (vgl. Durkheim 1897, S. 219) Die Tatsache, dass mit steigender Kinderzahl die Rate sinkt, erklärt Durkheim damit, dass mit der Anzahl der Mitglieder Kollektivgefühle wachsen. Das wiederum hängt damit zusammen, dass Kollektiväußerungen häufiger erfolgen und häufiger erwidert werden. Auf diese Weise stärken sich soziale Gemeinsamkeiten und geben dem Einzelnen Halt. Fazit: „Die Familie ist ein mächtiger Schutz gegenüber dem Selbstmord und wirkt um so nachhaltiger, je fester sie gefügt ist." (Durkheim 1897, S. 224)

Es ist die Bindungskraft einer sozialen Gemeinschaft, die das Verhalten des Einzelnen erklärt. Dann ist es nur zwangsläufig, auch über den Zustand einer Gesellschaft insgesamt eine Selbstmordrate zu erklären. Landläufig wird oft angenommen, in Zeiten großer Bewegungen oder des Krieges nähmen Selbstmorde zu. Das ist aber gar nicht der Fall. Durkheim erklärt das damit, dass gerade solche sozialen Prozesse „Kollektivempfindungen wecken, den Parteigeist ebenso wie den Patriotismus, den politischen Glauben wie den nationalen beleben und, indem alle Kräfte auf ein einziges Ziel konzentriert werden und wenigstens für eine Zeitlang, eine größere Integration des Ganzen zuwege bringen." (Durkheim 1897, S. 231)

Nach seinen empirischen Untersuchungen kommt Durkheim deshalb zu folgendem Schluss: „Der Selbstmord steht im umgekehrten Verhältnis zum Integrationsgrad der Kirche, der Familie und des Staats." (Durkheim 1897, S. 231)

Mit dieser These von der *Integrationskraft einer Gemeinschaft* kann man nun eine spezifische Form des Selbstmordes erklären, die Durkheim als *egoistischen Selbstmord* bezeichnet: „Wenn die innere Verbundenheit einer Gruppe aufhört, dann entfremdet sich in gleichem Maße das Individuum dem Gemeinschaftsleben, und seine Ziele gewinnen Vorrang vor der Gruppe; mit einem Wort, die Einzelpersönlichkeit stellt sich über das Kollektiv. Je weiter die Schwächung in der Gruppe fortschreitet, der er angehört, umso weniger ist er von ihr abhängig, und umso mehr steht es demzufolge bei ihm, ob er noch andere Verhaltensregeln anerkennt als die, die in seinem Privatinteresse liegen. Wenn man also einen Zustand, in dem das individuelle Ich sich mit Erfolg gegenüber dem sozialen Ich und auf Kosten desselben behauptet, mit Egoismus bezeichnen will, dann können wir diesem besonderen Typ von Selbstmord, der aus einer übermäßigen Individuation hervorgeht, als egoistisch bezeichnen." (Durkheim 1897, S. 232)

Der Selbstmord ist also ein soziales Produkt, und so ist auch die zweite Form, die Durkheim als *altruistischen Selbstmord* bezeichnet, zu verstehen. Dazu kommt es, wenn jemand gegenüber einer übermächtigen Gemeinschaft keine Individualität ausbilden kann und sich nur als ausführendes Werkzeug dieser Gemeinschaft begreift. Versagt er in dieser zweiten Hinsicht, verlangt die Gemeinschaft sein Selbstopfer oder er selbst sieht sich seiner Ehre verlustig gegangen und zieht die Konsequenz.

Eine dritte Form bezeichnet Durkheim als *fatalistischen Selbstmord*. Er komme nicht so häufig vor, müsse aber der Vollständigkeit halber genannt werden. Dieser Selbstmord erwächst „aus einem Übermaß von Reglementierung"; es ist „der Selbstmord derjenigen, denen die Zukunft mitleidlos vermauert wird." (Durkheim 1897, S. 318, Anm. 29)

Der gesellschaftstheoretisch interessanteste Fall ist nun der vierte Typ, den Durkheim als *anomischen Selbstmord* bezeichnet. Erinnern wir uns: Den egoistischen Selbstmord hatte Durkheim mit *zu geringer* Integration des Individuums in die Gesellschaft, und den altruistischen mit *zu starker* Integration erklärt. Den anomischen Selbstmord erklärt er damit, dass die Ordnung selbst durcheinander gekommen ist und das Individuum seine Orientierung verliert. Zu dieser Erklärung ist Durkheim gekommen, nachdem ihm ein verblüffender Zusammenhang aufgefallen war: In zahlreichen Ländern zeigte sich, dass die Selbstmordraten anstiegen, wenn die Gesellschaft eine Wirtschaftskrise durchmachte. Doch auch eine gegenteilige Entwicklung, wenn der Wohlstand eines Landes plötzlich zunahm, hatte einen Anstieg zur Folge! Daraus zieht Durkheim den Schluss: „Wenn also Wirtschafts- und Finanzkrisen die Selbstmordzahlen nach oben treiben, dann nicht infolge der wachsenden Armut, Konjunkturen haben die gleiche Wirkung; die Selbstmorde nehmen zu einfach wegen der Krisen, das heißt, wegen der Störungen der kollektiven Ordnung." (Durkheim 1897, S. 278) Und er fährt fort: „Jedesmal, wenn es im sozialen Körper tiefgreifende Umstellungen gibt, sei es infolge plötzlichen Wachstums oder nach unerwarteten Erschütterungen, gibt der Mensch der Versuchung zum Selbstmord leichter nach." (Durkheim 1897, S. 279)

Wie hat man sich das nun genau zu erklären? Die Antwort, die Durkheim gibt, wurzelt in einer anthropologischen Annahme: Würde man den Menschen lassen, wären seine Begierden unbegrenzt. „Unbegrenzte Wünsche" sind aber „ex definitione nicht zu befriedigen; und nicht ohne Grund wird diese Unersättlichkeit als ein Krankheitssymptom angesehen. Sie gehen immer und unendlich weit über das (Korrektur H. A.) hinaus, was an Mitteln zu ihrer Befriedigung vorhanden ist, weil nichts sie einschränkt. Es ist also nichts da, was sie beschwichtigen könnte. Ein unstillbarer Durst ist ein immerwährendes Strafgericht." (Durkheim 1897, S. 281)

Ich will es mit einem Bild erläutern: Würde man seine Ziele in alle Richtungen suchen, könnte man gar nicht losgehen, und würde man irgendeinen Schritt tun, wäre er genauso beliebig wie jeder andere, und würde man sich überhaupt anstrengen, wäre es eine Bemühung, die um nichts sinnvoller wäre als irgendeine andere! Ergo: „Der Mensch braucht trotz aller Freude am Handeln, an der Bewegung, an der Anstrengung auch das Gefühl, dass seine Bemühungen nicht vergeblich sind und dass er dabei weiterkommt. Man kommt aber nicht weiter, wenn man ohne jedes Ziel marschiert, oder, was auf dasselbe hinausläuft, wenn das Ziel, das man zu erreichen sucht, im Unendlichen liegt." (Durkheim 1897, S. 281)

Daraus zieht Durkheim den Schluss, dass den menschlichen Bedürfnissen Grenzen gesetzt werden müssen, damit der Mensch überhaupt überleben kann. Doch genau so klar ist auch: Er würde sich von niemandem Vorschriften machen lassen, wenn nicht eine Autorität dahinter stünde, „die er respektiert und vor der er sich spontan verneigt." Diese mäßigende Rolle kann allein die Gesellschaft spielen! Sie begrenzt durch kollektive Vorstellungen, welche Bedürfnisse legitim und welche Mittel zu ihrer Befriedigung erlaubt sind – und zwar für jeden! Im „sittlichen Bewusstsein der Gesellschaften" gibt es ein Gefühl dafür, was die Dinge wert sind und wie Anstrengungen zu bewerten sind, sie zu erreichen. (Durkheim 1897, S. 283)

Da die Kollektivordnung, an der die Individuen durch ihr Denken und Handeln teilhaben, alle betrifft, allen dieselben Pflichten abverlangt, aber auch dieselben Rechte einräumt, wird sie „in normalen Zeiten (...) von der großen Mehrheit der ihr Unterworfenen als gerecht angesehen". Werte und Bedürfnisse auf der einen Seite und Normen und Mittel auf der anderen Seite stehen praktisch im Einklang. Wenn nun eine wirtschaftliche Krise hereinbricht, werden bestimmte Bedürfnisse nicht mehr befriedigt oder die Mittel dazu reichen nicht mehr. Umgekehrt springen in Zeiten plötzlichen Wohlstands ganz neue Ziele auf, verlieren alte an Wert, und die traditionellen Mittel passen nicht mehr zu den neuen Zielen. Normen erodieren; die Gesellschaft wird *anomisch*; die Individuen verlieren ihre

Orientierung. „Man weiß nicht mehr, was möglich ist und was nicht, was noch und was nicht mehr angemessen ist." (Durkheim 1897, S. 287 f.)

Anomie heißt also nicht, dass ein Individuum gegen irgendwelche Gesetze verstößt, sondern meint den gesellschaftlichen Zustand der Normauflösung. Damit verlieren die Individuen den Sinn. Das ist die eine Konsequenz, die nur das Individuum betrifft. Die andere betrifft die Gesellschaft: In einer anomischen Gesellschaft geht auch die Kontrolle über den Individualismus zurück. Die Individuen geben ihren ungezügelten Begierden nach und setzen die kollektiven Regeln außer Kraft. Werte verlieren ihre Funktion der sicheren Orientierung.

Im Grunde weisen also der egoistische und der anomische Selbstmord, die Durkheim als „nahe Verwandte" (Durkheim 1897, S. 454) bezeichnet, auf den Zerfall *sozialer Bindungen* hin: auf die zwischen Individuum und Gesellschaft und auf die zwischen den Individuen. Deshalb zieht Durkheim aus seiner Studie über den Selbstmord auch den Schluss: „Es muss erreicht werden, dass der einzelne sich wieder solidarischer mit einem Kollektivwesen fühlt." (Durkheim 1897, S. 443) In dieser Hinsicht setzt Durkheim nicht auf die moralische Kraft der Gesellschaft allein, sondern hofft, dass eine überschaubare Gruppe das leisten kann. Das ist für ihn die „Berufsgruppe". Sie ist „eng genug mit den Dingen dieser Welt verbunden", dass sie „deren Werte richtig setzen" kann. (Durkheim 1897, S. 456)

Wendet man die Botschaft Durkheims ins Allgemeine, kann man sagen: Eine Gesellschaft ist dann „gesund", wenn sich Werte und Normen, d. h. konkret Ziele und Mittel des Handelns, in einem *Gleichgewicht* befinden, dieses Gleichgewicht im kollektiven Bewusstsein verankert ist und die Individuen sich als integrativer Bestandteil der Gesellschaft verstehen.

1.3 Erfahrung des Richtigen, Generalisierung des Guten (Mead)

Im soziologischen Sinne sind Werte nichts Absolutes, sondern sie entstehen aus Erfahrungen in einer bestimmten Gemeinschaft, und sie ändern sich auch mit der Entwicklung dieser Gemeinschaft. Deshalb interessieren unter einer soziologischen Perspektive auch zwei Fragen vor allem: Wie entstehen Werte, und wie werden Individuen so an gemeinsame Werte gebunden, dass Gesellschaft möglich bleibt? Das waren auch die Fragen, die GEORGE HERBERT MEAD (1863–1931) gestellt hat. Er hat sie mit der These[8] beantwortet, dass die Gesellschaft eine Ordnung im Diskurs und dass Kommunikation „das Grundprinzip der gesellschaftlichen Organisation des Menschen" ist (Mead 1934, S. 299). Diese Organisation

---

8 Vgl. Band 1, Kap. 3.8 *Gesellschaft – Ordnung als Diskurs*.

zeigt sich in der Orientierung an generellen Erwartungen. Erwartungen, die über konkrete Andere hinaus für alle in einer Gruppe oder Gemeinschaft gelten, nennt Mead den *generalisierten Anderen* (Mead 1934, S. 196). Was damit gemeint ist, will ich kurz erläutern, indem ich auf Meads Erklärung[9] vorgreife, wie „Interaktion" möglich ist. In aller Kürze lautet sie: Während wir handeln, versetzen wir uns fortlaufend in die Rolle des Anderen, denken von seiner Situation aus und reflektieren uns dabei selbst. Auf diese Weise verschränken sich unsere Perspektiven wechselseitig, und so verständigen wir uns in der Kommunikation über die Rollen, die wir spielen wollen und spielen sollen.

Im Geist des seinerzeit herrschenden Behaviorismus[10] betrachtete auch Mead den Menschen als ein Wesen, das auf Reize seiner Umwelt reagiert und so lernt. Da Mead vor allem die *soziale* Umwelt in den Blick nahm, bezeichnete er seine Theorie auch als *Sozialbehaviorismus*. (Mead 1934, S. 44) Die soziale Umwelt besteht in den wechselseitigen Reaktionen der Individuen aufeinander. Und das Lernen besteht in der Sammlung von Erfahrungen über Handlungen, die erfolgreich oder weniger erfolgreich waren. Das kann man natürlich nach zwei Seiten betrachten: erfolgreich nur im Sinne der totalen Erfüllung aller Wünsche des Individuums und ohne Rücksicht auf die Anderen, oder erfolgreich im Sinne relativer Befriedigung, dafür aber mit sozialer Anerkennung durch die Anderen. Da man sich eine Gesellschaft, die nur aus rücksichtslosen Egoisten besteht, nicht gut vorstellen kann, und da es in diesem Kapitel um „Werte" geht und die Soziologie darin etwas „Verbindendes" und letztlich auch „Verpflichtendes" sieht, will ich die *soziale* Genese von Werten und Normen auch in der Theorie von Mead hervorheben. Sie lässt sich aus einem kleinen Beitrag über „Die soziale Identität" aus dem Jahre 1913 herauslesen und dann aus der Theorie des „generalisierten Anderen" und den dort beschriebenen sozialen Entwicklungsphasen des Kindes.

Im Beitrag über „Die soziale Identität" fragt Mead, was dem Menschen eigentlich gegenübertritt, wenn er sich an sein früheres Handeln erinnert. Seine Antwort lautet: Das Ich, wie es früher gehandelt hat, also ein Subjekt, und das Ich, auf das Andere seinerzeit reagiert haben, also ein Objekt. (vgl. Mead 1913, S. 241) Mit dem Erinnerungsbild der persönlichen Identität taucht immer auch ein Erinnerungsbild der sozialen Identität auf. Das kann man sich am besten mit drei Fragen klarmachen: Wie haben mich Andere gesehen, wie haben sie deshalb auf mich reagiert, und welchen Schluss habe ich daraus gezogen, um mein weiteres Verhalten so zu organisieren, dass ich weiter mit ihnen auskam?

---

9 Ausführlich dazu unten Kap. 5.4 *Interaktion – Verschränkung der Perspektiven.*
10 Auf diese psychologische Theorie gehe ich gleich in Kap. 2.5 *Lernen unter den Bedingungen der Umwelt* ein.

An diesem reflexiven Prozess interessiert hier vor allem diese letzte Frage, denn sie zielt auf *Erfahrungen*, die in einem *sozialen* Handlungszusammenhang gemacht wurden und die für beide Seiten *relevant* waren. Hinter dieser ziemlich abstrakten Überlegung steckt eine sehr konkrete Annahme: Mead sagt, dass wir nur handeln können, indem wir uns vorstellen, wie die Anderen auf unser Handeln reagieren werden. Und das können wir uns vorstellen, weil wir uns die Reaktionen in ähnlichen Situationen vergegenwärtigen. Mead spricht von „Gedächtnisbildern von Reaktionen der Menschen unserer Umgebung", auf die wir in unserem Handeln zurückgreifen. (Mead 1913, S. 246)

An dieser Stelle kann man einen Weg zu der Frage eröffnen, wie Werte entstehen. Der Mensch tut etwas, um etwas zu erreichen, was ihm aus welchen Gründen auch immer wichtig ist. Er handelt also in Einschätzung des Wertes des Handlungsergebnisses. So hat auch Charles W. Morris, der erste Herausgeber der Mitschriften von Meads Vorlesungen, dessen Definition von Wert referiert: Wert ist die „zukünftige Eigenschaft des Objektes, insoweit es unsere Handlungen ihm gegenüber bestimmt." (Morris 1934, S. 33) Wert ist also zunächst ein *individuelles Konstrukt*. Doch bei seinem Verhalten macht das Individuum die Erfahrung, dass es typische Reaktionen der Anderen gibt. Bei den Reaktionen wird ihm schnell klar, dass sie deshalb typisch erfolgen, weil alle in der Gesellschaft sie für normal halten. „Normal" heißt nicht nur „in solchen Situationen aus Erfahrung angemessen", sondern – mit Blick auf Erwartungen an alle Handelnden in „solchen Situationen" – zugleich auch Bewertung von „richtig" und „falsch"!

Nun zu dem zweiten Zugang zur sozialen Genese von Werten. Wie ich später[11] ausführlicher zeigen werde, lernt das Kind diese Werte, indem es sich im Rollenspiel, das Mead als „play" bezeichnet, in die Rolle wichtiger („signifikanter") Bezugspersonen – von der Mutter bis zum freundlichen Metzgermeister – hineinversetzt und aus ihrer Sicht denkt und redet. Auf diese Weise verinnerlicht es Werte, die über seine eigenen hinausgehen und sie allmählich überformen. Es macht also Erfahrungen, wie „man" in seiner kleinen Welt denkt und handelt.

In einer zweiten Phase lernt das Kind mit Anderen zusammen zu spielen, und zwar nach Regeln, die für alle gelten, und auf ein gemeinsames Ziel hin. Ein solches geordnetes Spiel, z.B. Fußballspiel, nennt Mead „game". Vom Rollenspiel unterscheidet es sich dadurch, dass das Kind nicht nur in *einer* Rolle auftritt, sondern sich mit mehreren konkreten Mitspielern und ggf. ebenso konkreten Gegenspielern konfrontiert sieht, von deren Verhalten das eigene beeinflusst wird und deren Verhalten es selbst auch beeinflusst. Um im Spiel zu bleiben, muss es wissen, wer wann was tut oder tun soll und wie wer auf was reagiert. Dazu versetzt es sich innerlich in die *Rolle aller Anderen* und denkt aus ihrer Perspektive. Unter

---

11 Kap. 2.6 *Integration in einen organisierten Verhaltensprozess*.

der Hand lernt es den Sinn des Spiels und die Regeln des „richtigen" Verhaltens. Die Summe der Erwartungen aller Anderen an das richtige Verhalten ist der „generalisierte Andere".

Im play zieht das Kind die Rollen „signifikanter Anderer" an sich heran und lernt ihre Werte, indem es in ihrer Rolle auftritt. Da es das für sich allein tut und höchstens die stumme Puppe sich sagen lassen muss, was sie falsch gemacht hat, verinnerlicht es Werte, wie es sie eben versteht. Einer sozialen Kontrolle hat es sich nicht zu stellen. Wenn es hoch kommt, dann wechselt das aufgeweckte Kind von der einen Rolle in die andere, aber auch dann wird es sich die Argumente so zurecht legen, wie es ihm gerade in den Kram passt, und was die Mama heute sagt, kann morgen ganz anders lauten, und die stumme Puppe hat sich ohnehin zu fügen. Das ist beim „game" natürlich anders. Dort merkt das Kind an den Reaktionen der Anderen sofort, ob es sich „richtig" verhält. Die Bindung an Werte erfolgt also über die soziale Kontrolle des Verhaltens.

Unter diesem Gesichtspunkt der sozialen Reaktion auf Verhalten kann man die Entstehung von Normen nach der Theorie von Mead so nachzeichnen: In der Phase des „play" antizipiert das Kind konkrete Reaktionen konkreter Anderer auf konkretes Verhalten. „Bei zerrissenen Hosen ist mit schimpfenden Eltern zu rechnen. Zwischen richtigem und falschem Verhalten, zwischen ‚gut' und ‚böse' kann deshalb nur anhand der erwartbaren Folgen unterschieden werden. ‚Richtig' ist, was angenehme (oder zumindest neutrale) Reaktionen auslöst, ‚falsch' ist, was zu unangenehmen Reaktionen führt." (Schneider 2002, Bd. 1, S. 215) Ein moralisches Bewusstsein existiert noch nicht, es sei denn, dem Kind wird eingeredet, die zerrissene Hose sei auch etwas Verwerfliches, das ein gutes Kind nicht tut und das die Mama betrübt.

Zurück zum – hoffentlich – normalen Fall der Orientierung an den Reaktionen der Anderen kann man sagen, dass das Kind in der Phase des „play" normative Erwartungen nur bei einem individuellen Gegenüber und nur als *konkrete* Erwartungen in einer spezifischen Situation wahrnimmt. Zu einer generellen Beurteilung normativer Erwartungen eines *generalisierten* Anderen ist es deshalb noch nicht in der Lage, „weil dazu *mehrere Perspektiven voneinander differenziert und miteinander koordiniert* werden müssen." (Schneider 2002, Bd. 1, S. 216) Zu dieser kognitiven Leistung ist das kleine Kind noch nicht fähig, und deshalb tut es etwas „Gutes" nicht, weil es an einen abstrakten Wert glaubt, sondern weil es angenehme Reaktionen auslöst, und es unterlässt das „Falsche" nicht, weil es nach einer abstrakten Wertvorstellung „böse" ist, sondern weil es unangenehme Reaktionen gewärtigt.[12]

---

12 Nur vernünftige Eltern erwarten, dass Kinder bei einem Konflikt „etwas einsehen". Die aber folgen leider dem Gesetz des Stärkeren oder strecken sich nach der Decke der geringsten Sanktion!

Erst in der Phase des „game" kann das heranwachsende Kind die Dinge von einem dritten Standpunkt aus, also jenseits des eigenen und eines konkreten Anderen, beurteilen. Es ist in der Lage, sich in mehrere Rollen zugleich hineinzuversetzen und das Handeln aus diesen verschiedenen Rollen heraus nach einer generellen Regel zu beurteilen. „Gemeinsam geteilte Normen definieren einen Vergleichsmaßstab, an dem Handlungen gemessen und als ‚richtig' oder ‚falsch' erkannt werden können, ohne Rücksicht darauf zu nehmen, ob sie angenehme oder unangenehme Konsequenzen für den jeweiligen Akteur zur Folge haben. Erst jetzt kann sich ein autonomes Konzept der Gerechtigkeit bilden, das entkoppelt ist von persönlichen Interessen, Vorlieben und Abneigungen. ‚Gerechtigkeit' bedeutet die unparteiische Anwendung sozial geltender Normen zur Beurteilung und Sanktionierung von Handlungen." (Schneider 2002, Bd. 1, S. 216)

Im Hinblick „auf das moralische Bewusstsein des Kindes" interpretiert Hans Joas diesen Prozess als „eine fortschreitende Universalisierung des Urteils." (Joas 1997, S. 245) Erst von dieser Stufe der Orientierung an einem generalisierten Anderen an ist eine Konfliktregelung im Konsens möglich, weil sie auf einer überindividuellen normativen Verpflichtung aufruht. Soziales Verhalten ist wechselseitig antizipierbar, weil sich die Perspektiven aller Beteiligten wechselseitig verschränken und weil bei allen Beteiligten eine *generelle* Wertbindung unterstellt werden kann.

Diese Erklärung trifft natürlich nicht nur auf die kleine Gruppe zu, in der sich alle Beteiligten an gemeinsame Normen halten. Mead geht es ja um mehr, und er zeigt auf, wie auch größere Gemeinschaften und die Gesellschaft als ganze letztlich über das Prinzip der Orientierung an einem „generalisierten Anderen" funktionieren könnten. Ich sage „könnten", denn an diesem Punkt ist Mead durchaus Idealist. Er hat nämlich eine „ideale Gesellschaft" vor Augen, die deshalb – im wertenden Sinn – „ideal" ist, weil sie als „universeller Diskurs" funktioniert. In ihr orientieren sich alle an dem, was für alle gilt, und sie handeln so, dass die Interessen aller zur Geltung kommen. Es wäre die so bezeichnete „Demokratie der Gleichen" (Mead 1934, S. 368).

Hinter dieser idealistischen Vision, die Mead durchaus als Anspruch formuliert, wird zugleich das Prinzip der Wert*bildung* und der Wert*bindung* deutlich: Es besteht in der *Kommunikation*. Kommunikation bedeutet, dass Individuen in Beziehung zueinander treten, auf ihr Verhalten wechselseitig reagieren und aus der Erfahrung dieser wechselseitigen Reaktionen gemeinsame Symbole bilden, mit denen sie sich den Sinn des Handelns anzeigen. Da sie sich dabei auf einen „generalisierten Anderen" beziehen, können sie erstens kooperieren und zweitens auch Störungen der Kommunikation – konkret Konflikte – bewältigen. In Meads Ethik, so hat es Hans Joas formuliert, wird damit Kommunikation selbst zum „substantiellen Ideal". (Joas 1997, S. 266)

Als Begründung von Werten oder Normen kann man deshalb auch anführen: Die ersteren haben sich aus dem wechselseitigen Verhalten in einer Gemeinschaft so ergeben bzw. wurden in Prozessen des Lernens oder der Sozialisation tradiert; für die letzteren kann nur angeführt werden, dass sie sich im universellen Diskurs bewähren müssen. (vgl. Joas 1997, S. 267) Nur was als Prinzip des Handelns aller gelten könnte, darf den Anspruch erheben, Norm zu sein, und nur was im Diskurs auf beiden Seiten als „gut" vermittelt werden kann, darf als sozialer Wert angesehen werden. Die Prüfung darf sich also nicht aus einer transzendentalen Setzung und auch nicht aus dem wiederholten Erfolg eines Akteurs begründen, sondern muss in der Kommunikation selbst liegen.

1.4 Werte bestimmen die Richtung des Handelns (Parsons)

Bezogen auf das *Individuum* sind Werte die Bedeutungen, die es Dingen und Handeln beimisst. Bezogen auf die *Gesellschaft* stellen Werte den Rahmen der Bedeutungen dar, die zur Aufrechterhaltung der gesellschaftlichen Ordnung notwendig oder förderlich sind. Gesellschaft ist ohne Werte nicht denkbar. Das ist eine Grundannahme in der strukturfunktionalistischen Theorie von TALCOTT PARSONS (1902–1979). Zum Verständnis der Verbindung zwischen Individuum und Gesellschaft über Werte und Normen ist ein kurzer Rückblick[13] auf seine „Theorie des allgemeinen Handlungssystems" vonnöten.

Nach dieser Theorie sind an jeder Handlung drei Systeme beteiligt: das kulturelle System, das soziale System und das Persönlichkeitssystem. Das „kulturelle System", das Parsons auch als „Wertesystem" bezeichnet, hat normative Kontrollfunktion gegenüber den anderen Systemen. Unterhalb des kulturellen Systems gibt es „soziale Systeme", in denen Handlungen von Individuen in einer bestimmten Weise geordnet sind. Beispiel sozialer Systeme sind die Familie, eine Organisation oder auch die Gesellschaft als Ganze. Die Struktur einer Gesellschaft oder eines sozialen Systems besteht aus Mustern normativer Kultur. Struktur heißt, dass die normative Kultur in der Gesellschaft oder anderen sozialen Systemen institutionalisiert ist. Unterhalb der sozialen Systeme gibt es das „Persönlichkeitssystem". Als Mitglieder der sozialen Systeme haben die Persönlichkeiten die normative Kultur, die ihnen in Rollenerwartungen entgegentritt, internalisiert. (vgl. Parsons 1958d, S. 449)

Die Struktur einer Gesellschaft oder eines anderen sozialen Systems setzt sich aus vier verschiedenen Komponenten zusammen: *Werte*, differenzierte *Normen*,

---

13 Vgl. Band 1, Kap. 3.9 *Normative Integration* und Kap. 6.2 *Systemtheorie der Strukturerhaltung*.

Kollektivität und *Rollen,* und diese Komponenten besitzen einen unterschiedlichen Grad von Allgemeingültigkeit.

- Gesellschaftliche *Werte* haben den höchsten Grad an Allgemeingültigkeit, denn es „sind die von den Mitgliedern geteilten Vorstellungen einer erstrebenswerten Gesellschaft". (Parsons 1958d, S. 449) Auch wenn man auf die Ebene eines konkreten sozialen Systems geht, wird man sich zunächst einmal auf diese allgemeinen Werte beziehen.
- Bei einer genaueren Analyse wird man allerdings feststellen, dass sich die ausdifferenzierten sozialen Subsysteme einer Gesellschaft durch spezifische „Werturteile", die die Mitglieder „auf die Eigenschaften und das Verhalten" anwenden, voneinander unterscheiden. Diese Urteile sind „Spezifikationen" des allgemeinen Wertesystems auf einer konkreteren Ebene. Deshalb unterscheidet Parsons auch zwischen allgemeinen Werten und ausdifferenzierten *Normen*. Normen sind das Ergebnis der Differenzierung des Verhaltens, das in einem bestimmten sozialen System institutionalisiert ist. (vgl. Parsons 1958d, S. 450)
- Eine *Kollektivität* stellt eine differenzierte Einheit innerhalb eines sozialen Systems dar, worunter im Grenzfall sogar ein Individuum verstanden werden kann, das eine bestimmte Funktion erfüllt. Deshalb betrifft die normative Kultur auch nur funktional spezifizierte Teile eines sozialen Systems und bestimmt sich nach den „besonderen Zielen, Situationen und Ressourcen" der spezifischen Einheit. Deshalb steht die Kollektivität auch „auf einer noch niedrigeren Ebene in der normativen Kontrollhierarchie des Verhaltens" als die differenzierten Normen. (Parsons 1958d, S. 451)
- „Alle sozialen Systeme erwachsen aus der Interaktion von Individuen als Einheiten." (Parsons 1958d, S. 451) Umgekehrt müssen soziale Systeme und Kollektivitäten sicherstellen, dass die Individuen effektiv handeln können. „Effektiv" heißt, so zu handeln, dass das umfassende System seine Ziele erreicht. Das wird gewährleistet, indem es ein System normativer Erwartungen gibt, die sagen, was das Individuum in einer bestimmten Funktion zu tun hat. Solche normativen Erwartungen bezeichnet Parsons als *Rollen*. (Parsons 1958d, S. 451)

Werte gehören neben Institutionen und der politischen Organisation zu den unabdingbaren Voraussetzungen eines sozialen Systems. Das soziale System als ein System des Handelns, von der Familie bis zur Gesellschaft als ganzer, funktioniert, weil es verbindliche Werte gibt, an denen sich die Handelnden orientieren. „Values in this sense are the commitments of individual persons to pursue and support certain *directions* or types of action for the collectivity as a system and hence derivatively for their own roles in the collectivity." (Parsons 1958c, S. 172) Mit dem

Bezug auf Rollen macht Parsons klar, dass Werte Strukturkomponenten des sozialen Systems sind. (vgl. Parsons 1958c, S. 171) Sie werden von den Mitgliedern des sozialen Systems geteilt, weil sie sie verinnerlicht haben. Werte sind in der individuellen Persönlichkeit verankert und in der sozialen Struktur institutionalisiert. (vgl. Parsons 1958c, S. 170)

„Commitment" als Bindung wie als Bereitschaft ist das Ergebnis einer erfolgreichen Sozialisation. Deshalb misst Parsons auch den Agenturen der Sozialisation, vor allem der Familie und der Schule, eine solche Bedeutung bei. Darauf werde ich im nächsten Kapitel zurückkommen. Hier nur so viel zur Funktion der Familie, wie Dieter Claessens sie im Sinne von Parsons beschrieben hat: Die Familie ist die wichtigste Sozialisationsagentur, die Werthaltungen immer wieder und dauerhaft herstellt. Ihre Funktion besteht in der *Enkulturation,* das heißt, dort werden die für eine Gesellschaft typischen Werthaltungen „gelehrt und gelernt". (Claessens 1972, S. 38) In der Familie kommt es zur „zweiten, sozio-kulturellen Geburt" des Menschen. Dass es dabei in erster Linie um eine Persönlichkeit geht, deren Wertorientierung auf die gesellschaftlichen Anforderungen „passt", deutet Claessens mit diesem Untertitel seines Buches schon an! In der Familie werden die Werte als „Haltungen" im Kind verankert. Da die Familie auch grundlegende emotionale Bedürfnisse des Kindes befriedigt und Identifikationen anbietet, über die das Kind sich selbst und als Teil einer sozialen Gruppe erkennt, wirkt dieser Prozess der Enkulturation so nachhaltig, dass die dort erfahrenen Grundorientierungen des Handelns lange Bestand haben.

Werte sind das Kriterium, nach dem zwischen Handlungsmöglichkeiten entschieden wird. (vgl. Parsons 1951, S. 12) Dass die Entscheidung nicht aus dem Rahmen der allgemeinen Erwartungen innerhalb einer Gesellschaft fällt, dafür sorgt die ordnende Kraft des kulturellen Systems, das ja nicht nur abstrakt als Summe der typischen Werte der Gesellschaft existiert, sondern uns in konkreten typischen Erwartungen begegnet. Das kulturelle System bestimmt Ziele und Formen gemeinsamen Handelns (Sozialsystem) und gibt auch den Rahmen der individuellen Orientierung (Persönlichkeitssystem) vor.

Auf diese Orientierungsfunktion der Werte hebt Parsons mit folgender Definition ab: „Values are modes of normative orientation of action in a social system which define the main directions of action without reference to specific goals or more detailed situations or structures." (Parsons 1958c, S. 171) Werte geben also die *allgemeine* Richtung des Handelns vor. Insofern sind sie auch allgemeiner als Ziele oder Interessen, die in einer konkreten Situation des Handelns eine Rolle spielen. Von Normen unterscheiden sich Werte insofern, als Werte einen allgemeinen Rahmen für mögliches Handeln abgeben, während Normen als „spezifische, konkrete und mit äußeren Sanktionen verbundene Verhaltensregeln gelten". (Dreitzel 1968, S. 131) Man kann es auch so sagen: *Werte* „leiten die Wahl der

Ziele, während *Normen* die dafür zulässigen Mittel bestimmen." (Schneider 2002, Band 1, S. 175) Werte sorgen – über die Prozesse der Sozialisation und der Internalisierung – für die allgemeine Verpflichtung *(commitment)* der Mitglieder einer spezifischen Gesellschaft, in einer bestimmten Weise zu handeln. (Parsons 1958c, S. 174) Daniel Bell hat diese Sicht so wiedergegeben: Parsons versteht Werte „als ein alle anderen Komponenten der Gesellschaftsstruktur (Normen, Kollektive und Rollen) hierarchisch bestimmendes Ordnungsprinzip." (Bell 1975, S. 362)

Auf die Frage, woher die Werte, denen er ja zentrale Bedeutung für den Erhalt sozialer Ordnung beimisst, kommen und was sie also letztlich sind, gibt Parsons eine lapidare Antwort: Es sind „existential beliefs about the world", und insofern liegt die Begründung der Werte jenseits des empirischen Wissens. (Parsons 1958c, S. 174) Sie gründen in religiösen Überzeugungen und philosophischen Annahmen. Es sind die grundlegenden Antworten, die die Menschen in einer bestimmten Kultur auf die Frage nach dem Sinn des Lebens gegeben haben. Festgehalten im kollektiven Wissen und festgestellt in entsprechenden Institutionen sind es Urteile über richtig und falsch. Werte bilden den Hintergrund für soziale Erwartungen. Folgt das Individuum ihnen, erfährt es Anerkennung, entspricht es ihnen durch sein Verhalten nicht, muss es mit Sanktionen rechnen. „So gesehen liegt der wesentliche Aspekt der sozialen Struktur in einem System von Erwartungsmustern, die das *rechte* Verhalten für Personen in bestimmten Rollen definieren." (Parsons 1945, S. 56)

Werte sind im Grunde Bewertungen, und aus diesen Bewertungen ergeben sich Vorstellungen und schließlich Vorschriften des entsprechenden Handelns: „Werte sind (…) ‚normative Muster', die ein positiv bewertetes soziales System beschreiben. Normen sind generalisierte Muster von Erwartungen, die die ausdifferenzierten Erwartungsmuster für die ausdifferenzierten (…) Einheiten innerhalb eines bestimmten Systems definieren. Normen stehen in einem System immer auf einer niedrigeren Stufe der kulturellen Allgemeingültigkeit als Werte. Mit anderen Worten: Normen können durch Werte legitimiert werden, aber nicht umgekehrt." (Parsons 1958d, S. 450 f.)

Werte sichern den Zusammenhalt einer Gesellschaft. Das ist die These in dem grundlegenden Aufsatz „Values and value-orientations in the theory of action" des amerikanischen Kulturanthropologe Clyde Kluckhohn. Danach haben Werte erstens etwas mit der Befriedigung von Bedürfnissen, welcher Art auch immer, zu tun. Bedürfnisse veranlassen uns zu handeln. Zweitens haben Werte aber etwas mit dem Zusammenhalt einer Gesellschaft zu tun. Sie sind die entscheidende Verbindung zwischen dem Individuum und der Gesellschaft, insofern sie die Orientierung angeben, wie gehandelt werden soll. Gäbe es keine verbindlichen Werte, würde die Gesellschaft auseinanderbrechen; gäbe es keine entsprechende Wertorientierung auf der Seite der Individuen, könnten sie nicht handeln.

Die Tatsache, dass Kluckhohn Werte mit konkreten Bedürfnissen zusammenbringt, bedeutet nicht, dass man „Werte" direkt und nur bezogen auf ein Individuum „beobachten" könnte, sondern sie erschließen sich erst über das Handeln von Individuen in einer spezifischen Gesellschaft. Werte sind Abstraktionen wie System oder Kultur. Kluckhohn zählt sie zu den „symbolic systems", die man eher „verstehen" müsse denn „erklären" – er verwendet die deutschen Begriffe – könne. Kluckhohn versteht wie Parsons Kultur als ein System, das über Symbole definiert ist, einen inneren Zusammenhang aufweist und die Tendenz zur Erhaltung hat. Wenn er nun die folgende Definition von Wert abgibt, dann ist zu bedenken, dass es um Handeln in diesem kulturellen System und nach Maßgabe seiner Struktur geht: „A value is a conception, explicit or implicit, distinctive of an individual or characteristic of a group, of the desirable which influences the selection from available modes, means, and ends of action." (Kluckhohn 1951, S. 395) Indem Kluckhohn den Begriff des „Wünschenswerten" mit der „Auswahl" von möglichen Formen, Mitteln und Zielen des Handelns verbindet, betont Kluckhohn, dass es immer um Präferenzen geht. Diese Präferenzen haben aber eine Vorgeschichte, denn es sind nicht nur die individuellen Bedürfnisse, die sich in ihnen entfalten, sondern es sind die Präferenzen, die in einer bestimmten Gesellschaft oder Gruppe *normalerweise* gelten.

Werte sind nach Kluckhohn notwendig für das „personality system", also das Individuum, und für das „social system", das System des Handelns von Individuen:

Kluckhohn: Values add an element of predictability to social life

„In cultural systems the systemic element is coherence: the components of a cultural system must, up to a point, be either logically consistent or meaningfully congruous. Otherwise the culture carriers feel uncomfortably adrift in a capricious, chaotic world. In a personality system, behavior must be reasonably regular or predictable, or the individual will not get expectable and needed responses from others because they will feel that they cannot ‚depend' on him. In other words, a social life and living in a social world both require standards ‚within' the individual and standards roughly agreed upon by individuals who live and work together. There can be no personal security and no stability if social organization unless random carelessness, irresponsibility, and purely impulsive behavior are restrained in terms of private and group codes. Inadequate behavior is selfish from the viewpoint of society and autistic from the viewpoint of personality. If one asks the question, ‚Why are there values?' the reply must be: ‚Because social life would be impossible without them; the functioning of the social could not continue to achieve group goals; individuals could not get what they want and need from other individuals in personal and emotional terms, nor could they feel within themselves a requisite measure of order and unified purpose.' Above all, values add an element of predictability to social life." (Kluckhohn 1951, S. 399 f.)

Dieser letzte Blick auf die relative Sicherheit der Orientierung des Individuums darf nicht übersehen machen, dass die strukturfunktionalistische Theorie der Werte vor allem die Erhaltung der sozialen Ordnung im Blick hat. Deshalb kann man sie auch so zusammenfassen: Werte stellen die entscheidende Verbindung zwischen dem Individuum und dem sozialen System her. Decken sich individuelle Orientierungen und kulturelle Werte, ist die Gesellschaft in einem sicheren *Gleichgewicht*. Wo Werte in Frage geraten, ist soziale Ordnung in Gefahr. Genau so wurde dann auch in den 1970er Jahren die These vom *Wertewandel* verstanden.

1.5 Von materialistischen zu postmaterialistischen Werten (Riesman, Inglehart, Bell)[14]

Im Jahre 1950 hatte Parsons' Kollege DAVID RIESMAN (1909–2002) mit seiner These, dass der Mensch der Moderne „außengeleitet" ist, beträchtliches Aufsehen erregt. Riesman, der seine Studie „The lonely crowd" (1950, dt. Die einsame Masse) als Untersuchung der Wandlungen des amerikanischen Charakters verstand, stellt einen fundamentalen Mentalitätswandel in den westlichen Gesellschaften fest, der sich über Jahrhunderte hinzog. Nach einer langen Phase der *Traditionsleitung*, in der jeder die soziale Ordnung so hinnahm und sein Leben so führte, wie es alle seit je getan hatten, habe sich mit dem Ausgang des Mittelalters allmählich eine neue Orientierung herausgebildet, die Riesman *Innenleitung* nennt. Angestoßen wurde der Wandel durch eine rasche Bevölkerungszunahme, die eine Differenzierung der Arbeit, die Ausweitung des Fernhandels und die verdichtete Siedlung in Städten nach sich zog. Mit diesem Wandel eröffneten sich neue Chancen, aber es stellten sich auch neue Herausforderungen. Darauf reagierten die am ehesten, die sich aus der schwerfälligen und jeder Neuerung abholden Traditionslenkung lösten und sich an Prinzipien, die grundsätzlich, also auch in sich wandelnden Situationen gelten, orientieren. (vgl. Riesman 1950, S. 31) In der Renaissance im 15./16. Jahrhundert entstand das Bewusstsein der Individualität. In den calvinistischen und puritanischen Ausformungen des Protestantismus prägte sich im Nordwesten Europas und dann in den USA der Gedanke aus, dass der Einzelne sich durch rastlose Berufstätigkeit vor Gott bewähren muss. Wie bei Max Weber[15] zu lesen ist, verband sich die Pflicht zum Beruf mit der Forderung asketischer Lebensführung: Weder durfte man sich auf den Früchten der Arbeit ausruhen, noch durfte man sie in Konsum und Luxus verschwenden. Der innengeleitete Mensch sah im Beruf

---

14 In diesem Kapitel werde ich einiges wiederholen, was ich in Band 1, Kap. 10.8 *Mentalitätswandel, Wertewandel* unter dem Aspekt *Sozialer Wandel* ausgeführt habe.

15 Vgl. Band 1, Kap. 10.5 *Asketischer Protestantismus und rationale Lebensführung*.

den Sinn des Lebens. Die dort gemachten Erfahrungen wie Rationalisierung und Standardisierung und die verlangten Einstellungen wie Pflichtbewusstsein oder Gehorsam bewirkten auch eine Systematisierung des ganzen Lebens.

Kritisch kann man gegen diese These der Innenleitung einwenden, dass die Masse der Industriearbeiter bis weit in das 20. Jahrhundert hinein mit ihrer Arbeit kaum die Frage nach dem Lebenssinn verband, sondern Arbeit schlicht als Zweck der Existenzsicherung ansah.

Um die Wende zum 20. Jahrhundert bildet sich in den USA, beginnend in den neuen städtischen Mittelschichten allmählich der neue Charaktertyp des *Außengeleiteten* heraus. Riesman erklärt diesen Wandel mit dem Anstieg des Wohlstandsniveaus und der Ausdehnung der Freizeit. An die Stelle des „Knappheitsbewusstseins" des innengeleiteten Menschen trat ein „Überflussbewusstsein". (vgl. Riesman 1950, S. 35) Das Mehr an Geld und Freizeit bewirkte zweierlei: Man genoss in Form demonstrativen *Konsums* die Früchte seiner Arbeit und definierte seinen sozialen Status immer stärker über die Freizeit, in der man seinen *individuellen Lebensstil* zum Ausdruck brachte. Der erstmals von Riesman geprägte Begriff der „nachindustriellen Gesellschaft" steht für den Übergang vom „Zeitalter der Produktion" in das „Zeitalter des Konsums". (vgl. Riesman 1958, S. 85 und 1950, S. 23) Die Außenleitung, die inzwischen weltweit und in allen Sozialschichten zu beobachten ist, stellt einen fundamentalen *Mentalitätswandel* dar. Die Individuen orientieren sich in Konsum und Lebensstil an dem, was in ihrer Bezugsgruppe angesagt ist, und an den Moden, die ihnen die Medien ständig neu zuspielen. Auf der Suche nach Anerkennung passen sie sich an den flüchtigen Geist der Moderne immer wieder neu an und halten ihre Werte à jour.

Im Jahr 1971 veröffentlichte der amerikanische Politikwissenschaftler RONALD F. INGLEHART (* 1934) eine empirische Studie mit dem Titel „The silent revolution in Europe: Intergenerational change in postindustrial societies". In dieser Studie, der kurze Zeit später ein Vergleich zwischen Westeuropa und den USA folgte, wurden Menschen gefragt, welche Werte und Ziele sie für die wichtigsten hielten. Um das Ergebnis vorwegzunehmen: Inglehart stellte einen Wandel von *materiellen* zu *postmateriellen* Werten fest, der sich in der zweiten Hälfte des 20. Jahrhunderts zunächst in den wohlhabenderen Schichten und bei jungen Leuten mit höherer Bildung zeigte.

Inglehart ging davon aus, dass sozio-ökonomische Veränderungen die Wertpräferenzen von Menschen verändern und dass umgekehrt „wesentliche Veränderungen von gesellschaftlichen Wertpräferenzen und gesellschaftlichem Wissen ihrerseits die Struktur der Gesellschaft graduell verändern können." (Inglehart 1980, S. 145) Um diese Hypothese zu prüfen, legte er den Befragten eine Liste mit folgenden Items vor: (A) Aufrechterhaltung der Ordnung im Land, (B) Verstärkte Mitsprache des Volkes bei den Entscheidungen der Regierung, (C) Bekämpfung der Preissteigerung, (D) Schutz der freien Meinungsäußerung, (E) Wirtschaftliches Wachstum, (F) Sicherung der Verteidigungsstärke des Landes, (G) Mehr Mitspracherecht der Menschen an ihrem Arbeitsplatz und in der Gemeinde, (H) Verschönerung unserer Städte und unserer Landschaften, (I) Eine stabile Wirtschaft, (J) Verbrechensbekämpfung, (K) Eine Gesellschaft, die freundlicher und weniger unpersönlich ist und schließlich (L) Eine Gesellschaft, in der Ideen mehr zählen als Geld. (vgl. Inglehart 1980, S. 146)

Die Wahlmöglichkeiten A, C, E, F, I und J sollten für ökonomische und physische Sicherheitsbedürfnisse und „materialistische Ziele" stehen, die übrigen das Bedürfnis nach Zugehörigkeit und nach intellektueller und ästhetischer Befriedigung, sog. „postmaterialistische Ziele", spiegeln. Die „Materialisten" präferierten als Werte z. B. die Aufrechterhaltung der Ordnung im Land, wirtschaftliches Wachstum oder ökonomische und physische Sicherheit; die „Postmaterialisten" hielten z. B. den Schutz der freien Meinungsäußerung und eine verstärkte Mitsprache in öffentlichen und beruflichen Angelegenheiten für wichtiger und wünschten sich eine Gesellschaft, die freundlicher und weniger unpersönlich ist und in der Ideen mehr zählen als Geld. (vgl. Inglehart 1980, S. 146)

Bevor ich auf das Ergebnis genauer zu sprechen komme, will ich den theoretischen Hintergrund und die Hypothesen skizzieren. Inglehart bezieht sich auf die Annahme des Psychologen Abraham H. Maslow, dass Werte mit einer Hierarchie von Bedürfnissen zusammenhängen. (Maslow 1954) Maslow nimmt eine feste Reihenfolge der Entwicklung von Grundbedürfnissen an: physiologische Bedürfnisse (Hunger, Durst, Schmerz), Bedürfnis nach Sicherheit, soziale Bedürfnisse nach Geborgenheit und Liebe, Bedürfnis nach Geltung und Anerkennung und Bedürfnis nach Selbstverwirklichung.

Bedürfnissen, die nur wenig befriedigt werden, kommt eine besondere Bedeutung zu. In diesem Sinne legte Inglehart seiner Untersuchung des Wertwandels erstens eine *Mangelhypothese* zugrunde: „Die Prioritäten eines Menschen reflektieren sein sozio-ökonomisches Umfeld: Den größten subjektiven Wert misst man den Dingen zu, die relativ knapp sind." (Inglehart 1989, S. 92) Wer ständig von Hungersnot bedroht ist, kämpft vor allem um sein tägliches Brot, und umgekehrt stellt Inglehart ganz ohne Ironie fest: „Je reicher man wird, desto unwichtiger wird Reichtum." (Inglehart 1980, S. 146) Zweitens vermutete Inglehart, dass die *Erfahrungen* des sozio-ökonomischen Umfeldes selbst einen entscheidenden Einfluss darstellen. Deshalb ergänzte er die Mangelhypothese durch eine *Sozialisationshypothese*. Danach spiegeln die grundlegenden Wertvorstellungen eines Menschen „weithin die Bedingungen wider, die in seiner Jugendzeit vorherrschend waren." (Inglehart 1980, S. 145 und 1989, S. 92) Wenn also jemand in einer wirtschaftlichen Notsituation aufgewachsen ist, wird er später andere Werte vertreten als jemand, der einen solchen Mangel nicht kennen gelernt hat. Da in allen untersuchten Ländern nach dem Zweiten Weltkrieg ein massiver wirtschaftlicher Aufschwung erfolgte, sollte sich ein Unterschied der Wertpräferenzen zwischen den Generationen nachweisen lassen.

Inglehart fasst seine Hypothese zum intergenerationalen Wertewandel so zusammen: „People have a variety of needs and give most attention to those they feel are in short supply. The generation born after World War II, having been raised during a period of unprecedented prosperity, tend to give relatively high priority to nonmaterial goals; their parents and grandparents, having experienced hunger and turmoil during their formative years, remain likely to emphasize economic and physical security. This hypothesis implies that post-materialists have only recently emerged in significant numbers. Even now they probably constitute a distinct minority in the populations of Western countries." (Inglehart 1976, S. 2)

Nun zu den Ergebnissen der Untersuchungen. Inglehart hat tatsächlich einen Wertewandel herausgefunden. Es gibt eine eindeutige Verschiebung von materialistischen zu postmaterialistischen Werten. Sowohl die Mangel- als auch die Sozialisationshypothese wurden bestätigt: „Befragte, die in relativ wohlhabenden Familien aufgewachsen sind, präferieren postmaterialistische Ziele in stärkerem Maße als solche, die in weniger wohlhabenden Umständen leben mussten, und dies gilt für jede Altersgruppe. Auch das Muster zwischen den Altersgruppen zeigte in die erwartete Richtung: die Materialisten stellen die Mehrheit in den älteren Kohorten, und die Postmaterialisten gewinnen an Bedeutung in den Kohorten der Nachkriegsgeneration." (Inglehart 1980, S. 147) Zweitens zeigte sich, wenn *ein* „materialistisches" Item gewählt wurde, dann wurden auch die anderen gewählt, und umgekehrt lagen bei den anderen Werttypen die „postmaterialistischen" Werte eng beieinander. Und was den Zusammenhang zwischen sozio-ökonomischen Erfahrungen und Wertpräferenzen angeht, kann man es so sagen: In Zeiten der Knappheit oder gar der Not zählen ein sicherer Beruf, ein geregeltes Einkommen, Geld und materieller Besitz zu den wichtigsten Zielen. Für diese Zeiten sind Pflichtwerte wie Ordnung und Gehorsam, Leistungsbereitschaft und individuelle Anstrengung kennzeichnend. Wer dagegen diese Mangelsituation nicht kennengelernt hat und in sozialer Sicherheit und mit einem relativen Wohlstand groß geworden ist, stellt Werte wie individuelle Freiheit und Selbstverwirklichung in den Vordergrund. Er misst einem Leben außerhalb des Berufs besondere Bedeutung bei und will sein Leben genießen.

Als weiteres Ergebnis zeigten die Untersuchungen „ein hohes Maß der Vergleichbarkeit zwischen den Ländern." (Inglehart 1980, S. 147) Das ließ sich einmal mit der vergleichbaren wirtschaftlichen Entwicklung erklären. Inglehart stellte das Ergebnis aber auch noch in einen kulturtheoretischen Zusammenhang. (Inglehart 1989) Dabei bezog er sich auf Webers Erklärung des Kapitalismus, der ganz wesentlich von der protestantischen Arbeitsethik gefördert wurde. So lässt sich in der

Tat zeigen, dass vor allem in den protestantisch geprägten Ländern in Europa und Nordamerika im letzten Drittel des 19. Jahrhunderts materialistische Orientierungen im Vordergrund standen. Auf einem ökonomisch hohen Niveau setzte in diesen Ländern dann allmählich eine stille Revolution der Werthaltungen ein, die in der zweiten Hälfte des 20. Jahrhunderts auffällig wurde. Interessanterweise verlief eine parallele Entwicklung in wirtschaftlich erfolgreichen Ländern, die nicht von einer protestantischen Ethik geprägt waren, in eine ähnliche Richtung. Die Erklärung liegt in globalen Modernisierungsprozessen, in denen postmaterialistische Bedürfnisse attraktiv gemacht werden und dank relativen Wohlstandes auch als realisierbar gelten. Ganz ohne Ironie: Man muss sich die Kritik an materialistischen Werten auch leisten können!

Später hat Inglehart seine These des Wandels der Wertmaßstäbe zwischen den Generationen in eine allgemeine Theorie des sozio-kulturellen Wandels eingestellt. Die Kernthese seines Werkes „Modernisierung und Postmodernisierung" (Inglehart 1997), in dem er den kulturellen, wirtschaftlichen und politischen Wandel in mehr als 40 Gesellschaften vergleicht und an die Diagnosen von Marx und Weber anknüpft, kann man so zusammenfassen: „Das Projekt der Moderne mit Wirtschaftswachstum als zentralem Leitwert (wird) von dem Projekt der Postmoderne, in dem die Maximierung subjektiven Wohlbefindens im Vordergrund steht, verdrängt." (Klingemann 1998, S. 5)

Die These des Wandels von materialistischen zu postmaterialistischen Werten ist breit rezipiert worden, und jeder kann dafür auch aus eigener Erfahrung Belege finden. Gleichwohl ist die Kritik an der These und vor allem an den empirischen Untersuchungen dazu hart gewesen. Die einen hielten die These für übertrieben und bewerteten tatsächliche Veränderungen nur als Randerscheinungen. Andere meinten, Inglehart habe falsche Fragen gestellt, die nicht die wirkliche Mentalität beträfen oder nichts mit dem tatsächlichen Handeln der Befragten zu tun hätten. Wieder andere warfen ihm vor, mit seiner These einer konservativen Kritik an einer angeblich verderbten Welt Wasser auf die Mühlen geleitet zu haben. Die Tatsache, dass Inglehart die Ergebnisse seiner Forschungen unter dem Titel „The Silent Revolution" (Inglehart 1971 und 1977) veröffentlichte, zeigt, wie er den Wertewandel einschätzte, und erklärt, warum besorgte Politiker um die Zukunft des Westens fürchteten. Die Sorge wurde nicht geringer, da Inglehart auch herausgefunden hatte, dass postmaterialistische Werte gehäuft von jungen Leuten mit einem höheren Bildungsniveau vertreten werden. Da sie die künftigen Eliten sein würden, musste man davon ausgehen, dass ihre Wertorientierungen über kurz oder lang die gesamte Bevölkerung ergreifen würden. In der Tat haben dann vergleichende Studien in vielen Industriegesellschaften gezeigt, dass sich „Erscheinungsbild und politische Zielrichtung des Postmaterialismus" zwischen 1970 und 1988 signifikant verändert haben. Kennzeichnete diese Wertorientierung anfangs vor allem die studentischen Protestbewegungen, sind es Ende der 1980er Jahre die jungen Eliten, bei denen postmaterialistische Werte eine entscheidende Rolle spielen. (Inglehart 1989, S. 92)

Anlass zur Sorge bot die These vom Wertewandel auch bei kritischen Beobachtern der Gesellschaft, die hinter den postmaterialistischen Werten fehlendes Engagement für die Gesellschaft und wachsenden Egoismus vermuteten. Statt vieler anderer zitiere ich den amerikanischen Soziologen DANIEL BELL (1919–2011), der in seinem Buch „The Coming of Post-Industrial Society" (1973) Ingleharts erste Thesen weitergedacht und von einer tiefgreifenden Kulturkrise gesprochen hat.

Die Krise ergibt sich dadurch, dass durch die Prinzipien der Wirtschaft „Effizienz und funktionale Rationalität betont und die Menschen auf Rollen und ihre Eignung dafür festgenagelt werden sollen, während die Kultur Selbstverwirklichung und Selbstgenuss fordert und sich dadurch in direkten Widerspruch zur techno-ökonomischen Ordnung begibt. Auf einer anderen Ebene manifestiert sich dieser Widerspruch in der für die westeuropäischen Gesellschaften typischen Spaltung der Generationen in die ältere, die in einer Zeit des Mangels und der Arbeitslosigkeit aufgewachsen ist, weshalb ihr Materialismus und Sicherheit als oberste Werte gelten, und die jüngere, die, in einer Zeit des Überflusses groß geworden, die ‚Notwendigkeit des Engagements' sowie die Wichtigkeit der geistigen und ästhetischen Belange, d. h. sog. ‚nachbürgerliche Werte' betont. Aus eben diesem Grunde sollen sich angeblich auch viele Kinder der früheren Mittelschicht zunehmend zur ‚Neuen Linken' oder mehr ‚kommunalen' Werten hingezogen fühlen, mit anderen Worten, radikale Sichten angenommen haben." (Bell 1973, S. 16 f.) Als theoretische und empirische Fundierung seines Arguments nennt Bell ausdrücklich die Arbeiten von Inglehart.

Die nachindustrielle Gesellschaft analysiert Bell, indem er drei Bereiche gegeneinander absetzt: „Die soziale Struktur, die politische Ordnung und die Kultur. (1) Die soziale Struktur umfasst Wirtschaft, Technologie und Berufsgliederung, (2) die politische Ordnung regelt die Machtverteilung und entscheidet zwischen den widerstreitenden Ansprüchen und Forderungen von einzelnen und Gruppen, und (3) der kulturelle Sektor schließlich kann als Bereich der expressiven Symbole und der Sinngebung bezeichnet werden." Jeder dieser Bereiche folgt einem eigenen axialen Prinzip: Für die Sozialstruktur der heutigen westlichen Gesellschaft ist es die *Wirtschaftlichkeit,* die Schlagworte der modernen Politik lauten *Partizipation* und *Mitbestimmung,* und im kulturellen Bereich „herrscht der Wunsch nach *Selbstverwirklichung* und *Entfaltung der eigenen Person* vor." (vgl. Bell 1973, S. 29 f.)

Bell, der einer der wichtigsten Diagnostiker der Gesellschaft seiner Zeit war, hat in einem Kapitel „Die Aufgaben der Zukunft" zur Beschreibung der tiefen Krise der Gesellschaft den Blick vor allem auf das Verhältnis zwischen Sozialstruktur und Kultur gerichtet. Während alle bedeutenden Soziologen die Gesellschaft mehr oder weniger „als Einheit aus Sozialstruktur und Kultur" aufgefasst hätten, behauptet er, dass sich während der letzten hundert Jahre eine „immer spürbarere Trennung" dieser beiden Bereiche vollzogen habe. (Bell 1973, S. 362)

Wie eben schon angedeutet werden die beiden Bereiche der Gesellschaftsstruktur (Wirtschaft, Technologie und Berufssystem) und der Kultur (symbolischer Ausdruck von Sinngehalten) „von jeweils unterschiedlichen axialen Prinzipien gelenkt (...) – die Gesellschaftsstruktur von funktionaler Rationalität und Effizienz, die Kultur von der antinomischen Rechtfertigung der Steigerung und Überhöhung des Selbst." (Bell 1973, S. 362 f.)

Der Anstoß zu dieser Trennung zwischen Sozialstruktur und Kultur kam jeweils aus anderer Richtung. „Der vom Prinzip der Kalkulation, der Rationalisierung von Arbeit und Zeit und einer linearen Fortschrittsauffassung geprägt ‚Lebensstil' der Gesellschaftsstruktur ging letztlich auf das Bestreben zurück, die Natur durch Technik zu meistern und die vom Wechsel der Jahreszeiten und den abnehmenden Bodenerträgen bestimmten Lebensrhythmen durch völlig neue zu ersetzen. Diese technische Bewältigung der Natur verquickte sich mit einer bestimmten Charakterstruktur, aus der heraus sich der einzelne damit abfand, auf sofortige Belohnung zu verzichten und sich in Genügsamkeit und Nüchternheit der Arbeit zu widmen, überzeugt, damit ein moralisches, gottgefälliges Leben zu führen, und vollauf zufrieden, sich durch Achtbarkeit den eigenen Wert zu beweisen. In dieser Hinsicht war die bürgerliche Gesellschaft auf dem Höhepunkt der kapitalistischen Zivilisation im 19. Jahrhundert tatsächlich ein integriertes Ganzes, in dem Kultur, Charakterstruktur und Wirtschaft aus ein und demselben Wertsystem erwuchsen." (Bell 1973, S. 363)

Wie kam es zum Bruch? Bell fährt fort: „Die Ironie des Schicksals aber wollte es, dass all dies vom Kapitalismus selbst unterminiert wurde, der durch Massenproduktion und Massenkonsum die protestantische Ethik zerstörte und an ihrer Stelle eifrig eine hedonistische Lebensweise förderte. Um die Mitte des 20. Jahrhunderts suchte sich der Kapitalismus nicht länger durch Arbeit oder Eigentum zu rechtfertigen, sondern begnügte sich mit den Statussymbolen materiellen Besitzes und der Ausweitung der Vergnügungen. Ein höherer Lebensstandard und eine Lockerung der Sitten wurden nun als Zeichen persönlicher Freiheit gewertet und zum Selbstzweck erhoben. Das aber führte zu einer Spaltung der Gesellschaftsstruktur. Denn während das System im Hinblick auf die Organisation von Produktion und Arbeit nach wie vor Vorsorge, Fleiß und Selbstdisziplin, Hingabe an die Karriere und den Erfolg verlangt, fördert es im Konsumbereich die Haltung des *carpe diem*[16], d. h Verschwendung, Angeberei und die zwanghafte Jagd nach Amüsement." (Bell 1973, S. 363)

---

16 Lat. – wörtlich „ernte den Tag", hier im Sinne „genieße den Tag".

„Eines freilich", fährt Bell in seiner kritischen Analyse des Wertewandels fort, „haben beide Bereiche bei aller Verschiedenartigkeit doch gemein: eine absolute Profanität, da das System keinerlei transzendente Ethik mehr kennt." (Bell 1973, S. 363)

Neben der pessimistischen Gesellschafsdiagnose fällt vor allem die von Bell so genannte „antinomische" Rechtfertigung und Überhöhung des Selbst (vgl. Bell 1973, S. 31 u. 363) auf. Das konnte nur als gegen die Normen von Gesellschaft gerichtet und als Widerspruch des Individuums zur Gesellschaft gelesen werden. Aus diesem Geist geriet die Diskussion über Wertewandel leicht in eine Kritik an gesellschaftlichen Verhältnissen, die auf eine Auflösung der Ordnung hinauszulaufen schienen.

Da es in diesem zweiten Band der Einführung in die Soziologie vor allem um die *Individuen* in ihrer Gesellschaft geht, will ich noch kurz einen Bogen schlagen von Bells These, dass der Wertewandel auf eine „Steigerung und Überhöhung des Selbst" (Bell 1973, S. 363) zu einer Studie über das „Unbehagen in der Modernität" (Berger, Berger, Kellner 1973), die im gleichen Jahr in den USA erschienen ist und neben anderem den Wandel der Identität in der Moderne thematisiert.[17] In dieser Studie heißt es, dass die moderne Gesellschaft in hohem Maße differenziert ist. Die Komplexität von Rollen, Anforderungen und Möglichkeiten ist nicht mehr zu begreifen; Werte, die einem langfristig Orientierung geben könnten, haben sich pluralisiert und sind beliebig geworden; das Tempo der Moden in allen Bereichen des Denkens und Handelns wird immer rasanter; jeder Versuch, das Leben über eine längere Zukunft hinweg zu planen, kann morgen schon scheitern. (vgl. Berger u. a. 1973, S. 60 ff.)

Das ist der Hintergrund, vor dem der moderne Mensch sich als *Ich* erfährt und seine *Identität* fortlaufend *konstruiert*. Es sind vor allem zwei Aspekte interessant. (1) Die moderne Identität ist *besonders offen,* wobei Offenheit im Sinne der von Riesman beschriebenen Außenleitung zu verstehen ist. Der moderne Mensch hält sich offen für das, was der Zeitgeist bietet und gebietet. Er ist bereit, sich umzustellen, und das kann er auch: „Nicht nur ist offenbar eine große objektive Fähigkeit zu Transformationen der Identität (...) vorhanden, es ist auch eine subjektive Kenntnis und sogar Bereitschaft für solche Transformationen da. Der moderne Mensch ist nicht nur besonders ‚bekehrungsanfällig'; er weiß das auch und ist oft darauf stolz." In einer gewissen Weise sind die Menschen zu allen Zeiten und in allen Gesellschaften außengeleitet gewesen, und immer haben sie ihre Identität an veränderte Bedingungen angepasst. Das Besondere an der modernen Identität ist der Grad, in dem das erfolgt. (vgl. Berger u. a. 1973, S. 70) (2) Die moderne Identität ist *besonders individuiert.* Damit ist gemeint, dass das *Individuum* „einen sehr

---

17 Ausführlich dazu unten Kap. 8.9 *Die Krise der modernen Identität.*

wichtigen Platz in der Hierarchie der Werte" erlangt. „Individuelle Freiheit, individuelle Autonomie und individuelle Rechte werden als moralische Imperative von fundamentaler Bedeutung für selbstverständlich genommen, und das oberste dieser individuellen Rechte ist das Recht, sein Leben so frei wie möglich zu planen und zu gestalten." (Berger u. a. 1973, S. 72)

1.6 Pflicht, Selbstentfaltung, Wertesynthese (Klages)

In Deutschland war es vor allem HELMUT KLAGES (*1930), der den Wertewandel empirisch untersucht hat. Er stellte einen Wandel von *Pflicht-* und *Akzeptanzwerten* hin zu *Selbstentfaltungswerten* fest. In groß angelegten Längsschnittstudien wurden Eltern befragt, auf welche Eigenschaften die Erziehung der Kinder in erster Linie hinzielen sollte. Die Antworten zeigen, dass zwischen 1951 und 1995 die Präferenz für das Erziehungsziel *Gehorsam und Unterordnung* von 28 % auf 9 % sank und umgekehrt die Präferenz für das Erziehungsziel *Selbstständigkeit und freier Wille* von 41 % auf 65 % zunahm. Damit schien sich Ingleharts These eines Wandels hin zu individualistischen Werten zu bestätigen. Klages stellte aber fest, dass über den Untersuchungszeitraum von fast einem halben Jahrhundert das Erziehungsziel „Ordnungsliebe und Fleiß" immer von gut 30 % der Eltern für wichtig gehalten wurde. (vgl. Klages 1998b, S. 702) Zumindest in den Vorstellungen der befragten Eltern sollten bestimmte alte Werte mit neuen Werten korrespondieren! Klages war denn auch der Meinung, dass der Wertewandel nicht komplett in eine ganz neue Richtung ging, sondern dass Werte je nach Möglichkeit und Bedarf „synthetisiert" würden. (vgl. Klages 1984, S. 23)

Mit Inglehart stimmt Klages überein, dass sich eine statistische Korrelation zwischen der Höhe des Bruttosozialprodukts und der Ausprägung eines „individualistischen" Wertkomplexes feststellen lässt. (Klages 1985, S. 224) Doch anders als besorgte Leser der Inglehartschen These von der Zunahme postmaterialistischer Werte sieht Klages darin eine Entwicklung, die vom Bildungs- und Beschäftigungssystem geboten ist. Er sah in der Zunahme von Selbstentfaltungswerten keinen Moralitätsverlust, sondern hielt sie im Blick auf die Differenzierung der modernen Gesellschaft für funktional geboten. Da das Individuum in unterschiedlichste Teilsysteme eingebunden ist, die alle einer eigenen Logik folgen, also je eigene Werte vertreten, kann es gar nicht anders, als sich flexibel auf diese jeweils vertretenen einzulassen. Es muss lernfähig sein, Entscheidungen selbst treffen und individuelle, besondere Leistungen unter gewandelten Bedingungen erbringen können. Vonseiten der Teilsysteme sind „Kreativität, Beweglichkeit" und Neugier gefragt, „d. h. Eigenschaften, die viel eher mit ‚individualistischen' Selbstentfaltungswerten Hand in Hand gehen." (vgl. Klages 1998a, S. 111)

Schließlich stellt Klages wie Inglehart fest, dass es offensichtlich einen Zusammenhang zwischen eher individualistischen Werten und der Höhe des Bildungsniveaus gibt. Auf diesen Zusammenhang will ich zunächst eingehen.

Der Wertewandel machte sich insbesondere bei Schülern und Studenten in der Altersgruppe zwischen 16 und 24 Jahren bemerkbar. Diese Gruppe ist traditionell progressiver in ihren Einstellungen als berufstätige Jugendliche. Ihre Wertedisposition wurde durch die Intensivierung der Bildungsprozesse verstärkt, und die Gruppe wurde erheblich größer, weil mehr Jugendliche länger im Bildungssystem blieben. Als Gründe, warum Bildung zu einem Wertewandel beiträgt, kann man in Anlehnung an Klages (1985, S. 229–232) die folgenden nennen:

1) Das Bildungssystem vermittelt ein Wissen, das in Konkurrenz zum Alltagswissen, z. B. in der Familie steht. Es ist nicht nur anders, sondern reflektiert und relativiert es. So kommt es zu einer Werteverunsicherung oder gar zu einem Werteverlust. In dem Maße, wie die Familie als Legitimation für Werte wegfällt, werden auch Werte wie Pflicht und Gehorsam in Frage gestellt. Da immer mehr Jugendliche immer länger mit Altersgleichen zusammen sind, nimmt die Bedeutung der peer group für die Wertbildung zu. Da die peers aber alle dabei sind, sich von den Eltern abzunabeln und ihre Selbständigkeit zu testen, weist auch die Sozialisation in der peer group in die Richtung Selbstentfaltung.
2) Kinder aus unteren Sozialschichten, die in weiterführende Bildungssysteme kommen, lösen sich oft von ihrem Herkunftsmilieu. Das hängt ebenfalls mit dem anderen Wissen zusammen, das in der Schule vermittelt wird. Das hängt aber auch damit zusammen, dass die Zugehörigkeit zu einem „höheren" kulturellen Niveau durch Verweigerung des Gehorsams und übertriebene Andersheit zum Ausdruck gebracht wird.
3) Das Wissen in der Schule ist nicht konkret auf Arbeitsrollen bezogen, sondern will im Gegenteil generelle, gewissermaßen kritisch-reflexive Fähigkeiten ausbilden. Zu lernen, wie man Wissen erwirbt und wie man damit umgeht, heißt, selbst gefordert zu sein, sich selbst entfalten zu müssen.
4) In der Schule ist jeder für seine Leistung allein verantwortlich. Anders als im Beruf, wo die Tätigkeiten ineinander greifen und Pflicht und Verantwortung funktional geboten sind, hängt der Erfolg in der Schule allein davon ab, was der Einzelne tut.
5) Ein letzter, sicher nicht unwesentlicher Faktor ist die Tatsache, dass das Bildungssystem von der Zeit und von der Struktur her den Jugendlichen sehr viel mehr Möglichkeiten bietet, sich selbst darzustellen. Erleichtert wird das auch dadurch, dass sie durch die Familie versorgt werden und somit noch keine Verantwortung für den Lebensunterhalt oder andere Pflichten zu übernehmen brauchen.

Mit diesen Überlegungen hat Klages die Erklärung geliefert, warum es zu einem Wertewandel in Deutschland gekommen ist. Eine ganz andere Frage ist nun, was dieser Wertewandel für die Gesellschaft bedeutet. Wie ich oben gezeigt habe, haben ja viele besorgte Beobachter der Gesellschaft die These vom Übergang zu postmaterialistischen Werten als Beleg für eine Entwicklung gelesen, dass der Einzelne nur noch an sich denkt. Als Klages in Deutschland eine Abnahme von Pflicht- und Akzeptanzwerten und eine Zunahme von Selbstentfaltungswerten konstatierte, konnte das auf den ersten Blick genau so gelesen werden. „In einer solchen Formel", räumt Klages ein, „schien ein mit dem Wertewandel einhergehender Moralitätsverlust ja fast schon überdeutlich mit bloßen Händen greifbar zu sein." (Klages 1998a, S. 109) Umso energischer verteidigte er dann auch den Wertewandel. Das tat er mit zwei Argumenten.

Zum einen erinnerte er daran, dass wir seit Spencer[18] und Durkheim[19] wissen, dass die sozioökonomische Entwicklung *Differenzierung* beinhaltet. Es entstehen mehr oder weniger autonome Subsysteme, die untereinander zwar in einem strukturierten Zusammenhang verbunden sind und einander bedingen, die selbst aber eigene Werte ausbilden. Das heißt aber, dass die Gesellschaft insgesamt immer weniger über *universelle* Werte integriert, sondern durch abstrakte Medien wie Geld, Macht, Recht oder Wahlen „gesteuert" wird. Das hat Konsequenzen für das Individuum und sein Wertebewusstsein. Da es in unterschiedlichste Teilsysteme eingebunden ist, die alle einer eigenen Logik folgen, also je eigene Werte vertreten, kann es gar nicht anders, als sich flexibel auf diese jeweils vertretenen einzulassen. Es muss lernfähig sein, Entscheidungen selbst treffen und individuelle, besondere Leistungen unter gewandelten Bedingungen erbringen können. Vonseiten der Teilsysteme sind „Kreativität, Beweglichkeit" und Neugier gefragt, „d. h. Eigenschaften, die viel eher mit ‚individualistischen' Selbstentfaltungswerten Hand in Hand gehen." (vgl. Klages 1998a, S. 111)

Die gerade beschriebene Modernisierung hat einen „funktionalen Identitätswandel" zur Folge – und fordert ihn. Eine Identität, die zwanghaft einen Gleichklang individueller und gesellschaftlicher Werten versuchte, würde an der Pluralität und Heterogenität der Werte zerbrechen, und eine Identität, die festgefügt ist und konsequent verbindlichen Werten folgt, würde weder den Erfordernissen der Modernisierung noch ihren Chancen gerecht. „‚Rational' wird demgegenüber die Entwicklung einer Identität, welche eine hohe Mobilität im Sinne von jederzeitigen Ziel-, Standort-, Tätigkeits- und Habitusveränderungen bei geringstmög-

---

18 Vgl. Band 1, Kap. 3.4 *Fortlaufende Differenzierung und Integration*.
19 Vgl. Band 1, Kap. 3.6 *Mechanische und organische Solidarität* und oben Kap. 1.2 *Gewohnheiten, Regeln, sittliches Bewusstsein*.

lichen psychischen ‚Umstellungskosten', d.h., wenn man so will, den heute öfters kolportierten *Patchwork*-Lebenslauf ermöglicht." (Klages 1998a, S. 112) Funktional geboten ist nicht eine Identität, die sich über Normbefolgung stabilisiert, sondern eine Identität, die sich *selbst* unter wechselnden Bedingungen *kontrolliert*. Das Individuum ist auf sich selbst gestellt. Seine besten Leistungen wird es nur erbringen, indem es sich selbst entfaltet!

Klages fasst denn auch diesen funktionalen Identitätswandel so zusammen: „Es zeigt sich, dass die von den Modernisierungsbedingungen abgeforderte ‚individualistische Selbstentfaltung' völlig missverstanden würde, wenn sie als affektiv betonte und lustvoll erlebbare ‚Triebbefriedigung' interpretiert würde. Die reale Herausforderung zur Selbstentfaltung bedeutet vielmehr den Zwang zur Herausstellung von Fähigkeiten, die das Individuum in die Lage versetzen, jenseits ehemaliger Sicherheiten und Geborgenheiten mehr oder weniger auf sich gestellt zu existieren, sein Leben ‚in eigener Verantwortung' zu führen und dabei sehr viel instrumentelle Intelligenz, Flexibilität, Anpassungs- und Umstellungsgeschick und -energie und *social skills,* wie auch eine hochentwickelte Fähigkeit zum Ertragen und produktiven Verarbeiten von Versagungen und Misserfolgen zu entwickeln." (Klages 1998a, S. 114)

Das zweite Argument, mit dem Klages den Wertewandel von Pflichtwerten zu Selbstentfaltungswerten verteidigte, stützte sich auf empirische Untersuchungen und war dazu angetan, besorgte Gemüter zu beruhigen. Klages belegte nämlich, dass von einem Verlust solcher Werte wie Ordnungsliebe, Fleiß und Pflichterfüllung überhaupt nicht die Rede sein könne. Deshalb hatte er auch schon früher gegen Inglehart eingewandt, die beiden Pole Materialismus und Postmaterialismus lägen auf verschiedenen Ebenen und würden auch nicht zwangsläufig gegenseitig substituiert. (Klages 1984, S. 23) Es sei vielmehr so, dass Werte flexibel und situationsangemessen gehandhabt würden. Wie gleich zu sehen ist, schließen sich Selbstentfaltung und Akzeptierung von Pflicht auch nicht aus.

Selbstentfaltung bedeutet auch keineswegs Egoismus und Verantwortungslosigkeit. So sei die Toleranz gegenüber andersartigen Menschen – von Homosexuellen bis zu Behinderten, von Ausländern bis zu Randgruppen – deutlich angestiegen. Selbstentfaltung habe auch nicht die oft beschworene Anonymisierung und Isolation gebracht. Im Gegenteil seien ganz neue soziale Netzwerke entstanden. Die Bindung an den Wohnort sei außerordentlich hoch. Schließlich hätten die empirischen Befunde gezeigt, dass die meisten Eltern ihren Kindern weite Rechte einräumen, sich frei zu entfalten, was Hobbys, Kleidung, politische Ansichten, Freunde oder Religion anbetrifft. Auf der anderen Seite sind sie aber genauso entschieden der Meinung, sie sollten (und wollten) ihre Kinder beeinflussen, was ihr Benehmen, den Umgang mit der Wahrheit, ihr Verhalten anderen Menschen gegenüber oder ihre Einstellung zu Schule und Beruf angeht. (vgl. Klages 1998a, S. 118) Ob sie es tatsächlich tun und wie erfolgreich es ist, das steht natürlich auf einem anderen Blatt!

Alles in allem kann man Klages wohl zustimmen, dass von einem totalen Umbruch der Werte keine Rede sein kann. Es scheint vielmehr so zu sein, dass Werte je nach Bedarf *synthetisiert* werden. Deshalb hält sich auch der „alte" Erziehungswert „Ordnung und Fleiß" trotz der seit den späten 1960er Jahren deutlich ansteigenden Zustimmung zu dem „neuen" Wert „Selbständigkeit und freier Wille" auf einem konstanten Niveau.

Mit der Darlegung, dass ein Wertewandel in Richtung Selbstentfaltung den Bedingungen einer differenzierten, modernen Gesellschaft optimal entspreche – Klages spricht von einer „Eufunktionalität des Wertewandels" (Klages 1998b, S. 700) –, und dem empirischen Nachweis, dass immerhin eine größere Gruppe zur Verfügung steht, die diese individualistischen Werte mit konventionellen, auf die Gesellschaft gerichteten Werten verbindet, hat Klages auch versucht, die Diskussion über „neue Werte" zu beruhigen. Trotzdem ist das Thema Wertewandel in weiten Teilen der älteren Generation und in der erregten öffentlichen Diskussion meist negativ konnotiert und wird gerne in einen Vorwurf an die Jugend gewendet, die keine Achtung vor traditionellen Werten mehr habe. Ich vermute, das haben die Alten schon im Jahre 1708 vor Chr. so gesehen!

In dem Zusammenhang will ich kurz auf eine jüngere soziologische Diskussion eingehen, die Werteforschung aus einem ganz anderen Blickwinkel betreibt. In dieser Diskussion, die vor allem in der Jugendsoziologie geführt wird, wurde beklagt, dass „die längeren Zeitreihen zum Wertewandel in Deutschland zumeist auf (...) Bewertungen von Erziehungszielen" beruhen. (Gensicke 2002, S. 147) So waren ja, wie gerade gesehen, die repräsentativen Studien der Forschungsgruppe um Helmut Klages angelegt, und auch die großen Jugendstudien in Deutschland fragten lange nach Erziehungszielen. In der Jugendstudie „Jugend 2002" wurde dagegen kritisch eingewandt: „Es muss auffallen, dass der Wertewandel anhand von *Erziehungszielen,* die in Umfragen bewertet wurden, empirisch stets dramatischer sein, als wenn die Befragten ihre *eigenen* Wertorientierungen verbindlich angeben sollten." Und noch schärfer ist der Vorwurf, dass auf diese Weise Artefakte produziert würden: „Die indirekte Erfassung von Werten mittels der Bewertung hypothetischer Erziehungsziele misst wegen der geringeren persönlichen Verbindlichkeit vermutlich mehr das *aktuelle Image* von Werten als die tatsächliche Verankerung bei den Befragten." (Gensicke 2002, S. 147) Im Klartext: Bei der Bewertung hypothetischer, in diesem Alter ja noch gar nicht anstehender Erziehungsziele nennt man das, was gerade en vogue ist! „Insofern", fährt der Kritiker fort, „wurde das Ausmaß des Wertewandels wohl meist überzeichnet, weil das Image von Werten stärkeren Schwankungen unterliegt als die Werte selbst als persönliches Merkmal der Befragten. Verständlich ist auch, dass junge Leute, die für

Imagefragen sensibler sind und zum anderen dazu neigen, sich von Elternhaus abzugrenzen, stärker für Erziehungsziele votierten, die auf Selbstentfaltung und Selbstverwirklichung gerichtet sind, insbesondere natürlich, solange diese besonders im Trend lagen." (Gensicke 2002, S. 147)

Deshalb fragte die Jugendstudie „Jugend 2002", die mit den Untertitel „Zwischen pragmatischem Idealismus und robustem Materialismus" schon angab, wo die Jugend in der Diskussion über Wertewandel empirisch zu verorten ist, direkt, welche Wertorientierungen der Jugend für die eigene Lebensgestaltung wichtig sind. (vgl. Gensicke 2002, S. 142 f.) Das Ergebnis ist überraschend: „Insgesamt sind für Jugendliche die Leitwerte des Lebens dieselben wie für Erwachsene. Beiderseits werden *private Harmonie* und die *Eigenständigkeit* der Person besonders hoch bewertet. Der ‚Unwert' der sozialen ‚Konformität' wird beiderseits niedrig geschätzt." Es gibt aber auch deutliche Differenzen der Wertorientierungen zwischen Jugend und der gesamten Bevölkerung: „Es handelt sich dabei um Orientierungen, die in einem Zusammenhang zum *Wertewandel* (der 1968er Jahre, Ergänzung H. A.) stehen" und sich auf Selbstentfaltung und Selbstverwirklichung auf der einen Seite oder auf Selbstkontrolle und Selbstbeherrschung der Person auf der anderen Seite beziehen: „Im ganzen werden normative Orientierungen von Jugendlichen geringer bewertet als in der gesamten, insbesondere älteren Bevölkerung. Dagegen werden in der Jugend Wertorientierungen mit Bezug auf die Entfaltung der Person und die Auslebung ihrer Bedürfnisse stärker betont." Jugendlichen sind „Respekt vor Gesetz und Ordnung und das Streben nach Sicherheit" weitaus weniger wichtig als der älteren Bevölkerung. Andererseits fällt auf, „dass es bezüglich einer normativen Orientierung mit herkömmlichem Einschlag wie *Fleiß und Ehrgeiz* nur einen geringen Unterschied zwischen Jugendlichen und der gesamten Bevölkerung gibt." Was die sogenannten „Sekundärtugenden wie Disziplin, Pünktlichkeit, Höflichkeit usw." angeht, die im Zuge des Wertewandelsschubs in den 1968er Jahren, in denen „Selbstentfaltungswerte im Aufwind waren", vor allem bei jüngeren Menschen weniger wichtig genommen wurden, bekennen sich die Jugendlichen „heute ebenfalls zum Wert ‚Leistung' wie die gesamte Bevölkerung." (Gensicke 2002, S. 146 f.)

Sozialforscher sehen denn auch „klare Indizien für eine *Umkehr des Wertewandels*": „Die jüngsten Geburtskohorten wenden sich vom Postmaterialismus ab und tendenziell den alten, materialistischen Werten zu." (Klein u. Ohr 2004, S. 175) Die repräsentative Studie „Jugend 2002" habe gezeigt, „dass die traditionellen Werte Fleiß, Sicherheit und Streben nach Wohlstand bei jungen wieder hoch im Kurs stehen, während das politische Interesse eher gering und die Orientierung an postmaterialistischen Werten rückläufig ist." (Klein u. Ohr 2004, S. 153) Das erklären die Forscher, die Daten der allgemeinen Bevölkerungsumfrage (ALLBUS) in den Bundesländern zwischen 1980 und 2000 ausgewertet haben, damit, dass die Arbeitslosenquote nach der Ölkrise Mitte der 1970er Jahre praktisch von 0 auf 5 % anstieg und dann seit Mitte der 1980er Jahre auf dem hohen Niveau um 10 % verharrte. Die jüngere Generation sah in der Verengung des Arbeitsmarktes eine Verschlechterung der Zukunftsperspektiven; außerdem stand zu befürchten, dass bei schwachem Wirtschaftswachstum Leistungseinschränkungen im sozialen Sicherungssystem unvermeidlich sein würden, und dass deshalb der Einzelne immer stärker in die Pflicht genommen werde. (vgl. Klein u. Ohr 2004, S. 158 ff.) Der Wertewandel bei den Jugendlichen war eine pragmatische Einstellung auf das, was in der sozio-ökonomischen Situation möglich und erforderlich war.

Nun hat sich die sozio-ökonomische Situation gerade auch für die Jugendlichen seitdem deutlich verbessert, und man hätte erwarten können, dass sich auch die Wertorientierungen bei ihnen ändern. Nach der letzten repräsentativen Jugendstudie „Jugend 2015", die den Untertitel „Eine pragmatische Generation im Aufbruch" trägt, ist das aber nicht der Fall. Die Wertorientierungen zeigen eine hohe Stabilität. Eine Veränderung hat es in der Abwägung zwischen dem Anspruch auf Durchsetzung der eigenen Individualität und der Anerkennung gesellschaftlicher Regeln, die der Individualität u. U. auch Grenzen setzen, gegeben. „Der ‚Respekt vor Gesetz und Ordnung' hat nunmehr eine noch höhere Bedeutung als ‚Fleiß und Ehrgeiz' (…) und ist für Jugendliche inzwischen sogar wichtiger, als kreativ zu sein." Darin sehen die Forscher „eine kontinuierlich gewachsene Bereitschaft zur Akzeptanz gesellschaftlicher Regeln". (Gensicke 2015, S. 240) Im Wertemuster „Beziehungen" haben Familie, verlässliche Partnerschaft und Freunde nach wie vor einen hohen Stellenwert. Was die Wichtigkeit der Wertorientierungen „fleißig und ehrgeizig sein", „nach Sicherheit streben" bzw. „einen hohen Lebensstandard haben" betrifft, ist die erste zwischen 2002 und 2015 von 52 auf 57 Punkte gestiegen, bei den beiden anderen ist das Niveau gleich geblieben. (vgl. Gensicke 2015, S. 246)

Interessant ist, dass die Studie „Jugend 2015" ein Ergebnis der Studie „Jugend 2002", die ja das Profil der *pragmatischen Jugend* gezeichnet hatte, noch einmal reflektiert. Das seinerzeitige Profil lebte noch deutlich von dem Kontrast zwischen Idealismus und Materialismus. Gensicke wirft in der neuen Studie nun die Frage auf, „ob es zwischen Materialismus und Idealismus nicht auch eine ‚pragmatische Brücke' gibt. Es ist ja denkbar", fährt er fort, „dass Jugendliche nach Wohlstand streben, sich zugleich jedoch Ideale setzen, die sie im Privaten oder in der Öffentlichkeit umsetzen wollen." Und in der Tat haben die Jugendstudien der letzten Jahre Jugendliche, die entsprechende Werte in gleicher Weise für wichtig halten, identifiziert und für diese neue Einstellung auch eine Erklärung geliefert: „Neben dem Geschlecht hat die soziale Schichtung etwas damit zu tun, ob man Jugendliche eher als ‚Idealisten' oder ‚Materialisten' einstufen kann. Auf höherer sozialer Position fällt es leichter, Idealist zu sein, weil die materielle Grundlage des Lebens eher gesichert erscheint. Anders in weniger günstiger Lage, wo sich diese Sicherung als schwierig darstellt. Der Kampf ums materielle Dasein lässt Jugendlichen weniger Energie", sich sozialen Idealen zuzuwenden. Und auch das ist zu bedenken, dass „solche Ideale in den einfacheren sozialen Milieus auch weniger durch Vorbilder vermittelt" werden. (Gensicke 2015, S. 264 f.)

Nun zu dem Thema, das mit dem Begriff der Werte eng verbunden ist und schon mehrfach angesprochen wurde, dem Thema *Normen*. Während Werte generelle Orientierungen des Handelns meinen, drückt der Begriff der Norm die Verpflichtung aus, in einer bestimmten, von der Gesellschaft erwarteten, oft auch vorgeschriebenen Weise handeln zu *sollen*.

1.7 Normen – das Urphänomen des Sozialen (König)

Der Begriff „Norm" kommt aus dem Lateinischen, wo „norma" das Winkelmaß und im bildlichen Sinn dann eine Regel oder Vorschrift bezeichnet. Heute wird der Begriff entweder im Sinne einer Vorschrift (Schraubengewinde müssen der Deutschen Industrie Norm entsprechen) oder eines durchschnittlich erwartbaren Tatbestandes (mit sinkenden Temperaturen steigen regelmäßig die Heizölpreise) gebraucht. In der Soziologie bezeichnen Normen allgemein gültige Regeln des Handelns. Während Werte allgemeine Orientierungen für das Handeln sind, sind Normen „Verhaltensregeln, die zur Verwirklichung der Werte dienen." (Claessens 1972, S. 35) Der Wertbegriff ist also weiter als der Begriff der sozialen Norm.

RENÉ KÖNIG (1906–1992) hat einmal gesagt, man könne den „Begriff der sozialen Norm (…) auf keinerlei Weise aus anderen Begriffen" ableiten. In ihm stelle „sich gewissermaßen das ‚Urphänomen' des Sozialen dar." (König 1969, S. 978) Hintergrund dieser Aussage ist Durkheims schon genannte These, dass das Handeln des Menschen durch das *Kollektivbewusstsein* bestimmt wird. Es ist die Summe von Konventionen, sozialen Regeln und rechtlichen Vereinbarungen, auf die der Einzelne zunächst keinen Einfluss hat. Soziale Normen sind Teil dieses Kollektivbewusstseins. In den Normen äußert sich die Perspektive der Gesellschaft oder anders: Das Normative ist die Grundlage von Gesellschaft. „Normen im Sinne der Soziologie sind (…) ‚Regeln', die das Verhalten in einem gegebenen Kreise tatsächlich bestimmen und über die jeweils ein Einverständnis in diesem Kreise besteht, das mehr oder weniger ausdrücklich sein kann. Im Französischen hat sich dafür der Ausdruck ‚réalité morale' seit langem eingebürgert, der auch zur Bestimmung der Sozialwissenschaften als ‚Moralwissenschaften' geführt hat." (König 1969, S. 978)

Ganz im Sinne der Durkheimschen Erklärung der Entstehung von Institutionen bezeichnet Dahrendorf Institutionen als „Gestalt gewordene Normen". (Dahrendorf 1989, S. 4) Normen stellen „eine eigene Dimension der Wirklichkeit dar" und begründen „die Wiederholungen und Regelmäßigkeiten" des sozialen Lebens. (König 1969, S. 979) Normen machen das Leben in der Gemeinschaft berechenbar und kontrollieren es. Manche Normen gelten für alle, manche nur für bestimmte Gruppen. Heinrich Popitz unterscheidet deshalb zwischen allgemeinen Normen und partikularen Normen. (Popitz 1980, S. 40) Immer aber geben sie an, wie bei Strafe der Missbilligung in einer sozialen Situation gehandelt werden muss. Anders als Werte lassen sie im Prinzip keine Entscheidung zwischen Alternativen zu.

Zur Entstehung von Normen konkurrieren verschiedene theoretische Grundauffassungen, wie sie schon bei der Begründung von Werten anklangen. Einige berufen sich auf ein Naturrecht, andere leiten sie direkt aus dem göttlichen Ratschluss oder aus Ideen ab, die am bestirnten Himmel über uns ewig kreisen. Auf der anderen Seite stehen die Vertreter des positiven[20] Rechts, die zeigen, dass jede Norm von Menschen geschaffen wurde. Das heißt natürlich nicht, dass sie geplant sein müssen. So kennen wir alle die „normative Kraft des Faktischen". Damit ist gemeint, dass sich Regelungen des Alltags allmählich so verfestigen, dass man an ihnen nicht vorbeikommt. Diese Regelungen sind zwar keine Normen im rechtlichen Sinn, aber sie haben verpflichtenden Charakter für eine bestimmte Gruppe. Manchmal bewegt das Faktische dann auch den Gesetzgeber, Normen neu zu definieren. Als z. B. veränderte moralische Vorstellungen dazu führten, dass viele Männer ihre Zuneigung füreinander offen zeigten, begann eine Diskussion über den Sinn dem entgegen stehender Normen.

Die „normative Kraft des Faktischen" kommt auch bei einem anderen Normbegriff zum Ausdruck, der eingangs schon angedeutet wurde. Dort hieß es, dass der Begriff auch im Sinne eines *durchschnittlich erwartbaren Tatbestandes* verwendet wird. Ein solcher, eher statistischer Normbegriff spielt auch in der Soziologie eine Rolle. Wenn man z. B. liest, die Menarche trete im Durchschnitt mit 13 Jahren ein, dann wird das zu einem Faktum, an dem sich soziale Vorstellungen von einer *Normalentwicklung* ausrichten. Die normale Streuung von 10–16½ Jahren wird dann meist gar nicht mehr zur Kenntnis genommen. Das Durchschnittliche wird also zur Norm.

Wie ein statistischer Wert – oder was dafür ausgegeben wird – in eine fast verpflichtende Norm umschlagen kann, kann man sich an folgendem erfundenen Beispiel[21] klar machen: Wenn Jugendzeitschriften und besorgte Fernsehmagazine feststellen, dass 87,93 % aller 13jährigen Mädchen sagen, sie hätten schon sexuelle Erfahrungen gemacht, dann kann man davon ausgehen, dass über kurz oder lang

---

20 „Positiv" im lat. Sinn, dass etwas gesetzt wurde.
21 Die Zahlen sind natürlich frei erfunden, das Prinzip des Beispiels und die Macht der Suggestion durch „Genauigkeit" dagegen nicht!

kein 14jähriges Mädchen zu den restlichen 12,07 % „Spätentwicklern" gehören will. Da statistische Normen mit dem Gewicht der großen Zahl operieren, erscheinen sie vielen Mitgliedern der Gesellschaft auch als soziale Norm, an der man sich orientiert.

1.8 Normative Integration, Normverletzung und der Nutzen der Dunkelziffer

Soziale Normen sagen, was in einer bestimmten Situation geboten oder verboten ist. Ihre Funktion ist, das Leben in der Gesellschaft zu regeln, es sicher und planbar zu machen.

Nun ist aber nicht zu übersehen, dass einzelne Normen in sich nicht eindeutig und die Normen insgesamt keineswegs widerspruchsfrei sind. Das Spektrum der Interpretationen ist groß. In einer Gesellschaft, die sich pluralistisch versteht, verlieren auch die Normen eine klare Orientierungsfunktion. Das ist eine Erklärung für abweichendes Verhalten. Durkheim hat in seiner Studie über den Selbstmord[22] gezeigt, wie die Aufweichung von Normen zu individuellen und kollektiven Reaktionen führt, die auf Dauer den gesellschaftlichen Zusammenhalt gefährden. Den Zustand einer tiefgreifenden Erosion der Normen nennt er *Anomie*. Auf der anderen Seite eröffnet eine neue Interpretation der Normen aber auch Freiräume. Mit der Frage nach dem Sinn bestimmter Normen beginnt der Prozess der Innovation. Diese Frage ist die Voraussetzung dafür, dass sich Gesellschaft wandelt und dass die Norm selbst ihren Sinn immer aufs Neue erweist.

Normen werden aus unterschiedlichen Gründen befolgt. Der häufigste Grund – wenn man von der Gedankenlosigkeit absieht, mit der man durch seinen Alltag geht – ist sicher, dass einem die Normen als vernünftig einleuchten. Sie regeln die Dinge des Lebens und erweisen sich als zweckmäßig. Insofern erscheinen sie auch legitim. Zu diesem Eindruck trägt auch die Tatsache bei, dass wir alle in dergleichen Gesellschaft leben und die wichtigsten Normen von allen in dergleichen Weise gelernt und verinnerlicht worden sind.

Ein sicher nicht unerheblicher Grund, weshalb wir sie befolgen, liegt auch in den *Sanktionen*, die mit ihnen verbunden sind. Sie reichen von ausdrücklichem Lob bis zu drakonischer Bestrafung, von der stummen Bestätigung durch Nichtreaktion bis zur deutlichen Verurteilung nach Recht und Gesetz. Es gibt Sanktionen, die unterschiedslos alle treffen (z. B. der Starenkasten am Ortseingang), und solche, die typisch für einen begrenzten sozialen Kreis sind (z. B. das schrille Lob der besten Freundin).

---

22 Siehe oben Kap. 1.2 *Gewohnheiten, Regeln, sittliches Bewusstsein*.

Die soziale Integration der Gesellschaft würde aber auf Dauer nicht funktionieren, wenn die Normen nur wegen äußerer Kontrolle befolgt würden. Deshalb kennt jede Gesellschaft den Prozess der *Sozialisation,* in dem die sozialen Normen so in den Individuen verankert werden, dass sie gewissermaßen automatisch befolgt werden. Das ist die stärkste Verankerung sozialer Normen, dass sie gelernt und verinnerlicht werden. Die innere Kontrolle ist die verlässlichste sowohl für das Individuum als auch für die Gesellschaft.

Mit dieser begründeten Annahme, dass soziale Normen Teil der Persönlichkeit werden und werden müssen, kann man in der Theorie von Parsons Normen als kulturelle Standards für Verhalten bezeichnen. Es sind institutionalisierte Rollenerwartungen. Durch den Prozess der Internalisierung, den schon Durkheim zur Erklärung sozialer Ordnung beschrieben hatte, werden Normen „unserer persönlichen Willkür" relativ entzogen und „zu Maximen des eigenen Wollens gemacht." (König 1969, S. 982) Diese Verinnerlichung normativ wirkender Rollen haben auch Peter L. Berger und Thomas Luckmann vor Augen, wenn sie schreiben: „Mittels der Rollen, die er spielt, wird der Einzelne in einzelne Gebiete gesellschaftlich objektivierten Wissens eingewiesen, nicht allein im engeren kognitiven Sinne, sondern auch in dem des ‚Wissens' um Normen, Werte und sogar Gefühle." (Berger u. Luckmann 1966, S. 81) In diesem Sinne ist „normative Integration" für Parsons Bedingung der Stabilität. (Nunner-Winkler 1984, S. 406)

Nun könnte man annehmen, dass die Integration der sozialen Ordnung am ehesten gewährleistet ist, wenn niemand gegen sie verstößt, wenn es also gar keiner strafenden Sanktionen bedarf. Dies scheint aber nicht der Fall zu sein. So war schon Emile Durkheim aufgefallen, dass die Geltung von Normen aus dem kollektiven Bewusstsein schwindet, wenn sie nicht ab und an verletzt werden! „Das Verletzen einer sozialen Norm hat eine integrative Funktion für das Überleben des Gesamtsystems der sozialen Normen, das bei kontinuierlichem Befolgen, also bei totaler Konformität schnellstens verdämmern würde." (König 1969, S. 980)

Deshalb haben vor allem die strafenden Sanktionen die Aufmerksamkeit der Soziologen auf sich gezogen. Sie interessierte weniger die Frage, was Strafe für das Individuum bedeutet, sondern wie diese Sanktion den Zusammenhalt einer Gesellschaft tangiert. Nach Durkheim haben Strafen „die nützliche Funktion, (die Kollektivgefühle) auf dem nämlichen Intensitätsgrad zu halten; denn jene Gefühle würden bald erschlaffen, wenn die ihnen zugefügten Verletzungen nicht gesühnt würden." (Durkheim 1895, S. 181) Man kann es auch so sagen: Normen, über die nicht geredet wird, verlieren ihre Wirkung. Deshalb gibt es in bestimmten Ländern heute noch öffentliche Hinrichtungen. Ob diese Abschreckung letztlich jemanden von einem Verbrechen abhält, ist umstritten, aber dass mit der öffentlichen Demonstration der Entschlossenheit des Staates, Normverletzungen zu bestrafen, auch die Normen selbst ins Bewusstsein gerückt werden, ist unbestritten.

Durkheim geht sogar noch einen Schritt weiter: Auch das Verbrechen selbst, also die schwere Übertretung einer sozialen Norm, ist förderlich für den Erhalt und kann nützlich für die Entwicklung einer Gesellschaft sein. Förderlich für den Erhalt ist es, weil es moralische Empfindungen verletzt und sie somit im öffentlichen Bewusstsein festigt; nützlich für die Entwicklung einer Gesellschaft kann es sein, weil manches Verbrechen „wirklich bloß eine Antizipation der zukünftigen Moral, der erste Schritt zu dem, was sein wird", ist. (vgl. Durkheim 1895, S. 160) Der Fall des Sokrates ist ein prominenter Beweis.

Das erste Argument findet sich auch bei George Herbert Mead, der im Vollzug der Strafe ein psychologisches Moment zur Stützung des Rechtsbewusstseins sieht. Mead fragt aber weiter, warum dieser Effekt eintritt und welche Folgen er hat. Er tritt ein, weil sich jedes Individuum mit einer Gruppe identifiziert, der es angehört. Selbstverständlich nimmt es an, dass sie Teil der „guten Gesellschaft" ist, dass also die allgemeinen Normen dort gelten. In dem Augenblick, wo jemand diese Normen verletzt, empfindet das Individuum das als Angriff auf sich selbst und seine Gruppe. (vgl. Mead 1918, S. 879) Instinktiv rückt es näher an die Anderen in seiner Gruppe der Gesetzestreuen heran, um gemeinsam mit ihnen den äußeren Feind abzuwehren. Das kann drastische Formen annehmen, wie wir es von der Lynchjustiz her kennen, das kann aber auch in symbolischen Gesten der Normkonformität zum Ausdruck kommen.

Die öffentliche Entrüstung über bestimmte Normverletzungen, die in den Medien inszeniert wird, ist ein solcher symbolischer Beweis. Wenn dann auch noch eine öffentliche Bestrafung vermeldet wird, weiß sich das gesunde Volksempfinden auf der richtigen Seite. Wenn die Skandalpresse wieder einmal einen Ministerpräsidenten entdeckt, der sich Freiflüge schenken lässt, dann befriedigt das auf den ersten Blick Sensationsgier, auf den zweiten Blick hat es aber eine ganz wichtige soziale Funktion: Es zeigt, dass man nicht nur die Kleinen hängt, und das wiederum hat zur Folge, dass sich der Glaube an die Gültigkeit der Normen mit neuer Kraft auflädt.

Es muss aber auch gesehen werden, dass Sanktionen, die zu oft angewandt werden, ihre Wirkung verlieren. Es kann sogar so sein, dass die Verletzung der Normen dadurch, dass sie immer wieder sanktioniert wird, nun erst recht betrieben wird. Manches Verhältnis zwischen den Vertretern der öffentlichen Ordnung und denen, die sie in mehr oder minder geistreicher Form störten, ist von solchen gegenteiligen Effekten geprägt. Eine exzessive Vermehrung der Normen, meint Heinrich Popitz, sanktioniert eine Norm zu Tode, eine zu seltene Anwendung von Sanktionen schwächt die Norm ebenfalls: „Eine exzessive Vermehrung der Sanktionen (…) müsste dazu führen, dass die Normen, die bewahrt werden sollen, zu Tode sanktioniert werden. Wenn auch der Nachbar zur Rechten und zur Linken bestraft wird, verliert die Strafe ihr moralisches Gewicht. Etwas, das beinahe jedem reihum passiert, gilt nicht mehr als diskriminierend. Auch die Strafe kann sich verbrauchen. Wenn die Norm nicht mehr oder zu selten sanktioniert wird, verliert sie ihre Zähne, – muss sie dauernd zubeißen, werden die Zähne stumpf. (...) Aber nicht nur die Sanktion verliert ihr Gewicht, wenn der Nachbar zur Rechten und zur Linken bestraft wird. Es wird damit auch offenbar – und zwar in denkbar eindeutiger Weise –, dass auch der Nachbar die Norm nicht einhält. Diese Demonstration des Ausmaßes der Nichtgeltung der Norm wird sich aber ebenso wie der Gewichtsverlust der Sanktion auf die Konformitätsbereitschaft auswirken. Werden allzu viele an den Pranger gestellt, verliert nicht nur der Pranger seine Schrecken, sondern auch der Normbruch seinen Ausnahmecharakter und damit den Charakter einer Tat, in der etwas ‚gebrochen', zerbrochen wird." (Popitz 1968, S. 17)

Popitz deutet hier eine weitere Paradoxie in der Geltung von Normen an: Wo zu häufig bekannt wird, dass Normen übertreten werden, verlieren sie ebenfalls ihre Wirkung. Deshalb vertritt Popitz die These, dass kein Gesetzgeber daran interessiert sein darf, alle Normverletzungen zu kennen: „Kein System sozialer Normen könnte einer perfekten Verhaltenstransparenz ausgesetzt werden, ohne sich zu Tode zu blamieren. Eine Gesellschaft, die jede Verhaltensabweichung aufdeckte, würde zugleich die Geltung ihrer Normen ruinieren." (Popitz 1968, S. 9) Wenn zu oft über Steuerhinterziehung berichtet wird, bleibt nicht aus, dass die allgemeine Steuermoral sinkt. Die Dunkelziffer hat also einen Entlastungseffekt. Popitz spricht sogar vom „Nutzen der Dunkelziffer". (Popitz 1968, S. 14)

An mehreren Stellen wurde die Frage angedeutet, warum Werte und Normen so selbstverständlich gelten. Auf diese Frage haben die Theorien der Sozialisation eine Antwort gegeben. Um dieses Thema geht es nun.

Zitierte Literatur

Bell, Daniel (1973): Die nachindustrielle Gesellschaft. Frankfurt am Main: Campus, 1985
Berger, Peter L; Berger, Brigitte; Kellner, Hansfried (1973): Das Unbehagen in der Modernität. Frankfurt am Main: Campus, 1975
Berger, Peter L.; Luckmann, Thomas (1966): Die gesellschaftliche Konstruktion der Wirklichkeit. Frankfurt am Main: Fischer, 20. Aufl. 2004
Claessens, Dieter (1972): Familie und Wertsystem. Eine Studie zur „zweiten, soziokulturellen Geburt" des Menschen und der Belastbarkeit der „Kernfamilie". Berlin: Duncker & Humblot, 3., überarbeitete und erweiterte Aufl.
Dahrendorf, Ralf (1989): Einführung in die Soziologie. In: Soziale Welt '89. Über Soziologie. Jubiläumsheft zum 40. Jahrgang. Göttingen: Schwartz

Deutsche Shell (Hrsg.) (2002): Jugend 2002. Zwischen pragmatischem Idealismus und robustem Materialismus. 14. Shell Jugendstudie. Frankfurt am Main: Fischer
— (2015): Jugend 2015. Eine pragmatische Generation im Aufbruch. 17. Shell Jugendstudie. Frankfurt am Main: Fischer
Dreitzel, Hans Peter (1968): Die gesellschaftlichen Leiden und das Leiden an der Gesellschaft. Vorstudien zu einer Pathologie des Rollenverhaltens. Stuttgart: Enke
Durkheim, Émile (1893): Über soziale Arbeitsteilung. Studie über die Organisation höherer Gesellschaften. Frankfurt am Main: Suhrkamp, 1992
— (1895): Die Regeln der soziologischen Methode. Neuwied: Luchterhand, 4., revidierte Aufl., 1976
— (1897): Der Selbstmord. Frankfurt am Main: Suhrkamp, 3. Aufl., 1990
Gensicke, Thomas (2002): Individualität und Sicherheit in neuer Synthese? Wertorientierungen und gesellschaftliche Aktivität. In: Deutsche Shell (Hrsg.) (2002): Jugend 2002
— (2015): Die Wertorientierungen der Jugend (2002–2015). In: Deutsche Shell (Hrsg.) (2015): Jugend 2015
Inglehart, Ronald (1971): The silent revolution in Europe: Intergenerational change in postindustrial societies. In: American Political Science Review, 65
— (1976): Values, levels of conceptualization and protest potential among western publics. (Paper. International Political Science Congress, Edinburgh)
— (1977): The silent revolution: Changing values and political styles among western publics. Princeton: Princeton University Press
— (1980): Zusammenhang zwischen sozioökonomischen Bedingungen und individuellen Wertprioritäten. In: Kölner Zeitschrift für Soziologie und Sozialpsychologie, 32. Jg.
— (1989): Kultureller Umbruch. Wertwandel in der westlichen Welt. Frankfurt am Main: Campus
— (1997): Modernisierung und Postmodernisierung. Kultureller, wirtschaftlicher und politischer Wandel in 43 Gesellschaften. Frankfurt am Main: Campus, 1998
Joas, Hans (1997): Die Entstehung der Werte. Frankfurt am Main: Suhrkamp
Klages, Helmut (1984): Wertorientierungen im Wandel. Rückblick, Gegenwartsanalyse, Prognosen. Frankfurt am Main: Campus
— (1985): Bildung und Wertwandel. In: Lutz (Hrsg.) (1985): Soziologie und gesellschaftliche Entwicklung. Verhandlungen des 22. Deutschen Soziologentages. Frankfurt am Main: Campus
— (1998a): Wertewandel und Moralität. In: Lüschen (Hrsg.) (1998): Das Moralische in der Soziologie. Opladen: Westdeutscher Verlag
— (1998b): Werte und Wertewandel. In: Schäfers u. Zapf (Hrsg.) (1998): Handwörterbuch zur Gesellschaft Deutschlands. Opladen: Leske + Budrich
Klein, Markus; Ohr, Dieter (2004): Ändert der Wertewandel seine Richtung? In: Schmitt-Beck u. a. (Hrsg.) (2004): Sozialer und politischer Wandel in Deutschland. Analysen mit ALLBUS-Daten aus zwei Jahrzehnten. Wiesbaden: VS
Klingemann, Hans-Dieter (1998): Vorwort. In: Inglehart (1997)

Zitierte Literatur

Kluckhohn, Clyde (1951): Values and value-orientations in the theory of action. An exploration in definition and classification. In: Parsons and Shils (eds.) (1951): Toward a general theory of action. New York: Harper Torchbooks, 1962
König, René (1969): Soziale Normen. In: Bernsdorf (Hrsg.) (1969): Wörterbuch der Soziologie. Stuttgart: Enke, 2., neubearbeitete und erweiterte Ausgabe
Luhmann, Niklas (1992): Arbeitsteilung und Moral. Durkheims Theorie. In: Durkheim (1893)
Maslow, Abraham H. (1954): Motivation and personality. New York: Harper & Row
Mead, George Herbert (1913): Die soziale Identität. In: Mead (1980): Gesammelte Aufsätze, Bd. 1. Hrsg. von Hans Joas. Frankfurt am Main: Suhrkamp (orig. The social self. In: The Journal of Philosophy, Psychology and Scientific Methods, Vol. X. New York: The Science Press)
— (1918): The psychology of punitive justice. In: Parsons et al. (eds.) (1961): Theories of society. Foundations of modern sociological theory. New York: The Free Press, One volume edition 1965
— (1934): Geist, Identität und Gesellschaft. Frankfurt am Main: Suhrkamp, 1973
Morris, Charles W. (1934): Einleitung: George H. Mead als Sozialpsychologe und Sozialphilosoph. In: Mead (1934)
Nunner-Winkler, Gertrud (1984): Normen. In: Kerber u. Schmieder (Hrsg.) (1984): Handbuch Soziologie. Zur Theorie und Praxis sozialer Beziehungen. Reinbek: Rowohlt, 1991
Parsons, Talcott (1945): Systematische Theorie in der Soziologie. Gegenwärtiger Stand und Ausblick. In: Parsons (1964): Beiträge zur soziologischen Theorie. Hrsg. von Dietrich Rüschemeyer. Neuwied: Luchterhand
— (1951): The social system. New York: Free Press, 1964
— (1958c): Authority, legitimation, and political action. In: Parsons (1960): Structure and process in modern societies. New York: The Free Press
— (1958d): Durkheims Beitrag zur Theorie der Integration sozialer Systeme. In: Berliner Journal für Soziologie, 1993, Heft 4
Popitz, Heinrich (1968): Über die Präventivwirkung des Nichtwissens. Dunkelziffer, Norm und Strafe. Tübingen: Mohr
— (1980): Die normative Konstruktion der Gesellschaft. Tübingen: Mohr
Riesman, David (1950): Die einsame Masse. Reinbek: Rowohlt, 1958
— (1958): Freizeit und Arbeit in der nachindustriellen Gesellschaft. In: Riesman (1964): Wohlstand wofür? Essays. Frankfurt am Main: Suhrkamp, 1973
Schneider, Wolfgang Ludwig (2002): Grundlagen der soziologischen Theorie. Band 1: Weber, Parsons, Mead, Schütz. Wiesbaden: Westdeutscher Verlag
Simmel, Georg (1890): Über sociale Differenzierung. In: Simmel (1989 ff.), Band 2
— (1894): Das Problem der Sociologie. In: Simmel (1989 ff.), Band 5
— (1900): Philosophie des Geldes (Simmel 1989 ff., Band 6)
— (1908): Soziologie. Untersuchungen über die Formen der Vergesellschaftung. (Simmel 1989 ff., Band 11)
— (1989 ff.): Georg Simmel Gesamtausgabe. Hrsg. von Otthein Rammstedt. Frankfurt am Main: Suhrkamp

Weber, Max (1904): Die „Objektivität" sozialwissenschaftlicher und sozialpolitischer Erkenntnis. In: Weber (2002)
— (1905): Die protestantische Ethik und der „Geist" des Kapitalismus. In: Weber (2002)
— (2002): Schriften 1894–1922. Ausgewählt von Dirk Kaesler. Stuttgart: Kröner

Sozialisation: Wie wir werden, was wir sind 2

Inhalt:
2.1	Socialisierung – soziale Verähnlichung und Versittlichung (Simmel)	58
2.2	The development of a social nature or character (Ross, Giddings, Cooley)	60
2.3	Socialisation méthodique (Durkheim)	61
2.4	Unterwerfung unter die Kultur und die Ausbildung eines Über-Ichs (Freud)	63
2.5	Lernen unter den Bedingungen der Umwelt (Watson)	65
2.6	Integration in einen organisierten Verhaltensprozess (Mead)	67
2.7	Lernen von Rollen, Herstellung funktional notwendiger Motivation (Parsons)	73
2.8	Kommunikatives Handeln, Rollendistanz, personale Identität (Habermas)	77
2.9	Sozialisation als objektive und subjektive Konstruktion von Wirklichkeit (Berger u. Luckmann)	80
2.10	Bildung des Subjekts, sozialisatorische Interaktion, Biographisierung	82
2.11	Sozialisation als produktive Verarbeitung der inneren und äußeren Realität (Hurrelmann)	86
2.12	Inkorporation eines Klassenhabitus (Bourdieu)	89
2.13	Individualisierung – der Zwang, das Leben fortlaufend neu zu entscheiden (Beck)	91
2.14	Sozialisation als selbstreferentielle Reproduktion des personalen Systems (Luhmann)	92
2.15	Selbstsozialisation – strukturloser Subjektzentrismus?	95
2.16	Sozialisation als soziale Praxis (Grundmann)	97
	Literatur	99

Ein zentrales Thema der Soziologie als der Wissenschaft von den gesellschaftlichen Strukturen und Prozessen und vom sozialen Handeln der Individuen ist die *wechselseitige Vermittlung* von Gesellschaft und Individuum. Das Thema ergibt sich aus zwei Grundfragen: Wie ist *Gesellschaft* angesichts von Individuen möglich? Wie ist das *Individuum* angesichts von Gesellschaft möglich? Die durchgängige Antwort, die sich durch alle soziologischen Theorien – wenn auch nicht immer unter diesem Namen – zieht, lautet „Sozialisation".[1] Darunter kann man alle Prozesse verstehen, in denen die Individuen (1) mit den Werten und Normen der Gesellschaft, ihrer Kultur und ihren Institutionen vertraut *gemacht werden*, (2) sich aber auch in sozialen Interaktionen die Gesellschaft *selbst aneignen* und ihre Sozialisation durch ihr Handeln mitbestimmen und (3) eine soziale *Persönlichkeit* ausbilden, die sich ihrer eigenen Identität bewusst ist und sie auch gegen gesellschaftliche Zumutungen behauptet. Sozialisation ereignet sich im Spektrum von Vergesellschaftung und Individuation.

Mit „Sozialisation" werden also reale soziale Prozesse bezeichnet. „Sozialisation" ist aber auch ein *Paradigmenbegriff* und steht für die besondere *Perspektive*, die bei der wissenschaftlichen Durchdringung dieser Prozesse eingenommen wird. (vgl. dazu Bauer 2012)

Die Frage, wie wir werden, was wir sind, ist keine neue Frage. Seit je hat man darüber nachgedacht, wie das Verhältnis zwischen Individuum und Gesellschaft zustande kommt. Interessanterweise spielt in allen Erklärungen dieses Verhältnisses der Gedanke eine Rolle, dass der Mensch nicht von selbst mit der Gesellschaft zurechtkommt, und umgekehrt, dass auch die Gesellschaft sich ihrer Mitglieder nicht von vornherein sicher sein kann. Vor allem dieser Aspekt scheint auch schon bei der ersten Verwendung des Begriffes *socialisation* im Vordergrund gestanden zu haben. Nach der Recherche des amerikanischen Sozialisationsforschers John Clausen wird das offensichtlich neue Wort „to socialize" zum ersten Mal im Oxford Dictionary of the English Language aus dem Jahre 1828 aufgeführt und im Sinne von „to make fit for living in society" definiert; in Frankreich tauchen die Begriffe „socialiser" und „socialisation" im Jahre 1846 auf und werden – nach der Übersetzung von Clausen – als „the fact of developing social relationships, of shaping into a social group or society: the socialization of men" definiert (Clausen 1968, S. 21 f.). In der *Soziologie* wird der Begriff „Socialisierung" oder „Vergesellschaftung" zuerst von Georg Simmel (1890) verwendet.

2.1 Socialisierung – soziale Verähnlichung und Versittlichung (Simmel)

Für Georg Simmel ist „Gesellschaft im weitesten Sinne (...) da vorhanden, wo mehrere Individuen in Wechselwirkung treten", das heißt in ihrem Denken und

---

[1] Bei der Neufassung des Kapitels über Sozialisation habe ich mich weitgehend an meinen Handbuchartikel „Der Beitrag der Soziologie zur Sozialisationsforschung" (Abels 2015) und an die ausführliche Darstellung der einschlägigen Theorien in der Neuauflage unseres Lehrbuchs „Sozialisation" (Abels u. König 2016) gehalten.

Handeln Bezug aufeinander nehmen, und „Wechselwirkung" ist nur ein anderes Wort für „Vergesellschaftung". (Simmel 1894, S. 54) Im Prozess der Vergesellschaftung oder „Socialisierung" *verähnlichen* sich die Individuen; indem sie ihre Handlungsziele aufeinander abstimmen, *versittlichen* sie sich. (Simmel 1890, S. 163, 169 u. 165). Aufgabe der „fortschreitenden Socialisierung" ist es, die Individuen dazu zu bringen, das Soziale, das heißt die objektiven Festsetzungen in einer Gesellschaft und die allgemeinen Vorstellungen des richtigen Verhaltens in sich aufzunehmen und sich daran zu halten. (Simmel 1890, S. 166)

Diesen Prozess verdeutlicht Simmel am Beispiel der Wechselwirkung zwischen dem Individuum und der *Gruppe,* der es zum Beispiel durch Geburt zugewiesen ist oder die es selbst wählt. Die Wechselwirkung innerhalb der Gruppe schließt den Einzelnen mit den anderen „zu einem sozialen Ganzen" (Simmel 1890, S. 138) zusammen, und das bedeutet, dass „er von ihr auch Form und Inhalt seines eigenen Wesens empfängt. Freiwillig oder unfreiwillig (vermischt) der Angehörige einer kleinen Gruppe seine Interessen mit denen der Gesamtheit, und so werden nicht nur ihre Interessen die seinen, sondern auch seine Interessen die ihren. Und schon dadurch wird seine Natur gewissermaßen der des Ganzen eingeschmolzen." (Simmel 1890, S. 145 f.) Die Individuen nehmen die „Wissensinhalte der sozialen Gruppe" – ohne dass sie das intendieren – im Prozess der Vergesellschaftung in sich hinein und entwickeln ein „einheitliches soziales Bewusstsein." (Simmel 1890, S. 204 u. 248) „Das Bewusstsein, Gesellschaft zu bilden, ist zwar nicht in abstracto dem Einzelnen gegenwärtig, aber immerhin weiß jeder den andern als mit ihm verbunden." (Simmel 1908, S. 46)

Soziale Verähnlichung heißt nicht Gleichmachung, sondern dass die Individuen bei ihrem Handeln von einem „einheitlichen Gesichtspunkt" geleitet werden. Der Einzelne erfährt den Anderen in seiner Gruppe als ähnlich, nämlich nach einem gleichen Prinzip lebend, was zu einer gewissen *Solidarität* mit den Schicksalsgenossen und zu einer *Differenzierung* zu denen, die dieses Schicksal nicht teilen, führt. Socialisierung bewirkt aber nicht nur eine gefühlte Solidarität, sondern bedingt auch das konkrete *Handeln* der Individuen: Jeder muss jedem anderen entgegenkommen und einen Teil egoistischer Bedürfnisse zurückstellen. In dem Maße, wie diese Selbstbeschränkung akzeptiert und auch von den Anderen verlässlich erwartet werden kann, kommt es zu einer „Versittlichung der gesamten sozialen Lebensatmosphäre." (Simmel 1890, S. 165) Sozialisierung heißt, dass *Individuen* ihre Handlungsziele verlässlich aufeinander abstimmen. Das können und das tun sie im Bewusstsein, in einer sozialen Wechselwirkung zu stehen, für die sich objektive Formen ausgebildet haben. Insofern meint Sozialisierung im Simmelschen Sinne den *Prozess,* dass sich Individuen kontinuierlich wechselseitig vergesellschaften, und gleichzeitig das *Faktum,* dass sie in allem, was sie denken und tun, schon vergesellschaftet sind.

2.2 The development of a social nature or character (Ross, Giddings, Cooley)

Die frühe amerikanische Rezeption der Arbeiten von Simmel stellte seinen Begriff der Socialisierung in einen engen Zusammenhang zu der *Formierung* von Gruppen und vor allem zur Entwicklung der „forms of association". (Clausen 1968, S. 22)

So versteht Edward A. Ross in seinem Beitrag „Social control" Gesellschaft als Prozess der „association" (Ross 1896, S. 513) und bezeichnet „the moulding of the individual's feelings and desires to suit the needs of the group" als die wichtigste Aufgabe der Gesellschaft. Mit dem Begriff des „moulding" (Modellierung, Formung) hebt er auf „the socialization of the members of the group" ab (zit. nach Clausen 1968, S. 22). Sozialisation dient neben sozialer Kontrolle dazu „to shape (the man) to life in society". (Ross 1896, S. 520) Sozialisation ist Teil des „communicating process", in dem das „social knowledge" in der nachwachsenden Generation verankert wird und in dem die Familie die entscheidende Rolle spielt. (Ross 1896, S. 516 u. 524)

Auch Franklin H. Giddings greift in seiner „Theory of socialization" den Gedanken der „association" auf, und definiert Sozialisation als „the process of getting acquainted with one another, establishing sympathies and friendships, learning to enjoy association and to cooperate with one another in our work." (Giddings 1897, S. 5) Sozialisation wird verstanden als „the development of a social nature or character – a social state of mind – in the individuals who associate". (Giddings zit. nach Clausen 1968, S. 22)

Charles H. Cooley stellt in seinem Buch „Human nature and the social order" (1902) die Bedeutung der sog. Primärgruppen (Familie, Nachbarschaft, peer group) für die Ausformung der sozialen Seite des Individuums heraus. Primärgruppen sind durch „intimate face-to-face association and cooperation" gekennzeichnet; die enge persönliche Interaktion bewirkt „a certain fusion of individualities in a common whole", in den Geist der Gruppe. (Cooley 1909, S. 23) Dadurch entsteht ein „Wir-Gefühl". Die soziale Persönlichkeit entwickelt sich in *wechselseitiger* Kommunikation, weshalb Cooley das Individuum auch als „looking-glass self" bezeichnet. (Cooley 1902, S. 184) Seine implizite Sozialisationstheorie kann man deshalb so beschreiben: In der ständigen wechselseitigen Spiegelung ihres Verhaltens *verinnerlichen* die Individuen nicht nur, was sozial erwartet und angemessen ist, sondern *definieren* auch füreinander immer aufs Neue den Prozess der sozialen Ordnung.

2.3 Socialisation méthodique (Durkheim)

Am Anfang der französischen Diskussion zur Funktion und zum Prozess der Sozialisation stehen die Arbeiten von EMILE DURKHEIM (1858–1917). Wie schon in seiner Antwort auf die Frage, wie Gesellschaft angesichts der vielen Individuen möglich wird und wie sie funktioniert, gezeigt wurde[2], sieht Durkheim das eigentliche Thema der Soziologie in den sozialen Tatsachen *(faits sociaux)*. Darunter versteht er die *typischen Regelungen* „des Handelns, Denkens und Fühlens" in einer Gesellschaft; diese Regelungen sind „außerhalb des individuellen Bewusstseins" im *kollektiven Bewusstsein* präsent und haben sich als „etwas Objektives" *festgestellt*. (Durkheim 1895, S. 100 u. 106) Sie bestehen in kollektiven Vorstellungen des Guten, also *Werten*, und des Richtigen, also *Normen*. Diese Regelungen müssen in jedem Individuum fest verankert werden, wenn die Gesellschaft weiterhin Bestand haben soll. Das erfolgt auf zwei Wegen: erstens auf dem Wege der allmählichen *Internalisierung* der Vorstellungen des richtigen Verhaltens und zweitens mithilfe organisierter Erziehung, die Durkheim als *methodische Sozialisation (socialisation méthodique)* bezeichnet. (Durkheim 1903, S. 46).

Wir erfahren die sozialen Tatsachen im täglichen Umgang miteinander, gewöhnen uns an sie und nehmen sie als selbstverständlich in uns hinein. Das tun wir auch, weil die Übereinstimmung mit den kollektiven Vorstellungen vom richtigen Verhalten auf Dauer die größte Anerkennung findet – oder mindestens die geringste Missbilligung nach sich zieht. Je stärker wir die sozialen Tatsachen *verinnerlichen,* umso mehr verlieren sie ihren „zwingenden Charakter", und schließlich wollen wir uns so verhalten, wie wir uns verhalten sollen. Doch die Gesellschaft darf sich nicht auf diese Verinnerlichung verlassen, denn der Mensch ist ein *homo duplex:* Die *private* Seite (Triebe, Bedürfnisse) zeigt keinerlei überindividuelle Strebungen und ist von Natur aus egoistisch und asozial, die *soziale* beziehungsweise *moralische* Seite des Menschen muss erst hergestellt werden. Damit ist das Problem fixiert, vor dem jede Gesellschaft immer wieder steht, denn das Kind bringt bei seiner Geburt „nichts mit außer seiner Natur als Individuum. Die Gesellschaft muss mit jeder neuen Generation sozusagen wieder von vorne anfangen. Sie muss auf dem raschesten Weg dem eben geborenen egoistischen und asozialen Wesen ein anderes Wesen hinzufügen, das imstande ist, ein soziales und moralisches Leben zu führen. Das ist die Aufgabe der Erziehung", wie sie in der Familie erfolgt, und dann der systematischen Erziehung in der Schule, die Durkheim als *methodische Sozialisation* bezeichnet. (Durkheim 1903, S. 46 f.) Ihr Ziel ist die Herausbildung des sozialen Wesens in uns.

---

2 Vgl. Band 1, Kap. 3.6 *Mechanische und organische Solidarität* und oben Kap. 1.2 *Gewohnheiten, Regeln, sittliches Bewusstsein.*

Methodische Sozialisation dient allerdings nicht nur der Ausbildung eines gesellschaftsfähigen Wesens, sondern auch der individuellen *Qualifikation*. Die moderne, arbeitsteilige Gesellschaft macht die Ausbildung allgemeiner Fähigkeiten und spezieller Fertigkeiten erforderlich. Auch das muss „methodische Sozialisation" leisten: Sie gestaltet den Menschen nach den Bedürfnissen der Gesellschaft. „Der Mensch, den die Erziehung in uns verwirklichen muss, ist nicht der Mensch, den die Natur gemacht hat, sondern der Mensch, wie ihn die Gesellschaft haben will; und sie will ihn so haben, wie ihn ihre innere Ökonomie braucht." (Durkheim 1903, S. 44) Das pädagogische Ideal ist „bis in die Einzelheiten das Werk der Gesellschaft. Sie zeichnet uns das Porträt des Menschen vor, das wir sein müssen." (Durkheim 1903, S. 45) Sozialisation dient der Herstellung genereller sozialer Einstellungen und der Ausbildung spezieller funktionaler Qualitäten, die eine arbeitsteilige Gesellschaft für *ihren* Zusammenhalt braucht. Deshalb hält Durkheim die Wörter „sozialisiert" und „zivilisiert" auch für gleichwertig. (Durkheim 1902, S. 56)

So wie Durkheim Sozialisation diskutiert, könnte man meinen, sie führe notwendig zu einer Unterdrückung von Individualität. Das ist aber seines Erachtens nicht der Fall: „Daraus, dass sich uns die sozialen Glaubensvorstellungen und Verhaltensweisen von außen aufdrängen, folgt nicht, dass wir sie passiv aufnehmen und sie etwa keiner Modifikation unterzögen. Indem wir die kollektiven Institutionen erfassen, sie uns assimilieren, individualisieren wir sie und verleihen ihnen mehr oder minder unsere persönliche Marke." (Durkheim 1895, S. 100 Anm.) Dass diese Erklärung am Vorrang der Gesellschaft gegenüber dem Individuum keinen Zweifel lässt, braucht man nicht eigens zu betonen!

Dieser Vorrang der Gesellschaft gegenüber dem Individuum wird auch bei der grundsätzlichen Frage deutlich, warum sich das Individuum dem moralischen Zwang der gesellschaftlichen Regelungen, die ja immerhin mögliches Denken und Handeln einschränken, dauerhaft unterwirft. Das tut es unter anderem deshalb, weil die Regelungen, die Durkheim auch als *Institutionen*[3] bezeichnet, mit Sanktionen bewehrt sind: Wer sich nicht an sie hält, wird bestraft, wer mit ihnen konform geht, wird von den Anderen akzeptiert. Wichtiger als dieser äußere Zwang ist aber die auf dem Wege der Internalisierung erzeugte *innere* Bereitschaft des Individuums, das, was im kollektiven Bewusstsein als richtig und normal angesehen wird, auch zur Norm des eigenen Denkens und Handelns zu machen. Das ist letztlich auch das Ziel der methodischen Sozialisation, dass die „Typen des Verhaltens und des Denkens" so tief im Individuum verankert werden, dass es „ihren zwingenden Charakter" gar nicht mehr empfindet und sich „ihnen willig und gerne fügt". (Durkheim 1895, S. 106) Die Sozialisationstheorie von Durkheim ist eine normativ Theorie. Das Individuum soll handeln *wollen*, wie es handeln *soll*.

---

3   Vgl. Band 1, Kap. 4.1 *Soziale Tatsachen*.

2.4 Unterwerfung unter die Kultur und die Ausbildung eines Über-Ichs (Freud)

Obwohl SIGMUND FREUD (1856–1939) selbst im Grunde keine Sozialisationstheorie entwickelt hat, sind von seiner Theorie der Psychoanalyse doch entscheidende Impulse für die Sozialisationsforschung gekommen. Dies aus zwei Richtungen: einmal aus einer anthropologischen Annahme der notwendigen Zurichtung des Individuums für die Gesellschaft und zum anderen aus einer Theorie der psychischen Entwicklung heraus.

Wenden wir uns zuerst der höchst pessimistischen Anthropologie Freuds zu. In seinem berühmten Beitrag über „Das Unbehagen in der Kultur" blickte der alte Freud unter anderem auf die Gräuel des Ersten Weltkrieges zurück und erklärte sie so: „Das gern verleugnete Stück Wirklichkeit hinter alledem ist, dass der Mensch nicht ein sanftes, liebebedürftiges Wesen ist, das sich höchstens, wenn angegriffen, auch zu verteidigen vermag, sondern dass er zu seinen Triebbegabungen auch einen mächtigen Anteil von Aggressionsneigung rechnen darf. (…) Unter ihr günstigen Umständen, wenn die seelischen Gegenkräfte, die sie sonst hemmen, weggefallen sind, äußert" sich diese „grausame Aggression auch spontan, enthüllt den Menschen als wilde Bestie, der die Schonung der eigenen Art fremd ist." (Freud 1930, S. 102) Freud fährt fort: „Die Existenz dieser Aggressionsneigung, die wir bei uns selbst verspüren können, beim Anderen mit Recht voraussetzen, ist das Moment, das unser Verhältnis zum Nächsten stört und die Kultur zu ihrem Aufwand nötigt. Infolge dieser primären Feindseligkeit der Menschen gegeneinander ist die Kulturgesellschaft beständig vom Zerfall bedroht. Das Interesse der Arbeitsgemeinschaft würde sie nicht zusammenhalten, triebhafte Leidenschaften sind stärker als vernünftige Interessen. Die Kultur muss alles aufbieten, um den Aggressionstrieben der Menschen Schranken zu setzen, ihre Äußerungen durch *psychische Reaktionsbildungen* niederzuhalten." (Freud 1930, S. 102, Hervorhebung H. A.)

Um Durkheims Erklärung, was Erziehung und methodische Sozialisation bewirken sollen, zu bemühen, kann man Freuds Forderung so verstehen, dass die Gesellschaft die soziale Seite im Menschen erst herstellen muss. Wie das geschehen soll, deutet er mit der Formulierung der „psychischen Reaktionsbildungen" an. Darum geht es in seiner Theorie der psychischen Entwicklung, die großen Einfluss auf die kritische Sozialisationsforschung seit den 1968er Jahren haben sollte.

Auf die Frage, welcher Mittel sich die Kultur bedient, „um die ihr entgegenstehende Aggression zu hemmen, unschädlich zu machen, vielleicht auszuschalten", gibt Freud in dem gerade zitierten Beitrag die Antwort: „Die Kultur bewältigt die gefährliche Aggressionslust des Individuums, indem sie es schwächt, entwaffnet und durch eine *Instanz in seinem Inneren,* wie durch eine Besatzung in der eroberten Stadt, überwachen lässt." (Freud 1930, S. 110 f., Hervorhebung H. A.) Diese Instanz nennt er das „Über-Ich".

Freud nimmt an, dass das Seelenleben ein „Apparat" ist, der sich aus mehreren Teilen oder Instanzen zusammensetzt, die wiederum bestimmte Funktionen erfüllen. „Die älteste dieser psychischen Provinzen oder Instanzen nennen wir das *Es;* sein Inhalt ist alles, was ererbt, bei Geburt mitgebracht, konstitutionell festgelegt ist, vor allem also die aus der Körperorganisation stammenden Triebe." Dieser älteste Teil des psychischen Apparats, betont Freud in einer Anmerkung, „bleibt durchs ganze Leben der wichtigste." (Freud 1938, S. 9)

„Unter dem Einfluss der uns umgebenden realen Außenwelt hat ein Teil des Es eine besondere Entwicklung erfahren. Ursprünglich als Rindenschicht mit den Organen zur Reizaufnahme und den Einrichtungen zum Reizschutz ausgestattet, hat sich eine besondere Organisation hergestellt, die von nun an zwischen Es und Außenwelt vermittelt. Diesem Bezirk unseres Seelenlebens lassen wir den Namen des *Ichs.*" Das Ich „hat die Aufgabe der Selbstbehauptung", es erfüllt sie, „indem es nach außen die Reize kennenlernt, Erfahrungen über sie aufspeichert (im Gedächtnis), überstarke Reize vermeidet (durch Flucht), mäßigen Reizen begegnet (durch Anpassung) und endlich lernt, die Außenwelt in zweckmäßiger Weise zu seinem Vorteil zu verändern (Aktivität); nach innen gegen das Es, indem es die Herrschaft über die Triebansprüche gewinnt, entscheidet, ob sie zur Befriedigung zugelassen werden sollen, diese Befriedigung auf die in der Außenwelt günstigen Zeiten und Umstände verschiebt oder ihre Erregungen überhaupt unterdrückt." Das Ich wird „in seiner Tätigkeit (…) durch Reizspannungen geleitet. Deren Erhöhung wird allgemein als Unlust, deren Herabsetzung als Lust empfunden. (…) Das Ich strebt nach Lust, will der Unlust ausweichen." (Freud 1938, S. 9 f.)

Für eine Sozialisationstheorie ist nun besonders wichtig, was nun in der frühen Kindheit passiert: „Als Niederschlag der langen Kindheitsperiode, während der werdende Mensch in Abhängigkeit von seinen Eltern lebt, bildet sich in seinem Ich eine besondere Instanz heraus, in der sich dieser elterliche Einfluss fortsetzt. Sie hat den Namen des *Über-Ichs* erhalten. Insoweit dieses Über-Ich sich vom Ich sondert und sich ihm entgegenstellt, ist es eine dritte Macht, der das Ich Rechnung tragen muss." (Freud 1938, S. 10) Was Freud hier lapidar als Ausbildung des Über-Ichs unter dem elterlichen Einfluss beschreibt, ist in Wirklichkeit eine dramatische Auseinandersetzung des Kindes mit der väterlichen Autorität. Das ist in Kürze die These, die Freud in seiner inzwischen umstrittenen Sexualtheorie der psychischen Entwicklung vertreten hatte und die ich deshalb auch in einer weitgehend neutralen Version zusammenfasse. Danach lebt das Kleinkind in einer engen affektiven Bindung zur Mutter. Deren emotionale Zuwendung beansprucht das Kind unbewusst für sich allein, deshalb empfindet es den Vater als Rivalen. Gleichzeitig hat es – ebenso unbewusst – Angst, dass der Vater diesen Wunsch bemerkt und es bestraft. Um diesen Konflikt abzuwehren oder zu dämpfen, identifiziert es sich mit dem Macht habenden Vater. Es nimmt ihn gewissermaßen als Teil in das eigene Ich hinein, indem es seine Gebote übernimmt. Aus ihnen bildet sich das *Über-Ich* oder *Gewissen*. Allgemeiner kann man aber sagen: Letztlich geht es um die Auseinandersetzung des abhängigen Kindes mit den Macht habenden und durch ihr Verhalten auch Macht ausübenden Eltern.

Doch dieses Über-Ich ist von Anfang schon *gesellschaftlich überformt*, denn „im Elterneinfluss wirkt natürlich nicht nur das persönliche Wesen der Eltern, sondern auch der durch sie fortgepflanzte Einfluss von Familien-, Rassen- und Volkstradition sowie die von ihnen vertretenen Anforderungen des jeweiligen sozialen Milieus. Ebenso nimmt das Über-Ich im Laufe der individuellen Entwicklung Beiträge von Seiten späterer Fortsetzer und Ersatzpersonen der Eltern auf, wie Erzieher, öffentliche Vorbilder, in der Gesellschaft verehrter Ideale." (Freud 1938, S. 10 f.)

Für eine Theorie der Sozialisation kann man aus Freuds Überlegungen, wie es zur Ausbildung eines Über-Ichs kommt und was seine Funktion ist, den Schluss ziehen: Gelänge es der Gesellschaft nicht, durch frühen Einfluss im Über-Ich eines jeden Individuums die gesellschaftlichen Werte und Normen fest zu etablieren, wäre eine verlässliche Ordnung nicht zu bekommen und nicht zu halten.

2.5 Lernen unter den Bedingungen der Umwelt (Watson)

Eine völlig andere Erklärung, wie der Mensch dazu gebracht wird, sich in einer bestimmten Weise zu verhalten, hat im ersten Drittel des 20. Jahrhunderts der amerikanische Behaviorismus gegeben. Diese psychologische Theorie ist insofern für eine soziologische Theorie der Sozialisation interessant, weil sich aus ihr manche Hoffnungen ableiten lassen, Sozialisationsprozesse zu steuern.

Der russische Physiologe Iwan P. Pawlow hatte festgestellt, dass bestimmte Reize körperliche Reaktionen beim Tier auslösten. So hatte er beobachtet, dass es bei einem Hund zum Speichelfluss kam, sobald er den Futternapf sah. Das erfolgte auch, wenn dabei gleichzeitig eine Glocke ertönte. Interessanterweise kam es auch dann zu einem Speichelfluss, wenn nur die Glocke ertönte. Es wurden also von außen Bedingungen geschaffen, die zu bestimmten Verhaltensweisen führten. Das Verhalten des Tieres wurde also *konditioniert*. Der amerikanische Psychologe Edward Lee Thorndike entdeckte einen zweiten Zusammenhang: Zufällige Reaktionen, die belohnt wurden, setzten einen Lernprozess in Gang. So hatte eine Katze im Käfig zufällig einen Hebel betätigt, worauf Futter ausgeschüttet wurde. Andere Hebel spendeten kein Futter. Nach und nach „lernte" die Katze nun, welcher Hebel der richtige war. Es handelt sich also um ein *Lernen am Erfolg*. Dieses

Lernen durch *Versuch* und *Irrtum* dauerte zwar einige Zeit, aber dafür klappte es schließlich auch umso besser. Später kamen noch Theorien hinzu, in denen Lernen durch die Imitation von *Modellen* erklärt wird. Aus diesen psychologischen Theorien hat sich für die Sozialisationsforschung die Annahme ergeben, dass die konkrete *Umwelt* einen entscheidenden Einfluss auf das soziale Verhalten hat.

Damit lag der Schluss nahe, dass man bei entsprechender Veränderung des Lernmilieus auch das *Verhalten steuern* könnte. Genau dies hat dann der amerikanische Psychologe JOHN B. WATSON (1878–1958) auch versprochen. Er vertrat die These, dass Verhalten durch äußere Reize ausgelöst wird. Dieses Verhalten nannte er Reaktion. Der Mensch *lernt*, welche Reaktionen zu welchem Erfolg führen. Auf diese Weise generalisiert er die Reaktionen und bildet ein zweckmäßiges Verhalten aus. Wer in der Schule mal erfahren hat, dass vorwitzige Sprüche bei den Klassenkameraden immer gut, bei der Lehrerin aber überhaupt nicht ankommen, wird sein Verhalten auf die jeweilige Situation abstellen. Verhalten ist also *konditionierte Reaktion*. Nur dieses beobachtbare Verhalten interessierte Watson. Was Andere über das sagten, was in der „black box" – Seele oder Kopf oder irgendetwas Ähnliches – passiert, hielt er für reine Spekulation. Den Glauben an die Existenz eines Bewusstseins verwies er in die „alten Zeiten des Aberglaubens und der Magie." (Watson 1930, S. 36) Wegen dieser Konzentration auf objektives Verhalten wird die Theorie auch *Behaviorismus* genannt.

Watson lehnte auch Annahmen über „Begabung, Neigung und die Vererbung aller sogenannten ‚seelischen' Eigenschaften" ab: „Das was nach der Geburt geschieht, macht den einen zum Holzfäller und zum Wasserträger, den anderen zum Diplomaten, Dieb, zum erfolgreichen Geschäftsmann oder weltberühmten Wissenschaftler." (Watson 1930, S. 114) Wir werden, was wir lernen! Gegen die Annahme, dass die genetische Ausstattung über die kognitive und soziale Entwicklung eines Menschen entscheide, setzt die lerntheoretische Sozialisationstheorie auf den Einfluss des Milieus. Lapidar konstatierte Watson: „Im allgemeinen sind wir das, was die Situation von uns fordert." (Watson 1930, S. 272) Der Mensch, das ist die zentrale These des Behaviorismus, ist ein *Produkt seiner Umwelt*. So hatte es schon im frühen 19. Jahrhundert der englische Utopist und Sozialreformer Robert Owen gesehen. Mit dem Motto „man is the creature of circumstances" wollte er in einer gezielten Erziehung eine neue Gesellschaft herbeiführen.

Ähnliches schwebte wohl auch Watson vor, der gegen die Annahme, unser Verhalten würde von natürlichen Instinkten beeinflusst, einwandte: Alles, was als „Instinkt" bezeichnet wird, ist „größtenteils das Ergebnis von Übung und Erziehung – gehört also zum *erlernten Verhalten* des Menschen." (Watson 1930, S. 115) Fest davon überzeugt, man könne mit einem gezielten Arrangement von Reizen jeglichen Lernerfolg erzielen, gab er ein berühmtes Versprechen ab: „Gebt mir ein Dutzend gesunder, wohlgebildeter Kinder und meine eigene Umwelt, in der ich sie erziehe, und ich garantiere, dass ich jedes nach dem Zufall auswähle und zu einem Spezialisten in irgendeinem Beruf erziehe, zum Arzt, Richter, Künstler, Kaufmann oder zum Bettler und Dieb, ohne Rücksicht auf seine Begabungen, Neigungen, Fähigkeiten, Anlagen und die Herkunft seiner Vorfahren. (...) Persönlichkeit ist nichts anderes als das Endprodukt unserer Gewohnheitssysteme." (Watson 1930, S. 123 u. 270)

Verhalten ist konditionierte Gewohnheit. Dieser Optimismus durchzieht natürlich die meisten pädagogischen Theorien, und in der Soziologie haben übereifrige Praktiker die Sozialisationstheorien, die die Bedeutung des Milieus betonen, auch so verstanden. Doch eine soziologische Sozialisationsforschung kann sich nicht auf die schiere Reaktion auf irgendeinen äußeren Reiz beschränken, sondern muss nach dem *Sinn* fragen, den ein Individuum äußeren Bedingungen beimisst, und danach, wie es sein Verhalten in *aktiver* Auseinandersetzung mit anderen Individuen *selbst* organisiert.

Um diese Fragen geht es in der Theorie von George Herbert Mead, die sich nach Name und Inhalt auf die eben behandelte Lerntheorie von Watson bezieht, sich aber in entscheidenden Punkten von ihr entfernt.

2.6 Integration in einen organisierten Verhaltensprozess (Mead)

GEORGE HERBERT MEAD (1863–1931) selbst hat den Begriff Sozialisation nicht verwandt, aber er hat einige wichtige Erklärungen geliefert, wie dieser Prozess, den man nach seiner Theorie als Integration in einen „organisierten gesellschaftlichen Erfahrungs- und Verhaltensprozess" (Mead 1934, S. 300 f.) ansehen kann, abläuft. Diesen Prozess muss man sich als *Kommunikation* zwischen konkreten Individuen und zwischen dem Individuum und dem sog. „generalisierten Anderen" vorstellen. Indem die Individuen wechselseitig ihr Verhalten beobachten, stimmen sie ihre Reaktionen unmerklich aufeinander ab und integrieren sich so fortlaufend in einen *gesellschaftlichen* Prozess, den sie durch ihre Kommunikation *selbst* mit schaffen. Die Gesellschaft ist ein „universe of discourse". (Mead 1934a, S. 89 f. u. 156) Einige Elemente dieser Erklärung habe ich schon genannt[4] und werde sie nur kurz wiederholen. In diesem Kapitel will ich genauer auf die *soziale Entwicklung des Individuums* eingehen.

Als Psychologe orientierte sich Mead, der während seines Deutschlandaufenthaltes Vorlesungen bei dem experimentellen Psychologen Wilhelm Wundt und

---

4 Vgl. Band 1, Kap. 3.8 *Gesellschaft – Ordnung als Diskurs* und Kap. 4.4 *Institutionen – sich feststellende Gewohnheiten* und oben Kap. 1.3 *Erfahrung des Richtigen, Generalisierung des Guten.*

dem Soziologen Georg Simmel gehört hatte, an der damals in den USA vorherrschenden Theorie des *Behaviorismus,* die maßgeblich von seinem Kollegen im Nachbardepartement, John B. Watson, vertreten wurde. Danach ist der Mensch ein Wesen, das auf Reize seiner Umwelt nur *reagiert.* Gegen diese Annahme stellte Mead eine Theorie der *Kommunikation,* wonach der Mensch die Reize *reflektiert* und seine Reaktionen selbst steuert, und außerdem betonte er, dass die Kommunikation zwischen den Menschen vor allem über *soziale Reize,* d. h. über wechselseitig wahrgenommenes *Verhalten,* erfolgt. Deshalb bezeichnete er seine Theorie auch als *Sozialbehaviorismus.*

Vom strengen Behaviorismus Watsons, der Begriffe wie „Geist" oder „Bewusstsein" als falsch ablehne und „alle geistigen Phänomene auf bedingte Reflexe und ähnliche physiologische Reflexe" reduziere (Mead 1934, S. 48), unterschied sich Mead, indem er genau das als Auszeichnung des Menschen gegenüber dem Tier annahm. Der Mensch entwickelt nämlich aus der Erfahrung des Verhaltens Anderer und seines Verhaltens darauf ein Bewusstsein von sich selbst und den Anderen; aus diesem *eigenen* Bewusstsein heraus handelt er *aktiv* und *organisiert* seine soziale Umwelt *selbst.* Um diese *tätige* Auseinandersetzung des Menschen mit seiner Welt geht es in Meads Theorie der spezifisch menschlichen Kommunikation vor allem.

Im Zentrum dieser Theorie, die ich an anderer Stelle[5] noch weiter ausführen werde, steht die Annahme, dass Menschen sich an ihren Gesten *(gestures)* wahrnehmen und sich in ihrem gemeinsamen Handeln wechselseitig an ihren Reaktionen auf diese Gesten orientieren. Unter einer *Geste* kann man alles wahrnehmbare *Verhalten,* wozu auch die Sprache gehört, verstehen: vom schlurfenden Gang über die den erhobenen Zeigefinger bis zur scharfen Tonlage. Gesten sind der grundlegende Mechanismus *(basic mechanism),* der eine *soziale Handlung (social act)* auslöst und, indem er *passende Reaktionen (appropriate responses)* des einen auf das Verhalten des Anderen ermöglicht, den *sozialen Prozess (social process)* in Gang hält. (vgl. Mead 1934, S. 45 u. 52; 1934a, S. 7 u. 13 f.)

In Gesten kommen Haltungen *(attitudes)* zum Ausdruck, weshalb Mead sie auch als „Anfänge sozialer Handlungen" und Teil der *Organisation* einer sozialen Handlung bezeichnet. (Mead 1934, S. 82 f.; 1934a, S. 16 u. 43 f.). Ihre Funktion ist, Reaktionen bei anderen hervorzurufen. Diese Reaktionen werden wiederum zum Reiz „für eine neuerliche Anpassung" der darauf erfolgenden Gegenreaktion, „bis schließlich die endgültige soziale Handlung zustande kommt". (Mead 1934, S. 83) Im Zusammenspiel *(interaction, interplay)* der Reaktionen bildet sich schließlich die angemessene, *gemeinsame* soziale Handlung heraus.

---

5 Unten Kap. 5.4 *Interaktion – Verschränkung der Perspektiven.*

In diesem Zusammenspiel der Reaktionen auf Gesten gibt es einen wichtigen Unterschied zwischen Mensch und Tier. Ein Tier reagiert auf eine Geste sofort und in festgelegter, instinktiver Weise, während der Mensch von einer bestimmten Stufe seiner geistigen Entwicklung und sozialen Erfahrung an in der Lage ist, seine Reaktion zu *verzögern*. (Mead 1934, S. 139 f.) Der Mensch überlegt erst einmal, was die Geste in der konkreten Situation *bedeuten* könnte. Wenn wir einen Stock schwingen, nimmt der Hund automatisch Reißaus (hoffentlich!), wenn jemand vor unseren Augen einen Stock schwingt, kann das in der einen Situation eine Drohung bedeuten, in der anderen, dass sich jemand als lustiger Laiendirigent aufführt. Wir denken also darüber nach, welche *Idee* hinter dem Verhalten des Anderen steht, was der *Sinn (meaning)* dieses Verhaltens in dieser Situation ist, und entscheiden uns dann für eine bestimmte Reaktion. Diese komplexe Auszeichnung des Menschen, den Sinn einer Situation zu reflektieren, nennt Mead *Geist (mind)*. (Mead 1934, S. 86) Geist bedeutet die Fähigkeit des Menschen zu *denken* und ein *Bewusstsein* von sich und seiner Welt zu entwickeln. Diese Fähigkeit ist dem Menschen nicht vorab gegeben, sondern aus der *Erfahrung sozialer Gesten* entstanden.

Wie kommt es zu der Vorstellung, dass hinter einer Geste eine bestimmte Idee, eine Handlungsabsicht steht, und was bewirkt diese Vorstellung für gemeinsames Handeln? Die Sozialpsychologie Meads erklärt es so: Indem wir die Erfahrung machen, dass eine bestimmte Geste in ganz bestimmten Situationen immer wieder erfolgt, wird sie uns zur *typischen* Geste, und indem wir diese typische Geste mit den handelnden Personen – uns eingeschlossen! – zusammenbringen, verdichtet sich in uns der Gedanke, dass hinter der Geste eine bestimmte Idee steht, die uns in dieser Situation und bei diesem sozialen Handeln verbindet. Wenn eine Geste von allen Beteiligten als Ausdruck einer gemeinsamen Idee verstanden wird, spricht Mead von einem *signifikanten Symbol*. (Mead 1934, S. 85 u. 188 f.)

In signifikanten Symbolen sind ganze Erfahrungskomplexe gebündelt. Sie verweisen über die konkrete Situation hinaus auf einen weiteren Sinnzusammenhang. Deshalb werden nicht nur typische Verhaltensweisen als signifikante Symbole bezeichnet, sondern auch die Formen, in denen die Voraussetzungen und Produkte von Verhalten zum Ausdruck kommen. Wenn uns jemand ein Kreuz vorhält, dann nehmen wir nicht nur zwei Stäbe wahr, die quer zueinander befestigt sind, sondern die einen assoziieren eine Erlösungsgeschichte und andere vielleicht eine Unterdrückungsgeschichte. Symbole bringen einen Sinn einer Situation oder eines sozialen Phänomens zum Ausdruck. Wenn wir nun handeln, dann orientieren wir uns an diesen Symbolen und stellen uns vor, welcher Sinn aktuell in Rede steht.

Aus Erfahrungen mit typischem Verhalten *konkreter Anderer* entstehen bestimmte *Erwartungen*, wie ein konkreter Anderer in einer bestimmten Situation handeln wird. Mit der Erweiterung der sozialen Erfahrungen mit vielen Anderen bilden sich allmählich *allgemeine* Erwartungen heraus. Diese kollektiven Vorstellungen, die über die Erwartungen konkreter Anderer hinausgehen, werden von Mead als der *generalisierte Andere (the generalized other)* bezeichnet. (Mead, 1934, S. 196) Im Grunde ist der „generalisierte Andere" der gedachte Horizont der Vorstellungen, was „man" in einer bestimmten Situation gewöhnlich so tut und was man deshalb auch von allen Beteiligten mit Fug und Recht erwarten kann.

Bevor ich erkläre, wie sich die Orientierung am generalisierten Anderen einstellt, muss ich kurz auf eine weitere Besonderheit der menschlichen Kommunikation eingehen. Neben der Fähigkeit des Menschen, über den Sinn eines Verhaltens in einer bestimmten Situation erst einmal nachzudenken, ehe er reagiert, zeichnet ihn noch etwas anderes aus: die Fähigkeit zur *Rollenübernahme (taking the role of the other)*. (Mead 1934, S. 113; 1934a, S. 73) Manchmal erfolgt sie bewusst, in der Regel aber unbewusst. Rollenübernahme heißt, dass ich mich, bevor ich handle, in die Rolle des Anderen hineinversetze und mir vorstelle, wie er auf mein Verhalten reagieren wird. Ich denke also über mein Verhalten und seine Reaktion auf mein Verhalten von seinem Standpunkt aus nach!

Verbindet man nun die Vorstellung, dass ego und alter, wie ich die beiden sich aufeinander Beziehenden mal nennen will, in einer konkreten Interaktion[6] wechselseitig die Rolle des Anderen übernehmen, mit der begründeten Annahme, dass sie Gesten und Symbole in dergleichen Weise interpretieren und sich damit auf das beziehen, was als organisiertes Verhalten typisch für eine soziale Gruppe oder Gemeinschaft ist, dann wird klar, warum die Übernahme der Rolle des Anderen immer auch eine Form der sozialen Integration ist! Indem ego und alter nämlich ihre möglichen Reaktionen ins Kalkül ziehen, unterziehen sie ihr Verhalten einer *sozialen* Kontrolle. Sie revidieren vielleicht ihre Handlungsabsichten oder bestärken sie und lösen ein bestimmtes Handeln in sich aus, das dann wieder das Handeln des Anderen beeinflusst. Auf diese Weise *verschränken*[7] sich in der wechselseitigen Rollenübernahme auch die Perspektiven wechselseitig. Der Mechanismus der Übernahme der Rolle des Anderen dient dazu, „den Einzelnen und seine Handlungen im Hinblick auf den organisierten gesellschaftlichen Erfahrungs- und Verhaltensprozess zu integrieren." (Mead 1934, S. 301) Aus der Sicht einer Theorie der Sozialisation kann man sagen: indem wir uns wechselseitig in unserem Verhalten beobachten und unsere Reaktionen unter der Maßgabe des

---

6 Der Begriff „Interaktion" kommt bei Mead an einigen Stellen vor, wird von ihm aber nicht systematisch entwickelt. Ich verwende ihn in dem Sinn wechselseitiger Reaktionen und fortlaufender sozialer Beziehungen zwischen Individuen und meine, dass er zur Beschreibung des Prozesses der Sozialisation hilfreich ist.

7 Das werde ich noch einmal in Kap. 5.4 *Interaktion – Verschränkung der Perspektiven* ansprechen.

generalisierten Anderen *kontrollieren,* betreiben wir unsere Sozialisation selbst, – aber in ständiger Interaktion mit den Anderen.

Nun stellt sich die Frage, wie diese Integration in den gesellschaftlichen Erfahrungs- und Verhaltensprozess überhaupt in Gang kommt. Nach Mead entwickelt das Kind die Fähigkeit, sich in die Rolle eines konkreten Anderen hineinzuversetzen und sich schließlich am generalisierten Anderen zu orientieren, in zwei Phasen. (vgl. Mead 1934, S. 194 ff.) Die erste Phase ist das Rollenspiel, das Mead als *play* bezeichnet. Im *play* schlüpft das Kind in die Rolle wichtiger Bezugspersonen, so genannter *signifikanter Anderer.* Es denkt und handelt von ihrem Standpunkt aus und imitiert ihr Verhalten. Deshalb *tut* es auch *nicht* so, *als ob* es der Andere wäre, sondern es *ist* der Andere in diesem Augenblick. Es ist die schimpfende Mutter, und es ist das Krokodil, das dem Kasper ans Zeug will. Und wenn der Knabe mit Begeisterung und Hingabe ganz allein für sich den Ball vors Garagentor wummert, dann ist er der große Ronaldo oder der quirlige Messi. Im *play* nimmt das Kind in seinem Handeln immer jeweils *eine* bestimmte Perspektive ein.

Nach und nach gerät das Kind aber in Spielsituationen, an denen mehrere Handelnde gleichzeitig beteiligt sind und z. B. mit großer Begeisterung einen Ball vor sich hertreiben. Die Begeisterung bringt das Kind schon mit, und es stürzt sich unbefangen ins Getümmel, um gleich zu merken, hier kann man nicht tun, was man will, sondern es gibt offensichtlich bestimmte Regeln, an die sich alle halten müssen, und die Anderen spielen auch ganz verschiedene Rollen. Ein solches geregeltes Spiel nennt Mead *game.* Wenn das Kind mitspielen will, muss es das Prinzip des Spiels verstehen und akzeptieren. Im *game* muss jeder die Rolle, die ihm zugedacht ist oder die er beansprucht, *richtig* spielen, und er muss gleichzeitig wissen, warum und wie er auf das Handeln aller Anderen reagieren muss. Er muss sozusagen den Geist des Spiels erfassen und die Rollen *aller* Beteiligten mehr oder weniger in seinem Kopf präsent haben. Ein Zusammenspiel ist nur möglich, wenn sich die Perspektiven und Haltungen eines jeden *verschränken.*

Während das Kind mit seiner Puppe oder allein mit seinem Ball vor der Garage nur eine *einzige* Perspektive *eines* Anderen einnahm, muss sich das Kind nun in die Perspektive vieler Anderer zugleich hineinversetzen. In diesem *game,* in dem die Handlungen aller Beteiligten sich gegenseitig beeinflussen, reicht es nicht aus, wenn man sich nur auf seine *eigene* Aufgabe oder die nur *eines* Mitspielers konzentriert, sondern man muss im Prinzip die tatsächlichen und *möglichen* Handlungen und Haltungen *aller* Beteiligten vor Augen haben. Die Summe aller Haltungen in einer bestimmten Gemeinschaft oder Gruppe bezeichnet Mead als den *generalisierten Anderen* oder als „generalisierte Haltung" *(generalized attitude).* (vgl. Mead 1934, S. 196 f. u. 210; 1934a, S. 153 f. u. 167)

Im *play* geht das Kind in der Rolle *eines* signifikanten Anderen ganz auf, im *game* muss es sich genau davon entfernen und das Prinzip des Handelns *eines* je-

den, also eines generalisierten Anderen in einer bestimmten Rolle erfassen und danach handeln. Letztlich wächst das Kind in immer größere symbolische Welten hinein und lernt ihre Regeln zu begreifen. Es spielt nicht mehr nur seine Rolle und versteht nicht nur die Rolle seiner unmittelbaren Partner in der *konkreten* Interaktion, sondern es erfährt, dass es in der Familie, in einer Organisation, in der Gesellschaft *allgemeine* Vorstellungen gibt, wie zu handeln ist. Insofern kann man den generalisierten Anderen auch als die Summe der Erwartungen aller, und letztlich als die Normen und Werte der Gesellschaft, die in einer bestimmten Situation relevant sind, bezeichnen. Sozialisation ist nach der Theorie Meads fortlaufende Interaktion zwischen konkreten Individuen mit bestimmten Erwartungen und ganz allgemein Kommunikation zwischen dem Individuum und dem generalisierten Anderen. Letzteres ist auch in dem Sinne zu verstehen, dass das Individuum sich auf die gerade genannten *generellen Haltungen,* die es „seitens aller Mitglieder der Gemeinschaft auf eine bestimmte Situation" (Mead 1934, S. 308) gibt, einzustellen hat. Mead hat diese, aus der wechselseitigen Abstimmung gemeinsamen Handelns entstandenen, Vorstellungen und Regelungen *organisierte Haltungen* oder *Institutionen*[8] genannt. Auch sie werden im Prozess der Sozialisation erworben und in wechselseitigem, fortlaufendem Handeln bestätigt.

Mit dem Begriff *Sozialbehaviorismus* wollte sich Mead auch noch von der zweiten großen psychologischen Theorie seiner Zeit abgrenzen, von der „mehr oder weniger phantastischen Psychologie der Schule Freuds". (Mead 1934, S. 255) Sein Vorbehalt gegen eine „Philosophie der Bewusstseinsebenen" (Mead 1934, S. 43 Anm. 3) hängt sicher auch damit zusammen, dem Individuum ein Stück Freiheit zu erhalten: Mead sah das Individuum eben nicht determiniert durch unbewusste seelische Vorgänge, die in der frühesten Kindheit abliefen und dann nur noch Variationen eines festliegenden Grundthemas zuließen. Das Individuum hat es durch sein konkretes Verhalten selbst in der Hand, was aus ihm wird.

Herbert Blumer, der nach Meads plötzlichem Tod dessen Vorlesung übernahm, hat die Theorie der Kommunikation nach und nach in eine Theorie der *Symbolischen Interaktion* überführt. Der *Symbolische Interaktionismus*[9] gehört zu den interpretativen Theorien, die nicht die Normativität von Gesellschaft, Struktur oder Rolle, sondern das Individuum und seine Fähigkeit, die Bedingungen seines Handelns selbst zu gestalten, in den Mittelpunkt soziologischer Analyse stellen. Nach Blumer handeln Menschen Dingen gegenüber auf der Grundlage der *Bedeutungen,* die die Dinge für sie haben. Zu Dingen zählt Blumer materielle Objekte wie auch Ideen, konkrete Personen und ihr Verhalten wie auch Institu-

---

8   Vgl. Band 1, Kap. 4.4 *Institutionen – sich feststellende Gewohnheiten.*
9   Diese Theorie werde ich in Kap. 5.6 *Symbolische Interaktion, Definition der Situation* ausführlicher behandeln.

tionen oder kollektive Überzeugungen. Indem die Individuen Dingen und Handlungen bestimmte Bedeutungen beimessen, *definieren* sie den Sinn der aktuellen Situation. Das hat Folgen für sie und für die Anderen, denn „wenn Menschen Situationen als real definieren, sind auch ihre Folgen real." (Thomas u. Thomas 1928, S. 114) Die Bedeutungen, die die Individuen der Situation beimessen, werden in einem *interpretativen Prozess* gehandhabt und durch ihn modifiziert. (Blumer 1969, S. 81) In ihren Interaktionen reagieren alle unbewusst fortlaufend auf die Definitionen der anderen, handeln dadurch gewissermaßen den Sinn ihrer Interaktion aus und verständigen sich auf eine gemeinsame Definition der Situation. Sozialisation kann man nach dieser Theorie als unablässige Aushandlung der Bedingungen und Möglichkeiten angemessenen sozialen Handelns verstehen. Hier liegt eine soziologische Erklärung, warum der Begriff der „sozialisatorischen Interaktion" zu einem Topos der jüngeren Sozialisationsforschung wurde. Darauf komme ich gleich zurück. Die große Resonanz des Interaktionismus hat aber auch damit zu tun, dass in ihm das Subjekt aufgewertet wurde, das praktisch seine Sozialisation selbst in der Hand hatte.

Wenn man Meads implizite Sozialisationstheorie als „Integration in einen organisierten Verhaltensprozess" (Mead 1934, S. 301) liest, darf das daher nicht als Zurichtung des Individuums durch die geregelte Gesellschaft, die Normen und Institutionen, verstanden werden, sondern es geht um die fortlaufende Kommunikation, in der die Handelnden sich gegenseitig den Sinn ihres Handelns und bestehender Regelungen anzeigen und dadurch *selbst* entscheiden, ob und wie sie sich in die Gesellschaft integrieren. Wie ich im Kapitel über „Ordnung als Diskurs"[10] gezeigt habe, unterstellt Mead bei diesen Kommunikationen das Prinzip einer idealen Gesellschaft. Sicher. Aber sie muss wenigstens gedacht werden können! Sonst wären Fragen nach der Legitimität der sozialen Ordnung kaum möglich, und Sozialisation wäre nichts anderes als Ausführung festliegender Rollen. Das ist das Problem – vielleicht auch die Sicherheit! – in der Theorie von Talcott Parsons.

2.7 Lernen von Rollen, Herstellung funktional notwendiger Motivation (Parsons)

Als der Begriff Sozialisation zum ersten Mal in einer soziologischen Zeitschrift auftauchte, geschah das in einem interessanten Zusammenhang. Im ersten Heft des American Journal of Sociology veröffentlichte im Jahre 1896 einer der Gründungsväter der amerikanischen Soziologie, Edward A. Ross[11], einen Beitrag un-

---

10 Band 1, Kap. 3.8 *Gesellschaft – Ordnung als Diskurs.*
11 Siehe oben Kap. 2.2 *The development of a social nature or character.*

ter dem Titel „Social control". In diesem Aufsatz werden zwei Mechanismen genannt, durch die die Gesellschaft ihre schwierige Aufgabe bewältigt, „die Gefühle und Wünsche der Individuen so zu formen, dass sie den Bedürfnissen der Gruppe entsprechen": soziale Kontrolle und Sozialisation. (Geulen 1991, S. 22) Den wichtigsten Beitrag zu einer Sozialisationstheorie, die dieses funktionale Interesse der Gesellschaft an der inneren Formung ihrer Mitglieder über die möglichen Interessen der Mitglieder selbst stellt, hat zweifellos TALCOTT PARSONS (1902–1979) geliefert. Für ihn hat Sozialisation vor allem die Funktion, soziale Ordnung[12] zu ermöglichen und zu erhalten.

Ganz neutral versteht Parsons unter „Sozialisation den gesamten Komplex von Prozessen, durch welche Personen zu Mitgliedern der gesellschaftlichen Gemeinschaft werden und diesen Status beibehalten." (Parsons 1966, S. 24) Doch aus *gesellschaftlicher* Sicht ist dieser Prozess der Sozialisation immer ein heikles Problem, das sich in jedem Augenblick stellt, wo ein Mensch geboren wird. Parsons wählt ein bezeichnendes Bild für das, womit die *Gesellschaft* permanent rechnen muss und was sie um *ihres* Erhaltes willen deshalb permanent sicherstellen muss: „What has sometimes been called the ‚barbarian invasion' of the stream of newborn infants is, of course, a critical feature of the situation of any society. Along with the lack of biological maturity, the conspicious fact about the child is that he has to learn the patterns of behavior expected of persons in his statutes in his society." (Parsons 1951, S. 208)

Im Prozess der Sozialisation sollen dem Individuum nicht nur allgemein die herrschenden Werte und Normen der Gesellschaft nahegebracht werden, sondern es soll konkret seine *sozialen Rollen* lernen. Auf Parsons' Rollentheorie gehe ich noch ausführlich ein.[13] Hier nur so viel: Jede Gesellschaft ist überwölbt von einem System der *Werte*, worunter Parsons „die von den Mitgliedern geteilten Vorstellungen einer erstrebenswerten Gesellschaft" versteht. (Parsons 1958, S. 449)[14] Gesellschaftliche Regelungen, wie nach diesen generellen Wertvorstellungen die Individuen handeln *sollen*, werden als *Normen* bezeichnet. Werte bilden den Hintergrund für soziale *Erwartungen* an alle Mitglieder eines sozialen Systems. Diese Erwartungen sind dauerhaft festgestellt in *Rollen,* die unabhängig von konkreten Individuen existieren und für *alle* gesellschaftlich angemessenes Verhalten definieren. Rollen haben eine *normative Funktion.*

Aufgabe der Sozialisation ist es, die Bedürfnisse, Erwartungen und Kompetenzen der Individuen kontinuierlich und zuverlässig an die vorgegebene soziale Ordnung anzupassen. (vgl. Parsons 1951, S. 42) Das wichtigste Problem im Ver-

---

12 Vgl. Band 1, Kap. 3.9 *Normative Integration.*
13 Siehe unten Kap. 3.1 *Rolle – normative Erwartung.*
14 Siehe oben Kap. 1.4 *Werte bestimmen die Richtung des Handelns.*

hältnis zwischen Gesellschaft und Individuum besteht darin, in ihm „eine adäquate Motivation zur Partizipation an sozial bewerteten und kontrollierten Formen des Handelns" zu entwickeln und zu erhalten. (Parsons 1966, S. 24) Im Individuum soll eine feste *Wertbindung (commitment)* hergestellt werden, und es muss dazu gebracht werden, freiwillig seine Rollen spielen zu *wollen*, wie es sie im Rahmen einer gegebenen sozialen Ordnung spielen *soll*.

Wenn Sozialisation im Sinne der Gesellschaft gelingen soll, bedarf es des *willentlichen Engagements* des Individuums. Diese These ist Teil einer *voluntaristischen*[15] Handlungstheorie (vgl. Parsons 1945, S. 55 ff.), wonach „Werte und Normen (…) sich im Handeln nicht von selbst" verwirklichen, sondern „durch die *Anstrengung* des Individuums im Handeln zur Geltung gebracht werden" müssen. (Miebach 2006, S. 70) Sozialisation bedeutet, in allen Mitgliedern der Gesellschaft eine entsprechende Motivation herzustellen.

Die bei weitem wichtigsten Agenturen der Sozialisation und Motivation sind die Familie und die Schule. Die *Familie* ist der primäre Ort der *Enkulturation*, indem dem Kind, vermittelt über das Denken und Handeln seiner Eltern, die *kulturellen Werte* der Gesellschaft nahegebracht werden. In der Familie wird sein Persönlichkeitssystem grundgelegt. Die Familie ist darüber hinaus der primäre Ort der *Sozialisation*, indem das Kind mit den *sozialen Mechanismen* und *Rollen* seiner Gesellschaft vertraut gemacht wird. Dort lernt es die entscheidenden sozialen Differenzierungen nach *Alter* und *Geschlecht*.

Parsons, der sich bei der Darstellung der Sozialisationsfunktion der Familie an Freuds Theorie der Entwicklung des Über-Ich orientiert, unterscheidet fünf Phasen der Sozialisation: (1) In der ersten Phase ist das Kind völlig abhängig von der Mutter, mit der es eine solidarische „Dyade" bildet. Diese Paarbeziehung ist durch enge und dauerhafte Wechselwirkung gekennzeichnet. Natürlich befindet sich die Mutter „in der überwältigend dominierenden Machtposition", indem sie z. B. die Stillzeiten bestimmt, aber schon auf dieser Stufe handelt der Säugling aktiv, indem er z. B. durch Schreien die Mutter veranlasst, sich ihm zuzuwenden. (Parsons 1958b, S. 107) (2) In der zweiten Phase wird vom Kleinkind schon erwartet, dass es bewusst bestimmte Leistungen erbringt, die in dieser Gesellschaft von allen Kindern dieses Alters verlangt werden. Ich nenne nur das leidige Thema „Schon trocken?!". In dieser Phase lernt das Kind auch zu sprechen und übernimmt damit auch die sozialen Bezeichnungen der Dinge. Gleichzeitig nimmt es über diese neue Form der Kommunikation Kontakt zu den anderen Mitgliedern der Familie auf.

(3) In der dritten Phase, die der ödipalen bei Freud entspricht, lernt das Kind, dass es jünger ist als seine Eltern und dass es Unterschiede zwischen Vater und

---

15 Voluntas – lat. Wille.

Mutter gibt. Es lernt die entscheidenden sozialen Differenzierungen nach Alter und Geschlecht und damit auch die Rollen, die damit verbunden sind. Bezogen auf das Merkmal *Alter* lernt es den Zusammenhang von Hierarchie und Macht. Mit der Erfahrung des eigenen *Geschlechts* wird zugleich der gesellschaftliche Anspruch virulent, erotisch-emotionale Beziehungen zu Vater und Mutter zu neutralisieren. Das ist auch die Funktion des *Inzesttabus,* mit dem sich Parsons in einem großen Aufsatz auseinandergesetzt hat. (Parsons 1954) Sie besteht einmal darin, den Heranwachsenden aus der Familie hinauszutreiben, damit er neue, generelle gesellschaftliche Erfahrungen macht, zum anderen aber auch darin, ihn zu emotional distanzierten Rollenbeziehungen zu bewegen. Bezogen auf das Merkmal Geschlecht behält das Mädchen seine Identifizierung mit der Mutter bei und lernt, sich mit ihrer Rolle zu identifizieren, während sich der Junge wegen seiner emotionalen Bindung an die Mutter plötzlich in Konkurrenz zum Vater sieht. Diesen, ganz im Sinne der Psychoanalyse zu verstehenden Konflikt löst der Junge, indem er sich mit dem Vater identifiziert und dessen Rolle verinnerlicht. Was die Rolle des Vaters angeht, versteht Parsons sie als eine *instrumentelle* Rolle, d. h. in ihr werden die sachlichen Erwartungen der Gesellschaft repräsentiert, die man erfüllen muss, um dort erfolgreich zu sein. Die Rolle der Mutter bezeichnet Parsons dagegen als *expressiv,* d. h. in ihr kommen Orientierungen zum Ausdruck, die für die harmonische und solidarische Beziehung innerhalb der Gruppe wichtig sind.

(4) In der vierten Phase kommt das Kind in Kontakt zu sog. peer groups. Das ist die Spielgruppe mit Gleichaltrigen, dann der Kindergarten. Dort merkt das Kind, dass die *affektiven* Beziehungen in der Familie nicht gelten, sondern dass *neutrale,* sachliche Beziehungen gefragt sind. Es kann auch nicht mehr in einer Gesamtrolle Kind auftreten, sondern muss je nach Situation eine spezielle Rolle spielen. Während es in der Familie, egal was es getan hat oder nicht geschafft hat, immer das liebe Kind ist, zählt beim ersten Streit um das Klettergerüst im Kindergarten nur, was es hier und jetzt tut. Während sein Status in der Familie *zugeschrieben* ist (einmal goldig, immer goldig), hängt der Status in der Gruppe der Gleichaltrigen von seiner *Leistung* ab.[16] (5) In der fünften Phase, die die Schulzeit und den Beruf umfasst, lernt der Heranwachsende, sich an den generellen Erwartungen, die an jeden ohne Ansehen der Person gerichtet sind, zu orientieren. Vor allem aber muss er den Leistungsanforderungen gerecht werden, die in den einzelnen Teilsystemen der Gesellschaft gelten.

Sozialisation heißt für Parsons also – ich wiederhole – das Erlernen von sozialen *Rollen.* Jede Rolle in der Gesellschaft verlangt eine bestimmte Motivation vom Handelnden. Unter dieser Perspektive ist auch die Funktion der *Schule* zu se-

---

16 Auf diese Differenzierung der Orientierungen des Handelns nach Zuschreibung bzw. Leistung komme ich in Kap. 4.3 *Alternative Wertorientierungen des Handelns* zurück.

hen, der Parsons zwei Aufgaben attestiert: die Aufgabe der *Sozialisation* und die Aufgabe der *Allokation*.

In der *Schule* wird die Wertbindung weiter vertieft, indem die kulturellen Werte und Normen expliziert und legitimiert werden. Weiter besteht ihre *Sozialisationsfunktion* darin, Persönlichkeiten auszubilden, die „der Erfüllung von Erwachsenenrollen motivationsmäßig und technisch gewachsen" sind. (Parsons 1959, S. 349) Die Schule hat gleichzeitig die Funktion der *Allokation*. Das bedeutet, dass sie Arbeitskraft herstellt und verteilt. Da es immer weniger attraktive gesellschaftliche Positionen als individuelle Erwartungen und vor allem Fähigkeiten gibt, setzt dieser Prozess der Allokation immer auch *Selektion* voraus. Selegiert wird, indem Schüler nach dem Kriterium der Leistung differenziert und in entsprechende Karrieren eingewiesen werden. Wohlgemerkt: „Entsprechend" heißt, Art und Wege der Karrieren werden durch die Gesellschaft und nicht durch das Individuum definiert!

Ziel der Sozialisation – in der Familie wie auch in der Schule – ist es nicht nur, dass im Individuum die Werte und Normen fest verankert sind und dass es die gesellschaftlichen Rollen beherrscht, sondern dass es motiviert ist, seine *Rollen* so spielen zu *wollen,* wie es sie – *nach Maßgabe der sozialen Ordnung* – spielen *soll.*

Kritisch ist gegen Parsons eingewandt worden, er betrachte Sozialisation ausschließlich unter dem strukturfunktionalen Aspekt, wie sie zum *Erhalt sozialer Ordnung* beiträgt, und sehe Sozialisation dann als gelungen an, wenn die Individuen sich *rollenkonform* verhalten. Dennis Wrong hat Parsons ein „übersozialisiertes Menschenbild" (Wrong 1961) vorgehalten, in dem es keine Reste von Widerstand oder Andersheit mehr gibt – oder geben sollte. Das Individuum gehe völlig in seinen Rollen auf. Ralph H. Turner brachte dann eine weitere Kritik an. Er wandte gegen Parsons ein, er fixiere sich auf konformes Verhalten und blende aus, dass jeder Prozess des „role taking" zugleich ein interaktiver Prozess des „role making" ist. (Turner 1962) Dieser an Meads These der wechselseitigen Rollenübernahme angelehnte Einwand hat indirekt zu einer Neuausrichtung der Sozialisationstheorie geführt: Sie wendet sich dem Individuum zu und fragt, wie es sich *selbst* ausbildet und was es *gegen* die *Vereinnahmung* durch die Gesellschaft tun kann.

2.8 Kommunikatives Handeln, Rollendistanz, personale Identität (Habermas)

JÜRGEN HABERMAS (* 1929) löste 1968 mit seinen „Stichworten zu einer Theorie der Sozialisation" fast schlagartig eine kritische Diskussion über Inhalte und Ziele einer *gelingenden Sozialisation* aus. Er ließ sich zunächst auf die Rollentheorie ein, setzte ihr aber kritische Einwände entgegen, aus denen heraus er „*Grundqualifikationen des Rollenhandelns*" (Habermas 1968, S. 175) definierte, damit sich ein Subjekt *in* und *gegenüber* einem gegebenen Rollensystem behaupten kann. Auf diese Kritik gehe ich gleich[17] ausführlich ein. Hier nur so viel.

Habermas warf der normativen Rollentheorie vor, sie gehe von drei falschen Annahmen zum Verhältnis zwischen Gesellschaft und Individuum aus und betrachte letzteres nur „als Funktion" vorgegebener sozialer Strukturen. (Habermas 1968, S. 119)

(1) Sie unterstelle erstens, dass sich im Sozialisationsprozess „eine Kongruenz zwischen Wertorientierungen und Bedürfnisdispositionen" auf Seiten des Individuums und den in Rollen festgestellten Bedürfnisbefriedigungen ergeben hat. (Habermas 1968, S. 125) Tatsächlich müssen aber in jedem Rollenhandeln immer einige Bedürfnisse unterdrückt werden. Das muss, so Habermas, das Individuum aushalten lernen. Die entsprechende Grundqualifikation nennt er *Frustrationstoleranz*. (Habermas 1968, S. 128)

(2) Die Rollentheorie nehme zweitens an, die Beteiligten würden die Rollen *gleich definieren* und deshalb in gleicher Weise annehmen *(role-taking)*. Doch das sei nicht der Fall, denn soziale Rollen seien mehrdeutig *(ambigue)* und würden von den Handelnden unterschiedlich interpretiert. Rollen würden sozusagen erst in der konkreten Situation gemacht *(role-making)*. Die Grundqualifikation, die Mehrdeutigkeit der Rollen auszuhalten, bezeichnet Habermas als *Ambiguitätstoleranz*. Positiv gewendet ist sie die Voraussetzung, den Spielraum einer mehrdeutigen Rolle zu einer kontrollieren *Selbstdarstellung* zu nutzen. (Habermas 1968, S. 128)

(3) Drittens nehme die Rollentheorie an, die Individuen hätten in einem erfolgreichen Sozialisationsprozess die Normen so sehr internalisiert, dass sie sie zu ihrem eigenen Willen machen und sich konform verhalten. Dieser Annahme setzt Habermas entgegen, das Individuum verhalte sich keineswegs nur zwanghaft, sondern bringe sich auch *gegen* Rollenzumutungen ins Spiel. Diese Grundqualifikation bezeichnet er als *Rollendistanz*. „Autonomes Rollenspiel setzt beides voraus: die Internalisierung der Rolle ebenso wie eine nachträgliche Distanzierung von ihr." (Habermas 1968, S. 127)

Mit diesen drei *Grundqualifikationen des Rollenhandelns* hat Habermas sozusagen die *erste* Funktion gelingender Sozialisation benannt und die Perspektive der soziologischen Sozialisationsforschung ein Stück weit in Richtung *Subjekt* und *Individuation* verschoben. Diese Öffnung der Sozialisationsperspektive wird noch deutlicher, wenn Habermas schreibt, dass sich die genannten Grundqualifikationen auch als Kategorien „für einen soziologischen Begriff von Ich-Identität"

---

17 Kap. 3.4 *Die quasi dingliche Existenz von Rollen und die Entäußerung der Person.*

eignen. (Habermas 1968, S. 129)[18] Mit diesem Begriff benennt Habermas sozusagen die *zweite* Funktion gelingender Sozialisation: „Ich-Identität" besteht „in einer Kompetenz, die sich in sozialen Interaktionen bildet. Die Identität wird durch *Vergesellschaftung* erzeugt, das heißt dadurch, dass sich der Heranwachsende über die Aneignung symbolischer Allgemeinheiten in ein bestimmtes soziales System erst einmal integriert, während sie später durch *Individuierung,* das heißt gerade durch eine wachsende Unabhängigkeit gegenüber sozialen Systemen gesichert und entfaltet wird." (Habermas 1976, S. 68)

In der konkreten Auseinandersetzung mit seiner sozialen Welt soll sich das Individuum *seiner selbst bewusst* werden, aber es muss auch ein *moralisches Bewusstsein* entwickeln, um in und trotz seiner Individualität mit dieser sozialen Welt zu *interagieren* und sie als *kulturellen Rahmen* mitzutragen. Diesen Gedanken entwickelt Habermas in seinen beiden Aufsätzen „Notizen zur Entwicklung der Interaktionskompetenz" (Habermas 1974) und „Moralentwicklung und Ich-Identität" (Habermas 1976), in denen er Jean Piagets Theorie der *kognitiven Entwicklung* mit Lawrence Kohlbergs Konzept der Stufen des *moralischen Bewusstseins* verbindet. Mit *Piaget* nimmt Habermas an, dass sich die Fähigkeiten zu denken, zu sprechen und zu handeln „in einer zugleich konstruktiven und adaptiven Auseinandersetzung des Subjekts mit seiner Umwelt ausbilden". (Habermas 1974, S. 191) Über mehrere Stufen entwickelt sich die Fähigkeit, Rollen und andere Konventionen „im Lichte von Prinzipien" zu prüfen. (Habermas 1974, S. 199) Nach *Kohlberg* ist das die Stufe des postkonventionellen moralischen Bewusstseins. Es entwickelt sich eine *reflexive* Orientierung an *universellen* ethischen Grundsätzen, und auch die Einstellung zum eigenen Ich wird reflexiv, weshalb man bei gelingender Sozialisation die Identität auch als *Ich-Identität* bezeichnen kann. (vgl. Habermas 1976, S. 71 und 1974, S. 220)

In der „Theorie des kommunikativen Handelns" (1981b) öffnet Habermas die Sozialisationsperspektive hin zum Subjekt noch weiter, indem er den Begriff der *Persönlichkeit,* den er im Prinzip mit Ich-Identität gleichsetzt, mit einer *Theorie der Verständigung* zusammenbringt. Er schreibt: „Unter *Persönlichkeit* verstehe ich die *Kompetenzen,* die ein Subjekt sprach- und handlungsfähig machen, also instandsetzen, an Verständigungsprozessen teilzunehmen und dabei die eigene Identität zu behaupten." (Habermas 1981b, Bd. 2, S. 209) Verständigung ist Form und Ziel *kommunikativen* Handelns. In deutlicher Anlehnung an Meads These von der fortlaufenden wechselseitigen Rollenübernahme und den interpretativen Ansatz des Symbolischen Interaktionismus definiert Habermas kommunikatives Handeln als „Interaktion von (…) Subjekten", die fortlaufend eine „Verständigung

---

18 Vgl. unten Kap. 8.8 *Autonomie des Subjekts in und gegen Rollen, Ich-Identität als Balance.*

über die Handlungssituation" suchen, „um ihre Handlungspläne und damit ihre Handlungen einvernehmlich zu koordinieren." (Habermas 1981b, Bd. 1, S. 128)

Kommunikatives Handeln hat eine dreifache Funktion: „Unter dem funktionalen *Aspekt der Verständigung* dient kommunikatives Handeln der Tradition und der Erneuerung kulturellen Wissens; unter dem *Aspekt der Handlungskoordinierung* dient es der sozialen Integration und der Herstellung von Solidarität; unter dem *Aspekt der Sozialisation* schließlich dient kommunikatives Handeln der Ausbildung von personalen Identitäten." (Habermas 1981, Bd. 2, S. 208) In dieser Definition kommunikativen Handelns kommt der Paradigmenwechsel der Sozialisationsforschung Ende der 1960er Jahre sehr schön zum Ausdruck: Sozialisation – als Weitergabe von kulturellen Orientierungen – wurde mit Interaktion gleichgesetzt, und als vorrangiges Ziel dieses neu definierten Sozialisationsprozesses wurde nicht mehr die Integration des Individuums in die Gesellschaft, sondern die *Ausbildung eines Subjekts* ausgegeben.

2.9 Sozialisation als objektive und subjektive Konstruktion von Wirklichkeit

Zur Neuorientierung in der Sozialisationsforschung hat auch das Buch von PETER L. BERGER (1929–2017) und THOMAS LUCKMANN (1927–2016) über „Die gesellschaftliche Konstruktion der Wirklichkeit" (1966) beigetragen. Wie an anderer Stelle[19] gezeigt, vertreten Berger und Luckmann einen wissenssoziologischen Ansatz zur Erklärung, wie soziale Ordnung zustande kommt und wie das Individuum durch sein Denken und Handeln zum Erhalt dieser Ordnung beiträgt. In diesem Buch vertreten sie aber auch die These, dass sich das Individuum seine Wirklichkeit durchaus selbst zurechtlegt und den Rahmen seines Handelns und seiner Entwicklung immer wieder neu definiert.

Nach Berger und Luckmann kommt die Ordnung einer Gesellschaft im typischen kollektiven Wissen, in institutionalisierten gesellschaftlichen Regelungen und einer gemeinsamen Sprache zum Ausdruck. Das alles besteht schon lange bevor wir auf die Welt kommen. Die *Wirklichkeit*, in der wir leben, ist eine vorab geordnete Wirklichkeit und insofern eine *gesellschaftliche Konstruktion*. Die Ordnung wird uns im Prozess der *Sozialisation* vermittelt, und im Prozess der *Internalisierung* wird diese *objektive* Wirklichkeit „einverleibt". (Berger u. Luckmann, 1966, S. 139) Wir tragen diese geordnete Wirklichkeit weiter, indem wir so denken und handeln, wie „man" in dieser Gesellschaft denkt und handelt. Aber wir stellen die soziale Wirklichkeit auch *selbst* her, indem wir sie aus unserer ei-

---

19 Vgl. Band 1, Kap. 3.10 *Gesellschaftliche Konstruktion der Wirklichkeit*.

genen Perspektive betrachten, sie in den *Interaktionen* des Alltags zu eigenen Zwecken umdeuten, unser Handeln nach eigenen Zielen ausrichten und uns als Individuum gegen soziale Erwartungen ins Spiel bringen. Indem wir selbst denken, konstruieren wir eine *subjektive Wirklichkeit*, aus der heraus wir – bewusst oder unbewusst – unser Handeln steuern und unsere *Sozialisation* durch unsere Interaktionen mitbetreiben.

Berger und Luckmann unterscheiden zwischen einer primären und einer sekundären Sozialisation. In der *primären Sozialisation* vermitteln die Eltern oder andere nahe Bezugspersonen durch das, was sie sagen und tun, die Welt, wie *sie* sie sehen, und nur diese Welt. (Berger u. Luckmann 1966, S. 141) Da dem Kind keine Alternativen bekannt sind, internalisiert es diese soziale Wirklichkeit „als die Welt schlechthin": die Welt der Kindheit ist „dicht und zweifelsfrei wirklich". (Berger u. Luckmann 1966, S. 145 f.) Nach und nach merkt das Kind, dass diese Wirklichkeit Teil einer größeren Ordnung ist. Die Einstellungen und Erwartungen, die in der Familie herrschen, verdanken sich offensichtlich Regeln und Normen, die für viele andere auch gelten. Das Abstraktum dieser generellen Regelungen nennen Berger und Luckmann mit Mead den *generalisierten Anderen*. „Die primäre Sozialisation endet damit, dass sich die Vorstellung des generalisierten Anderen (...) im Bewusstsein der Person angesiedelt hat." (Berger u. Luckmann 1966, S. 148)

Damit ist der Sozialisationsprozess natürlich nicht zu Ende, denn in der arbeitsteiligen Moderne haben sich die sozialen Erwartungen, sprich: Rollen, und das gesellschaftliche *Wissen* hochgradig *differenziert*. Die Familie als erste Sozialisationsinstanz ist nicht mehr in der Lage, dieses differenzierte Wissen zu vermitteln und das Kind und später den Jugendlichen auf *generelle* und *spezielle* Rollen hinzuführen. Deshalb wird in allen Gesellschaften eine organisierte Erziehung erforderlich. In der Regel wird diese Aufgabe der *sekundären Sozialisation* der Schule übertragen.

Doch dieser Sozialisationsprozess geht weiter, und zwar lebenslang, denn die soziale Wirklichkeit wird in den Interaktionen nicht nur *reproduziert*, sondern von uns auch *gestaltet*, ja eigentlich erst *produziert*. Wir schaffen eigene Bedingungen des Handelns und damit der Sozialisation. War die subjektive Welt der primären Sozialisation allein schon dadurch gewiss, weil Alternativen nicht bekannt waren, ist sie es in der sekundären Sozialisation grundsätzlich nicht: Die Vielzahl der Rollen, die alle irgendwie miteinander zusammenhängen und von denen ganz viele die Person in ihren wechselnden sozialen Konstellationen irgendwie tangieren, bedeutet auch eine Vielzahl von Wirklichkeiten. Es sind Alternativen oft im gleichen Feld, und indem wir uns für eine entscheiden, setzen wir ein Zeichen gegen die gesellschaftliche Konstruktion der Wirklichkeit. Im Grunde *werden* wir nicht nur sozialisiert, sondern *betreiben* unsere Sozialisation durch unsere Interaktionen auch *selbst*.

2.10 Bildung des Subjekts, sozialisatorische Interaktion, Biographisierung

Die 1968er Jahre waren soziologisch geprägt von einer starken Kritik an den bestehenden sozialen Verhältnissen und von einer ebenso entschiedenen Forderung der Emanzipation des Individuums. Davon blieb die Sozialisationsforschung nicht unberührt, die die These der Vergesellschaftung in kritischer Absicht hinter sich ließ und sich der Bildung des Subjekts und seinen konstruktiven Leistungen in den sozialisatorischen Interaktionen zuwandte. Kritische Sozialisationsforscher fragten, wie das Individuum überhaupt ein *Bild von sich* und *der Welt* gewinnt, wie es handlungsfähig wird und sich zu einem *autonomen Subjekt* bilden kann.

Die soziologische Sozialisationsforschung wandte sich verstärkt psychologischen Entwicklungstheorien zu, um die Entwicklung der Persönlichkeit zu erklären, und griff die interpretativen Ansätze von Mead und des Symbolischen Interaktionismus und den konstruktivistischen Ansatz der Wissenssoziologie von Berger und Luckmann auf, um den kommunikativen Anteil des Individuums an seiner Sozialisation herauszustellen. Die neuen Ansätze rückten deshalb auch die Frage, „wie der Mensch *sich* zu einem gesellschaftlich handlungsfähigen Subjekt *bildet*", in den Vordergrund, aber sie verstanden sich als *kritische* Ansätze und betonten, dass „der Prozess der Entstehung und Entwicklung der Persönlichkeit in wechselseitiger *Abhängigkeit* von der gesellschaftlich vermittelten *sozialen* und *materiellen Umwelt*" erfolgt. (Geulen u. Hurrelmann 1980, S. 51, Hervorhebungen H. A.)

Diese Abhängigkeit ist für den Sozialisationsforscher Dieter Geulen so grundsätzlich, dass „*das ganze* menschliche Subjekt als durch Sozialisation vermittelt anzusehen" sei. (Geulen 1973, S. 88) Bei dieser These berief er sich auf die Aussage von Theodor W. Adorno, dass das Ich nicht bloß in die Gesellschaft *verflochten* sei, sondern ihr sein gesamtes Dasein verdanke: „All sein Inhalt kommt aus ihr." (Adorno 1945, S. 203) Und an anderer Stelle schreibt Adorno: „Die Subjekte werden nicht bloß, wie man das so nennt, von der Gesellschaft beeinflusst, sondern sie sind bis ins Innerste durch sie geformt." (Adorno 1962, S. 262) Deshalb, schreibt Geulen, habe die Analyse von Sozialisationsprozessen „weniger die beobachtbaren äußeren Verhaltensweisen" als vielmehr „die subjektiven psychischen Strukturen und Vorgänge" in den Blick zu nehmen. (Geulen 1973, S. 93)

Geulen wendet sich gegen soziologische Funktionsbestimmungen der Sozialisation wie Verinnerlichung herrschender Werte und Normen oder Ausbildung einer von der Gesellschaft diktierten Moral, da sie alle auf die Integration des Individuums in das „stahlhart vorgegebene herrschende System" zielen. (Geulen 1973, S. 97) Aufgabe der Sozialisation ist es aber, den Menschen *handlungsfähig gegen* das System zu machen: „Im Sinne einer kritischen Sozialisationstheorie" ist handlungsfähig, wer „auf der Grundlage von Rationalität und in kommunikativer Gemeinsamkeit mit anderen an einer Veränderung der Realität in Richtung auf Emanzipation von naturhaften und gesellschaftlichen Zwängen arbeiten kann". (Geulen 1973, S. 98)

Die Entstehung sozialer Handlungsfähigkeit erklärt Geulen zunächst in psychologischen Kategorien (Geulen 1977, S. 16) und prüft, wie – auf der *kognitiven* Ebene – Handlungsorientierung entsteht, wie das sozialisierte Subjekt eine Situation wahrnimmt und welche Rolle gesellschaftliches Wissen dabei spielt. Auf der *sozialen* Ebene skizziert er das Handeln in Rollen, das wechselseitige Wahrnehmen und Verstehen in Interaktionen und vor allem die Formen und Funktionen des Sprechens und der Sprache in der menschlichen Kommunikation. Geulen hat seine Theorie der Sozialisation, später so zusammengefasst: „Sozialisation wäre dann zu verstehen als Prozess beziehungsweise Ergebnis der inneren Verarbeitung der in Tätigkeiten in der jeweiligen Umwelt gemachten Erfahrungen mit physischen Objekten, sinnhaften Symbolen und mit anderen Subjekten. Das Ergebnis könnte auch als Entstehung einer Sinnstruktur im Subjekt aufgefasst werden, allerdings nicht als einer solchen, die vorgegebene Strukturen nur abbildet, sondern prinzipiell auch eine neue Qualität enthalten kann." (Geulen 1991, S. 44)

Die neue Sozialisationsdiskussion stellte nicht mehr die Frage, unter welchen Bedingungen die Integration des Individuums in die Gesellschaft am besten gelingt, sondern unter welchen Bedingungen die Prozesse der Sozialisation die Autonomie und Identität des Subjekts befördern oder behindern. Ulrich Oevermann, dem Antworten wie Klasse oder Sozialschicht zu abstrakt waren, richtete stattdessen den Blick auf kleine empirische Konfigurationen, konkret auf die Familie und die unmittelbaren Mikroprozesse der Sozialisation. Seine Sozialisationstheorie nannte er „Theorie der Bildungsprozesse". (Oevermann 1976, S. 34)

Soziologisch wandte Oevermann gegen die Entwicklungspsychologie ein, sie frage zwar, wie sich bestimmte Bewusstseinsstrukturen, moralische Vorstellungen, Motivationen und Kompetenzen ausbilden und wie sich mit dieser Ausstattung ein handlungsfähiges, mit sich identisches Subjekt ausbildet, aber sie vernachlässige die *konkreten sozialen Kontexte* dieser Bildungsprozesse. Deshalb stellt er gegen die psychologischen Erklärungen die These von der „sozialen Konstitution" der individuellen Entwicklungsprozesse „in der Struktur der *sozialisatorischen Interaktion*". (Oevermann 1976, S. 38 f. u. 43; Hervorhebung H. A.)

Diese sozialisatorische Interaktion, die Oevermann vor allem in alltäglichen Familienszenen untersucht hat, wird vordergründig durch intendierte Sprachhandlungen strukturiert, doch im Hintergrund wirken „objektive latente Sinnstrukturen": die Subjekte reden und handeln unter dem Einfluss unbewusster individueller Bedeutungsstrukturen und Normalitätsannahmen. (Oevermann 1976, S. 45 u. 51) Diese latenten Sinnstrukturen haben sich in vorausgegangenen Sozialisationsprozessen ausgebildet, sind somit Ausschnitte kollektiver Deutungsmuster und kollektiven Wissens, und haben sich zu typischen Strukturen des Denkens und Handelns verfestigt. „Diese objektiven Bedeutungsstrukturen determinieren die Entwicklung des Kindes über das Ausmaß hinaus, in dem das kindliche Subjekt die Bedeutungen und den objektiven Sinn von Interaktionen jeweils entziffern kann. Damit konstituieren sie objektiv den Sinn von Verhaltensweisen und Reaktionen." (Oevermann 1976, S. 45) Im Klartext: Die soziale Konstitution der Bildungsprozesse erfolgt unabhängig davon, was die Beteiligten intendieren und was sie zu verstehen meinen. Die Strukturen der sozialisatorischen Interaktion bestimmen „gleichsam hinter dem Rücken" der Personen „das Handeln im Sinne eines ‚Habitus' (Bourdieu)". (Oevermann 1976, S. 51) Auf diese Habitus-These komme ich gleich zu sprechen.

Eine kritische *empirische* Sozialisationsforschung, wie sie Oevermann fordert, muss diese objektiven latenten Sinnstrukturen aufdecken und zeigen, wie sie die individuellen Bildungsprozesse fördern oder behindern. Dazu hat er eine spezielle Methode, die objektive Hermeneutik, entwickelt. Sie besteht in einer sehr aufwendigen strukturellen Analyse schriftlicher Protokolle von alltäglichen Sprechhandlungen in der Familie. Diese interpretative Arbeit muss mit einer ebenso peniblen Untersuchung der historisch-gesellschaftlichen Situation, der ökologischen und ökonomischen Einflüsse und der spezifischen soziokulturellen Lebenswelt der Familie einhergehen. (Oevermann 1976, S. 50 f.) Mit dieser empirischen Fundierung kritischer Sozialisationsforschung hat Oevermann der Theorie auch aufgezeigt, wie sie praktisch, z. B. in Familiengesprächen, aber auch durch die Veröffentlichung und genaue Interpretation der Protokolle, werden kann. Und er hat auch der neueren Sozialisationsdiskussion vorgegeben, was unter einem „sozialisierten Subjekt" zu verstehen ist: Damit ist eine Person gemeint, „die der logischen und moralischen Urteilsfähigkeit, des kumulativen Lernens und synthetischen Erfahrungsurteils, der Selbstreflexion und Normenkritik, der Artikulation eigener Bedürfnisse, des strategischen Handelns und des adäquaten Ausdrucks unmittelbarer Affektionen fähig ist." (Oevermann 1976, S. 37)

Martin Kohli, der ebenfalls dem interpretativen Paradigma und dem Ansatz der sozialisatorischen Interaktion nahesteht, kritisierte, dass viele die Sozialisation im Prinzip mit dem Erreichen des Erwachsenenstatus für abgeschlossen hielten. Das sei aber nicht der Fall, sondern Sozialisation erfolge *lebenslang*. Dieser neuen *Lebenslaufperspektive* legt Kohli folgende Definition von Sozialisation zugrunde: Danach soll Sozialisation verstanden werden „als soziales Lernen (...), d. h. als Prozess der relativ überdauernden Änderung von (...) Handlungsdispositionen unter dem Einfluss sozialer Interaktionen." (Kohli 1974, S. 313) Die Veränderung der Dispositionen erfolgt über das ganze Leben hinweg in typischen *Statusübergängen* (z. B. Eintritt in den Beruf, eheliche Bindung oder Elternschaft), nach individuellen *Lebensereignissen* (z. B. Krankheit, Verlust einer nahen Bezugsperson, Arbeitslosigkeit) und unter den Bedingungen der konkreten sozialen Lage wie der historisch-gesellschaftlichen Strukturen.

Später hat Kohli die wesentlichen Annahmen seiner Theorie der Sozialisation im Lebenslauf so zusammengefasst: Sozialisation erfolgt nicht unter der Struktur fester Rollen, sondern in einer sich ändernden Gesellschaft. „Personen nehmen äußere Einflüsse nicht einfach in sich auf (im Sinne einer nicht weiter differenzierten Verinnerlichung), sondern interpretieren und verarbeiten sie." „Personen entwickeln und verändern sich in der Auseinandersetzung mit Aufgaben, der Definition und Lösung von Problemen und dem reflektierten Umgang mit ihrer materiellen und sozialen Umwelt." Die Interaktion zwischen Subjekt und Umwelt ist *bewegliche Prüfung* von Handlungszwängen und Handlungsmöglichkeiten und letztlich *selektive Wahl*. Anders als Kinder sind Erwachsene viel mehr „selber an der Wahl ihrer Lebensverhältnisse und damit an der Wahl der Sozialisationskontexte, denen sie sich aussetzen, beteiligt", d. h. mit „selektiven Bewegungen" in sich wandelnden Lebenskontexten verändern sich auch die „kulturellen Orientierungsmuster, mit denen die Individuen ihre Lage deuten und ihre Lebensführung organisieren." Erklären kann man die Veränderungen der Orientierungsmuster natürlich mit der flexiblen Reaktion der Individuen auf objektive gesellschaftliche Herausforderungen und mögliche Chancen, aber die Reaktion muss auch als Tendenz zur *Biographisierung* verstanden werden. Biographisierung heißt, dass das Individuum in einem „doppelten Zeithorizont" handelt: Es handelt *retrospektiv* auf Grund von Erfahrungen aus der eigenen Biographie (wobei die Vergangenheit zum Schutze des eigenen Selbstbildes durchaus auch umgedeutet werden kann!) und zugleich *prospektiv*, indem es eine mögliche Zukunft in den Blick nimmt. Biographisierung heißt unter der Annahme der selektiven Wahl, dass sich eine individuelle „Handlungs- und Lebensorientierung" durchsetzt, „die auf den Erfahrungen der eigenen Biographie gründet und sich am Entwurf einer eigenen Lebenslinie", und nicht an sozialen Altersnormen oder Statuspassagen orientiert. (vgl. Kohli 1991, S. 308 ff.)

Unter den Bedingungen der von Ulrich Beck[20] so bezeichneten „Individualisierung", wonach das Individuum sich in der Moderne nicht mehr auf klare Werte und sichere institutionelle Regelungen verlassen kann und gleichzeitig permanent unter ungewissen Bedingungen selbst Entscheidungen treffen muss, wird „das Leben", so Kohli, „zur selbst zu gestaltenden Aufgabe, zum individuellen Projekt". (Kohli 1991, S. 312) Und Sozialisation wird und ist es auch.

---

20 Siehe unten Kap. 2.13 *Individualisierung – der Zwang, das Leben fortlaufend neu zu entscheiden*.

2.11 Sozialisation als produktive Verarbeitung der inneren und äußeren Realität (Hurrelmann)

Ganz im Sinne der neueren Ausrichtung der Sozialisationsforschung auf die Ausbildung des Subjekts unter gesellschaftlichen Makrostrukturen und in Mikroprozessen konkreter Interaktionen verstand auch KLAUS HURRELMANN (*1944) Sozialisation als „Prozess der sozialen Konstitution der Subjektbildung". (Hurrelmann 1983, S. 96) Mit seinem „Modell der produktiven Verarbeitung der Realität" forcierte er den Gedanken, dass die soziale Konstitution ganz wesentlich davon abhängt, wie das Individuum seine soziale Umwelt wahrnimmt und durch sein Denken und Handeln *herstellt*.

Bei dieser These berief er sich auf Berger und Luckmann, nach denen die Wirklichkeit eine gesellschaftliche Konstruktion ist, aber auch von den Subjekten fortlaufend *selbst konstruiert* wird, und auf die Erklärungen der interpretativen Theorien des Symbolischen Interaktionismus. Diese Theorien, so Hurrelmann, gehen „vom Modell des kreativen, produktiv seine Umwelt verarbeitenden und gestaltenden Individuums aus. Der Mensch wird als ein schöpferischer Konstrukteur seiner sozialen Lebenswelt verstanden. Die wesentliche Qualität, die ihn von der Determinierung der materiellen Welt befreit, ist die symbolische Kommunikation: Der Mensch kann nach dieser Vorstellung seine Umwelt und seine eigenen Handlungen in ihr mit Bedeutungen versehen, er kann sich in die Rolle der anderen Kommunikationspartner begeben, die die soziale Umwelt konstituieren, er entwickelt auf diesem Wege Selbstbild und Bewusstsein." (Hurrelmann 1983, S. 97) Nach diesen Theorien beeinflussen gesellschaftliche Bedingungen menschliche Bewusstseins- und Handlungsstrukturen, aber sie determinieren sie nicht. Strukturen stehen auch nicht fest, sondern entstehen erst in „den wechselseitigen Beziehungen der Menschen untereinander. Die sozialen Strukturen sind das Produkt der Interaktion und Interpretation der menschlichen Subjekte, die sozialen Strukturen sind aus diesem Grund auch ständig Veränderungs- und Umlagerungsprozessen ausgesetzt." (Hurrelmann 1983, S. 97)

An diesen mit Blick auf eine Sozialisationstheorie, die die Leistung des Subjekts herausstellt, durchaus optimistisch stimmenden Theorien bemängelt Hurrelmann allerdings, dass sie nicht fragen, wie denn die „sozial- und gesellschaftsstrukturellen Gegebenheiten" überhaupt beschaffen sind und welche „Handlungs- und Entwicklungsmöglichkeiten" es konkret gibt. Der Sozialisationsforscher müsse aber genau diese allgemeine *sozialstrukturelle Konstellation* und die *situationsspezifischen Strukturen* in seine Analyse einbeziehen. Das gelte „ganz besonders auch für die Strukturen der sozialisatorischen Interaktion innerhalb und außerhalb von Erziehungsinstitutionen", denn „über diese sozialisatorische Interaktion, die in sich die gesellschaftliche Wert- und Sozialstruktur transportiert und transformiert, die zugleich aber auch nach eigener Regelmäßigkeit und Dynamik Realität konstituiert, wird die Persönlichkeit gebildet." (Hurrelmann 1983, S. 97 f.)

Diesen Ansatz, nach dem sich die Entwicklung der Persönlichkeit und die Strukturen ihrer Welt dialektisch verschränken, hat Hurrelmann später auf eine eigene Sozialisationstheorie zugeführt. Er entfaltet sie in sieben Thesen. (1) „Sozialisation vollzieht sich in einem Wechselspiel von Anlage und Umwelt." (Hurrelmann 2002, S. 24) (2) „Sozialisation ist der Prozess der Persönlichkeitsentwicklung in wechselseitiger Abhängigkeit von den körperlichen und psychischen Grundstrukturen und den sozialen und physikalischen Umweltbedingungen. Die körperlichen und psychischen Grundstrukturen bilden die innere, die sozialen und physikalischen Umweltbedingungen die äußere Realität." (Hurrelmann 2002, S. 26) (3) „Sozialisation ist der Prozess der dynamischen und ‚produktiven' Verarbeitung der inneren und äußeren Realität." (Hurrelmann 2002, S. 28) (4) „Eine gelingende Persönlichkeitsentwicklung setzt eine den individuellen Anlagen angemessene soziale und materielle Umwelt voraus. Die wichtigsten Vermittler hierfür sind Familien, Kindergärten und Schulen als Sozialisationsinstanzen." (Hurrelmann 2002, S. 30) (5) „Nicht nur die Sozialisationsinstanzen haben Einfluss auf die Persönlichkeitsentwicklung, sondern auch andere Organisationen und Systeme, die in erster Linie Funktionen für Arbeit, Freizeit, Unterhaltung und soziale Kontrolle mitbringen." (Hurrelmann 2002, S. 32)

Was Persönlichkeitsentwicklung beinhaltet und worin sie letztlich münden soll, entfaltet Hurrelmann in den beiden letzten Thesen: (6) „Die Persönlichkeitsentwicklung besteht lebenslang aus einer nach Lebensphasen spezifischen Bewältigung von Entwicklungsaufgaben." (Hurrelmann 2002, S. 35) Dieses auf den amerikanischen Erziehungswissenschaftler Robert J. Havighurst zurückgehende Konzept der Entwicklungsaufgaben fasst Hurrelmann an anderer Stelle so zusammen: „Mit Entwicklungsaufgaben sind von der Gesellschaft artikulierte Lernanforderungen und Verhaltensweisen gemeint, die Gesellschaftsmitglieder sich aneignen müssen und zu ‚meistern' haben, wenn sie eine zufriedenstellende und konstruktive Bewältigung des Lebens und eine Integration in ihr soziales Umfeld – inklusive der damit verbundenen Anerkennung – erreichen wollen." (Hurrelmann 2012, S. 34) Bei erfolgreicher Bewältigung dieser Aufgaben macht sich im Individuum ein Gefühl von Erfolg, Glück und Anerkennung breit; bei Versagen wird es unglücklich, gerät in Schwierigkeiten bei der Bewältigung späterer Aufgaben und erfährt Missbilligung durch die Gesellschaft. (7) „Ein reflektiertes Selbstbild und die Entwicklung einer Ich-Identität sind die Voraussetzung für ein *autonom handlungsfähiges Subjekt* und eine gesunde Persönlichkeitsentwicklung. Lässt sich Identität nicht herstellen, kommt es zu Störungen der Entwicklung im körperlichen, psychischen und sozialen Bereich." (Hurrelmann 2002, S. 38, Hervorhebung H. A.)

Mit dem Modell der produktiven Verarbeitung der Realität will Hurrelmann eine Antwort auf die Frage gegeben, wie und unter welchen sozialen und individuellen Bedingungen „es den Menschen in einer Gesellschaft" gelingt, „sich die Freiheiten für ihre persönliche Entwicklung und Lebensgestaltung zu erschließen und zu autonomen Individuen zu werden". (Hurrelmann 2012, S. 12) Die Antwort beinhaltet, wie in der siebten These zu lesen war, auch das Ziel *gelingender Sozialisation*: eine gesunde Persönlichkeitsentwicklung und das Wissen um die eigene *Identität*. Nach Hurrelmann kann dann von „Identität" gesprochen werden, wenn ein Mensch über verschiedene Entwicklungs- und Lebensphasen hinweg eine Kontinuität des Selbsterlebens auf der Grundlage des positiv gefärbten Selbstbildes wahrt." (Hurrelmann 2002, S. 38 f.) Diese Definition eines zentralen Zieles von Sozialisation bedarf der Spezifizierung: Von Identität kann man noch nicht sprechen, wenn sich das Subjekt *innerlich* als gleich über Zeiten und Situationen erfährt, sondern erst dann, wenn es auch reflektiert, wie es sie gegenüber der Gesellschaft *behauptet*. Behauptung ist dabei in einem doppelten Sinne zu verstehen: Identität muss nach außen, *vor* der Gesellschaft behauptet, also ausgedrückt und sichtbar gemacht werden; Identität muss aber ggf. auch *gegen* die Zumutungen und Übergriffe der Gesellschaft behauptet, also durchgestanden und geschützt werden.

Hurrelmann fasst seine Theorie der Sozialisation so zusammen: (1) Sozialisation wird „als ein Prozess der Persönlichkeitsentwicklung" verstanden: „Damit wird als Gegenstand der Forschung die Persönlichkeit als die individuell spezifische und einmalige Struktur von körperlichen und psychischen Merkmalen, Eigenschaften und Dispositionen eines Menschen bezeichnet. Unter Persönlichkeitsentwicklung lässt sich folglich die Veränderung wesentlicher Elemente dieser Struktur im Verlauf des Lebens verstehen." (2) Sozialisation wird als „produktive Realitätsverarbeitung" bezeichnet: „Damit wird eine aktive, während des gesamten Lebenslaufs anhaltende Tätigkeit eines Menschen bei der Aneignung und Verarbeitung seiner natürlichen Anlagen und seiner sozialen und physischen Umweltbedingungen postuliert. Die Persönlichkeitsentwicklung des Menschen wird demnach weder durch seine Anlagen noch durch seine Umwelt determiniert, sondern entfaltet sich in einem steten Wechselspiel zwischen diesen beiden Größen." (3) „Als ständige Anforderung an die Sozialisation" wird „die Bewältigung von Entwicklungsaufgaben" genannt: „Damit ist die Annahme verbunden, dass ein Mensch dann zu einem Gesellschaftsmitglied wird, wenn er die von ihm erwarteten sozialen Anforderungen erfüllt, dabei aber eine einmalige und unverwechselbare Persönlichkeit bleibt und ein Interesse daran hat, sozial nicht völlig vereinnahmt zu werden. Das Austarieren der Spannung von sozialer Integration und persönlicher Individuation wird als eine lebenslang anhaltende Aufgabe verstanden." (Hurrelmann 2013, S. 88)

2.12 Inkorporation eines Klassenhabitus (Bourdieu)

Obwohl in dem umfangreichen Werk von PIERRE BOURDIEU (1930–2002) der Begriff Sozialisation höchst selten vorkommt und man deshalb eher von einer impliziten Sozialisationsthese sprechen kann, haben seine Arbeiten die Sozialisationsdiskussion nachhaltig beeinflusst.[21] Die implizite These kann man so zusammenfassen: Gesellschaft und Individuum stehen sich nicht gegenüber, sondern das Individuum *ist* – im Sinne von „verkörpert" – Gesellschaft.

Auf die Frage, was das Soziale ist, hat Bourdieu in einem Interview einmal geantwortet: „Was in der sozialen Welt existiert, sind Relationen – nicht Interaktionen oder intersubjektive Beziehungen zwischen Akteuren, sondern objektive Relationen, die ‚unabhängig vom Bewusstsein und Willen der Individuen' bestehen, wie Marx gesagt hat." (Bourdieu u. Wacquant 1987, S. 127) Relationen meint soziale *Strukturen*, die zwar aus dem Handeln der Individuen entstanden sind, sich dann aber so verfestigt haben, dass sie das Denken und Handeln der Individuen *determinieren*.

Bourdieu versteht die moderne Gesellschaft westlicher Prägung als *Klassengesellschaft*, in der sich die Angehörigen der Klassen durch die Verfügung über drei Kapitalsorten – ökonomisches, soziales und kulturelles Kapital – unterscheiden.[22] Das ökonomische Kapital besteht vor allem in Geld, Eigentum und Besitz. „Das Sozialkapital ist die Gesamtheit der aktuellen und potentiellen Ressourcen", meint also das dauerhafte Netz „sozialer Beziehungen" und die „Zugehörigkeit zu sozialen Gruppen", in denen das Individuum Anerkennung findet und auf deren Unterstützung es zählen kann. (Bourdieu 1983b, S. 190 f.) Das bei weitem wichtigste Kapital ist das kulturelle. Darunter versteht Bourdieu Wissen und Bildung, Qualifikationen und Bildungstitel, aber auch Geschmack und Lebensstil und vor allem die kulturellen Einstellungen und Handlungsformen, die in der Familie grundgelegt werden.

Alle drei Kapitalsorten zusammen bestimmen die Platzierung des Individuums in einem *sozialen Raum*. Darunter versteht Bourdieu „eine Konfiguration der objektiven Relationen zwischen Positionen". (Bourdieu u. Wacquant 1987, S. 127) Diesen *Positionen* ihres sozialen Raumes sind die Individuen durch ihre Herkunft, durch Umfang und Zusammensetzung ihrer Kapitalien und durch ihren Beruf zu-

---

21 Die Ausführungen zu Bourdieu verdanken sich der engen Zusammenarbeit mit Alexandra König. (Vgl. Abels u. König 2016, Kap. 19 *Über den sozialen Raum, die Einverleibung eines Habitus und ein Subjekt in Anführungszeichen*.)
22 Zur Einordnung von Bourdieus Klassentheorie in die Diskussion über soziale Ungleichheit vgl. Band 1, Kap. 9.3 *Sozialer Raum, Kapital und Geschmack*.

geordnet, und ihnen ordnen sie sich auch selbst zu. Der soziale Raum ist der allgemeine Rahmen der Erfahrungen und der täglichen Praxis.

Der soziale Raum ist aber auch eine *symbolische Ordnung*, nach der die Menschen Dinge, Situationen, sich selbst, die Angehörigen des eigenen sozialen Raumes und auch die, die nicht dazugehören, einordnen und bewerten. Ein sozialer Raum ist durch „eine allgemeine Grundhaltung, eine Disposition gegenüber der Welt" gekennzeichnet, die Bourdieu als *Habitus* bezeichnet. (Bourdieu 1983a, S. 132) Darunter kann man die für einen sozialen Raum oder eine Klasse *typische* Art zu denken und zu handeln verstehen. Der *individuelle* Habitus ist sozusagen eine unbewusste *Theorie der Praxis:* „Die Fähigkeit zur Meisterung der Praxis, die in den Alltagshandlungen und Alltagsentscheidungen (...) sichtbar wird", ist „weniger in den expliziten Prinzipien eines pausenlos wachsamen und in jeder Hinsicht kompetenten Bewusstseins fundiert", sondern vielmehr „in den impliziten Denk- und Handlungsschemata des Klassenhabitus – oder (...): eher im Klassen-Unbewussten als im Klassenbewusstsein" begründet. (Bourdieu 1979, S. 657) Der individuelle Habitus spiegelt die durch eine spezifische Klassenlage erzwungenen beziehungsweise ermöglichten Handlungsformen – und reproduziert sie durch die tägliche Praxis immer wieder. Der Habitus *ist* Struktur und *generiert* wiederum Struktur.

Der Habitus ist das unausweichliche Programm des sozialen Lebens, ein *Schema*, nach dem wir unsere Welt ordnen und verstehen; er ist die „zur Natur gewordene und damit als solche vergessene Geschichte" der sozialen Gruppe. (Bourdieu 1980, S. 101 u. 105) Insofern kann man den Habitus auch als „Inkorporierung von kulturellem Kapital" verstehen, das „auf dem Wege der sozialen Vererbung" weitergegeben und durch gemeinsame Praxis immer wieder bestätigt wird. (Bourdieu 1983b, S. 187) Damit ist auch der zentrale Begriff, *incorporation*, genannt, über den sich Bourdieus *implizite Sozialisationstheorie* erschließt. (Bourdieu 1983b, S. 186). Nach Bourdieu steht dem Individuum keine Gesellschaft *gegenüber*, sondern die Gesellschaft ist seit seiner Geburt in seinen Kopf und seinen Körper eingegangen. Inkorporation ist im wörtlichen Sinne als „Einverleibung" zu verstehen. Das Individuum *ist* sozusagen Gesellschaft. Der Habitus ist keine Leistung des Individuums, sondern Ergebnis einer kontinuierlichen Inkorporation der objektiven Strukturen eines *sozialen Raumes*, in dem es die Welt erfährt und in typische Formen des Denkens und Handelns hineinwächst.

Die Habitustheorie erklärt den strukturellen Rahmen, *in* dem typische Sozialisationsprozesse ablaufen und sich als soziale Praxis reproduzieren und *über* den sie nicht hinausweisen.

2.13 Individualisierung – der Zwang, das Leben fortlaufend neu zu entscheiden

ULRICH BECK (1944–2015) stellte Anfang der 1980er Jahre eine These in den Raum, die die Diskussion über eine Gesellschaftstheorie der Moderne über Jahrzehnte beschäftigen sollte und direkt auch auf die neuen, am Subjekt orientierten Sozialisationstheorien durchschlug, die These von der *Individualisierung*.[23] Er schreibt, dass sich seit den 1950er Jahren „in allen reichen westlichen Industrieländern (…) ein *gesellschaftlicher Individualisierungsprozess*" von bislang unbekannter Reichweite und Dynamik vollziehe. Vor dem Hintergrund „eines relativ hohen Lebensstandards und weit vorangetriebener sozialer Sicherheiten" würden die Menschen „durch die Erweiterung von Bildungschancen", soziale Aufstiege, die „Verrechtlichung der Arbeitsbeziehungen" und die Erweiterung der Freizeit „aus traditionellen Bindungen und Versorgungsbezügen herausgelöst und auf sich selbst" verwiesen. (Beck 1983, S. 40 f.) Dieser soziale Wandel habe eine Pluralisierung und „*Individualisierung* von Lebenslagen und Lebenswegen ausgelöst". (Beck 1983, S. 36)

Entgegen einem möglichen Missverständnis, das Individualisierung mit Vereinsamung, Vereinzelung und Beziehungslosigkeit zusammenbrächte und das Ende von Gesellschaft überhaupt befürchte (Beck u. Beck-Gernsheim 1993, S. 179), fasst Beck unter dem Begriff der Individualisierung einen „*widersprüchlichen Prozess der Vergesellschaftung*". (Beck 1983, S. 42) Mit diesem Begriff „Vergesellschaftung" brachte er die alte Frage nach Funktion und Form von Sozialisation wieder in Erinnerung, die in der Orientierung am Subjekt etwas aus dem Blick zu geraten drohte, nämlich die Frage, wie das Individuum zum Mitglied der *Gesellschaft* gemacht wird. In diesem Verhältnis zwischen Individuum und Gesellschaft ist es zu einem grundlegenden „Gestaltwandel" gekommen, den Beck als Individualisierung bezeichnet. (Beck 1986, S. 205)

Widersprüchlich ist der Prozess der Individualisierung, weil er sich in drei einander bedingenden und widersprechenden sozialen Prozessen vollzieht. Beck hat sie nach ihren Dimensionen so unterschieden:

(1) Das Individuum wird „aus historisch vorgegebenen Sozialformen und -bindungen im Sinne traditionaler Herrschafts- und Versorgungszusammenhänge" herausgelöst. So ändern sich zum Beispiel die Formen des Zusammenlebens, Entscheidungen für eine Partnerschaft werden zu Entscheidungen auf Zeit, Frauen sind für ihre Versorgung nicht mehr auf die Familie angewiesen. Das ist die

---

[23] Ausführlich wird die These in Band 1, Kap. 9.4 *Individualisierung und Diversifizierung von Lebenslagen und Lebensstilen* vorgestellt. Zur Einordnung der These in eine Theorie der Moderne vgl. Band 1, Kap. 10.12 *Reflexive Modernisierung.*

„Freisetzungsdimension" des Individualisierungsprozesses. (Beck 1986, S. 206) Sozialisationstheoretisch heißt das, dass die Individuen über ihre Rollen und Bindungen selbst entscheiden können, dass sie diese Rollen und Bindungen aber auch selbst entscheiden müssen.

(2) Das Individuum verliert „traditionale Sicherheiten im Hinblick auf Handlungswissen, Glauben und leitende Normen". Das nennt Beck „Entzauberungsdimension". (Beck 1986, S. 206) Die gesellschaftlichen Werte werden zahlreicher und unverbindlicher. Damit eröffnen sich dem Individuum neue Möglichkeiten der eigenen Lebensführung, aber es entsteht auch der Druck, sein Leben fortlaufend selbst zu entscheiden. „Individualisierung bedeutet in diesem Sinne, dass die Biographie der Menschen aus vorgegebenen Fixierungen herausgelöst, offen, entscheidungsabhängig und als Aufgabe in das individuelle Handeln jedes einzelnen gelegt wird." (Beck 1983, S. 58) Sozialisationstheoretisch heißt das: Um die Biographie selbst herzustellen und den Lebenslauf auf einer eigenen Bahn zu halten, muss „*Gesellschaft* (...) als eine ,Variable' kleingearbeitet werden, die individuell gehandhabt werden kann". (Beck 1983, S. 59) An die Stelle einer Normalbiographie tritt die „Bastelbiographie". (Beck u. Beck-Gernsheim, 1993) Sozialisation als Organisation des eigenen Lebens im Rahmen dieser Gesellschaft und in Interaktion mit den vielen Anderen wird zum riskanten Dauerprojekt.

(3) Doch über dieser prinzipiellen Entscheidungsfreiheit darf die dritte Seite des Individualisierungsprozesses nicht vergessen werden, die Beck als „Kontrollbzw. Reintegrationsdimension" bezeichnet: Das Individuum sieht sich mit einer „neuen Art der sozialen Einbindung" konfrontiert. Damit sind nicht nur die gesetzlichen Regelungen zu Bildung und Ausbildung oder die immer weitere Verrechtlichung des sozialen Lebens gemeint, sondern vor allem die Abhängigkeit von den Konjunkturen des Arbeitsmarktes, der Mode und des Konsums. (Beck 1986, S. 206 u. 210)

Man kann diesen Gedanken sozialisationstheoretisch weiterführen: In ihrer Kontrolldimension bedeutet Individualisierung die kontinuierliche, unmerkliche Integration des Individuums in die aktuellen gesellschaftlichen Muster des Denkens und Handelns.

2.14 Sozialisation als selbstreferentielle Reproduktion des personalen Systems (Luhmann)

In der Diskussion der neueren, subjektorientierten Sozialisationstheorien gab es in den 1980er Jahren ein interessantes, theoretisches Zwischenspiel, das dann um die Jahrtausendwende in einer heftigen Kontroverse mündete. Gemeint ist der Beitrag von NIKLAS LUHMANN (1927–1998) über „Sozialisation und Erziehung", in dem er eine „neuartige Theorie selbstreferentieller Systeme" vorstellte. (Luhmann 1987, S. 174) Die Sprengkraft dieser neuartigen Theorie kann man so zusammenfassen: Die in Hurrelmanns Begriff der „produktiven Realitätsverarbeitung" zum Ausdruck kommende „Abkehr" der neueren, subjektorientierten Sozialisationstheorien „von den Konzepten der normativen Integration und Internalisierung wurde am radikalsten in der Systemtheorie vollzogen. Im Zentrum steht dabei die vergleichsweise abstrakte Frage, wie selbstbezügliche psychische Systeme im Verhältnis zu ihrer Umwelt relative Autonomie gewinnen können." (Veith 2016, S. 42) Um diese abstrakte Frage zu erläutern, will ich kurz wiederholen, was ich an anderer Stelle über Luhmanns Systemtheorie[24] geschrieben habe.

Den Begriff des Systems hatte Luhmann den biologischen Wissenschaften entnommen, nach denen alles Lebendige ein in sich geschlossenes *System* ist, das seine Prozesse und Strukturen *selbst* organisiert. Systeme sind dynamisch und *selbstreferentiell,* das heißt sie beziehen sich bei der Reproduktion ihrer Struktur auf ihre eigenen Elemente und legen dadurch die Bedingungen für alle Operationen des Systems selbst fest. Nach Luhmann sind auch das *soziale System,* das sich in Kommunikationen organisiert, und das *personale oder Persönlichkeitssystem,* das sich über Gedanken oder Bewusstsein organisiert, „selbstreferentielle Systeme". (Luhmann 1987, S. 174) Zwischen beiden Systemen muss scharf getrennt werden: Jedes integriert sich fortlaufend zu einer *eigenen* Ordnung, jedes konturiert so seine *Grenze,* jedes ist und bleibt für das andere *Umwelt.*

Wie kann angesichts der Trennung der Systeme und ihrer selbstreferentiellen *Autopoiesis*[25] dann „das Problem der Sozialisation" gelöst werden? Luhmann sieht es so: Zwar kann das Soziale der Kommunikation nicht „im Vollsinne Bewusstseinsinhalt werden" und das, „was sich im Bewusstsein während der Kommunikation abspielt", kann nicht „voll kommuniziert werden", aber man kann davon ausgehen, dass sich durch die gemeinsame Sprache laufend eine hohe Übereinstimmung herstellt, „so dass soziale Systeme davon ausgehen können, dass psychische Systeme erleben und wissen, was jeweils gesagt wird, und auf der anderen Seite psychische Systeme, wenn sie kommunizieren, dadurch in ihrer Gedankenarbeit mehr oder weniger gebunden sind." (Luhmann 1987, S. 175)

Doch mit dieser Erklärung, die ja nur aus der Sicht der sozialen Systeme erfolgt, darf sich eine „Theorie der Sozialisation" nicht begnügen; sie muss auch erklären, wie das psychische System angesichts der permanenten Erregung durch seine soziale Umwelt reagiert, wie es „Strukturen" ausbildet, „die den Moment

---

24 Vgl. Band 1, Kap. 6.4 *Die Theorie selbstreferentieller, autopoietischer Systeme.* Zur Einordnung der Theorie in eine Theorie der Gesellschaft vgl. Band 1, Kap. 3.11 *„Wie ist soziale Ordnung möglich?" – Über Sinn, Erwartungsstrukturen, Kommunikation und soziale Systeme.*
25 Griech. autós – selbst und poíesis – Schaffung.

überschreiten und die Autopoiesis, also das Realisieren nächster Ereignisse, regulieren." Das erfolgt durch die Bildung von *Erwartungen*, und so begreift Luhmann auch den „Prozess der (Selbst-)Sozialisation" als „Prozess der Bildung von *Erwartungen*", die „regulieren, welche Ereignisse für das System möglich sind." Das Persönlichkeitssystem entscheidet immer selbst und bleibt *beweglich*. „Es ist (...) nicht die Stabilität, sondern gerade die Labilität der Strukturen, die ihre Funktion im Persönlichkeitsaufbau und in der Genese von Ich-Bewusstsein erklärt." Die Aktivierung von Erwartungen ermöglicht nämlich einen „Doppeltest": werden sie erfüllt, kann man davon ausgehen, „dass man richtig, das heißt realitätsgerecht, erwartet hatte", hält man die Erwartungen trotz Enttäuschung durch, „beweist dies Ich-Stärke". Das *personale System* „bescheinigt sich selbst die Kraft", projektierte Erwartungen auch gegen eine widersprüchliche Wirklichkeit durchzuhalten. (Luhmann 1987, S. 176) Um diese Kraft zu erhalten, darf Sozialisation ihre Funktion *nicht* darin sehen, „soziale Konformität mit überwiegend akzeptierten Erwartungen zu sichern (mit der Folge, dass eine solche Theorie Devianz als Misserfolg von Sozialisation oder, genau genommen sogar als Nichtstattfinden von Sozialisation begreifen müsste)". Das wäre auch gar nicht möglich, denn nach der Theorie selbstreferentieller Systeme ist „Sozialisation immer Selbstsozialisation". (Luhmann 1987, S. 177)

Diesen schwierigen Gedankengang kann man am besten so erläutern, indem man sich das psychische oder personale System (Individuum) und das soziale System (die Familie, die Schule oder die Gesellschaft insgesamt als Sozialisationsagenturen) als handelnde Akteure und Sozialisation als intendierten Einfluss vorstellt: die Sozialisationsagentur erwartet, das Individuum mit ihrem eigenen Sinn so beeinflussen zu können, dass es sich diesen – aus Sicht des Individuums – fremden Sinn zu eigen macht und schließlich nach diesem neuen Sinn handelt. Doch diese Erwartung ist nach Luhmann unrealistisch, denn das Individuum als geschlossenes, funktionierendes System empfindet jeden Einfluss von außen als Störung, und als selbstreferentielles System prüft es jeden Einfluss von außen, ob er dem Erhalt des Systems schadet oder nützt. Sozialisation „erfolgt nicht durch ‚Übertragung' eines Sinnmusters von einem System auf andere, sondern ihr Grundvorgang ist die selbstreferentielle Reproduktion des Systems, das die Sozialisation an sich selbst bewirkt und erfährt." (Luhmann 1984, S. 327) Im Klartext: nur was dem Individuum an den Sozialisationsprozessen in seiner Umwelt sinnvoll für die Stabilisierung des *eigenen* psychischen Systems und für das *eigene Handeln* in dieser Umwelt nützlich erscheint, nimmt es überhaupt zur Kenntnis.

Wie kann dann erreicht werden, dass sich Individuen an kulturelle Werte und soziale Normen halten, also überhaupt *sozial* handlungsfähig werden? Gewohnt lapidar und ironisch stellt Luhmann fest: „Wenn Sozialisation zu hoher Konformität des Verhaltens führt (...), bedarf dies einer zusätzlichen Erklärung"; sie liegt in einer besonderen „Veranstaltung sozialer Systeme", die sich „auf Veränderung von Personen" spezialisiert hat: in *Erziehung*. (Luhmann 1987, S. 177) Während Sozialisation „in jedem sozialen Kontext mitläuft, aber auf dessen Anregungen beschränkt bleibt, hat Erziehung den wichtigen Vorteil, Resultate zu suchen und auch erreichen zu können, die man in *anderen* Systemen brauchen kann. (…) Sozialisation hat immer nur ‚lokale' Bedeutung. (…) Will man übertragbare Resultate erreichen, muss man von Sozialisation zu Erziehung übergehen." (Luhmann 1987, S. 177 f.)

Erziehung nun als „*rationale Form* der Sozialisation" zu *organisieren*, hält Luhmann für aussichtslos. (Luhmann 1987, S. 181, Hervorhebungen H. A.) Auch wenn sie bei der Formulierung ihrer Ziele und Inhalte noch so sehr auf Praxisrelevanz oder gar auf Verwertbarkeit in individuellen sozialen Kontexten abstellt: „Sozialisiert wird man in der Schule für die Schule. Man lernt im Wege der Selbstsozialisation die für das Überleben hier notwendigen Verhaltensweisen, und es ist ganz offen, ob und wie weit sich Sozialisationsresultate dieser Art auf andere soziale Systeme übertragen lassen und mit welchen Folgen." (Luhmann 1987, S. 180) Der optimistischen Instrumentalisierung der Sozialisationstheorie durch die *Pädagogik* war ein Riegel vorgeschoben worden. In der *soziologischen* Sozialisationsforschung sollte sich am *Begriff* der Selbstsozialisation ein Jahrzehnt später ein kurzer, aber heftiger Streit entzünden.

2.15 Selbstsozialisation – strukturloser Subjektzentrismus?

JÜRGEN ZINNECKER (1941–2011) warf kurz vor der Jahrtausendwende die Frage auf, was institutionelle Bildungsprozesse überhaupt zur kulturellen Vermittlung beitragen können, und vermutete, dass in einer Zeit der „Erosion des Kulturellen", in der gesellschaftliche Werte diffuser und Orientierungsmuster zahlreicher und individueller würden, auch die Prozeduren der Sozialisation in der Schule erodierten. (Zinnecker 1998, S. 343 f.) Gleichzeitig behauptete er, dass sich durch die Abwendung des sozialisationstheoretischen Diskurses seit den 1970er Jahren von der *Vergesellschaftung* und Hinwendung zur *Individuation* des Subjekts die „Codierung der Sozialisationsprozesse" verändert hätte: der eher geschlossene Code, wonach Inhalte, Funktion und Prozesse der Sozialisation feststehen, hat sich zu einem eher offenen Code gewandelt, in dem dies alles mehr und mehr aus sozialisatorischen Interaktionen und aus dem eigenen Denken und Handeln der Subjekte erklärt wurde. Folglich rückten „Prozesse der Selbstsozialisation oder Selbstorganisation" in den Mittelpunkt: „Die Vermittlung des kulturellen Systems wird zu einer Eigenleistung der Subjekte. Dazu verwerten diese zwar die vorfindlichen

Angebote und kulturellen Elemente (Einrichtungen, Situationen, Personen), aber sie tun dies doch in eigener Regie und in eigener Verantwortung." (Zinnecker 1998, S. 344 f.)

Den Begriff der *Selbstsozialisation* hatte Zinnecker von Luhmann übernommen, aber dessen Theorie der Selbstreferentialität des psychischen Systems machte er sich nur in ihrer Funktion als Warnung vor pädagogischen Illusionen zu eigen. Er setzte den Begriff der Selbstsozialisation schlicht von dem der Fremdsozialisation ab, worunter man vor allem den Einfluss durch Familie und Schule verstehen kann. Diese Fremdsozialisation schwäche sich ab, weil in der Familie Ziele der Sozialisation nicht mehr diktiert und hingenommen, sondern verhandelt würden. (Zinnecker 2000, S. 277) Kinder und Jugendliche handeln in ihren Gruppen aus, wer sie sind und welche sozialen Regeln gelten sollen. Die Familie und auch die Schule stehen außerdem in Konkurrenz mit gesellschaftlichen Optionen und Erwartungen, die über die Medien verbreitet werden. Die zahlreichen empirischen Untersuchungen zu Interaktionsprozessen zum Beispiel in Familien, in peer groups, in Spielgruppen oder auf dem Schulhof, aber auch die interaktionistischen Theorien zum Verhältnis zwischen dem Individuum und seiner sozialen Welt förderten die Überzeugung, dass Sozialisation zu einem ganz entscheidenden Anteil Selbstsozialisation ist. Pädagogisch gewendet: Kinder und Jugendliche erziehen sich auch selbst. Für Zinnecker lautet deshalb eine naheliegende Konsequenz, „dass die Wissenschaft von der Pädagogik sich nicht länger eigensinnig auf Prozesse der Fremderziehung festlegen darf." (Zinnecker 2000, S. 285)

Zinneckers Essay löste eine heftige Debatte in der soziologischen Sozialisationsforschung aus. Das war umso erstaunlicher, da Zinnecker doch im Grunde der subjektorientierten Sozialisationsforschung bescheinigt hatte, worauf sie zurecht aufmerksam gemacht hatte und wie sie zur Aufwertung des Subjekts beigetragen hatte. Um es vorwegzunehmen: In der Debatte kam die Sorge zum Ausdruck, dass man bei aller Begeisterung für die Leistungen der Subjekte die realen gesellschaftlichen Bedingungen aus den Augen verliert. Zinnecker musste herhalten für die Kritik an der Theoriediskussion der letzten Jahrzehnte, in der sich die Perspektive von der Vergesellschaftung immer mehr zur *Individuation* verschoben hatte. So wurde dem Konzept der Selbstsozialisation vorgeworfen, es konzentriere „die Sozialisationsforschung auf die Perspektive des Subjekts" und vernachlässige „die Analyse struktureller Bedingungen der Sozialisation". Die These der Selbstsozialisation stehe für einen *strukturlosen Subjektzentrismus!* (Bauer 2002, S. 118 u. 130) Wie sich gleich zeigen wird, waren mit dem Begriff der Struktur *objektive sozialstrukturelle Verhältnisse* gemeint.

Die Haupteinwände gegen Zinneckers These von der Selbstsozialisation waren die folgenden: (1) Fremd- und Selbstsozialisation sind keine Dichotomie, sondern verschränken sich. „Das Konzept der Selbstsozialisation" suggeriere aber

„die Vorstellung, Individuationsprozesse verliefen *durchgehend* selbstgesteuert." (2) Luhmanns Theorie, die Selbstsozialisation als „rein intraindividuellen" Prozess darstellt, ruhe auf einer „grundlos übersteigerten Annahme" einer strikten Differenz von System und Umwelt auf. (3) Zwar hätten die empirischen Studien zur Peersozialisation den größten Einfluss auf die mikrosoziologische Perspektive der Sozialisationsforschung gehabt, aber es bleibe unbegründet, „warum mit dem Einfluss kindlicher und jugendlicher Peers die Bedeutung anderer Formen sozialisatorischer Interaktion abnehmen soll". (4) Die Bezugsgruppen bewegen sich nicht in einem „eigenständigen, gesellschaftsfreien Raum", sondern sind auf vielfältige Weise mit den sozialstrukturellen Bedingungen der Gesellschaft insgesamt und ihrer milieuspezifischen Lebenswelt im Besonderen vermittelt. (5) Die Annahme einer eigenen „interpretativen Reproduktion von Kultur" dürfe nicht so missverstanden werden, als ob die Peers die Wirklichkeit in jeder Interaktion vollständig neu konstruieren. Die Konstruktion variiert nach sozialer Herkunft und den individuellen Dispositionen, die sie in ihrer konkreten sozialen Lage erworben haben. (vgl. Bauer 2002, S. 125–129)

Die nachfolgende Debatte, an der namhafte Sozialisationsforscher pro und contra beteiligt waren, und in der es vor allem um die Kritiken drei, vier und fünf ging, kann man so zusammenfassen: Zinnecker und andere Empiriker verwiesen darauf, dass in ihren Studien über den produktiven Anteil der Individuen an ihrer Sozialisation die konkreten sozialen Verhältnisse sehr wohl mitbedacht würden; alle Theoretiker betonten, sozialisatorische Interaktionsprozesse keineswegs als permanente Neuschöpfungen der Individuen anzusehen, sondern als Konstruktionen unter dem Druck (oder auch der Chance) konkreter sozialer Verhältnisse. Zu einem vorläufigen Abschluss kam die Diskussion, in der immer stärker auch das Thema *soziale Ungleichheit* eine Rolle spielte, in einem Modell, das Sozialisation als soziale Praxis verstand.

2.16 Sozialisation als soziale Praxis (Grundmann)

MATTHIAS GRUNDMANN (* 1959) hat die Ansätze, Sozialisation als *sozialisatorische Interaktion* unter konkreten *sozialstrukturellen Verhältnissen*, als Prozess der Subjektbildung und als Konstruktion einer gemeinsamen sozialen Wirklichkeit zu verstehen, konsequent weitergedacht und in einem neuen, *sozialkonstruktivistischen* Theorieansatz zusammengeführt. Danach handeln die Subjekte in ihren sozialen Beziehungen ständig aus, wer sie sind und wie sie sich gegenseitig ansehen, wie sie miteinander umgehen und woran sie sich gemeinsam orientieren. In der „Ko-Konstruktion reziproker" Sinnstrukturen, die sich aus den gemeinsamen Erfahrungen ergeben, entsteht eine soziale Praxis des *Handelns,* und es bilden sich Strukturen einer *Gemeinschaft* heraus. Bei diesem Prozess der Gemeinschaftsbildung hat Grundmann vor allem „kleine soziale Einheiten" und Gruppen im Blick, die sich durch intime und vertrauensvolle Beziehungen, persönliche soziale Nähe und ein solidarisches Wir-Gefühl auszeichnen. Als Beispiele nennt er Familienbeziehungen, Partnerschaften oder Generationenverhältnisse und peer groups, Freundschaften oder Freizeitgruppen, aber auch nachbarschaftliche Milieus. (Grundmann 2004, S. 319 u. 332 ff.) Durch den „alltagspraktischen" Austausch von gemeinsamen sozialen „Erfahrungen" werden „laufend Gemeinsamkeiten erzeugt", die für die weitere Interaktion konstitutiv werden, und durch „die wechselseitige Versicherung ähnlicher Interessen und Werte" vertiefen sich Bindungen. (Grundmann 2004, S. 322) Die soziale Praxis des Handelns ist eine *Praxis der Sozialisation.*

Diesen Ansatz hat Grundmann später weiterausgebaut und Sozialisation als die Prozesse definiert, in denen sich (1) „Handlungsweisen und persönliche Haltungen von Individuen ergeben, die das soziale Zusammenleben ermöglichen", die uns (2) „eine soziale und personale Identität bescheren und die jeden von uns als Mitglied einer umfassenden Gesellschaft bzw. eines Kulturkreises ausweisen", und in denen (3) „soziale Verhältnisse auf Individuen einwirken und umgekehrt soziale Verhältnisse durch individuelle Aktionen gestaltet werden". (Grundmann 2006, S. 10 f.)

Die Funktionen und Effekte der Sozialisationspraxis kleiner Gemeinschaften fasst Grundmann so zusammen: Die Zugehörigkeit zu einer sozialen Gruppe vermittelt Sicherheit, stillt das Bedürfnis nach sozialer Nähe und Intimität, und vor allem erhalten die Akteure „eine Ahnung davon, welche personalen Eigenschaften in einer Beziehung wertgeschätzt werden". (Grundmann 2006, S. 92) Die Akteure lernen ihre eigenen Erfahrungen und Weltansichten aus der Sicht der anderen zu reflektieren und verständigen sich auf eine „gemeinsame Handlungsorientierung". „So gesehen", folgert Grundmann, „lassen sich sozialisatorische Interaktionen auch als wechselseitige Handlungsorientierungen definieren." (Grundmann 2006, S. 71) Durch die wechselseitige Bezugnahme entsteht eine spezifische Sozialisationspraxis. In den selbstgewählten kleinen Gemeinschaften finden sich Individuen zusammen, „die sich hinsichtlich ihres sozialen Status, ihrer Ressourcenausstattung, ihrer Tätigkeitsfelder, den habituellen Einstellungen und soziokulturellen Wertorientierungen gleichen". (Grundmann 2006, S. 106 u. 137) Die Individuen bilden ein kollektives Gefühl angemessener Lebensführung und eine soziale Haltung zur Gesellschaft aus. Mit Blick auf Bourdieus These von der Bedeutung des sozialen Kapitals (und des kulturellen natürlich auch!) für die Ausbildung eines Habitus und eine spezifische Praxis sieht Grundmann die sozialen Interaktionen und die darin mitlaufende Sozialisationspraxis „sozialstrukturell verankert" in konkreten Lebensverhältnissen. (Grundmann 2006, S. 136) Aber das darf nicht im

Sinne einer „vollständigen Reproduktion sozialer Verhältnisse", wie es die Habitustheorie suggeriert, missverstanden werden: Die Sozialisationspraxen zeichnen sich dadurch aus, dass die Individuen ihre Beziehungen und gemeinsamen Lebensverhältnisse reflektieren und gestalten. (vgl. Grundmann 2006, S. 200)

Natürlich ist Grundmanns Modell der Sozialisationspraxis ein Idealmodell. Aber gerade darin liegt sein Wert für die *empirische Sozialisationsforschung* und für eine kritische Gesellschaftstheorie. Für die empirische Sozialisationsforschung wird ein Prüfkriterium genannt, nach dem das Gelingen von Sozialisation bemessen werden kann. Einer Theorie der Gesellschaft gibt die neue, allgemeine Theorie der Sozialisation das Bild einer Gesellschaft vor, „in der Autonomie und Verantwortungsübernahme des Einzelnen auf der einen Seite sowie Solidarität und Verlässlichkeit von Sozialbeziehungen auf der anderen Seite anzutreffen sind. Ein solches Gesellschaftsmodell kann als Leitidee dienen, um gesellschaftliche Verhältnisse so zu gestalten, dass sie den Bedürfnissen der Menschen nach personaler Entwicklung und nach sozialer Bindung entsprechen." (Grundmann 2006, S. 231)

Die Sozialisationstheorien wurden wieder an eine Theorie der Gesellschaft und die sozialstrukturellen Prozesse der Vergesellschaftung angeschlossen.

Zitierte Literatur

Abels, Heinz (2015): Der Beitrag der Soziologie zur Sozialisationsforschung. In: Hurrelmann u. a. (Hrsg.) (2015): Handbuch Sozialisationsforschung. Weinheim: Beltz, 8., vollständig überarbeitete Aufl.

Abels, Heinz; König, Alexandra (2016): Sozialisation. Wiesbaden: Springer VS, 2., überarbeitete und erweiterte Aufl.

Adorno, Theodor W. (1945): Goldprobe. In: Adorno (1951): Minima Moralia. Reflexionen aus dem beschädigten Leben. Frankfurt am Main: Suhrkamp, 1969

— (1962): Zur Logik der Sozialwissenschaften. In: Kölner Zeitschrift für Soziologie und Sozialpsychologie, 14. Jg., 1962

Bauer, Ullrich (2002): Selbst- und/oder Fremdsozialisation: Zur Theoriedebatte in der Sozialisationsforschung. Eine Entgegnung auf Jürgen Zinnecker. In: Zeitschrift für Soziologie der Erziehung und Sozialisation, 22. Jg., H. 2

Beck, Ulrich (1983): Jenseits von Klasse und Stand? Soziale Ungleichheit, gesellschaftliche Individualisierungsprozesse und die Entstehung neuer sozialer Formationen und Identitäten. In: Kreckel (Hrsg.) (1983): Soziale Ungleichheiten. Göttingen: Schwartz

— (1986): Risikogesellschaft. Auf dem Weg in eine andere Moderne. Frankfurt am Main: Suhrkamp

Beck, Ulrich; Beck-Gernsheim, Elisabeth (1993): Nicht Autonomie, sondern Bastelbiographie. In: Zeitschrift für Soziologie, Jg. 22, Heft 3, 1993

Berger, Peter L.; Luckmann, Thomas (1966): Die gesellschaftliche Konstruktion der Wirklichkeit. Frankfurt am Main: Fischer, 20. Aufl. 2004

Blumer, Herbert (1969): Der methodologische Standort des Symbolischen Interaktionismus. In: Arbeitsgruppe Bielefelder Soziologen (Hrsg.) (1973): Alltagswissen, Interaktion und gesellschaftliche Wirklichkeit. Bd. 1: Symbolischer Interaktionismus und Ethnomethodologie. Reinbek: Rowohlt

Bourdieu, Pierre (1979): Die feinen Unterschiede. Kritik der gesellschaftlichen Urteilskraft. Frankfurt am Main: Suhrkamp, Nachdruck 1999

— (1980): Sozialer Sinn. Kritik der theoretischen Vernunft. Frankfurt am Main, Suhrkamp, 3. Aufl. 1999

— (1983a): siehe Zimmermann (1983)

— (1983b): Ökonomisches Kapital, kulturelles Kapital, soziales Kapital. In: Kreckel (Hrsg.) (1983): Soziale Ungleichheiten. (Soziale Welt, Sonderband 2) Göttingen: Schwartz

— (1997b): Meditationen. Zur Kritik der scholastischen Vernunft. Frankfurt am Main: Suhrkamp, 2001

— (2000a): Habitus, Herrschaft und Freiheit. (Interview) In: Bourdieu (2001): Wie die Kultur zum Bauern kommt. Hamburg: VSA, 2001

Bourdieu, Pierre; Wacquant, Loïc J. D. (1987): Die Ziele der reflexiven Soziologie. In: Bourdieu u. Wacquant (1992): Reflexive Anthropologie. Frankfurt am Main: Suhrkamp, 1996

Clausen, John A. (1968): A historical and comparative view of socialization theory and research. In: Clausen (Ed.) (1968): Socialization and society. Boston: Little, Brown and Company

Cooley, Charles H. (1902): Human nature and the social order, rev. edition 1922. New Brunswick: Transaction Books, 1983

— (1909): Social organization. A study of the larger mind. New York: Schocken Books, 2nd edition 1963

Durkheim, Emile (1895): Die Regeln der soziologischen Methode. Neuwied: Luchterhand, 4., revidierte Aufl., 1976

— (1902): Vorwort zur zweiten Auflage „Über soziale Arbeitsteilung". In: Durkheim (1893): Über soziale Arbeitsteilung. Frankfurt am Main: Suhrkamp, 1992

— (1903): Erziehung, Moral und Gesellschaft. Frankfurt am Main: Suhrkamp, 1984

Freud, Sigmund (1930): Das Unbehagen in der Kultur. In: Freud (1953)

— (1938): Abriss der Psychoanalyse. In: Freud (1953)

— (1953): Abriss der Psychoanalyse. Das Unbehagen in der Kultur. Frankfurt am Main: Fischer

Geulen, Dieter (1973): Thesen zur Metatheorie der Sozialisation. In: Walter (Hrsg.) (1973): Sozialisationsforschung. Bd. 1: Erwartungen, Probleme, Theorieschwerpunkte. Stuttgart: frommann – holzboog

— (1977): Das vergesellschaftete Subjekt. Zur Grundlegung der Sozialisationstheorie. Frankfurt am Main: Suhrkamp

— (1991): Die historische Entwicklung sozialisationstheoretischer Ansätze. In: Hurrelmann u. Ulich (Hrsg.) (1991): Neues Handbuch der Sozialisationsforschung. Weinheim: Beltz, 4., völlig neubearbeitete Aufl.

Geulen, Dieter; Hurrelmann, Klaus (1980): Zur Programmatik einer umfassenden Sozialisationstheorie. In: Hurrelmann u. Ulich (Hrsg.) (1980): Handbuch der Sozialisationsforschung. Weinheim: Beltz

Giddings, Franklin H. (1897): Theory of socialization. New York: The Macmillan Company (Lektüre im Internet)

Grundmann, Matthias (2004): Intersubjektivität und Sozialisation. In: Geulen u. Veith (Hrsg.): (2004). Sozialisationstheorie interdisziplinär. Stuttgart: Lucius & Lucius

— (2006): Sozialisation. Skizze einer allgemeinen Theorie. Konstanz: UVK

Habermas, Jürgen (1968): Stichworte zur Theorie der Sozialisation. In: Habermas (1973): Kultur und Kritik. Frankfurt am Main: Suhrkamp

— (1974): Notizen zur Entwicklung der Interaktionskompetenz. In: Habermas (1984): Vorstudien und Ergänzungen zur Theorie des kommunikativen Handelns. Frankfurt am Main: Suhrkamp

— (1976). Moralentwicklung und Ich-Identität. In: Habermas (Hrsg.) (1976): Zur Rekonstruktion des Historischen Materialismus. Frankfurt am Main: Suhrkamp

— (1981b): Theorie des kommunikativen Handelns, 2 Bände. Frankfurt am Main: Suhrkamp

Hurrelmann, Klaus (1983): Das Modell des produktiv realitätsverarbeitenden Subjekts in der Sozialisationsforschung. In: Zeitschrift für Sozialisationsforschung und Erziehungssoziologie, Jg. 3, 1983, Heft 1

— (2002): Einführung in die Sozialisationstheorie. Weinheim: Beltz, 8., vollständig überarbeitete Aufl., 9., unveränderte Aufl. 2006

— (2012): Sozialisation. Weinheim: Beltz, 10. Aufl.

— (2013): Das „Modell der produktiven Realitätsverarbeitung" in der Sozialisationsforschung. In: Zeitschrift für Soziologie der Erziehung und Sozialisation, Jg. 33, 2013, Heft 1

Kohli, Martin (1974): Sozialisation und Lebenslauf. In: Lepsius (Hrsg.) (1976): Zwischenbilanz der Soziologie. Stuttgart: Enke

— (1991): Lebenslauftheoretische Ansätze in der Sozialisationsforschung. In: Hurrelmann u. Ulich (Hrsg.): Neues Handbuch der Sozialisationsforschung. Weinheim: Beltz, 4. Aufl.

Luhmann, Niklas (1984): Soziale Systeme. Grundriss einer allgemeinen Theorie. Frankfurt am Main: Suhrkamp

— (1987b): Sozialisation und Erziehung. In: Luhmann (1994): Soziologische Aufklärung 4. Opladen: Westdeutscher Verlag, 2. Aufl.

Mead, George Herbert (1934): Geist, Identität und Gesellschaft. Frankfurt am Main: Suhrkamp, 1973

— (1934a): Mind, Self, and Society. From the Standpoint of a Social Behaviorist. Edited and with an Introduction by Charles W. Morris. Chicago: The University of Chicago Press, 7th impression 1970

Miebach, Bernhard (2006): Soziologische Handlungstheorie. Eine Einführung. Wiesbaden: VS Verlag für Sozialwissenschaften, 2., grundlegend überarbeitete und aktualisierte Aufl.

Oevermann, Ulrich (1976): Programmatische Überlegungen zu einer Theorie und zur Strategie der Sozialisationsforschung. In: Hurrelmann (Hrsg.): Sozialisation und Lebenslauf. Reinbek: Rowohlt
Parsons, Talcott (1945): Systematische Theorie in der Soziologie. Gegenwärtiger Stand und Ausblick. In: Parsons (1964)
— (1951): The social system. New York: Free Press, 1964
— (1954): Das Inzesttabu in seiner Beziehung zur Sozialstruktur und zur Sozialisierung des Kindes. In: Parsons (1964)
— (1958b): Sozialstruktur und Persönlichkeitsentwicklung: Freuds Beitrag zur Integration von Psychologie und Soziologie. In: Parsons (1964a): Sozialstruktur und Persönlichkeit. Frankfurt am Main: Fachbuchhandlung für Psychologie, 4., unv. Aufl. 1981
— (1959): Die Schulklasse als soziales System. In: Graumann u. Heckhausen (Hrsg.) (1973): Pädagogische Psychologie. Reader zum Funk-Kolleg, Band 1: Entwicklung und Sozialisation. Frankfurt am Main: Fischer
— (1964): Beiträge zur soziologischen Theorie. Hrsg. von Dietrich Rüschemeyer. Neuwied: Luchterhand
— (1966): Gesellschaften. Evolutionäre und komparative Perspektiven. Frankfurt am Main: Suhrkamp, 1975
Ross, Edward A. (1896): Social control. In: American Journal of Sociology, Vol. 1, 5 (Lektüre im Internet)
Simmel, Georg (1890): Über sociale Differenzierung. In: Simmel (1989 ff.), Band 2
— (1894): Das Problem der Sociologie. In: Simmel (1989 ff.), Band 5
— (1908). Soziologie. Untersuchungen über die Formen der Vergesellschaftung. (Simmel 1989 ff., Bd. 11)
— (1989 ff.): Georg Simmel Gesamtausgabe. Hrsg. von Otthein Rammstedt. Frankfurt am Main: Suhrkamp
Thomas, William I.; Thomas, Dorothy S. (1928): Das Kind in Amerika. In: Thomas (1965): Person und Sozialverhalten. Neuwied: Luchterhand
Turner, Ralph H. (1962): Rollenübernahme: Prozess vs. Konformität. In: Auwärter u. a. (Hrsg.) (1976): Seminar: Kommunikation, Interaktion, Identität. Frankfurt am Main: Suhrkamp
Veith, Hermann (2016): Zur Geschichte sozialisationstheoretischer Fragestellungen. In: Hurrelmann u. a. (Hrsg.): Handbuch Sozialisationsforschung. Weinheim: Beltz, 8., vollständig überarbeitete Aufl.
Watson, John B. (1930): Behaviorismus. Köln: Kiepenheuer & Witsch, 1968
Wrong, Dennis H. (1961): Das übersozialisierte Menschenbild in der modernen Soziologie. In: Steinert (Hrsg.) (1973): Symbolische Interaktion. Stuttgart: Klett
Zimmermann, Hans Dieter (1983): Die feinen Unterschiede oder: Die Abhängigkeit aller Lebensäußerungen vom sozialen Status. Ein Gespräch mit dem französischen Soziologen Pierre Bourdieu. In: L'80. Demokratie und Sozialismus. Köln: Verlagsgesellschaft

Zitierte Literatur

Zinnecker, Jürgen (1998): Die Tradierung kultureller Systeme zwischen den Generationen. In: Zeitschrift für Soziologie der Erziehung und Sozialisation, 18. Jg., Heft 4
— (2000): Selbstsozialisation – Essay über ein aktuelles Konzept. In: Zeitschrift für Soziologie der Erziehung und Sozialisation, 20. Jg., Heft 3

Rolle: Was vom Individuum erwartet wird und wie es damit umgeht 3

Inhalt:
3.1 Rolle – normative Erwartung (Parsons) 107
3.2 Kulturelle Ziele, legitime Mittel; Rollenkonflikte, Bezugsgruppen
 (Merton) 115
3.3 Homo Sociologicus und die ärgerliche Tatsache der Gesellschaft
 (Dahrendorf) 121
3.4 Die quasi dingliche Existenz von Rollen und die Entäußerung der Person
 (Habermas) 129
 Literatur 133

Im Alltag wird das Wort „Rolle" oft gleichgesetzt mit einem Verhalten, das vorgespiegelt und nicht echt ist. Und auch die berühmten Verse in Shakespeares Komödie „Wie es Euch gefällt" scheinen darauf hinzuweisen, dass wir manchmal etwas spielen, das nicht wirklich ist: „Die ganze Welt ist Bühne, und alle Frau'n und Männer bloße Spieler. Sie treten auf und gehen wieder ab. Sein Leben lang spielt einer manche Rollen …" (Shakespeare 1599, II 7, 668 ff.)

Soziologisch muss man aber fragen, was eigentlich wirklich ist und wirklich für wen? Es könnte ja auch sein, dass das, was uns jemand auf der Bühne im Theater und noch mehr auf der Bühne des Lebens *anscheinend* vormacht, in dem Augenblick seine *wahre* Person zum Ausdruck bringt – auch wenn er das gar nicht beabsichtigt hat! Einer der Gründungsväter der amerikanischen Soziologie, Robert Ezra Park, der einige Zeit in Deutschland studiert und später wesentlich zur Verbreitung der Gedanken Georg Simmels in den USA beigetragen hat, meinte sogar, dass die Maske, die wir anlegen, wenn wir unsere Rollen spielen, „our truer[1] self" ist. In einem Aufsatz mit dem Titel „Behind our masks" (Park 1926) heißt es: „It is probably no mere historical accident that the word person, in its first meaning, is a

---

[1] Damit Sie die provokante Formulierung nicht übersehen: Lesen Sie sie bitte laut!

mask. It is rather a recognition of the fact that everyone is always and everywhere, more or less consciously, playing a role. We are parents and children, masters and servants, teachers and students, clients and professional men, Gentiles and Jews. It is in these roles that we know each other; it is in these roles that we know ourselves. Our very faces are living masks, which reflect, to be sure, the changing emotions of our inner lives, but tend more and more to conform to the type we are seeking to impersonate. Not only every race, but every nationality, has its characteristic ‚face', its conventional mask. (…) In a sense, and in so far as this mask represents the conception we have formed of ourselves – the role we are striving to live up to – this mask is our truer self, the self we would like to be. In the end, our conception of our role becomes second nature and an integral part of our personality. We come into the world as individuals, achieve character, and become persons." (Park 1926, S. 249 f.) Parks provokante These ist in der Rollentheorie nicht weiterverfolgt worden – bis auf die Ausnahme von Erving Goffman, der sie zur Erklärung unserer Präsentationen in den Interaktionen im Alltag heranzieht.[2]

Der Mainstream der soziologischen Diskussion zur Rollentheorie verlief in die Richtung, dass Rollen objektive Tatsachen sind, die alle Individuen betreffen und ihnen vorgeben, wie sie sich zu verhalten haben. Am Anfang dieser Diskussion stand eine Definition des amerikanischen Kulturanthropologen Ralph Linton, wonach die Rolle den „dynamischen Aspekt eines Status" repräsentiere. (Linton 1936, S. 114) Der soziale Status oder ganz allgemein die Position eines Individuums ist definiert über Rechte und Verpflichtungen, und wenn es ihnen in seinem Verhalten nachkomme, spiele es die entsprechende Rolle. Auch Linton fragte nach dem kulturellen Hintergrund der Persönlichkeit und stellte fest, dass die Gesellschaft als „ein System fortbesteht, während die Individuen, die Plätze in ihm einnehmen, kommen und gehen können". Im soziologischen Sinne sind die Plätze Positionen. Die „Gesamtheit der kulturellen Muster", die mit einer Position verbunden sind und die unabhängig von einem konkreten Einzelnen gelten, hat Linton „Rolle" genannt. (Linton 1945, S. 252)

An diese Definition hat Ralf Dahrendorf, der die Diskussion über die Rollentheorie in Deutschland gleich mit einer Fundamentalkritik der Kategorie der sozialen Rolle losgetreten hat, angeknüpft. Darauf gehe ich weiter unten ausführlich ein. Hier nur so viel: „Zu jeder Stellung", schreibt Dahrendorf, „die ein Mensch einnimmt, gehören gewisse Verhaltensweisen, die man von dem Träger dieser Position erwartet; zu allem, was er ist, gehören Dinge, die er tut und hat; zu jeder sozialen Position gehört eine *soziale Rolle*. Indem der Einzelne soziale Positionen einnimmt, wird er zur Person des Dramas, das die Gesellschaft, in der er lebt, geschrieben hat. Mit jeder Position gibt die Gesellschaft ihm eine Rolle in die Hand,

---

2   Siehe unten Kap. 5.7 *Die Ordnung der Interaktion.*

die er zu spielen hat. Durch Positionen und Rollen werden die beiden Tatsachen des Einzelnen und der Gesellschaft vermittelt. (...) Soziale Rollen sind Bündel von Erwartungen, die sich in einer gegebenen Gesellschaft an das Verhalten der Träger von Positionen knüpfen." (Dahrendorf 1958, S. 34 f.)

3.1 Rolle – normative Erwartung (Parsons)

Wenn von *der* Rollentheorie die Rede ist, dann ist immer die von TALCOTT PARSONS (1902–1979) gemeint. An ihm orientierte sich über Jahrzehnte die gesamte soziologische Diskussion und gegen ihn zogen Kritiker von Anfang an scharf zu Felde. Faszination und Kritik kann man vorab so erklären: Parsons war vor allem an der Frage interessiert, wie Gesellschaft zustande kommt, wie soziale Ordnung[3] möglich ist und wie das Verhältnis zwischen Individuum und Gesellschaft in ein harmonisches Gleichgewicht gebracht werden kann. Letzteres sah er gewährleistet, wenn die Individuen im Prozess der Sozialisation dazu gebracht werden, die vorgegebenen *Rollen* zu spielen und sich so in die Gesellschaft zu integrieren. Die Individuen müssen motiviert[4] werden, sich so verhalten zu *wollen,* wie sie sich verhalten *sollen.* Das Verhältnis zwischen Individuum und Gesellschaft ist nach dieser Theorie eindeutig geregelt: normativ von ihrer Seite und „freiwillig" zustimmend von jenem.

Wenden wir uns nun der Frage zu, wo Parsons den Begriff der Rolle in seiner allgemeinen Systemtheorie[5] einordnet. Parsons versteht Gesellschaft als ein Zusammenspiel von Persönlichkeitssystem, sozialem System und kulturellem System. Persönlichkeit ist das Ergebnis eines spezifischen Sozialisationsprozesses, aber auch Ausdruck spezifischer psychologischer Antriebe und sozialer Bedürfnisse. Sie ist ein strukturiertes Ganzes, weshalb Parsons auch von einem *Persönlichkeitssystem* spricht. Das System des Handelns, d. h. den strukturierten Zusammenhang der Handlungen aller Beteiligten an einer Situation, nennt Parsons *soziales System.* An anderer Stelle benutzt er auch den Begriff des Kollektivs, um auf die konkrete soziale Struktur der Interaktionen zwischen den Individuen abzuheben. Das *kulturelle System* umfasst die Werte und symbolischen Bedeutungen einer Gesellschaft. Es ist das dominante System und durchdringt alle anderen Systeme.

---

3 Vgl. zu Parsons' Theorie der Ordnung Band 1, Kap. 3.9 *Normative Integration.*
4 Das habe ich gerade in Kap. 2.7 *Lernen von Rollen, Herstellung funktional notwendiger Motivation* dargestellt.
5 Vgl. dazu Band 1, Kap. 6.2 *Systemtheorie der Strukturerhaltung* und Kap. 6.2.1 *Das allgemeine Handlungssystem und seine Subsysteme.*

Den Schnittpunkt von Persönlichkeitssystem, sozialem System und kulturellem System bildet die *Rolle*. Virulent wird sie im sozialen System, dessen interaktive Beziehungen ein bestimmtes Muster aufweisen. Jeder einzelne Handelnde ist in eine Fülle solcher Interaktionen involviert. Parsons betrachtet die Teilnahme an den Beziehungen unter zwei grundsätzlichen Aspekten: „On the one hand there is the positional aspect – that of where the actor in question is ‚located' in the social system relative to other actors. This is what we will call his *status*, which is his place in the relationship system considered as a structure, that is a patterned system of *parts*. On the other hand there is the processual aspect, that of what the actor does in his relations with others seen in the context of its functional significance for the social system. It is this which we shall call his *role*." (Parsons 1951, S. 25) In seinem *Status* ist der Handelnde Gegenstand der Orientierungen der Anderen, indem er seine *Rolle* spielt, orientiert er sich an den Anderen. Rolle meint die sozialen Erwartungen an das Handeln.

Rollen wie auch das soziale System, in dem sie zum Ausdruck kommen, werden von „Normen reguliert" und sind „durch Festlegung auf Wertmuster charakterisiert" (Parsons 1966a, S. 140). Die Normativität ergibt sich aus dem kulturellen System, in dem die Werte der Gesellschaft aufgehoben sind. *Werte* versteht Parsons im Sinne des „Mustergültigen". Unter dieser Perspektive und bezogen auf die sozialen Rollen kann man sich das Wertesystem als latenten gesellschaftlichen Konsens vorstellen, wie in einer konkreten Situation idealerweise gehandelt werden soll. *Normen* „haben regulative Bedeutung für soziale Prozesse und Beziehungen" (Parsons 1966a, S. 140), schreiben also konkret vor, wie zu handeln ist.

Parsons versteht Werte, Normen, Kollektiv als die konkrete soziale Organisation von Interaktionen und Rollen als *Strukturkomponenten* der Gesellschaft, die jeweils eine spezifische *Funktion* für die Erhaltung einer bestimmten *Struktur* haben. Um das zu erklären, muss ich kurz wiederholen, was ich an anderer Stelle[6] ausgeführt habe. Empirisch gesehen, schreibt Parsons, sind Sozialsysteme *offene* Systeme, die in Austauschprozessen mit ihrer Umwelt stehen. Zur Umwelt sozialer Systeme zählen das kulturelle System, die Persönlichkeitssysteme, aber auch die jeweiligen Teilsysteme, in die sich ein soziales System differenziert. Das Konzept eines offenen, in Austauschbeziehungen mit seinen Umwelten stehenden Systems heißt nicht, dass Umwelten und System verschmelzen, sondern im Gegenteil, dass Grenzen bewahrt werden, und dass der „signifikante Unterschied zwischen Strukturen und Prozessen innerhalb des Systems und den Strukturen und Prozessen außerhalb des Systems (…) tendenziell aufrecht erhalten wird." (vgl. Parsons 1961, S. 166f.) Damit ein System auch unter sich wandelnden inneren und äußeren Be-

---

6   Vgl. Band 1, Kap. 6.2.2 *Grundfunktionen der Strukturerhaltung des Sozialsystems.*

dingungen Bestand hat und dauerhaft leistungsfähig bleibt, müssen vier Grundfunktionen erfüllt werden: adaptation, goal-attainment, integration und patternmaintenance:

A   Ein System muss sich mit seiner Umwelt arrangieren, d. h. sich an äußere Bedingungen anpassen, ggf. aber auch in der Lage sein, die Umwelt in seinem Sinne zu verändern; diese Funktion bezeichnet Parsons als „adaptation".
G   Das System muss sich an bestimmten Zielen orientieren und Mittel bereitstellen, diese Ziele zu realisieren; das nennt Parsons „goal-attainment".
I   Das System muss in der Lage sein, seine einzelnen Elemente (normative Orientierungen, Personen, Interaktionen, Strukturen) so aufeinander abzustimmen, dass sie alle kontinuierlich zur Zielerreichung beitragen; diese Funktion wird als „integration" bezeichnet.
L   Das System muss in der Lage sein, eine spezifische Sinnstruktur aufzubauen und über konkrete Situationen und aktuell beteiligte Personen hinaus zu erhalten; diese Funktion nennt Parsons „pattern maintenance". Um deutlich zu machen, dass es um den Erhalt eines impliziten oder latenten Musters geht, spricht er auch von „latent pattern maintenance" oder „latency". (vgl. Parsons 1961a, S. 38–41)

Nach den Anfangsbuchstaben der Grundfunktionen *(functional prerequisites)* wird dieses Schema auch als AGIL-Schema bezeichnet.

Kehren wir zurück zu der Frage, welche Funktion Werte, Normen, Kollektiv als die konkrete soziale Organisation von Interaktionen und Rollen für die Erhaltung des Sozialsystems erfüllen: „Werte sind entscheidend für Strukturerhaltungsfunktionen in einem Sozialsystem. Normen sind in erster Linie integrativ; sie steuern die große Vielfalt von Prozessen, die zur Durchsetzung der gebildeten Wertbindungen beitragen. Die Funktionen des Kollektivs liegen in der Erreichung aktualer Ziele für das Sozialsystem. Soweit Individuen gesellschaftlich wichtige Funktionen erfüllen, handeln sie in ihrer Kapazität als Mitglieder eines Kollektivs. Die primäre Funktion der Rolle in Sozialsystemen schließlich ist adaptiv. Dies zeigt sich besonders deutlich an der Kategorie der Leistung: Die Fähigkeit, gesellschaftlich relevante Rollen zu erfüllen, ist die grundlegendste generalisierte adaptive Ressource jeder Gesellschaft." (Parsons 1966a, S. 140 f.)

Jetzt stellt sich die Frage, wie Individuen dazu gebracht werden, dem normativen kulturellen System zu folgen, im sozialen System also ihre Rollen zu spielen, und ihre Bedürfnisse auf die gesellschaftlichen Bedingungen abzustimmen oder genauer: wie das kulturelle System so im Persönlichkeitssystem verankert wird, dass die Individuen so handeln wollen, wie sie handeln sollen. Die wichtigste Antwort hat Parsons mit seiner Sozialisationstheorie gegeben, aber auch seine Rollentheorie trägt zur Erklärung bei, indem der Begriff der Rolle in den Kontext des *Handelns* der Individuen gestellt wird.

Ausgehend von der gerade genannten adaptiven Funktion der Rolle, Leistungen als Ressource zur Erhaltung eines sozialen Systems zu generieren, kann man sagen: Rollen dienen dazu, passende Verhaltensmöglichkeiten zu definieren. Das Zusammenspiel von Individuum, sozialem System und konkreten Handlungssystemen hat Parsons so beschrieben. „Da die Einheit des sozialen Systems der Handelnde ist, ist die soziale Struktur ein System von sozialen Beziehungsmustern zwischen Handelnden. Allerdings zeichnet sich die Struktur von sozialen Handlungssystemen dadurch aus, dass in den meisten Beziehungen der Handelnde nicht als individuelle Ganzheit beteiligt ist, sondern lediglich mit einem bestimmten, differenzierten ‚Ausschnitt' seines gesamten Handelns. Ein derartiger Ausschnitt, der die Grundeinheit eines Systems sozialer Beziehungen darstellt, wird heute überwiegend als ‚Rolle' bezeichnet. Die obige Aussage muss daher folgendermaßen umformuliert werden: die soziale Struktur ist ein System von Beziehungsmustern zwischen Handelnden in ihrer Eigenschaft als Rollenträger. Der Begriff der Rolle verknüpft das Untersystem des Handelnden, als einer ‚psychologischen' sich in bestimmter Weise verhaltenden Gesamtheit mit der eigentlichen *sozialen* Struktur." (Parsons 1945, S. 54 f.)

Aus der Sicht des sozialen Systems „ist die Rolle ein Element jener allgemeinen Muster, denen das Handeln der beteiligten Individuen folgt. Doch handelt es sich hierbei nicht bloß um einen statistischen ‚Trend'. Es handelt sich um Ziele und Verhaltensmaßstäbe. Vom Standpunkt des Handelnden her gesehen definiert sich seine Rolle durch die normativen Erwartungen der Gruppenmitglieder, die in den sozialen Traditionen zum Ausdruck kommen." Folgt der Handelnde den normativen Erwartungen der Rolle oder nicht, hat das Folgen für ihn: „im einen Fall Anerkennung und Belohnung, im anderen Ablehnung und Bestrafung." (Parsons 1945, S. 55)

Noch wichtiger ist ein anderer Aspekt: Die normativen Erwartungen der Rolle werden nach und nach Teil der Persönlichkeit des Handelnden: „Im Verlauf des Sozialisierungsprozesses nimmt er – in mehr oder weniger starkem Maße – die Verhaltensmaßstäbe und Ideale der Gruppe in sich auf. Auf diese Weise werden sie, unabhängig von äußeren Sanktionen, zu wirksamen Motivierungskräften für sein eigenes Verhalten. So gesehen liegt der wesentliche Aspekt der sozialen Struktur in einem System von Erwartungsstrukturen, die das *rechte* Verhalten für Personen in bestimmten Rollen definieren; ihre Geltung wird sowohl durch die positiven Motive des Rollenträgers selbst, wie auch durch die Sanktionen von seiten anderer durchgesetzt. (...) Vom funktionalen Standpunkt aus stellen die institutionalisierten Rollen Mechanismen dar, mit Hilfe derer die außerordentlich vielfältigen Möglichkeiten der ‚menschlichen Natur' in ein einziges, integriertes System eingefügt werden, das mit allen Situationserfordernissen fertig werden kann, denen sich die Gesellschaft und ihre Mitglieder gegenübersehen. In Bezug auf diese Möglichkeiten erfüllen die Rollen zwei Hauptfunktionen: die erste ist *selektiver* Art und besteht darin, dass sie die für die Bedürfnisse und Toleranzen des jeweiligen Strukturmusters ‚passenden' Verhaltensmöglichkeiten herausbringen und alle Anderen beiseitelassen oder verdrängen; die zweite besteht darin, dass sie mit Hilfe bestimmter Interaktionsmechanismen die maximale motivierungsmäßige Stütze für ein den Rollenerwartungen entsprechendes Handeln sicherstellen. Wichtig ist vor allem, dass die mit ‚Gewissen' und ‚Idealen' verbundenen, uneigennützigen Motive *und* die eigennützigen Motive im Interesse *gleicher* Verhaltensrichtungen wirken." (Parsons 1945, S. 55 f.)

Ich fasse zusammen: Soziales System meint die jeweilige Ordnung in den sozialen Beziehungen zwischen Individuen und ihren Handlungen. Die Ordnung ist vorab gegeben und in der Form von *Institutionen*, worunter Parsons alle Regelungen und Festsetzungen des kulturellen Systems versteht. Aus dieser Sicht ist die Rolle ein soziales Muster, das unabhängig von konkreten Handlungen der Individuen existiert und ihnen unterschiedslos vorgibt, wie sie handeln sollen. Parsons spricht von „stabilized patterns of interaction". Handeln ist durch Werte, institutionelle Vorgaben und durch „normative Muster" bestimmt, „die die wünschenswerte Richtung des Handelns in der Form von Zielen und Verhaltensmaßstäben" angeben. (Parsons 1945, S. 53) „Wünschenswert" heißt natürlich im Sinne des Erhalts eines bestimmten Systems, und insofern kommen der Rolle als Strukturkomponente des sozialen Systems „in der Hauptsache Anpassungsfunktionen" zu. (Parsons 1971, S. 16 und Parsons 1966a, S. 141)

Der Soziologe und Bildungsforscher Lothar Krappmann hat beschrieben, wann nach dieser Rollentheorie Handeln optimal funktionieren müsste, wohlgemerkt: Er *referiert* die impliziten und expliziten Annahmen der Theorie von Parsons! (1) „Erfolg im Rollenhandeln ist desto sicherer garantiert, je weitergehend Rollennormen und die Interpretation dieser Normen durch den Inhaber der Rolle übereinstimmen. Es wird unterstellt, dass die Rolle eindeutige Verhaltensanweisungen wenigstens für die zentralen Tätigkeitsbereiche enthält. (…) (2) Damit die nicht zu leugnenden Diskrepanzen zwischen den Normen in einer Gesellschaft das Rollenhandeln nicht belasten, wird als optimal angesehen, dass das Individuum sein Verhalten nur an jeweils einer Rolle orientiert. Sind mehrere, vielleicht sogar widersprüchliche Rollen in einer Situation angesprochen, muss sich das Individuum zwischen ihnen entscheiden oder Erwartungen aus beiden Rollen kombinieren. (…) (3) Erfolgreiches Rollenhandeln ist desto wahrscheinlicher, je weitergehend die Rollenpartner im Hinblick auf ihre gegenseitigen Erwartungen übereinstimmen. Differenzierende Interpretationen werden als erste Anzeichen von Rollenkonflikt gedeutet (…), der Devianz verursachen und die Stabilität des sozialen Systems gefährden kann. (...) (4) Erfolgreiches Rollenhandeln setzt voraus, dass die individuellen Bedürfnisse der Handelnden den institutionalisierten Wertvorstellungen der Gesellschaft entsprechen. Die Übereinstimmung von Rollennormen und Bedürfnisdisposition ist das Ergebnis eines gelungenen Sozialisationsprozesses. (...) (5) Die Orientierung an den vorgegebenen Rollennormen garantiert den Rollenpartnern – im als optimal betrachteten Fall der Übereinstimmung von Werten und Bedürfnissen – die gegenseitige Befriedigung ihrer Bedürfnisse. Unvollständige Bedürfnisbefriedigung wird als Gefahr für den Fortgang von Interaktion betrachtet. (...) (6) Die Stabilität von Institutionen wird als gewährleistet angesehen, wenn die Individuen die Rollen aufgrund vorangegangener Internalisierungsprozesse gleichsam ‚automatisch' erfüllen, aber dennoch das Bewusstsein haben, aus eigenem Entschluss und Antrieb zu handeln." (Krappmann 1971, S. 309 ff.)

Bei diesen, die Auffassung Parsons' wiedergebenden Annahmen fällt auf, dass zwischen den Erwartungen der Handelnden Übereinstimmung unterstellt und als erstrebenswert angesehen wird. In ihrer klassischen Form erklärt diese Rollentheorie erfolgreiches Handeln denn auch über Normenkonformität und Konsens der Handelnden. Wenn ich sage „klassische Form", dann ist schon angedeutet, dass es noch eine andere Form gibt. Das ist in der Tat so, und sie wird auch von Parsons selbst angesprochen: Sie stellt das *ideale* Modell einer harmonischen Ordnung nicht in Frage, aber trägt den realen Differenzen und Dissensen Rechnung. Das werde ich im Kapitel „Interaktion" ausführlich behandeln.[7] Hier nur einige Andeutungen.

Parsons konstatiert zwar, dass jeder Handelnde sich an den kulturellen, normativen Mustern orientiert. Das sollte den Einzelnen in seinem Handeln eigentlich sicher machen. Doch ego weiß, dass sein Handeln auch von den Erwartungen und Handlungen alters abhängt, und wie diese Erwartungen tatsächlich sind und welche Handlungen folgen, das kann ego nicht sicher wissen. Im Grunde kann ego nur von *möglichen* Erwartungen alters ausgehen und dessen *mögliches* Handeln einkalkulieren. Da ein Teil der Erwartungen egos in möglichen Reaktionen alters besteht (Parsons 1951, S. 5), sind egos Erwartungen nicht gewiss, sondern *kontingent*. Das ganze gilt natürlich auch für alter und seine Erwartungen. Die Komplementarität der Erwartungen ist doppelt ungewiss. Deshalb haben Parsons und Shils die wechselseitige Abhängigkeit des Handelns des einen von den *möglichen* Erwartungen und dem *möglichen* Handeln des anderen als *doppelte Kontingenz* bezeichnet. (vgl. Parsons u. Shils 1951a, S. 16)

Warum und unter welcher Voraussetzung kann dennoch gehandelt werden? Ego kann alters Reaktion nur voraussehen und beeinflussen, wenn ego und alter

---

[7] Siehe unten Kap. 5.5 *Das soziale System als Interaktionssystem – Rolle, Austausch, Kontingenz.*

sich an den gleichen kulturellen Standards orientieren. Gemeinsames Handeln setzt also voraus, dass die Interaktionspartner motiviert sind, nach den gleichen Normen und Werten zu handeln, und dass sie das auch voneinander annehmen! Nur dann kann Möglichkeit zumindest auf Wahrscheinlichkeit reduziert werden.

Die Orientierung an gleichen Standards kann erwartet werden, weil alle Handelnden in der gleichen Gesellschaft sozialisiert worden sind. Sie haben die Werte und Normen mehr oder weniger gleich internalisiert. Natürlich haben die Individuen höchst unterschiedliche Situationen des Handelns kennengelernt und orientieren sich auch an unterschiedlichsten Zielen. Doch im Laufe einer „erfolgreichen" Sozialisation ist es zu einer „*strukturellen Verallgemeinerung der Ziele*" gekommen. (Parsons 1945, S. 60) Um es an einem konkreten Beispielen deutlich zu machen: Auch die schönsten Phantasien, wie man zu Geld kommen oder andere austricksen könnte, pendeln sich im Normalfall auf das Maß des Möglichen und von allen Gebilligten ein!

Parsons geht davon aus, dass es in jeder Gesellschaft eine typische Struktur des sozialen Systems und eine typische Struktur sozialer Rollen gibt und dass damit auch eine typische strukturelle Verallgemeinerung von Zielen des Handelns gegeben ist. Damit wäre das Fundament für die Rollentheorie fast komplett, „fast", denn noch immer erfolgt der Blick auf das Handeln aus der Sicht des sozialen Systems.

Die andere Perspektive aus der Sicht des Individuums erfolgt nun, indem Parsons fragt, was auf der Seite des Individuums passieren muss, um (wieder der Blick auf das System!) im Sinne eines geordneten sozialen Systems „richtig" handeln zu können – und zu wollen. Die Antwort hat Parsons mit der oben[8] behandelten Theorie der Motivation gegeben. Dort haben wir auch gelesen, dass das Individuum ein Interesse an Gratifikationen hat und Frustration vermeiden will. Größer ist die Aussicht auf soziale Gratifikation, wenn man sich normal wie alle verhält, oder umgekehrt: Wer den Erwartungen der Anderen entspricht, wird zumindest nicht bestraft.

Die Handelnden spielen ihre Rollen natürlich nicht allein, weil sie Belohnung für „normales" Verhalten und Strafe für abweichendes Verhalten erwarten, sondern indem sie die kulturellen Werte internalisieren und nach und nach äußere Erwartungen nach innen verlagern und zum inneren Antrieb machen. In der Psychologie würden wir von Über-Ich oder Gewissen sprechen, in der Theorie von Parsons geht es um die Ausbildung einer sozial-kulturellen Persönlichkeit, die sich durch eine feste *Wertbindung (commitment)* an das kulturelle System auszeichnet. Die kulturellen Standards werden zum konstitutiven Bestandteil des Persönlichkeitssystems. Sozialisation – in der Form des Lernens von Standards – dient also

---

8   Kap. 2.7 *Lernen von Rollen, Herstellung funktional notwendiger Motivation.*

dazu, eine adäquate Motivation des Handelns zu erzeugen. Im Kern beinhaltet die Theorie der Motivation, dass das Individuum im Prozess der Sozialisation zur freiwilligen Zustimmung zu den vorgegebenen Rollen gebracht wird.

Kritisch wird gegen diese Rollentheorie eingewandt, dass sie zu einem Verlust der individuellen Autonomie führe. Das war z. B. der Vorwurf von Ralf Dahrendorf, auf den ich gleich zu sprechen komme. Handeln ist nach der Rollentheorie Handeln nach Normen, weshalb diese Theorie auch als *normative Theorie* bezeichnet wird. „Indem die Notwendigkeit des Ausgleichs zwischen den persönlichen Bedürfnissen und den sozialen Interessen in die Natur des Menschen verlegt wird, begründet Parsons die für ihn notwendige These, dass soziales Handeln vornehmlich außengeleitetes Handeln ist." (Korte 1992, S. 179) Da Parsons aber davon ausgeht, dass die geltenden Werte und Normen ihre Funktionalität für diese Gesellschaft bewiesen haben, wäre diese Anleitung des Handelns auch funktional für das Handeln aller.

Obwohl das gar nicht intendiert war, hat DAVID RIESMAN (1909–2002), lange Jahre neben Parsons Soziologe an der Harvard University, mit seiner These von der *Außenleitung*[9] des modernen Menschen die Rollentheorie von Parsons an einem wichtigen Punkt in Frage gestellt. Er geht nämlich davon aus, dass es bei der Befolgung von Rollen gar nicht um ihre Legitimität geht, sondern wir handeln so, wie die, die für uns wichtig sind, handeln. Wir äffen sie sozusagen nach. Die Normativität kommt den Rollen nur durch die Macht der Anderen zu. Da Riesman mit seiner These von der Außenleitung im Grunde eine Beschreibung des modernen Sozialcharakters in den westlichen Gesellschaften geliefert hat, werde ich die Begründung der These im Kapitel über „Identität" behandeln.[10] An dieser Stelle deshalb nur ein kurzes Referat.

Riesmans Buch „The lonely crowd", das er 1950 zusammen mit anderen veröffentlicht hat, läuft auf die These hinaus, dass wir so denken und handeln, wie wir meinen, dass die Anderen, die uns wichtig sind, denken und handeln. Die wichtigen Anderen können Freunde, Verwandte, Nachbarn oder Kollegen sein, aber auch die symbolischen Figuren der Moden und Trends. Um im raschen Wechsel der Moden des Wichtigen und Richtigen mithalten zu können, legen wir uns nicht fest, sondern sind ständig auf Empfang für die Signale des Zeitgeistes. Wir werden zu flexiblen Rollenspielern, die es mit allen ein bisschen können. Im Gegensatz zum innengeleiteten Menschen, der sich mit festen Prinzipien auf Kurs hielt, gibt der außengeleitete Mensch „die feste Charakterrolle (…) auf und übernimmt

---

9   Sie wurde kurz schon in Kap. 1.5 *Von materialistischen zu postmaterialistischen Werten* angesprochen.
10 Siehe Kap. 8.6 *Außenleitung: Identität bleibt offen, Individualität folgt dem Trend.*

dafür eine Vielfalt von Rollen, die er im geheimen festlegt und entsprechend den verschiedenen Begebenheiten variiert." (Riesman 1950, S. 152)

Diese Haltung ist nicht nur möglich, sondern, so muss man Riesman interpretieren, auch funktional angemessen, weil die verschiedenen Rollen, die der außengeleitete Mensch den vielen Anderen gegenüber nacheinander oder gleichzeitig spielen muss, „weder institutionalisiert noch klar voneinander abgesetzt sind." (Riesman 1950, S. 152) Die Rollen sind keineswegs eindeutig, sondern diffus, und sie sind auch nicht zwingend, sondern Optionen. In der ersten Hinsicht lebt der außengeleitete in der latenten Angst, etwas falsch zu machen, solange er nicht weiß, was „man" heute so richtig macht. In der zweiten Hinsicht ist er allerdings freier als der innengeleitete Mensch, der aus einer festen inneren Überzeugung heraus handelt, denn er kann jede Option für sich und die Anderen legitimieren, wenn er nur die entsprechende Bezugsgruppe wählt.

Man kann Riesmans These als Zweifel an der Normativität des kulturellen Systems in der Theorie von Parsons lesen. Genau in diese Richtung zielt auch die Kritik von Robert K. Merton an der klassischen Rollentheorie.

3.2 Kulturelle Ziele, legitime Mittel; Rollenkonflikte, Bezugsgruppen (Merton)

Nach der Theorie von ROBERT K. MERTON (1910–2003), der in den 1930er Jahren Schüler von Parsons war, ist die Normativität der Rollen nur *relativ*, da das Individuum sich verschiedenen Bezugsgruppen gegenübersieht. Es spielt auch nicht nur eine Rolle, sondern sieht sich nicht selten mit mehreren zugleich konfrontiert. Von daher bleiben Rollenkonflikte nicht aus. Schließlich war Mertons primäres Interesse auch nicht, wie Parsons die Entstehung und den Erhalt sozialer Ordnung zu erklären, sondern ihn interessierten vor allem die Phänomene der *Unordnung*. Während Parsons davon ausging, dass nach einer richtigen Sozialisation alle Individuen eigentlich den Rollenerwartungen freiwillig zustimmen müssten, konstatierte Merton zunächst einmal, dass sehr viele Individuen die Normen nicht erfüllen. Er vermutete, dass einige es nicht können und andere es nicht wollen.

Aus dieser Tatsache hat Merton dann eine Theorie der *Anomie* entwickelt, in der abweichendes Verhalten damit erklärt wird, dass es Differenzen über kulturelle Ziele *(cultural goals)* und die legitimen Mittel *(institutional means)*, sie zu erreichen, gibt. Gegen Parsons gewendet hieß das: Offensichtlich gibt es höchst verschiedene Ziele in einer Gesellschaft, und viele Individuen haben nicht die Mittel, die offiziellen Ziele zu erreichen, oder sie setzen andere Mittel ein. Je nachdem ob Ziele und Mittel anerkannt oder nicht anerkannt werden, ergeben sich die folgenden Verhaltensformen:

Kulturelle Ziele	Institutionalisierte Mittel	Verhaltensformen
+	+	Konformität
+	−	Innovation
−	+	Ritualismus
−	−	Eskapismus, Apathie
+/−	+/−	Rebellion

- Wer die gesellschaftlichen Ziele und die entsprechenden Mittel anerkennt, verhält sich konform. Er weiß, dass man in dieser Gesellschaft ein schönes Auto braucht, und ergo spart er ganz lange darauf. Merton nennt die Übereinstimmung von kulturellen Zielen und institutionalisierten Mitteln *Konformität*.
- Wo jemand die Ziele anerkennt, die Mittel aber nicht, kommt es zu einem Verhalten, das Merton neutral als *Innovation* bezeichnet. Es kann Reform aber auch Kriminalität sein. Wer ein schönes Auto will, aber nicht lange dafür arbeiten möchte, kann z. B. eins klauen oder aber vom Staat verlangen, dass allen ohne Ansehen der Person eins zur Verfügung gestellt wird.
- Wer die Ziele aus den Augen verloren hat, aber nach wie vor die institutionalisierten Mittel verwendet, die ursprünglich nötig waren, verhält sich traditionell oder zwanghaft. Um im Beispiel zu bleiben: Ihm wird das Sparen zum Selbstzweck. Ein anderes Beispiel wäre, dass einer jedes Jahr zum 1. Mai die rote Fahne rausholt und sich in den Blaumann wirft. Merton nennt dieses Verhalten *Ritualismus*.
- Wo jemand die Ziele für falsch hält und auch die Mittel, kann er ob des Falschen im Nicht-Versöhnten in stillen Weltschmerz verfallen oder sich für einen Feldzug gegen das Auto schlechthin stark machen und dabei gleich noch die verklemmte Einstellung des Sparens geißeln. Merton nennt das *Apathie* oder *Eskapismus*. In diesem Fall steigt man aus dieser Gesellschaft mit ihren Werten und Normen aus, und in jenem resigniert man.
- Und schließlich kann man sich noch den Fall denken, dass jemand bestimmte Ziele und Mittel anerkennt, andere dagegen nicht, oder die kulturellen Ziele und die institutionalisierten Mittel überhaupt ablehnt, aber nicht aus der Gesellschaft aussteigen, sondern alles umkrempeln will. Das nennt Merton *Rebellion*. (vgl. Merton 1938, S. 293)

Diese Beispiele wurden nicht zufällig gewählt, um den Konflikt zwischen Individuum und Gesellschaft zu beschreiben, denn Merton maß die Stabilität der Gesellschaft an der Übereinstimmung von kulturellen Zielen und institutionalisierten Mitteln, und dabei hatte er die amerikanische Gesellschaft vor Augen, die

Reichtum und Erfolg als überragende Ziele propagierte, aber nicht sah, dass vielen die Mittel fehlten, sie zu erreichen. Bezogen auf die Rollentheorie lautet das Problem dann so: Die *Funktion der Rolle* ist, kulturelle Ziele zu definieren und Verhalten zu vereinheitlichen; wenn aber einem beträchtlichen Teil der Gesellschaft die Mittel fehlen, diese Ziele auf sozial gebilligtem Wege zu erreichen, *verlieren die Rollen ihre normative Kraft.*

Damit liegt der wichtigste Einwand gegen Parsons auf der Hand: Die Werte einer Gesellschaft bedeuten nicht für alle Mitglieder der Gesellschaft das gleiche, und die Möglichkeiten, sie erreichen zu können, bzw. die Bereitschaft, sie erreichen zu wollen, sind verschieden. Das heißt: Wenn es Gruppen gibt, in denen bestimmte Werte mit den institutionalisierten Mitteln nicht realisiert werden (können), kann man sinnvoll auch nicht mehr von universellen Rollen sprechen. Merton verdeutlicht seinen Einspruch gegen die Theorie seines Lehrers am Widerspruch zwischen einer „amerikanischen Haupttugend" und einem „amerikanischen Grundübel" so: „Nur wenn das kulturelle Wertsystem bestimmte gemeinsame Erfolgsziele für die ganze Bevölkerung über alle übrigen Ziele setzt, während die Sozialstruktur für einen großen Teil dieser Bevölkerung den Zugang zu den gebilligten Mitteln zum Erreichen dieser Ziele entscheidend einengt oder sogar völlig verwehrt, haben wir abweichendes Verhalten in größerem Umfang zu erwarten. Anders ausgedrückt: Unsere Gleichheitsideologie leugnet implizit, dass es Individuen und Gruppen gibt, die sich nicht am Wettbewerb um wirtschaftlichen Erfolg beteiligen. Sie definiert vielmehr die gleichen Erfolgssymbole für alle. Die Ziele kennen angeblich keine Schichtgrenzen, sie sind nicht an diese gebunden; die tatsächliche soziale Struktur jedoch kennt schichtspezifische Unterschiede im Zugang zu diesen Zielen. Aus dieser Perspektive betrachtet, verursacht eine amerikanische Haupttugend – das Streben nach Erfolg – ein amerikanisches Grundübel – abweichendes Verhalten." (Merton 1938, S. 298)

Mit seinem Hinweis auf Schichtgrenzen bindet Merton die Normativität von Rollen an das Handeln von Individuen und kritisiert zugleich eine soziale Ordnung, die mit angeblich universellen Zielen das Handeln ihrer Mitglieder überfordert! Der Unterschied zu Parsons liegt auf der Hand: Wenn über Werte und Rollen gesprochen wird, dann müssen die *Bezugsgruppen*[11] genannt werden, für die sie gelten! Unter „reference groups" versteht Merton Gruppen, deren Zustimmung oder Ablehnung dem Individuum sehr wichtig sind. (Merton 1957d) Dabei denkt er nicht nur an eine konkrete Gruppe, an deren Erwartungen und Einstellungen sich das Individuum in seinem Handeln und Denken orientiert, sondern auch an die Schicht oder die Subkultur und auch einen Betrieb oder eine Orga-

---

11 Auf Bezugsgruppen allgemein werde ich noch einmal im Kap. 6.5 *Bezugsgruppe und soziale Beeinflussung, Gruppendruck* zu sprechen kommen.

nisation, mit denen es sich identifiziert. Wie weit der Horizont ausgedehnt sein kann, zeigt die globale Orientierung der Jugendmode.

Merton brachte noch mit einem anderen Gedanken Bewegung in die Rollentheorie. Gegen den eingangs schon zitierten Ralph Linton, der mit seiner berühmten Definition „Rolle als dynamischen Aspekt des Status" bezeichnet hatte, und mit jedem Status auch eine entsprechende Rolle verbunden sah, wandte Merton ein, dass zu jeder sozialen Position eine ganze Reihe von Rollen, ein *Rollen-Set*, gehört. (Merton, 1957b, S. 260) Deshalb kann man auch unterstellen, dass die Erwartungen, die Andere an jemanden in einer bestimmten Position richten, oft sehr unterschiedlich sind und dass das Individuum in seiner Position mit unterschiedlichen, vielleicht sogar mit widersprüchlichen Erwartungen fertig werden muss.

Nun hätte es nahegelegen, die Strategien des Individuums zu beleuchten, mit denen es diese unterschiedlichen Erwartungen auf die Reihe zu bringen versucht. Doch Merton, der seine Theorie ausdrücklich mit Blick auf „Struktur und Funktion sozialer Gebilde" (Merton 1957b, S. 258) entwirft, fragt genau anders: Er fragt nach den „sozialen Mechanismen", die einen Konflikt verhindern oder minimieren, die also Ordnung sicherstellen, die Struktur der Rollenbeziehungen erhalten und die Handlungsfähigkeit des Individuums sichern. (Merton 1957b, S. 262) In einer anderen Arbeit verbindet Merton das Problem, um das es hier geht, mit einer sog. „Theorie des Rollenkonfliktes". (Merton 1957c, S. 315 Anm. 79) Dieser Begriff hat sich später durchgesetzt, und heute unterscheidet man in der soziologischen Rollentheorie zwischen einem Intra- und einem Interrollenkonflikt. (vgl. Dreitzel 1980, S. 44)

- Beim *Intrarollenkonflikt* geht es um widersprüchliche Erwartungen, die verschiedene Bezugspersonen an ein und dieselbe Rolle eines Statusinhabers richten,
- beim *Interrollenkonflikt* um widersprüchliche Erwartungen, die an seine verschiedenen Rollen gerichtet werden.

Ein Beispiel für einen *Intra-Rollenkonflikt* wäre der Lehrer, der aus pädagogischen Gründen in den Klassen 3–4 keine Noten geben will, damit aber in Widerspruch zu seinem Rektor, seinen Kollegen, ja sogar zu den meisten Schülern und ihren Eltern gerät. Ein Beispiel für einen *Inter-Rollenkonflikt* wäre das Mädchen, das mitten im Abitur steckt, als Mitglied der Volleyballmannschaft an einem Trainingslager teilnehmen soll und als Lieblingsenkelin zum Familienfest der Großmutter in eine andere Stadt eingeladen ist.

Rollenkonflikte entstehen immer dann, wenn man sich in einer Rolle gleichzeitig unterschiedlichen Erwartungen gegenübersieht oder wenn sich die Erwartungen an mehrere Rollen, die man gleichzeitig spielt, widersprechen.

Betrachten wir zunächst die *sozialen* Mechanismen zur Konfliktminderung, die Merton für einen *Intrarollenkonflikt* beschreibt:

- Die verschiedenen Bezugspersonen messen einer bestimmten Rolle unterschiedliche Bedeutung bei, und deshalb sind sie auch unterschiedlich an dem Verhalten interessiert. Merton spricht von „differentials of involvement". (Merton 1957a, S. 113)
- Die verschiedenen Bezugspersonen verfügen nicht alle über die gleiche Macht, ihre Erwartungen durchzusetzen. Entgegengesetzte Kräfte können sich sogar neutralisieren.
- Da niemand permanent mit allen seinen Bezugspersonen in Interaktion steht, ist ein Teil seines Verhaltens zumindest für bestimmte Bezugspersonen und für eine gewisse Zeit nicht sichtbar. Merton bezeichnet das als „insulation of role-activities from observability by members of the role-set". (Merton 1957a, S. 114)
- Die Bezugspersonen stellen fest, dass sie unterschiedliche Erwartungen haben. Merton nennt diesen strukturellen Mechanismus „observability of conflicting demands by members of a role-set". (Merton 1957a, S. 116) Das kann den Statusinhaber in die komfortable Rolle des lachenden Dritten bringen, der aus dem Streit der Anderen seinen Nutzen zieht.
- Statusinhaber tun sich zusammen, artikulieren ihre Interessen und unterstützen sich gegenseitig in der Abwehr von bestimmten Erwartungen.
- Beziehungen werden eingeschränkt oder ganz abgebrochen. Das setzt natürlich voraus, dass die soziale Struktur ein solches individuelles Verhalten zulässt. „Im großen und ganzen ist diese Chance jedoch selten und begrenzt, da die Zusammensetzung des Rollen-Set gewöhnlich keine Frage der persönlichen Wahl, sondern Sache der sozialen Organisation ist, in die sich der Status eingebettet findet. Allgemeiner ausgedrückt: der Einzelne geht, die soziale Struktur bleibt." (Merton 1957b, S. 266)

Soweit zu den sozialen Mechanismen, die Konflikte minimieren, in die ein Individuum strukturell gerät, wenn es sich widersprüchlichen Erwartungen an sein Verhalten in *einer* bestimmten Rolle, also einem Intrarollenkonflikt, ausgesetzt sieht.

Hans Peter Dreitzel, der mit seinem Buch „Die gesellschaftlichen Leiden und das Leiden an der Gesellschaft" (1968) der kritischen Diskussion über die Rollentheorie in Deutschland die Richtung gegeben hat und mit dem Untertitel „Vorstudien zu einer Pathologie des Rollenverhaltens" auch deutlich angab, wo es lang gehen sollte, hat nun in Anlehnung an Merton gezeigt, dass auch in der Konstellation eines *Interrollenkonfliktes,* wo also das Individuum mit unterschiedlichen Erwartungen, die seine *verschiedenen* Rollen betreffen, fertig werden muss, Mechanismen zur Stabilisierung des Verhaltens wirken:

- „Manche Positionen schließen sich auf Grund ihrer konfligierenden Wertteilhabe von vornherein aus (ein katholischer Priester darf nicht zugleich Ehemann sein);
- ferner wirkt das Wissen der Anderen um die Vielzahl der Positionen, die jemand einnimmt, modifizierend und ausgleichend, weil die Positionen nach ihrer werthaften Bedeutung unterschiedlich beurteilt werden (...);
- zwischen verschiedenen Positionen und Rollen wirkt eine räumliche und zeitliche Trennung der Handlungsbereiche konfliktmildernd (der Chef, dessen Frau zu Hause die dominierende Rolle spielt, wird zu vermeiden suchen, dass sie ihn im Büro aufsucht und dort in seiner Chef-Rolle beeinträchtigt);
- und schließlich gibt es typische Reihen von Positionen und Rollen, sogenannte *Rollensequenzen*[12], die dafür sorgen, dass man mit bestimmten, schwer miteinander zu vereinbarenden Rollen in zeitlicher Abfolge, das heißt nacheinander, konfrontiert wird (man wird üblicherweise erst heiraten, wenn man der Rolle des Kindes entwachsen ist) (...); der Übergang von einer Rolle zur anderen in einer Rollen-Sequenz wird erleichtert durch den Prozess der antizipatorischen Sozialisierung (...), welcher für allmähliche, bruchlose Übergänge zwischen verschiedenen Positionen sorgt, indem man sich rechtzeitig auf die neuen Rollenerwartungen einstellt." (Dreitzel 1980, S. 45 f.)

An diesen Konfliktlösungen fällt auf, dass nur die Trennung der Handlungsbereiche eine aktive Rolle des Individuums vorsieht. Die Erklärung hängt mit dem oben genannten Anspruch von Merton zusammen, keine Theorie des Verhaltens, sondern eine Rollentheorie mit Blick auf Struktur und Funktion *sozialer Gebilde* zu entwerfen. Diesen Blick nimmt auch Dreitzel bei seiner Darstellung der Lösungen von Interrollenkonflikten ein.

Den Übergang zwischen dem strukturellen Aspekt und dem Handlungsaspekt in einem Interrollenkonflikt kann man übrigens sehr schön anhand einer alten schottischen Erzählung demonstrieren, an die Ralph Linton erinnert. Sie berichtet von einem Mann, der entdeckt, dass er den Mörder seines Bruders zu Gast hat. In der Rolle des Bruders ist der Mann zur Blutrache berechtigt und sogar verpflichtet, in der Rolle des Gastgebers hat er die Heiligkeit des Gastes zu respektieren. Der Mann löst – im soziologischen Sinne – den Konflikt über eine Statussequenz:

---

12 Dreitzel merkt an, dass Merton hier von sequences of status (vgl. Merton 1957d, S. 357) spricht, was eigentlich auch richtiger wäre.

Er geleitet den Gast sicher über die Grenzen des Stammesgebietes und verwickelt dann den Mörder in einen tödlichen Zweikampf. (Linton 1945, S. 254)

Das Thema „Rolle", das dürfte nach den bisherigen Ausführungen klar sein, steht für die Beziehung von Individuum und Gesellschaft. Nach der Theorie von Parsons ist die Beziehung durch die Normativität des kulturellen Systems und der damit gegebenen Rollen bestimmt. Nach der Theorie von Merton ist die Beziehung keineswegs eindeutig, sondern lässt Raum für abweichendes Verhalten oder erzwingt es sogar. Die Normativität der Rollen ergibt sich aus der jeweiligen Bezugsgruppe, an der sich das Individuum orientiert.

Für Ralf Dahrendorf ist die Beziehung zwischen Gesellschaft und Individuum eine „ärgerliche Tatsache", die nur dadurch gemildert wird, dass Rollen unterschiedliches Gewicht haben.

3.3 Homo Sociologicus und die ärgerliche Tatsache der Gesellschaft (Dahrendorf)

In Deutschland begann die Diskussion über die Rollentheorie gleich mit einem Paukenschlag. Im führenden Organ der deutschen Soziologie, der Kölner Zeitschrift für Soziologie und Sozialpsychologie, veröffentlichte RALF DAHRENDORF (1929–2009), der schon in jungen Jahren als Fellow ins berühmte Center for Advanced Study in the Behavioral Sciences im kalifornischen Palo Alto eingeladen worden war und dort Parsons[13] begegnete, im Jahre 1958 einen Aufsatz mit dem Titel „Homo Sociologicus. Ein Versuch zur Geschichte, Bedeutung und Kritik der Kategorie der sozialen Rolle". Darin sah er das Verhältnis zwischen dem Individuum und seinen Rollen ganz anders als Parsons: Wir handeln in unseren Rollen keineswegs freiwillig, sondern weil wir uns ihnen nicht entziehen können, denn das würde negative Sanktionen nach sich ziehen. Was die Freiheit des Individuums angeht, so sieht es sich mit der „ärgerlichen Tatsache der Gesellschaft" konfrontiert. Kritiker haben in dieser These einen neuerlichen Beleg für die typisch deutsche Gegenüberstellung von Individuum und Gesellschaft gesehen. Andere gingen genau von diesem Gegensatz aus und hielten an der Vorstellung fest, der Mensch an sich oder der eigentliche Mensch sei etwas anderes als der Mensch in seinen Rollen. Genau das aber hatte Dahrendorf behauptet: der Mensch der So-

---

13 Zum merkwürdigen Verhältnis zu dem „führenden lebenden Theoretiker der Soziologie" („nun war ich also Fellow-Kollege des großen Mannes", „eben hier trennten sich unsere Wege") und zur in Palo Alto schon einsetzenden Vorgeschichte des *Homo Sociologicus* vgl. mein Nachwort zur 17. Auflage des Homo Sociologicus *Die Geschichte einer aufregenden Jugendsünde und die lange Wirkung einer Fußnote* (Abels 2010).

ziologie, der homo sociologicus, sei nur als Rollenträger zu denken. Andere Annahmen über das Wesen des Menschen und seine Verbindung mit der Gesellschaft gehörten in andere Wissenschaften.

Verfolgen wir Dahrendorfs Argumentation im Einzelnen. Da ist zunächst das Verhältnis von Individuum und Gesellschaft, das Dahrendorf auf die lapidare Formel bringt: „Die Soziologie hat es mit dem Menschen im Angesicht der ärgerlichen Tatsache der Gesellschaft zu tun." (Dahrendorf 1958, S. 21) Anders als z. B. Parsons fragt Dahrendorf nicht, welche Voraussetzungen beim Individuum erfüllt sein müssen, damit es überhaupt zu so etwas wie Gesellschaft kommen kann, sondern umgekehrt: Inwiefern ist Gesellschaft Voraussetzung und für was? Darauf gibt er wieder eine lapidare Antwort, die das Ärgernis der Gesellschaft erklärt: „Die Tatsache der Gesellschaft ist ärgerlich, weil wir ihr nicht entweichen können." (Dahrendorf 1958, S. 29)

Nun ja, das ist nicht wenig, aber auch noch nicht zu viel – in der Regel lässt es sich aushalten. Soziologisch konkreter wird es, wo Dahrendorf zeigt, dass die Gesellschaft nicht einfach da ist, sondern Forderungen an das Individuum stellt, indem sie Verhalten vorschreibt: „Für jede Position, die ein Mensch haben kann, sei sie eine Geschlechts- oder Alters-, Familien- oder Berufs-, National- oder Klassenposition oder von noch anderer Art, kennt ‚die Gesellschaft' Attribute und Verhaltensweisen, denen der Träger solcher Positionen sich gegenübersieht und zu denen er sich stellen muss." (Dahrendorf 1958, S. 29 f.) Wo nun das Problem im Verhältnis von Individuum und Gesellschaft liegt, schildert Dahrendorf am Beispiel des Studienrates Schmidt, dem es offensichtlich so geht wie allen, wenn sie die Bühne des Lebens betreten: Sobald sich das erste Bewusstsein regt, stellen sie fest, dass alles schon getan ist: „Es lässt sich schwerlich bestreiten, dass die Gesellschaft aus Einzelnen besteht und in diesem Sinne von Einzelnen geschaffen ist, wenn auch die bestimmte Gesellschaft, in der Herr Schmidt sich findet, mehr von seinen Vätern als von ihm geschaffen sein mag. Andererseits drängt die Erfahrung sich auf, dass die Gesellschaft in irgendeinem Sinne nicht nur mehr, sondern etwas wesentlich anderes ist als die Summe der in ihr lebenden Einzelnen. Gesellschaft ist die entfremdete Gestalt des Einzelnen, homo sociologicus ein Schatten, der seinem Urheber davongelaufen ist, um als sein Herr zurückzukehren." (Dahrendorf 1958, S. 44) Alles, was die Individuen durch ihr Handeln bisher bewirkt und geschaffen haben, hat sich zu Institutionen, Strukturen und Rollen verfestigt, deren angeblichen Sachzwängen sie sich nun fügen müssen.

Der Liberale Dahrendorf sieht in der Gesellschaft mit ihren Strukturen und Institutionen eine Einschränkung individueller Freiheit. Marx hat diesen Gegensatz unter den Begriff der Entfremdung gefasst. Um die geht es Dahrendorf auch, aber mehr noch um die Mittel, mit denen die Gesellschaft täglich erzwingen kann, dass wir unsere Rollen spielen. Das Verhältnis zwischen dem Einzelnen und der

Gesellschaft sieht danach so aus: „Übernimmt und bejaht er die an ihn gestellten Forderungen, dann gibt der Einzelne seine unberührte Individualität zwar auf, gewinnt aber das Wohlwollen der Gesellschaft, in der er lebt; sträubt der Einzelne sich gegen die Forderungen der Gesellschaft, dann mag er sich eine abstrakte und hilflose Unabhängigkeit bewahren, doch verfällt er dem Zorn und den schmerzhaften Sanktionen der Gesellschaft." (Dahrendorf 1958, S. 30) Das Individuum erfüllt Erwartungen der Gesellschaft, weil es negative Sanktionen fürchtet bzw. positive Sanktionen wünscht. Das wird die Grundaussage des Essays „Homo Sociologicus" aus dem Jahre 1958 sein.

Jetzt aber zunächst einmal zum Begriff der Rolle, der damals in Deutschland noch gar nicht so recht eingeführt war. Dahrendorf schreibt: „Der Punkt, an dem solche Vermittlung von Einzelnen und Gesellschaft sich vollzieht und mit dem Menschen als gesellschaftlichem Wesen auch *homo sociologicus* geboren wird, ist jener ,Auftritt als ...' auf der Bühne des Lebens, den Cicero in dem Begriff der ,Person', Marx in dem der ,Charaktermaske' und Shakespeare – und mit ihm die meisten neueren Soziologen – in dem der ,Rolle' zu fassen sucht." (Dahrendorf 1958, S. 30) Wenn in der Soziologie vom Menschen gesprochen werde, dann nur vom Menschen als Rollenträger. Deshalb der Titel „Homo Sociologicus".

Was wollte Dahrendorf? Nach eigenen Angaben suchte er „nach einer Elementarkategorie für die eigenständige soziologische Analyse der Probleme des sozialen Handelns." (Dahrendorf 1958, S. 7) Diese Kategorie sieht er in der sozialen Rolle. Auf einen wichtigen theoretischen Ausgangspunkt der Theorie des homo sociologicus stößt man erst im zweiten Teil, wo Dahrendorf sagt, dass er seine Elementarkategorie „Rolle" und eine damit im Zusammenhang stehende Kategorie „Status" bei dem schon erwähnten amerikanischen Kulturanthropologen Ralph Linton gefunden hat. Auf dessen Definition von Rolle hatte sich auch schon Merton bezogen. Bei Linton hieß es, die Rolle repräsentiere den „dynamischen Aspekt eines Status". Der Status ist definiert über Rechte und Verpflichtungen, und wenn das Individuum ihnen in seinem Verhalten nachkomme, spiele es eine Rolle. (vgl. Linton 1936, S. 114)

Doch Dahrendorf wählt einen anderen *theoretischen* Hintergrund für sein Konzept der Rolle. Ziemlich zum Schluss seines Essays gibt es eine interessante Anmerkung zur strukturfunktionalen Theorie[14] von Talcott Parsons. Dahrendorf verweist zunächst auf sein Buch über „Soziale Klassen und Klassenkonflikt in der industriellen Gesellschaft" (Dahrendorf 1957) und fährt dann fort: „Bei der Skizzierung von Beispielen empirischer Anwendungsmöglichkeiten der Kategorie der Rolle habe ich hier bewusst Problemen des sozialen Konfliktes den Vorzug gegeben. Im Kategorienschema des sog. strukturell-funktionalen Ansatzes zur sozio-

---

14 Vgl. Band 1, Kap. 6.2 *Systemtheorie der Strukturerhaltung.*

logischen Theorie sind, wie sich zeigen lässt, die Elementarbegriffe ‚Position' und ‚Rolle' auf eine höchst unglückliche Weise mit einer analytischen Position verquickt, deren Einseitigkeit sich nachweisen lässt. Es ist dies die Integrationstheorie der Gesellschaft, nach der soziale Struktureinheiten als Systeme begriffen werden können, zu deren Funktionieren sämtliche ihrer Elemente in angebbarer Weise beitragen bzw. deren Elemente, wo sie dies nicht tun, als ‚dysfunktional' aus dem Rahmen der Analyse herausfallen. So sinnvoll dieser Ansatz für gewisse Probleme der Forschung ist, so unsinnig ist seine Verabsolutierung, und so gefährlich ist daher der Versuch, von ihm her die Definition der Elementarteilchen soziologischer Analyse einzuengen. Wir haben Rollen als sozialen Positionen anhaftende Komplexe von Verhaltenserwartungen definiert. Dabei ist jedoch keine Annahme der Art vorausgesetzt, dass nur solche Verhaltensmuster als Erwartungen in Frage kommen, deren Verwirklichung einen Beitrag zum Funktionieren eines bestehenden Systems leistet. Auch Verhalten, das vom Standpunkt der Integrationstheorie ‚dysfunktional' ist, kann normiert, also zu Rollenerwartungen verfestigt sein." (Dahrendorf 1958, S. 76 Anm. 84)

Mit dieser Kritik an Parsons verschärft Dahrendorf seine These von der ärgerlichen Tatsache der Gesellschaft, denn er sagt, dass Gesellschaft keineswegs nur über „funktionale" Elemente integriert wird, sondern im Gegenteil auch über sog. „dysfunktionale". Wo die Gesellschaft als Ärgernis empfunden wird und wo sich daraus ein Konflikt ergibt, steht nicht die Ordnung auf dem Spiel, sondern dort wird das Verhältnis zwischen Individuum und Gesellschaft neu definiert. Dahrendorf unterlegt seiner Theorie des homo sociologicus also eine *Konflikttheorie*. Nach dieser Theorie ist die Gesellschaft nicht durch Konsens zusammengehalten, sondern basiert auf Zwang. Insofern ist sie auch eine Theorie der ungleichen Verteilung von Macht und eines Antagonismus zwischen Gesellschaft und Individuum.

Ungleichgewichtig sind aber auch die Weltanschauungen und die kulturellen Werte in einer Gesellschaft. Das Prinzip des Sozialen ist deshalb der Konflikt, nicht das zeitlos Gültige. Anders als Parsons, der Konflikte als Störung der Ordnung betrachtete, hält Dahrendorf Konflikte für den Motor einer notwendigen Entwicklung von Gesellschaft. Bezogen auf die Rollentheorie kann man deshalb sagen: Die Erfahrung, dass die Gesellschaft ein Ärgernis ist, ist der Beginn, sie neu zu bestimmen.

Nach dieser ersten Suche nach Thema und Theorie nun wieder zurück zu der Anleihe bei Linton und seiner Definition des Verhältnisses von Position und Rolle. Auch Dahrendorf geht von sozialen Positionen aus, die in einer Gesellschaft existieren: „Zu jeder Stellung, die ein Mensch einnimmt, gehören gewisse Verhaltensweisen, die man von dem Träger dieser Position erwartet; zu allem, was er ist, gehören Dinge, die er tut und hat; zu jeder sozialen Position gehört eine *soziale Rolle*. Indem der Einzelne soziale Positionen einnimmt, wird er zur Person des Dramas, das die Gesellschaft, in der er lebt, geschrieben hat. Mit jeder Position gibt die Gesellschaft ihm eine Rolle in die Hand, die er zu spielen hat. Durch Positionen und Rollen werden die beiden Tatsachen des Einzelnen und der Gesellschaft vermittelt; dieses Begriffspaar bezeichnet *homo sociologicus,* den Menschen der Soziologie." (Dahrendorf 1958, S. 34 f.)

Homo sociologicus steht „am Schnittpunkt des Einzelnen und der Gesellschaft", es ist „der Mensch als Träger sozial vorgeformter Rollen. Der Einzelne *ist* seine sozialen Rollen, aber diese Rollen *sind* ihrerseits die ärgerliche Tatsache der Gesellschaft." (Dahrendorf 1958, S. 23) Mit der Rolle ist vorgeschrieben, was der Einzelne zu tun hat: „Während Positionen nur Orte in Bezugsfeldern bezeichnen, gibt die Rolle uns die Art der Beziehungen zwischen den Trägern von Positionen und denen anderer Positionen desselben Feldes an. Soziale Rollen bezeichnen Ansprüche der Gesellschaft an die Träger von Positionen. (…) Soziale Rollen sind Bündel von Erwartungen, die sich in einer gegebenen Gesellschaft an das Verhalten der Träger von Positionen knüpfen." (Dahrendorf 1958, S. 35)

Dahrendorf stellt nun die Frage, wer eigentlich soziale Rollen definiert und über ihre Einhaltung wacht. Seine Antwort bezieht wieder die Situation des schon bekannten Studienrats Schmidt ein: „Die These, die hier vertreten werden soll, besagt, dass die Instanz, die Rollenerwartungen und Sanktionen bestimmt, sich in dem Ausschnitt der in Bezugsgruppen geltenden Normen und Sanktionen finden lässt, der sich auf durch diese Gruppen lokalisierte Positionen und Rollen bezieht. Studienrat Schmidt ist Beamter und als solcher den allgemeinen beamtenrechtlichen Bestimmungen wie den Sondervorschriften und -gewohnheiten der für ihn zuständigen Behörde unterworfen; er ist Lehrer und in dieser Funktion gehalten, den Satzungen und Vorschriften seiner Standesorganisation zu folgen; aber auch die Eltern seiner Schüler und die Schüler selbst bilden Bezugsgruppen mit bestimmten Normen und Sanktionen, die sich auf das Verhalten des Lehrers beziehen. Allgemein lassen sich für jede menschliche Gruppe gewisse Regeln und Sanktionen angeben, mit denen diese Gruppe auf das Verhalten ihrer Mitglieder und auf das von Nichtmitgliedern, zu denen die Gruppe in Beziehung tritt, einwirkt und die sich prinzipiell von den Meinungen der Einzelnen innerhalb oder außerhalb der Gruppe ablösen lassen. In diesen Regeln und Sanktionen liegt der Ursprung von Rollenerwartungen und ihrer Verbindlichkeit. Die Artikulierung solcher Erwartungen stellt uns also in jedem einzelnen Fall vor die Aufgabe, zunächst die Bezugsgruppen einer Position zu identifizieren und sodann die Normen ausfindig zu machen, die jede Gruppe im Hinblick auf die in Frage stehende Position kennt." (Dahrendorf 1958, S. 49)

Diese einschränkende Definition des Begriffs der Rolle auf die Geltung in einer Bezugsgruppe wird leicht überlesen. Sie ist aber wichtig, denn Dahrendorf löst den Begriff gleichsam unter der Hand aus der allgemeinen kulturellen Normativität, die Parsons postuliert hatte. Jetzt erhält der Begriff der sozialen Rolle eine viel konkretere Bedeutung, denn er meint keineswegs „Verhaltensweisen, über deren Wünschbarkeit ein mehr oder minder eindrucksvoller Consensus der Meinungen" in *der* Gesellschaft besteht, sondern nur solche, „die für den Einzelnen verbindlich sind und deren Verbindlichkeit institutionalisiert ist, also unabhängig von seiner oder irgendeines anderen Meinung gilt." (Dahrendorf 1958, S. 48)

Dahrendorf betont, dass Gesellschaft eine „ärgerliche" Tatsache ist. Das ist sie, weil sie über ihre Rollen normativ ist, Entscheidungen zu handeln also einschränkt, und weil sie Sanktionen zur Verfügung hat, individuelles Handeln also kontrolliert: „Soziale Rollen sind ein Zwang, der auf den Einzelnen ausgeübt wird – mag dieser als eine Fessel seiner privaten Wünsche oder als ein Halt, der ihm Sicherheit gibt, erlebt werden. Dieser Charakter von Rollenerwartungen beruht darauf, dass die Gesellschaft *Sanktionen* zur Verfügung hat, mit deren Hilfe sie die Vorschriften zu erzwingen vermag. Wer seine Rolle nicht spielt, wird bestraft; wer sie spielt, wird belohnt, zumindest aber nicht bestraft." (Dahrendorf 1958, S. 38) Rollenhandeln erfolgt somit, weil das Individuum negative Sanktionen befürchtet oder positive erhofft.

Die Bedeutung einer Rolle misst Dahrendorf an der Strenge der gesellschaftlichen Erwartungen und dem Gewicht der gesellschaftlichen Sanktionen, die damit verbunden sind. Er unterscheidet zwischen *Muss-*, *Soll-* und *Kann*-Erwartungen und entsprechenden Sanktionen. Das verdeutlicht er am Beispiel eines Schatzmeisters in einem Sportverein:

Art der Erwartung	Art der Sanktionen		Schatzmeister eines Sportvereins
	positiv	negativ	
Muss-Erwartung	–	gerichtliche Bestrafung	ehrliches Finanzgebaren
Soll-Erwartung	Sympathie	sozialer Ausschluss	aktive Teilnahme am Klubleben
Kann-Erwartung	Schätzung	Antipathie	freiwilliges Sammeln von Geldern

(Dahrendorf 1958: Homo Sociologicus, S. 41)

Mit dieser Differenzierung der normativen Erwartungen greift Dahrendorf einen zentralen Gedanken von Durkheim[15] auf, den Parsons später zur Erklärung von Interaktion[16] herangezogen hat: Danach kann Interaktion weder mit dem einfachen Reflex auf gegebene Verhältnisse, noch mit einer rein utilitaristischen Ein-

---

15 Vgl. Band 1, Kap. 4.1 *Soziale Tatsachen*.
16 Siehe unten Kap. 5.5 *Das soziale System als Interaktionssystem – Rolle, Austausch, Kontingenz*.

stellung, sondern nur mit dem moralischen Gewicht erklärt werden, das soziale Regelungen haben. Mit abnehmendem Gewicht der Erwartungen nimmt auch das Gewicht der negativen Sanktionen ab; interessanterweise nimmt aber in gleichem Maße das Gewicht der positiven Sanktionen zu.

Dahrendorf spricht von der „ärgerlichen Tatsache der Gesellschaft", aber auch davon, dass sie Sicherheit durch Regeln gibt, die schützen und leiten: „Gewiss bezieht der Mensch viele seiner Sorgen und Nöte aus der Tatsache, dass die Gesellschaft ihn in Bahnen und Formen zwingt, die er sich nicht selbst gewählt oder geschaffen hat. Doch sind es nicht nur Sorgen und Nöte, die ihm hieraus erwachsen." Ebenso klar ist, „dass die Tatsache der Gesellschaft ein Gerüst sein kann, das uns aufrechterhält und Sicherheit gibt." (Dahrendorf 1958, S. 43) Denn die „Bahnen und Formen", in die die Gesellschaft zwingt, gelten für alle und machen insofern Verhalten erwartbar. Fragt man zusammenfassend, was Rollen bewirken, dann kann man sagen: Sie vereinheitlichen Handeln, machen es somit regelmäßig, berechenbar und vorhersehbar.

Soweit lässt sich gegen Dahrendorfs Argument kaum etwas einwenden, und dennoch haben sich seinerzeit viele Soziologen mit ihm auseinandergesetzt.[17] Die einen wollten nicht, dass die Dinge so sind, wie sie nach Dahrendorf sind, die anderen warfen ihm vor, mit seinem Essay über die Kategorie der Rolle einer theoretischen Diskussion Vorschub zu leisten, die die Entfremdung des Menschen zum Inhalt hat und sie noch verstärkt. Einige Kritiker hielten Dahrendorf vor, das Verhältnis zwischen Individuum und Gesellschaft antagonistisch zu sehen. Dem hielt z. B. Helmuth Plessner entgegen, dass die Gesellschaft keineswegs ärgerlicher Gegensatz, sondern notwendige Voraussetzung für die Selbstverwirklichung des Individuums sei. Erst indem es sich mit etwas außerhalb[18] seiner selbst identifiziere, werde es sich seiner Eigentlichkeit bewusst. (vgl. Plessner 1960a, S. 28 u. 34) Dieses „Außen" ist die Kultur, die Plessner als Kompensation für fehlende Instinkte des Menschen und insofern als natürlichen Bestandteil seines Wesens ansieht.

Der wichtigste Einwand kam von Friedrich H. Tenbruck, der Dahrendorf vorhielt, er folge „dem düsteren Gedanken der Selbstentfremdung, der sich als roter Faden durch die Schrift hindurchzieht." Der Gesamteindruck ist für Tenbruck eindeutig: „Die Rolle wird als etwas dem Individuum Fremdes von außen an den Menschen herangeschoben. Rollenhandeln meint die konformistische Selbstüber-

---

17 Zur Diskussion und zu Dahrendorfs Reaktion darauf vgl. mein Nachwort zum Homo Sociologicus (Abels 2010).
18 Damit ist Plessners These angesprochen, dass der Mensch das einzige Lebewesen ist, das sich mit Hilfe des Denkens aus dem Zentrum seines unmittelbaren Milieus hinausbegeben kann und sich von außen, aus einer „exzentrischen Positionalität" (Plessner 1928, Kap. 7, I) betrachten kann und muss, um sich seiner selbst bewusst zu werden.

gabe des Individuums an die Gruppe. Es drückt die Ansprüche und Erwartungen der Anderen aus." Weil Dahrendorf das so sehe, sei es nur konsequent, dass er den Sanktionen, und hier bezeichnenderweise den negativen, eine zentrale Bedeutung beimesse: „Rollen werden (nach Dahrendorf, Ergänzung H. A.) ausgeführt, weil hinter den Erwartungen der Anderen Sanktionen stehen. Der Zwangscharakter der Rolle entspricht ihrer Entfremdungstendenz." (Tenbruck 1961, S. 3)

Dies wird denn auch der durchgängige Vorwurf sein, dass nach Dahrendorfs Einschätzung der Rollentheorie Rollen nur gespielt würden, weil die Individuen negative Sanktionen fürchteten. Und in der Tat hatte Dahrendorf ja gesagt: „Wer seine Rolle nicht spielt, wird bestraft; wer sie spielt, wird belohnt, zumindest aber nicht bestraft." (Dahrendorf 1958, S. 38) Das Verhältnis von Individuum und Gesellschaft war für ihn klar geregelt: Der ärgerlichen Tatsache konnte jenes leidlich entgehen, wenn es sich dieser gegenüber nichts zuschulden kommen ließ! Rollenhandeln war Sanktionsvermeidungsverhalten.

Eben diesen Ausgangspunkt bestritt Tenbruck, indem er behauptete, dass rein logisch Sanktionen gar nicht *der* auslösende Faktor sein können. Das demonstriert er an einigen Beispielen, die zugleich belegen sollen, dass Dahrendorf zu Unrecht aus dem Gewicht von Erwartungen und Sanktionen auf die Bedeutung von Rollen schließt. Ich zitiere zwei, in denen es um vitale Interessen der Gesellschaft geht, wo aber Sanktionen nicht erfolgen, wenn die gesellschaftlichen Erwartungen nicht erfüllt werden: „Wer nicht heiratet, setzt sich allenfalls sehr geringen Sanktionen aus, obschon das Heiraten für die Gesellschaft vital ist. Man verlässt sich also darauf, dass zum Heiraten nicht genötigt zu werden braucht." Und das andere Beispiel: „Für die moderne Industriegesellschaft vital ist jene Mischung aus rationeller Lebenseinstellung und Konsumanspruch, die dem wirtschaftlichen Getriebe als Basis dient. Dennoch sind auch hier die Sanktionen relativ minimal, weil man sich darauf verlassen kann, dass diese Haltungen normalerweise erzeugt werden." (Tenbruck 1961, S. 19)

Wieder andere Kritiker fragten geradezu empört, welches Menschenbild Dahrendorf der Soziologie mit dem Homo Sociologicus unterstelle. Was sie vor allem aufbrachte, war wohl Dahrendorfs unbekümmerte Feststellung, dass das Verhältnis zwischen Individuum und Gesellschaft so ist, wie es ist. Es gibt Rollen, und nach ihnen richtet sich das Individuum. Und nur um diesen Menschen – den homo sociologicus eben – gehe es in der Soziologie. Die einen in der Zunft sahen das Individuum in seiner Würde und Einzigartigkeit aufgegeben, die anderen sahen ihre Wissenschaft zum Instrument des Konformismus degradiert, und wieder andere hielten den Gedanken, das Verhältnis zwischen Individuum und Gesellschaft könnte entfremdet sein, für übertrieben bis falsch.

Genau diese Annahme aber war es, die Jürgen Habermas zu einer grundsätzlichen Kritik an der Rollentheorie veranlasste. Grundsätzlich deshalb, weil er behauptete, dass in der Kategorie der Rolle die Entfremdung des Menschen zum Ausdruck komme.

3.4 Die quasi dingliche Existenz von Rollen und die Entäußerung der Person (Habermas)

JÜRGEN HABERMAS (*1929), der führende Kopf der Kritischen Theorie der Frankfurter Schule, vollzog mit seiner Kritik der Rollentheorie den Schritt von einer ordnungstheoretischen Begründung des Verhältnisses zwischen Individuum und Gesellschaft zu einer Theorie des Handelns, für die die Freiheit des Individuums konstitutiv ist. Dass es Rollen gibt und dass wir uns ihnen entsprechend verhalten müssen, bestritt Habermas nicht, aber er wies – wie schon Dahrendorf – die glatten Erklärungen der Rollentheorie Parsons' zurück, warum das Individuum eigentlich keine Probleme mit den Rollen haben sollte. Er behauptete dagegen, dass im Begriff der Rolle die *Entfremdung* des Menschen unter gegebenen Verhältnissen zum Ausdruck komme.

Mit diesem Ansatz stellte Habermas Anfang der 1960er Jahre die Rollentheorie grundsätzlich in Frage. Er schreibt: „Die Soziologie betrachtet heute die Menschen als Träger sozialer Rollen. Mit der operationellen Einführung dieser Kategorie erschließt sie Bereiche des gesellschaftlichen Verhaltens exakter Analyse. Soweit die als Verhaltenserwartung einer Bezugsgruppe definierte ‚Rolle' eine historische Größe darstellt, muss deren Variation im Laufe der Entwicklungsgeschichte der Menschheit soziologischer Untersuchung entzogen bleiben. Vor dieser Schranke machen auch dynamische Theorien, die dem Prozesscharakter des gesellschaftlichen Geschehens ebenso wie seinen Konflikten gerecht werden wollen, halt. Erst in einem fortgeschrittenen Stadium der industriellen Gesellschaft ist mit dem, was Max Weber die Rationalisierung ihrer Verhältnisse genannt hat, die funktionelle Interdependenz der Institutionen so gewachsen, dass die Subjekte, ihrerseits von einer zunehmenden und beweglichen Vielfalt gesellschaftlicher Funktionen beansprucht, als Schnittpunktexistenzen sozialer Verpflichtungen gedeutet werden können. Die Vervielfältigung, die Verselbständigung und der beschleunigte Umsatz abgelöster Verhaltensmuster gibt erst den ‚Rollen' eine quasi dingliche Existenz gegenüber den Personen, die sich darin ‚entäußern'." (Habermas 1963, S. 238 f.)

Neben Webers Erklärung, dass die unaufhaltsame Rationalisierung aller Verhältnisse zu abstrakten Verhaltensmustern geführt haben, die wiederum unabweislich die Unterwerfung der Individuen erzwingen, stellt Habermas die Erklärung von Karl Marx: „Marx war überzeugt, die Verdinglichung der Verhaltensweisen auf die Ausdehnung der Tauschverhältnisse, letzten Endes auf die kapitalistische

Produktionsweise zurückführen zu können. Das mag dahingestellt sein; so viel ist jedenfalls gewiss, dass die analytische Fruchtbarkeit der Rollenkategorie nicht unabhängig von dem Entwicklungsstand der Gesellschaft ist, an deren Beziehungen sie sich zunächst einmal bewährt. Wird sie aber in der Anwendung auf gesellschaftliche Verhältnisse schlechthin zu einer universalhistorischen Kategorie verallgemeinert, muss die Rollenanalyse mit ihrer eigenen geschichtlichen Bedingtheit überhaupt gesellschaftliche Entwicklung als eine geschichtliche ignorieren – so, als sei es den Individuen äußerlich, ob sie, wie der Leibeigene des hohen Mittelalters, einigen wenigen naturwüchsigen Rollen, oder aber, wie etwa der Angestellte in der industriell fortgeschrittenen Zivilisation, vervielfältigten und beschleunigt wechselnden, in gewissem Sinn abgelösten Rollen subsumiert sind. In dieser Dimension der Entwicklung wächst, etwa mit der Chance, sich zu Rollen als solchen verhalten zu können, sowohl die Freiheit des Bewegungsspielraums in der Disposition der Rollenübernahme und des Rollenwechsels, als auch eine neue Art Unfreiheit, soweit man sich unter äußerlich diktierte Rollen genötigt sieht; vielleicht müssen sogar Rollen umso tiefer verinnerlicht werden, je äußerlicher sie werden. Eine auf Rollenanalyse verpflichtete Soziologie wird diese Dimension überspringen, und damit geschichtliche Entwicklung auf die gesellschaftliche Abwandlung immer gleicher Grundverhältnisse reduzieren müssen. Die Rollen als solche sind in ihrer Konstellation zu den Rollenträgern konstant gesetzt, als sei der gesellschaftliche Lebenszusammenhang dem Leben der Menschen selbst auf immer die gleiche Weise (...) äußerlich." (Habermas 1963, S. 239)

Später hat Habermas seiner Kritik an der Rollentheorie eine etwas andere Wendung gegeben. Sie bezog sich nicht mehr in erster Linie auf die Gesellschaft, sondern auf die Annahmen über das Gelingen von Handeln, die seines Erachtens der Rollentheorie zugrunde liegen. Diese Kritik[19] erhob er in einer Vorlesung im Jahre 1968, deren Mitschrift kurz darauf als Raubdruck unter dem Titel „Stichworte zur Theorie der Sozialisation" bundesweit kursierte und erheblich zu der neuen Sicht auf „die" Rollentheorie beigetragen hat. Habermas wirft dem „üblichen Rollenkonzept" vor, „drei Dimensionen unberücksichtigt" zu lassen, „in denen das Verhältnis des handelnden Subjekts zu seinen Rollen gefasst werden kann." (Habermas 1968, S. 124 f.) Deshalb stellt er drei Annahmen, die die klassische Rollentheorie seines Erachtens macht, drei fundamentale Einwände entgegen.

1. Integrationstheorem vs. Repressionstheorem
Die Rollentheorie geht erstens von der Annahme aus, „dass in stabil eingespielten Interaktionen auf beiden Seiten eine Kongruenz zwischen Wertorientierun-

---

19 Einen Teil dieser Kritik habe ich oben in Kap. 2.8 *Kommunikatives Handel, Rollendistanz, personale Identität* schon angesprochen.

gen und Bedürfnisdispositionen besteht." (Habermas 1968, S. 125) Dieses Theorem bezeichnet Habermas als *Integrationstheorem*. Diese Annahme lässt sich aus der Theorie von Parsons, um den es ja bei dieser klassischen Rollentheorie geht, so erklären: Die Individuen wünschen nur das zu tun, was sich in der Gesellschaft als wünschenswert durchgesetzt hat; wer anderes wünscht, ist potentiell abweichend. Gegen dieses Integrationstheorem stellt Habermas (in Anlehnung an Alvin W. Gouldner) das *Repressionstheorem*. Habermas nimmt nämlich an, „dass in allen bisher bekannten Gesellschaften ein fundamentales Missverhältnis zwischen der Masse der interpretierten Bedürfnisse und den gesellschaftlich lizenzierten, als Rollen institutionalisierten Wertorientierungen bestanden hat. Unter dieser Voraussetzung gilt das Repressionstheorem: dass vollständige Komplementarität der Erwartungen nur unter Zwang, auf der Basis fehlender Reziprozität, hergestellt werden kann." (Habermas 1968, S. 125) Es gibt also mehr Bedürfnisse als zugelassen werden; wo nicht mehr Bedürfnisse als soziale Rollen existieren, sind sie unterdrückt worden.

2. Identitätstheorem vs. Diskrepanztheorem

Die klassische Rollentheorie – so die Kritik von Habermas – nimmt zweitens an, dass „in stabil eingespielten Interaktionen auf beiden Seiten eine Kongruenz zwischen Rollendefinitionen und Rolleninterpretationen besteht." (Habermas 1968, S. 126) Gegen dieses so bezeichnete *Identitätstheorem* setzt Habermas ein *Diskrepanztheorem*. Danach ist „eine vollständige Definition der Rolle, die die deckungsgleiche Interpretation aller Beteiligten präjudiziert, (…) allein in verdinglichten, nämlich Selbstrepräsentation ausschließenden Beziehungen zu realisieren." (Habermas 1968, S. 126) Bei diesem Diskrepanztheorem bezieht sich Habermas besonders auf Ralph Turner, wonach jedes role-taking immer auch ein role-making ist.[20] Die Handelnden nehmen sich wechselseitig in den Rollen wahr, die sie vorab schon in ihren Köpfen konstruiert haben und auch weiterhin konstruieren. Habermas bezieht sich außerdem auf Anselm Strauss[21] und Erving Goffman[22], deren Annahmen man so zusammenfassen kann: Wo unterschiedliche Standpunkte möglich sind, interpretieren die Menschen normalerweise Rollen unterschiedlich.

3. Konformitätstheorem vs. Rollendistanz

Schließlich kritisiert Habermas eine dritte Annahme der klassischen Rollentheorie, wonach „eine stabil eingespielte Interaktion auf einer Kongruenz zwischen geltenden Normen und wirksamen Verhaltenskontrollen" beruhe; „eine institu-

---

20 Vgl. oben Ende Kap. 2.7 *Lernen von Rollen, Herstellung funktional notwendiger Motivation.*
21 Siehe unten Kap. 8.4 *Spiegel und Masken: die Verortung der sozialen Identität.*
22 Siehe unten Kap. 8.3 *Die Präsentation des Selbst im Alltag.*

tionalisierte Wertorientierung (Rolle)" entspreche „einem internalisierten Wert (Motiv)." (Habermas 1968, S. 126) Diesem *Konformitätstheorem* setzt Habermas das Modell der *Rollendistanz* gegenüber, das Erving Goffman[23] Ende der 1950er Jahre in Abgrenzung zu Parsons entwickelt hatte. Danach müsse unterschieden werden zwischen einer „reflexiven Anwendung flexibel verinnerlichter Normen von einer konditionierten Verhaltensreaktion" auf der einen Seite und einer „zwanghaft automatischen Anwendung rigide verinnerlichter Normen andererseits." (Habermas 1968, S. 126) Aus den von Goffman beschriebenen Belegen für diese Haltung lassen sich drei Schlüsse ziehen, erstens dass Rollen nicht vollständig internalisiert werden, zweitens dass sie das auch gar nicht sein müssen, um erfolgreich miteinander handeln zu können, und drittens das auch gar nicht sein sollten, um die eigene Individualität im Spiel zu halten: „Autonomes Rollenspiel setzt beides voraus: die Internalisierung der Rolle ebenso wie eine nachträgliche Distanzierung von ihr." (Habermas 1968, S. 126) Diese Fähigkeit nennt Habermas *Rollenkompetenz.*

Was ist also der zentrale Vorwurf an die Rollentheorie? Habermas sagt es ganz deutlich: Sie vernachlässigt „drei Dimensionen möglicher Freiheitsgrade des Handelns." (Habermas 1968, S. 126) So schließt das Integrationstheorem aus, dass wir das Ausmaß der Repressivität in einer Interaktion durchschauen; das Identitätstheorem sieht nicht vor, dass wir die Rigidität der Rollendefinitionen durchschauen; und das Konformitätstheorem sieht nicht vor, dass die Handelnden ihre mögliche Autonomie erkennen. (vgl. Habermas 1968, S. 127) Damit verschiebt Habermas die Kritik an der Rollentheorie auf die Ebene des Bewusstseins und der Qualifikation des handelnden Subjekts in und gegenüber den gesellschaftlichen Strukturen. Das lag natürlich nahe, da es Habermas ja in seiner Vorlesung um eine Theorie der Sozialisation ging. Wenn er Sozialisation nicht als bloße Zurichtung des Individuums auf die bestehenden Verhältnisse verstehen wollte – und das verbot sich aus der von ihm vertretenen Kritischen Theorie und aus dem Geist der Zeit sowieso –, dann musste er Rollenhandeln eben als reflektiertes Handeln gegen herrschende, in sich widersprüchliche Verhältnisse definieren.

So bemisst Habermas denn auch „die im Sozialisationsprozess erworbenen Grundqualifikationen eines handelnden Subjekts in einem gegebenen Rollensystem" erstens danach, ob der Handelnde der Rollenambivalenz gewachsen ist, also *Frustrationstoleranz* hat, oder ob er umgekehrt „die Komplementarität der Erwartungen in offenem Rollenkonflikt" bewusst abwehrt und verletzt oder sogar sich und Anderen vorspiegelt, seine Bedürfnisse würden in Wahrheit befriedigt, und so die Komplementarität zwanghaft aufrechterhält. Er bewertet sie zweitens danach, ob der Handelnde die Zweideutigkeit einer Rolle (Rollenambiguität) zu ei-

---

23 Darauf komme ich in Kap. 8.3 *Die Präsentation des Selbst im Alltag* zurück.

ner *kontrollierten Selbstdarstellung* nutzt oder sich selbst diffus präsentiert oder sich gar restriktiven Rollendefinitionen ohne Widerstand unterwirft. Schließlich bewertet Habermas die Grundqualifikationen daran, ob der Handelnde „sich relativ autonom verhält und gut verinnerlichte Normen reflexiv anwendet" – das nennt er *flexible Über-Ich-Formation* – oder ob er dazu neigt, auf auferlegte Normen gehorsam zu reagieren oder sie gar zwanghaft anzuwenden. (vgl. Habermas 1968, S. 128 f.)

Mit diesem Maßstab der Beurteilung des Handelns gegenüber Rollenerwartungen hat Habermas nicht nur die Normativität der Rollentheorie nach Parsons in Frage gestellt, sondern gleichzeitig einen Maßstab zur Bewertung des Handelns vorgelegt. Der oben angeführte Begriff der Rollendistanz bekommt nun eine gesellschaftskritische und identitätssichernde Dimension: Rollendistanz heißt, sich reflexiv mit Erwartungen auseinanderzusetzen, innerlich und auch explizit die Frage nach ihrer Legitimität zu stellen. Je nachdem wie die Antwort ausfällt, steht die Normativität von Rollen auf dem Spiel.

Man kann sagen, dass mit dieser Kritik in Deutschland der Übergang von einer Ordnungstheorie der Rolle zu Theorien der *Interaktion* begann. Diese Theorien der Interaktion werden allerdings erst verständlich, wenn man die Theorien des *sozialen Handelns* betrachtet, auf die sie sich manchmal beziehen, von denen sie sich aber auch absetzen oder die sie einfach unter neuen Etiketten weiterführen.

Zitierte Literatur

Abels, Heinz (2010): Die Geschichte einer aufregenden Jugendsünde und die lange Wirkung einer Fußnote. Nachwort in: Dahrendorf (1958)

Dahrendorf, Ralf (1958): Homo sociologicus. Wiesbaden: VS Verlag für Sozialwissenschaften, 17. Aufl. mit einem Nachwort von Heinz Abels, 2010

Dreitzel, Hans Peter (1968): Die gesellschaftlichen Leiden und das Leiden an der Gesellschaft. Vorstudien zu einer Pathologie des Rollenverhaltens. Stuttgart: Enke

— (1980): Die gesellschaftlichen Leiden und das Leiden an der Gesellschaft. Eine Pathologie des Alltagslebens. Stuttgart: Enke, 3., neubearbeitete Aufl.

Habermas, Jürgen (1963): Zwischen Philosophie und Wissenschaft: Marxismus als Kritik. In: Habermas (1963a): Theorie und Praxis. Frankfurt am Main: Suhrkamp, 1. Aufl. 1978

— (1968): Stichworte zur Theorie der Sozialisation. In: Habermas (1973): Kultur und Kritik. Frankfurt am Main: Suhrkamp

Hartmann, Heinz (Hrsg.) (1967): Moderne amerikanische Soziologie. Stuttgart: Enke, 2. Aufl. 1973

Korte, Hermann (1992): Einführung in die Geschichte der Soziologie. Opladen: Leske + Budrich

Krappmann, Lothar (1971): Neuere Rollenkonzepte als Erklärungsmöglichkeit für Sozialisationsprozesse. In: Auwärter u. a. (Hrsg.) (1976): Seminar: Kommunikation, Interaktion, Identität. Frankfurt am Main: Suhrkamp
Linton, Ralph (1936): The study of man. New York: Appleton-Century-Crofts
— (1945): Rolle und Status. In: Hartmann (Hrsg.) (1967)
Merton, Robert K. (1938): Sozialstruktur und Anomie. In: Sack u. König (Hrsg.) (1968): Kriminalsoziologie. Frankfurt am Main: Akademische Verlagsgesellschaft, 2. Aufl. 1974
— (1957a): The role-set. Problems in sociological theory. In: The British Journal of Sociology, VIII, June, 1957
— (1957b): Der Rollen-Set. In: Hartmann (Hrsg.) (1967)
— (1957c): Weiterentwicklungen der Theorie von Bezugsgruppen und Sozialstruktur. In: Merton (1995): Soziologische Theorie und Sozialstruktur. Berlin: de Gruyter
— (1957d): Continuities in the theory of reference groups and social structure. In: Merton (1968): Social theory and social structure. New York: The Free Press
Park, Robert Ezra (1926): Behind our masks. In: Park (1950): Race and culture. New York: Free Press, First Paperback Edition 1964
Parsons, Talcott (1945): Systematische Theorie in der Soziologie. Gegenwärtiger Stand und Ausblick. In: Parsons (1964): Beiträge zur soziologischen Theorie. Hrsg. von Dietrich Rüschemeyer. Neuwied: Luchterhand
— (1951): The social system. New York: Free Press, 1964
— (1961): Grundzüge des Sozialsystems. In: Parsons (1976): Zur Theorie sozialer Systeme. Hrsg. von Stefan Jensen. Opladen: Westdeutscher Verlag
— (1961a): An outline of the social system. In: Parsons et al. (eds.) (1961): Theories of society. New York: The Free Press, One Volume Edition, 1965
— (1966a): Der Begriff der Gesellschaft: seine Elemente und ihre Verknüpfungen. In: Parsons (1971a): Zur Theorie sozialer Systeme. Hrsg. von Stefan Jensen. Opladen: Westdeutscher Verlag
— (1971): Das System moderner Gesellschaften. München: Juventa, 1972
Parsons, Talcott; Shils, Edward A. (1951a): Some fundamental categories of the theory of action: A general statement. In: Parsons and Shils (eds.) (1951): Toward a general theory of action. New York: Harper Torchbooks, 1962
Plessner, Helmuth (1928): Die Stufen des Organischen und der Mensch. Berlin: de Gruyter, 3., unveränderte Aufl. 1975
— (1960a): Soziale Rolle und menschliche Natur. In: Plessner (1966): Diesseits der Utopie. Frankfurt am Main: Suhrkamp, 1. Aufl. 1974
Riesman, David (1950): Die einsame Masse. Reinbek: Rowohlt, 1958
Tenbruck, Friedrich H. (1961): Zur deutschen Rezeption der Rollentheorie. In: Kölner Zeitschrift für Soziologie und Sozialpsychologie, 13. Jg.

4 Soziales Handeln

Inhalt:
- 4.1 Verhalten unter gegebenen Umständen oder sinnvolles Handeln? ... 137
- 4.2 Bestimmungsgründe des Handelns: zweckrational, wertrational, affektuell, traditional (Weber) ... 141
- 4.3 Alternative Wertorientierungen des Handelns: Universalismus oder Partikularismus, Orientierung an Leistung oder Zuschreibung, Spezifität oder Diffusität, Affektivität oder Neutralität, Selbstorientierung oder Kollektivorientierung (Parsons) ... 146
- 4.4 Rationale Wahl, gerechter Tausch, symbolische Transaktion (Homans, Coleman) ... 155
- 4.5 Dualität der Struktur (Giddens) ... 163
- 4.6 Rationale Wahl trotz habits und frames (Esser) ... 168
- 4.7 Vier Handlungsbegriffe: teleologisches, normenorientiertes, dramaturgisches und kommunikatives Handeln (Habermas) ... 174
- 4.8 Handlung und Kommunikation (Luhmann) ... 177
- Literatur ... 181

Das Spektrum der Diskussion über soziales Handeln ist breit, deshalb beginne ich mit einer kurzen Zusammenfassung der einschlägigen soziologischen Theorien.

Zur Vorgeschichte einer höchst aktuellen Diskussion gehört eine Theorie, die im strengen Sinn nicht in die Soziologie, sondern in die Psychologie, und zwar in eine ziemlich frühe Ausrichtung der Psychologie gehört. Ich meine die Theorie des *Behaviorismus,* nach der *Verhalten* durch äußere Bedingungen konditioniert ist. An sie schloss eine *Lerntheorie* an, die den Menschen zu den intelligenten Tieren zählt, die sich die Bedingungen ihres Verhaltens selbst schaffen. Um die Frage, was dem Menschen sein Tun *bedeuten* könnte, an welchem Sinn er es orientiert, geht es in der psychologischen Lerntheorie nicht. Aber genau an dieser Frage, welchen *Sinn* die Handelnden mit ihrem Handeln verbinden, wird in der Soziologie die Unterscheidung zwischen *Verhalten* und *Handeln* festgemacht.

Diese Differenzierung steht gleich in der klassischen soziologischen Theorie des Handelns, der von Max Weber, im Vordergrund. Er erklärt Handeln aus dem Sinn, den die Handelnden mit ihrem Tun oder Unterlassen verbinden, wobei dieser Sinn natürlich nicht aus ihnen selbst geschöpft wird, sondern sich aus den kulturellen Vorgaben ergibt, unter denen sie handeln. Konkret sind es Tradition und Sitte, kulturelle Muster der Affekte und spezifische Wertorientierungen, aber auch die Ziele, die in dieser Gesellschaft als typisch erstrebenswert gelten. Diese Vorgaben leiten unser Handeln, und sie garantieren, dass wir uns in unserem Handeln in aller Regel auch verstehen.

Talcott Parsons fragt, in welchen Strukturen die Individuen handeln und was ihr Handeln für sie und für die Gesellschaft bedeutet. Damit verbindet er die Theorie von Weber mit der von Durkheim. Parsons versteht unter Gesellschaft die „soziale Struktur" von Handlungen. Handeln erfolgt wie bei Durkheim unter Befolgung institutioneller Vorgaben und hat die Funktion, die gesellschaftliche Ordnung zu erhalten. Deshalb kommt in der strukturfunktionalistischen Handlungstheorie der Handelnde nur in Bezug zu sozialen Rollen vor. Im Zusammenspiel von kulturellen Werten, sozialen Normen und persönlicher Motivation werden zwar individuelle Entscheidungen getroffen, aber sie sind durch alternative Wertorientierungen sozial begrenzt.

Eine andere Sicht auf das Handeln kommt mit den Theorien auf, die systematisch vom individuellen *Akteur* und seinen Entscheidungen ausgehen. Wissenschaftstheoretisch sind die Akteurtheorien dem Erklärungsprinzip des „methodologischen Individualismus" verpflichtet. Nach diesen Theorien sind soziale Strukturen nicht als zwingende Handlungsbedingungen, sondern als Handlungsmöglichkeiten zu verstehen. Der Akteur verfolgt selbstgewählte Ziele, verfolgt Strategien, sie zu verwirklichen, und setzt die Mittel ein, die den größten Erfolg versprechen oder wenigstens den geringsten Aufwand erfordern. Durch ihr Handeln, zumal es im Zusammenwirken mit dem der anderen Akteure erfolgt, schaffen die Akteure die Bedingungen weiteren Handelns, also Strukturen.

Ein klassisches Beispiel einer Akteurtheorie ist die Austauschtheorie von George Caspar Homans, die an die eben erwähnte Lerntheorie anknüpft. Für Homans ist Handeln im Prinzip die rationale Wahl von Strategien in Abwägung von Kosten und Nutzen. Das soll im ersten Teil der Überschrift mit dem Begriff der „rationalen Wahl" angedeutet werden. Damit ist aber nicht gesagt, dass die Handlungsfolgen auch rational oder intendiert sind. Die Entscheidungen des Akteurs werden – bewusst oder unbewusst – in Konkurrenz oder auch in Kooperation mit anderen Akteuren getroffen. Die Akteure sind also interdependent, und sie handeln unter der stillen Annahme eines „gerechten Tauschs". Deshalb kommen auch spezifische Konstellationen oder Strukturen des Handelns zustande. Auf der Seite der Akteure selbst spielen dann natürlich auch die Erwartungen, die sie aneinander haben, und die Deutungen, die sie über ihr Handeln und das der Anderen vornehmen, eine entscheidende Rolle. Erwartungen und Deutungen verbinden sich ebenfalls zu Strukturen.

Um die Annahme, dass das „Soziale" in einer fortlaufenden wechselseitigen Konstitution von Handeln und Strukturen besteht, geht es unter der Überschrift „Dualität der Struktur". Dort wird die These von Anthony Giddens vorgestellt, nach der gesellschaftliche Strukturen nicht an sich, sondern nur in Form von Handlungen existieren. Strukturen bedingen Handeln nur insofern, als sie es *ermöglichen*, umgekehrt bedingen die Individuen die Strukturen insofern, als sie sich für bestimmte Handlungen entscheiden. Handeln *ist* also *strukturiert* und es *strukturiert* seinerseits Handlungsbedingungen. Giddens spricht deshalb von einer „duality of structure".

Die Kreisbewegung Handeln, Struktur, Handeln nimmt auch Hartmut Esser an, aber er lenkt den Blick auf einige Rahmenbedingungen des Handelns. Er nennt sie „habits" und „frames". Sie scheinen auf den ersten Blick der These von der rationalen Wahl, die Esser vertritt, zu widersprechen. Doch weder die Tatsache, dass sich die Handelnden an Routinen („habits") orientieren, noch die, dass sie Situationen durch die Angabe eines übergreifenden Ziels vereinfachen und strukturieren („framing"), widersprechen dieser These.

Jürgen Habermas hat vier Handlungsbegriffe gegenübergestellt, die sozusagen das Spektrum der soziologischen Diskussion abbilden. Sein Begriff des kommunikativen Handelns leitet über in die Theorien der Interaktion.

Niklas Luhmann schließlich kritisiert, dass in der Soziologie die Entstehung und Erhaltung sozialer Ordnung durchgängig mit dem Handeln von Individuen zusammengebracht würden. Nach Luhmann müsse aber zuerst einmal gefragt werden, wie Handlung überhaupt möglich ist. Seine These ist, dass nicht die Handlung, sondern nur die Kommunikation die Operation ist, die soziale Situationen in Gang bringt und hält.

4.1 Verhalten unter gegebenen Umständen oder sinnvolles Handeln?

Wir kennen den Fall, dass der Mensch „aus sich heraus", „spontan" etwas tut. Handelt er dann oder verhält er sich „nur"? Nehmen wir z. B. die Situation, in der der erste Mensch vor Urzeiten durch die Savanne lief, plötzlich von einem brüllenden Löwen überrascht wurde und spontan das Richtige tat, indem er ihn mit der Eselsbacke erschlug.[1] Jedes Tier hätte – natürlich hätte es keiner Eselsbacke be-

---

1 Ich weiß, ich missbrauche dieses schöne Bild einer alten Erzählung!

durft! – in einer ähnlichen Situation „richtig" reagiert, nämlich instinktiv. Reste des richtigen, instinktiven, das heißt nicht-reflektierten Reagierens finden wir auch noch bei uns modernen Menschen. So schrecken wir instinktiv zusammen, machen also gewissermaßen unsere Angriffsflächen klein, wenn unmittelbar neben uns ein lauter Krach losbricht. Umgekehrt wissen wir, dass sich viele junge Leute scheinbar instinktiv ganz groß machen, wenn der laute Krach jeden Samstag Punkt 23 Uhr und begleitet von Laserblitzen losbricht. Im ersten Fall ist es eine Reaktion, die zu unserer biologischen Ausstattung im Umgang mit der natürlichen Umwelt zählt, im zweiten eine Reaktion, die zur sozialen Ausstattung im Umgang mit der vom Menschen geschaffenen künstlichen Welt gehört.

Auch scheinbar spontane Reaktionen haben eine Vorgeschichte, die durch die spezifische Sozialisation in der Gesellschaft geprägt ist. Ein Kind der Südsee gerät wahrscheinlich beim ersten Feuerwerk in Panik (wie Robinsons Gefährte Freitag seinerzeit beim Büchsenknall), wohingegen die Kinder in Hagen bei jeder Leuchtrakete „ah!" schreien. Während unsereiner spontan aus dem Zimmer rennt, wenn er eine fette Spinne sieht, fällt einem anderen spontan ein, dass ihm ein freundliches Schicksal wieder einmal einen probaten Mückenfänger frei Haus geliefert hat.

Doch um diese mehr oder weniger spontanen Reaktionen geht es nicht, sondern um *gelerntes* Verhalten unter gegebenen Umständen. Nehmen wir wieder das Beispiel mit dem inszenierten lauten Geräusch Samstagabend Punkt 23 Uhr. Wir könnten uns ja vorstellen, wenn wir alle Menschen jeden Samstagabend in diese Situation brächten, würden nach einiger Zeit wahrscheinlich nur noch die Renitentesten so tun, als ob sie erschrocken wären. Alle anderen hätten gelernt, diese spezifische Ausformung von Geräuschen als Aufforderung, sich ganz zwanglos zu geben, zu verstehen. Und da alle anderen das auch so sehen und sich gegenseitig durch ihr Verhalten auch bestätigen, reagiert man letztlich quasi instinktiv und automatisch auf die immer gleiche Situation. Dieses Beispiel öffnet natürlich die schönsten Aussichten, wie man Menschen dazu bringen könnte, sich in einer bestimmten Weise zu verhalten: Man muss nur bestimmte äußere Bedingungen herstellen, um bestimmte Dinge dann zu lernen. Das ist der Punkt, an dem sich die Frage, was der Unterschied zwischen Verhalten und Handeln ist, gut beantworten lässt.

Von Verhalten sprechen wir immer dann, wenn die gelernte Reaktion auf äußere Bedingungen gemeint ist. Der amerikanische Psychologe Frederick B. Skinner untersuchte, wie Tiere auf äußere Reize reagieren, und fand heraus, dass Tauben nach einer längeren Phase des Lernens durch Versuch und Irrtum schließlich durch Lernen am Erfolg ihr Verhalten organisierten: Nach längeren vergeblichen Versuchen, aus den vielen bunten Futterklappen die richtige zu öffnen, waren sie endlich auf den Trichter gekommen, dass das Drücken der grünen Taste zum Erfolg führt. Ohne Umwege über Versuch und Irrtum drückten sie hinfort von vornherein auf die grüne Taste. Sie schafften sich die Bedingungen des weiteren Verhaltens selbst. Der Soziologe George Caspar Homans, der mit Skinner befreundet war, meinte, dass es zwischen den Tauben in der Psychologie und dem Menschen in der Soziologie im Prinzip keinen Unterschied gibt. Lernen heißt, aus Reaktionen auf eigenes Verhalten Schlüsse zu ziehen. Das wiederum setzt den Menschen in die Lage, die Bedingungen seines weiteren Verhaltens auch zu manipulieren. Er tut, was nützlich ist, und vermeidet, was keinen Erfolg bringt.

Theorien, die von diesem Erklärungsprinzip der Psychologie ihren Ausgang nehmen, ist vorgeworfen worden, sie seien reduktionistisch, weil sie soziale Prozesse und Strukturen auf psychische Prozesse zurückführten und soziologische Aussagen durch psychologische Hypothesen ersetzten. (vgl. Hillmann 1994, S. 901) Wie ich gleich zeigen werde, betrachten die prominentesten soziologischen Theorien des Verhaltens, die sich auf die Psychologie beziehen, das nicht als Vorwurf, sondern zeigen, wie fruchtbar dieser Ansatz ist. Wenn sie dennoch von *Handeln* statt von Verhalten sprechen, dann hängt das damit zusammen, dass sie auf die konstruktive Leistung des Individuums hinweisen: Es wählt unter Handlungsmöglichkeiten, zieht die Selektionen der Anderen in Betracht, tauscht sich mit ihnen über die Bedeutung der Situation und die Ziele ihres Handelns aus, kurz es verleiht der Handlungssituation *Sinn*.

Sinn ist, wie es Niklas Luhmann[2] einmal gesagt hat, ein – oder vielleicht sogar *der?* – Grundbegriff der Soziologie. Die spezifische Funktion des Sinns sieht Luhmann in der *Reduktion von Komplexität*.[3] Er stellt fest, dass „der Sinnbegriff (...) die Ordnungsform menschlichen Erlebens" ist. Wenn wir etwas erleben, dann wissen wir, dass es in diesem Augenblick auch noch etwas anderes außerhalb dieser Situation gibt, und wir ahnen auch, dass die Situation selbst auch ganz anders erlebt werden kann. Erleben weist immer über sich hinaus. „Unausweichlich bleibt daher das Problem, die Aktualität des Erlebens mit der Transzendenz seiner anderen Möglichkeiten zu integrieren, und unausweichlich auch die Form der Erlebnisverarbeitung, die dies leistet. Sie nennen wir Sinn." (Luhmann 1971, S. 31)

„Worin besteht nun, genauer gefasst, jenes Problem der Integration des Erlebens mit seinen es transzendierenden Möglichkeiten? Eine funktionale Definition des Sinnbegriffs", fährt Luhmann fort, „erfordert eine Antwort auf diese Frage." Sie lautet: „Die im Erleben sich abzeichnende Differenzierung von Aktualität und Potentialität hat ihre wichtigste Eigentümlichkeit im Charakter der Überfülle des Möglichen, die bei weitem das überschreitet, was handlungsmäßig erreicht

---

2   Auf seinen Beitrag zu einer Theorie sozialen Handelns komme ich am Ende dieses Kapitels noch zu sprechen.
3   Zum theoretischen Hintergrund dieser These vgl. Band 1, Kap. 6.3.2 *Komplexität und Kontingenz; Sinn als Ordnungsform der Welt und menschlichen Erlebens.*

und erlebnismäßig aktualisiert werden kann. Der jeweils gegebene Erlebnisinhalt zeigt in der Form von Verweisungen und Implikationen weit mehr an, als zusammengenommen oder auch nacheinander in den engen Belichtungsraum der Bewusstheit eingebracht werden kann. Dem gerade akut bewussten Erleben steht eine Welt anderer Möglichkeiten gegenüber. Die Problematik dieser Selbstüberforderung des Erlebens durch andere Möglichkeiten hat die Doppelstruktur von Komplexität und Kontingenz. Durch den Begriff *Komplexität* soll bezeichnet werden, dass es stets mehr Möglichkeiten des Erlebens und Handelns gibt, als aktualisiert werden können. Der Begriff *Kontingenz* soll sagen, dass die im Horizont aktuellen Erlebens angezeigten Möglichkeiten weiteren Erlebens und Handelns nur Möglichkeiten sind, daher auch anders ausfallen können, als erwartet wurde." (Luhmann 1971, S. 32)

Im Vorgriff auf eine Theorie des Handelns kann man sagen: „Komplexität heißt also praktisch Selektionszwang. Kontingenz heißt praktisch Enttäuschungsgefahr und Notwendigkeit, sich auf Risiken einzulassen. (...) Erleben und Handeln ist unaufhörliche Selektion, darf aber die nichtgewählten Alternativen nicht ausmerzen und zum Verschwinden bringen, bis ein Zufall sie wieder vor Augen führt, sondern darf sie nur neutralisieren. Komplexität darf mithin nicht, wie es im Computerjargon heißt und für Maschinen auch adäquat ist, ‚vernichtet' werden, sondern wird nur gleichsam ausgeklammert, von Moment zu Moment in immer anderer Weise reduziert und bleibt dabei bewahrt als allgemein konstituierter Selektionsbereich, als ‚Woraus' immer neuer und immer anderer Wahlen – als Welt. Mit diesen Überlegungen haben wir das Bezugsproblem abgetastet, im Hinblick auf welches der Sinnbegriff sich funktional definieren lässt. Sinn fungiert als Prämisse der Erlebnisverarbeitung in einer Weise, die die Auswahl von Bewusstseinszuständen ermöglicht, dabei das jeweils nicht Gewählte aber nicht vernichtet, sondern es in der Form von Welt erhält und zugänglich bleiben lässt." (Luhmann 1971, S. 33 f.)

Sinn ist ein Prozess, in dem Komplexität reduziert und die Handlungsmöglichkeit selegiert wird, die den subjektiven und objektiven Bedingungen am besten zu entsprechen scheint.

Was Luhmann hier ausgeführt hat, darf aber nicht so verstanden werden, als ob es nur um das individuelle Erleben und Handeln ginge. Im Gegenteil, das Individuum in der soziologischen Betrachtung steht immer in *Beziehung* zu anderen Individuen, und sein Handeln hat immer etwas mit dem Handeln der Anderen zu tun. Natürlich kann ich auch mit der sorgfältigen Drapierung meines Kopfkissens einen Sinn verbinden (dass ich mir z. B. jeden Morgen ein schönes Beispiel meiner Ordentlichkeit liefern will) oder den Nachrichtensprecher lauthals beschimpfen, weil er m. E. bestimmte politische Meinungen immer mit einem ironischen Lächeln vorträgt, doch das ist eher ein Fall für den Psychologen als für den Soziologen. Sobald sich das Ganze aber vor den Augen Anderer abspielt, indem ich z. B. meiner Frau demonstriere, wie man Betten „richtig" macht, ist die Soziologie gefragt. Denn dann geht es um *soziales* Handeln und die Frage, welchen Sinn Handelnde mit ihrem Handeln und dem der Anderen – die uns z. B. beobachten – verbinden.

Diese Frage, welcher Sinn gemeint ist, wenn Handelnde sich in ihrem Handeln aufeinander beziehen, lag schon der bekanntesten Definition von Soziologie und knappsten Gegenposition zu den psychologischen Theorien des Verhaltens zugrunde, der Definition von Max Weber. Um seinen Begriff des sozialen Handelns geht es in der ersten *soziologischen* Theorie des Handelns.

4.2 Bestimmungsgründe des Handelns: zweckrational, wertrational, affektuell, traditional (Weber)

Als ich MAX WEBERS (1864–1920) Erklärung, was Ordnung ist und wie sie sich erhält, vorgestellt habe[4], habe ich auch seine Definition der Wissenschaft von „gesellschaftlichen Zusammenhängen" zitiert: „Jede Wissenschaft von geistigen oder gesellschaftlichen Zusammenhängen ist eine Wissenschaft vom *menschlichen* Sichverhalten (wobei in diesem Fall jeder geistige Denkakt und jeder psychische Habitus mit unter diesen Begriff fällt.)" (Weber 1917, S. 387). An dieser Definition fällt auf, dass das Spektrum des „Sich-Verhaltens" sehr breit ist. Es reicht vom Denken über die psychische Verfassung bis zum konkreten Handeln. Erinnern wir uns auch an die zweite Definition der Wissenschaft, mit der Weber die „Soziologischen Grundbegriffe" beginnen lässt. Danach soll Soziologie heißen „eine Wissenschaft, welche soziales Handeln deutend verstehen und dadurch in seinem Ablauf und seinen Wirkungen ursächlich erklären will." (Weber 1920b, S. 653)

Wie passt diese engere Definition mit der ersten zusammen, und was hat Sich-Verhalten mit sozialem Handeln zu tun? Diese Fragen sind nicht leicht zu beantworten, da die diesbezüglichen Ausführungen, wie vieles bei Weber, kompliziert nach Geist und Sprache sind.[5] Ich beginne mit Webers berühmter Definition des sozialen Handelns:

Handeln und soziales Handeln

„Handeln' soll dabei ein menschliches Verhalten (einerlei ob äußeres oder innerliches Tun, Unterlassen oder Dulden) heißen, wenn und insofern als der oder die Handeln-

---

4   Vgl. Band 1, Kap. 3.7 *Handeln unter der Vorstellung einer geltenden Ordnung.* Ich werde auch noch andere Aussagen von Weber wiederholen müssen. Betrachten Sie das als Chance der Verfestigung Ihrer Gedanken beim Lesen.
5   Weber selbst warnt in einer Vorbemerkung, er werde „unvermeidlich abstrakt und wirklichkeitsfremd wirkende Begriffsdefinitionen" vorstellen. Wohl wahr! Lassen Sie sich aber nicht davon abhalten, sie wieder und wieder zu lesen. Es nützt.

den mit ihm einen subjektiven Sinn verbinden. ‚Soziales' Handeln aber soll ein solches Handeln heißen, welches seinem von dem oder den Handelnden gemeinten Sinn nach auf das Verhalten Anderer bezogen wird und daran in seinem Ablauf orientiert ist." (Weber 1920b, S. 653)

Nur wenn wir mit unserem Verhalten irgendeinen Sinn verbinden, sprechen wir von „Handeln", und nur wenn Menschen irgendeinen Sinn mit dem Verhalten untereinander verbinden, sprechen wir von „sozialem Handeln". Wenn ich vor Müdigkeit vom Fahrrad falle, ist es kein Handeln, aber wenn ich vom Fahrrad springe, weil sich plötzlich die Straße vor mir auftut, ist es Handeln. Es macht Sinn für mich. Wenn ich in die Hände klatsche, weil ich mich freue, ist es Handeln, aber kein soziales Handeln, aber wenn ich in die Hände klatsche, um mit den Fans unsere Mannschaft anzufeuern, dann ist es soziales Handeln. Es macht Sinn, und zwar für uns. *Sinn* heißt, dass es eine *rationale* Erklärung für das Handeln gibt, dass wir also mit unserem Handeln etwas Bestimmtes *meinen* und das dem Anderen gegenüber zum Ausdruck bringen und dass wir meinen, auch der Andere habe mit seinem Handeln etwas ganz Bestimmtes *gemeint*. An diesem wechselseitig „gemeinten Sinn" ist soziales Handeln orientiert.

Weber betont, dass es beim so definierten sozialen Handeln nicht um irgendeinen objektiv „richtigen" oder einen metaphysisch begründeten „wahren" Sinn (Weber 1920b, S 654), sondern um den subjektiv „gemeinten" Sinn geht. Nach dieser wichtigen Klarstellung bestimmt Weber den Begriff des sozialen Handelns genauer: (1) „Soziales Handeln (einschließlich des Unterlassens oder Duldens) kann orientiert werden am vergangenen, gegenwärtigen oder für künftig erwarteten Verhalten Anderer (Rache für frühere Angriffe, Abwehr gegenwärtigen Angriffs, Verteidigungsmaßregeln gegen künftige Angriffe). Die ‚Anderen' können Einzelne und Bekannte oder unbestimmte Viele und ganz Unbekannte sein. (‚Geld' z. B. bedeutet ein Tauschgut, welches der Handelnde beim Tausch deshalb annimmt, weil er sein Handeln an der Erwartung orientiert, dass sehr zahlreiche, aber unbekannte und unbestimmt viele Andere es ihrerseits künftig in Tausch zu nehmen bereit sein werden)." (Weber 1920b, S. 670 f.)

(2) „Nicht jede Art von Handeln – auch von äußerlichem Handeln – ist ‚soziales' Handeln im hier festgehaltenen Wortsinn. Äußeres Handeln dann nicht, wenn es sich lediglich an den Erwartungen des Verhaltens sachlicher Objekte orientiert. Das innere Sichverhalten ist soziales Handeln nur dann, wenn es sich am Verhalten anderer orientiert." (Weber 1920b, S. 671) Das einsame Gebet ist kein soziales Handeln, und wirtschaftliches Handeln ist nur dann soziales Handeln, wenn es das Verhalten anderer in Betracht zieht.

(3) „Nicht jede Art von Berührung von Menschen ist sozialen Charakters, sondern nur ein sinnhaft am Verhalten des Anderen orientiertes eigenes Verhalten.

Ein Zusammenprall zweier Radfahrer z. B. ist ein bloßes Ereignis wie ein Naturgeschehen. Wohl aber wären ihr Versuch, dem Anderen auszuweichen, und die auf den Zusammenprall folgende Schimpferei, Prügelei oder friedliche Erörterung ‚soziales Handeln'." (Weber 1920b, S. 671)

(4) Soziales Handeln darf weder mit „einem *gleichmäßigen* Handeln mehrerer" noch „mit jedem durch das Verhalten anderer *beeinflussten* Handeln" gleichgesetzt werden: a) „Wenn auf der Straße eine Menge Menschen beim Beginn eines Regens gleichzeitig den Regenschirm aufspannen, so ist (normalerweise) das Handeln des einen nicht an dem des andern orientiert, sondern das Handeln aller gleichartig an dem Bedürfnis nach Schutz gegen die Nässe. b) Es ist bekannt, dass das Handeln des einzelnen durch die bloße Tatsache, dass er sich innerhalb einer örtlich zusammengedrängten ‚Masse' befindet, stark beeinflusst wird (...): massen*bedingtes* Handeln." (Weber 1920b, S. 671 f.)

Ich will einige Erläuterungen geben. Die zeitliche Dimension des sozialen Handelns ist evident. Die zweite Differenzierung kann man sich an einem Beispiel klar machen. Wenn ich beim Mikadospiel auf die Tücke der wackligen Stäbchen reagiere, dann ist das kein soziales Handeln. Wenn ich aber einen Zusammenbruch des Haufens herbeiführe in der Hoffnung, dass dann einige Stäbchen zur Seite rollen und meine Tochter sich über einen gewonnen Punkt freut, dann ist es soziales Handeln.

Die dritte Differenzierung hat Weber selbst wieder erläutert. Ich will sie noch weiter kommentieren, weil daran deutlich wird, warum ich später Webers Begriff des *sozialen* Handelns unter der Prämisse, dass die Handlungssituation das erste am Sinn des Handelns eines Anderen orientierte Handeln überdauert und eine Reaktion eines zweiten erfolgt, auf den – von ihm natürlich noch nicht benutzten! – Begriff der Interaktion zuführe.[6] Ich schmücke Webers Beispiel mit dem Zusammenstoß zweier Radfahrer aus. Wenn die zwei Radfahrer ineinanderknallen, dann ist das im soziologischen Sinn ein Ereignis, das nichts mit Handeln zu tun hat. Auch die Tatsache, dass an diesem bedauerlichen Ereignis zwei Individuen beteiligt sind, macht das Ereignis nicht zum sozialen Handeln. Wenn aber, so malt Weber die Kollision aus, beide sich anschließend prügeln, dann sprechen wir von „sozialem Handeln", denn das Handeln des einen ist an dem Sinn des Handelns des Anderen orientiert. Selbst wenn wir den unwahrscheinlichen Fall nehmen, dass der eine dem anderen eine runterhaut und der so Gezüchtigte ergeben stillhält, wäre das soziales Handeln, denn er reagiert ja, wenn auch in ungewöhnlicher Form. Aber eigentlich reichte es schon, wenn einer dem anderen eine Ohrfeige gibt, um von *sozialem* Handeln zu sprechen, denn Weber hatte ja definiert, dass Handeln „seinem von dem (...) Handelnden gemeinten Sinn nach

---

6   Siehe unten Kap. 5.3 *Soziale Beziehung – aufeinander eingestelltes Verhalten.*

auf das Verhalten anderer bezogen" sein müsse. (Weber 1920b, S. 653) Im konkreten Fall hat A den Sinn des Ereignisses sofort verstanden: B ist ein rücksichtsloser Rowdy und verdient deshalb eine Ohrfeige. Das wär's dann von seiner Seite. Das Handeln von B ist in seinem Ablauf natürlich umgekehrt an dem gemeinten Sinn des Handelns von A orientiert: Meint jener, dass dieser im Recht ist, hält er still; meint er, dass der andere sich unverhältnismäßig aufplustert, schlägt er zurück.

Bei der vierten Differenzierung helfen vielleicht folgende Beispiele: Wenn ich einen Regenschirm aufspanne, um mich wie alle Anderen auch vor Nässe zu schützen, ist es kein soziales Handeln. Wenn ich aber keinen Regenschirm aufspanne, weil bestimmte Leute, an denen ich mich orientiere, das auch nicht tun (in einem bestimmten Alter ist das wohl so), dann ist das soziales Handeln. Oder: Wenn zwei Leute den Regenschirm aufspannen, um damit zugleich den Abstand zwischen sich zu vergrößern, dann ist es soziales Handeln. Und: Wenn nur einer den Regenschirm aufspannt in der Hoffnung, dass die Andere sich unterhakt, ist es ebenfalls soziales Handeln. Den letzten Fall des durch Andere *beeinflussten* Verhaltens kann man sich schließlich an folgendem Beispiel klar machen: Wenn ich nach einiger Zeit merke, dass ich wie alle anderen Zuschauer meine Fußballmannschaft mit einem Schlachtgesang anfeuere, ist es kein soziales Handeln. Ich habe mich unbewusst anstecken lassen, ohne darüber nachzudenken. Wenn ich aber nach reiflicher Überlegung zu dem Ergebnis komme, dass ich durch Mitsingen mein Scherflein dazu beitragen könnte, drohendes Unheil von meiner Mannschaft abzuwenden, dann ist es soziales Handeln. Ich orientiere mich nämlich an dem Sinn des Handelns der Anderen. Und als Beispiel für ein Handeln, das durch die Masse *bedingt* ist, nenne ich die Situation, wo der Pulk Sie in die Disco schiebt, obwohl Sie gerade beschlossen hatten, nach Hause zu gehen: Wenn Sie sich mitschieben lassen, ist es kein soziales Handeln, wenn Sie den Rückwärtsgang einlegen, schon.

Der Unterschied zwischen Handeln und sozialem Handeln ist, dass letzteres immer seinem Sinn nach auf das Verhalten Anderer bezogen. Natürlich, sagt Weber, sind die Übergänge fließend.

Weber fragt nun weiter, was uns veranlasst, in einer bestimmten Weise zu handeln. Das wäre die Frage nach dem *Sinn*, den wir mit ihm verbinden. Die Antwort ist nicht überraschend: Exakt kann man es in der Regel nicht sagen. Gleichwohl kann man grobe Unterscheidungen der Motive des Handelns vornehmen. Weber nennt sie „Bestimmungsgründe sozialen Handelns". Es sind in Reinform vier: „Wie jedes Handeln kann auch das soziale Handeln bestimmt sein 1. *zweckrational*: durch Erwartungen des Verhaltens von Gegenständen der Außenwelt und von andren Menschen und unter Benutzung dieser Erwartungen als ‚Bedingungen' oder als ‚Mittel' für rational, als Erfolg, erstrebte und abgewogene eigne *Zwecke*, 2. *wertrational:* durch bewussten Glauben an den – ethischen, ästhetischen, religiösen oder wie immer sonst zu deutenden – unbedingten *Eigen*wert eines bestimmten Sichverhaltens rein als solchen und unabhängig vom Erfolg, 3. *affektuell,* insbesondere emotional: durch aktuelle Affekte und Gefühlslagen, 4. *traditional:* durch eingelebte Gewohnheit." (Weber 1920b, S. 673)

Gehen wir die Bestimmungsgründe des sozialen Handelns einzeln durch. Das soziale Handeln kann erstens *zweckrational* bestimmt sein, d. h. es werden gezielt bestimmte Mittel eingesetzt, um bestimmte Zwecke zu erreichen. „Zweckrational handelt, wer sein Handeln nach Zweck, Mittel und Nebenfolgen orientiert und dabei sowohl die Mittel gegen die Zwecke, wie die Zwecke gegen die Nebenfolgen, wie endlich auch die verschiedenen möglichen Zwecke gegeneinander rational abwägt." (Weber 1920b, S. 675) Zweitens kann soziales Handeln *wertrational* bestimmt sein. „Rein wertrational handelt, wer ohne Rücksicht auf die vorauszusehenden Folgen handelt im Dienst seiner Überzeugung." Es ist ein „Handeln nach ‚Geboten' oder gemäß ‚Forderungen', die der Handelnde an sich gestellt glaubt." (Weber 1920b, S. 674) Dieses Handeln ist häufig mit unbedingtem Gehorsam verbunden. Beispiele finden wir in religiösem Verhalten und im Verhalten unter bestimmten Vorstellungen von Disziplin und verbindlichen Aufgaben. Das Handeln fundamentalistischer Bewegungen ist so begründet, aber auch das Handeln von Offizieren, die sich einem bestimmten Ehrencodex verpflichtet fühlen. Die ökologische Bewegung handelt nach bestimmten Werten, und eine konsequente christliche Nächstenliebe fühlt sich bestimmten Werten verpflichtet. Aber auch ganz andere Überzeugungsgemeinschaften können nach bestimmten Werten handeln. Für alle gilt, dass für die Ziele des Handelns erst in zweiter Linie Zustimmung nach Logik und Rationalität, sondern in erster Linie Zustimmung nach Gefühl und Überzeugung gesucht wird. Selbst wo die Ziele des Handelns objektiv von irrational gesetzten Wertungen bestimmt sein mögen, ist das Handeln, in diesem Fall die Verfolgung der Ziele, in der Regel rational, d. h. konsequent. Beispiele für diese Vermischung wertrationalen und zweckrationalen Handelns ist das Opfer der christlichen Märtyrer ebenso wie das Opfer mancher politisch entschiedener Überzeugungstäter der Neuzeit.

Die dritte Orientierung nennt Weber *affektuell,* insbesondere emotional. Das Handeln kann eine hemmungslose Reaktion auf einen äußeren Reiz oder ein Ausbruch mächtiger Gefühle sein. Im strengen Sinn, wo dieses Handeln also ohne Reflexion, also Rationalisierung, erfolgt, steht das affektuelle Handeln „an der Grenze und oft jenseits dessen, was bewusst ‚sinnhaft' orientiert ist". (Weber 1920b, S. 674) Viertens kann das soziale Handeln *traditional* bestimmt sein. Insofern es „sehr oft nur ein dumpfes in der Richtung der einmal eingelebten Einstellung ablaufendes Reagieren auf gewohnte Reize" ist, steht auch dieses Handeln im strengen Sinn „ganz und gar an der Grenze und oft jenseits dessen, was man ein ‚sinnhaft' orientiertes Handeln überhaupt nennen kann". Und Weber fährt fort: „Die

Masse alles eingelebten Alltagshandelns nähert sich diesem Typus." (Weber 1920b, S. 673 f.) Beim traditionalen Handeln resultieren Ziele und Verlauf des Handelns aus der Gewohnheit, ohne dass viel darüber nachgedacht wird.

Diese Differenzierung hat natürlich nur heuristischen Wert und dient nur dazu, die *vorrangige* oder *auffällige* Orientierung zu bezeichnen, denn soziales Handeln ist selten „*nur* in der einen *oder* der andren Art orientiert." (Weber 1920b, S. 675) Immer werden sich die Erscheinungsformen als komplex darstellen, und die Unterscheidung, die Max Weber getroffen hat, ist eine *idealtypische*[7], die kein Abbild der Wirklichkeit ist. Diese Arten der Orientierung sind lediglich „für soziologische Zwecke geschaffene, begrifflich reine Typen, denen sich das reale Handeln mehr oder minder annähert oder aus denen es – noch häufiger – gemischt ist." (Weber 1920b, S. 676) Die Unterscheidung der Bestimmungsgründe sozialen Handelns lässt sich nur treffen mit Hilfe solcher Konstrukte „reiner" Formen des sozialen Handelns.

Die von Weber angenommenen Bestimmungsgründe des sozialen Handelns bilden den Hintergrund für die Differenzierung der Orientierungen, die Talcott Parsons bei der Beschreibung und Erklärung des Handelns annimmt.

4.3 Alternative Wertorientierungen des Handelns: Universalismus vs. Partikularismus, Leistung vs. Zuschreibung, Spezifität vs. Diffusität, Affektivität vs. Neutralität, Selbstorientierung vs. Kollektivorientierung (Parsons)

Der Konsens über Werte und Normen ist für TALCOTT PARSONS Erklärung und Bedingung sozialer Integration.[8] Werte und Normen werden den Individuen im Prozess der Sozialisation[9] nahegebracht. Sie stimmen ihnen freiwillig zu, weil sie ihnen als bewährt erscheinen, oder auch notgedrungen, weil Abweichungen sanktioniert werden. Im Prozess der Internalisierung werden die Werte Teil der Persönlichkeit. Der Schluss, der aus Parsons' Erklärung der Stabilität einer sozialen Ordnung und aus der Theorie der Sozialisation gezogen werden kann, liegt auf der Hand: Die normative Integration, also die Anerkennung sozialer Werte und Normen, ist auch Bedingung *gemeinsamen* Handelns. Gleichzeitig ist die Anerken-

---

[7] Vgl. zu dieser besonderen Form soziologischen Denkens Band 1, Kap. 1.3 *Die Konstruktion des Idealtypus*.
[8] Vgl. zu Parsons' Erklärung sozialer Ordnung Band 1, Kap. 3.9 *Normative Integration*.
[9] Siehe oben Kap. 1.4 *Werte bestimmen die Richtung des Handelns* und Kap. 2.7 *Lernen von Rollen, Herstellung funktional notwendiger Motivation*.

nung sozialer Werte und Normen aber auch Konsequenz dieses Handelns. Gesellschaft entsteht aus *Handlungen* und besteht in Handlungen – so könnte man die Grundannahme, die Parsons in seinem ersten Hauptwerk „The Structure of Social Action" aus dem Jahre 1937 vertritt, zusammenfassen.

Handlungen erfolgen nicht zufällig, sondern weisen eine bestimmte *Struktur* auf, das heißt, sie folgen einer bestimmten Ordnung und sind aufeinander bezogen. Außerdem haben sie eine bestimmte *Funktion,* das heißt sie haben füreinander eine bestimmte Bedeutung. Den Zusammenhang von Struktur und Funktion fasst Parsons unter dem Begriff des *Systems.* Da die Gesellschaft als Gesamtheit aller Orientierungen und Handlungen verstanden wird und da jedes Handeln durch die generellen Werte bestimmt wird, bezeichnet Parsons die Gesellschaft auch als *allgemeines Handlungssystem.*[10] Es setzt sich aus Subsystemen zusammen, in denen die Elemente des Handelns je spezifisch organisiert sind. Parsons unterscheidet zwischen vier Subsystemen:

- *Organismisches System,* womit im Wesentlichen die biologische Verfassung des Menschen gemeint ist.
- *Persönlichkeitssystem,* das die psychische und motivationale Verfassung des Individuums meint.
- *Soziales System,* das die konkreten und symbolischen Interaktionen von Individuen umfasst.
- *Kulturelles System,* in dem die Werte und Verpflichtungen einer Gesellschaft aufgehoben sind und das insofern normative Funktion hat.

Diese Subsysteme bilden also zusammen das *allgemeine Handlungssystem.* Sie stehen in einer Hierarchie, wobei dem *kulturellen System* ein dominierender Einfluss zukommt, denn die kulturellen Werte und Normen strukturieren jegliches Handeln, weil sie dem Individuum im Prozess der *Sozialisation* nahegebracht worden sind. Über die Werte besteht Konsens, weshalb Parsons das kulturelle System auch als „shared symbolic system" bezeichnet. Der Konsens bzw. – so muss man im Vorgriff auf mögliche Dissense sagen – die funktionalen *Kontrollmechanismen,* die der Gesellschaft zur Verfügung stehen, um Abweichungen vom Konsens zu sanktionieren, sichern das gemeinsame Zusammenleben.

Jede Form sozialer Ordnung und jedes Handeln stellen nach dieser Theorie des allgemeinen Handlungssystems das Ergebnis des Zusammenspiels von kulturellen, sozialen und persönlichen Faktoren dar.

Soweit zum makrosoziologischen Aspekt. Bevor wir nun einen Blick auf die konkrete Handlung werfen, will ich noch einmal an die gerade referierte Antwort

---

10 Vgl. dazu Band 1, Kap. 6.2.1 *Das allgemeine Handlungssystem und seine Subsysteme.*

Parsons' auf die Frage der sozialen Integration, d. h. der Erklärung und des Erhalts sozialer Ordnung erinnern: Im Prozess der Sozialisation internalisiert das Individuum allgemein verbindliche Werte und Normen. Parsons stellt dieser Antwort nun eine zweite an die Seite: Die Gesellschaft funktioniert als ein System gegenseitiger Erwartungen und wechselseitiger Wertorientierungen der Handelnden. Diese Annahme steht im Zentrum der Handlungstheorie.

Parsons geht von der Interaktion zwischen ego und alter aus. Unterstellt man – und das tut Parsons –, dass beide ein Interesse daran haben, ihre Bedürfnisse zu befriedigen, und unterstellt man, dass die Ziele und die Mittel dazu von beiden ähnlich gewichtet werden, dann sind ego und alter im Prinzip füreinander Konkurrenten. Das ist die Situation, die der englische Staatsphilosoph des 17. Jahrhunderts Thomas Hobbes vor Augen hatte. Während Hobbes annahm, dass diese kritische Situation nur dadurch verhindert werden kann, dass jeder Einzelne seine Macht auf eine zentrale Gewalt delegiert und sich damit dem Zwang einer geregelten Ordnung unterwirft, nimmt Parsons einen anderen Mechanismus der Ordnung an. Er geht davon aus, dass sich Individuen zweckrational verhalten, sich dabei aber von kulturellen Geboten leiten lassen und sich deshalb in ihren Handlungen aufeinander einstellen.

Hintergrund dieser Annahme ist die Auseinandersetzung mit dem Utilitarismus, einer sozialphilosophischen Strömung in England Ende des 18. bis Mitte des 19. Jahrhunderts, die unterstellte, dass jeder Mensch von Natur aus nach größtmöglichem Nutzen in *allen* Bereichen des Lebens strebt. Parsons teilt die Grundannahme, dass das Individuum Bedürfnisse *(need-dispositions)* befriedigen und Frustrationen vermeiden will. Er nimmt auch ein Interesse an Gratifikation, also Belohnung für Leistung, an, aber er bestreitet, dass es ein unbedingtes Nutzenkalkül in allen Bereichen gibt. So gebe es neben vielen Bereichen, in denen dieses Streben nach Maximierung des Profits gelte (z. B. in der Wirtschaft), andere Bereiche, in denen es keineswegs gelte (z. B. in der Familie oder in einer Freundschaft).

- Daraus zieht Parsons den Schluss, dass dem Handeln eine normative Orientierung zugrunde liegt.
- Zweitens nimmt Parsons an, dass der Handelnde ein bestimmtes Ziel vor Augen hat und dieses Ziel durch die Anwendung bestimmter Mittel zu erreichen sucht. Handeln ist also zweckorientiert. Doch Parsons schränkt ein: Sowohl bei der Definition der Ziele seines Handelns, als auch bei der Abwägung der erforderlichen Mittel, sie zu erreichen, orientiert sich das Individuum an dem, was in der Gesellschaft insgesamt oder in einem Teilsystem kulturell geboten ist.
- Schließlich konstatiert Parsons, dass Handlungen durch symbolische Prozesse angeleitet werden. Der Handelnde verbindet mit seinem Handeln einen bestimmten Sinn, der über Symbole mit dem Handeln Anderer vermittelt ist.

Diese dritte Annahme wird verständlich, wenn wir wieder auf die Ausgangssituation, den Handlungszusammenhang von ego und alter zurückgehen. Ego und alter sind im Prinzip Konkurrenten füreinander, sie sind prinzipiell aber auch Partner füreinander. In jedem Fall gilt, dass die Handlungen des einen nicht ohne Folgen für das Handeln des Anderen sind. Auf Handlungen alters, die ego für seine Zwecke für förderlich hält, wird ego wohlwollend, auf hinderliche Handlungen eher ablehnend reagieren. Das gleiche gilt natürlich auch für alter. Beide werden also ein Interesse daran haben, das Handeln des Anderen zu antizipieren, und ihr Wissen über das Handeln des Anderen nutzen, um positive Handlungen des anderen herbeizuführen oder negative zumindest zu verhindern. Es entsteht eine „Komplementarität der Erwartungen", durch die „die Handlung eines jeden (…) an den Erwartungen des Anderen orientiert" ist. (Parsons 1951, S. 205 u. 204)

Allmählich entsteht so ein System gegenseitiger Erwartungen, das festlegt, wie ego und alter sich verhalten sollten. Es erhält eine normative Funktion. Diese normativen Muster bezeichnet Parsons als Werte, die Orientierung der Handelnden nennt er *Wertorientierung*. Werte reichen über konkrete Interaktionen hinaus. In dem Maße, wie der Konsens über diese Werte wächst und ego und alter den Sinn ihres gegenseitigen Handelns nach diesen überindividuellen Werten beurteilen, verfestigt sich eine symbolische Ordnung. Dieses „shared symbolic system" stellt dann das kulturelle System dar. Die Struktur sozialer Systeme wird aus dem gemeinsamen Bezugsrahmen der Handlungen *(action frame of reference)* abgeleitet. Das ist in Kurzfassung die Aussage des ersten Hauptwerks „The structure of social action", mit dem Parsons im Jahre 1937 eine soziologische Diskussion eröffnete, die fast ein halbes Jahrhundert andauerte.

Im Jahre 1951 brachte Parsons dann in seinem Buch „The Social System" eine interessante Option des Handelns ins Spiel. Er sah nämlich, dass im Zusammenspiel von kulturellen Werten, sozialen Normen und persönlicher Motivation durchaus individuelle Orientierungen herauskommen. Interessant ist nun, dass Parsons dieses Zusammenspiel resp. die möglichen Konflikte auf eine Dichotomie verkürzt, in der sich kulturelles und soziales System auf der einen Seite und der Handelnde, als Persönlichkeitssystem, auf der anderen Seite gegenüberstehen. Parsons nimmt nämlich an, dass sich die Handelnden zwischen alternativen Wertorientierungen entscheiden müssen. Diese *alternativen Wertorientierungen* nennt er „pattern-alternatives of value orientation" (Parsons 1951, S. 58–67; Parsons 1960) oder auch „pattern variables". In einem ersten Entwurf hatte Parsons darunter die normativen Muster oder die typische Motivierung der Handelnden in einer sozialen Situation verstanden. (vgl. Parsons 1939a, S. 164 u. 175)

Welche Bedeutung Parsons der Differenzierung der alternativen Wertorientierungen beimisst, kann man sich am besten klar machen, wenn man die Architektur seiner Handlungstheorie genauer betrachtet. Parsons geht von der Handlungssituation zwischen ego und alter aus. Ihr Handeln hängt ab von der Bedingung der Situation, von ihren Bedürfnissen, d. h. von den Zielen und den Motiven ihres Handelns, und von ihren Vorstellungen, was die Konsequenzen des Handelns wohl sein werden. Um gemeinsam handeln zu können, müssen ego und alter die Situation sinnhaft auslegen und zwar so, dass beider Handeln füreinander interpretiert wird. Das ist nur möglich, wenn sie sich der gleichen symbolischen Bedeutungen bedienen. Eben dies macht das kulturelle System aus: „Kultur ist die Menge der Interpretationsschemata, die das Geschehen auf einen gemeinsamen Sinn auslegt." (Jensen 1976, S. 34) Das kulturelle System beinhaltet die Normen, wie in einer bestimmten Situation gehandelt werden soll.

Die Erwartungen, die sich danach an alle Individuen in dieser bestimmten Situation richten, kann man als *Rollen* bezeichnen. Die Gesellschaft ist ein System von Rollen. Sie begrenzen den Umfang möglichen Handelns. Innerhalb dieses Rahmens – manchmal natürlich auch außerhalb – handelt jedes Individuum aus bestimmten Motiven und im Hinblick auf bestimmte Ziele. Die Handlungssituation wird also unbestimmter, zumal jedes Individuum gleichzeitig eine ganze Reihe von Rollen wahrnimmt. Unbestimmter wird sie aber auch deshalb, weil eine Rolle immer nur einen Teil des Individuums betrifft. Das ist ein Hintergrund der Theorie der Orientierungsalternativen: Sie bringen Ordnung in die Handlungssituation, denn sie werden nicht zufällig entschieden, sondern folgen den Mustern, die in dieser Gesellschaft üblich und geboten sind.

Anders als das Tier, das auf seine Umgebung automatisch richtig reagiert, ist der Mensch weltoffen und kann die Dinge so oder so betrachten. Da nahezu jede soziale Situation relativ unbestimmt ist, muss er sich „orientieren", das heißt der Situation ihren spezifischen Sinn geben: „1. Wie ist – rein kognitiv betrachtet – die Situation beschaffen, welche Objekte bauen sie auf? 2. Welche emotionale Bedeutung hat diese Situation für mich – inwieweit kommt sie meinen Bedürfnissen und Wünschen entgegen, inwieweit widerspricht sie ihnen? 3. Welche Bewertung ist unter diesen Umständen vorzunehmen – soll und darf ich gemäß meinen Wünschen mein ‚Verhalten freisetzen' oder gibt es Schranken?" (Jensen 1980, S. 58)

Die Situation des Handelns muss also vorab bestimmt werden: Das Individuum muss sich klar machen, was erwartet wird, was seine Interessen sind und wie seine Handlungsmöglichkeiten wohl sind. Jede Entscheidung strukturiert die nächste Handlungssituation. Das gilt für das Individuum wie für die anderen Handelnden gleichermaßen. Das ist die Ausgangssituation, in der sich das Individuum nach den Orientierungsalternativen entscheidet, die in seiner Gesellschaft als kulturell angemessen gelten. Parsons unterscheidet nun zwischen den folgenden *Orientierungsmustern:*

(1) Universalismus oder Partikularismus

In bestimmten Situationen wird erwartet, dass alle sich nach dem *allgemeinen* Prinzip einer bestimmten Rolle verhalten, in anderen, dass sie dem *besonderen* Fall Rechnung tragen. So kann man erwarten, dass ein Prüfer immer gerecht urteilt, ein Arzt jeden Patienten gleich gut und ein Polizist jeden Übeltäter gleich streng behandelt. In anderen Rollen ist es dagegen möglich oder erforderlich, auf die besondere Situation einzugehen. Meine besondere Zuneigung zu einer bestimmten Person werde ich nicht dadurch zum Ausdruck bringen, dass ich versichere, so sei ich immer zu anderen Menschen. Von einem Therapeuten, dem ich mein ganzes Herz ausgeschüttet habe, kann ich etwas anderes erwarten als die regelmäßige Abfrage nach einer Checkliste. Und selbst bei Rollen, in denen eine universelle Orientierung („ohne Ansehen der Person") normalerweise geboten ist, ist manchmal genau die andere Wertorientierung angebracht oder erwünscht. Dann hofft man, dass der Prüfer wegen der besonderen Umstände milde ist und der Dorfpolizist dem Jungen von nebenan, der im ersten Vollrausch grölend durch die Straßen zieht, nur gehörig ins Gewissen redet. Dieses „dilemma of choice" zwischen Universalismus und Partikularismus kann man auch in folgender Frage zusammenfassen: „Wie soll der Akteur die Objekte beurteilen: nach den allgemeinsten und generellen Normen des sozialen Systems, dem er angehört, oder nach speziellen Normen, die sich aus der Beziehung des Akteurs zu den Objekten ergeben, z. B. besondere Qualitäten des Objekts oder Beziehungen zu den Eigenschaften des Akteurs selbst (z. B. als Freund)?" (Friedrichs 1968, S. 57) Dazu wieder ein Beispiel: Der Handwerksmeister wird den ersten Hocker, den sich sein kleiner Sohn zusammengezimmert hat, sicher nicht nach den universalistischen Kriterien beurteilen, die er bei einer Gesellenprüfung anlegt, sondern gerührt nach partikularen Kriterien loben!

(2) Orientierung an Leistung oder Zuschreibung

Bei dieser Alternative geht es um die Einschätzung, ob die Situation ein Handeln nach zugeschriebenen *(ascription)* Vorschriften erfordert, oder ob individuelle Leistungen *(achievement)* möglich oder gar gefordert sind. Ein Beispiel für die Orientierung an der Handlungsalternative Zuschreibung wäre der Dienst nach Vorschrift, ein Beispiel für die andere Alternative das Handeln eines freien Unternehmers. Später hat Parsons diese Alternative neu benannt, indem er zwischen Eigenschaft *(quality)* und Leistung *(performance)* unterschied. (vgl. Brandenburg 1971, S. 64) Damit kam ein neuer Aspekt hinein, nämlich die Einschätzung des Handelns der anderen Beteiligten. Ein Beispiel für die Orientierung „Eigenschaft" ist „das Kind aus schlechtem Haus, von dem man bestimmte Dinge gar nicht erst erwarten kann", eines für die Orientierung „Leistung" ist die sachliche Konstatierung der individuellen Leistung. Dass die Orientierung „Eigenschaft" nicht nur zu einer ganz bestimmten Erwartung, sondern auch zu einer anderen Wahrnehmung gegenüber den Betroffenen und sogar einem bestimmten Verhalten bei diesen selbst führen kann, haben Experimente in der Schule gezeigt. So berichten Rosenthal und Jacobson (1968), dass Lehrern zwei Gruppen von Kindern zugewiesen wurden, die sie in ihre Klassen aufnehmen sollten. Von der ersten Gruppe hieß es, es seien Kinder, bei denen der Leistungstest besonders gute Ergebnisse gezeigt habe, von der zweiten, die Leistungen seien unterdurchschnittlich. In Wahrheit unterschieden sich die Leistungen der Kinder überhaupt nicht. Als man dann nach einem halben Jahr diese beiden Gruppen testete, zeigte sich, dass ihre Leistungen tatsächlich dem entsprachen, was man ihnen vorher „zugeschrieben" hatte. Die Erklärung liegt auf der Hand: Positive Erwartungen führen zu wohlwollender Unterstützung und spornen zu besonderen Leistungen an, negative führen zu Unterforderung und demotivieren.

(3) Spezifität oder Diffusität

Manche Rollen sind sehr spezifisch. So wird sich ein Bankangestellter über die korrekte Beratung in Gelddingen definieren und nicht über das persönliche Mitleid mit einem Kunden, wenn er über einen Kredit verhandelt. Dagegen gibt es andere Rollen, die sehr diffus sind. Nehmen wir die Rolle der Mutter. Sie ist Trösterin, Mülleimer, Prellbock, Dienerin, Vertraute und zum Muttertag sogar der Mittelpunkt der Familie. Bei ihrem Verhalten wird sie immer ein bisschen von allem sein – oder es zumindest im Hinterkopf haben. Die Soziologin, die vom Ortsverein der Grünen in Herzlake eingeladen wird, um über Naturschutz und neues Gemeinschaftsdenken zu referieren, wird sich auf sehr spezifische Erwartungen und Fragen einstellen, während die Soziologin, die in der Volkshochschule Sigmaringen zum Thema „Die Gesellschaft und wir" sprechen soll, in ihren Ausführungen wahrscheinlich ziemlich allgemein bleiben wird. Die Frage, vor der sich der Handelnde bei dieser Alternative sieht, lautet deshalb: Gebietet (oder ermöglicht) der Handlungszusammenhang ein auf den spezifischen Kontext begrenztes Handeln oder kann und muss man dabei auch viele andere Nebenbedingungen berücksichtigen? Um es wieder an einem Beispiel zu verdeutlichen, worin das „dilemma of choice" (vielleicht ja auch die Chance) besteht: Spezifisch ist die Rolle des Arztes in einer städtischen Unfallambulanz, diffus die des Arztes in einem kleinen Dorf, wo man darauf achtet, wie „der Doktor" seinen Vorgarten pflegt und welche Figur er auf dem Schützenfest abgibt.

(4) Affektivität oder Neutralität

Manche Rollen erfordern oder ermöglichen ein unmittelbares emotionales Engagement. Eine Mutter wird ihr Kind, das sich gerade das Knie aufgeschlagen hat, spontan trösten, ehe sie ihm die Fallgesetze erklärt. Die Mutter handelt also aus dem Gefühl heraus, affektiv. In anderen Rollen ist sachliches Verhalten geboten oder zulässig. So wird von einem Prüfer erwartet, dass er eine Leistung objektiv und affektiv neutral bewertet, auch wenn er die theoretische Richtung ablehnt, und der Richter muss die Wahrnehmung eines Grundrechts auch bei denen schützen, deren politische Richtung ihm persönlich höchst zuwider ist. Eine affektive Orientierung ist typisch z. B. für das Verhalten in der Familie oder einer Freundschaft, eine neutrale für die Abwicklung eines Geschäftes.

(5) Selbstorientierung oder Kollektivorientierung
Bei bestimmten Rollen erwartet man, dass die Handelnden ihre eigenen Interessen verfolgen. Das gilt für die Rolle des Geschäftsmannes wie für die des Tennisspielers. Bei anderen Rollen erwartet man, dass die Handelnden allgemeinen Interessen folgen. Beispiele für solche Rollen sind die des Politikers, des Priesters oder des Arztes. Ihr Verhalten sollte sich am Gemeinwohl orientieren. Dass wir in dieser Hinsicht oft enttäuscht werden, spricht nicht gegen die Alternative der Wertorientierung, sondern zeigt, dass mancher die Verantwortung, die mit einer bestimmten Rolle verbunden ist, höchst egoistisch wegschiebt.

Das Modell der Orientierungsalternativen kann man einmal so verstehen, dass damit die Entscheidungen angesprochen werden, die das Individuum für sich und sein individuelles Handeln trifft. In diesem Sinn kann man auch das kleine Beispiel verstehen, das ich Ihnen nicht vorenthalten möchte. Es stammt von Stefan Jensen, dem Herausgeber und Kommentator einschlägiger Arbeiten von Parsons. Er schreibt: „Jemand, der in eine ‚Peep Show' geht, klassifiziert die *Objekte* seiner Begierde nach ihren *universellen* Merkmalen – jeder Körper, der ihn erregen könnte, wird akzeptiert. (‚Universell' sind also Objekte immer dann, wenn sie als austauschbare, beliebige Elemente einer Menge angesehen werden.) Des Weiteren interessiert den Show-Besucher nicht die Gesamtheit der Merkmale, die das obskure Objekt seiner Begierde aufweist, sondern eine besondere Disposition: die *Qualität* als Stripperin. Die *Einstellung* (des Show-Interessenten) gegenüber der Situation und ihren Objekten ist zum einen stark selektiv, also *funktional spezifisch* (auf bestimmte sexuelle Aspekte reduziert), zum anderen *affektiv* – in dem Augenblick nämlich, wo der Interessent ‚enthemmt' dem Trieb zum Handeln nachgibt. Solange er dagegen ein ‚braver Junge' bleibt und der Versuchung widersteht, ist er ‚inhibiert' beziehungsweise *affektiv-neutralisiert*. Gibt er dem Affekt nach und macht das, was er immer schon gern wollte, dann ist das (aus der Sicht des Beobachters) eine *Performanz* – der Aktor stürzt sich ins Abenteuer." (Jensen 1980, S. 68)

Das wäre ein Beispiel für die Strukturierung des eigenen Handelns. Doch wenn man den einsamen Betrachter verlässt und eine Situation nimmt, in der ein Individuum zusammen mit Anderen handelt, dann ist klar, dass jede Entscheidung für eine Orientierungsalternative Konsequenzen auch für jeden anderen Beteiligten hat. Das Modell der Orientierungsalternativen verbindet die Kategorisierung der Situation durch die Individuen mit den Motiven ihres Handelns.

Die pattern variables markieren jeweils Pole von individuellen Handlungsmöglichkeiten und individuellen Bewertungen des Handelns. Dadurch dass es aber ein normatives System gibt, das Erwartungen an Rollenhandeln definiert, markieren sie auch Pole von sozialen Handlungsverpflichtungen und sozialen Bewertungen. Diese doppelte Bedeutung kommt auch in den Fragen zum Ausdruck, in denen Uwe Schimank die pattern variables umschreibt. Ich zitiere sie als Zusammenfassung der normativen Orientierungen, wobei ich die letzte Frage allerdings umformuliert habe: (1) „Erlaubt eine Rolle das Ausleben *affektiver* Impulse, oder hat das Rollenhandeln *affektiv neutral* zu sein? (2) Fordert eine Rolle dem Handelnden die Ausrichtung an den Belangen der jeweiligen *Kollektivität* ab, oder kann er vorrangig sein *Eigeninteresse* verfolgen? (3) Verpflichtet die Rolle den Handelnden zur Berücksichtigung *partikularistischer* Standards der Situationsbeurteilung, oder hat er *universalistische* Standards zu beachten? (4) Ist die Rolle auf *funktional spezifische* Erwartungen hin angelegt, oder sieht sich der Handelnde *diffusen* Erwartungen gegenüber? (5) (Wird das Handeln in einer Rolle nach objektiver Leistung beurteilt, oder ist ihm die Rolle) aufgrund leistungsunabhängiger Attribute – z. B. sozialer Herkunft oder Geschlechtszugehörigkeit – zugeschrieben?" (Schimank 1996, S. 85)

Die letzte Frage habe ich deshalb umformuliert, weil ich die Alternative „achievement" anders als Schimank in Richtung der Beurteilung des Handelns *durch Andere* interpretiere. So hatte es auch der Kulturanthropologe Ralph Linton, der zwischen einem *zugeschrieben (ascription)* und einem durch Leistung *erworbenen (achievement)* Status unterschied[11] und auf den sich Parsons bei dieser Differenzierung ursprünglich bezog, gesehen. Diese Interpretation sehe ich auch dadurch gestützt, dass Parsons diese Alternative später in „performance" umbenannt hat. Diese Umbenennung ist Teil einer deutlichen Revision des Modells der pattern variables, indem Parsons den Gedanken der typischen Motivation fallengelassen und stattdessen in den pattern variables Muster der Klassifikation von Objekten gesehen hat. (vgl. Parsons 1960) Als solche dienen sie dem Beobachter zur Differenzierung der physischen, sozialen und kulturellen Objekte seiner Handlungssituation.

Soweit zum Konzept der pattern variables selbst. Ich will noch kurz andeuten, wie sie zur Strukturerhaltung sozialer Systeme, die man als „stabile Muster" von Interaktionen handelnder Personen (vgl. Parsons 1971, S. 15) bezeichnen kann, beitragen. Damit ein soziales System, als System der Handlungen von *Rollenträ-*

---

11 Darauf komme ich in Kap. 7.1 *Zuschreibung und Leistung* zurück.

gern, nicht in grundsätzliche Unordnung gerät, müssen die Handlungsorientierungen vorab und für alle Beteiligten in gleicher Weise geregelt sein – zumindest muss das Spektrum, innerhalb dessen individuelle Entscheidungen getroffen werden, bekannt sein. Deshalb kann man auch eine Tendenz ausmachen, nach der Orientierungsalternativen letztlich entschieden werden sollen: Damit das soziale System funktioniert, müssen partikulare in universelle, zuschreibende in leistungsbezogene, spezifische in diffus-allgemeine, affektive in neutrale und selbstbezogene in kollektive Orientierungen umgewandelt werden! Darin sieht Parsons auch kein Problem, denn er geht von einem gemeinsamen kulturellen System aus, auf das sich die Handelnden beziehen, und er hat mit seiner Theorie der Internalisierung kultureller Werte auch erklärt, warum man diesen *gemeinsamen* Bezug zurecht unterstellen kann. Die Werte bilden die kulturellen Standards, die für das Handeln in einer bestimmten Gesellschaft gelten. Handeln ist für Parsons also Handeln, das durch kulturelle Werte und Normen gesteuert wird.

Diese Sicht auf den Zusammenhang von Individuum und Gesellschaft hat Thomas P. Wilson als „normatives Paradigma" bezeichnet. (Wilson 1970, S. 55 ff.) Der Mensch, um den es in dieser Theorie geht, ist der *homo sociologicus.* Er definiert Handlungssituationen als „mustergültige" Beispiele normativer Erwartungen. Das war die Grundlage der Rollentheorie von Parsons, und so kann man auch seine Theorie des Handelns lesen.

4.4 Rationale Wahl, gerechter Tausch, symbolische Transaktion (Homans, Coleman)

Gegen Parsons, der das Handeln aus den *Normen* eines bestehenden Systems erklärt, wurde eingewandt, in seiner Theorie erscheine „das menschliche Subjekt nicht genuin als prinzipiell frei und selbstbestimmt handelndes Wesen, sondern eher als passive Marionette undurchsichtiger normativer und struktureller Kräfte und Mechanismen." (Giddens 1988, S. 287) Diesen Einwand erhoben vor allem Theorien, die bei der Erklärung sozialer Phänomene systematisch das Handeln von *Individuen* in den Vordergrund stellen. Sie werden manchmal als „Handlungstheorien" und manchmal als „Akteurtheorien" bezeichnet.[12] Außerdem behaupten diese Theorien, dass soziale *Strukturen* nicht an sich existieren, sondern

---

12 Münch (2003) spricht von „Handlungstheorie" und rechnet dazu auch Phänomenologie, Ethnomethodologie und Interaktionismus, die ich gleich unter dem Blick „Interaktion" (Kap. 5) behandele. Den Begriff Akteurtheorien bevorzugt Schimank (2000), der allerdings auch die Rollentheorie in diese Perspektive einbezieht.

„nur insofern ‚wirklich'" werden, „als sie in konkreten Handlungsprozessen von menschlichen Subjekten selbst gesetzt werden." (Kießling 1988, S. 290) Das heißt:

- Individuen definieren – bewusst oder unbewusst – die Strukturen als Bedingungen ihres Handels nach ihrer Relevanz für bestimmte Ziele,
- wählen entsprechende Mittel aus, sie zu verwirklichen,
- und schaffen durch ihr Handeln somit neue Strukturen als Bedingungen weiteren Handelns.

Das ist in Kurzfassung eine wesentliche Annahme der „Theorie der Strukturierung", auf die ich im nächsten Kapitel eingehen werde. Ich erwähne diese Kreisbewegung Handeln-Strukturen-Handeln nur deshalb schon, damit die Verbindung zwischen den folgenden Überlegungen über den Zusammenhang von „rationaler Wahl, gerechtem Tausch und symbolischer Transaktion" und der „Dualität der Struktur" immer im Auge behalten wird. Also: Das Thema ist das gleiche, aber die Akzente werden etwas anders gesetzt.

Da die folgenden Theorien systematisch von der *Erklärung* des Sozialen durch das Handeln der *Individuen* ausgehen, firmieren sie unter dem wissenschaftstheoretischen Begriff des *methodologischen Individualismus*. Damit ist keine Theorie des Individuums oder des Handelns gemeint, sondern das methodische Prinzip soziologischer Erklärung, die „das Tun der Akteure und die Wirksamkeit der Strukturen gleichermaßen ernst nimmt". (Esser 1999, S. 28) Kurz: Soziologische Theorie geht *methodisch vom Handeln der Individuen* aus. Der methodologische Individualismus „geht von den Strukturen aus, denen das Handeln der Akteure in strukturierter Weise folgt, und kehrt dorthin wieder zurück." (Esser 1999, S. 28)

Noch eine letzte Vorbemerkung: In einem früheren Zugang zu diesen Theorien habe ich den Fokus auf das „Individuum" gelegt und sie deshalb als *individualistische Theorien* bezeichnet; heute möchte ich nun mit der Differenzierung der beiden Überschriften *Rationale Wahl, gerechter Tausch, symbolische Transaktion* und *Rationale Wahl trotz habits und frames* (Kap. 4.5) stärker den Effekt *und* den Rahmen seines Handelns betonen. Was ich über die historische Einbettung dieser Art, „das Soziale" zu denken, und einige Grundannahmen der Theorien, die vom Handeln der *Individuen* ausgehen, sage, gilt deshalb für die beiden theoretischen Akzente.

Fragen wir zunächst, wo Wurzeln dieses Denkens liegen. Eine wichtige ist die schottische Moralphilosophie des 18. Jahrhunderts. Ihre Erklärungen des Handelns will ich kurz wiederholen.[13] Die schottischen Moralphilosophen betrachteten den Menschen als ein Wesen, das ein eingeborenes Selbstinteresse mitbringt

---

13 Vgl. Band 1, Kap. 3.3 *Sympathie, ethische Gefühle, nützliche Erfahrungen, Gegensätze.*

und aus Erfahrungen, vor allem sozialen Erfahrungen, lernt. Es behält Verhaltensformen bei, die sich zur Befriedigung der eigenen Bedürfnisse als nützlich erwiesen haben. Der Mensch ist aber auch das Wesen, das die Reaktion der Anderen auf sein Handeln genau beobachtet, und deshalb tut es Dinge, die von den Anderen gutgeheißen oder zumindest nicht behindert werden. Aus der wechselseitigen Beobachtung nützlichen und sozial anerkannten Verhaltens entstehen soziale Gewohnheiten *(habits)* und aus denen bilden sich schließlich, so die These von ADAM SMITH (1723–1790), „allgemeine *Regeln* darüber, (…) was zu tun oder zu meiden schicklich und angemessen ist". (Smith 1759, S. 238)

Die Gesellschaft basiert also letztlich auf der wechselseitigen Beobachtung angemessenen und nützlichen Handelns. Als Beispiel, wo diese Form der Beziehung hervorragend funktioniert, verweist Smith auf das wirtschaftliche Handeln. Dort schufen sich Individuen sachliche, rationale Regeln, die von allen Beteiligten anerkannt wurden und zu immer größerem Erfolg – zumindest in einem bestimmten Handlungsbereich – führten. Ihr Handeln war durch den „Austausch guter Dienste" gekennzeichnet, „die gleichsam nach einer vereinbarten Wertbestimmung geschätzt werden." (Smith 1759, S. 128) Soziale Beziehungen funktionieren also, weil sie *nützlich* sind.

Für eine individualistische Theorie des Handelns ist auch die These des schottischen Moralphilosophen ADAM FERGUSON (1723–1816), der wegen seiner sozialpsychologischen Beobachtungen als einer der ersten systematischen Soziologen gilt, wichtig, wonach die „Kunst" zur Natur des Menschen gehört. Ferguson meint es in dem ganz radikalen Sinn der Veränderung der Natur und des Schaffens von Bedingungen: Der Mensch „ist gewissermaßen sowohl der Künstler seiner eigenen Gestalt als seines Schicksals." (Ferguson 1767, S. 103) Er ist das Wesen, das in seiner „vorwärtsdrängenden Aktivität" seine sozialen Verhältnisse selbst[14] schafft. In moderner Terminologie würden wir sagen: Die Gesellschaft ist die Summe der Handlungen der Akteure.

An den Gedanken des ursprünglichen Selbstinteresses der Individuen und der allmählichen Herausbildung zweckmäßiger sozialer Regelungen schloss sich eine *utilitaristische*[15] Philosophie an. Danach ist das, was allen nützt, auch das Gute. Da jeder sein individuelles Glück mehren will, handeln alle nach dem Prinzip der Nützlichkeit. Doch der Nutzen kann nicht maximal, sondern immer nur relativ sein, da die individuellen Interessen in Konkurrenz zueinander stehen können

---

14 Hier dürfte Karl Marx, den Esser ebenfalls in die Ahnenreihe des methodologischen Individualismus rechnet, seine Zweifel gehabt haben. Gerade deshalb zieht Esser ihn aber als Kronzeugen für die Erklärung des Zusammenhangs von Struktur, Handeln und Struktur heran. Ich komme darauf in Kap. 4.5 *Dualität der Struktur* gleich zurück.
15 Utilis, lat. „brauchbar, nützlich".

und da die Mittel, sie zu verfolgen, nicht gleich verteilt sind. Dennoch gilt: Um ihre Bedürfnisse zu befriedigen, entscheiden sich die Individuen für die Handlungsmöglichkeiten, die den relativ größten Nutzen versprechen und die geringsten Kosten verursachen. Ende des 18. Jahrhunderts formulierte der englische Sozialphilosoph und Volkswirt Jeremy Bentham die griffige Parole des Utilitarismus, wonach das Prinzip der Sittlichkeit im „größten Glück der größten Zahl" liegt.

Wenden wir uns nach der soziologiehistorischen Einbettung der Theorien, die systematisch vom Handeln eines Individuums ihren Ausgang nehmen, nun einigen Grundannahmen der soziologischen Diskussion zu, die im letzten Drittel des 20. Jahrhunderts begann. Ich will sie so formulieren:

1) Aussagen über soziale *Strukturen* und Prozesse können auf Aussagen über das *Handeln* von Individuen zurückgeführt werden.
2) Die Bestimmungsgründe des Handelns liegen nicht in irgendwelchen abstrakten kulturellen Systemen oder Strukturen eines kollektiven Bewusstseins und auch nicht in der psychischen Befindlichkeit oder „der" Natur des Menschen, sondern in den *Erfahrungen,* die die Individuen mit ihrem Handeln gemacht haben, und in den *Zielen,* die sie für sich aufstellen.
3) Die Strukturen werden als *Handlungsmöglichkeiten* betrachtet.
4) Es werden die Handlungsmöglichkeiten – bewusst oder unbewusst – als *Mittel* oder *Strategien* der Zielerreichung gewählt, die *Aufwand* und *Ertrag* in ein möglichst gutes Verhältnis bringen.
5) Die Erfahrungen, Ziele und Strategien sind ihrerseits auch beeinflusst durch die *sozialen Strukturen,* in denen die Akteure handeln, und – hier schließt sich der Kreis – sie beeinflussen andererseits wieder diese sozialen Strukturen, schaffen sie also.

Den deutlichsten Impuls, den Zusammenhang von Gesellschaft und Individuum von dessen Handeln aus zu denken, gab im Jahr 1964 der damalige Präsident der Amerikanischen Soziologischen Gesellschaft GEORGE CASPAR HOMANS (1910–1989), der seine *Presidential Adress* unter den sprechenden Titel „Bringing Men Back In" stellte. In diesem Vortrag, in dem Homans nach eigener Aussage bewusst „giftig" sein wollte, bezeichnete er die bis dahin herrschende Schule des Funktionalismus (gemeint vor allem die Theorie von Parsons!) als „Hindernis" für das „Verständnis sozialer Phänomene" (Homans 1964, S. 44) und begründete das damit, er habe nur konstatiert, dass etwas vorhanden sei, z. B. Normen, Rollen oder Institutionen, und dann behauptet, dass sie ein bestimmtes Verhalten nach sich zögen oder eine bestimmte Wirkung hätten. Die Frage aber, wie es überhaupt zu Normen, Rollen oder Institutionen komme, sei überhaupt nicht gestellt worden. Und auf die Frage, warum sich Menschen an Normen halten, sei höchst allgemein geantwortet worden, sie hätten eben bestimmte Werte internalisiert. Eine Erklärung sei das nicht, und Homans mokiert sich über den Funktionalismus, dass man eine solche doch eigentlich schon bei einem seiner Gründungsväter, Bronislaw Malinowski, hätte lesen können. Der hatte nämlich den Gehorsam gegenüber den Normen damit erklärt, dass er nach dem Maß ihrer Erfüllung „gewöhnlich belohnt wird, (…) während Nichtbeachtung die Bestrafung" nach sich zieht. (zit. nach Homans 1964, S. 51)

Und um zu zeigen, wo Soziologen, die nicht von sozialen Systemen, sondern vom Individuum aus denken, ihre Erklärungen des Handelns suchen sollten, bringt Homans gar nicht soziologie-like eine Hypothese der Psychologie ins Spiel, wonach ein Mensch eine Aktivität umso eher ausführen wird, je mehr sie belohnt wird. Deshalb lautet auch seine Erklärung der Beziehung zwischen Gesellschaft und Individuum: „Nicht die Bedürfnisse der Gesellschaften erklären die Beziehung, sondern die Bedürfnisse der Menschen." (vgl. Homans 1964, S. 51 f.)

Dieser Vortrag war „der Ausgangspunkt für die Wiederentdeckung des Menschen als handelndes Subjekt und als der – das nicht immer durchschauende – ‚Konstrukteur' der ihn umgebenden Gesellschaft. Es war der Beginn des Verfalls des Parsonsschen Struktur-Funktionalismus und der Startschuss für die Entwicklung der erklärenden Soziologie." (Esser 2001, S. 418) Um bei dem Letzteren gleich anzufangen: Es war der Beginn einer Soziologie, die, nach dem Prinzip der Naturwissenschaften, Handeln nicht nur verstehen, sondern sachlich, rational erklären wollte. Dazu hatte Homans schon vor seinem präsidialen Paukenschlag auf die psychologische Lerntheorie[16] seines Freundes Frederick B. Skinner zurückgegriffen, der nachgewiesen hatte, dass Tiere auf Reize von außen nicht nur passiv reagieren, sondern dass sie am Erfolg lernen und den immer wieder herbeiführen, indem sie selbst die Umstände ihres Verhaltens bewirken. Skinner hatte das die Fähigkeit des „operanten[17] Konditionierens" genannt. Es werden die Verhaltensweisen beibehalten oder verstärkt, die die größte Belohnung nach sich ziehen.

Homans übertrug den Gedanken des operanten Konditionierens auf eine Theorie des menschlichen Verhaltens. Der Grundgedanke ist einfach: Menschen reagieren auf äußere Reize, machen Erfahrungen, indem sie wiederholte Reaktionen zusammenbringen, und übertragen diese Erfahrungen auf neue Situationen, die sie dann in der gleichen Weise bewältigen, wie sie es früher schon getan haben. Lösungen, die befriedigen (Belohnung), werden beibehalten, Lösungen, die nicht befriedigen oder gar bestraft werden, werden ausgeschieden. Wie die Tiere können auch die Menschen gezielt Situationen herbeiführen, in denen sie Gratifi-

---

16 Siehe oben Kap. 4.1 *Verhalten unter gegebenen Umständen oder sinnvolles Handeln?*
17 operare, lat. „bewirken".

kationen erhalten, wo also ihr Verhalten bestätigt wird. Diese Elementarform sozialen Verhaltens nennt Homans „Tausch".

Getauscht werden nicht nur sichtbares Verhalten, sondern auch Gefühle. (vgl. Homans 1961, S. 29) Das Gefühl, das den Soziologen am meisten interessiert, ist die *soziale Anerkennung*. Es ist der soziologische Begriff für die Belohnung im Skinnerschen Lernprogramm. Homans erläutert das Prinzip des Tauschs an dem Beispiel, dass eine Sekretärin an einer bestimmten Stelle nicht weiter weiß und abwägt, ob sie ihren Vorgesetzten fragt, was u. U. eine schlechte Beurteilung nach sich ziehen würde, oder ob sie sich an eine Kollegin wendet. Sie tut letzteres, bekommt Hilfe und bedankt sich. In den Worten der Tauschtheorie des sozialen Verhaltens: Hilfe wurde gegen Anerkennung getauscht. (vgl. Homans 1961, S. 27)

Personen tauschen Leistungen aus und bekommen dafür Gratifikationen. Wer mitreißend reden kann, wird in den Bundestag gewählt, und wer eine Oma über den Zebrastreifen winkt, erntet ein freundliches Lächeln. In diesem Fall wird er sich den Genuss, belohnt zu werden, durch wiederholtes freundliches Verhalten verschaffen, in jenem seinen Wählern immer wieder schöne exempla seines rhetorischen Talents liefern. Wer zweimal ausgelacht wurde, weil er vor sich hinstammelte, wird es sich dreimal überlegen, ob er Redner werden soll[18], und wem die vierte Oma noch immer nicht zugelächelt hat, wird in Zukunft auf alte Menschen im Verkehr nur noch im Notfall Rücksicht nehmen. Kurz: Durch das Erbringen oder Unterlassen von *Leistungen* und das Gewähren oder Vorenthalten von *Gratifikationen* verstärken die Akteure wechselseitig ihr Verhalten. Im Sinne einer ökonomischen Theorie kann man sagen, das Verhalten reguliert sich nach Kosten und Nutzen: „Soziales Verhalten ist als Güteraustausch anzusehen", der sich auf Dauer bei einem „Gleichgewicht von Tauschgütern" (Homans 1958, S. 184 f.) einpendelt und auch nur so lange funktioniert, wie alle Beteiligten den Eindruck haben, dass der Tausch gerecht ist, dass also der Wert der Güter stimmt.

Homans betont ausdrücklich, dass der Wert der Güter und die Rationalität des Verhaltens nicht von einem Beobachter und schon gar nicht von einer „objektiven" Warte aus definiert werden können, sondern es geht immer und ausschließlich um die Rationalität, die sich aus individuellen, erlernten Werten ergibt. Rational verhält sich der kleine Junge, der raucht, weil er gelernt hat, dass ihm das soziale Anerkennung in seiner Gruppe gebracht hat. Wir, die vernünftigen Nichtmehr-Raucher, wissen, dass das „eigentlich" irrational ist – nach unseren Maßstäben! Das Verhalten einer Person ist rational, „wenn es (...) so berechnet ist, dass

---

18 Den Fall des antiken griechischen Stotterers und später erfolgreichen Redners Demosthenes lasse ich beiseite, da ich nicht weiß, ob man ihn nach einer kognitiv gewendeten Lerntheorie oder nach der Theorie der paradoxen Intention behandeln soll.

sie daraus auf lange Sicht die größtmögliche Versorgung mit diesen Werten erhält." (Homans 1961, S. 68)

- Der Austausch funktioniert auf Dauer nur, wenn alle beteiligten Akteure auf ihre Kosten kommen, das heißt, möglichst viele Belohnungen erhalten bzw. möglichst geringe Kosten haben. Unter dieser Prämisse treffen sie eine *rationale Wahl*.
- Zweitens muss der Austausch gerecht[19] sein, d. h. die Chancen des Erfolgs und die Zumutungen der Einschränkungen müssen gleich verteilt sein.
- Das lässt sich nur feststellen und einfordern, wenn die Akteure sich auf ein gemeinsames Wertsystem beziehen. Dieser Anspruch auf einen gerechten Austausch führt drittens dazu, dass sich die Tauschgüter einpendeln.
- Aus dauerhaften Austauschprozessen entsteht viertens eine bestimmte soziale Struktur. Sie verfestigt sich aber nicht, sondern bleibt Prozess, in dem Individuen durch ihr Verhalten ständig wechselseitig die Bedingungen für ihr Verhalten schaffen.
- Und schließlich folgt aus diesen Überlegungen, dass Verhalten in spezifischen sozialen Konstellationen erlernt wird und auch verändert werden kann.

In dieser Akteurtheorie behält das Individuum das Heft des Verhaltens in der Hand, denn – so muss man die psychologische Lerntheorie in die soziologische Austauschtheorie verlängern – es kann auch neue soziale Konstellationen schaffen oder aufsuchen, in denen neue Formen des Austauschs möglich sind und zu mehr Gratifikationen führen! Akteure wählen unter möglichen Handlungen die aus, die nach ihrer *Erfahrung die größte Belohnung* versprechen.

Auch der Chicagoer Soziologe JAMES S. COLEMAN (1926–1995) geht davon aus, dass die Akteure die Handlungen auswählen, die die größte *Befriedigung ihrer Interessen* versprechen. Sie folgen nicht einfach Normen, sondern verfolgen Intentionen, und deshalb treffen sie auch bei der Entscheidung, welche Handlungsmöglichkeiten in Frage kommen, eine *rationale Wahl (rational choice)*. Auf seine Grundhypothese über die Intentionen und die Selektion der Handlungsmöglichkeiten hatte seinerzeit schon Homans hingewiesen. Sie lautete: „Jeder Handelnde wird versuchen, seine Macht auf solche Handlungen auszudehnen, an denen er das größte Interesse hat." (Coleman 1964, zit. nach Homans 1964, S. 50) Macht heißt für Coleman die Kontrolle über Ressourcen (Coleman 1990c, Band 3, S. 146 f.), aus

---

19 Dieses Prinzip des „continual bartering of one thing for another" hatte schon der zynische Beobachter der englischen Gesellschaft, Bernard Mandeville, in seiner Bienenfabel als Erklärung dafür abgegeben, warum Menschen einander Dienste leisten. (vgl. Mandeville 1723, S. 349)

denen das Handeln der Akteure in einer konkreten Situation seinen Wert bezieht. Geht es z. B. um den ökonomischen Erfolg, ist es in der Regel die Ressource Geld, geht es um die Konkurrenz in einer Fakultät, ist es die Ressource Reputation, und wenn Tom Sawyer vor den schönen Augen des fremden Mädchens den penetranten Streber in den Staub zwingt, dann geht es um die Ressource Aufmerksamkeit.

Damit ist auch schon das Problem benannt: Der Akteur kennt die richtigen Mittel und Wege, um seine Ziele zu erreichen, aber er muss feststellen, dass er diese Mittel und Wege nicht allein *kontrolliert*. Einige Bedingungen zur Befriedigung seiner Interessen werden von Anderen kontrolliert. Wenn ich z. B. überzeugt bin, dass die große Politik ohne mich nicht erfolgreich sein kann, dann muss ich die Ochsentour machen, um irgendwann ins Rampenlicht treten zu können. Es gibt Konkurrenten, die das gleiche wollen, und lästige Mitläufer, die man nicht abschütteln kann. Da jeder die Kontrolle über wichtige Ressourcen erlangen will, kann es passieren, dass man seine Ziele nur erreichen kann, indem man die Kontrolle der Anderen schwächt. Dazu bedarf es weiterer symbolischer Austauschformen oder „Transaktionen", die man mit anderen Akteuren eingeht. Zu solchen Transaktionen gehören z. B. „Bestechungen, Drohungen, Versprechen und Investitionen an Ressourcen". (Coleman 1990a, Band 1, S. 36) Es sind gewissermaßen soziale Investitionen, von denen man hofft, dass sie sich rechnen. Da die Handlungen der Akteure in der Regel voneinander abhängig und aufeinander bezogen, also „interdependent" sind, und da alle Akteure ihre Kosten möglichst gering halten und ihren Gewinn möglichst groß machen wollen, kann das Ergebnis des Austauschs nie ein ideales, sondern nur ein *soziales Optimum* sein.

Das Handeln der Akteure, ich wiederhole es, erfolgt immer unter dem wechselseitigen Einfluss aller Beteiligten. Auf die *strukturellen* Bedingungen des Handelns hebt Schimank mit der Differenzierung der drei Arten von sozialen Strukturen, in denen die Handelnden zusammenwirken und die sie durch dieses Handeln immer wieder schaffen: Das ist erstens die *Struktur der Erwartungen,* die die Handelnden legitimer Weise in einer Gesellschaft oder einer konkreten Handlungssituation aneinander richten. Das ist zweitens die *Struktur der Deutungen,* worunter die „kulturelle Leitidee" des Handelns oder der Sinn des sozialen Handelns verstanden werden kann. Und drittens ist es die *Struktur der Konstellation,* worunter man das eingespielte Muster der wechselseitigen Handlungen verstehen kann. (vgl. Schimank 2000, S. 176 ff.) „Diese drei Arten sozialer Strukturen werden allesamt aufgebaut, erhalten und verändert durch das Abarbeiten von Intentionsinterferenzen zwischen Akteuren." (Schimank 2000, S. 179) Damit ist gemeint, dass sich die Intentionen der Akteure in einer Handlungssituation überlappen, stören, fördern oder ausschließen, jedenfalls wechselseitig beeinflussen.

„Klar ist jedenfalls: Bei kaum einem Handeln ist ein Akteur in dem Sinne unabhängig von Anderen, dass diese handeln könnten, wie immer sie wollten, ohne dass ihn dies bei der Verfolgung seiner Intentionen tangierte." (Schimank 2000, S. 174) Und was die Abarbeitung der Intentionsinterferenzen angeht, so kann sie „als gewollte Gestaltung von sozialen Strukturen" (Schimank 2000, S. 179) erfolgen, sie kann aber auch als unbewusste Reaktion erfolgen und sogar nicht intendierte Folgen zeitigen. So oder so: Überall, wo Akteure zusammen handeln, bringen sie Wirkungen hervor, die ihr weiteres Handeln prägen. Und deshalb ist der Gegenstand dieser Art Soziologie die *„fortlaufende wechselseitige Konstitution von sozialem Handeln und sozialen Strukturen."* (Schimank 2000, S. 9) Um diese Wechselseitigkeit geht es im folgenden Kapitel „Dualität der Struktur".

4.5 Dualität der Struktur (Giddens)

Zunächst eine Vorbemerkung: Was ich im Folgenden referiere, ist keine Theorie, die aus dem Erklärungskonzept des methodologischen Individualismus herausfiele, sondern eine Profilierung von Gedanken, die Homans schon angesprochen hat, wo er z. B. sagte, dass aus dauerhaften Austauschprozessen eine bestimmte soziale Struktur entsteht. Dennoch möchte ich zur Einführung des Konzeptes der „Dualität der Struktur" kurz auf die wissenschaftshistorische Einbettung der Theorien nach dem Erklärungsprinzip des methodologischen Individualismus zurückkommen, wo der Schottische Moralphilosoph Adam Ferguson mit dem Satz zitiert wurde, der Mensch sei der Künstler seines eigenen Schicksals. In der Anmerkung habe ich angedeutet, wer in dieser Hinsicht seine Zweifel gehabt haben dürfte, nämlich Karl Marx, und dass Esser just in diesem Zweifel eine weitere historische Wurzel für die Erklärung des Zusammenhangs von Struktur, Handeln und Struktur gesehen hat. Zweifel dürfte Karl Marx gehabt haben, heißt es doch bei ihm: „Die Menschen machen ihre eigene Geschichte, aber sie machen sie nicht aus freien Stücken, nicht unter selbstgewählten, sondern unter unmittelbar vorgefundenen, gegebenen und überlieferten Umständen." (Marx 1852, S. 115) In soziologischer Terminologie:

- Die Akteure handeln und schaffen durch ihr Handeln Bedingungen des weiteren Handelns – für sich und für die Anderen, also Strukturen;
- aber sie handeln unter dem Eindruck der Strukturen, die vorher schon bestanden, mit dem Gepäck ihrer Sozialisation und in Reaktion auf das Handeln der Anderen. Handeln ist also strukturiert.

Das ist in Kurzfassung die *Theorie der Strukturierung* des englischen Soziologen ANTHONY GIDDENS (* 1938). Diese Doppelseite der Struktur, dass Handeln strukturiert ist und Strukturen schafft, bringt er im Konzept der „duality of structure" zum Ausdruck.

Erinnern wir uns, dass Giddens gegen Parsons eingewandt hat, in seiner Theorie erscheine „das menschliche Subjekt nicht genuin als prinzipiell frei und selbstbestimmt handelndes Wesen, sondern eher als passive Marionette undurchsichtiger normativer und struktureller Kräfte und Mechanismen." (Giddens 1988, S. 287) Die Theorie von Parsons impliziere „einen Imperialismus des gesellschaftlichen Objekts" (Giddens 1984, S. 52). Das gelte auch für den Funktionalismus überhaupt. Giddens greift in seiner Kritik deshalb noch über Parsons hinaus und zielt auf einen Klassiker, der ihm die grundsätzliche Erklärung für den Zusammenhang von Gesellschaft und individuellem Handeln geliefert hatte, Emile Durkheim. Giddens hat im Jahre 1976 ein Buch mit dem Titel „New Rules of Sociological Method"[20] veröffentlicht. Bei „neuen" Regeln denkt man natürlich an Durkheims „Regeln der soziologischen Methode" aus dem Jahre 1895. Dort hatte der die sozialen Tatsachen als „Institutionen" bezeichnet, um ihre Fixierung und Normativität zu betonen. Sie existierten „losgelöst von den bewussten Subjekten, die sie sich vorstellen" und seien deshalb wie „Dinge" zu behandeln. (Durkheim 1895, S. 125)

Gegen diese Regeln stellt Giddens seine „neuen Regeln", von denen ich zwei, die „die Produktion und Reproduktion der Gesellschaft" (Regeln A), und zwei, die „die Grenzen des Handelns" (Regeln B) betreffen, nenne.[21]

Regeln A

(1) *„Soziologie beschäftigt sich nicht mit einer ‚vor-gegebenen' Welt von Objekten, sondern mit einer, die durch das aktive Tun von Subjekten konstituiert oder produziert wird."* (...)

(2) *„Die Produktion und Reproduktion der Gesellschaft muss daher als eine auf Fertigkeiten beruhende Leistung ihrer Mitglieder betrachtet werden,* nicht bloß als eine mechanische Reihe von Prozessen. Aus dieser Auffassung folgt aber sicher nicht, dass die Handelnden sich gänzlich darüber im klaren sind, was diese Fertigkeiten sind, wie sie sie auszuführen haben, oder dass die Formen des sozialen Lebens als die beabsichtigten Ergebnisse des Handelns zu verstehen sind."

Regeln B

(1) *„Menschliches Handeln hat Schranken. Die Menschen produzieren die Gesellschaft, aber sie tun es unter bestimmten historischen Bedingungen und nicht unter den Bedingungen ihrer eigenen Wahl."* (...)

---

20 Der deutsche Titel lenkt m. E. von dem eigentlichen Ziel des Buches ab, das Grundprobleme sozialwissenschaftlicher Theoriebildung behandeln will. Deshalb nenne ich vorsichtshalber die Ausgangsthese, die Giddens im Vorwort zur deutschen Ausgabe so formuliert: „Die Gesellschaftstheorie muss Handeln als rational erklärbares Verhalten betrachten, das von den Handelnden reflexiv organisiert wird; die Bedeutung der Sprache als Medium, wodurch dies erst möglich gemacht wird, ist dabei zu berücksichtigen." (Giddens 1983, S. 8).

21 Die eigentliche Regel ist – wie auch im Original – jeweils kursiv gesetzt.

(2) *"Strukturen üben auf menschliches Handeln nicht nur Zwang aus, sondern ermöglichen es auch.* Dieses Konzept nenne ich die *Dualität von Struktur.* Strukturen können im Prinzip immer im Sinne ihrer *Strukturierung* untersucht werden. Die Untersuchung der Strukturierung sozialen Handelns bedeutet den Versuch einer Erklärung, wie Strukturen durch Handeln konstituiert werden, und umgekehrt, wie Handeln strukturell konstituiert wird." (Giddens 1976, S. 197f.)

Gegen Durkheim – und natürlich auch gegen Parsons – gewendet stellt Giddens fest: „Strukturen selbst existieren nicht als eigenständige Phänomene räumlicher und zeitlicher Natur, sondern immer nur in der Form von Handlungen oder Praktiken menschlicher Individuen." (Giddens 1988, S. 290) Die Individuen strukturieren durch ihr Handeln eine Situation, stellen also eine Struktur her. Deshalb hat Giddens seine Theorie auch „Theorie der Strukturierung" genannt.

Doch wir dürfen den Doppelcharakter der Struktur nicht aus dem Auge verlieren: Struktur muss verstanden werden „als Ermöglichung *und* als Restriktion des Handelns, als Medium *und* als Resultat der Praxis." (Joas 1992, S. 14) Bleiben wir zunächst bei dem ersten Charakter.

Hinter der Theorie der Strukturierung steht ein bestimmter Begriff des Handelns, den Giddens als Fähigkeit definiert, in die „natürliche und soziale Ereigniswelt" einzugreifen. (Giddens 1988, S. 289) Der Handlungsbegriff schließt alle Formen von Handeln ein: von der offensichtlichen Reaktion bis zur stummen Interpretation der Situation, vom scheinbaren Nichthandeln bis zum bewusst intendierten Handeln. In jedem Fall bedeutet Handeln, dass der Akteur *Selektionen* aus Handlungs*möglichkeiten* vornimmt. Insofern verbindet sich in der Theorie der Strukturierung der Begriff des Handelns auch mit dem *Macht:* „In der Lage zu sein, ›anders zu handeln‹, bedeutet, fähig zu sein, in die Welt einzugreifen bzw. einen solchen Eingriff zu unterlassen mit der Folge, einen spezifischen Prozess oder Zustand zu beeinflussen. Ein Handelnder zu sein, setzt mithin die Fähigkeit voraus, eine Reihe von Kausalkräften (dauerhaft im Strom des Alltagslebens) zu entfalten, einschließlich derjenigen, die der Beeinflussung der von Anderen entfalteten Kräfte dienen. Handeln hängt von der Fähigkeit des Individuums ab, ›einen Unterschied herzustellen‹ zu einem vorher existierenden Zustand oder Ereignisverlauf, d.h. irgendeine Form von Macht auszuüben." (Giddens 1984, S. 65f.) Einen Unterschied herstellen heißt ja nichts anderes als sich gegen scheinbar Institutionalisiertes – soziale Tatsachen oder eben Strukturvorgaben – zu entscheiden und dies durch Handeln zum Ausdruck zu bringen.

Die Erklärungen des Handelns, die nach dieser Theorie der Strukturierung erfolgen, schließen deshalb auch alle Folgen ein, denn jeder Effekt ist dem Akteur zuzurechnen, und jeder Effekt trägt zur Strukturierung der Handlungssituation bei. Deshalb noch einmal eine Erläuterung zum Begriff der „Dualität der Struktur": „Menschliche Handlungen sind – wie einige sich selbst reproduzierende Phänomene in der Natur – rekursiv[22]. Das bedeutet, dass sie nicht nur durch die sozialen Akteure hervorgebracht werden, sondern von ihnen mit Hilfe eben jener Mittel fortwährend reproduziert werden, durch die sie sich *als* Akteure ausdrücken. In und durch ihre Handlungen reproduzieren die Handelnden die Bedingungen, die ihr Handeln ermöglichen." (Giddens 1984, S. 52)

Der Akteur schafft mit seiner individuellen Selektion aus den Handlungsmöglichkeiten sowohl *individuelle* Bedingungen *seines* weiteren Handelns, als auch, da dieses Handeln auf das Handeln der Anderen bezogen ist und es korrigierend oder bestätigend beeinflusst, *soziale* Strukturen immer wieder neu. Das heißt natürlich nicht, dass der Akteur dabei bei Null anfängt, sondern er bringt soziale Gewohnheiten mit, die ihm in seiner Gesellschaft nahegelegt wurden, und er handelt auch in einem objektiven *Rahmen*, den soziale Institutionen und materielle Bedingungen definieren. Deshalb zur Erinnerung noch einmal, was Joas über den Doppelcharakter der Struktur gesagt hat: Struktur muss verstanden werden „als Ermöglichung *und* als Restriktion des Handelns, als Medium *und* als Resultat der Praxis." (Joas 1992, S. 14)

Jetzt also zum zweiten Charakter. Nach dem Konzept der Dualität der Struktur hat weder „das soziale Objekt" noch „das handelnde Subjekt" einen „kategorialen Vorrang", sondern beide werden vielmehr „in rekursiven sozialen Handlungen oder Praktiken konstituiert und das heißt: produziert und reproduziert." (Giddens 1988, S. 288 f.) Konsequent richtet sich Giddens deshalb auch nicht nur gegen den gerade schon kritisierten „Imperialismus des gesellschaftlichen Objekts", sondern auch gegen die interpretative Soziologie, die „gleichsam auf einem Imperialismus des Subjekts" beruhe. (Giddens 1984, S. 52) Er begründet seine Kritik mit dem Argument, dass die sozialen Praktiken, an denen sich der Handelnde selektiv orientiert, als „alltagsweltliche Wissensbestände" vorhanden sind. Deshalb spricht Giddens auch von einem „praktischen Bewusstsein"[23], aus dem heraus wir handeln, oder von einem „praktischen Wissen": Es ist „ein eher stillschweigend hingenommenes, implizit und unausgesprochen bleibendes Wissen darüber, wie in den vielfältigen Zusammenhängen des sozialen Lebens zu verfahren sei." (Gid-

---

22 Luhmann hat diese rekursiven Prozesse in seiner Theorie der Autopoiesis in Selbstreproduktion und Selbstorganisation differenziert. (Vgl. Band 1, Kap. 6.4.1 *Autopoiesis und Selbstreferenz.*)

23 Giddens betont, dass hier das Konzept des Rezeptwissens nach Alfred Schütz Pate gestanden habe (Giddens 1988, S. 291), und stellt an anderer Stelle heraus, dass das Wesen des praktischen Bewusstseins „nur in der Phänomenologie und Ethnomethodologie eine detaillierte und scharfsinnige Behandlung" (1984, S. 57) erfahren habe. Zu Schütz und zur Ethnomethodologie nach Harold Garfinkel siehe unten Kap. 5.9 *Praktische Methoden, alltägliche Interaktionen in Gang zu halten.*

dens 1988, S. 291) Auch das trickreiche Individuum, das uns später in der Theorie von Erving Goffman[24] begegnen wird, und selbst der aufmüpfige Narr, den Harold Garfinkel in seine Krisenexperimente schickt, erfindet die Strategien seines Handelns nicht ganz aus sich heraus. Im Gegenteil: Auch diese Störer der Normalität und Gegenstrategen bringen ihre Sozialisation in dieser Gesellschaft mit, müssen sich mit sozialen Institutionen und sozialen Erwartungen auseinandersetzen, und Erfolg haben sie nur, wenn ihr abweichendes Verhalten anschlussfähig an das ist, was die Normalen zumindest für denkbar halten!

Halten wir also zur Handlungsperspektive der „duality of structure" fest: Handeln *ist* insofern *strukturiert*, als die Individuen um die sozialen Regeln wissen, nach denen in dieser Gesellschaft normalerweise gehandelt wird. Das Handeln *strukturiert* insofern, als das Individuum sich für oder gegen diese Regeln entscheidet.

Wie schon an anderer Stelle[25] ausgeführt, hat Giddens dann in seinem Buch „Konsequenzen der Moderne" (1990) die Verlässlichkeit der reflexiven Ordnung des Handelns problematisiert. Ich will seine These kurz zusammenfassen. Er schreibt: „Alle Menschen bleiben routinemäßig mit den Gründen ihres Tuns in Verbindung, und dieses Verbindungshalten ist seinerseits ein integraler Bestandteil der Ausführung ihrer Handlungen." Das hatte er, wie oben zu lesen, als „reflexive Registrierung des Handelns" bezeichnet. „Dass in traditionalen Kulturen die Vergangenheit geehrt und Symbole hochgeschätzt werden, liegt daran, dass sie die Erfahrung von Generationen enthalten und fortführen. Die Tradition ist ein Verfahren, das reflexive Registrieren des Handelns mit der raumzeitlichen Organisation der Gemeinschaft in Einklang zu bringen." (Giddens 1990, S. 52 f.)

Diese Reflexivität nimmt „mit dem Anbruch der Moderne (...) einen anderen Charakter an. Sie kommt gleich an der Basis der Systemreproduktion ins Spiel, so dass sich Denken und Handeln in einem ständigen Hin und Her aneinander brechen. Die routinemäßige Ausgestaltung des Alltagslebens steht in gar keinem inneren Zusammenhang mit der Vergangenheit, außer insoweit, als das, ‚was man früher getan hat', zufällig mit dem zusammenfällt, was sich im Lichte neuer Erkenntnisse in prinzipieller Weise begründen lässt. Eine Praktik aus Traditionsgründen zu sanktionieren, geht nicht mehr an. Die Tradition lässt sich zwar rechtfertigen, aber nur im Hinblick auf Erkenntnisse, die ihrerseits nicht durch Tradition beglaubigt sind." (Giddens 1990, S. 54) Traditionen werden durch die Globalisierung von Informationen und Zusammenhängen in Frage gestellt. Die Individuen sehen sich immer häufiger gezwungen, vertraute Routinen des Den-

---

24 Siehe unten Kap. 8.3 *Die Präsentation des Selbst im Alltag*.
25 Vgl. Band 1, Kap. 10.11 *Entgrenzung von Raum und Zeit, Entbettung, reflexive Ordnung und Umordnung*.

kens und Handelns zu hinterfragen und vor anderen zu begründen. Traditionen werden damit nicht obsolet, aber sie taugen immer weniger, die nächsten Schritte zu planen und zu begründen.

Ein Kennzeichen der Dynamik der Moderne ist die *„reflexive Ordnung und Umordnung* gesellschaftlicher Beziehungen im Hinblick auf ständig hinzukommende Erkenntnisse, die die Handlungen von Einzelpersonen und Gruppen betreffen". (vgl. Giddens 1990, S. 28) Die Überfülle von Informationen lässt sich nicht mehr mit den Mitteln der Tradition bewältigen, sondern die Individuen müssen unter sich permanent verändernden Bedingungen immer neu reflektieren, welche neue Erkenntnis welchen Stellenwert hat und wie sie ihr Leben darauf einstellen. Jede Entscheidung bleibt riskant, denn erstens weiß man nicht, ob man – auf lange Sicht – die „richtige" getroffen hat, und zweitens kann niemand alle Folgen und Nebenfolgen schon in der nächsten Zukunft übersehen. Die Ausdehnung sozialer Reflexivität betrifft nicht nur das Handeln der Individuen, sondern auch die Identität: Auch sie wird ständig neu geordnet. Das gelingt in Zeiten der Globalisierung von Lebensstilen nur, indem man im Strom des Denkens und Handelns entsprechender Bezugsgruppen mitschwimmt.

4.6 Rationale Wahl trotz habits und frames (Esser)

Ein prominenter Weiterdenker einer Theorie der Strukturierung ist der deutsche Soziologe HARTMUT ESSER (* 1943). Und er ist sicher auch einer der entschiedensten Vertreter der Erklärung des Handelns nach dem Prinzip des methodologischen Individualismus, weshalb ich noch einmal wiederholen will, was Esser über dieses Prinzip der Erklärung von Handeln und Strukturen gesagt hat: Es nimmt „das Tun der Akteure und die Wirksamkeit der Strukturen gleichermaßen ernst" und weiter: der methodologische Individualismus „geht von den Strukturen aus, denen das Handeln der Akteure in strukturierter Weise folgt, und kehrt dorthin wieder zurück." (Esser 1999, S. 175) Um diese „strukturierte Weise" des Handelns geht es nun.

Esser spezifiziert seine Sicht des Zusammenhangs von Struktur und Handeln mit Robert K. Mertons strukturtheoretischer Erklärung[26] sozialer Prozesse, deren drei Analyseschritte er so zusammenfasst: „Dies ist erstens die Analyse der sozialen Strukturierung der verfügbaren Alternativen, der Motive und des Wissens der Akteure aufgrund der institutionellen Definition der Situation. Auf diese Weise wird

---

26 Ich habe sie angedeutet, wo Merton Anomie auch damit erklärt hat, dass die Individuen kulturelle Ziele und institutionalisierte Mittel nicht anerkennen können oder wollen und deshalb eigene Wege gehen. (Siehe oben Kap. 3.2 *Kulturelle Ziele, legitime Mittel; Rollenkonflikte, Bezugsgruppen.*)

zweitens das Handeln der Akteure festgelegt. Es ist keine gänzlich freie Wahl, sondern eine strukturierte Selektion aus dem Satz der bereits strukturell vorsortierten Optionen. Und drittens sind dadurch die – oft verdeckten – Effekte des Handelns ebenfalls strukturiert: die – meist unintendierten, latenten – strukturierten Folgen der manifest oft ganz anderen Absichten der Menschen." (Esser 1999, S. 23)

Nach Essers Theorie erfolgt Handeln nicht zufällig, sondern als *rationale Wahl*. Das heißt aber nicht, dass ihnen bewusst sein muss, warum und wie sie handeln. Die soziologische Analyse zeigt, dass eine bestimmte Logik auch hinter einem scheinbar irrationalen Verhalten steht, und diese Logik gehorcht der Abwägung von *Kosten* und *Nutzen* bei der Definition und Realisierung von möglichen Zielen des Handelns. Die Akteure strukturieren die Situation und ihr Handeln selbst, und sie tun es, weil sie etwas Bestimmtes intendieren. Doch oft kommt es anders als man denkt, und viele Handlungen haben unbeabsichtigte Folgen, und manchmal sind die Folgen sogar das genaue Gegenteil von dem, was die Akteure beabsichtigt hatten. Erklären kann man das mit der „bounded rationality" (Esser 1990, S. 234) der Alltagshandelnden.

Begrenzt ist die Rationalität aus mehreren Gründen. Da die Wirklichkeit zu komplex ist, die Interdependenzen zu den Anderen zu vielfältig und zu diffus sind, wir die Logik unserer Sozialisation nicht genau durchschauen und die Relevanz unserer Erfahrungen nicht sicher einschätzen können, durchschauen wir auch nicht alle Bedingungen unseres Handelns. Begrenzt ist die Rationalität zweitens, weil wir im Alltag auch gar nicht genauer Bescheid zu wissen brauchen und es auch nicht wissen wollen. Was Ziele und Strategien unseres Handelns angeht, da sind wir ganz pragmatisch: Wir erfinden sie nicht völlig neu und außerhalb der durchschnittlichen Muster der Normalität. Drittens schätzen wir, was wir kennen, und deshalb verfahren wir auch nach der immer gleichen Routine. Und viertens ahnen wir, dass wir unsere Geschichte, um mit Marx zu reden, nicht aus freien Stücken machen, sondern dass die da oben oder die Verhältnisse oder einfach die schlechten Zeiten daran schuld sind, das es uns so geht, wie es uns geht.

Was ich bis jetzt referiert habe, scheint Essers These von der rationalen Wahl als Erklärung des Handelns direkt zu widersprechen. Und landläufig wird den „rational-choice"-Erklärungen ja auch unterstellt, sie setzten den perfekt informierten und genau kalkulierenden Akteur voraus. Das ist aber keineswegs der Fall, denn den kann es nach dem oben Gesagten gar nicht geben. Doch das darf nicht zum Fehlschluss verleiten, dass es dann auch keine rationale Wahl geben könne. Im Gegenteil: Selbst „die Orientierung des Handelns an Routinen *(habits)* bzw. die situationelle Dominanz bestimmter Ziele und ‚Codes' *(frames)*" können als „Spezialfälle der Theorie der rationalen Wahl" gelesen werden. (Esser 1990, S. 231)

Die Theorie der rationalen Wahl nimmt an, dass der Akteur Handlungsalternativen vergleicht und danach die auswählt, die einen möglichst großen subjektiven Nutzen verspricht. Dagegen wird eingewandt, so „zweckrational" verhalte sich nur der homo oeconomicus. Die Rationalität des Alltagshandelnden sei aber begrenzt: Er ist nicht vollständig über alle Handlungsalternativen informiert und gar nicht in der Lage, Kosten und Nutzen des Handelns nach einer oder gar mehrerer Alternativen bis zum Ende durchzuspielen. Deshalb stützt sich das normale Handeln des homo sociologicus unreflektiert auf Gewohnheiten *(habits)*. Ein anderer Einwand lautet, die Theorie der rationalen Wahl gelte nur für das von Weber so genannte „zweckrationale Handeln" und könne als Erklärung für „wertrationales Handeln" kaum und für „traditionales Handeln" schon gar nicht dienen.

Esser sieht die Theorie der rationalen Wahl noch mit einem anderen Einwand konfrontiert, der aus der interpretativen Soziologie kommt. Danach dürfe man beim Handeln nicht von „fixen Präferenzen" oder „stabilen Erwartungen" ausgehen. Stattdessen würden Präferenzen und Erwartungen fortlaufend neu definiert, und Handeln könne damit erklärt werden, dass Bedeutungen generiert würden. „Hierbei werde unter den Akteuren ein Relevanzrahmen *(frame)* darüber festgelegt, was der ‚Sinn' der jeweiligen Situation sei. (...) Welcher ‚frame' in der Situation dominant wird, bestimmt danach das Handeln." (Esser 1990, S. 233 f.)

Was antwortet Esser auf diese Einwände? Nun, er sagt, so ist es, aber das sind überhaupt keine Einwände. Und das erklärt er wie folgt. Versteht man unter „habits" Bündel von unreflektierten Reaktionen auf bestimmte Umgebungsreize, dann kann man mit Max Weber sagen, dass „die Masse alles eingelebten Alltagshandelns" sich diesem unreflektierten Handeln nähert. Weber hat es deshalb – wie Sie sich erinnern – als traditionales Handeln bezeichnet, weil es „sehr oft nur ein dumpfes, in der Richtung der einmal eingelebten Einstellung ablaufendes Reagieren auf gewohnte Reize" sei. Im strengen Sinn stünde das traditionale Handeln „ganz und gar an der Grenze und oft jenseits dessen, was man ein ‚sinnhaft' orientiertes Handeln überhaupt nennen kann". (Weber 1922, S. 673 f.)

Genau das will Esser aber behaupten: Auch dieses habituelle Handeln ist sinnhaft orientiert und rational. Dazu stellt er zunächst einmal fest, dass habits kognitiv als „Schemata" oder „Skripte" repräsentiert werden. Darunter kann man das typische Wissen für typische Situationen oder „Rezeptwissen" verstehen, das Routine erlaubt. Der eben schon erwähnte Phänomenologe Alfred Schütz hat dieses Rezeptwissen mit den Idealisierungen des „und so weiter" und des „ich kann immer wieder so handeln" (Schütz u. Luckmann 1975, S. 26) erklärt. Ich komme gleich darauf zurück.[27]

Essers Grundidee ist nun, „dass es für die Anwendung von ‚Rezepten' (...) für die Akteure eine Reihe ‚guter Gründe' gibt, vor deren Hintergrund eine ‚rationale' Kalkulation von (‚objektiv' vielleicht sogar ‚besseren') Alternativen unterbleiben

---

27 Kap. 5.9 *Praktische Methoden, alltägliche Interaktionen in Gang zu halten.*

kann. Aus mindestens drei Gründen eignen sich Rezepte normalerweise für Alltagshandlungen besonders: sie sind (meist) relativ unaufwendig, sie sind (meist) relativ effizient, und sie finden (häufig) eine zusätzliche normative Stütze." (Esser 1990, S. 235) Aus der Sicht einer Theorie der rationalen Wahl ist es also eine vernünftige Entscheidung, wenn man ohne viel nachzudenken Rezeptwissen verwendet und in typischer Weise handelt: Man muss nicht nach neuen Lösungen suchen, also entfallen Informationskosten; man riskiert keine Fehlinvestition, da sich die Rezepte seit langem bewährt haben; schließlich, man irritiert seine Handlungspartner nicht, sondern kommt ihren normalen Erwartungen entgegen, und deshalb riskiert man keine Missbilligung (soziale Kosten), sondern kann auf stille Zustimmung (sozialer Nutzen) bauen.

Daraus zieht Esser den Schluss, dass habits „ohne Probleme im Rahmen der Theorie der rationalen Wahl rekonstruiert werden" können und „dass jede Aufmerksamkeit für seltene oder die eigene Kompetenz überschreitende Handlungen ‚irrational' wäre"! (Esser 1990, S. 238) Das wäre dann auch die Erklärung, warum die Akteure in der Regel gar nicht erst nach einer optimalen Alternative Ausschau halten und auch nicht den maximalen Erfolg suchen: In Abwägung von Aufwand und Ertrag tun sie das, was sie können, und ihnen reicht eine Lösung, die ihre durchschnittlichen Erwartungen befriedigt. Esser zitiert als knappe Formel für die situationsangemessene rationale Wahl: „satisficing" statt „maximizing". (Esser 1990, S. 236)

Wenden wir uns nun den „frames" zu, die auf den ersten Blick ebenfalls die These von der rationalen Wahl in Frage zu stellen scheinen. Dazu schreibt Esser: „Habits und Routinehandlungen sind Bestandteile eines ‚rationalen' Umgangs mit dem Sachverhalt der bounded rationality in bezug auf die Auswahl der *Mittel* bei der Lösung von Alltagsproblemen. Die bounded rationality des Menschen zwingt zu einer weiteren Ökonomisierung des Entscheidungsprozesses: (der) Vereinfachung der Struktur der *Ziele,* um die es in einer gegebenen Situation geht." (Esser 1990, S. 238) Da der Akteur in einer Handlungssituation nicht tausend Ziele zugleich verfolgen kann, da er selbst für etwas weniger Ziele nicht alle Bedingungen kennen kann und da er auch nicht sicher wissen kann, welche Ziele die Anderen verfolgen, strukturiert er die Situation, indem er ihr eine übergeordnete Bedeutung verleiht. Esser nennt es „framing". Aus der Sicht der Theorie des sozialen Handelns nach Weber kann man den so konstruierten „frame" mit „Sinn", aus der Sicht der gleich zu behandelnden Ethnomethodologie mit „Relevanzstruktur" gleichsetzen. Framing ist die „Selektion des Bezugsrahmens" des Handelns. (Esser 2001, S. 259)

Und aus der Sicht einer Theorie der Strukturierung lässt sich der Zusammenhang von „frame" und Handlung so verstehen: „Die Vereinfachung der Zielstruktur von Situationen erfolgt durch die Angabe *eines* die Situation kennzeichnenden übergreifenden Ziels. Mit einem solchen ‚framing' von Situationen ist die Strukturierung sozialer Handlungsbereiche in sehr unterschiedliche ‚Logiken', unterschiedlichen ‚Sinn' und unterschiedliche ‚Codierungen' verbunden. Je nach ‚frame' gelten andere Handlungen als angemessen, effizient oder denkbar. Das eine Situation dominierende ‚Leitmotiv' ist der Bezug, auf den die spezifische Auswahl der Handlungen (bzw. der Abruf einer Routine) erfolgt." (Esser 1990, S. 238) Wer sich nach seiner erfolgreichen Trauung an die Hochzeitstafel setzt, weiß, dass Friede, Freude, Völlerei angesagt sind. Wer stattdessen seiner Schwiegermutter endlich die Meinung sagen will, seiner Schwiegertochter den Kopf voll jammert, dass man den lieben Sohn verloren hat, oder erklärt, dass er überzeugter Veganer ist und heute sowieso seinen monatlichen Fasttag habe, der/die darf sich nicht wundern, dass die Anderen sauer sind. Soziologisch: Das „framing" war voll daneben!

„Framing" ist insofern eine rationale Entscheidung, als der Akteur sich die Situation so strukturiert, dass er Handlungsmöglichkeiten mit seinen Intentionen abstimmt, Strategien soweit verfolgt, wie sie nicht scheitern, und Anschlüsse an die Erwartungen und das Handeln der Anderen herstellt.

Spätestens an dieser Stelle muss man zu bedenken geben, dass das „framing" natürlich nicht vom Wollen oder Können des Akteurs allein abhängt. Die Anderen müssen mitmachen, und wer eine Situation völlig falsch einschätzt, kommt überhaupt nicht ins Spiel. Also: Über den Rahmen der Situation muss Konsens herrschen, oder – wenn das nicht der Fall ist – wenigstens dürfen sich die unterschiedlichen Rahmen, die die Akteure setzen, nicht gegenseitig ausschließen. Wer sich der still verehrten Kollegin auf dem Betriebsausflug endlich offenbart und gleich erhört wird, hat es gut. Das „framing" hat offenbar gestimmt. Wer nach einem Flirt mit dem netten Kollegen am nächsten Morgen mit ansehen muss, wie er mit einer Anderen turtelt, hat Pech. Die „frames" stimmten nicht.

Und wie löst eine Theorie der rationalen Wahl das Problem und wieso kann sie „framing" sogar als Beispiel für rationales Handeln anführen? Die Antwort hängt mit der gerade beschriebenen Funktion von „habits" zusammen. Die Akteure kennen typische Ziele für typische Situationen. Wer an den Traualtar tritt, weiß, wie er sich zu verhalten hat, und er weiß, dass die Anderen (Plural, weil Freunde und Verwandte gerührt bis gelangweilt erwarten, dass alles seinen gewohnten Gang geht!) das auch wissen. „Frames" sind sozusagen sozial codiert. Wer sich an den Code hält, fällt nicht aus dem Rahmen, hat also keine negativen sozialen Kosten. Nur in Herz-Schmerzstücken macht die Fastbraut, die im letzten Augenblick die Hand wegzieht, einen persönlichen Gewinn. Alle Anderen kriegen den üblichen Lohn, den man in dieser Gesellschaft nach einem bestimmten konsensuellen „framing" bekommt.

Esser zieht aus der Prüfung der Einwände gegen die Theorie der rationalen Wahl den Schluss: „Aus dem Modell geht hervor, dass ‚bounded rationality' in keiner Weise bedeutet, dass Menschen ‚irrational' handeln. Im Gegenteil: die begrenzten Ressourcen des Menschen erlauben es nicht, auf jede Umgebungsänderung sofort ‚maximierend' zu reagieren. Habits und Frames sind (bislang erfolgreiche und begründbare) Vereinfachungen von Situationen, die der vernünftige Akteur nicht mit der kleinsten Situationsschwankung aufgibt. Die Beibehaltung von Routinen und die Bewahrung einer deutlichen Relevanzstruktur wird als eine sehr ‚rationale' Angelegenheit erkennbar." (Esser 1990, S. 244)

Und wie steht es mit dem „wertrationalen" Handeln, von dem Weber doch gesagt hat, es sei bestimmt „durch bewussten Glauben an den – ethischen, ästhetischen, religiösen oder wie immer sonst zu deutenden – unbedingten *Eigenwert* eines bestimmten Sichverhaltens rein als solchen und unabhängig vom Erfolg"? (Weber 1920b, S. 673) Dieser Bestimmungsgrund des Handelns scheint doch mit der Nutzenkalkulation unvereinbar zu sein, und Webers Erläuterungen, „rein wertrational" handele, „wer ohne Rücksicht auf die vorauszusehenden Folgen (...) im Dienst seiner Überzeugung (...) nach ‚Geboten' oder gemäß ‚Forderungen' (handelt), „die der Handelnde an sich gestellt glaubt" (Weber 1920b, S. 674), verstärken diesen Zweifel noch.

Esser sieht es anders. Er interpretiert die Formulierung „nach Geboten" zunächst einmal als *normative* Erwartung, der sich der Akteur glaubt stellen zu müssen. Sieht man einmal davon ab, dass er solche Erwartungen im Laufe der Sozialisation verinnerlicht hat, also habitualisiert hat und deshalb im Grunde traditional handelt, dann muss man doch unterstellen, dass es für die Orientierung an bestimmten Werten gute Gründe gibt. Deshalb hebt Esser in Webers Erklärung auch das Wort „Überzeugung" hervor: „Eine ‚Überzeugung' (...) ist (...) stets eine Frage der im Prinzip *durchdachten* Überlegung: Der Akteur müsste auf Befragen – mehr oder weniger: wohlüberlegte – ‚gute Gründe' angeben können, ‚warum' er gerade diesem Grundsatz so bedingungslos folgt." (Esser 2001, S. 313) Und fast triumphierend stellt er fest, dass Weber genau diese rationale Begründung selbst schon im Auge hatte, heiße es doch bei ihm, dass das wertrationale Handeln „durch die bewusste Herausarbeitung der letzten Richtpunkte des Handelns und *konsequente* planvolle Orientierung daran" (Weber 1922, S. 674) gekennzeichnet sei. Natürlich folgen Individuen letzten Werten aus glühender Begeisterung oder mit abgrundtiefen Ängsten, sie geraten in Ekstase und lassen alles Irdische (sprich manchmal: Berechnende) hinter sich und fühlen sich als Gutmensch oder Ehrenmann, als gute Mutter und Kreuzträger der Menschheit. Doch würde man sie fragen, so würden sie gute Gründe angeben, warum sie so handeln. Auch was man um Gottes Lohn tut, lohnt sich auf Erden, wenigstens in dem Sinne, dass man für die Kosten des „Dienstes rein an der Sache" den Nutzen des guten Selbstgefühls hat!

Kommen wir zum Framing-Konzept zurück. Für Esser berühren die gerade genannten „guten Gründe" auch „*konstitutionelle Interessen*". „Das ist das Interesse der Akteure an der Geltung bestimmter *Regeln* des Zusammenlebens *insgesamt*, Regeln, die erkennbar dafür sorgen, dass es den Menschen unter dem Dach der betreffenden Verfassung ganz gut geht. Es geht dabei um die Erhaltung *ganzer Lebensweisen*". (Esser 2001, S. 320) Das konstitutionelle Interesse betrifft die Gründung oder den Erhalt einer bestimmten Ordnung *und* die Erwartungen und Handlungen der anderen Akteure in dieser Ordnung. In dem Maße, wie Werte sich feststellen und sozial vernetzt werden, verdichten sie sich zu „belief systems". Die Akteure orientieren sich deshalb an ihnen, weil sie ihnen als „ertragbringend erscheinen" und/oder weil „ihre Änderung als zu teuer oder gar als unmöglich erscheint". (Esser 2001, S. 324) Wertrationales Handeln heißt aus der Sicht der Theorie der rationalen Wahl, ein dominantes Ziel zu setzen, entsprechende Handlungsmöglichkeiten auszuwählen und nach dem „frame" dieses bestimmten Wertes konsequent zu handeln.

4.7 Vier Handlungsbegriffe: teleologisches, normenorientiertes, dramaturgisches und kommunikatives Handeln (Habermas)

Wie an mehreren Stellen schon angedeutet, wird der Begriff des sozialen Handelns auch mit dem Begriff der Interaktion zusammengebracht. Um die Grenzen zwischen diesen Begriffen und auch die Gemeinsamkeiten deutlich zu machen, aber auch um die Theorien der Interaktion schon vorzubereiten, will ich die bisherige Darstellung der Theorien sozialen Handelns mit den Worten von JÜRGEN HABERMAS (* 1929) In seiner „Theorie des kommunikativen Handelns" (1981), auf die ich im nächsten Kapitel noch genauer zu sprechen komme, stellt er vier Handlungsbegriffe nebeneinander, die in sozialwissenschaftlichen Theorien meistens implizit verwendet werden. Wiewohl sich konkretes Handeln immer als Mischform darstellt – und Interaktion sowieso! –, unterscheidet Habermas analytisch zwischen einem *teleologischen*[28], einem *normenregulierten,* einem *dramaturgischen* und einem *kommunikativen* Handlungsbegriff:

(1) Teleologisches Handeln: Entscheidung

„Der Begriff des *teleologischen Handelns* steht seit Aristoteles im Mittelpunkt der philosophischen Handlungstheorie. Der Aktor verwirklicht einen Zweck bzw. bewirkt das Eintreten eines erwünschten Zustandes, indem er die in der gegebenen Situation erfolgversprechenden Mittel wählt und in geeigneter Weise anwendet. Der zentrale Begriff ist die auf die Realisierung eines Zwecks gerichtete, von Ma-

---

28 Telos – griech. Ziel

ximen geleitete und auf eine Situationsdeutung gestützte *Entscheidung* zwischen Handlungsalternativen. Das teleologische wird zum *strategischen* Handlungsmodell erweitert, wenn in das Erfolgskalkül des Handelnden die Erwartung von Entscheidungen mindestens eines weiteren zielgerichtet handelnden Aktors eingehen kann. Dieses Handlungsmodell wird oft utilitaristisch gedeutet; dann wird unterstellt, dass der Aktor Mittel und Zwecke unter Gesichtspunkten der Maximierung von Nutzen bzw. Nutzenerwartungen wählt und kalkuliert." (Habermas 1981b, Band 1, S. 126 f.)

Um teleologisches Handeln ging es in der Theorie von Max Weber. Das ist am augenfälligsten beim zweckrationalen Handeln, dem Weber ja die größte Aufmerksamkeit geschenkt hat. Dieser Handlungsbegriff scheint auch in den individualistischen Theorien des Verhaltens auf, und Austausch ist gar nicht anders zu denken als zielgerichtete Handlung in Interaktion mit Anderen.

(2) Normenreguliertes Handeln: Normbefolgung

„Der Begriff des *normenregulierten* Handelns bezieht sich nicht auf das Verhalten eines prinzipiell einsamen Aktors, der in seiner Umwelt andere Aktoren vorfindet, sondern auf Mitglieder einer sozialen Gruppe, die ihr Handeln an gemeinsamen Werten orientieren. Der einzelne Aktor befolgt eine Norm (oder verstößt gegen sie), sobald in einer gegebenen Situation die Bedingungen vorliegen, auf die die Norm Anwendung findet. Normen drücken ein in einer sozialen Gruppe bestehendes Einverständnis aus. Alle Mitglieder einer Gruppe, für die eine bestimmte Norm gilt, dürfen voneinander erwarten, dass sie in bestimmten Situationen die jeweils gebotenen Handlungen ausführen bzw. unterlassen. Der zentrale Begriff der *Normbefolgung* bedeutet die Erfüllung einer generalisierten Verhaltenserwartung. Verhaltenserwartung hat nicht den kognitiven Sinn der Erwartung eines prognostizierten Ereignisses, sondern den normativen Sinn, dass die Angehörigen zur Erwartung eines Verhaltens berechtigt sind. Dieses normative Handlungsmoment liegt der Rollentheorie zugrunde." (Habermas 1981b, Band 1, S. 127)

Der Begriff des *normenregulierten Handelns* steht im Zentrum der Gesellschaftstheorien von Emile Durkheim und Talcott Parsons. Sowohl die Theorie der Institutionen wie die der Sozialisation, wie sie Durkheim entwickelt hat, setzte dem Handeln des Individuums den verbindlichen Rahmen.[29] In die gleiche Richtung dachte auch Parsons mit seiner Theorie der Institution und mit seiner Rollentheorie.[30] Die Theorie der alternativen Wertorientierungen lockert die Ver-

---

29 Zu Durkheim vgl. Band 1, Kap. 4.1 *Soziale Tatsachen* und in diesem Band Kap. 2.3 *Socialisation méthodique*.
30 Zu Parsons vgl. Band 1, Kap. 4.5 *Normative Muster* und in diesem Band Kap. 3.1 *Rolle – normative Erwartung*.

pflichtung zum normregulierten Handeln nur scheinbar, denn selbstverständlich kann (und muss!) sich der Handelnde für die Alternative entscheiden, die nach dem dominanten kulturellen System in der konkreten Situation geboten ist.

(3) Dramaturgisches Handeln: Selbstrepräsentation

„Der Begriff des *dramaturgischen* Handelns bezieht sich primär weder auf den einsamen Aktor noch auf das Mitglied einer sozialen Gruppe, sondern auf Interaktionsteilnehmer, die füreinander ein Publikum bilden, vor dessen Augen sie sich darstellen. Der Aktor ruft in seinem Publikum ein bestimmtes Bild, einen Eindruck von sich selbst hervor, indem er seine Subjektivität mehr oder weniger gezielt enthüllt. Jeder Handelnde kann den öffentlichen Zugang zur Sphäre seiner eigenen Absichten, Gedanken, Einstellungen, Wünsche, Gefühle usw., zu der nur er einen privilegierten Zugang hat, kontrollieren. Im dramaturgischen Handeln machen sich die Beteiligten diesen Umstand zunutze und steuern ihre Interaktion über die Regulierung des gegenseitigen Zugangs zur jeweils eigenen Subjektivität. Der zentrale Begriff der *Selbstrepräsentation* bedeutet deshalb nicht ein spontanes Ausdrucksverhalten, sondern die zuschauerbezogene Stilisierung des Ausdrucks eigener Erlebnisse." (Habermas 1981b, Band 1, S. 128)

Der prominenteste Vertreter einer Theorie des *dramaturgischen Handelns* ist Erving Goffman. Darauf werde ich weiter unten[31] eingehen. Hier nur so viel vorweg: Handeln ist ein Schauspiel, das Individuen voreinander und miteinander aufführen. Dazu gehört die Inszenierung des Auftritts, die Präsentation in bestimmten Fassaden, aber auch der bedachte Rückzug in die Kulissen. Und manchmal ist es auch der verzweifelte Versuch, sich gegen den Druck der Anderen über Wasser zu halten.

(4) Kommunikatives Handeln: Interpretation

„Der Begriff des *kommunikativen* Handelns schließlich bezieht sich auf die Interaktion von mindestens zwei sprach- und handlungsfähigen Subjekten, die (sei es mit verbalen oder extraverbalen Mitteln) eine interpersonale Beziehung eingehen. Die Aktoren suchen eine Verständigung über die Handlungssituation, um ihre Handlungspläne und damit ihre Handlungen einvernehmlich zu koordinieren. Der zentrale Begriff der *Interpretation* bezieht sich in erster Linie auf das Aushandeln konsensfähiger Situationsdefinitionen. In diesem Handlungsmodell erhält die Sprache (...) einen prominenten Stellenwert." (Habermas 1981b, Band 1, S. 128)

Der *kommunikative Handlungsbegriff* steht im Zentrum der Theorie des Symbolischen Interaktionismus nach George Herbert Mead und Herbert Blumer und

---

31 Siehe Kap. 5.7 *Die Ordnung der Interaktion* und Kap. 8.3 *Die Präsentation des Selbst im Alltag*.

in der Ethnomethodologie nach Harold Garfinkel.[32] Habermas selbst rückt diesen Handlungsbegriff in den Mittelpunkt seiner Theorie des kommunikativen Handelns, verbindet ihn allerdings mit einer kritischen Variante, die auf die Reflexion und Sicherung des Handelns zielt. Diese Variante nennt er Diskurs oder diskursive Verständigung. Um diesen *kommunikativen Handlungsbegriff*, der sich ganz eindeutig einer *Theorie der Interaktion* verdankt, wird es im nächsten Kapitel gehen.[33]

Vorher muss ich aber noch kurz skizzieren, wo Niklas Luhmann den Begriff des Handelns und der Handlung verortet und welchen Zusammenhang er zum Begriff der Interaktion herstellt.

4.8 Handlung und Kommunikation (Luhmann)

Vor die Erörterung der Frage, wie soziale Systeme als Systeme aufeinander bezogenen und bedingten *Handelns* zustande kommen und wie sie sich erhalten, hat Niklas Luhmann die Frage geschoben, wie der Mensch mit der Komplexität und Kontingenz seiner Umwelt umgeht oder genauer: welche Operationen im psychischen System ablaufen. Seine Antwort will ich kurz rekapitulieren.[34] Luhmann schreibt: „Die Form, in der ein individuelles psychisches System sich der Kontingenz seiner Umwelt aussetzt, kann in ganz allgemeiner Weise als *Erwartung* bezeichnet werden." Erwartung ist eine „Orientierungsform", mit der das psychische System „die Kontingenz seiner Umwelt in Beziehung auf sich selbst abtastet." Im Falle psychischer Systeme wird Erwartung „als *Bewusstsein* aufgestellt". Bewusstsein ist der Prozess, in dem und durch den sich psychische Systeme bilden und erhalten. (vgl. Luhmann 1984, S. 362)

Wie kommen Erwartungen zustande? Luhmanns Antwort ist verblüffend: „Erwartungen bilden ist eine Primitivtechnik schlechthin. Sie kann nahezu voraussetzungslos gehandhabt werden. Sie setzt nicht voraus, dass man weiß (oder gar: beschreiben kann), wer man ist, und auch nicht, dass man sich in der Umwelt auskennt. Man kann eine Erwartung ansetzen, ohne die Welt zu kennen – auf

---

32 Zu Mead siehe Kap. 5.4 *Interaktion – Verschränkung der Perspektiven*, zu Blumer Kap. 5.6 *Symbolische Interaktion, Definition der Situation* und zur Ethnomethodologie Kap. 5.9 *Praktische Methoden, alltägliche Interaktionen in Gang zu halten*.
33 Siehe Kap. 5.11 *Kommunikatives Handeln und Diskurs*.
34 Zum Kontext dieser Antwort vgl. Band. 1, Kap. 3.11 *Über Sinn, Erwartungsstrukturen, Kommunikation und soziale Systeme*. Lesen Sie aber auch noch einmal nach, was ich eingangs in Kap. 4.1 *Verhalten unter gegebenen Umständen oder sinnvolles Handeln?* im Vorgriff auf Luhmanns Theorie des Handelns über Reduktion von Komplexität und Sinn geschrieben habe.

gut Glück hin. Unerlässlich ist nur, dass die Erwartung autopoietisch[35] verwendbar ist, das heißt den Zugang zu Anschlussvorstellungen hinreichend vorstrukturiert." Das Folgeerlebnis, als Erwartungserfüllung oder als Erwartungsenttäuschung, strukturiert wiederum das „Repertoire weiterer Verhaltensmöglichkeiten" vor. „Nach einiger Zeit bewusster, durch soziale Erfahrungen angereicherter Lebensführung kommen völlig willkürliche Erwartungen nicht mehr vor. Man wird in der normalen Sukzession des Fortschreitens von Vorstellung zu Vorstellung nicht auf ganz Abseitiges verfallen", sondern orientiert sich an „sozial standardisierten Typen". (Luhmann 1984, S. 363) Die Individuen lernen voneinander und klinken sich sozusagen in den stummen Konsens gemeinsamer Erwartungen, wie man in dieser Gesellschaft handelt, ein.

Erwartungen reduzieren Komplexität, indem sie aus der Fülle von Möglichkeiten diejenigen *selegieren*, die sich aus Erfahrung als *typisch* erwiesen haben. Mittels Erwartungen stellen wir Verbindungen von Situationen her und unterlegen ihnen einen verbindenden *Sinn*. Wenn typische Erwartungen immer wieder *sozial* bestätigt werden, sich also bewähren, werden sie *generalisiert*. Die Identifizierung des Zusammenhangs generalisierter Erwartungen kann man im Begriff der *Rolle* fassen. (vgl. Luhmann 1984, S. 430) Wenn eine Vielzahl von Sinnaspekten unter einem Symbol zusammengefasst wird, spricht Luhmann von *symbolischen Generalisierungen*. Sie gestatten, eine Vielheit in gleicher Weise zu behandeln. (vgl. Luhmann 1984, S. 135) Insofern sie von allen oder vielen Mitgliedern der Gesellschaft geteilt werden, erlauben sie, Situationen und Prozesse einheitlich zu beschreiben und zu verstehen. Generalisierte Erwartungen sind auch dann noch brauchbar, „wenn die Situation sich geändert hat: Das gebrannte Kind scheut jedes Feuer." (Luhmann 1984, S. 140)

Erwartung ist auch die Form, die „zur Bildung sozialer Strukturen benutzt wird". Im Falle sozialer Systeme wird sie „als Kommunikation aufgestellt." (Luhmann 1984, S. 362) Damit ist ein weiterer zentraler Begriff der Luhmannschen Systemtheorie genannt: *Kommunikation*. Kommunikation ist die basale Operation sozialer Systeme.

Luhmann kritisiert, dass in der Soziologie die Entstehung und Erhaltung sozialer Ordnung durchgängig mit dem *Handeln* von *Individuen* zusammengebracht würden. Individuen bänden sich aneinander, um gemeinsam den Unbilden der Natur zu trotzen, schlössen Verträge, um überhaupt ein friedliches Miteinander zu ermöglichen, und bildeten schließlich gemeinsame Überzeugungen aus, wie jeder zu denken und zu handeln hat. Aufeinander abgestellte Handlungen

---

[35] Zum Begriff der Autopoiesis, also der Selbstbewirkung eines Systems, vgl. oben Kap. 2.14 *Sozialisation als selbstreferentielle Reproduktion des personalen Systems* und Band 1, Kap. 6.4 *Die Theorie selbstreferentieller, autopoietischer Systeme*.

brächten Ordnung in Gang und erhielten sie. (vgl. Luhmann 1981a, S. 226 ff.) Dagegen wendet Luhmann ein, dass zuerst einmal gefragt werden müsse, „wie Handlung möglich ist", und stellt die These auf, „dass Handlung selbst schon Ordnung impliziert." (Luhmann 1981a, S. 263) Eine Theorie des Sozialen dürfe deshalb nicht beim Begriff der Handlung, sondern müsse beim Begriff der *Kommunikation* ansetzen, „denn nicht die Handlung, sondern nur die Kommunikation ist eine unausweichliche soziale Operation und zugleich eine Operation, die zwangsläufig in Gang gesetzt wird, wenn immer sich soziale Situationen bilden." (Luhmann 1987a, S. 113 f.) Um ein Beispiel zu bringen: Zwei Frauen stehen auf dem zugigen Bahnsteig. Das ist noch keine soziale Situation. Die entsteht erst, wenn sie auf dem Bahnsteig auf und ab schreiten, sich auf ihrer Runde wahrnehmen und sich durch Blickkontakt zu verstehen geben, dass sie sich gegenseitig wahrnehmen. Damit setzt Kommunikation ein, die automatisch weitergeht, ohne dass sich die beiden dessen bewusst sein müssen, was sich zwischen ihnen auf dem Bahnsteig ereignet. Zu einer Handlung kommt es, wenn z. B. eine der beiden bei der nächsten Begegnung gequält die Augen verdreht. Bei der nächsten Runde bleiben beide stehen und tauschen sich über die notorische Unpünktlichkeit der Bahn aus.

Vor dem Hintergrund dieses Beispiels versuche ich, Luhmanns wahrhaft komplizierten Begriff der Kommunikation etwas aufzuhellen. Kommunikation versteht Luhmann nicht im üblichen Sinn als an konkrete Personen gebundene sprachliche *Verständigung* und auch nicht als Wechselspiel zwischen *intendierten Handlungen* (vgl. Luhmann 1984, S. 209), sondern als einen *selbstreferentiellen* Prozess, der aus einer komplexen Situation *ihm sinnvoll* erscheinende Möglichkeiten selegiert und durch das „Prozessieren von Selektion" (Luhmann 1984, S. 194) die Bedingungen schafft, sich kontinuierlich *selbst zu konstituieren*. Das wurde oben unter dem Stichwort Autopoiesis schon angesprochen. Kommunikation kommt „durch eine Synthese von drei verschiedenen *Selektionen*" zustande, durch die Selektion einer *Information* (*was* wird mitgeteilt), durch die Selektion einer *Mitteilung* (*wie* wird die Information mitgeteilt, z. B. schriftlich oder mündlich oder in Form von Gesten) und schließlich durch die Selektion des *Verstehens* (die Interpretation des *Sinns* der Kommunikation). (vgl. Luhmann 1987a, S. 115) Im kommunikativen Ereignis sind immer alle drei Operationen zugleich *aufeinander bezogen*: Aus der Mitteilung einer Information allein resultiert noch keine Kommunikation, sie muss auch verstanden werden. Kommunikation ist „nur als selbstreferentieller Prozess möglich", d. h. „wenn auf eine kommunikative Handlung eine weitere folgt, wird jeweils mitgeprüft, ob die vorausgehende Kommunikation verstanden worden ist." (Luhmann 1984, S. 198) Die Kommunikation beobachtet sich also selbst: sie prüft retrospektiv die Verlässlichkeit der bisherigen Kommunikation und prospektiv, wie aussichtsreich die nächste Kommunikation ist. Dieser selbstreferentielle Prozess läuft ab, ohne dass sich die handelnden Personen dessen bewusst wären. Solange es keine Störungen (z. B. Missverständnisse, Widersprüche oder anhaltendes Schweigen) gibt, *unterstellen* die allermeisten *gemeinsamen Konsens.*

Um einem möglichen Missverständnis gleich vorzubeugen: Luhmanns Forderung, eine Theorie des Sozialen müsse beim Begriff der Kommunikation und nicht beim Begriff der Handlung ansetzen, ist nicht als Ausschluss, sondern als zeitliche und logische Sequenz zu verstehen: „Kommunikation und Handlung (sind) in der Tat nicht zu trennen (wohl aber zu unterscheiden)". (Luhmann 1984, S. 193) Vielleicht kann man es so sagen: Kommunikation ist kein Prozess, der handelnden Personen[36] zuzurechnen wäre, sondern eine automatische Operation, kontinuierlich einen *sinnvollen Zusammenhang* herzustellen und zu wahren, in dem *sinnvolle Handlungen* möglich werden. Kommunikation materialisiert sich sozusagen in Handlungen. Dieser Zusammenhang kommt auch in folgender zentraler These zum Ausdruck: „Sobald überhaupt Kommunikation unter Menschen stattfindet und Handlungen mehrerer Personen sinnhaft aufeinander bezogen werden", entstehen *soziale Systeme.* (Luhmann 1975c, S. 9)

Kommunikation ist „der elementare, Soziales als besondere Realität konstituierende Prozess." (Luhmann 1984, S. 193) Kommunikation ist die Operation, in der soziale Systeme die Komplexität und Kontingenz der sozialen Welt bewältigen. Auch soziale Systeme sehen sich permanent mit dem Problem konfrontiert, dass ein „Unterschied" besteht „zwischen dem, was tatsächlich existiert, und den vielen Möglichkeiten, die existieren könnten." (Münch 2004, Band 3, S. 192) Außerdem gibt es einen Unterschied zwischen der Bedeutung, die ein bestimmtes Ereignis oder eine bestimmte Situation hier und jetzt haben, und der Bedeutung, die ein solches Ereignis in einem der vielen anderen möglichen Kontexte haben könnte. „Kommunikationen müssen einen *Sinn* vermitteln können, der allgemein ist insofern, als er in verschiedenen Situationen trotz Wechsels der Umstände als derselbe festgehalten werden kann." (Luhmann 1965, S. 31, Hervorhebung H. A.) Sinn[37] ist die „gemeinsame Errungenschaft" (Luhmann 1984, S. 92) in der Co-Evolution psychischer und sozialer Systeme. Sinn ist die Erklärung, dass und wie Kommunikation soziale Situationen strukturiert und kontrolliert und wie daraus die gemeinsame Erwartung resultiert, eine soziale Situation in gleicher Weise zu verstehen und deshalb auch gemeinsam handeln zu können.

Soziale Systeme bilden sich um „aussichtsreiche Kommunikationen" herum. (Luhmann 1981d, S. 27) Das bedeutet zunächst einmal, dass Kommunikationen

---

36 In einem Vortrag Anfang 1990 überraschte Luhmann uns, Studenten und Kollegen, mit der lapidaren These von der „Überschätzung des Subjektanteils an der Kommunikation".
37 Zu Luhmanns Sinnbegriff vgl. Band 1, Kap. 3.1 *„Wie ist soziale Ordnung möglich?"* – Über Sinn, *Erwartungsstrukturen, Kommunikation und soziale Systeme.*

weiterlaufen, die bis dahin gelungen sind und die Anschlüsse für weitere Kommunikationen schaffen. Erwartungen *strukturieren* eine soziale Situation, und *soziale Strukturen* sind „nichts anderes (...) als Erwartungsstrukturen". (Luhmann 1984, S. 397) „Erwartungen sind, und insofern sind sie Strukturen, das autopoietische Erfordernis für die Reproduktion von Handlungen. Ohne sie würde das System in einer gegebenen Umwelt mangels innerer Anschlussfähigkeit schlicht aufhören, und zwar: von selbst aufhören. (...) Die Elemente müssen, da zeitgebunden, laufend erneuert werden; sonst würde das System aufhören zu existieren. Die Gegenwart entschwände in die Vergangenheit, und nichts würde folgen. Dies ist nur zu verhindern dadurch, dass der Handlungssinn in einem Horizont der Erwartung weiteren Handelns konstituiert wird. (...) Es scheint dann so, als ob das Handeln sich selbst einer momenthaften Vergänglichkeit entzieht, sich über sich hinausschwingt." (Luhmann 1984, S. 392) Die strukturbildende Funktion von Erwartungen besteht darin, Handlungen aneinander anzuschließen, den Fortgang einer Kommunikation also zu ermöglichen.

Zitierte Literatur

Brandenburg, Alois Günter (1971): Systemzwang und Autonomie. Gesellschaft und Persönlichkeit bei Talcott Parsons. Düsseldorf: Bertelsmann Universitätsverlag
Coleman, James S. (1964): Collective decisions. In: Sociological inquiry, Vol. 34
— (1990a): Grundlagen der Sozialtheorie. Band 1: Handlungen und Handlungssysteme. München: Oldenbourg, 1991
— (1990c): Grundlagen der Sozialtheorie. Band 3: Die Mathematik der sozialen Handlung. München: Oldenbourg, 1994
Durkheim, Émile (1895): Die Regeln der soziologischen Methode. Neuwied: Luchterhand, 4., revidierte Aufl. 1976
Esser, Hartmut (1990): „Habits", „Frames" und „Rational Choice". Die Reichweite von Theorien der rationalen Wahl. In: Zeitschrift für Soziologie, Jg. 19, Heft 4
— (1999): Soziologie. Spezielle Grundlagen. Band 1: Situationslogik und Handeln. Frankfurt am Main: Campus
— (2001): Soziologie. Spezielle Grundlagen. Band 6: Sinn und Kultur. Frankfurt am Main: Campus
Ferguson, Adam (1767): Versuch über die Geschichte der bürgerlichen Gesellschaft. Frankfurt am Main: Suhrkamp, 1988
Friedrichs, Jürgen (1968): Werte und soziales Handeln. Tübingen: Mohr
Giddens, Anthony (1976): Interpretative Soziologie. Eine kritische Einführung. Frankfurt am Main: Campus, 1984
— (1983): Vorwort zur deutschen Ausgabe. In: Giddens (1976)
— (1984): Die Konstitution der Gesellschaft. Frankfurt am Main: Campus, 1992
— (1988): Interview mit Anthony Giddens, siehe: Kießling (1988)

— (1990): Konsequenzen der Moderne. Frankfurt am Main: Suhrkamp, 1995
Habermas, Jürgen (1981b): Theorie des kommunikativen Handelns, 2 Bände. Frankfurt am Main: Suhrkamp
Hillmann, Karl-Heinz (1994): Verhaltenstheoretische Soziologie. In: Hillmann (1994): Wörterbuch der Soziologie. Stuttgart: Kröner, 4. Aufl.
Homans, George Caspar (1958): Soziales Verhalten als Austausch. In: Hartmann (Hrsg.) (1967): Moderne amerikanische Soziologie. Stuttgart: Enke, 2. Aufl. 1973
— (1961): Elementarformen sozialen Verhaltens. Opladen: Westdeutscher Verlag, 2. Aufl. 1972
— (1964): Bringing men back in. (Deutsche Fassung u. d. T. Wider den Soziologismus) In: Homans (1972): Grundfragen soziologischer Theorie. Opladen: Westdeutscher Verlag
Jensen, Stefan (1976): Einleitung. In: Jensen (Hrsg.) (1976): Talcott Parsons. Zur Theorie sozialer Systeme. Opladen: Westdeutscher Verlag
— (1980): Talcott Parsons. Eine Einführung. Stuttgart: Teubner
Joas, Hans (1992): Eine soziologische Transformation der Praxisphilosophie – Giddens' Theorie der Strukturierung. In: Giddens (1984)
Kießling, Bernd (1988): Die „Theorie der Strukturierung". Ein Interview mit Anthony Giddens. In: Zeitschrift für Soziologie, Jg. 17, Heft 4, Juni 1988
Luhmann, Niklas (1965): Grundrechte als Institution. Ein Beitrag zur politischen Soziologie. Berlin: Duncker & Humblot
— (1971): Sinn als Grundbegriff der Soziologie. In: Habermas u. Luhmann (1971): Theorie der Gesellschaft oder Sozialtechnologie – Was leistet die Systemforschung? Frankfurt am Main: Suhrkamp
— (1975c): Interaktion, Organisation, Gesellschaft. In: Luhmann (1975): Soziologische Aufklärung 2. Aufsätze zur Theorie der Gesellschaft. Opladen: Westdeutscher Verlag
— (1981a): Wie ist soziale Ordnung möglich? In: Luhmann (1981): Gesellschaftsstruktur und Semantik. Studien zur Wissenssoziologie der modernen Gesellschaft, Band 2. Frankfurt am Main: Suhrkamp
— (1981d): Die Unwahrscheinlichkeit der Kommunikation. In: Luhmann (1981): Soziologische Aufklärung 3. Soziales System, Gesellschaft, Organisation. Opladen: Westdeutscher Verlag, 3. Aufl. 1993
— (1984): Soziale Systeme. Grundriss einer allgemeinen Theorie. Frankfurt am Main: Suhrkamp
— (1987a): Was ist Kommunikation? In: Luhmann (1995): Soziologische Aufklärung 6: Die Soziologie und der Mensch. Opladen: Westdeutscher Verlag
Mandeville, Bernard (1723): The fable of the bees: or, private vices, publick benefits. Vol. I: 1723, Part II: 1729. Oxford: University Press, 1966
Marx, Karl (1852): Der achtzehnte Brumaire des Louis Bonaparte. In: Marx u. Engels (1972): Werke, Band 8. Berlin: Dietz
Münch, Richard (2003): Soziologische Theorie. Band 2: Handlungstheorie. Frankfurt am Main: Campus
— (2004): Soziologische Theorie. Band 3: Gesellschaftstheorie, Frankfurt am Main: Campus

Parsons, Talcott (1937): The structure of social action. New York: The Free Press, 1967
— (1939a): Die akademischen Berufe und die Sozialstruktur. In: Parsons (1964): Beiträge zur soziologischen Theorie. Hrsg. von Dietrich Rüschemeyer. Neuwied: Luchterhand
— (1951): The social system. New York: Free Press, 1964
— (1960): Pattern variables revisited. A response to Robert Dubin. In: American Sociological Review 25
— (1971): Das System moderner Gesellschaften. München: Juventa, 1972
Schimank, Uwe (1996): Theorien gesellschaftlicher Differenzierung. Opladen: Leske + Budrich, UTB
— (2000): Handeln und Strukturen. Einführung in die akteurtheoretische Soziologie. Weinheim und München: Juventa
Schütz, Alfred; Luckmann, Thomas (1975): Strukturen der Lebenswelt, Band 1. Neuwied: Luchterhand
Smith, Adam (1759): Theorie der ethischen Gefühle. Hamburg: Meiner, 1985
Weber, Max (1917): Der Sinn der „Wertfreiheit" der soziologischen und ökonomischen Wissenschaften. In: Weber (2002)
— (1920b): Soziologische Grundbegriffe. In: Weber (2002)
— (1922): Wirtschaft und Gesellschaft. Tübingen: Mohr, 3. Aufl. 1947
— (2002): Schriften 1894–1922. Ausgewählt von Dirk Kaesler. Stuttgart: Kröner
Wilson, Thomas P. (1970): Theorien der Interaktion und Modelle soziologischer Erklärung. In: Arbeitsgruppe Bielefelder Soziologen (Hrsg.) (1973): Alltagswissen, Interaktion und gesellschaftliche Wirklichkeit. Band 1: Symbolischer Interaktionismus und Ethnomethodologie. Reinbek: Rowohlt

Interaktion 5

Inhalt:

5.1	Wechselwirkung und Vergesellschaftung (Simmel)	186
5.2	Interaction, mutual influence, form of cooperation (Cooley)	188
5.3	Soziale Beziehung – aufeinander eingestelltes Verhalten (Weber)	190
5.4	Interaktion – Verschränkung der Perspektiven (Mead)	192
5.5	Das soziale System als Interaktionssystem – Rolle, Austausch, Kontingenz (Parsons)	198
5.6	Symbolische Interaktion, Definition der Situation (Blumer, Thomas)	203
5.7	Die Ordnung der Interaktion (Goffman)	208
5.8	Interaktionssysteme, Kommunikation unter Anwesenden (Luhmann, Kieserling)	213
5.9	Praktische Methoden, alltägliche Interaktionen in Gang zu halten (Garfinkel)	216
5.10	Annahmen über das Gelingen von Interaktion (Krappmann)	221
5.11	Kommunikatives Handeln und Diskurs (Habermas)	223
	Literatur	230

Interaktion heißt, dass Individuen in einer Wechselwirkung zueinander stehen, sei es, dass sie gemeinsam handeln und sich durch ihr Denken und Handeln gegenseitig beeinflussen, sei es, dass sie sich in ihrem Denken und Handeln an bestimmten konkreten oder auch vorgestellten Anderen orientieren. Die entsprechenden soziologischen Theorien werden aktuell unter dem Begriff des *Interaktionismus* gefasst. (vgl. Abels 2012) In diesen Theorien wird zwischenmenschliches Handeln damit erklärt, dass die Handelnden die Situation und ihr Handeln wechselseitig interpretieren und sich fortlaufend anzeigen, wie ihr gemeinsames Handeln weitergehen soll. Interaktion ist ein permanenter Prozess des Handelns, Beobachtens und Entwerfens weiterer Handlungen. In diesem Prozess übernehmen ego und alter wechselseitig ihre Rollen, vollziehen Reaktionen nach und antizipieren so weiteres Handeln. Durch ihre wechselseitigen Interpretationen *defi-*

nieren die Handelnden sich, ihr Handeln und die objektiven Bedingungen des Handelns. Diese Theorien firmieren unter dem weiten Begriff des *Symbolischen Interaktionismus*. Sie reichen in ihren Ursprüngen weit in die Geschichte der Soziologie zurück. Im Gegensatz zum normativen Paradigma, für das vor allem die Theorie von Parsons steht, werden diese Theorien dem *interpretativen Paradigma* (Wilson 1970) zugeordnet.[1]

5.1 Wechselwirkung und Vergesellschaftung (Simmel)

Der wichtigste Vorläufer der zunächst in den USA aufkommenden interaktionistischen Theorien ist GEORG SIMMEL, mit dessen *formaler* Soziologie[2] amerikanische Soziologen und Philosophen auf ihren Bildungsreisen nach Europa um die Wende zum 20. Jahrhundert in Kontakt kamen. Simmel hatte in einem programmatischen Aufsatz als „das einzige Objekt einer Sociologie als besonderer Wissenschaft (…) die Untersuchung der Kräfte, Formen und Entwicklungen der *Vergesellschaftung*, des Mit-, Für- und Nebeneinanderseins der Individuen" bezeichnet. (Simmel 1894, S. 57 Anm., Hervorhebung H.A.) Simmel spricht von „Vergesellschaftung" und nicht von „Gesellschaft", um deutlich zu machen, dass Gesellschaft kein festes Gebilde, sondern ein *Prozess* ist, in dem die Individuen durch ihr Denken und Handeln aufeinander einwirken und so die sozialen *Formen* fortlaufend *herstellen*. „Gesellschaft im weitesten Sinne ist offenbar da vorhanden, wo mehrere Individuen in Wechselwirkung[3] treten." (Simmel 1894, S. 54) Gesellschaft ist ein Prozess, „der jeden Tag und zu jeder Stunde geschieht; fortwährend knüpft sich von neuem die Vergesellschaftung unter den Menschen, ein ewiges Fließen und Pulsieren, das die Individuen verkettet." (Simmel 1908, S. 33)

Simmels Beispiele für diese ununterbrochene Vergesellschaftung zeigen, wo er soziale *Ordnung als Prozess* ansetzt: „Dass die Menschen sich gegenseitig anblicken, und dass sie aufeinander eifersüchtig sind; dass sie sich Briefe schreiben oder miteinander zu Mittag essen; dass sie sich, ganz jenseits aller greifbaren Interessen, sympathisch oder antipathisch berühren; dass die Dankbarkeit der altruistischen Leistung eine unzerreißbar bindende Weiterwirkung bietet; dass einer den andern nach dem Wege fragt und dass sie sich füreinander anziehen und schmücken – all die tausend, von Person zu Person spielenden, momentanen oder dauernden, be-

---

1 Zur Unterscheidung zwischen interpretativem und normativem Paradigma vgl. oben im Vorwort *Welche Themen in diesem Band behandelt werden* die Ausführungen unter (b) *Normatives und interpretatives Paradigma*.
2 Vgl. Band 1, Kap. 3.5 *Verdichtung von Wechselwirkungen zu einer Form.*
3 Die englische Übersetzung des Begriffs „Wechselwirkung" durch „interaction" trifft es m. E. ganz gut, denn „action" heißt sowohl „Handlung" wie „Wirkung".

wussten oder unbewussten, vorüberfliegenden oder folgenreichen Beziehungen (...) knüpfen uns unaufhörlich zusammen. In jedem Augenblick spinnen sich solche Fäden, werden fallen gelassen, wieder aufgenommen, durch andre ersetzt, mit andern verwebt. Hier liegen die, nur der psychologischen Mikroskopie zugängigen Wechselwirkungen zwischen den Atomen der Gesellschaft, die die ganze Zähigkeit und Elastizität, die ganze Buntheit und Einheitlichkeit dieses so deutlichen und so rätselhaften Lebens der Gesellschaft tragen." (Simmel 1908, S. 33)

Die Wechselwirkung kann nie eine definitive Form erreichen, da jedes Handeln jedes Individuums fortlaufend wirkt und bewirkt wird. Gesellschaft kann nicht anders als ein permanenter *Prozess,* eben Vergesellschaftung, verstanden werden!

Wie kommt es zu einer Wechselwirkung? Simmel erklärt es so: „Diese Wechselwirkung entsteht immer aus bestimmten Trieben heraus oder um bestimmter Zwecke willen. Erotische, religiöse oder bloß gesellige Triebe, Zwecke der Verteidigung wie des Angriffs, des Spieles wie des Erwerbes, der Hilfeleistung wie der Belehrung und unzählige andere bewirken es, dass der Mensch in ein Zusammensein, ein Füreinander-, Miteinander-, Gegeneinander-Handeln, in eine Korrelation der Zustände mit Anderen tritt, d. h. Wirkungen auf sie ausübt und Wirkungen von ihnen empfängt. Diese Wechselwirkungen bedeuten, dass aus den individuellen Trägern jener veranlassenden Triebe und Zwecke eine Einheit, eben eine ‚Gesellschaft' wird. (...) Jene Einheit oder Vergesellschaftung kann, je nach der Art und Enge der Wechselwirkung, sehr verschiedene Grade haben – von der ephemeren Vereinigung zu einem Spaziergang bis zur Familie, von allen Verhältnissen ‚auf Kündigung' bis zu der Zusammengehörigkeit zu einem Staat, von dem flüchtigen Zusammen einer Hotelgesellschaft bis zu der innigen Verbundenheit einer mittelalterlichen Gilde." (Simmel 1908, S. 17 f.)

Das Handeln des Individuums ist also durch etwas motiviert und auf etwas gerichtet. Zum gesellschaftlichen Ereignis wird die Verfolgung seiner Ziele, wenn es sich dabei auf andere Individuen bezieht, sei es, dass es sie braucht, um ein bestimmtes Ziel zu erreichen, sei es, dass sie als Konkurrenten auftreten oder dass sie einfach nur so – als Beobachter, als Personen, auf die man sich bezieht, usw. – vorhanden sind. Wegen der unterschiedlichen Interessen und Zwecke vergesellschaften sich die Individuen zu „spezifischen Konfigurationen". (Simmel 1894, S. 55) Ist dem Menschen zunächst ein „enges Zusammensein mit denjenigen auferlegt, neben die der Zufall der Geburt ihn gestellt hat", nimmt er mit fortschreitender Entwicklung Kontakt zu denen auf, die „durch sachliche Gleichheit der Anlagen, Neigungen und Tätigkeiten eine Beziehung zu ihm besitzen". Durch diese „Assoziationen" ergeben sich *objektive Konstellationen,* die Simmel „soziale Kreise" nennt. (Simmel 1890, S. 237 f.)

Über diesem *strukturellen* Aspekt darf der *Handlungsaspekt* nicht vergessen werden: Indem die Individuen wechselseitig aufeinander einwirken, vergesellschaften sie sich zu *gemeinsamen Handlungsformen*. Deshalb lenkt Simmel den Blick von den objektiven Formen der Wechselwirkung, der Gesellschaft, auf das Pendant, das Individuum, und beschreibt gewissermaßen, was in den Individuen vor sich geht, wenn sie in Wechselwirkung mit Anderen stehen. Konkret nimmt Simmel eine bestimmte Form des *Bewusstseins* als notwendiger Voraussetzung von Vergesellschaftung in den Blick. Er schreibt: „Das Bewusstsein, Gesellschaft zu bilden, ist zwar nicht in abstracto dem Einzelnen gegenwärtig, aber immerhin weiß jeder den Andern als mit ihm verbunden." (Simmel 1908, S. 46)

Simmel fragt nun nach den „spezifischen Kategorien", die „der Mensch gleichsam mitbringen muss, damit dieses Bewusstsein" entstehen kann. Dazu stellt er erstens fest, dass „das Bild, das ein Mensch vom andern aus der persönlichen Berührung gewinnt", durch gewisse „Verschiebungen" bedingt ist, die seine reale Beschaffenheit prinzipiell ändern. Konkret ist damit gemeint, dass wir „den Andern in irgend einem Maße verallgemeinert" sehen. Wir sehen ihn als Typus. Zweitens sehen wir den Anderen als den typischen Repräsentanten des sozialen Kreises, in dem wir mit ihm in Wechselwirkung verbunden sind. Wir wissen: „Dieser ist ein Mitglied meines Kreises." (Simmel 1908, S. 47 u. 49) Er ist *Mitbewohner* meiner Welt – und deshalb kann ich ihn und er mich verstehen, und so funktioniert auch der Prozess der Vergesellschaftung als soziale Wechselwirkung.

Zusammenfassend kann man es so sagen: „Gesellschaft in ihrem fortwährend sich realisierenden Leben bedeutet immer, dass die Einzelnen vermöge gegenseitig ausgeübter Beeinflussung und Bestimmung verknüpft sind. Sie ist also eigentlich etwas Funktionelles, etwas, was die Individuen tun und leiden, und ihrem Grundcharakter nach sollte man nicht von Gesellschaft, sondern von Vergesellschaftung sprechen. Gesellschaft ist dann nur der Name für einen Umkreis von Individuen, die durch derartig sich auswirkende Wechselbeziehungen aneinander gebunden sind und die man deshalb als eine Einheit bezeichnet." (Simmel 1917, S. 13 f.)

5.2 Interaction, mutual influence, form of cooperation (Cooley)

Die Gründungsväter der amerikanischen Soziologie haben Simmels Begriff der „Wechselwirkung" mit „interaction" übersetzt. Eine andere Wurzel des Interaktionismus liegt im amerikanischen *Pragmatismus,* einer auf Charles Sanders Peirce und William James zurückgehenden Philosophie um die Wende zum 20. Jahrhundert. Peirce erkannte das Wesen des Menschen in seinem *Handeln*[4] und unter-

---

4   Pragma – griech. Handlung.

suchte das *Denken* daraufhin, welche Wirkung wir einem Gegenstand durch seine Benennung zuschreiben. Der stärker empirisch ausgerichtete James vertrat die These, dass Handeln die den Menschen auszeichnende Form der Lebensbewältigung ist und dass dieses Handeln auf eine soziale Organisation und Zustimmung aller Beteiligten abzielt.

Der schon[5] erwähnte Soziologe CHARLES HORTON COOLEY führte den Ansatz des Pragmatismus mit der These weiter, dass das, was wir über uns und die Welt denken, nicht aus uns selbst, sondern aus der *Kommunikation* mit den Anderen entsteht. Mit der Einführung dieses soziologischen Grundbegriffes wendet sich Cooley „gegen vorherrschende philosophische oder psychologische Theorien, die die Vergesellschaftung zwischen Menschen auf biologische Faktoren oder auf Imitationsverhalten zurückführen. Nur durch Kommunikation kann der Mensch eine Beziehung zu anderen Menschen aufbauen. Aber", so kann man diesen Gedanken schon hier weiterführen, „Kommunikation ist nicht nur für die Beziehung zu anderen Menschen maßgeblich, sondern auch für die Ausbildung der eigenen Identität", was Cooley am Beispiel des Kindes veranschaulicht, das „lernt, sein eigenes Verhalten durch die Augen anderer, insbesondere der Mutter, zu betrachten. Es lernt, sein eigenes Verhalten zu beobachten, indem es sein Verhalten an den Reaktionen der Anderen kontrolliert." (Schützeichel 2004, S. 89)

Kommunikation entspringt aus spontanen Zeichen, die wir von uns geben oder wahrnehmen, löst sich allmählich aus der Unmittelbarkeit und verdichtet sich nach und nach zu einem „system of standard symbols", das dem Denken und Handeln des Einzelnen und seiner Gruppe Sinn verleiht. Nahezu alles – von der Stimme bis zur Geste, vom gedruckten Wort bis zur Eisenbahn – kann Zeichen sein, und in einer gewissen Weise sind alle Objekte und Handlungen „symbols of the mind". (Cooley 1909, S. 61f.) Den Sinn der Zeichen und die Symbole, mit denen wir die Welt deuten, erfahren wir nicht durch Introspektion, sondern in „interaction" und durch „mutual influence". So entsteht ein *soziales Bewusstsein*, und aus der „cooperation" aller *formt* sich ein lebendiges Ganzes. (vgl. Cooley 1909, S. 10f.) Die ersten und wichtigsten Erfahrungen von uns selbst, den Anderen und dem sozialen Ganzen machen wir in den Primärgruppen der Familie, der peer group und der Nachbarschaft. Die Funktion dieser face-to-face Gemeinschaften ist die soziale Organisation der menschlichen Natur zu einem Bewusstsein des „wir", zu einer *gemeinsamen* Vorstellung von „richtig" und „falsch" und zu *gemeinsamen* Gefühlen. (vgl. Cooley 1909, S. 34)

Im Vorgriff auf die Identität des Individuums und seine Einbindung in den Prozess wechselseitigen Verstehens muss noch etwas Weiteres bedacht werden. In der Kommunikation, hieß es gerade, entsteht auch unser Bewusstsein von uns

---

5 Siehe oben Kap. 2.2 *The development of a social nature or character.*

selbst. Genauer muss man sagen: *erst* durch die Kommunikation *(interaction, intercourse, cooperation)* mit den Anderen kommt es zustande und nimmt seine Form an. Deshalb spricht Cooley von einem „looking-glass self" (Cooley 1902, S. 184): was wir über uns wissen, spiegelt das wider, was die Anderen von uns halten und was sie früher durch ihr Verhalten uns gegenüber zum Ausdruck gebracht haben und sie aktuell zum Ausdruck bringen. Das Ich erfährt sich über die Perspektive der Anderen. Auf diesen Effekt der Kommunikation oder Interaktion komme ich gleich noch einmal zurück.

5.3 Soziale Beziehung – aufeinander eingestelltes Verhalten (Weber)

Für ein Verständnis der interpretativen Theorien und damit der Interaktionstheorien ist auch Max Webers Definition sozialen Handelns[6] wichtig. Für ihn soll Soziologie eine Wissenschaft heißen, „welche soziales Handeln deutend verstehen und dadurch in seinem Ablauf und seinen Wirkungen ursächlich erklären will", und *„soziales* Handeln" soll ein solches Handeln heißen, „welches seinem von den Handelnden *gemeinten* Sinn nach auf das Verhalten *Anderer"* bezogen ist. (Weber 1920b, S. 653) Streng logisch muss die Formulierung „gemeinter" Sinn als Versuch verstanden werden, Ordnung in das nächste, *gemeinsame* Handeln zu bringen. Handeln erfolgt in einer *sozialen Beziehung* – und *ist* soziale Beziehung, und die versteht Weber als ein fortlaufendes, „aufeinander *gegenseitig* eingestelltes und dadurch *orientiertes* Sichverhalten mehrerer". (vgl. Weber 1920b, S. 676, Hervorhebungen H. A.) Damit steht Webers Theorie des sozialen Handelns ganz in der Nähe zu Simmels These von der *Wechselwirkung*.

Um den Begriff des sozialen Handelns auf den – von Weber natürlich noch nicht benutzten – Begriff der Inter-Aktion hinzuführen, rufe ich noch einmal kurz in Erinnerung, was das „Soziale" am sozialen Handeln ausmacht, woran es also orientiert ist. Das soziale Handeln kann „orientiert werden am vergangenen, gegenwärtigen oder für künftig erwarteten Verhalten Anderer", wobei die Anderen „Einzelne und Bekannte oder unbestimmte Viele und ganz Unbekannte sein" können und auch abstrakte Symbole, wie z. B. Geld, umfassen, von denen wir er-

---

[6] Weber wird auch deshalb hier behandelt, damit nicht der Eindruck entsteht, in Theorien des Handelns (siehe oben Kap. 4 *Soziales Handeln*) ginge es um etwas völlig anderes als in Theorien der Interaktion. Eine Hilfestellung, das Thema „Interaktion" mit dem Thema „Soziales Handeln" zu verbinden, habe ich schon ganz am Ende des Kap. 3 *Rolle: Was vom Individuum erwartet wird und wie es damit umgeht* angeboten.

warten, dass sie für die Anderen das Gleiche wie für uns bedeuten. (vgl. Weber 1920b, S. 670 f.)

Um die wechselseitige Orientierung des sozialen Handelns deutlich zu machen, bemühe ich noch einmal Webers Beispiel von den zwei armen Radfahrern, die zusammenprallen, und schmücke es mit meinen Worten aus. Der Zusammenstoß ist, wie Weber sagt, „ein bloßes Ereignis wie ein Naturgeschehen". Auch die Tatsache, dass an diesem bedauerlichen Ereignis zwei Individuen beteiligt sind, macht das Ereignis nicht zum sozialen Handeln. Wenn aber, so malt Weber die Kollision aus, beide sich anschließend prügeln, dann sprechen wir von „sozialem Handeln", denn das Handeln des einen ist an dem Sinn des Handelns des Anderen orientiert. Selbst wenn wir den unwahrscheinlichen Fall nehmen, dass der eine dem Anderen eine runterhaut und der so Gezüchtigte nichts tut, wäre auch das soziales Handeln, denn er reagiert ja, wenn auch in ungewöhnlicher Form (z. B. schuldbewusst und gerechter Strafe ergeben). Aber eigentlich kann man schon die scheinbar ganz spontane Reaktion, den Anderen zu ohrfeigen, als *soziales Handeln* bezeichnen. Wenn wir nämlich eine instinktive Erklärung ausschließen, dann können wir unterstellen, dass A im konkreten Fall den Sinn des Ereignisses sofort verstanden hat: B ist ein rücksichtsloser Rowdy und verdient deshalb eine Ohrfeige. Das wär's dann von seiner Seite. Das Handeln von B ist in seinem Ablauf natürlich umgekehrt an dem gemeinten Sinn des Handelns von A orientiert: Meint B, dass A im Recht ist, hält er still; meint er, dass der Andere sich unverhältnismäßig aufplustert, schlägt er zurück.

Wenn man auf den *Prozess* des sozialen Handelns und darauf abhebt, dass auf das erste, am gemeinten Sinn des Handelns eines Anderen orientierte Handeln eine Reaktion dieses Anderen erfolgt, woran sich wiederum das Handeln des ersten orientiert, usw., dann liegen die Begriffe „soziales Handeln" und „Interaktion" durchaus eng zusammen. Wenn man aber stärker auf die *Form* der fortdauernden Wechselseitigkeit des Handelns abhebt, liegt der schon genannte Begriff der *sozialen Beziehung* noch näher.

Aus Webers Formulierung, dass das Handeln sich dem „Sinn nach auf das Verhalten *Anderer*" bezieht und „daran in seinem Ablauf orientiert ist", muss man schließen, dass das soziale Handeln beiderseitig etwas bewirkt und so Bedingungen des weiteren Handelns schafft. Auf die so entstehende, das aktuelle Handeln überdauernde Form des wechselseitigen Handelns zielt der Begriff der *sozialen Beziehung*. Weber definiert ihn so: „Soziale ‚Beziehung' soll ein seinem Sinngehalt nach aufeinander gegenseitig *eingestelltes* und dadurch orientiertes Sich-Verhalten mehrerer heißen." (Weber 1920b, S. 676) Soziale Beziehung ist also kein Zustand, sondern ein Prozess „*beider*seitigen (…) *aufeinander*" bezogenen sozialen Handelns, wobei jeder Beteiligte eine bestimmte Einstellung beim Anderen ihm gegenüber voraussetzt und „an diesen Erwartungen sein eigenes Handeln orientiert". (Weber 1920b, S. 676 f.) An dieser letzten Formulierung ist die Bewegungsrichtung des Handelns interessant: Der Handelnde *setzt voraus,* dass der Andere ihm gegenüber bestimmte Einstellungen hat (sicher ist er natürlich nicht), tut dann aber gleich schon so, als ob sie ganz sicher vorhanden sind, somit tatsächliche *Erwartungen* sind, an denen er sich dann orientiert und auf die er „entsprechend" reagiert! Hier drängt sich natürlich die Frage auf, wie zu erklären ist, dass wir wechselseitig bestimmte Einstellungen und Erwartungen annehmen und dass wir überhaupt den „gemeinten Sinn" des Verhaltens Anderer „verstehen" können: Weber erklärt es so, dass es in einer bestimmten Kultur *durchschnittliche* oder *typische* Erwartungen an das Verhalten eines jeden Individuums gibt. (vgl. Weber 1920b, S. 677)[7]

Ich fasse Webers Ausführungen zum sozialen Handeln und zur sozialen Beziehung zusammen: *Soziales Handeln* ist die gegenseitige Orientierung von Individuen am gemeinten Sinn ihres Verhaltens. Sie können sich verstehen, weil sie sich an durchschnittlichen oder typischen Erwartungen orientieren. Eine *soziale Beziehung* heißt ein fortlaufendes, aufeinander gegenseitig eingestelltes und dadurch orientiertes Sichverhalten mehrerer.

5.4 Interaktion – Verschränkung der Perspektiven (Mead)

Die gegenseitige Orientierung der Individuen in und an ihrem gemeinsamen Handeln steht auch in der Theorie von GEORGE HERBERT MEAD im Vordergrund, der – wie Cooley! – Interaktion als *Kommunikationsprozess* versteht. Dazu muss man sagen, dass der Begriff „interaction" bei Mead, der gerne als Ahnherr des Interaktionismus bezeichnet wird, nur an wenigen Stellen auftaucht, wo er von „social relations and interactions" (Mead 1934a, S. 273) spricht.[8] Ich meine aber, dass das englische Wort „inter-action" ganz gut zum Ausdruck bringt, wie Mead das Verhalten zwischen Individuen erklärt: als *Kommunikation,* in der sie gegenseitig ihr Verhalten wahrnehmen, darauf reagieren und durch ihre Reaktionen *wechselseitig* aufeinander *einwirken*. Wegen der fortlaufenden, wechselseitigen Effekte

---

[7] Ich werde in Kap. 5.9 *Praktische Methoden, alltägliche Interaktionen in Gang zu halten* zeigen, dass genau diese Annahme der sozusagen normalen Erwartungen und des entsprechend „selbstverständlichen" Handelns der Ethnomethodologie zugrunde liegt – und wie böse Überraschungen man in dieser Hinsicht erleben kann.

[8] Auch an anderen Stellen (z. B. Mead 1934a, S. 139 oder 191) wird der Begriff „interaction" nicht systematisch verwendet. (siehe auch oben Kap. 2.6 *Integration in einen organisierten Verhaltensprozess*) Meads Begriff „social relations" trifft ziemlich genau Webers gerade zitierte Definition einer „sozialen Beziehung" als eines „gegenseitig aufeinander eingestellten Sich-Verhaltens".

kann man den Begriff der Kommunikation auch mit *sozialer Interaktion* gleichsetzen.

Mead ist geprägt durch den eben schon angesprochenen amerikanischen *Pragmatismus,* der das Wesen des Menschen in seinem Handeln sah, und durch die seinerzeit vorherrschende psychologische Theorie des *Behaviorismus*[9] von John Watson. Wie Watson betrachtete Mead den Menschen zunächst einmal als ein biologisches Wesen, das auf *Reize* aus seiner Umwelt *reagiert.* Anders als Watson, für den das, was sich im Kopf des Menschen abspielte, eine „black box" war, und der deshalb – wie Mead kritisierte – Begriffe wie „Geist" oder „Bewusstsein" als falsch ablehnte (vgl. Mead 1934, S. 48), behauptete Mead, dass sich der Mensch gerade dadurch vom Tier unterscheide, dass er aus der Erfahrung des Verhaltens Anderer und seines Verhaltens darauf ein *Bewusstsein* typischer Situationen und typischer Handlungen entwickelt. Sieht er sich nun mit einer konkreten Situation und konkretem Verhalten konfrontiert, wird dieses Bewusstsein aktiviert. Der Mensch interpretiert das Verhalten des Anderen nach seinen eigenen Erfahrungen, verzögert dadurch seine Reaktion, und entscheidet *selbst,* wie er reagieren wird. Gegen den strengen Behaviorismus, der den Menschen mehr oder weniger als passives Produkt seiner Umwelt ansah, wendet Mead ein, dass die Umwelt nicht feststeht, sondern „in gewissem Sinne als Hypothese" besteht: Der Mensch kann sich seine Umwelt selbst aussuchen, und er kann seine Umwelt „organisieren", also selbst schaffen. (Mead 1934, S. 293)

Außerdem bezeichnete Mead seine Theorie als *Sozialbehaviorismus,* um zu betonen, dass die entscheidenden Reize im *Verhalten* zueinander bestehen. Für dieses wechselseitig gezeigte und wahrgenommene Verhalten übernimmt er von dem deutschen Psychologen Wilhelm Wundt, dessen Vorlesungen er in Leipzig besucht hatte, den Begriff der *Geste (gesture).* Gesten sind der grundlegende Mechanismus *(basic mechanism),* der eine *soziale Handlung (social act)* auslöst und, indem er *passende Reaktionen (appropriate responses)* des einen auf das Verhalten des Anderen ermöglicht, den *sozialen Prozess (social process)* in Gang hält. (vgl. Mead 1934, S. 45 u. 52; 1934a, S. 7 u. 13 f.) Unter einer *Geste* kann man alles wahrnehmbare *Verhalten* wie Körperhaltung, Positionierung im Raum, Sprechen oder Schweigen, Mimik etc. verstehen. In Gesten kommen Haltungen *(attitudes)* zum Ausdruck, weshalb Mead sie auch als „Anfänge sozialer Handlungen" und Teil der *Organisation* einer sozialen Handlung bezeichnet. (Mead 1934, S. 82 f.). Gesten bringen einen bestimmten *Sinn (meaning)* zum Ausdruck, bedeuten also etwas ganz Bestimmtes. Ihre soziale Funktion ist, beim Anderen *passende* Reaktionen hervorzurufen. Diese Reaktionen werden wiederum zum Reiz „für eine neuer-

---

[9] Siehe oben Kap. 2.5 *Lernen unter den Bedingungen der Umwelt.*

liche Anpassung" der darauf erfolgenden Gegenreaktion, „bis schließlich die endgültige soziale Handlung zustande kommt". (Mead 1934, S. 83) Im Zusammenspiel *(interaction, interplay)* der Reaktionen bildet sich schließlich die angemessene, gemeinsame soziale Handlung heraus.

In diesem Zusammenspiel der Gesten gibt es einen wichtigen Unterschied zwischen Mensch und Tier. Ein Tier reagiert auf eine Geste sofort und in festgelegter, instinktiver Weise, während der Mensch, sobald sich das Bewusstsein ausbildet, in der Lage ist, seine Reaktion zu *verzögern*, und erst einmal überlegt, was die Geste in der konkreten Situation bedeuten könnte. Diese Verzögerung erfolgt im Prozess des *Denkens*. Denken bedeutet zunächst, dass der Mensch von der Geste abstrahiert und auf den darin zum Ausdruck kommenden *Sinn* sieht. Wenn z. B. jemand in der Diskothek vor unseren Augen die Faust ballt, kann das den Beginn eines Streites bedeuten. Wenn jemand das in einem Hörsaal tut, verstehen wir es als körperbetonte Didaktik, mit der uns der Dozent etwas eindringlich nahe bringen will. Wir verstehen es so, weil wir unsere bisherigen Erfahrungen heranziehen und sie mit der neuen Situation vergleichen. Dass ein Professor seine Studenten verprügelt, haben wir noch nie gehört, und dass man sich in einer Diskothek manchmal prügelt, weiß jeder.

An diesem Beispiel wird zweierlei deutlich: Sinn ist die Verbindung einer Geste mit einer Handlung, die stattgefunden hat und die sie repräsentiert, oder einer Handlung, die von ihr ausgelöst wird. (Mead 1934, S. 120 u. 121 Anm. 15) Gesten verweisen also auf etwas vor oder nach der konkreten Situation. Zweitens ist der Mensch in der Lage, Gesten zu *interpretieren*. Er verallgemeinert die konkrete Situation, indem er nach der Idee fragt, die mit der Geste zum Ausdruck gebracht werden soll. Das macht den *Geist (mind)* oder den Verstand des Menschen aus. (vgl. Mead 1934, S. 86)

Wird der Sinn einer Situation oder eines Handlungszusammenhangs auf einen bestimmten Begriff gebracht oder kommt in einem äußeren Zeichen zum Ausdruck, dann spricht Mead von einem *Symbol*: „Wir verweisen auf den Sinn einer Sache, wenn wir ein Symbol verwenden. Symbole stehen für den Sinn jener Dinge oder Objekte, die einen solchen Sinn haben; es handelt sich bei ihnen um Teile der Erfahrung, die andere Teile der Erfahrung aufzeigen oder repräsentieren, die gegenwärtig oder in der gegebenen Situation nicht direkt vorhanden, aber alle in der Situation präsent sind." (Mead 1934, S. 162 f. Anm. 29) Symbole bringen den Sinn eines Handlungszusammenhangs zum Ausdruck, und zugleich verweisen sie auf seine Vorgeschichte, seine Randbedingungen und seine mögliche Zukunft. Symbole repräsentieren immer einen komplexen Zusammenhang. Deshalb lösen sie auch kein automatisches Verhalten aus, sondern erfordern und ermöglichen Interpretationen. Das Individuum kann sich mehrere Deutungen überlegen und zwischen möglichen Reaktionen auswählen.

Damit ist aber auch das Risiko der Kommunikation zwischen Menschen angesprochen. Während Gesten in der Kommunikation zwischen Tieren richtige Reaktionen garantieren, sind beim Menschen Interpretationen nicht ausgeschlossen, die sich widersprechen. Auf die Frage, wie dann Kommunikation möglich ist, wo doch jeder die Situation anders verstehen kann, antwortet Mead mit dem Hinweis, dass Menschen *signifikante Symbole* ausbilden. Von einem signifikanten Symbol kann man dann sprechen, wenn ein Zeichen oder eine symbolische Geste beim anderen Individuum die *gleiche* Vorstellung über die dahinter liegende Bedeutung hervorruft wie im Erzeuger und somit die gleiche Reaktion auslöst. (vgl. Mead 1934, S. 188 f.)

Wie an anderer Stelle[10] schon ausgeführt, entstehen aus Erfahrungen mit typischem Verhalten *konkreter Anderer* allgemeine Vorstellungen, wie *jeder* Andere in einer ähnlichen Situation handeln wird. Diese kollektiven Vorstellungen, die über die Erwartungen konkreter Anderer hinausgehen, werden von Mead als der *generalisierte Andere (the generalized other)* bezeichnet. (Mead, 1934, S. 196) Im Grunde ist der „generalisierte Andere" der gedachte Horizont der Vorstellungen, was „man" in einer bestimmten Situation gewöhnlich so tut und was man deshalb auch von allen Beteiligten mit Fug und Recht erwarten kann. Deshalb darf man auch nicht übersehen, dass sich die Individuen durch die Orientierung am generalisierten Anderen auch gegenseitiger *sozialer Kontrolle* unterziehen: „Der generalisierte Andere ist der Repräsentant der Gesellschaft im Individuum. Selbst bei Abwesenheit anderer ist das Individuum imstande, sein Verhalten so zu organisieren, dass es dabei berücksichtigt, welche diesbezüglichen Haltungen es von ihrer Seite zu gewärtigen hätte. Daher hängt der generalisierte Andere bei Mead sowohl mit Selbstkontrolle wie mit sozialer Kontrolle eng zusammen." (Strauss 1964, S. 30)

Die gemeinsame Orientierung am generalisierten Anderen bildet gewissermaßen den Rahmen der Interaktion, und sie ist die Bedingung für eine weitere spezifisch menschliche Fähigkeit. Neben der Fähigkeit des Menschen, über den Sinn eines Verhaltens in einer bestimmten Situation erst einmal nachzudenken, ehe er reagiert, zeichnet ihn noch etwas anderes aus: die Fähigkeit zur *Rollenübernahme (taking the role of the other)*. (Mead 1934, S. 113) Rollenübernahme heißt, dass ich mich, bevor ich handle, in die Rolle des Anderen hineinversetze und mir vorstelle, wie er auf mein Verhalten reagieren wird. Ich denke also über mein Verhalten und seine Reaktion von seinem Standpunkt aus nach. Das erfolgt natürlich in den wenigstens Fällen bewusst!

Durch die fortlaufende Rollenübernahme kommt es zu einer *Verschränkung der Perspektiven*. Sie ist gewissermaßen der Motor der Interaktion. Indem die In-

---

10 Siehe oben Kap. 2.6 *Integration in einen organisierten Verhaltensprozess*.

dividuen sich wechselseitig beobachten und ihr Verhalten interpretieren, deuten sie sich gegenseitig an, wie es weitergehen soll. Diese Interaktion beinhaltet eine doppelte *Konstruktion:* ego versetzt sich nicht in „die" Rolle alters, sondern in eine Rolle, wie ego sie aufgrund seiner Erfahrung *vermutet,* und ego deutet nach der Interpretation der Reaktionen alters zum Zwecke der nächsten Interaktion nicht irgendeine eigene Rolle an, sondern die, die ego hier und jetzt spielen *will.* Aber ego und alter schreiben einander auch nicht irgendeine Rolle zu, sondern eine, die der Andere spielen *soll.* Der Prozess des role-taking ist immer auch einer des wechselseitigen „role-making". (Turner 1962, S. 216) Interaktion ist *Reaktion* und *Entwurf* zugleich.

Verbindet man nun die Vorstellung, dass ego und alter in einer konkreten Interaktion wechselseitig die Rolle des Anderen übernehmen, mit der begründeten Annahme, dass sie Gesten und Symbole in dergleichen Weise interpretieren und sich damit auf das beziehen, was als organisiertes Verhalten typisch für eine soziale Gruppe oder Gemeinschaft ist, dann wird klar, warum die Übernahme der Rolle des Anderen immer auch eine Form der sozialen Integration ist! Indem ego und alter nämlich ihre möglichen Reaktionen ins Kalkül ziehen, unterziehen sie ihr Verhalten, wie gerade schon gesagt, einer *sozialen* Kontrolle. Sie revidieren vielleicht ihre Handlungsabsichten oder bestärken sie und lösen ein bestimmtes Handeln in sich aus, das dann wieder das Handeln des Anderen beeinflusst. Der Mechanismus der Übernahme der Rolle des Anderen und der Verschränkung der Perspektiven dient dazu, „den Einzelnen und seine Handlungen im Hinblick auf den organisierten sozialen Erfahrungs- und Verhaltensprozess zu integrieren." (Mead 1934, S. 301)

Indem sich die Handelnden durch ihre Aktionen und Reaktionen zu verstehen geben, was in dieser Situation gilt und welchen Sinn sie ihrem wechselseitigen Handeln beimessen, kommt es zu einer kommunikativen *Verständigung* über Gründe und Ziele des Handelns. Verständigung bedeutet natürlich nicht Einverständnis, sondern nur das Anzeigen der weiteren Handlungsabsichten. Das alles erfolgt natürlich in den seltensten Fällen bewusst!

Die Vergewisserung aller Beteiligten, um welchen Sinn es sich in einer bestimmten Situation handelt und welches Verhalten deshalb nahegelegt oder ausgeschlossen wird, erfolgt zum einen über die fortlaufende Beobachtung des Verhaltens der Anderen, zum zweiten über die *Sprache.* Sprache ist die höchstentwickelte Form der Kommunikation. Sie ist Symbolisierung von Erfahrung. Das bedeutet: *Erfahrungen,* die sich aus Reaktionen ergeben haben, die alle Beteiligten als erfolgreich angesehen haben, wurden im Laufe der Zeit „symbolisiert" (Mead 1934, S. 52 Anm. 9) und als *Erwartungen* „generalisiert". Die wiederum werden über Sprache zum Ausdruck gebracht. Sie ist Träger intersubjektiv geteilten Wissens und versorgt uns mit den Erklärungen für Situationen, wie wir sie normalerweise erleben. Sie ist das Symbolsystem par excellence. Die Sprache ist der Speicher der *kollektiven Erfahrungen* einer Gesellschaft und der daraus entstandenen *kollektiven Erwartungen,* wie in dieser Gesellschaft gehandelt werden *soll.*

Natürlich brauchen wir nicht immer hörbar zu sprechen, wenn wir uns den Sinn einer Situation klar machen. Das bewältigen wir mittels *Denken,* das Mead denn auch als ein verinnerlichtes *(internalized)* oder implizites Gespräch des Individuums mit sich selbst mithilfe signifikanter Symbole bezeichnet. (Mead 1934, S. 189; 1934a, S. 47) Denken heißt, dass wir mittels Sprachsymbolen jederzeit über Eindrücke, Erfahrungen und Erwartungen verfügen können. Bestimmte Erfahrungen brauchen wir gar nicht einmal zu machen, weil wir sie uns im Kopf vorstellen können. Im Grunde sind Symbole nichts anderes als abkürzende Sprache. Indem wir diese gemeinsame Sprache sprechen, unterstellen wir, dass wir alle auch die gleichen Erwartungen normalen Verhaltens hegen. Denken ist das Durchspielen einer Handlung, und zwar einer *gemeinsamen* Handlung. Im Denken, das meist gar nicht bewusst ist, kommen die Ideen zum Ausdruck, die wir durch unser Handeln auszuführen beabsichtigen bzw. die im Handeln ausgeführt worden sind. Beides, das *Denken* und das *Handeln,* macht die Interaktion aus.

Kommen wir noch einmal auf eine entscheidende Bedingung gemeinsamen Handelns, die ständige Übernahme der Rolle des Anderen, zurück. Wie oben[11] im Kapitel *Sozialisation* gezeigt, wird diese Fähigkeit, sich in einen Anderen hineinzuversetzen, über die Stufen des play und des game entwickelt. Im Rollenspiel des *play* schlüpft das Kind in die Rolle *signifikanter Anderer* und denkt und handelt von ihrem Standpunkt aus. Im organisierten Regelspiel des *game,* in dem sich die Handlungen aller Beteiligten gegenseitig beeinflussen, muss das Kind im Prinzip in die Rollen aller Beteiligten schlüpfen und von ihrem Standpunkt aus denken. Die Summe der generellen Haltungen, die man in einer konkreten Situation von allen Handelnden erwarten kann, nennt Mead, wie gesagt, den *generalisierten Anderen.* Er ist das *Prinzip* oder, wenn man so will: der *Sinn* der Interaktion.

Nur weil wir uns auf diesen generalisierten Anderen beziehen, ist Kommunikation im Wortsinn möglich. Weil wir in dergleichen Gesellschaft und in dergleichen Sprache sozialisiert wurden, verstehen wir einander und können miteinander interagieren. Bei dieser Erklärung, die ja etwas mit unserer gemeinsamen Vergangenheit zu tun hat, müssen wir noch eine zweite Erklärung, die die Zukunft unseres Handelns betrifft, anfügen. Nach Mead werden äußere Erfahrungen sinnvoll zu „inneren *Erfahrungen*" verarbeitet. Diese inneren Erfahrungen bezeichnet er als „Haltungen" *(attitudes),* und die wiederum sind, wie gesagt, „Anfänge von Handlungen"; damit ist gemeint, dass die Organisation unserer Erfahrungen nicht nur das umfasst, „was unmittelbar abläuft, sondern auch die späteren Phasen".

---

11 Siehe Kap. 2.6 *Integration in einen organisierten Verhaltensprozess.*

(Mead 1934, S. 43 u. 50) Geht man auf eine Situation zu, dann denken wir – bewusst oder unbewusst – auch schon darüber nach, was wir dort tun wollen oder sollen. Auf eine Beerdigung stelle ich mich innerlich und durch mein ganzes Verhalten anders ein, als wenn ich auf meine Hochzeit gehe (wenigstens im Prinzip). Mead führt seinen Gedanken konsequent weiter und sagt, dass in der aktuellen Handlung schon die späteren Phasen der Handlung enthalten sind. Da also unsere Erfahrungen Teil sozialer Erfahrungen und innere Erfahrungen Anfänge von Handlungen sind und in ihnen wiederum weitere Handlungen beschlossen sind, wissen wir, was im nächsten Augenblick mit hoher Wahrscheinlichkeit passieren wird und wie sich alle an der Interaktion Beteiligten verhalten werden. Ego und alter werden gewissermaßen füreinander berechenbar und verlässlich. Die Ordnung der Interaktion bleibt möglich!

5.5 Das soziale System als Interaktionssystem – Rolle, Austausch, Kontingenz (Parsons)

Während nach der Theorie von Mead das Verhalten der Individuen erst in der Interaktion Konturen bekommt, betonte TALCOTT PARSONS, dessen Systemtheorie der Strukturerhaltung[12] und die darin verankerte Rollentheorie[13] die soziologische Diskussion in den USA und Europa lange Zeit dominierten, stärker die *normative* Funktion der Rollen. Grob vereinfacht kann man sagen: Die Individuen haben die *gesellschaftlich vorgegebenen Rollen* so sehr verinnerlicht, dass sie sich willig an sie halten und selbstverständlich erwarten, dass die anderen Individuen das genauso tun. Sie integrieren sich zu einem gemeinsamen Handeln nicht durch gegenseitige Abstimmung, sondern durch die gleichgerichtete Befolgung gleicher sozialer Regeln. Deshalb habe ich bei den Erklärungen sozialer Ordnung die Theorie von Parsons[14] so zusammengefasst: Ordnung ist das Ergebnis normativer Integration, und sie *ist* normative Integration. Diese Erklärung des Handelns der Individuen hat Parsons im Grundsatz immer beibehalten, aber er hat in späteren Jahren einen bemerkenswerten Schwenk vorgenommen, indem er das gemeinsame Handeln der Individuen als „Interaktionssystem" bezeichnete. Mit seiner Annahme, dass Interaktion *Austausch* ist, näherte er sich der Position von Mead an. Betrachten wir seine Argumentation etwas genauer.

Ich fange mit Parsons' Feststellung an, dass ein „soziales System", wo also konkrete Individuen handeln, ein „Interaktionssystem" (Parsons 1968a, S. 432) ist –

---

12 Vgl. Band 1, Kap. 6.2 *Systemtheorie der Strukturerhaltung*.
13 Siehe oben Kap. 3.1 *Rolle – normative Erwartung*.
14 Vgl. Band 1, Kap. 3.9 *Normative Integration*.

Inter-*Aktion* (nehmen Sie es zunächst einmal so!) deshalb, weil es „durch Handlung erzeugt" (Parsons 1968a, S. 430) wird, *Inter*-Aktion, weil die Handlungen von ego und alter sich wechselseitig bewirken, wobei natürlich auch scheinbares Nicht-Handeln (das Kaninchen vor der Schlange oder das coole Übersehen eines Anderen) Handeln bedeutet. Und selbstverständlich wirken auch die sozialen Umstände (die Schlange vor dem Kaninchen) auf unser Handeln ein. Auf diese wechselseitige Beziehung zielt Parsons, wenn er fordert, ein *soziales System* unter dem Aspekt des „Austauschs" *(interchange)* seiner *einzelnen Elemente* zu analysieren. (vgl. Parsons 1968a, S. 434)

(1) Da ist zunächst die *Situation*. Sie ist definiert durch die Objekte, an denen sich die Handelnden orientieren. Solche Objekte können physischer, kultureller oder sozialer Natur sein. Ein *physisches Objekt* ist z. B. die Straße, auf die ich mich einstelle, wenn ich sie betrete. Physische Objekte „interagieren" nicht mit uns. Dem Asphaltplatz ist es ziemlich egal, ob wir ihn mit nackten Füßen oder Fußballschuhen traktieren, aber wir selbst werden ganz sicher bei einem Fußballspiel auf der Straße vorsichtiger zu Werke gehen als auf einem Rasenplatz. *Kulturelle Objekte* sind „symbolische Elemente der kulturellen Tradition, es sind Ideen oder Überzeugungen, Symbole oder Werte." (Parsons 1951, S. 4) Das hat Durkheim „soziale Tatsachen" genannt. Zu den kulturellen Objekten gehören sowohl die *Ziele,* die man in einer Gesellschaft oder in einer konkreten Interaktion anstreben darf oder soll, als auch die *Mittel,* die dabei angewandt werden dürfen oder sollen. Wo z. B. in unserer Gesellschaft die Maxime gilt, Reichtum zu erwerben, sind die Mittel des Raubes ausgeschlossen. Jede Situation gemeinsamen Handelns ist durch *Normen* des richtigen Verhaltens gekennzeichnet. *Soziale Objekte* sind ego und alter. Ihre Teilnahme an der Interaktion kann unter zwei Aspekten betrachtet werden: Da ist einmal der *positionale* Aspekt, wo also die Handelnden im sozialen System und zueinander lokalisiert sind. Wo diese Position in irgendeiner Weise bewertet wird, und das ist beim sozialen Handeln immer der Fall, denn das mindeste ist, dass einer für so unwichtig gehalten wird, dass man ihn gar „nicht wahrnimmt", wo eine Position also bewertet wird, sprechen wir von einem „Status". Da ist zum anderen der *prozessuale* Aspekt, unter dem gefragt wird, was die Handelnden in ihren Beziehungen zueinander tun, welche „Rolle" sie also spielen. (vgl. Parsons 1951, S. 25) Rolle meint die sozialen Erwartungen an das Handeln. Ich komme darauf zurück.

(2) In der „Inter-Aktion" geht es vor allem um diese *sozialen Objekte*. Deshalb bilden die *Individuen* das zweite Element des sozialen Systems. Wie kommen sie in der Interaktion vor? Zunächst einmal ist das Individuum als Handelnder zu sehen, der eine bestimmte Motivation hat. Konkret: „Er hat Wünsche, Ziele, internalisierte Wertorientierungen und natürlich Affekte, ‚Gefühle'." Der Handelnde ist aber auch „ein *Objekt von Orientierungen,* und zwar für andere Handelnde wie

auch für sich selbst." Und außerdem muss man sagen: „Jedes Individuum ist in *vielfältigen* Interaktionssystemen eingebettet, so dass der Teil seines motivationalen Systems, der jeweils ‚engagiert' ist, von Situation zu Situation verschieden sein wird. Ebenso wird seine Bedeutung als Objekt von Kontext zu Kontext variieren." (Parsons 1968, S. 73) Unter dem Gesichtspunkt, dass soziales Handeln „Inter-Aktion" ist, ist besonders der zweite Aspekt wichtig, dass die Individuen für einander und für sich Objekte der Orientierung sind. Mit anderen Worten: Sie reflektieren durch ihr Handeln das Handeln der Anderen und nehmen sich unter dieser Bedingung auch selbst wahr. Dies haben wir schon bei Mead gelesen, und ihn erwähnt Parsons auch ausdrücklich. Der Bezug zu Mead kommt auch in der folgenden Beschreibung, was soziale Interaktion ist und wie sie funktioniert, zum Ausdruck: „Der Handelnde nimmt wahr und ist Objekt der Wahrnehmung, er nutzt instrumentelle Mittel und ist selbst Mittel, er ist den Anderen gefühlsmäßig verbunden und ist selbst Objekt solcher Gefühle, er analysiert und ist Objekt der Analyse, er interpretiert Symbole und ist selbst Symbol." (Parsons 1968a, S. 436)

(3) Das dritte Element ist die *Handlung*. Parsons verwendet diesen Begriff sehr allgemein, indem er ihn mit jeder Form von Beziehungen oder Orientierungen zwischen Personen gleichsetzt. Dann gehören selbstverständlich die individuellen Befindlichkeiten (z. B. Freude oder Angst) dazu wie die kulturellen Symbole (rote Karte oder weiße Fahne) und die soziale Situation (Streit oder Liebesgeflüster). Damit wird deutlich, dass Parsons das Handeln sowohl aus der Gesellschaft wie aus der Person erklärt. Das wird auch bei der folgenden Definition deutlich. Danach kann man von Handeln sprechen, wenn es zielorientiert ist, sich in einer konkreten sozialen Situation abspielt, von bestimmten Normen geleitet ist und aus einer bestimmten Motivation heraus erfolgt. (vgl. Parsons u. Shils 1951a, S. 53) Nach dem oben gesagten ist dieses Handeln im Prinzip immer „Interaktion", denn es spielt sich in einer *sozialen* Situation ab, ist deshalb sozialer *Austausch,* und da es auf Ziele gerichtet ist, die innerhalb eines konkreten sozialen Systems realisiert werden sollen, ist es auch bedingt durch die dort geltenden *Normen*. Austausch ist das *Handeln* auch insofern, als es wechselseitig ein bestimmtes Folgehandeln auslöst. Handeln hat wechselseitig motivationale Bedeutung. (Parsons 1951, S. 4)

(4) Das vierte Element des sozialen Systems ist das *symbolische System,* das die Individuen teilen. (vgl. Parsons u. Shils 1951a, S. 15 u. 16) Es ist die „Kultur", die sich in der Kommunikation zwischen den handelnden Personen herausbildet. (vgl. Parsons 1951, S. 5) Natürlich wird sie, wie ich bei der Analyse der Situation gezeigt habe, nicht frei erfunden, sondern ist geprägt von den Werten und Normen, nach denen die Gesellschaft insgesamt geregelt ist. „Der Prototyp einer solchen Ordnung ist die Sprache." Jedes soziale System bildet eine typische „Sprache" aus. Sie beinhaltet einen *Code* von Normen, die festlegen, wie man „richtig" spricht, wie Symbole zu verstehen sind und wie man Informationen austauscht. (Par-

sons 1968a, S. 437) Die Sprache ist ein *generalisiertes Medium*. Neben der Sprache gibt es noch andere „generalisierte Medien" der Interaktion, die sozusagen spezialisiertere „Sprachen" sind und das Verhalten in bestimmten Bereichen großer sozialer Systeme „kontrollieren". Solche Medien der Interaktion sind Geld, Macht und Einfluss. (vgl. Parsons 1968a, S. 440) Interaktionsmedien sind Mittel, Handlungsabsichten zum Ausdruck zu bringen und komplementäres Verhalten zu erzeugen: Wer fünf € anbietet, kann mit der Herausgabe zumindest einer kleinen Pizza rechnen, wer mit der dicken Keule droht, rechnet mit Unterwerfung, und wer den Mädchen einredet, dass nur die guten Mädchen in den Himmel kommen, hofft, dass sich die bösen, die angeblich überall hin kommen, seinem Einfluss nicht entziehen.

(5) Das fünfte Element des sozialen Systems sind die *sozialen Rollen*. Rollen sind normative Erwartungen eines typischen Verhaltens in einer bestimmten sozialen Position. Wer die Bank D. am Schalter vertritt, soll aus deren Sicht zwar freundlich sein, aber die Kunden doch allmählich dazu bringen, ihre Geldgeschäfte am Automaten zu erledigen. In dem anderen sozialen System erwartet die alte Frau A. aber, dass die Bankangestellte erst mal ihrer Tagesgeschichte zuhört, ehe sie die Überweisung ausfüllt. „Vom Standpunkt des Handelnden her gesehen definiert sich seine Rolle durch die normativen Erwartungen der Gruppenmitglieder, die in den sozialen Traditionen zum Ausdruck kommen." (Parsons 1945, S. 55) Das soziale System weist „verhältnismäßige stabile Beziehungsmuster" zwischen den Beteiligten auf; Parsons bezeichnet das als *Struktur*. (vgl. Parsons 1945, S. 54) „Die Struktur von sozialen Handlungssystemen" zeichnet sich nun dadurch aus, „dass in den meisten Beziehungen der Handelnde nicht als individuelle Ganzheit beteiligt ist, sondern lediglich mit einem bestimmten, differenzierten ‚Ausschnitt' seines gesamten Handelns. Ein derartiger Ausschnitt, der die Grundeinheit eines Systems sozialer Beziehungen darstellt, wird heute überwiegend als ‚Rolle' bezeichnet." (Parsons 1945, S. 54 f.) *Rolle* meint die Erwartungen, die ein soziales System – vom Gespräch am Schalter über das Fußballspiel bis zum Gottesdienst und der Gesellschaft insgesamt – an seine Mitglieder richtet. Rollen haben eine normative Funktion, indem sie das „*rechte* Verhalten" definieren und „passende Verhaltensmöglichkeiten" aufzeigen. (vgl. Parsons 1945, S. 56)

Ich habe oben[15] referiert, wie Rollenhandeln nach der Theorie von Parsons im Idealfall funktioniert, und auch schon angedeutet, dass Parsons neben seine Theorie der Rolle, die den Idealfall erfolgreichen gemeinsamen Handelns mit *Normkonformität* und *Konsens* erklärt, eine Theorie der Interaktion gestellt hat, die gewissermaßen den realen *Differenzen* und *Dissensen* – und auch Ungewissheiten! – im

---

15 Kap. 3.1 *Rolle – normative Erwartung*.

normalen Alltag Rechnung trägt. Um das Problem, mit dem das Individuum in der Interaktion fertigwerden muss, geht es nun.

Rollen, hieß es eben, sind durch normative Erwartungen definiert, „die in den sozialen Traditionen zum Ausdruck kommen". (vgl. Parsons 1945, S. 55) Damit ist aber auch schon das Problem der Interaktion angedeutet: Im Prinzip haben alle Interaktionspartner eine höchst spezifische Sozialisation hinter sich. Ihre Erfahrungen und Erwartungen verdanken sich also ganz unterschiedlichen Traditionen. Wo z. B. die eine erwartet, dass sich jeder in einer soziologischen Diskussion „voll einbringt", ist es der zweiten „voll peinlich", was ihr da geboten wird, die dritte setzt alle mit Webers Forderung nach totaler Wertfreiheit unter Druck, und der vierte mimt den gelangweilten Beobachter. Und man kann auch unterstellen, dass die Beteiligten nur einen Teil ihrer Persönlichkeit in der aktuellen Rolle aktivieren, was natürlich nicht heißt, der Rest sei nicht wichtig. Wer weiß schon, welchen Stellvertreterkrieg jemand ausficht, der gegen jede dezidierte Meinung opponiert?

Ergo: Erwartungen an das „richtige" Handeln sind diffus, vielfältig und manchmal sogar widersprüchlich. Wichtiger ist aber die Tatsache, dass der Handelnde in der Interaktion nicht sicher weiß, wie der Andere reagieren wird. Er kann nur *mögliche* Reaktionen annehmen. (vgl. Parsons 1951, S. 5) Die Erwartungen sind also *kontingent,* und insofern ist auch das nächste Handeln egos prinzipiell kontingent. Für die Erwartungen und das Handelns alters gilt das genauso. Wegen dieser wechselseitigen Abhängigkeit des Handelns von den möglichen Erwartungen und dem möglichen Handeln egos und alters ist jeder Interaktion eine *doppelte Kontingenz* inhärent. (vgl. Parsons u. Shils 1951a, S. 16)

Dass wir trotz dieser Ungewissheit handeln können, erklärt Parsons damit, dass es im Laufe einer „erfolgreichen" Sozialisation zu einer „strukturellen Verallgemeinerung der Ziele" gekommen ist. (Parsons 1945, S. 60) Diese Erklärung muss man allgemeiner verstehen: Nicht nur die *Ziele* sind verallgemeinert worden, sondern auch die sozialen Vorstellungen der angemessenen *Mittel.* Kurz: Im Prozess der Sozialisation werden generelle Muster des Handelns verinnerlicht. Um es an einem konkreten Beispiel deutlich zu machen: Wer gelernt hat, mit dem Auto auf der rechten Seite zu fahren, muss nicht eigens lernen, auch mit dem Fahrrad rechts zu fahren, denn er hat begriffen, dass der Straßenverkehr nach diesem Prinzip funktioniert. Und er kann sich darauf verlassen, dass die Anderen das auch so kapiert haben. Wer wiederholt leidvoll erfahren hat, dass totale Offenheit zum Schaden gereicht hat, wird irgendwann unterstellen, dass auch Andere in der Interaktion etwas zurückhalten. Da strukturelle Verallgemeinerung also nicht nur für Ziele und Mittel, sie zu realisieren, sondern auch für Rollen gilt, kann in einer konkreten Interaktion Möglichkeit zumindest auf *Wahrscheinlichkeit* reduziert werden.

Der Gedanke der Verallgemeinerung *(generalization)* entspricht ziemlich genau der Erklärung von Mead, wie Kommunikation zwischen den Individuen möglich ist: Interaktion ist ein System „komplementärer Erwartungen", das funktioniert, weil sich ego und alter an einem gemeinsamen symbolischen System orientieren. Auch Parsons' Annahme, dass der Handelnde in einer konkreten Interaktion „ein *Objekt von Orientierungen,* und zwar für andere Handelnde wie auch für sich selbst" (Parsons 1968, S. 73) ist und dass Interaktion funktioniert, weil es ein generalisiertes symbolisches System (in der Sprache Meads der „generalized other") gibt, liegt nicht weit von Meads Erklärung weg. Während nach Mead aber Rollen erst in der Interaktion Kontur bekommen, ich wiederhole es, betont Parsons stärker die *normativen* Vorgaben, an denen sich die Handelnden orientieren.

5.6 Symbolische Interaktion, Definition der Situation (Blumer, Thomas)

Als George Herbert Mead 1931 plötzlich verstarb, übernahm sein ehemaliger Schüler und junger Kollege HERBERT BLUMER (1900-1987) seine Vorlesung zur Sozialpsychologie. Im Laufe der Jahre hat Blumer dann einige Ansätze Meads weiterausgeführt, dessen Erklärung, dass Handeln im Prinzip in wechselseitigen Reaktionen auf Verhalten besteht, aber in einer bestimmten Weise präzisiert. Den neuen, eigenen Ansatz hat er schließlich, im Jahre 1969, als *Symbolischer Interaktionismus* bezeichnet.

Der Symbolische Interaktionismus markiert den Übergang vom *normativen* zum *interpretativen Paradigma* (Wilson 1970); letzteres stellt nicht die Normativität von Gesellschaft, Struktur oder Rolle, sondern das Individuum und seine Fähigkeit, die Bedingungen seines Handelns selbst zu gestalten, in den Mittelpunkt soziologischer Analyse. Die Interaktionen, in denen diese Bedingungen geschaffen und gefestigt werden, entwickeln sich - genau wie bei Mead - auf der Basis der wechselseitigen Beobachtung konkreten Verhaltens, doch Blumer stellt stärker heraus, dass diese wechselseitige Orientierung vor dem Horizont *individueller* wie *gesellschaftlicher Symbole* erfolgt.

Diese These steht natürlich vor dem Hintergrund der Erklärungen, die Mead gegeben hatte. Danach gelingt Kommunikation, weil die Beteiligten sich den *Sinn* ihres Handelns über gemeinsame, *signifikante Symbole* erschließen. Das hebt Blumer besonders hervor, und insofern wäre es auch klarer, wenn man seine Theorie des Handelns als „symbolvermittelte" Interaktion bezeichnen würde. (vgl. Joas u. Knöbl 2004, S. 193) Die Handelnden zeigen einander durch ihre Sprache und ihr Verhalten dauernd an, wie sie die Situation verstehen und wie der Andere sie verstehen soll. Sie produzieren in der Interaktion fortlaufend gemeinsame Symbole.

Meads Gedanken der wechselseitigen Verschränkung der Perspektiven führt Blumer fort und sagt, dass die Handelnden sich, ihr Handeln und die objektiven Bedingungen des Handelns kontinuierlich *interpretieren* und damit die soziale Situation *füreinander* und *miteinander definieren*. So wird der Sinn der Interaktion fortlaufend ausgehandelt, und es kommt zu einer *gemeinsamen Definition der Situation*.

Diese Definition schafft objektive Handlungsbedingungen und strukturiert die weiteren Interaktionen. WILLIAM I. THOMAS, den Blumer übrigens als prominenten Vorläufer des Symbolischen Interaktionismus erwähnt, hat die Kraft der Definitionen so ausgedrückt: „Wenn Menschen Situationen als real definieren, sind auch ihre Folgen real." (Thomas u. Thomas 1928, S. 114)

Auf diesem sog. Thomas-Theorem basieren Blumers „drei einfache Prämissen" über das Handeln der Menschen gegenüber Dingen, die Bedeutung der Dinge und die Verwendung dieser Bedeutung: (1) Menschen handeln Dingen gegenüber auf der Grundlage der *Bedeutungen,* die die Dinge für sie haben. Dinge sind alles, was der Mensch wahrzunehmen vermag, wie physische Objekte (z. B. Stuhl), andere Menschen oder Kategorien von ihnen (z. B. Feinde), Institutionen (z. B. Schule), leitende Ideale (z. B. Ehrlichkeit), soziale Handlungen (z. B. Befehl) oder Alltagssituationen. (2) Die Bedeutung der Dinge wird abgeleitet aus den *sozialen Interaktionen* oder entsteht erst in ihnen. Bedeutungen sind soziale Produkte. (3) Diese Bedeutungen werden in einem *interpretativen Prozess* gehandhabt und durch ihn modifiziert. (vgl. Blumer 1969, S. 81)

Nach Blumer handeln Menschen nicht, indem sie normative Rollen einfach ausführen, sondern indem sie ihnen und den übrigen Bedingungen des Handelns eine Bedeutung geben und damit die Bedingungen selbst schaffen. Die Zuschreibung einer Bedeutung kann man als „Definition" bezeichnen. Dieser Prozess der Bedeutung erfolgt aus der sozialen Interaktion heraus, deshalb bezeichnet Blumer Bedeutungen auch als „soziale Produkte". Die Menschen zeigen sich wechselseitig an, welche Bedeutung sie einer bestimmten Situation beimessen, wie sie die Bedingungen des nächsten Handelns definieren und wie sie die Effekte dieses Handelns *interpretieren*. Auch wenn es keinem der Beteiligten bewusst ist: Sie stehen in einem fortlaufenden „formenden Prozess".

In diesem wechselseitigen Interpretationsprozess interagiert der Handelnde auch mit sich selbst. (vgl. Blumer 1969, S. 84) Er definiert sich und strukturiert danach sein Handeln. Daraus folgt: Die innere Kommunikation eines jeden Beteiligten an der Interaktion ist Reaktion auf die innere Kommunikation jedes anderen Beteiligten. Das Bewusstsein des Individuums von sich selbst ist auch das – freilich nicht bewusste – Bewusstsein, im Spiegel der Anderen zu stehen.

Vor diesem Hintergrund skizziert Blumer nun vier Kernvorstellungen des Symbolischen Interaktionismus. Die erste heißt, „dass menschliche Gruppen aus handelnden Personen bestehen", genauer: „dass menschliche Gruppen und Gesellschaften im Grunde nur *in der Handlung bestehen.*" (Blumer 1969, S. 85)[16]

Die zweite Kernvorstellung lautet folgerichtig, dass eine Gesellschaft aus Individuen besteht, „die miteinander interagieren". Deshalb müssen sie „darauf achtgeben, was der jeweils Andere tut oder tun will" (Blumer 1969, S. 86 f.), und das tun sie auch. Die Handelnden interpretieren sich und ihr wechselseitiges Handeln, ziehen daraus Schlüsse und definieren so den Rahmen ihres Handelns.

Die dritte Kernvorstellung betrifft die Beschaffenheit von Objekten. Für Blumer gibt es keine Welt an sich, sondern nur Welten, wie Menschen sie sich und füreinander konstruieren. Diese „Welten" sind aus „Objekten" zusammengesetzt, die wiederum „das Produkt symbolischer Interaktion sind. Zu den Objekten ist alles zu zählen, was angezeigt werden kann, alles, auf das man hinweisen oder auf das man sich beziehen kann." (Blumer 1969, S. 90) Das reicht vom Wassertropfen über konkrete Personen bis zu abstrakten moralischen Prinzipien. Die Bedeutung der Objekte ist für verschiedene Personen höchst unterschiedlich. Für den einen ist das Wasser das Zeichen des Lebens, für den Anderen Bedrohung. Die Bedeutung der Objekte liegt denn auch nicht in den Objekten selbst, sondern in der Definition, die die Handelnden sich gegenseitig anzeigen. Wenn kleine Mädchen anfangen zu kreischen, wenn man mit dem Wasserschlauch ankommt, dann zeigen sie sich an, dass das kommende Vergnügen ohne einen kleinen Schock nicht zu haben ist. Objekte sind Produkte des Handelns von Menschen. In sie legen sie Sinn hinein. Will man das Handeln der Menschen verstehen, muss man ihre Welt von Objekten bestimmen. Fährt jemand im offenen Cabriolet mit hämmernden Bässen langsam durch die Straße, ist es sein Arrangement von Körper, Objekt und Raum, mit dem er sich oder Anderen imponieren will, und bestimmte Zuschauer werden es auch so verstehen. Andere definieren das natürlich ganz anders und empfinden es als lästig.

Viertens sagt der symbolische Interaktionismus, dass der Mensch mit sich selbst in einer sozialen Interaktion steht. Er begegnet einem ständigen Fluss von Situationen; in jeder muss er handeln, und in jeder Situation muss er die Umstände seines Handelns – von seinen Bedürfnissen bis zu den antizipierten Ergebnissen des gemeinsamen Handelns – interpretieren und definieren. Er zeigt sich Objekte an und gibt ihnen eine Bedeutung. Nach dieser Bedeutung organisiert er sein Handeln. So schafft er sich seine eigene Welt, indem er interpretierend über sie verfügt.

---

16 Bei Weber war zu lesen, dass ein soziales Gebilde nur solange besteht, wie in ihm sinnvolle Handlungen stattfinden. Vgl. Band 1, Kap. 3.7 *Handeln unter der Vorstellung einer geltenden Ordnung.*

Aus den vier Kernannahmen folgt, dass eine Interaktion mehr ist als die Summe der einzelnen Handlungen. Sie ist etwas Eigenes, das sich ständig verändert und jede einzelne Handlung bedingt. Dadurch, dass die Handelnden sich fortlaufend anzeigen, wie sie die Situation definieren, verketten sich die einzelnen Handlungen. Dieser Begriff der *Verkettung (interlinkage)* ist durchaus wörtlich zu verstehen, denn eine Handlung greift in die andere, ist Reaktion auf eine Handlung und Bedingung für eine nächste. Verkettung begründet gemeinsames Handeln. Zu dieser Verkettung macht Blumer nun drei Anmerkungen, die sich auf die scheinbare *Wiederholung* von Handeln, die *Ausdehnung,* die eine solche Verkettung annehmen kann, und auf die *Vorgeschichte* der Handlungen beziehen.

So stellt er zunächst einmal fest, dass der überwiegende Teil sozialen Handelns routinemäßig nach bestimmten Mustern erfolgt. „In den meisten Situationen, in denen Menschen in Bezug aufeinander handeln, haben sie im Voraus ein festes Verständnis, wie sie selbst handeln wollen und wie Andere handeln werden. Sie haben gemeinsame und vorgefertigte Deutungen dessen, was von der Handlung des Teilnehmers erwartet wird, und dementsprechend ist jeder Teilnehmer in der Lage, sein eigenes Verhalten durch solche Deutungen zu steuern." (Blumer 1969, S. 97 f.) Während Parsons das gemeinsame Handeln damit erklären würde, dass die Beteiligten ihre Rollen kennen und sie routiniert ausführen, müssen sie sich nach der These von Blumer zunächst einmal zu verstehen geben, dass es ein Zusammenhang ist, dem man durch Wiederholung von Handlungsmöglichkeiten begegnen kann. Mit dieser ersten gemeinsamen Definition der Situation beginnt dann der Prozess der Definition, wie weiter gehandelt werden soll. Natürlich leugnet auch Blumer nicht, dass es Normen und Regeln gibt, aber es sind die Menschen, die sie für sich interpretieren und gemeinsam definieren: „Es ist der soziale Prozess des Zusammenlebens, der die Regeln schafft und aufrechterhält, und es sind nicht umgekehrt die Regeln, die das Zusammenleben schaffen und erhalten." (Blumer 1969, S. 99)

In seiner zweiten Anmerkung zur Verkettung geht Blumer auf die ausgedehnten Verbindungen von Handlungen ein. Sie machen einen großen Teil menschlichen Zusammenlebens aus. Blumer nennt sie Netzwerke von Handlungen *(networks of action)* oder Institutionen. Und auch diesem Thema wendet sich Blumer auf eine ganz neue Weise zu. Während andere Theorien von der Regelmäßigkeit des Handelns fasziniert waren[17] und die Gründe dafür in den Institutionen suchten oder sogar davon sprachen, dass die Institutionen ihrer eigenen Dynamik folgen, unterstreicht Blumer die Bedeutung des Handelns des Individuums: Institu-

---

17 Vermutlich hat Blumer hier an Max Webers Theorie der Bürokratie (vgl. Band 1, Kap. 5.2 *Bürokratische Organisation*) gedacht!

tionen funktionieren, weil die Beteiligten die Situation in einer bestimmten Weise definieren.

Die dritte Anmerkung schließlich betrifft die Vorgeschichte des Handelns. Jedes Handeln geht notwendig „aus dem Hintergrund früherer Handlungen der Teilnehmer" hervor. (Blumer 1969, S. 100) Jeder Handelnde bringt in die Interaktion einen Satz von Bedeutungen und Interpretationen mit, die er im Laufe seines Lebens kennengelernt hat. Jeder ist zu jedem Zeitpunkt seines Handelns in seine Biographie eingebunden. Deshalb ist in der Interaktion jeder Handelnde auch in die Biographie aller Anderen eingebunden. „Gemeinsames Handeln stellt sozusagen nicht nur eine horizontale Verkettung der Aktivitäten der Teilnehmer dar, sondern auch eine vertikale Verkettung mit vorangegangenem gemeinsamen Handeln." (Blumer 1969, S. 101) Anselm Strauss, ein Schüler von Blumer, hat diese Verkettung des Handelns mit der Biographie der Anderen in folgendem Satz zum Ausdruck gebracht: „Obwohl nur zwei Hauptdarsteller auf der Bühne stehen, sind auch andere, nur dem Publikum oder einem der beiden Akteure sichtbare Spieler anwesend. Somit kann sich jeder Darsteller, indem er sich auf den Anderen einstellt, zugleich auf einen unsichtbaren Dritten einstellen, als wäre dieser tatsächlich anwesend." (Strauss 1959, S. 58)

Ich fasse Blumers Theorie der symbolischen Interaktion zusammen: Während bei Parsons die Interaktionsordnung letztlich durch die Orientierung an normativen Rollen zusammengehalten wird, ist es im interaktionistischen Modell Blumers der prozessuale Konsens, der das bewirkt.[18]

Unter der Kernannahme, dass Interaktion in wechselseitigen Definitionen besteht, muss noch ein kritischer Punkt angesprochen werden: Die Möglichkeit, eine Situation (und die handelnden Personen!) zu definieren und das weitere Handeln zu beeinflussen, hängt oft auch von der Macht ab, die jemand hat oder die ihm zugestanden wird. Das hat z. B. Howard Becker, ein weiterer Schüler Blumers, in seiner Studie über „Außenseiter" (Becker 1963) gezeigt. Danach werden Menschen nicht als Außenseiter geboren, sondern sie werden zu Außenseitern, weil jemand die Macht hat, sie als solche zu definieren. Wem von seinem Lehrer das Etikett „hoffnungsloser Fall" verpasst wurde oder wen die Einheimischen wegen seiner Hautfarbe schneiden, der hat kaum eine Chance, die Wirklichkeit zu seinen Gunsten zu definieren. Sozialpädagogen und Kriminalsoziologen, Eltern, Lehrer und Ordnungstheoretiker haben diesen Etikettierungsansatz *(labeling approach)* wahlweise als subversiv verdammt oder als Aufklärung über „die wahren gesellschaftlichen Verhältnisse" gefeiert. Um den Eindruck zu vermeiden, seine Erklärung ab-

---

[18] Dass der nicht so einfach ist, sondern höchst riskant sein kann, wird eine Variante des Symbolischen Interaktionismus, die Ethnomethodologie, zeigen. (Siehe unten Kap. 5.9 *Praktische Methoden, alltägliche Interaktionen in Gang zu halten*.)

weichenden Verhaltens konzentriere sich ausschließlich auf den *einmaligen* Akt des *einseitigen* Etikettierens, hat Becker den Ansatz später in „Interaktionstheorie abweichenden Verhaltens" umbenannt, dabei aber noch einmal betont, „dass soziale Regeln (...) fortwährend in jeder Situation neu gebildet werden, um dem Vorteil, dem Willen und der Machtposition der verschiedenen Teilnehmer zu entsprechen." (Becker 1971, S. 173)

In Fortführung des Definitionsansatzes von Herbert Blumer hat Anselm Strauss, auf den ich noch[19] zu sprechen komme, in seinem Buch „Spiegel und Masken" (1959) die alltäglichen Definitionen in normalen Interaktionen beschrieben, aber auch gezeigt, wie Definitionen Individuen ihrer Identität berauben. Um Definitionsmacht in Interaktionen geht es auch in zwei berühmten Studien von Erving Goffman, den Blumer an das soziologische Department in Berkeley holte. In „Asyle" (1961a) beschreibt Goffman Interaktionsformen in sog. „totalen Institutionen"[20] wie Gefängnissen, psychiatrischen Kliniken oder Gefangenenlagern und wie Patienten und Insassen auf die Vereinnahmungen ihrer Identität reagieren. In „Stigma" (1963) zeigt er, mit welchen Interaktionsstrategien Behinderte diskriminierende Definitionen durch „Normale" zu unterlaufen suchen.[21]

5.7 Die Ordnung der Interaktion (Goffman)

Zu größter Popularität kam die interaktionistische Perspektive durch die Arbeiten des gerade schon erwähnten ERVING GOFFMAN (1922–1982). Interaktion ist für ihn das, was sich in einzigartiger Weise in *sozialen Situationen* ereignet, d. h. in Situationen, in denen zwei oder mehr Individuen *körperlich präsent* sind und *aufeinander reagieren.* (vgl. Goffman 1983, S. 55) Soziale Interaktion ist aber nicht bloßes soziales Ereignis, sondern *Handlung.* Diese These kommt schon in seinem frühen Aufsatz „On Face-Work" zum Ausdruck, wo es heißt: „Jedes Individuum lebt in einer Welt sozialer Begegnungen *(social encounters),* in denen es in unmittelbaren *(face-to-face)* oder mittelbaren *(mediated)* Kontakt mit anderen Beteiligten gerät. In jeder Begegnung folgt es (auch wenn ihm das nicht bewusst ist, Ergänzung H. A.) einer bestimmten Darstellungslinie *(tends to act out a line),* d. h. Mustern verbaler und nichtverbaler Handlungen, in denen es zum Ausdruck bringt, wie es die Situation, die anderen Beteiligten und besonders auch sich selbst sieht." (Goffman 1955, S. 5) Das faktische Verhalten bringt die Anderen zu der Annahme,

---

19 Unten Kap. 7.6 *Statuswechsel, Statuszwang, Transformation von Statusarten* und Kap. 8.4 *Spiegel und Masken: die Verortung der sozialen Identität.*
20 Vgl. Band 1, Kap. 4.10 *Totale Institutionen.*
21 Darauf komme ich in Kap. 7.5 *Stigma und soziale Identität* noch einmal zurück.

dass es damit „mehr oder weniger willentlich einen ganz bestimmten Standpunkt zum Ausdruck bringt", und entsprechend reagieren sie. (vgl. Goffman 1955, S. 5) Deshalb kann das Individuum nicht stur einer Linie folgen, sondern muss auch den *Eindruck*, den es bei den Anderen erweckt, kalkulieren. Konkret heißt das, an seinem *Bild (face)* zu arbeiten.

Unter *face* versteht Goffman das soziale Bild, das das Individuum von sich erzeugen möchte. Es ist ohne die Mitarbeit der Anderen nicht zu haben. Jeder pflegt sein eigenes Image, aber er arbeitet auch am Image des Anderen. Interaktion ist *face-work*, die nach typischen *Ritualen*, wie man z. B. Achtung entgegenbringt oder einander korrigiert, Nähe äußert oder Distanz wahrt, erfolgt. Rituale sind – ganz im Sinne Durkheims – soziale Tatsachen und bringen die soziale Organisation typischer Interaktionen zum Ausdruck, aber sie werden in jeder Interaktion in den modus vivendi transformiert, der die Interaktion für *alle* Beteiligten in Gang hält. Diese Funktion wird besonders in Störungen des face-work deutlich, wenn z. B. jemand sein Selbstbild übertreibt oder es verpatzt. Die Formen der Reaktion, vom scharfen Verweis bis zum taktvollen Wegsehen bei Verlegenheit oder Überspielen von Peinlichkeit, richten sich vordergründig an das Individuum, im Grunde aber sind es *gemeinsame* Versuche, die Ordnung der Interaktion wiederherzustellen und die Vorstellung einer gemeinsamen Wirklichkeit zu erhalten. (vgl. Goffman 1957, S. 149)

Goffmans Studie „The Presentation of Self in Everyday Life" (1959), die in Deutschland im Jahre 1969 unter dem sprechenden Titel „Wir alle spielen Theater" erschien, führt die gerade vorgestellten Überlegungen zu folgender These weiter: Wenn der Einzelne mit Anderen zusammenkommt, dann ist das wie eine *Darstellung (performance)* auf der Bühne, und wenn sie gelingen soll, dann tut er gut daran, den Eindruck, den er bei Zuschauern und Mitspielern erweckt, zu kontrollieren." (vgl. Goffman 1959, S. 17) In Goffmans *soziologischer* Analyse geht es nun nicht um die (moralische) Frage, ob die Darstellung wahr oder falsch ist, und auch nicht um die (normative) Frage, ob sie gut oder schlecht ist. Es geht ausschließlich darum, *wie* die Individuen sich darstellen und dadurch ihre Handlungen wechselseitig beeinflussen.

Die Individuen erfinden ihre Darstellungen nicht in jeder Situation neu, sondern bedienen sich eines „standardisierten Ausdrucksrepertoires", mit dem sie „die Situation für das Publikum der Vorstellung zu bestimmen" suchen; Goffman nennt dieses Repertoire *Fassade (front)*. (Goffman 1959, S. 23). Fassaden sind der gestaltete *Raum*, in dem wir auftreten (Wohnung, Kneipe, Sandburg), die *persönliche Fassade* (Statussymbole, Kleidung, Geschlecht, Körperhaltung oder die Art zu sprechen) und die *soziale Fassade* (die Art, wie man eine bestimmte Rolle, z. B. eines „coolen boys" oder einer „guten Mutter", ausfüllt). Fassaden definieren den sozialen *Rahmen* der Interaktion in doppelter Weise: sie sollen *Normalität* und zugleich *Individualität* anzeigen. Um Anerkennung zu bekommen, präsentieren sich die Individuen in den sozialen Masken, die normalen Rollenerwartungen entsprechen; damit ihr Selbst aber nicht untergeht, distanzieren sie sich von solchen sozialen Standardisierungen und präsentieren sich in den Masken, die zum Ausdruck bringen, was sie eigentlich wollen. Auch wenn uns das nicht bewusst sein mag: Wir wählen unsere Masken nicht zufällig. Ja, die Maske, zitiert Goffman den schon erwähnten Robert Ezra Park[22], ist „das wahrere (sic!) Selbst" (Park 1926, S. 250; Klammerzusatz H. A.). Auch wenn ihm das nicht bewusst ist, bringt das Individuum mit jedem Auftritt ein Stück seines Selbst zum *Ausdruck* (vgl. Goffman 1959, S. 227) und intendiert andererseits, einen bestimmten *Eindruck* von sich zu erwecken. Da in einer Interaktion alle Beteiligten immer Beobachter und Mitspieler zugleich sind, muss jeder kontinuierlich prüfen, ob der Eindruck, den er erwecken will, und die damit verbundene Botschaft, wie die Interaktion weitergehen soll, richtig verstanden wurden. Ganz im Sinne der Perspektivenverschränkung nach Mead ist Interaktion ganz wesentlich *Ausdruckskontrolle*. (vgl. Goffman 1959, S. 48 ff.)

Zu den strukturellen Komponenten jeder face-to-face Interaktion gehören die *Rollenerwartungen* der Teilnehmer. Im Normalfall sind die Erwartungen komplementär, und die Interaktionen nehmen ihren Gang. Aber es ist gar nicht so selten, dass jemand eine andere Vorstellung von sich und seiner Rolle hat oder seine Rolle aus aktuellem Anlass anders spielen muss. Goffman führt als Beispiel einen kleinen Jungen an, der auf dem Karussell wild herumhampelt, um den anderen Kindern und vor allem seinen ängstlichen Eltern zu signalisieren, dass er kein Baby mehr ist. (vgl. Goffman 1961b, S. 118 ff.) Dieses Verhalten bezeichnet Goffman als *Rollendistanz*. Rollendistanz heißt nicht, sich sozialen Erwartungen generell zu verweigern, sondern eine als unangemessen empfundene Definition einer Rolle zurückzuweisen und die Interaktion in eine neue Richtung zu lenken. Rollendistanz beinhaltet also einen *Anspruch*. Rollendistanz kann aber auch der freiwillige *Verzicht* auf ein bestimmtes Recht sein, das man in einer bestimmten Rolle ausüben könnte. Goffman bringt dazu das Beispiel des Chirurgen, der bei einer komplizierten Operation auf ein Missgeschick seines Assistenten nicht mit einem strengen Verweis reagiert, der ihn womöglich noch unsicherer machen würde, sondern ihm mit einem jovialen „Das ist mir bei meiner ersten Operation genau so passiert!" über die Hürde hilft. (vgl. Goffman 1961b, S. 131 ff.) In diesem Beispiel hat Rollendistanz etwas mit der Abwägung der Vor- und Nachteile eines bestimmten Handelns für die Fortführung eines *gemeinsamen* Handelns zu tun, dient also dazu, eine gestörte Interaktion wieder in Ordnung zu bringen. Der

---

[22] Lesen Sie doch noch einmal die Einleitung zu Kap. 3 *Rolle: Was vom Individuum erwartet wird und wie es damit umgeht.*

machthabende Chirurg definiert die Situation spontan in eine Interaktion zwischen Gleichen um.

Sobald Individuen einander face-to-face begegnen und aufeinander reagieren, werden sie nicht nur „öffentlich", sondern sie treten zugleich in eine „social organization of gatherings" ein, d. h. sie werden mit gewachsenen Vorstellungen von der angemessenen Form des Verhaltens in Zusammenkünften konfrontiert. Außerdem gibt Goffman zu bedenken, dass ein Mensch in einer sozialen Situation zwar aufhören kann zu sprechen, aber er kann „nicht aufhören, mit seinem Körper zu kommunizieren." (Goffman 1963b, S. 51) Da jede Interaktion ein Mindestmaß an Engagement erfordert, untersucht Goffman vor allem, wie es in der Körpersprache zum Ausdruck gebracht und von den Anderen registriert und bewertet wird. Auf beiden Seiten der Interaktion gibt es mehr oder weniger klare Vorstellungen, welches Benehmen der Situation angemessen ist, welches Engagement sichtbar zum Ausdruck gebracht werden soll und welches Nebenengagement toleriert werden kann oder welche Gefühle und Ansichten zulässig sind. Unter der Annahme der sozialen *Organisation* der Interaktion behandelt Goffman Themen wie gespielte Aufmerksamkeit und höfliche Gleichgültigkeit, Mimik, Gestik oder die Ordnung des Blicks, Kontaktaufnahme zwischen Unbekannten und gegenseitige Offenheit, situative Anstandsformen, Formen der wechselseitigen Kontrolle der Interaktion und den Umgang mit Störungen.

In jeder face-to-face Interaktion stehen die Menschen vor der Frage „Was geht hier eigentlich vor?" Ausdrücklich wird sie gestellt, wenn uns die Situation verwirrend oder zweifelhaft vorkommt, aber sie geht uns auch unbewusst durch den Kopf, wenn „normale Gewissheit besteht", und die expliziten oder stillschweigenden Antworten kommen in unserem weiteren Handeln zum Ausdruck. (vgl. Goffman 1974, S. 16) Um das, was zwischen der Frage und dem Handeln passiert, geht es in der „Rahmenanalyse", die Goffman selbst als Versuch über die *Organisation von Erfahrungen* bezeichnet. Mit dem schon bei Blumer zitierten William I. Thomas nimmt er an, dass die Menschen eine Situation definieren, aber sie „*schaffen* gewöhnlich nicht diese Definition" (Goffman 1974, S. 9) ganz neu, sondern bringen durch ihre Sozialisation ein gesellschaftliches Vorwissen mit, wie *man* eine bestimmte Situation deutet und erklären kann und wie man entsprechend handelt und fühlt. Diese impliziten „Organisationsprinzipien für Ereignisse" bezeichnet Goffman als *Rahmen (frames)*; Rahmen sind „Interpretationsschemata", nach denen wir ein konkretes Phänomen identifizieren und ihm Sinn verleihen. (vgl. Goffman 1974, S. 19 u. 31) Zur Erklärung der Organisation unserer Alltagserfahrungen hebt Goffman vor allem auf die „sozialen Rahmen" ab, also auf die Schemata, die *soziale* Wirklichkeit einer face-to-face Interaktion zu definieren. Zu den primären sozialen Rahmen gehört, eine Situation mit dem Willen und dem Handeln eines Menschen zusammenzubringen und dieses Handeln nicht als zufällig, sondern als „orientiert" anzusehen. Doch in einer *Interaktion* spielt keiner für sich allein, sondern jeder zieht jeden in sein Spiel hinein und gerät in das Spiel eines jeden Anderen – der raffinierte Stratege ebenso wie der still Leidende oder der scheinbar Unbeteiligte am Rande. Dies wissend (oder zumindest ahnend) nehmen wir als weiteren sozialen Rahmen an, dass sich eine Interaktion nach bestimmten normalen *Regeln* vollzieht. (vgl. Goffman 1974, S. 32 ff.)

Gerade in dieser Hinsicht entfaltet die Rahmenanalyse ihr kritisches Potential. Sie analysiert nicht nur die verbindlichen Regeln eines normalen Spiels, sondern auch die *zulässigen* Regeln, nach denen diese Regeln außer Kraft gesetzt oder modifiziert werden dürfen. Zum sozialen Rahmen einer Interaktion gehört die Annahme, dass das, was gesagt wird, auch wahr ist. Aber wie ist es mit der Täuschung in guter Absicht, der frommen Lüge und der theatralischen Entführung in eine andere Wirklichkeit? Zum sozialen Rahmen gehört auch das Einvernehmen über eine gemeinsame Wirklichkeit. Aber wo liegt die Grenze, ab der man zum Spielverderber wird? Face-to-face Interaktionen leben von Regeln des Taktes. Implizieren sie auch, jede übertriebene Emotion hinzunehmen? Goffman diskutiert all diese Probleme unter der Annahme, dass die Interaktionen selbst eine *Rahmung* sind: Indem die Teilnehmer handeln und aufeinander reagieren, definieren sie den Rahmen, in dem als nächstes gehandelt werden soll. Sie organisieren nicht nur jeder für sich ihre Erfahrungen, sondern schaffen füreinander Ordnung.

Kurz vor seinem Tod hat Goffman in seiner Präsidentschaftsansprache für die American Sociological Association noch einmal zusammengefasst, was Interaktion ist und wie sie funktioniert. Sie beginnt, wenn Individuen aufeinander aufmerksam werden, und dauert so lange an, wie sie aufeinander reagieren und ihre Handlungen synchron koordinieren. Jede soziale Situation ist, wie gerade in der „Rahmenanalyse" schon angesprochen, durch eine doppelte Interaktionsordnung gekennzeichnet. Es gibt in jeder Gesellschaft oder Gruppe explizite Regeln oder vage Vorstellungen, wie *man* sich in einer bestimmten Situation verhält, und die Individuen unterstellen einander, dass ihnen dieses Vorwissen bekannt ist und sich alle an diese *soziale Interaktionsordnung* halten. Indem sich die Individuen gegenseitig durch ihr Verhalten anzeigen, was sie *tatsächlich* von der sozialen Definition der Situation halten und wie sie ihre Reaktionen konkret interpretieren, arbeiten sie gemeinsam sukzessive an einer prozessualen, *situativen Interaktionsordnung*. (Goffman 1983, S. 56 ff.)

5.8 Interaktionssysteme, Kommunikation unter Anwesenden (Luhmann, Kieserling)

Im Rückblick auf die überaus populäre interaktionistische Diskussion seit den späten 1960er Jahren hat André Kieserling beklagt, dass „Interaktion" einer der Begriff war, „mit dem man gegen die seinerzeit dominierende Version von Systemtheorie protestierte. Die Kritik an Parsons wurde als mikrosoziologische Revolution inszeniert, und noch heute leuchten daher Begriffe wie Interaktion oder Situation eher als Gegenbegriff zum Systembegriff ein. Ebenso wie Konflikttheorie gilt auch Interaktionstheorie als eigener Ansatz, den man nur gegen oder nur neben Systemtheorie vertreten könne." (Kieserling 1999, S. 23) Umgekehrt wirft Kieserling der Systemtheorie, und hier denkt er schon an die Systemtheorie, die NIKLAS LUHMANN entworfen hat, vor, sie habe bisher auch nicht gezeigt, was sie für die Analyse von Interaktion beitragen könnte. Das will Kieserling in seinen „Studien über Interaktionssysteme", die er unter den Titel „Kommunikation unter Anwesenden" stellt, nachholen. Aus dieser Arbeit will ich nur einige zentrale Gedankenskizzieren und einiges, was Luhmann über Interaktionssysteme geschrieben hat, wiederholen.[23]

Luhmann schreibt: „Sobald überhaupt Kommunikation unter Menschen stattfindet und Handlungen mehrerer Personen sinnhaft aufeinander bezogen werden", entstehen soziale Systeme. (Luhmann 1975c, S. 9) Sozialität setzt damit ein, dass „ein Subjekt ins Wahrnehmungs- und Relevanzfeld eines anderen gerät". (Schimank 2000, S. 36) *„Interaktionssysteme kommen dadurch zustande, dass Anwesende sich wechselseitig wahrnehmen.* Das schließt die Wahrnehmung des Sich-Wahrnehmens ein. Ihr Selektionsprinzip und zugleich ihr Grenzbildungsprinzip ist die Anwesenheit. Wer nicht anwesend ist, gehört nicht zum System." (Luhmann 1975c, S. 10) Beispiele für Interaktionssysteme sind das gemeinsame Mittagessen (nicht die Familie selbst!), das Schlangestehen an der Kasse, die Skatrunde oder eine Schlägerei.

Die Handlungen sind *sinnhaft* aufeinander bezogen, im ersten Fall, dass man sich gegenseitig die Schüssel reicht und nicht etwa die Zeitung liest, im Fall der Skatrunde, dass die drei Spieler immer nacheinander eine Karte spielen und nicht etwa einer mit drei Karten in Vorlage tritt. „Interaktionssysteme können und müssen laufend aufgegeben und neu begonnen werden." (Luhmann 1984, S. 588) Ein Skatspiel ist keine Dauerveranstaltung, sondern findet nur an einem bestimmten Tag statt; und Mittagessen heißt sich jeden Tag zusammenzufinden. „Interaktionen sind Episoden des Gesellschaftsvollzugs." (Luhmann 1984, S. 553) Zum

---

23 Vgl. Band 1, Kap. 3.11 *Wie ist soziale Ordnung möglich? Über Sinn, Erwartungsstrukturen, Kommunikation und soziale Systeme.*

Erhalt ihrer inneren Ordnung reicht es, wenn sich die Kommunikation auf das Thema konzentriert, das gerade im Zentrum gemeinsamer Aufmerksamkeit steht. Interaktionssysteme können „keine sehr hohe Komplexität erreichen; weder in ihren eigenen Möglichkeiten, noch in ihren Umweltbeziehungen." (vgl. Luhmann 1975c, S. 11)

Die Systemgrenze zeigt sich darin, „dass man nur *mit* Anwesenden, aber nicht *über* Anwesende sprechen kann; und umgekehrt nur *über* Abwesende, aber nicht *mit* ihnen." Die Kommunikation in so definierten Interaktionssystemen ist strukturell beschränkt, weil sich Teilnehmer und Interaktionen auf jeweils ein Thema konzentrieren müssen (man kann und darf nicht gleichzeitig über alles sprechen) und weil die sprachlichen Interaktionen nacheinander erfolgen müssen (es können nicht alle gleichzeitig reden). (vgl. Luhmann 1975c, S. 10 f.)

Kieserling hat nun mit Begriffen und Thesen der Luhmannschen Systemtheorie[24] beschrieben, wie eine Ordnung der Interaktionen zwischen einer überschaubaren Anzahl von Individuen zustande kommt, die sich nicht zufällig in einem überschaubaren Raum begegnen. Da ist zunächst einmal festzuhalten, dass sich die Teilnehmer an einer solchen intendierten Situation auf das *Typenprogramm*, also auf den Sinn der Zusammenkunft verständigen müssen. (vgl. Kieserling 1999, S. 18) Man kann davon ausgehen, dass es dazu normalerweise keiner expliziten Verhandlung bedarf, denn wer auf eine Party geht, kann unterstellen, dass keiner sie zum Anlass nehmen wird, über den Sinn der Enthaltsamkeit zu referieren. Typenprogramme dienen der Reduktion von Komplexität. Eine ähnliche Funktion hat das *Thema* einer Interaktion. Wenn ein Lehrer zwei Streithähne ins Gebet nimmt, geht es nur um dieses Thema, und der Lehrer sollte sie nicht auch noch ermahnen, beim Diktat sauberer zu schreiben.

Typisch für Interaktionssysteme ist weiterhin, dass jeder Teilnehmer die ganze Zeit in die Kommunikation *eingeschlossen* ist, auch wenn er sich abseits stellt, mit der Nachbarin ein Nebengespräch führt oder einfach nur schweigt. Interaktion bedeutet immer auch undifferenzierte *Inklusion:* Was geschieht, geschieht unter den Augen und unter Einbeziehung aller Anwesenden: jeder wird in seiner ganzen Erscheinung wahrgenommen, und jeder reagiert in seiner ganzen Erscheinung auf den Anderen. „In der Interaktion gibt es keine Geheimnisse. Es gibt freilich auch keine Privatheit, nämlich keine Möglichkeit, dem ‚Kleben der Blicke' (Luhmann) auszuweichen." (Kieserling 1999, S. 48) Die Interaktion ist deshalb auch erst dann zu Ende, wenn man sich nicht mehr wechselseitig beobachten kann.

---

24 Vgl. Band 1, Kap. 6.3 *Soziale Systeme als Handlungssysteme* und Kap. 6.4 *Die Theorie selbstreferentieller, autopoietischer Systeme.*

Ein weiteres Merkmal einer gelingenden Kommunikation unter Anwesenden ist, dass Reden und Schweigen *synchronisiert* werden müssen. (vgl. Kieserling 1999, S. 40) Wer redet, darf nicht den Eindruck erwecken, dass er nie mehr aufhört, wer schweigt, darf nicht den Eindruck vermitteln, ihn ginge das alles gar nichts an. Reden erfolgt und wird zugelassen unter den Bedingungen knapper Zeit und des Rechtes, damit eine bestimmte Ordnung des Interaktionssystems zu definieren. Also: Wer kurz und knapp „Ruhe!" schreit, sagt, welches Programm angesagt ist und wer als nächster reden darf (in diesem Fall wahrscheinlich ebendieser!), wer folgt, akzeptiert das Programm. Umgekehrt: Wer redet, mutet Anderen währenddessen eine bestimmte Passivität zu. Das ist auch notwendig, weil eben nicht alle gleichzeitig reden können. Damit die Anderen sich nicht innerlich absentieren, muss er nicht nur seine Rede interessant machen, sondern auch signalisieren, dass sie ebenfalls das Wort bekommen werden.

Etwas komplizierter wird es, wenn plötzlich alle schweigen. Je länger das andauert, umso wahrscheinlicher ist es, dass die Teilnehmer über ihre Inklusion in das Interaktionssystem reflektieren und auf ein Thema oder ein Ereignis hoffen, das an das gerade abgebrochene Thema angeschlossen werden kann. Da alle in der strukturell diffusen Interaktion immer potentielle Sprecher sind, hängt die Anschlussfähigkeit der Kommunikation auch von jedem Einzelnen ab. Maßnahmen, die Peinlichkeit zu überbrücken, reichen vom verlegenen Hüsteln bis zum flüchtigen Blickkontakt, und schließlich wird jedes Ereignis dankbar begrüßt, das das Eis bricht. In solchen Situationen ist oft zu beobachten, dass es zu einem *Themenwechsel* kommt. Dadurch wird eine *neue* Interaktionsordnung definiert, und sie muss für möglichst alle anschlussfähig sein.

In Luhmanns Definition eines Interaktionssystems wurde schon angedeutet, dass sich Systeme durch *Selektion* aus den Möglichkeiten ihrer Umwelt und durch *Grenzziehung* zu ihr bilden und erhalten. Diese konstitutiven Bedingungen gelten natürlich auch für die Kommunikation unter Anwesenden. Wenn es also heißt, dass sich alle Interaktionsteilnehmer wechselseitig *als* Teilnehmer wahrnehmen, bedeutet das nicht, dass damit auch die *ganze* Person beansprucht würde, damit das Interaktionssystem funktioniert. Natürlich weiß jeder Teilnehmer, dass jeder Teilnehmer außerhalb dieses Interaktionssystems noch ein Anderer ist. Doch diese individuelle Besonderheit darf nur dann aufgerufen werden, wenn alle Beteiligten sie als zum Typenprogramm und zum Thema passend ansehen. Es würde das Interaktionssystem aber auch stören, wenn ein Teilnehmer Facetten seiner Person zeigen würde, die mit dem gemeinsamen Thema nichts zu tun haben. Wer z. B. in der brennenden Diskussion, warum wer wo einen Elfer verschossen hat, dezent einfließen lässt, dass er als Richter gelernt habe, knifflige Situationen zu entscheiden, bringt ein anderes Typenprogramm ins Spiel und wirkt peinlich. Andererseits verlangt die thematische Situationsdefinition sogar eine *Einschränkung in-*

dividueller Besonderheiten. Manche Teilnehmer mögen sich persönlich sehr nahe stehen und das junge Paar mag noch so verliebt sein, es wäre störend, die Intimität vor den Augen der Anderen auszuleben. (vgl. Kieserling 1999, S. 50)

An diesem Beispiel einer Kommunikation in einer Gruppe sollte deutlich geworden sein, dass man Interaktionen auch als temporäre *Systeme* verstehen kann, die sich unter strukturellen Bedingungen bilden und solange selbst erhalten, wie die Teilnehmer an der Interaktion bereit und in der Lage sind, diese Bedingungen zu akzeptieren.

5.9 Praktische Methoden, alltägliche Interaktionen in Gang zu halten (Garfinkel)

Eine ganz andere Erklärung, wie und warum Interaktion funktioniert, hat HAROLD GARFINKEL (1917–2011) geliefert, indem er die stillschweigenden Annahmen und praktischen Methoden aufgedeckt hat, mit denen die Individuen Interaktionen im Alltag strukturieren und bewältigen.

Garfinkel interessierte sich wie Parsons dafür, wie soziale Ordnung zustande kommt. Doch von dessen Erklärung setzte er sich mit dem Argument ab, in seiner normativen Rollentheorie handelten die Individuen wie „cultural dopes" (Garfinkel 1967, S. 68), die quasi „fremdgesteuert" den internalisierten „vorgegebenen Normen nur blind folgen". (Joas u. Knöbl 2004, S. 225) Garfinkel behauptet dagegen, dass die Individuen die Interaktionsordnung herstellen und erhalten, indem sie „sich stets – ohne explizit Bezug auf irgendwelche Normen zu nehmen – selbst die Sinnhaftigkeit ihres Handelns und ihrer Welt wechselseitig bestätigen" und indem sie sich stillschweigend „der Verständlichkeit ihrer sprachlichen Aussagen und damit der Anschlussfähigkeit ihrer Handlungen versichern." (Joas u. Knöbl 2004, S. 227 f.) Bei dieser Erklärung, wie Interaktion als kommunikative Verständigung funktioniert, greift Garfinkel auf den seit den 1940er Jahren an der New School for Social Research in New York lehrenden österreichischen Phänomenologen Alfred Schütz[25] und dessen Theorie vom sinnhaften Aufbau der sozialen Welt zurück. Danach gehen wir an die Welt des Alltags in einer „natürlichen Einstellung" heran, wozu auch die Annahmen gehören, dass wir ein gemeinsames Wissen teilen, deshalb die Dinge auch in dergleichen Weise wahrnehmen und daher auch im ganz normalen Alltag in gleicher Weise handeln.

Genau an diesem letzten Punkt setzt Garfinkel an: Für ihn „ist nicht interessant, *warum* die Menschen bestimmte Handlungen durchführen, sondern *wie*

---

25 Eine kurze Einführung in dessen Werk findet sich in Abels (2009): Wirklichkeit, Kap. 3.3 Schütz: *Natürliche Einstellungen und Handeln in der Lebenswelt.*

sie sie durchführen." (Weingarten u. Sack 1976, S. 13) Es geht also um praktische *Methoden* des Alltagshandelns. Diese Methoden wenden wir manchmal bewusst, meist aber unbewusst an, aber immer tun wir es in einer für ein soziales Gebilde *(Ethnos)* typischen Weise. Deshalb hat Garfinkel seine Theorie *Ethnomethodologie*[26] genannt. Das soziale Gebilde, aus dem heraus das Alltagshandeln bestimmt ist, kann eine vorübergehende Interaktion, eine bestimmte Gruppe, ein Milieu oder die Gesellschaft als ganze sein.

Um herauszukriegen, wie Interaktionen im Alltag funktionieren, hat Garfinkel in diesen Alltag mit Krisenexperimenten eingegriffen und die Routine gestört. Dahinter stand die zentrale Frage, wieso wir ganz selbstverständlich annehmen, dass wir die Anderen verstehen, und genauso selbstverständlich darauf vertrauen, dass die Anderen auch uns verstehen. Mehrere Erklärungen bieten sich an, von denen jede einzelne einen Aspekt der *gemeinsamen Konstruktion einer Interaktionsordnung* darstellt.

(1) Die Ethnomethodologie sagt erstens: Es gibt „*Dinge, die jeder weiß*". Dieses „common sense-knowledge", das uns im Prozess der Sozialisation vermittelt wurde, umfasst die Bedeutung von Wörtern, Dingen und Verhalten. Dieses *Alltagswissen* verwenden wir ganz selbstverständlich und unterstellen, dass die Anderen über dieses gleiche Wissen verfügen. Solange es keine Missverständnisse gibt, verlassen wir uns auf dieses Wissen stillschweigend. Bis auf Widerruf versichern wir uns durch unser Handeln gegenseitig, dass der Alltag zweifelsfrei ist. Auf diese Weise *konstituiert* sich die Wirklichkeit des Alltags immer wieder neu. Zum Prinzip des Alltagswissens gehört, dass darin auch die Regeln des normalen Denkens und Handelns aufgehoben sind. Nach ihnen leben wir ganz selbstverständlich und erwarten ebenso selbstverständlich, dass auch die Anderen danach handeln.

Natürlich wissen wir, dass diese Regeln unterschiedliches Gewicht haben. Manche Regeln sind unabdingbar, und ohne sie wäre gemeinsames Handeln gar nicht möglich. Manche sind aber nur Konvention, und im Prinzip ginge es auch anders. Und bei manchen Regeln merken wir noch nicht einmal, dass es Regeln sind. Wir halten uns ganz automatisch daran. Garfinkel hat nun in einem Krisenexperiment demonstriert, was passiert, wenn gewohnte Regeln, die von den Beteiligten gar nicht als solche empfunden werden, durchbrochen werden. (Garfinkel 1967, S. 47 f.) In diesem Krisenexperiment forderte er seine Studenten auf, sich zuhause bei ihren Eltern wie ein höflicher Gast zu verhalten. Dazu konnte beispielsweise gehören, nur zu reden, wenn sie gefragt würden, höflich zu fragen, ob sie mal zur Toilette gehen dürften, oder das Essen überschwänglich zu loben und sich zu erkundigen, wie es zubereitet worden sei. Alle Studenten berichteten, ihr Verhalten habe zu Konfusion und Unmut geführt. Man habe gefragt, was mit ih-

---

26 Für ein tieferes Verständnis dieser Theorie vgl. Abels (2009a): Ethnomethodologie.

nen los sei und was das ganze soll. Schließlich meinten die Eltern, wahrscheinlich seien ihre Kinder überarbeitet oder in einer Krise. Damit hatten die Eltern den Verstoß gegen die Regeln des Alltags erklärt und ihren Alltag wieder in Ordnung gebracht.

An diesem Krisenexperiment wird deutlich, dass sich unser Alltag über bestimmte Normalitätsannahmen *konstituiert*. Wir wissen, was jeder weiß, und wir wissen, wie man normalerweise handelt. Aus dem gemeinsamen Vorrat an Wissen heraus zeigen wir uns gegenseitig den Sinn unseres gemeinsamen Handelns auf.

(2) Das Alltagswissen dient uns als Schema, nach dem wir die Wirklichkeit als eine *typische* Wirklichkeit ordnen. In der *Typisierung des Alltags* liegt dann auch die zweite Erklärung, warum wir im Alltag keinen Augenblick daran zweifeln, dass wir die Anderen und sie uns verstehen.

Das Denken im Alltag ist ein „Denken in der natürlichen Einstellung". Es speist sich aus einem Vorrat früherer Erfahrungen, eigener und von Anderen übernommener. Diese Erfahrungen schließen sich zu einem Wissensvorrat zusammen, der als Bezugsschema für die weitere Weltauslegung dient. Wie Berger und Luckmann[27] gezeigt haben, bringen wir in die Fülle des Alltags Ordnung, indem wir sie auf ein Muster typischer Normalität reduzieren. Das Neue ordnen wir in unsere typischen Erfahrungen ein, und die Besonderheiten spielen wir herunter oder nehmen sie gar nicht wahr. Die soziale Wirklichkeit wird fortlaufend von uns so konstruiert, dass sie Sinn macht – nach dem Muster, wie es schon immer war.

Konstruktion heißt natürlich, Entscheidungen zu treffen, was getan und was nicht getan werden soll. Jede Handlung ist also eine Selektion aus einer Vielzahl von Handlungsmöglichkeiten. Für Garfinkel steht der Handelnde permanent vor der praktischen Frage: What to do next? Eine Methode, sich Voraussetzungen des Handelns angesichts einer komplexen Wirklichkeit zu schaffen, besteht in der *dokumentarischen Methode der Interpretation*. Interaktionen gelingen, weil alle Beteiligten ihr Verhalten als typisches Beispiel („Dokument") für ein typisches, in der Gesellschaft bekanntes Muster interpretieren. Mit der dokumentarischen Methode der Interpretation rekonstruieren wir den Typus, unter dem das Handeln und Sprechen der Anderen Sinn macht, und zwar Sinn für beide Seiten. So bringen wir die Dinge des Alltags immer in eine „normale" Ordnung.

Dabei stoßen wir aber auf ein Problem, das man als die Verweisung des Handelns und Sprechens auf exklusive Besonderheiten bezeichnen könnte. Diese Besonderheit, die sich nicht aus den Dingen selbst und auch nicht aus einem gemeinsam geteilten Wissen ergibt, sondern nur aus einem spezifischen, individuellen Kontext zu verstehen ist, wird in der Ethnomethodologie als *Index* bezeichnet. Mit solchen Indizes zeigen sich die Handelnden – bewusst oder unbewusst – an, wer

---

27 Vgl. Band 1, Kap. 3.10 *Gesellschaftliche Konstruktion der Wirklichkeit*.

sie „außerdem noch" sind bzw. worum es in einer konkreten Interaktion „auch noch" geht. Wenn sich z. b. ältere Deutsche daran erinnern, dass „Joschka" bei seinem Antrittsbesuch in Washington „dann doch" keine Turnschuhe anhatte, dann wissen alle Zeitgenossen Bescheid, während ihre Kinder und Amerikaner nur Bahnhof verstehen.

Indexikale Äußerungen setzen soziale Nähe und Vertrautheit voraus. Typische indexikalische oder Kontextbegriffe sind z. B. Namen, spezifische Bezeichnungen und Fachausdrücke. Wenn mir z. B. eine Bekannte ganz aufgeregt erzählt, „dass Klaus gestern bei der GP einen Hänger hatte", erwartet sie selbstverständlich, dass ich mich an den Schauspieler Klaus erinnere, von dem sie häufiger erzählt hat, dass GP das Kürzel ist, mit dem insider von einer Generalprobe reden, und dass ein Hänger der gefürchtete Aussetzer auf der Bühne ist. Indizes sind aber auch Worte wie z. B. „dann", „hier", „der, die, das" oder „natürlich". Machen Sie sich nur einmal klar, was es heißt, wenn jemand sagt: „und dann kam natürlich auch ...". Die Sprache unseres Alltags ist voll von solchen indexikalischen Äußerungen. Sie vereinnahmen den Anderen und verführen ihn dazu, einen Kontext, den der Sprecher definiert hat, zu bestätigen.

Indexikale Äußerungen sind für diejenigen, die sie kennen, Erleichterungen. Für die anderen sind sie ein Ärgernis, weil sie nicht wissen, was gemeint ist, und somit von einer entscheidenden Voraussetzung gemeinsamen Handelns abgeschnitten sind. Die Interaktionsteilnehmer müssen also immer auch *entindexikalisieren*. Der Hörer lässt sich Erklärungen geben, der Sprecher bietet sie an, wenn er merkt, dass der Andere nicht ganz folgen konnte. Mit dieser Strategie der Erklärung stellen die Teilnehmer an der Interakion einen gemeinsamen Sinn wieder her, der kurzfristig in Frage gestanden hat. Viel häufiger ist aber die Erwartung auf beiden Seiten, dass das, was als indexikale Besonderheit im Moment noch nicht ganz verstanden wird, sich im Laufe der Kommunikation noch klären wird. Diese Fähigkeit, mit Ungewissheit leben zu können, scheint eine gute Voraussetzung für gemeinsames Handeln zu sein. Ein zu großes Risiko ist mit dieser Ungewissheit ohnehin nicht verbunden, weil uns die dokumentarische Methode der Interpretation hilft, selbst über Lücken des Verständnisses hinwegzukommen.

Manche Interaktion im Alltag kommt überhaupt nur dadurch zustande, dass wir mit einer unbestimmten Floskel beginnen und nicht im Traum darauf kommen, der Andere könnte sie wörtlich nehmen. Im Umkehrschluss: Wer es zu genau wissen will oder zu genau sagt, läuft Gefahr, dass eine Interaktion gar nicht in Gang kommt oder in eine völlig falsche Richtung läuft. So hat Garfinkel in einem weiteren Krisenexperiment gezeigt, was passiert, wenn man eine vage Sprache nicht akzeptiert. Er forderte seine Studenten auf, bei der Floskel „Wie steht's?" nachzuhaken: „Wie steht es mit was? Meiner Gesundheit, meinen Geldangelegenheiten, meinen Aufgaben für die Hochschule, meinem Seelenfrieden, meinem ..."? (Garfinkel 1961, S. 207) Sie können sich sicher vorstellen, wie die Opfer reagiert haben. Man kann das Experiment auch variieren, indem man das Gesagte wörtlich nimmt und ausführlich seine körperlichen Wehwehchen beschreibt. Oder stellen Sie sich vor, jemand bietet nach der Trauung folgende eindeutige Definition an: „Ich liebe Dich. Was ich darunter verstehe, steht unter L im Brockhaus." Kurz: Im Alltag wollen wir es gar nicht immer so genau haben. Dass die Sprache des Alltags vage ist, ist keineswegs ein Nachteil. Im Gegenteil, es erleichtert die Kommunikation, weil jeder in das Gesagte (oder auch Nicht-Gesagte!) so viel hineininterpretieren kann, wie *er* es für die Konstruktion einer gemeinsamen Wirklichkeit braucht.

(3) Mit der Typisierung des Alltags sind zwei konstitutive Erwartungen verbunden, die man in Anlehnung an Alfred Schütz als *Idealisierung der Kontinuität* und als *Idealisierung der Wiederholbarkeit* bezeichnen kann. Sie bilden die dritte Erklärung, weshalb wir glauben, den Alltag zu verstehen und ihn durch unser Handeln auch angemessen zu bewältigen, und weshalb wir auch ganz naiv unterstellen, dass die Anderen sich in unserer gemeinsamen Interaktion auf die gleiche Weise die Welt zurechtlegen. Die erste Idealisierung hat Schütz die Idealisierung des „und so weiter", die zweite die Idealisierung des „ich kann immer wieder" genannt. Die erste Idealisierung des „und so weiter" kann man so beschreiben: Solange es in der Welt des Alltags keine Überraschungen gibt, vertrauen wir darauf, dass die Situation, wie wir sie jetzt erleben, in der typischen Weise weitergehen wird. Aus dieser Idealisierung der Kontinuität folgt die Idealisierung des „ich kann immer wieder". Diese Idealisierung der Wiederholbarkeit besteht in der „grundsätzlichen Annahme, dass ich meine früheren erfolgreichen Handlungen wiederholen kann". (Schütz u. Luckmann 1975, S. 26) Interaktion funktioniert, weil wir über das gleiche Alltagswissen verfügen, wie Situationen weitergehen und wie man in typischen Situationen routiniert denkt und handelt.

(4) Ich komme zu einer vierten Erklärung, warum wir im Alltag keinen Augenblick daran zweifeln, dass wir die Anderen und sie uns verstehen. Schütz hat sie als *Generalthese der wechselseitigen Perspektiven* bezeichnet. (Schütz u. Luckmann 1975, S. 74) Die Generalthese beinhaltet zwei weitere Idealisierungen: die der *Vertauschbarkeit der Standpunkte* und die der *Kongruenz der Relevanzsysteme*. In der Idealisierung der *Vertauschbarkeit der Standpunkte* nehme ich an, wenn der Andere an meiner Stelle stünde, würde er die Dinge aus der gleichen Perspektive wie ich, und ich würde die Dinge aus der gleichen Perspektive wie er sehen, wenn ich an seiner Stelle stünde. In der Idealisierung der *Kongruenz der Relevanzsysteme* nehmen wir an, dass wir die Welt nach den gleichen Kriterien beurteilen. Dazu fühlen wir uns auch berechtigt, weil wir in der gleichen Gesellschaft sozialisiert worden sind. Folglich gibt es Dinge, die jeder weiß, wozu auch gehört, wie sie zu beurteilen sind. Im Vertrauen auf die Erfüllung dieser beiden konstitutiven Erwartungen treten wir in Beziehung zueinander.

Beide Annahmen machen uns sicher, dass der Andere so handeln wird, wie wir es aus eigener Erfahrung kennen; und bis zum Beweis des Gegenteils stimmt das ja auch. Die Idealisierungen des „und so weiter" und des „ich kann immer wieder" machen uns als Individuum sicher in den Erwartungen an *unser* Handeln, die Idealisierungen der Austauschbarkeit der Standpunkte und der Kongruenz der Relevanzsysteme machen uns sicher im *gemeinsamen* Handeln mit Anderen.

Mit den beiden letzten Idealisierungen, die in der Generalthese der wechselseitigen Perspektiven zusammengefasst sind, schließt sich gewissermaßen der Kreis der Erklärungen, warum wir im Alltag nicht daran zweifeln, dass wir die Anderen und dass sie uns verstehen, – und warum Interaktion gelingt.

5.10 Annahmen über das Gelingen von Interaktion (Krappmann)

Von der Frage, unter welchen Bedingungen Interaktion überhaupt gelingt, ist auch LOTHAR KRAPPMANN (*1936) in einem Aufsatz ausgegangen, der die Diskussion über den damals in Deutschland noch kaum bekannten Symbolischen Interaktionismus maßgeblich beeinflusst hat. Seine Erklärung ist deutlich gegen die normative Rollentheorie von Parsons gerichtet.[28]

Krappmann, der den Begriff der *Rolle* durchaus akzeptiert, referiert, unter welchen Bedingungen nach der *interaktionistischen* Theorie Rollenhandeln erst gelingen kann: „Das interaktionistische Rollenmodell postuliert als Grundbedingungen erfolgreichen Rollenhandelns, dass (1) Rollennormen nicht rigide definiert sind, sondern einen gewissen Spielraum für subjektive Interpretation durch die Rollenpartner lassen; dass (2) die Rollenpartner im jeweiligen Interaktionsprozess nicht nur die gerade aktuelle Rolle übernehmen, sondern zugleich verdeutlichen, welche weiteren Rollen sie noch innehaben oder früher innehatten; dass (3) mehr als ein vorläufiger, tentativer und kompromisshafter Konsens der Partner über die Interpretation ihrer Rollen im Regelfall nicht zu erreichen und auch nicht erforderlich ist. (4) Dieses Modell geht ferner gerade davon aus, dass die individuellen Bedürfnisdispositionen den institutionalisierten Wertvorstellungen nicht voll entsprechen. Somit müssen nach diesem Modell (5) die Rollenpartner für die Sicherung des Fortgangs von Interaktion fähig sein, auf die von den eigenen verschiedenen Bedürfnisdispositionen des Anderen einzugehen und auch unter Bedingungen unvollständiger Komplementarität, d.h. nur teilweiser Befriedigung eigener Bedürfnisse, zu interagieren. (6) Nicht Institutionen, deren Mitglieder Normen ‚automatisch' erfüllen, werden als stabil betrachtet, sondern diejenigen,

---

28 Siehe oben Kap. 3.1 *Rolle – normative Erwartung*.

die ihren Mitgliedern ermöglichen, im Rahmen des Interpretationsspielraums, den die vorgegebenen Normen lassen, eigene Bedürfnisse in der Interaktion zu befriedigen." (Krappmann 1971, S. 315)

Diese Erklärungen sind natürlich als Einwand gegen die Annahmen der klassischen Rollentheorie zu lesen, dass gemeinsames Handeln erfolgreich ist, wenn Rollen klar definiert sind und alle Beteiligten sich in der gleichen Weise an die gleichen Normen halten. Der „Regelfall der täglichen Interaktion in Rollen" ist aber dadurch gekennzeichnet, „dass die Rollenspieler auf unklare und inkonsistente Erwartungen stoßen, die zudem mit ihren Bedürfnisdispositionen sich keineswegs decken." (Krappmann 1971, S. 314) Die Ethnomethodologie hat auch gezeigt, dass das Eis sehr dünn ist, auf dem wir uns beim Alltagshandeln bewegen. Damit es überhaupt funktioniert, müssen die Handelnden sogar darauf verzichten, dass jeder eindeutig klarmacht, was er meint. Und schließlich wissen wir, dass uns Situationen höchst unangenehm sind, die uns bis ins Letzte vorschreiben, was wir zu tun und zu lassen haben. Kurz: es scheint so zu sein, dass wir eine mittlere Unbestimmtheit sogar brauchen, damit wir uns mit unseren Interpretationen selbst ins Spiel bringen können.

Um im normalen Alltag eine Interaktion, in der wechselseitige Interpretationen der Situation und des Handelns des jeweils Anderen vorgenommen werden, aushalten und bewältigen zu können, sind einige Fähigkeiten vonnöten. Krappmann hat als „strukturelle Notwendigkeit eines fortzuführenden Interaktionsprozesses" und zugleich zur *Förderung der Identität* der Handelnden die folgenden[29] vier genannt: (1) *Rollendistanz*, (2) *Empathie* als die Fähigkeit, sich in den Anderen einzufühlen, (3) *Ambiguitätstoleranz*, worunter man die Fähigkeit versteht, auch mit unentschiedenen oder gar widersprüchlichen Situationen leben zu können, und (4) *Identitätsdarstellung*. (vgl. Krappmann 1969, S. 132 ff.)

Man kann Krappmanns Erklärung erfolgreichen Handelns über die vier identitätsfördernden Fähigkeiten nach zwei Seiten lesen: Zum einen schafft und erhält sich jedes Individuum mit genau diesen Fähigkeiten die Freiheit seines Handelns, und es bringt sich damit kompetent selbst ins Spiel. Mead hatte Interaktion über das wechselseitige „role-taking" erklärt. Hier nun zeichnet sich eine Chance ab, dass das Individuum die Rolle auch gestaltet, unter Umständen sogar selbst erst schafft. Deshalb hat Ralph H. Turner, wie gesagt, auch von einem komplementären Prozess des „role-making" gesprochen. (Turner 1962, S. 117) In der Interaktion erzeugen ego und alter fortlaufend aneinander gerichtete Erwartungen und entwerfen durch ihr Verhalten einen Rahmen des nächsten Verhaltens. An den wechselseitigen Reaktionen wird abgelesen, ob man bei seinem Handlungsentwurf blei-

---

29 Darauf komme ich noch einmal in Kap. 8.8 *Autonomie des Subjekts in und gegen Rollen, Ich-Identität als Balance* zurück.

ben kann oder nicht. Die Interpretationen in der aktuellen Interaktion sind also ein ständiger Prozess des Konstatierens, Überprüfens und Korrigierens der Definition der Situation. Natürlich kann nicht die „ganze" Situation begriffen werden, dazu reichte die Zeit nicht, und wir wären auch gar nicht in der Lage, alle Gründe des Handelns herauszufinden. Interpretation ist also immer auch Selektion.

In der Interaktion spielen somit die individuellen Interessen, die reflexiven Fähigkeiten und die konkreten Handlungen zusammen. Sie erklären, warum keine Rolle sozusagen deckungsgleich ausgeführt wird, sondern immer modifiziert wird. „Eine derartige Modifikation findet statt bei der fortwährenden Wechselwirkung zwischen den ein wenig vagen und stets unvollständigen idealen Konzeptionen von Rolle und der Erfahrung, wie sie tatsächlich dann von ego und alter gespielt werden. Da jede Interaktion in bestimmter Hinsicht einzigartig ist, schließt jede Interaktion eine Improvisation über das durch ego- und alter-Rolle gestellte Thema ein. Eben der Akt, in dem der Handelnde in einem neu generierten Akt von Rollenhandeln eine Rolle ausdrückt, befähigt den Handelnden, die Rolle in einem etwas anderen Licht zu sehen. Ähnlich dient die Einzigartigkeit von alters Verhalten und die einzigartige Situation, in der alters Verhalten antizipiert oder interpretiert werden muss, dazu, seine Rolle leicht verschieden zu gestalten." (Turner 1962, S. 127)

Das leitet über zu der zweiten Lesart der Erklärung erfolgreichen Rollenhandelns: jedes Individuum schafft mit den genannten identitätsfördernden Fähigkeiten auch entscheidende Voraussetzungen für die Freiheit des Handelns der Anderen. Sie „wissen" – zumindest ungefähr! –, was der Andere kann und aushält und vor allem: wer er ist. Im Prinzip sind damit die individuellen Voraussetzungen für eine Interaktion zwischen Gleichen geschaffen.

5.11 Kommunikatives Handeln und Diskurs (Habermas)

Um die Symmetrie der Interaktion geht es auch in der *Theorie des kommunikativen Handelns* von JÜRGEN HABERMAS (* 1929). Er stellt die Frage, was notwendige Voraussetzungen für jegliche Interaktion sind, und sagt auch, was zu tun ist, wenn Interaktion misslungen ist oder zu misslingen droht.

Mit den Ansätzen der symbolischen Interaktion stimmt Habermas insofern überein, dass er Interpretation als Form und Mittel der Verständigung betrachtet, in der eine konsensfähige Definition der Situation ausgehandelt wird. Den interpretativen Handlungsbegriff, wie er von Mead und Blumer, aber auch von Goffman und Garfinkel, wie gezeigt, verwendet wird, überführt Habermas in den Begriff des *kommunikativen Handelns* und verwendet ihn synonym mit dem Begriff der *Interaktion*. So lautet auch seine Definition: Der Begriff des *kommunikativen*

Handelns meint eine „Interaktion von mindestens zwei sprach- und handlungsfähigen Subjekten, die (sei es mit verbalen oder extraverbalen Mitteln) eine interpersonale Beziehung eingehen. Die Aktoren suchen eine Verständigung über die Handlungssituation, um ihre Handlungspläne und damit ihre Handlungen einvernehmlich zu koordinieren" (Habermas 1981b, Band 1, S. 128) Die Koordinierung der Handlungen erfolgt nach der Theorie des kommunikativen Handelns als „Verständigung im Sinne eines kooperativen Deutungsprozesses". (Habermas 1981b, Band 1, S. 151) Wo ein grundsätzliches Interesse an Verständigung nicht unterstellt werden kann, ist kommunikatives Handeln als Inter-Aktion nicht möglich.

Das klingt zunächst paradox, doch wenn Inter-Aktion mehr als ein einmaliges Zusammentreffen mit abschließender Reaktion ist, dann ist diese These nicht zu widerlegen. Eine Interaktion, die weitergeht, setzt voraus, dass man vom Anderen verstanden werden will und dass man ihn selbst auch verstehen will. Statt einer komplizierten Erklärung ein Beispiel: Stellen Sie sich vor, jemand sagt „Du kannst sagen, was Du willst, aber ich sage Dir ganz klar, ich will Dich nicht verstehen!"; von da an ist kein Austausch vernünftiger Stellungnahmen mehr möglich. Verständigung ist prinzipiell ausgeschlossen.

Dass Individuen sich tatsächlich oft genug gerade nicht verständigen, sieht Habermas natürlich auch, aber er findet dafür eine Erklärung, die dem *prinzipiellen* Interesse an Verständigung nicht widerspricht. Die Erklärung wird aus einer kritischen Theorie der Gesellschaft abgeleitet. Habermas geht nämlich davon aus, dass alles Handeln in der Gesellschaft unter das Prinzip der *Zweckrationalität* geraten ist und die *Rationalität der Verständigung* unterdrückt. Mit dieser Kritik knüpft er an die These von Max Weber an, der von der *Rationalisierung* des modernen Lebens gesprochen hatte. Zweckrationalität als Prinzip des Handelns findet ihren auffälligsten Ausdruck in der kapitalistischen Wirtschaft. In der „Protestantischen Ethik" hat Weber die Konsequenz dieses Handlungsprinzips beschrieben: „Die heutige kapitalistische Wirtschaftsordnung ist ein ungeheurer Kosmos, in den der Einzelne hineingeboren wird und der für ihn, wenigstens als Einzelnen, als faktisch unabänderliches Gehäuse, in dem er zu leben hat, gegeben ist." (Weber 1905, S. 165) Zweckrationalität ist das Prinzip des Handelns in der Wirtschaft, auf dem Markt, im Beruf. Inzwischen durchdringt sie allerdings auch das Handeln außerhalb dieser Bereiche. An die Stelle einer subjektiv gefühlten Verbundenheit tritt in der Moderne ein rationales Handeln, das auf Interessen basiert. (vgl. Weber 1920b, S. 695)

Hier nun schließt Habermas seine kritische Theorie der Moderne an. Er stellt fest, dass die Zweckrationalität heute alle Bereiche des Lebens durchdringt. Die Gesellschaft hat sich aufgespalten in Subsysteme, die sich mehr und mehr verselbständigen und alle ihrer eigenen zweckrationalen Logik folgen. Wo wir mit ihnen in Berührung kommen, beanspruchen sie uns nach Maßgabe ihrer Logik und nur unter spezifischen Rollenerwartungen. Sie erzwingen jeweils eigene Formen des Denkens und Handelns. Parallel und gegeneinander dringen sie in das Bewusstsein ein und spalten es in abgetrennte Bereiche auf. Nicht das falsche Bewusstsein, das sich nach der These von Marx der Widersprüche einer antagonistischen Gesellschaft nicht innewird, sondern das *fragmentierte Bewusstsein* ist nach Habermas das eigentliche Problem der Moderne. (Habermas 1981b, Band 2, S. 522) Die Imperative der verselbständigten Subsysteme und die aus ihnen herrührenden Diktate der Zweckrationalität, der Sachlichkeit und der Standardisierung dringen in unsere Alltagswelt ein.

Der in der fortgeschrittenen Moderne vorherrschende Grundzug der Zweckrationalität, führt Habermas seine Kritik weiter, zerstört die *Lebenswelt*. Darunter versteht er mit Schütz und Luckmann die Welt, die uns fraglos gegeben, selbstverständlich und vertraut ist. Wir nehmen an, dass wir sie mit Anderen teilen, die sie in der gleichen Weise sehen wie wir. Sie bildet so etwas wie den Horizont für unser Erleben und Wissen, in dem alles, was wir uns vorstellen können, beschlossen ist. Diese Lebenswelt gerät mehr und mehr unter die Imperative der Zweckrationalität, die sich von allen Seiten fordernd bemerkbar machen. Es ist, als wenn Kolonialherren in die natürliche Ordnung einer Stammesgesellschaft eindringen und dort bestimmen, wie die Menschen von nun an zu denken und zu handeln haben. So spricht Habermas auch von einer „Kolonialisierung der Lebenswelt". (Habermas 1981b, Band 2, S. 522)

Das ist der Hintergrund, vor dem Habermas seine Theorie des kommunikativen Handelns entwickelt. Um die Konsequenzen dieser strukturellen Veränderung der Lebenswelt für die Interaktionen des normalen Alltags aufzuzeigen, verbindet er Webers kritische Theorie der Rationalisierung mit zwei Thesen: mit Meads These, dass Interaktion in der wechselseitigen Rollenübernahme besteht, und mit der These von Schütz, dass wir die Lebenswelt, in der wir uns bewegen, für selbstverständlich halten. Nach *Mead* gelingt Interaktion, weil sich ego und alter auf gemeinsame Symbole beziehen und sie identisch interpretieren. Dadurch dass sie sich wechselseitig in ihre Rollen versetzen, blicken sie auch auf sich selbst und werden sich der Gründe ihres Handelns gewahr. Nach *Schütz* ist die Lebenswelt über eine gemeinsame Sprache organisiert, durch deren Verwendung uns laufend die Muster normalen Denkens und Handelns bestätigt werden.

Im Zentrum der Theorie des Kommunikativen Handelns steht natürlich die *Sprache*. Auf ihre Funktion geht Habermas vor allem ein, indem er „zwischen Sprache als einem *Medium der Verständigung* und Sprache als einem *Medium der Handlungskoordinierung* und der *Vergesellschaftung von Individuen* unterscheidet." (Habermas 1981b, Band 2, S. 41)

Wenden wir uns zunächst der *Verständigung* zu. Die Sprache ist uns durch die Lebenswelt natürlich gegeben. Jede Interaktion ist durch sprachliche Kommunikation vermittelt; durch die Sprache zeigen sich die Beteiligten an, wie sie die gemeinsame Situation verstehen, welche Bedeutung sie ihrem Sprechen und Handeln beimessen und wie sie vom Anderen verstanden werden wollen. Die Sprache dient der Verständigung über das Gesagte, Gemeinte und Verstandene. „Verständigung wohnt als Telos[30] der menschlichen Sprache inne." (Habermas 1981b, Band 1, S. 387) *Kommunikatives* Handeln im Wortsinn funktioniert nur, wenn alle Sprecher dieses Ziel verfolgen, also sich verständigen *wollen*.

Diese Bedingung gesetzt, stellt sich die Frage, wieso die Teilnehmer an einer sprachlichen Interaktion überhaupt mit einer Verständigung rechnen können. Habermas erklärt es so: Im kommunikativen Handeln „wird die Geltung von Sinnzusammenhängen naiv vorausgesetzt, um Informationen (handlungsbezogene Erfahrungen) auszutauschen." (Habermas 1971, S. 115) Die Geltung kann deshalb naiv vorausgesetzt werden, weil wir ein gemeinsames Alltagswissen besitzen. Es besteht aus „elementaren Wirklichkeitsdefinitionen, die für alle Mitglieder einer gegebenen Gesellschaft, einer Kultur, mit der Unterstellung versehen sind, dass auch jeder Andere über sie verfügen oder zumindest mühelos Zugang zu ihnen gewinnen kann." (Matthes u. a. 1981, KE 1, S. 92) Indem wir dieses gemeinsame Alltagswissen unterstellen, unterstellen wir auch, dass wir eine Situation gleich definieren.[31]

Neben diesem stillen Einverständnis über das, was jeder weiß, muss noch eine weitere Erklärung, warum wir naiv Verständigung für möglich halten, genannt werden: Beim kommunikativen Handeln richten wir unausgesprochen *Geltungsansprüche* aneinander. Habermas nennt drei: (1) Was wir über die *objektive* Welt sagen, muss *wahr* sein; (2) was wir in einer gemeinsamen, *sozialen* Welt sagen, muss *richtig* sein, also den Normen entsprechen; (3) was wir über unsere *subjektive* Welt sagen, muss *wahrhaftig* sein. (vgl. Habermas 1981b, Band 1, S. 26 u. 35) Um es an einem Beispiel zu verdeutlichen: Wenn Z. behauptet, ihm habe man gerade das Hörnchen Eis aus der Hand gerissen, beansprucht er, einen objektiven Tatbestand zu konstatieren, also die *Wahrheit* zu sagen. Wenn Z. sagt, dass dieses Verhalten strafbar ist, dann beansprucht er, dass diese Aussage in unserer Gesellschaft *richtig* ist. Und wenn Z. dabei lauthals seine Empörung über die Jugend von heute zum Ausdruck bringt, beansprucht er, *wahrhaftig* zu sein. Es liegt auf der Hand, dass diese Geltungsansprüche nicht nur von ego an alter gerichtet sind, sondern dass umgekehrt alter eben diese auch unterstellen muss. Ergo: Beansprucht der Andere unausgesprochen die Wahrheit zu sagen, unterstellen wir bis zum Beweis des Gegenteils auch, dass er das tut. Hält er seine Aussage für

---

30 Telos – griech. Ziel, Zweck.
31 Wie in Kap. 5.9 *Praktische Methoden, alltägliche Interaktionen in Gang zu halten* gezeigt, hat Schütz so die Idealisierung der Vertauschbarkeit der Standpunkte erklärt.

richtig, sehen wir das so lange auch so, wie wir nichts Gegenteiliges wissen. Beansprucht er, wahrhaftig zu sein, glauben wir ihm das, solange sich Form und Ziel seiner Empörung im Rahmen des Üblichen bewegen.

Interaktion, sprich: Kommunikatives Handeln, ist Wechselwirkung, und die drei Ansprüche gelten ebenso wechselseitig. Nur indem beide Seiten auf diese einander bedingenden Geltungen bauen, können sie kommunikativ handeln und sich wechselseitig ihr Handeln zurechnen: Als *zurechnungsfähig* kann denn auch nur gelten, „wer als Angehöriger einer Kommunikationsgemeinschaft sein Handeln an intersubjektiv anerkannten Geltungsansprüchen orientieren kann." (Habermas 1981b, Band 1, S. 34)

Habermas hatte schon früher gezeigt, dass noch andere implizite Erwartungen logisch zwingend sind, gleichwohl im bewussten Handeln ausgeblendet sind. Im kommunikativen Handeln hegen wir nämlich unausgesprochen die Erwartung, dass die Anderen wissen, was sie tun und warum sie das tun. Habermas unterscheidet deshalb zwischen einer *Intentionalitätserwartung* (Subjekte folgen den Normen, nach denen sie handeln, intentional) und einer *Legitimitätserwartung* (Subjekte folgen nur Normen, die ihnen gerechtfertigt erscheinen). (vgl. Habermas 1971, S. 118 f.) Wir unterstellen – und müssen unterstellen! –, dass der Andere uns sagen könnte, warum er sich so und nicht anders verhält. Um es an einem drastischen Beispiel klar zu machen: Würde jemand seine Rede mit den Worten einleiten „Ich weiß nicht, warum ich etwas sage", wäre eine Kommunikation im Grunde nicht möglich. In Wirklichkeit sind diese Erwartungen der Intentionalität und der Legitimität natürlich „kontrafaktisch", aber wenn wir nicht so täten, als ob sie sich auf ein Faktum bezögen, könnte man im strengen Sinn nicht kommunizieren. Ähnliche Faktizität messen wir auch einer gemeinsamen Sicht auf die Welt bei. Im kommunikativen Handeln unterstellen wir stillschweigend, ich wiederhole es, dass jeder die Dinge so sieht wie wir. Das betrifft auch die Absichten und Ziele gemeinsamen Handelns.

Wo dieses Einverständnis aus welchen Gründen auch immer nicht mehr herrscht, Verständigung also hakt, das Interesse am Fortgang der Interaktion aber bestehen bleibt, muss eine neue Form der Kommunikation gefunden werden, die auf die Herstellung eines neuen Einverständnisses zielt. Um diese Strategie geht es im *Diskurs*. Der Diskurs ist ein analytisches Sprechen über die Bedingungen der Kommunikation, also eine Metakommunikation. Den Unterschied zwischen kommunikativem Handeln und Diskurs kann man sich mit folgendem Beispiel klar machen: Herr J. behauptet gegenüber seiner Tochter C., es gebe zwei unumstößliche Wahrheiten. Erstens, die Erde sei eine Scheibe, und zweitens, Frauen seien dümmer als Männer. Zieht Tochter C. nur die Brauen hoch, ansonsten geht das Gespräch aber weiter, ist es kommunikatives Handeln. Bestreitet Tochter C. aber wenigstens eine der Behauptungen und verlangt eine rationale Begründung, beginnt der Diskurs. „In Diskursen suchen wir ein problematisiertes Einverständnis, das im kommunikativen Handeln bestanden hat, durch Begründung wiederherzustellen." (Habermas 1971, S. 115)

Der Diskurs ist ein „Abarbeiten der unterschiedlichen Perspektiven mit rationalen Mitteln" (Matthes u. a. 1981, KE 1, S. 133), sein Ziel ist, einen neuen *Konsens* über Absichten und Ziele der Verständigung herzustellen. Die Frage ist aber, unter welchen Voraussetzungen es überhaupt nur zu einem Diskurs kommen kann. Die wichtigste ist, dass die Interaktionsteilnehmer sich als gleiche betrachten und sich gleiche Rechte einräumen. Jeder Teilnehmer muss die gleiche Chance haben zu handeln, sein Handeln zu erklären und vom Anderen Erklärungen für dessen Handeln einzufordern. Eine Interaktion, in der diese Bedingung erfüllt ist, nennt Habermas eine *symmetrische* Interaktion.

Dass die Wahrnehmung dieser Chancen nur im Medium der Sprache erfolgen kann, liegt auf der Hand. Deshalb nennt Habermas als implizite Bedingung für diese symmetrische Interaktion des Diskurses die Unterstellung einer *idealen Sprechsituation*: „Ideal nennen wir im Hinblick auf die Unterscheidung des wahren vom falschen Konsensus eine Sprechsituation, in der die Kommunikation nicht nur nicht durch äußere kontingente Einwirkungen, sondern auch nicht durch Zwänge behindert wird, die aus der Struktur der Kommunikation selbst sich ergeben. Die ideale Sprechsituation schließt systematische Verzerrung der Kommunikation aus. Nur dann herrscht ausschließlich der eigentümlich zwanglose Zwang des besseren Argumentes, der die methodische Überprüfung von Behauptungen sachverständig zum Zuge kommen lässt und die Entscheidung praktischer Fragen rational motivieren kann." (Habermas 1971, S. 137)

Auf diese ideale Sprechsituation greifen wir vor, obwohl sie de facto nicht da ist. Was paradox klingt, kann man so auflösen: Unbewusst unterstellen wir, wenn wir nur wollten, könnten wir den Anderen fragen, warum er dies und das gesagt oder getan hat, und selbstverständlich hätten wir das Recht, genau so frei die Gründe für unser Verhalten darzulegen. „Der Vorgriff auf die ideale Sprechsituation ist Gewähr dafür, dass wir mit einem faktisch erzielten Konsensus den Anspruch des wahren Konsensus verbinden dürfen." (Habermas 1971, S. 136) Das wiederum heißt: Wenn wir wollten, könnten wir nachfragen, ob das, worauf wir uns zwischenzeitlich verständigt haben, wirklich die ganze Wahrheit ist. Deshalb muss auch eine ideale Sprechsituation jegliche Verzerrung der Kommunikation ausschließen.

Eine ideale Sprechsituation ist durch eine vierfache Symmetrie gekennzeichnet: Jeder hat das gleiche Recht, (1) Kommunikation herbeizuführen, (2) Deutungen, Behauptungen, Erklärungen aufzustellen und ihre Geltungsansprüche zu begründen und zu widerlegen, (3) auf ungekränkte Selbstdarstellung und (4) zu befehlen und sich zu widersetzen, Rechenschaft abzugeben und zu verlangen.

Die ideale Sprechsituation ist also *herrschaftsfrei*, so dass jeder Interaktionspartner jederzeit die Möglichkeit hat, aus der Interaktion heraus- und in Diskurse einzutreten. Damit es nun zu einem wirklichen Diskurs kommt, muss zusätzlich angenommen werden, „dass die Sprecher weder sich noch Andere über ihre Intentionen täuschen dürfen." (Habermas 1971, S. 138) Dann – und nur dann! – ist der Diskurs das letzte und entscheidende Mittel, die Freiheit aller beteiligten Individuen in der Interaktion zu garantieren. Nur durch den Diskurs kann so auch der wahre von einem falschen Konsens unterschieden werden. (vgl. Habermas 1971, S. 134) Der wahre Konsens ist das Ergebnis einer Kommunikation, in der die vier genannten Bedingungen einer idealen Sprechsituation von Anfang bis Ende erfüllt sind.

Die Verständigungsprozesse, die in der Metakommunikation des Diskurses ablaufen, zielen genau wie das kommunikative Handeln selbst „auf ein Einverständnis, welches den Bedingungen einer rational motivierten Zustimmung zum Inhalt einer Äußerung genügt. Ein kommunikativ erzieltes Einverständnis hat eine rationale Grundlage." (Habermas 1981b, Band 1, S. 387) Es muss also im Prinzip von allen Beteiligten in rationalen Worten formuliert werden können und auf einem rationalen Konsens basieren. Damit ist sowohl der Fall, dass jemand es aufgibt, den anderen zu überzeugen, als auch der Fall, dass jemand den Anderen überredet, ausgeschlossen. Der Diskurs ist anstrengend, aber ohne ihn ist die Wahrheit über die Bedingungen, unter denen wir kommunikativ handeln, wohl nicht zu haben. Dass manche diese Bedingungen gar nicht so genau wissen wollen, steht auf einem anderen Blatt, und dass genau so das meiste im Alltag auch problemlos funktioniert, steht auf dem Blatt, das Garfinkel beschrieben hat.

Zum Schluss eine kritische Überlegung: Habermas unterstellt, dass wir prinzipiell an Verständigung interessiert sind. Würde man das nicht sicher annehmen können, wäre Handeln überhaupt nicht möglich. Das ist – als Axiom der Logik – zwingend und insofern nicht zu widerlegen. Allerdings hat das Interesse in der konkreten Interaktion – und darum geht es in der Soziologie – seine Grenzen: Wo eine Verständigung einen zu schweren Kompromiss tatsächlich nach sich ziehen würde, sind wir nicht an einer Verständigung interessiert, und wo eine Verständigung unseren Wunsch nach Bedürfnisbefriedigung vollständig zunichte zu machen droht, lassen wir es durchaus auf einen Bruch der Interaktion ankommen.

Aus soziologischer Sicht muss man auch noch ein anderes, mit dem ersten untrennbar verbundenes Axiom skeptisch betrachten. Habermas unterstellt nämlich, dass wir nach der Wahrheit brennen. In einem abstrakten Sinn, nämlich insofern Inter-Aktion sonst nicht möglich wäre, ist das sicher richtig. Nimmt man aber die konkrete Situation in der ganz normalen Alltagsinteraktion, dann kann man seine Zweifel haben. Zumindest die Figuren in Goffmans Schauspiel nehmen es, wie ich später[32] zeigen werde, mit der Wahrheit ja nicht ganz so genau. Und auch die These der Ethnomethodologie, dass das Alltagshandeln davon lebt, dass die Dinge gerade nicht präzise definiert werden, nimmt der Wahrheitsbedingung von Interaktion etwas von ihrem Gewicht.

Warum hat Habermas sie dennoch aufgestellt? Ich meine, dass er damit die *prinzipielle* Voraussetzung und das *prinzipielle* letzte Ziel jeglicher Interaktion benennen wollte. Um es etwas weniger abstrakt zu formulieren: Im Alltag reicht uns, dass wir irgendwie miteinander auskommen, und solange es klappt, fragen wir auch nicht, warum es klappt. Genau solche Fragen muss aber der Soziologe stellen, denn er will wissen, wie kommunikatives Handeln normalerweise gewährleistet ist und was die Gründe sind, wenn es zum Problem wird. In diesem letzten Fall müssen wir Alltagshandelnden – und die Soziologin natürlich auch – ein Kriterium haben, nach dem wir letztlich beurteilen können, was die wirklichen Gründe des Handelns sind und wie sie mit Blick auf die Freiheit und die gleichen Rechte aller an der Interaktion Beteiligten zu bewerten sind.

Zitierte Literatur

Abels, Heinz (2009): Wirklichkeit. Mit einem Beitrag von Benita und Thomas Luckmann. Wiesbaden: VS Verlag für Sozialwissenschaften
— (2009a): Ethnomethodologie. In: Kneer, Georg; Schroer, Markus (Hrsg.) (2009): Handbuch soziologische Theorien. Wiesbaden: VS
— (2012): Interaktionismus. In: Bauer u. a. (Hrsg.) (2012): Handbuch Bildungs- und Erziehungssoziologie. Wiesbaden: Springer VS
Arbeitsgruppe Bielefelder Soziologen (Hrsg.) (1973): Alltagswissen, Interaktion und gesellschaftliche Wirklichkeit. Band 1: Symbolischer Interaktionismus und Ethnomethodologie. Reinbek: Rowohlt
Auwärter, Manfred; Kirsch, Edit; Schröter, Manfred (Hrsg.) (1976): Seminar: Kommunikation, Interaktion, Identität. Frankfurt am Main: Suhrkamp
Becker, Howard S. (1963): Außenseiter. Zur Soziologie abweichenden Verhaltens. Frankfurt am Main: Fischer, 1973
— (1971): Nachträgliche Betrachtungen zur „Etikettierungstheorie". In: Becker (1963)
Blumer, Herbert (1969): Der methodologische Standort des Symbolischen Interaktionismus. In: Arbeitsgruppe Bielefelder Soziologen (Hrsg.) (1973)
Cooley, Charles H. (1902): Human nature and the social order, rev. edition 1922. New Brunswick: Transaction Books, 1983
— (1909): Social organization. A study of the larger mind. New York: Schocken Books, 2nd edition 1963

---

[32] Siehe unten Kap. 8.3 *Die Präsentation des Selbst im Alltag.*

Garfinkel, Harold (1961): Das Alltagswissen über soziale und innerhalb sozialer Strukturen. In: Arbeitsgruppe Bielefelder Soziologen (Hrsg.) (1973): Band 1
— (1967): Studies in ethnomethodology. Englewood Cliffs: Prentice-Hall
Goffman, Erving (1955): On face-work. In: Goffman (1967): Interaction ritual. Essays on face-to-face behavior. New York: Anchor Books
— (1957): Entfremdung in der Interaktion. In: Goffman (1967): Interaktionsrituale. Über Verhalten in direkter Kommunikation. Frankfurt am Main: Suhrkamp, 1971
— (1959): Wir alle spielen Theater. München: Piper, 7. Aufl. 1991
— (1961a): Asyle. Über die soziale Situation psychiatrischer Patienten und anderer Insassen. Frankfurt am Main: Suhrkamp, 8. Aufl. 1991
— (1961b): Rollendistanz. In: Goffman (1973): Interaktion: Spaß am Spiel. Rollendistanz. München: Piper
— (1963): Stigma. Notes on the management of spoiled identity. Englewood Cliffs: Prentice Hall
— (1963a): Stigma. Über Techniken der Bewältigung beschädigter Identität. Frankfurt am Main: Suhrkamp, 12. Aufl. 1996
— (1963b): Interaktion im öffentlichen Raum. Frankfurt am Main: Campus, 2009
— (1974): Rahmen-Analyse. Ein Versuch über die Organisation von Alltagserfahrungen. Frankfurt am Main: Suhrkamp, 1977
— (1983): Die Interaktionsordnung. In: Goffman (1994): Interaktion und Geschlecht. Frankfurt am Main: Campus, 2. Aufl. 2001
Habermas, Jürgen (1971): Vorbereitende Bemerkungen zu einer Theorie der kommunikativen Kompetenz. In: Habermas u. Luhmann (1971): Theorie der Gesellschaft oder Sozialtechnologie – Was leistet die Systemforschung? Frankfurt am Main: Suhrkamp
— (1981b): Theorie des kommunikativen Handelns, 2 Bände. Frankfurt am Main: Suhrkamp
Joas, Hans; Knöbl, Wolfgang (2004): Sozialtheorie. Zwanzig einführende Vorlesungen. Frankfurt am Main: Suhrkamp
Kieserling, André (1999): Kommunikation unter Anwesenden. Studien über Interaktionssysteme. Frankfurt am Main: Suhrkamp
Krappmann, Lothar (1969): Soziologische Dimensionen der Identität. Strukturelle Bedingungen für die Teilnahme an Interaktionsprozessen. Stuttgart: Klett, 1. Aufl. 1971
— (1971): Neuere Rollenkonzepte als Erklärungsmöglichkeit für Sozialisationsprozesse. In: Auwärter u. a. (Hrsg.) (1976)
Luhmann, Niklas (1975c): Interaktion, Organisation, Gesellschaft. In: Luhmann (1975b): Soziologische Aufklärung 2. Aufsätze zur Theorie der Gesellschaft. Opladen: Westdeutscher Verlag
— (1984): Soziale Systeme. Grundriss einer allgemeinen Theorie. Frankfurt am Main: Suhrkamp
Matthes, Joachim; u. a. (1981): Kommunikatives Handeln. Hagen: FernUniversität
Mead, George Herbert (1934): Geist, Identität und Gesellschaft. Frankfurt am Main: Suhrkamp, 1973

— (1934a): Mind, Self, and Society. From the Standpoint of a Social Behaviorist. Edited and with an Introduction by Charles W. Morris. Chicago: The University of Chicago Press, 7th impression 1970
Park, Robert Ezra (1926): Behind our masks. In: Park (1950): Race and culture. New York: Free Press, First Paperback Edition 1964
Parsons, Talcott (1945): Systematische Theorie in der Soziologie. Gegenwärtiger Stand und Ausblick. In: Parsons (1964): Beiträge zur soziologischen Theorie. Hrsg. von Dietrich Rüschemeyer. Neuwied: Luchterhand
— (1951): The social system. New York: Free Press, 1964
— (1968): Der Stellenwert des Identitätsbegriffs in der allgemeinen Handlungstheorie. In: Döbert, Habermas, Nunner-Winkler (Hrsg.) (1977): Entwicklung des Ichs. Königstein: Athenäum, Hain, Scriptor, Hanstein, 2. Aufl. 1980
— (1968a): Social interaction. In: Sills (ed.) (1968): International Encyclopedia of the Social Sciences, Vol. 7. New York: The Free Press, 1972
Parsons, Talcott; Shils, Edward A. (1951a): Some fundamental categories of the theory of action: A general statement. In: Parsons and Shils (eds.) (1951): Toward a general theory of action. New York: Harper Torchbooks, 1962
Schimank, Uwe (2000): Handeln und Strukturen. Einführung in die akteurtheoretische Soziologie. Weinheim und München: Juventa
Schütz, Alfred; Luckmann, Thomas (1975): Strukturen der Lebenswelt, Band 1. Neuwied: Luchterhand
Schützeichel, Rainer (2004): Soziologische Kommunikationstheorien. Konstanz: UVK
Simmel, Georg (1890): Über sociale Differenzierung. In: Simmel (1989 ff.), Band 2
— (1894): Das Problem der Sociologie. In: Simmel (1989 ff.), Band 5
— (1908): Soziologie. Untersuchungen über die Formen der Vergesellschaftung. (Simmel 1989 ff., Band 11)
— (1917): Das Gebiet der Soziologie. In: Simmel (1917): Grundfragen der Soziologie (Individuum und Gesellschaft). Berlin: de Gruyter, 4. Aufl. 1984
— (1989 ff.): Georg Simmel Gesamtausgabe. Hrsg. von Otthein Rammstedt. Frankfurt am Main: Suhrkamp
Strauss, Anselm L. (1959): Spiegel und Masken. Die Suche nach Identität. Frankfurt am Main: Suhrkamp, 1968
— (1964): Einleitung zu Mead (1964): Sozialpsychologie. Hrsg. von Anselm Strauss. Neuwied: Luchterhand, 1969
Thomas, William I.; Thomas, Dorothy S. (1928): Das Kind in Amerika. In: Thomas (1965): Person und Sozialverhalten. Neuwied: Luchterhand
Turner, Ralph H. (1962): Rollenübernahme: Prozess versus Konformität. In: Auwärter u. a. (Hrsg.) (1976)
Weber, Max (1905): Die protestantische Ethik und der „Geist" des Kapitalismus. In: Weber (2002)
— (1920b): Soziologische Grundbegriffe. In: Weber (2002)
— (2002): Schriften 1894–1922. Ausgewählt von Dirk Kaesler. Stuttgart: Kröner
Weingarten, Elmar; Sack, Fritz (1976): Ethnomethodologie. Die methodische Konstruktion der Realität. In: Weingarten u. a. (Hrsg.) (1976): Ethnomethodologie.

Beiträge zu einer Soziologie des Alltagshandelns. Frankfurt am Main: Suhrkamp

Wilson, Thomas P. (1970): Theorien der Interaktion und Modelle soziologischer Erklärung. In: Arbeitsgruppe Bielefelder Soziologen (Hrsg.) (1973): Band 1

Gruppe: Über Wir-Gefühle, sozialen Einfluss und Fremde

6

Inhalt:
6.1 Die Herstellung moralischer Gefühle in der Gruppe (Durkheim)   236
6.2 Die Selbsterhaltung der sozialen Gruppe (Simmel)   239
6.3 Primärgruppen – nursery of human nature (Cooley)   247
6.4 Peer group – Sozialisation auf der Schwelle zur Gesellschaft (Riesman, Krappmann, Eisenstadt, Erikson)   249
6.5 Bezugsgruppe, soziale Beeinflussung, Gruppendruck (Locke, Smith, Durkheim, Riesman)   256
6.6 Wir und Andere: Gelernte Wir-Gefühle und Ethnozentrismus (Sumner, Freud)   261
6.7 Fremde   264
     6.7.1 Distanzierte Nähe (Simmel)   264
     6.7.2 Marginal man (Park)   268
     6.7.3 Gespür für Krisen und zögerliche Loyalität (Schütz)   269
     6.7.4 Die Unbestimmtheit des Fremden gefährdet die soziale Ordnung (Bauman)   271
6.8 Etablierte und Außenseiter (Elias u. Scotson, Becker)   275
Literatur   277

Der Mensch ist ein zóon politikón, und die Soziologie fragt, wie er mit Anderen zusammen lebt und was er tut, dass das auf Dauer auch klappt. Das habe ich am Anfang dieser Einführung in die Soziologie[1] unter der Frage „Wie ist Gesellschaft möglich?" diskutiert, und die großen Antworten der Soziologie klangen (hoffentlich) auch überzeugend. Diese Antworten zielten auf die Erklärung der Gesellschaft als Ganzes, aber interessanterweise gingen viele von der Frage aus, wie es überhaupt zu dauerhaften Beziehungen in einem *überschaubaren* Kreis von Individuen kommt. Konzentriert man sich auf diese Grundfrage, dann öffnet sich

---

[1] Band 1, Kap. 3 *Soziale Ordnung oder: Wie ist Gesellschaft möglich?*

© Springer Fachmedien Wiesbaden GmbH, ein Teil von Springer Nature 2019
H. Abels, *Einführung in die Soziologie*, Studientexte zur Soziologie,
https://doi.org/10.1007/978-3-658-22476-9_7

der Blick auf eine Soziologie der *Gruppe*. Die Gruppe scheint eine *Zwischenposition* zwischen Gesellschaft und Individuum zu sein. Die in diesem Kapitel anstehenden Fragen lauten: Wie kommt das soziale Gebilde Gruppe zustande? Was ist die Funktion von Gruppen? Welche Prozesse laufen in den Beziehungen der Individuen untereinander ab? Es wird aber auch gefragt, welchen Druck Gruppen auf die Individuen ausüben, wie sich in Gruppen ein Wir-Gefühl ausbildet und daraus die Gefahr des Ethnozentrismus erwachsen kann. Von dieser letzten Frage ist es nicht weit bis zu der Frage, welche Rolle Fremde im Selbstverständnis von Gruppen spielen.

6.1 Die Herstellung moralischer Gefühle in der Gruppe (Durkheim)

In seiner Studie über den „Selbstmord" war EMILE DURKHEIM zu dem Ergebnis gekommen, dass eine wesentliche Ursache dieses freiwilligen Abschieds aus dem Leben die schwindende Integrationskraft einer Gemeinschaft ist. Die entsprechende Diagnose der Gesellschaft lautete, dass sich die Moral in einem „alarmierenden Zustand" (Durkheim 1897, S. 460) befinde. Konkret meinte Durkheim damit, dass die Konkurrenz der egoistischen Interessen das Gefühl der Solidarität mehr und mehr zerstöre. Die Gesellschaft treibt in einen Zustand der Anomie, was zur Folge hat, dass sich die Bindung des Individuums an die Gesellschaft immer mehr lockert. Und genau auf diese Bindung an die *Gesellschaft* kommt es Durkheim an, wenn er schreibt, dass das Individuum praktisch keinem anderen Kollektiveinfluss mehr untersteht als dem *Staat* mit seinen unpersönlichen, standardisierten Regelungen. „Nur in ihm spürt der einzelne die Gesellschaft und seine Abhängigkeit von ihr." (Durkheim 1897, S. 463) Das erfährt er in den Regelungen, die der Staat für alle trifft und bei allen durchzusetzen trachtet. Ein Gefühl für die Anderen, geschweige denn eine soziale Verantwortung für sie stellt sich nicht ein. Der einzelne „hat während des größten Teils seines Lebens nichts um sich, was ihn über sich selbst hinausheben oder ihm Zügel anlegen könnte. Unter solchen Umständen muss es dazu kommen, dass er im Egoismus und in der Regellosigkeit versinkt." (Durkheim 1897, S. 463 f.)

Am Ende dieser Diagnose stellt Durkheim nun die Frage, wie man dem Übel steuern könnte, und kommt zu der Antwort, dass sich das Individuum wieder in eine *Gruppe* integrieren müsse, in der es sich seiner sozialen Stellung in der Gesellschaft bewusst werde, Solidarität erfahre und selbst erweisen müsse. Die Gruppe, die das leisten könne, sei die *Berufsgruppe*. Durkheim kündigt an, dass er dazu eine eigene Studie vorlegen werde. Dazu ist es allerdings nicht gekommen. Stattdessen hat er seinen Vorschlag zur Restitution der innigen Verbindung zwischen

Individuum und Gesellschaft in einem langen Vorwort zur zweiten Auflage seines Buches „Über soziale Arbeitsteilung" präzisiert.

Durkheim hebt mit der Diagnose an, dass sich „das ökonomische Leben augenblicklich" in einem Zustand der rechtlichen und moralischen Anomie befinde. (vgl. Durkheim 1902, S. 42) Damit hat er nun keineswegs einen Teilbereich der Gesellschaft im Blick, sondern das Kennzeichen der Moderne benannt: Die ökonomischen Funktionen stehen an erster Stelle, womit Durkheim nicht nur den beherrschenden Einfluss der rasant wachsenden Wirtschaft seiner Zeit auf Politik und Gesellschaft meint, sondern auch die überragende Bedeutung, die die „Tätigkeitsform" in der Ökonomie, sprich: der Beruf, im Leben des Einzelnen hat. (vgl. Durkheim 1902, S. 44) Von hier aus entwickelt er nun das Konzept der Berufsgruppen, in denen sich gewissermaßen alle Angehörigen eines gleichen Berufes zusammentun. Das klingt stark nach den Ständen und Zünften des Mittelalters, und an denen hebt Durkheim in der Tat auch ihre Funktion hervor: Sie „bildeten für ihre Mitglieder ein moralisches Milieu". (Durkheim 1902, S. 53)

Solche Korporationen lassen sich aus vielerlei Gründen nicht mehr restituieren, unter anderem, weil sie lokal begrenzt waren und über Privilegien letztlich zu einer Segregation statt Integration der Gesellschaft tendierten. Gleichwohl hält Durkheim einige Prinzipien dieser *Gruppen,* denn das waren sie vor allem, für bedenkenswert. Sie sahen kontinuierlichen Kontakt vor, so dass sich gemeinsame Anschauungen, eine Moral also, und wechselseitige, solidarische Gefühle bilden konnten. Es ist dieser moralische Einfluss, weshalb Durkheim eine Berufsgruppe in der modernen Gesellschaft, die ansonsten auseinandertreibt, für unabdingbar hält: Sie hat „die moralische Kraft, die die individuellen Egoismen zügeln, im Herzen der Arbeiter ein lebhafteres Gefühl ihrer Solidarität erhalten und das Gesetz des Stärkeren daran hindern kann, sich derart brutal auf die gewerblichen und kommerziellen Beziehungen auszuwirken." (Durkheim 1902, S. 51)

Nehmen wir an dieser Forderung nur die moralische Funktion der Gruppe für die Bindung der Individuen untereinander und an die Gesellschaft in den Blick, die Durkheim so beschreibt und erklärt: „Sobald im Schoß einer politischen Gesellschaft eine bestimmte Anzahl von Individuen Ideen, Interessen, Gefühle und Beschäftigungen gemeinsam haben, die der Rest der Bevölkerung nicht mit ihnen teilt, ist es unvermeidlich, dass sie sich unter dem Einfluss dieser Gleichartigkeit wechselseitig angezogen fühlen, dass sie sich suchen, in Verbindung treten, sich vereinen und auf diese Weise nach und nach eine engere Gruppe bilden, die ihre eigene Physiognomie innerhalb der allgemeinen Gesellschaft besitzt. Sobald aber die Gruppe gebildet ist, entsteht in ihr ein moralisches Leben, das auf natürliche Weise den Stempel der besonderen Bedingungen trägt, in denen es entstanden ist. Denn es ist unmöglich, dass Menschen zusammenleben und regelmäßig miteinander verkehren, ohne schließlich ein Gefühl für das Ganze zu entwickeln, das sie mit ihrer Vereinigung bilden, ohne sich an dieses Ganze zu binden, sich um dessen Interessen zu sorgen und es in ihr Verhalten einzubeziehen. Nun ist aber diese Bindung an etwas, was das Individuum überschreitet, diese Unterordnung der Einzelinteressen unter ein Gesamtinteresse, die eigentliche Quelle jeder moralischen Tätigkeit. Damit sich nun dieses Gefühl präzisieren und bestimmen und auf die gewöhnlichsten oder bedeutsamsten Umstände auswirken kann, überträgt es sich in bestimmten Formeln; und infolgedessen entsteht ein Korpus moralischer Regeln." (Durkheim 1902, S. 55 f.)

Diese „sekundären Gruppen" sollen sich zwischen den Staat und die Bürger schieben, um *individuelle* Interessen zu *sozialen* zu organisieren, denn „eine Gesellschaft, die aus einer Unmasse von unorganisierten Individuen zusammengesetzt ist und die sich ein Überstaat bemüht zusammenzuhalten, ist ein wahres soziologisches Monstrum." (Durkheim 1902, S. 71) Wie ein roter Faden zieht sich durch Durkheims gesamtes Werk das „Problem der wechselseitigen Kompatibilität von sozialer Ordnung und individueller Freiheit, von struktureller Differenzierung und Integration, Gemeinschaft und Individuum", und die Berufsgruppen sind die „intermediäre Ebene", auf der das gelingen soll. (Müller u. Schmid 1992, S. 511)

Als Begründung, warum diese sekundären Gruppen das leisten können, verweist Durkheim interessanterweise auf die Leistung der *Primärgruppe* der Familie. Sie sei „die eigentliche Heimstätte der Moralität", das ist ganz unstrittig. Aber sie ist es nicht aufgrund der Blutsverwandtschaft, sondern wegen ihrer soziologischen Besonderheit: Sie ist eine „Gruppe von Individuen, die einander (...) durch eine besonders enge Verbindung von Ideen, Gefühlen und Interessen nähergerückt sind." (Durkheim 1902, S. 57) In moderner Terminologie würde man sagen: Dauerhafte soziale Interaktion schafft gemeinsame Einstellungen. Von der Primärgruppe Familie, die ja nicht auf Dauer angelegt ist, sondern sich mit dem Auszug der Kinder auflöst, unterscheiden sich die Berufsgruppen, dass sie „stetig wie das Leben" sind. (Durkheim 1902, S. 58)

Im Unterschied zur Primärgruppe Familie, in die man ungefragt hineingeboren wird, sind Sekundärgruppen gestiftet, sei es durch ein gemeinsames Interesse, das die künftigen Mitglieder dieser Gruppe haben und weswegen sie die Assoziation suchen, sei es durch soziale Regelung, nach der Individuen zu einem bestimmten Zweck zusammengeführt werden. Beispiele für die erste Form der freiwilligen Assoziation wären die Berufsgruppen, wie sie Durkheim beschrieben hat, aber auch die Thekenmannschaft „Dröppelminna" in Solingen; Beispiele für die zweite Form gesellschaftlich definierter Gruppen wären eine Schulklasse so gut wie die Gefangenen in Alcatraz oder das Team der Betriebsprüfer im Finanzamt Münster-Ost.

Beide Formen der Gruppe haben, wenn man der Theorie von Durkheim folgt, einen sozialen Effekt: Sie erzeugen durch dauerhafte Kontakte gemeinsame Einstellungen und Gefühle, aber sie üben auch genau deswegen soziale Kontrolle aus. Einen Beleg für diese Annahme haben zahlreiche Studien über die soziale Beeinflussung in der Gruppe geliefert. Ich komme gleich darauf zurück.

6.2 Die Selbsterhaltung der socialen Gruppe (Simmel)

In einer Zeit, als man in Deutschland noch darum rang, Gegenstand und Aufgabe einer neuen Wissenschaft, die man vorsichtig als „Sociologie" bezeichnete, zu bestimmen, hoffte GEORG SIMMEL, „das Rätsel" zu lösen, „was denn eigentlich ‚Gesellschaft' ist." (Simmel 1898, S. 312) Dazu lenkte er den Blick auf die *Bindungen*, die es offensichtlich dort gibt, wo Menschen über eine bestimmte Zeit zusammenleben. Von da aus ergibt sich auch Simmels Definition von Gesellschaft: Gesellschaft ist überall dort, „wo eine Anzahl von Menschen in Wechselwirkung treten und eine vorübergehende oder dauernde Einheit bilden." (Simmel 1898, S. 313) Die Frage ist allerdings, wie sich ein solches Gebilde erhält. Simmel beantwortet sie mit Blick auf die „sociale Gruppe", wobei man anmerken muss, dass er nach dem genannten Prinzip auch die Gesellschaft als eine Gruppe ansieht.

Das Problem der Selbsterhaltung einer Gruppe liegt schon in der Tatsache begründet, dass Mitglieder ausscheiden oder neue hinzukommen. Nehmen wir z. B. die Gruppe „Gegendruck68". Gleich im Gründungsjahr ist die Hälfte der Mitstreiterinnen, die das richtige Bewusstsein vermissten, wieder ausgetreten. Da waren's nur noch 4. Drei zogen im Laufe der Zeit weg, aber vier neue kamen hinzu. Als sich die Letzte aus der Gründerzeit einem Vertreter des Kapitals in die Ehearme schmiss, wurde sie wegen unüberbrückbarer geistiger Differenzen ausgeschlossen. Der Rest nutzte diesen Schnitt für eine Standortbestimmung und brachte „Gegendruck68" mit Handzetteln wieder ins Gespräch. Die Gruppe überdauerte also, obwohl es kein einziges identisches Mitglied mehr gab. Ins Große gewendet: Im Wechsel der Generationen bleibt die einheitliche Gruppe der Gesellschaft bestehen. Die erste Erklärung der Selbsterhaltung der Gruppe sieht Simmel denn auch in der *Allmählichkeit* der Veränderungen. (vgl. Simmel 1898, S. 319)

Zweitens kann die Kontinuität einer Gruppe damit erklärt werden, dass stets genügend Mitglieder vorhanden sein müssen, die den Nachwuchs *schulen*. Das kann man in dem engen Sinne verstehen, dass z. B. die alten Wächter des Grals die Eleven systematisch in die Geheimnisse einweihen, das kann man aber auch in dem weiteren Sinne verstehen, dass neue Mitglieder lange genug mit den Alten zusammen sind, um sich „dem Geist, der Form, der Tendenz der Gruppe völlig zu assimilieren." (Simmel 1898, S. 320)

Drittens wird die Gruppe zusammengehalten durch die *Loyalität* gegenüber *führenden Personen* oder einem *herrschenden Prinzip*. Der fixe Fritz, der bei den

Strandpiraten von Sandburg 9 das Sagen hat, treibt die Gruppe jeden Tag zu neuen Abenteuern. Das ist beim großen Fritz im Prinzip nicht anders. Er gibt seinem Volk das Gefühl der Einheit, und über seine aufgeklärten Prinzipien identifiziert es sich. Doch was passiert, wenn der fixe Fritz wieder nach Hause fährt oder der große Fritz stirbt. Im ersten Fall findet der traurige Rest der Bande keinen rechten Schwung zu neuen Taten und verkrümelt sich schließlich. Die Gruppe löst sich auf. Im zweiten Fall besteht die große Gruppe der Preußen natürlich weiter, weil der große Fritz nicht kraft seiner Person, sondern kraft eines Amtes herrschte. In diesem Fall gilt der Grundsatz, dass der König nicht stirbt. (vgl. Simmel 1898, S. 323)

Das erste Beispiel rückt die Bedeutung einer führenden Person in den Vordergrund. Die Gruppe hat nur so lange Bestand, wie eine herausragende Person sie zusammenhält. Simmel drückt es so aus: „So lange der Bestand noch ein unsicherer und schwankender ist, kann jene höchste, zusammenhaltende Spitze ihre Funktion nur vermöge ganz bestimmter persönlicher Eigenschaften erfüllen." (Simmel 1898, S. 324) Wenn diese Persönlichkeit die Fähigkeiten nicht mehr[2] hat oder ausfällt, ist der Bestand der Gruppe in Gefahr. An dem zweiten Beispiel wird deutlich, dass das „Personalmoment" zurücktreten kann, wenn die Form, in der sich die Gruppe selbst erhält, prinzipiell begründet ist, sich sozusagen *objektiviert* hat. Simmel sieht deshalb auch im Erbschaftsprinzip, gegen das ja eingewandt wird, dass damit nicht immer die Besten in das Amt gelangen, einen tieferen Sinn: Es dokumentiert, „dass die Form der Gruppe, das Verhältnis zwischen Herrscher und Beherrschten ein rein sachliches und in sich gefestetes geworden ist." (Simmel 1898, S. 324)

„Die Objektivierung des Zusammenhaltes der Gruppe kann auch die persönliche Form so weit abstreifen, dass sie sich an ein sachliches *Symbol* knüpft." (Simmel 1898, S. 325, Hervorhebung H. A.) Das wäre das vierte Prinzip des Zusammenhaltes. Simmel bringt das Beispiel der Fahne in einer kämpfenden Truppe. So lange sie vor ihnen weht, fühlen sich alle als eine verschworene Gemeinschaft, sinkt sie, gerät auch der Geist der Truppe in Gefahr. Simmel vermutet aber, dass in einem solchen Fall, wo sich die Gruppe für ihre Selbsterhaltung zu sehr auf ein äußeres Zeichen stützt, der soziale Zusammenhang „schon vorher innerlich stark gelitten haben muss". (Simmel 1898, S. 325) Bemerkenswert sei dagegen der umgekehrte Fall, dass nach dem Verlust eines Gruppensymbols die Kohärenz umso stärker wird. Als Beispiel verweist er auf die Zerstörung des jüdischen Tempels durch Titus. Nachdem das Symbol als materielle Wirklichkeit zerstört worden war,

---

2   Dieses Problem erwähnt Weber im Zusammenhang mit dem Ausbleiben der außergewöhnlichen Fähigkeiten des charismatischen Herrschers. (Vgl. Band 1, Kap. 7.5.2 *Herrschaft – die Legitimation von Macht.*)

begann es „als bloßer Gedanke, Sehnsucht, Ideal, sehr viel mächtiger, tiefer, unzerstörbarer" zu wirken. (Simmel 1898, S. 325)

Ein fünftes, außerordentlich wirkungsvolles Mittel der sozialen Selbsterhaltung erblickt Simmel in der *Ehre*. Ursprünglich war Ehre *Standesehre*, also eine „zweckmäßige Lebensform kleinerer Kreise", durch die sie „ihren einheitlichen Charakter" wahrten und sich gegen die anderen Kreise abschlossen. (Simmel 1898, S. 331) In moderner Terminologie würde man sagen: Ehre funktionierte zugleich als Inklusion und als Exklusion, als Integration und Differenzierung. Die Ehre steht zwischen sozialer Rechtsordnung und individueller Moral. Das äußerliche Recht wacht über jedes Individuum ohne Ansehen der Person, die Moral ist an die Herzen der Individuen gebunden. Wo eine Gruppe eine generelle Zustimmung zu einem *spezifischen, richtigen* Verhalten einfordert und das Individuum seine individuelle Moral aus innerer Überzeugung in den Dienst einer kollektiven stellt, funktioniert Ehre als Prinzip sozialen Verhaltens *und* der Einheit der Gruppe. Auf dieses doppelte Prinzip hebt auch Simmel ab: „Indem die gesellschaftliche Gruppe jedem ihrer Elemente ihre Gesamtehre pro rata (anteilig, H. A.) anvertraut, gibt sie ihm ein außerordentlich hohes Gut mit, und zwar ein solches, das es in der Mehrzahl der Fälle gar nicht positiv zu erwerben, sondern das es nur nicht zu verlieren braucht. Indem die Ehre des ganzen Kreises so gleichsam zum Privatbesitz des Einzelnen und in dieser Individualisierung eben seine Ehre wird, stellt sie eine ganz einzigartige, äußerst enge Verschmelzung von Individual- und Sozialinteresse dar: das letztere hat hier für das Bewusstsein des Einzelnen völlig personale Formen angenommen. Damit ist der unermessliche Dienst klargestellt, den die Ehre der Selbsterhaltung der Gruppe leistet: denn was ich die Ehre der letzteren nannte, die von der Ehre des Einzelnen repräsentiert wird, das ist doch genau angesehen nichts als der Bestand, die Einheit und der dauernde Charakter der Gruppe. Die Ehre fordert vom Einzelnen diejenigen Verhaltensweisen, die diesen Zwecken seines Lebenskreises dienen. Indem dies nun einerseits zu einem idealen Werte aufwächst, so ideal und so kraftvoll zugleich, dass die Ehre mehr gilt als das Leben; indem andererseits das Bewahren der Ehre sehr fühlbar angenehme, ihr Verlust sehr fühlbar unangenehme Folgen in egoistischer Hinsicht hat – bildet sie ein ganz außerordentlich festes Band zwischen dem Ganzen der Gruppe und ihren Elementen. So ist die Ehre eines der durchgreifendsten Mittel, die Gruppe in ihrer Existenz und ihrer spezifischen Bedeutung zu erhalten." (Simmel 1898, S. 332 f.)

Ein sechstes Prinzip der Selbsterhaltung der Gruppe liegt darin, dass sich „differenzierte Organe" (Simmel 1898, S. 350) herausbilden. Sie bestehen aus mehreren Personen, die so etwas wie eine *stellvertretende Repräsentanz* sind. Simmel nennt als Beispiele den Vorstand eines Vereins, die Priesterschaft einer religiösen Gemeinde oder das Komitee einer flüchtigen Vereinigung. Diese Organe sind besondere Teilgruppen, die „die Idee" der ganzen Gruppe vertreten. Zur Selbsterhaltung der Gruppe tragen diese sozialen Gebilde insofern bei, als sie „beweglicher" sind. Sie können rasch den Willen der Gruppe artikulieren und danach auch schnell handeln. Ehe eine ganze Gruppe zu einer Entscheidung gekommen ist, ist die Chance zu handeln vielleicht schon vertan. Hinzu kommt, dass diese repräsentativen Organe die inneren Gegensätze, die es in jeder Gruppe gibt, und den „Mangel an Sachlichkeit, der so oft die Einheitlichkeit in den Aktionen der Masse verhindert", ausgleichen. (Simmel 1898, S. 339) Damit ist eine weitere soziale Funktion der repräsentativen Organe angesprochen, sie können auf einem intellektuell höheren Niveau als der Durchschnitt der Masse handeln. Simmel beschreibt das Problem so: „Die Gesamtaktion der Menge wird in intellektueller Hinsicht immer auf einem relativ niedrigen Niveau stehen; denn derjenige Punkt, auf den eine große Anzahl von Individuen sich vereinigt, muss immer sehr nahe an dem Niveau des Tiefststehenden unter ihnen liegen; und dies wiederum, weil jeder Hochstehende hinabsteigen, aber nicht jeder Tiefstehende hinaufsteigen kann, sodass dieser und nicht jener das Niveau angibt, das beiden gemeinsam sein kann." (Simmel 1898, S. 340 f.)

Doch auf der anderen Seite der Medaille steht ein viel bedrohlicheres Problem: „Wo Erregung und Äußerung von Gefühlen in Frage steht, gilt diese Norm nicht, weil sich in einer aktuell zusammenbefindlichen Masse eine gewisse Kollektivnervosität erzeugt – ein Mitgerissen-Werden des Gefühls, gegenseitig ausgeübte Stimulierungen – so dass eine momentane Erhöhung der Individuen über die durchschnittliche Intensität ihrer Gefühle erfolgen mag." (Simmel 1898, S. 341) In den Aktionen der Masse schrumpft das intellektuelle Potential, während sich die irrationalen Affekte potenzieren.

Eine siebte Erklärung der Selbsterhaltung einer sozialen Gruppe sieht Simmel in ihrer *Form*. „Hier begegnen uns zwei hauptsächliche Möglichkeiten. Die Gruppe kann erhalten werden (1) durch möglichste Konservierung ihrer Form, durch Festigkeit und Starrheit derselben, sodass sie andrängenden Gefahren substantiell Widerstand entgegensetzt und das Verhältnis ihrer Elemente durch allen Wechsel der äußeren Umstände hindurch bewahrt; (2) durch möglichste Variabilität ihrer Form, sodass sie den Wechsel der äußeren Bedingungen durch einen solchen ihrer selbst beantwortet und sich im Fluss erhält, sodass sie sich jeder Forderung der Umstände anschmiegen kann." (Simmel 1898, S. 351)

Widerstand oder Anpassung, Abschottung oder Öffnung, Konservierung oder Modernisierung, um diese Fragen geht es. Die Tendenzen in die eine oder die andere Richtung hängen für Simmel von der Zusammensetzung der Gruppe ab. Zum Beharren neigen einmal Gruppen, die aus „disparaten Elementen mit latenten oder offenen Gegnerschaften" (Simmel 1898, S. 351) bestehen. Sie konservieren ihre Form, weil jede Irritation von außen die inneren Spannungen verstärken würde. „Deshalb bemerken wir auch tatsächlich, dass bei ungeheuren und unversöhnlichen Klassengegensätzen eher Friede und Beharrlichkeit der sozialen Lebensformen herrscht, als bei vorhandener Annäherung, Vermittlung und Mischung zwischen den Extremen der sozialen Leiter." (Simmel 1898, S. 353)

In dem Zusammenhang erwähnt Simmel allerdings eine zentrale äußere Erschütterung, die gerade die Tendenz zur Konservierung einer Form verstärkt, den *Krieg*. Manchen Völkern dient er dazu, „die auseinanderstrebenden und in ihrem Gleichgewicht bedrohten Elemente des Staates wieder zusammenzubinden und seine Form zu erhalten". (Simmel 1898, S. 352 Anm.) Simmel hat auch eine Erklärung für diesen scheinbar paradoxen Effekt: „Der Krieg appelliert an diejenigen Energien, welche den entgegengesetzten Elementen der Gemeinschaft dennoch gemeinsam sind, und hebt diese, die vitaler und fundamentaler Natur sind, so stark ins Bewusstsein, dass die Erschütterung hier gerade die Voraussetzung für ihre Schädlichkeit: die Divergenz der Elemente – selbst annulliert." (Simmel 1898, S. 352 Anm.)

Zum Beharren tendieren aber auch Gruppen, die sich überlebt haben, „die keine innere Daseinsberechtigung mehr haben". (Simmel 1898, S. 354) Der Traditionsverein, der noch immer den Sieg von anno dunnemal, über den die neue Völkerverständigung längst hinweggegangen ist, feiert, wird sich ängstlich an seine Rituale klammern. Als „das letzte Mittel ihrer Selbsterhaltung" gilt diesen sozialen Fossilien „ein äußerst strenger Abschluss, die unbedingte Verhinderung des Zutritts neuer Genossen." (Simmel 1898, S. 354) Schließlich tendieren Gruppen, die sich einer Konkurrenz von außen nicht gewachsen fühlen, zur Konservierung ihrer Form. (vgl. Simmel 1898, S. 355)

In welchen Gruppen ist die Selbsterhaltung durch die umgekehrte Tendenz zur Geschmeidigkeit, zur Anpassung und zur Öffnung bedingt? Das sind sehr oft Gruppen, die innerhalb einer größeren Gesellschaft nur geduldet sind. Sie können ihren Bestand nur durch „vollkommenste Elastizität" wahren; sie schlüpfen in jedes Loch und nehmen jede Form an, die sich ihnen bietet. (vgl. Simmel 1898, S. 356) Diese Fähigkeit, die wir heute Assimilation nennen würden, sieht Simmel z. B. den Zigeunern und den Juden nachgesagt, aber im Grunde ist es die später von ihm so beschriebene Figur des *Fremden,* die uns hier entgegentritt: Er lässt sich auf die neue Gruppe ein, soweit das für das eigene Überleben notwendig ist, aber er behält so viel Distanz zu ihr, wie er für seine Integrität braucht. Die *Position* des Fremden in einer Gruppe und seine *Funktion* für die Gruppe hat Simmel in seinem „Exkurs über den Fremden" (Simmel 1908a) beschrieben.[3]

Bei Simmels Erklärung der Selbsterhaltung einer sozialen Gruppe ging es bisher um Personen und Gruppen, die *von außen* kommen und sich durch „vollkommenste Elastizität" (Simmel 1898, S. 356) an die Verhältnisse der dominanten

---

3   Darauf komme ich in Kap. 6.7.1 *Distanzierte Nähe* zurück.

Gruppe anpassen, aber dennoch ihre soziale und kulturelle Identität wahren. Aus der Sicht der *dominanten* Gruppe kann man sagen: Sie erhält sich durch *flexible* Reaktion auf die Integration, soweit sie *die Anderen* betreiben. Die Gruppe kann sich aber auch dadurch erhalten, dass sie auf Anstöße *von innen* flexibel reagiert. Das ist in Gruppen der Fall, in denen Individualität möglich und sogar erwünscht ist. Es sind oft einzelne Individuen, die sich durch eine Öffnung für Neues auch neue Chancen für ihre Individualität erhoffen. So tragen sie nach und nach neue Elemente in die Gruppe hinein, die die Gruppe lebendig erhalten. Es sind gewissermaßen dosierte Irritationen, die das Bewusstsein der Gruppe lebendig erhalten. Mit jeder neuen Anregung gerät nämlich jede alte Selbstverständlichkeit auf den Prüfstand, und mit jeder Entscheidung, die daraus folgt, entscheidet die Gruppe letztlich auch, was sie sich als *Gruppe* zutraut und welchen Weg sie als Gruppe gehen will.

Damit sind wir bei der letzten und achten Erklärung der Selbsterhaltung einer sozialen Gruppe angelangt. Die landläufige Meinung ist leicht geneigt, „den Frieden, die Interessenharmonie, die Eintracht für das Wesen der sozialen Selbsterhaltung anzusehen". (Simmel 1898, S. 366 f.) Dieser Meinung ist Simmel nicht. Er attestiert dem Prinzip der *„Gegensätzlichkeit"* (Simmel 1898, S. 368) die größere Kraft, den Bestand der Gruppe zu gewährleisten. Ihm scheint denn auch ein „gewisser Rhythmus zwischen Frieden und Kampf" eine bessere Erklärung der Selbsterhaltungstendenz zu sein. Dies deutet er nach zwei Dimensionen: „sowohl der Kampf der Gruppe als ganzer gegen äußere Feinde in seiner Alternierung mit friedlichen Epochen, wie der Kampf der Konkurrenten, der Parteien, der entgegengesetzten Tendenzen jeder Art neben den Tatsachen der Gemeinsamkeit und der Eintracht." (Simmel 1898, S. 367)

In der einen Dimension erinnert Simmel daran, dass „der *Kampf* gegen eine Macht, die außerhalb der Gruppe steht, (…) dieser ihre Einheit und die Notwendigkeit, sie unerschüttert zu bewahren, zu eindringlichstem Bewusstsein" bringt. (Simmel 1898, S. 367) Diese Tatsache ist für Simmel von „der größten soziologischen Bedeutung", die für fast jede Gruppenbildung gelte: „Die gemeinsame Gegnerschaft gegen einen Dritten (wirkt) unter allen Umständen zusammenschließend"; er fährt fort: „Es gibt wohl kaum eine Gruppe – familiärer, kirchlicher, ökonomischer, politischer oder welcher Art immer – die dieses Kittes ganz entbehren könnte. In reinster Wechselwirkung entfaltet sich hier das Bewusstsein der vorhandenen Einheit und ihre praktische Stärkung und Festigkeit." (Simmel 1898, S. 367) Das ganze geistige Wesen des Menschen, schreibt Simmel, scheint auf „Unterschiedsempfindlichkeit gebaut" zu sein. Der Mensch braucht die Erfahrung der Differenz, um sich seiner Einheit bewusst zu werden.

Diese „Unterschiedsempfindlichkeit" gilt auch in der anderen Dimension: Auch innerhalb der Gruppe kann die Gegensätzlichkeit belebendes und erhaltendes Prinzip sein. Simmel denkt hier an die Konkurrenz zwischen Interessenten, die gerade wegen dieser Interessen in enger Wechselwirkung stehen. Nehmen wir z. B. Händler und Käufer. Sie verfolgen gegensätzliche Interessen, und gerade deswegen sind sie gehalten, eine Form der Beziehung zu finden und zu pflegen, die wohl tariert ist. In der Konkurrenz der Gegensätze werden sich beide Seite ihrer Individualität innerhalb einer als Einheit im Gegensatz definierten Gruppe bewusst. Es ist das dialektische Prinzip von Einheit und Differenz, individueller Eigenart und Alternative, Gleichheit und Gegensatz, das die Gruppe zusammenhält.[4]

Für den gewalttätigen Kampf gegen einen äußeren Feind leuchtet das unmittelbar ein. In dieser Hinsicht will ich nur nachtragen, dass der Kampf schon beginnt, wenn eine Gruppe ihren freundlichen Spott über „die da" ausgießt, und er ist keineswegs eingestellt, wenn man „die da" nicht einmal einer Würdigung für Wert erachtet, und er ist leider oft nicht zu Ende, wenn ein „Feind" liquidiert worden ist. Es ist also höchste Vorsicht geboten, wenn dieser Mechanismus der Selbsterhaltung einer Gruppe wirkt! Und in der anderen Hinsicht muss beim Prinzip der Gegensätzlichkeit innerhalb einer Gruppe gefragt werden, ob denn das Handeln, das aus der Gegensätzlichkeit folgt, gerecht und fair ist. Eine wirtschaftliche Konkurrenz, in der immer nur eine Seite gewinnt, wird auf Dauer die Gruppe in ihrem Bestand zerstören; eine Familie, in der immer nur einer die Rolle des Guten spielen will (ersetze ggf: „des Bösen spielen muss"), lebt am Rande des Chaos. Im Grunde kann das Prinzip der Gegensätzlichkeit nur dann den Erhalt der Gruppe fördern, wenn die Erfahrung der Differenz zugleich eine der sozialen Nähe ist. Das meine ich im Sinne der wechselseitigen, funktionalen Abhängigkeit, die sich aus dem Prinzip der Arbeitsteilung ergibt, und in dem Sinne der wechselseitigen sozialen Achtung auf der gleichen Ebene.

Neben diesen Erklärungen der Selbsterhaltung einer sozialen Gruppe muss noch eine andere Frage angesprochen werden, nämlich die nach der Rolle, die das *Individuum in der Gruppe* spielt. Simmel hatte sie in einem sehr frühen Aufsatz beantwortet, der den Titel „Die Ausdehnung der Gruppe und die Ausbildung der Individualität" (Simmel 1888) trägt. Dort vertrat er die These, dass die *Individualität* umso geringer ist, je enger die Gruppe ist. Je kleiner die Gruppe ist und je unausweichlicher die Beziehungen zwischen ihren Mitgliedern sind, umso mehr wird der Einzelne mit seiner ganzen Person in die Gruppe eingespannt. Bei al-

---

4 So hatte es auch schon Durkheim (vgl. Band 1 Kap. 3.6 *Mechanische und organische Solidarität*) gesagt: Wir suchen – und brauchen! – den, der uns ähnlich ist, aber auch den, der ganz anders ist. Letzteres hatte er so erklärt, dass uns immer etwas fehlt, was der andere kann, und auf dem Wege der Arbeitsteilung versichern wir uns wechselseitig unserer zuträglichen Leistungen.

lem, was er tut oder tun soll, wird das mitgedacht, was er in anderen Rollen tut oder zu tun hat. Die kleine Käthe ist nicht nur das Kind, das zum dritten Mal vom Schwebebalken gefallen ist, sondern auch das Kind, das der Mama beim Abtrocknen zur Hand geht, den Papa mit einer 2 im Schönschreiben erfreut und ansonsten ein pflegeleichtes Herzchen ist. Umgekehrt gilt für Simmel: Je größer der Kreis ist, umso mehr Individualität ist möglich. Das hängt zum einen mit der zunehmenden Differenzierung zusammen; zum zweiten vervielfältigen sich die sozialen Kreise[5], und der Schnittpunkt, in dem das einzelne Individuum wegen seiner spezifischen Biographie und Qualifikation steht, deckt sich schließlich mit keinem anderen mehr; schließlich sinkt die soziale Kontrolle in dem Maße, wie die Individuen von einem Zentrum abrücken können.

Bei dieser Ausdehnung der Gruppe ist Simmel ein interessanter Effekt aufgefallen: „Die Individualisierung lockert das Band mit den Nächsten, um dafür ein neues – reales und ideales – zu den Entfernteren zu spinnen." (Simmel 1888, S. 55) Das sei schon in der Frühphase der kulturellen Entwicklung der Völker zu beobachten: „In solchen Zeiten sind die Individuen eines Stammes so einheitlich und einander so gleich als möglich, dagegen stehen die Stämme als Ganze einander fremd und feindlich gegenüber; je enger die Synthese innerhalb des eignen Stammes, desto strenger die Antithese gegenüber dem fremden; mit fortschreitender Kultur wächst die Differenzierung unter den Individuen und steigt die Annäherung an den fremden Stamm." (Simmel 1888, S. 55)

Die Ausweitung der sozialen Kreise, die sinkende soziale Kontrolle und die Differenzierung der Tätigkeiten fördern eine geistige Beweglichkeit, die Alternativen zum Denken und Handeln wie immer deshalb prüft, weil damit Individualität gesteigert werden kann. „Daher kommt es, dass eine starke Ausbildung der Individualität und eine starke Wertschätzung derselben sich häufig mit kosmopolitischer Gesinnung paart; dass umgekehrt die Hingabe an eine eng begrenzte soziale Gruppe beides verhindert." (Simmel 1888, S. 56) Dieser Blick über die eigene Gruppe hinaus beweist auch den Mut, das Band zur sozialen Gruppe zu lockern, sich auf eigene Füße zu stellen. Was das für die Verbindung zwischen Individuum und Gruppe bedeutet, erhellt aus folgendem Satz: „Um (...) weit sehen zu können, muss man über die Nächststehenden hinwegblicken." (Simmel 1888, S. 57)

Vergleichen wir, was bei Georg Simmel und bei Emile Durkheim im Vordergrund stand, dann kann man sagen: Simmel hat gezeigt, wie die Gruppe funktioniert und wie sie sich *selbst* erhält. Durkheim hat gezeigt, dass die Gruppe eine Quelle des moralischen Lebens ist und dass von daher ein bestimmtes Gruppenprinzip für den Zusammenhalt der *Gesellschaft* von hoher Bedeutung ist. Der

---

5   Auf die damit gegebenen Chancen der Individualität komme ich in Kap. 8.1 *Soziale Kreise, individuelles Gesetz, Übertreibung der Individualität* zurück.

Klassiker, der jetzt angesprochen wird, Charles Horton Cooley, hat ebenfalls die funktionale Bedeutung der Gruppe für die Gesellschaft vor Augen, aber er hat eine ganz andere Gruppe vor Augen und er beschreibt sie auch nicht in normativer Absicht.

6.3 Primärgruppen – nursery of human nature (Cooley)

Der amerikanische Soziologe CHARLES H. COOLEY (1864–1929) betrachtete Individuum und Gesellschaft als zwei Seiten einer Medaille. Von besonderer Bedeutung für die Ausformung der sozialen Seite des Individuums sind die sog. *Primärgruppen*. Darunter versteht Cooley vor allem die Familie, dann aber auch die Gruppe der Gleichaltrigen und die engere Gemeinde. Er bezeichnet diese Gruppen deshalb als Primärgruppen, weil sie „dem Individuum die früheste und kompletteste Erfahrung vom sozialen Ganzen vermitteln." (Cooley 1909, S. 26 f.) Primärgruppen sind „characterized by intimate face-to-face association and cooperation. They are primary in several senses, but chiefly in that they are fundamental in forming the social nature and ideals of the individual. The result of intimate association, psychologically, is a certain fusion of individualities in a common whole, so that one's very self, for many purposes at least, is the common life and purpose of the group. Perhaps the simplest way of describing this wholeness is by saying that it is a ‚we'; it involves the sort of sympathy and mutual identification for which ‚we' is the natural expression. One lives in the feeling of the whole and finds the chief aims of his will in that feeling." (Cooley 1909, S. 23) Im Hinblick auf die Gesellschaft ist die Funktion der Primärgruppe, ein Wir-Gefühl zu entwickeln, im Hinblick auf das Individuum, ihm Ideale zu geben. Wenn Cooley die Primärgruppe deshalb auch als „nursery of human nature" (Cooley 1909, S. 24) bezeichnet, dann ist dieser Doppelaspekt gemeint: menschliche Natur als soziale Natur.

Primärgruppen wie „die Familie, die Spielgruppe der Kinder, die Nachbarschaft oder die Gemeinschaft der Alten sind praktisch universal. Man findet sie in allen Zeiten und auf allen Entwicklungsstufen von Gesellschaft. Sie sind nach übereinstimmender Auffassung eine wichtige Grundlage für das, was in der menschlichen Natur und den menschlichen Idealen als universal anzusehen ist." (Cooley 1909, S. 24) Gleichwohl führen die Primärgruppen in jeder Gesellschaft zu einer besonderen Prägung. Dafür gibt Cooley als genauer Beobachter seiner Zeit ein Beispiel. In seinem Buch „Social Organization", das im Jahre 1909 erschien, schreibt er, dass die Primärgruppen natürlich „nicht unabhängig von der größeren Gesellschaft" sind, sondern „bis zu einem gewissen Grade ihren Geist" reflektieren, „so wie die deutsche Familie und die deutsche Schule in gewissem Sinne den Stempel des deutschen Militarismus tragen". (Cooley 1909, S. 27) Insofern sind diese Primärgruppen nicht nur die Quelle des Lebens des Individuums, sondern auch der sozialen Institutionen.

Das kann man durchaus in einem weiteren Sinn verstehen, denn Cooley sagt, dass unsere Vorstellungen von Liebe, Freiheit oder Gerechtigkeit, die wir mit sozialen Institutionen verbinden, nicht von einer abstrakten Philosophie her rühren, sondern im alltäglichen Leben in den Primärgruppen entstehen. Dort sehen wir, wie „man" in dieser Gesellschaft in dieser Hinsicht denkt und was „man" richtiger Weise deshalb tun sollte. (vgl. Cooley 1909, S. 32) Es sind also Institutionen im Sinne der sozialen Tatsachen, wie sie Durkheim beschrieben hat, die in den Primärgruppen begründet werden.

Die Beziehungen in der Primärgruppe sind nicht sachlich, sondern intim und emotional; die einzelnen Mitglieder werden nicht in spezifischen Rollen, sondern in ihrer Gesamtheit als vertraute Personen gesehen. Deshalb haben sie auch eine ausgesprochen soziale Stützfunktion für das *Individuum*. Dort findet es Anerkennung, auch wenn seine Leistungen nach objektiven Kriterien nicht ausreichend sind. Sie werden relativ zu seinen persönlichen Fähigkeiten gesehen. Aus der Sicht der *Gesellschaft,* so hatte es ja Cooley schon betont, haben die Primärgruppen die Aufgabe, die Ideale der Gesellschaft zu vermitteln. Die Primärgruppe kontrolliert die individuelle Entwicklung im Namen der Gesellschaft. (vgl. Thomas u. Znaniecki 1927a, S. 236 u. 242) Sie „definiert die Situation" des richtigen Denkens und Handelns durch das Verhalten und durch die „emotionale Einmütigkeit ihrer Mitglieder." (Thomas 1917, S. 298 u. 300) Die Primärgruppe ist durch gefühlsmäßige Solidarität gekennzeichnet. Deshalb ist sie auch zahlenmäßig klein und räumlich eng begrenzt. William I. Thomas gibt dazu ein schönes Beispiel: „Der polnische Bauer verwendet das Wort ‚okolica', ‚die Nachbarschaft ringsum', ‚soweit des Mannes Stimme reicht', und man kann dies als die natürliche räumliche Grenze der Primärgruppe betrachten, (wie) solange dem Menschen nur die Kommunikationsmittel seiner Gruppe zur Verfügung stehen." (Thomas 1917, S. 300)

Weil die Interaktion in der Primärgruppe face-to-face erfolgt, wird dort auch die erste Erfahrung eines Wir-Gefühls gemacht. Es ist das Gefühl, Teil eines „moralischen Ganzen" zu sein und in Verbindung mit dem Geist und den Gefühlen der Anderen zu stehen. (Cooley 1909, S. 33 f.) Dieses Gefühl wird auch dadurch gestärkt, dass alle sich unausgesprochen an gemeinsamen Zielen orientieren, deren Gültigkeit durch die tägliche Praxis bestätigt wird. In der Primärgruppe werden auch die sozialen Maßstäbe entwickelt, nach denen man wie selbstverständlich das Handeln Anderer außerhalb der eigenen Gruppe beurteilt. Auch in dieser Hinsicht ist die Primärgruppe nicht nur eine Pflanzschule der menschlichen Natur, sondern auch verlässliche Einrichtung der gesellschaftlichen Kontrolle.

Die Formulierung „Primärgruppe" weckt das soziologische Interesse, was denn „Sekundärgruppen" sind. Schäfers weist darauf hin, dass sich dieser Begriff erst in einem posthum erschienenen Beitrag Cooleys findet. (Schäfers 1980a, S. 80) Dort werden sekundäre Gruppen allgemein mit gesellschaftlichen Systemen gleichgesetzt. Vielleicht kann man sie so unterscheiden: Primäre Gruppen umfassen den ganzen Menschen und sind geprägt durch ein Gefühl der engen persönlichen Verbundenheit, während sekundäre Gruppen den Menschen nur unter einem spezifischen Interesse beanspruchen. In der Primärgruppe geht es von Anfang an um die ganze Person, in der Sekundärgruppe zunächst nur um die Rolle, die sie spielt. Dass sich die erste Gruppe durchaus in die Richtung einer sachlichen Beziehung bis zur Entfremdung entwickeln kann, ist ebenso wenig ausgeschlossen wie die Entwicklung der zweiten Gruppe hin zu intimen, solidarischen Beziehungen.

Die erste Entwicklung hat übrigens schon William I. Thomas kommen sehen, als er befürchtete, dass in der rationalen Moderne die solidarische Kraft der Primärgruppen geschwächt werde und keinen Halt gegen die widersprüchlichen Werte und Normen der anderen Bezugsgruppen, in die das Individuum eingespannt ist, mehr biete. Die zweite Entwicklung stellen wir beispielsweise in Freundschaften oder auch Liebesbeziehungen fest. Auch die soziologischen Untersuchungen zu Krieg und Militär zeigen, dass Erfolge von Kampfgruppen umso größer sind, je mehr sie nach der Art einer Primärgruppe strukturiert sind.

6.4 Peer group – Sozialisation auf der Schwelle zur Gesellschaft (Riesman, Krappmann, Eisenstadt, Erikson)

„Peers" bedeutet im Englischen „Gleiche", sei es von Geburt oder von Rang. In der Soziologie werden damit *Altersgleiche,* und zwar vornehmlich Kinder und Jugendliche, und Gleiche im *Status* bezeichnet. Ich werde sie nur im eingeschränkten ersten Sinne vorstellen. Die peer groups haben einen wichtigen Einfluss auf die Sozialisation, in einer bestimmten Lebensphase sogar *den* entscheidenden Einfluss. Wie ich oben im Kapitel über Sozialisation gezeigt habe, ist der Eintritt des Individuums in die Gesellschaft problematisch für das Individuum und für die Gesellschaft zugleich. Jenes muss lernen, sich in der Gesellschaft zurecht zu finden und sich „richtig" zu verhalten; diese muss wissen, woran sie mit den neuen Mitgliedern ist. Das Problem beginnt natürlich mit der Geburt jedes neuen Individuums, weshalb die Sozialisation in der Familie auch so entscheidend ist, und es wiederholt sich, wenn das Kind die ersten Schritte aus der kleinen Familie tut. Auf der Schwelle zur größeren Gesellschaft kommt den peer groups als Agenten der Sozialisation, als Raum des Erlernens von Rollen und als Mittel, Identität zu finden, eine herausragende Bedeutung zu.

Wenn über peer groups gesprochen wird, denkt man meist an Jugendliche. Doch selbstverständlich gibt es auch peer groups von *Kindern,* und sie haben in den gerade genannten drei Hinsichten eine ähnliche Funktion wie die jugendlichen Gruppen, mit dem Unterschied allerdings, dass hier die Eltern noch steuernd eingreifen (können). Das ist die These von DAVID RIESMAN (1909–2002) Nach seiner Meinung besteht die wichtigste Funktion der kindlichen peer group in der Zeit der Außenleitung, in der wir uns seiner Meinung nach heute befinden, darin, „jeden aufs Normalmaß zurechtzustutzen". (Riesman 1950, S. 85) Das gelingt ihr auch, weil die Eltern die Anpassung ihrer Sprösslinge an die Standards selbst forcieren und die Gruppe über Mittel verfügt, dies auch zu erzwingen.

Betrachten wir zuerst die Rolle der Eltern, die Riesman zwar für Amerika, und zwar vor einem halben Jahrhundert, so beschrieben hat, die Ihnen aber sicher ganz vertraut ist. Riesman stellt fest, dass die Eltern der Mittelschicht (wo sich die Außenleitung besonders deutlich zeigt) mit großer Ungeduld – wenn auch unbewusst – Druck auf das soziale Leben ihrer Kinder ausüben: „Bei den Zusammenkünften der Drei- bis Vierjährigen sind heute die Eltern die Regisseure, genau wie die Erwachsenen in früheren Zeiten die Heiratsvermittler waren." (Riesman 1950, S. 84) Mit dem Terminkalender in der Hand transportieren die Mütter ihre Kinder zu Aktivitäten, die als wichtig und wertvoll gelten. „Das Kind gerät so unter seine geradezu wissenschaftlich einwandfrei sozial gleichrangigen und passendsten Altersgenossen." (Riesman 1950, S. 84)[6] Von da an diktiert die peer group, und die Eltern sind „ängstlich darauf bedacht, dass sich das Kind mit seinen Altersgenossen versteht, seine ,Anpassung' ist deshalb ihre erste Sorge." (Riesman 1950, S. 84) Erst wenn ihr Kind von der Gruppe voll akzeptiert ist, sind sie beruhigt. Die erste Standardisierung ist erfolgreich abgeschlossen. Da die sozialen Kontakte immer in die gleiche Richtung gehen, ist auch zu erwarten, dass die Anpassung weitergeht.

An dieser Stelle bringt Riesman die Mittel ins Spiel, mit denen die peer group schon bei den Kindern Standardisierung erzwingt. Sie bestehen in eindeutigen *Beurteilungen* und *sozialem Ausschluss.* Besonders sensibel reagiert die peer group, wenn jemand sich etwas einbildet, Gefühlsregungen zeigt oder durch außergewöhnliche Tugenden oder Untugenden auffällt. (Riesman 1950, S. 85) Sofort greift einer auf einen Standardsatz von Abwertungen („Heulsuse", „Mamakind") zurück, und alle Anderen stimmen ein. Die Konsequenz ist klar: Der Abgestrafte läuft weg oder die Gruppe lässt ihn nicht mehr mitmachen. Da auch von einem Kind nicht erwartet werden kann, sich in splendid isolation groß zu fühlen, wird es dieses Risiko unter allen Umständen meiden. Es passt sich an, vor allem an die Geschmacksurteile der Gruppe. Wenn im Fernsehen cereals in weißer Schokolade

---

6 Franz Josef Degenhardt, der Bänkelsänger der 1968er Jahre, hatte es so im Ohr: „Spiel nicht mit den Schmuddelkindern, ... geh doch in die Oberstadt ...".

angesagt sind, hat die Mutter keine Chance, ihre gesunde Vollkornschnitte loszuwerden. Die Primärgruppe der peers im Kindesalter übt die flexible Umstellung auf den „Zeitgeist" (und den entsprechenden Konsum!) wirkungsvoll ein.

Was Riesman beschrieben hat, entspricht unserem Augenschein; systematische Untersuchungen über die peer group von kleinen Kindern sind Mangelware. Etwas weniger schlecht sieht die empirische Fundierung in der *mittleren Kindheit*, also zwischen sechs und zwölf, aus. Die Sozialisation in diesen peer groups ist von Prozessen *wechselseitigen Aushandelns* geprägt. Zwar bringen die Kinder Vorstellungen und Verhaltensformen mit, die sie in ihrer Familie kennen gelernt haben, aber in der Gruppe sehen sie sich mit Alternativen konfrontiert. Um miteinander auszukommen, müssen sie in eine Verhandlung eintreten, was fortan gelten soll. Das setzt voraus, dass sie sich in die Perspektive des Anderen hineinversetzen können. Wie das erfolgt, hat George Herbert Mead am Beispiel des game gezeigt: Um erfolgreich zusammen spielen zu können, muss man die Rollen aller Anderen verstehen und ihre Perspektiven mit der eigenen verschränken können.[7] Das setzt zweitens voraus, dass sich die Kinder im Prinzip als *Gleiche* betrachten. Nun fällt genervten Erwachsenen natürlich zunächst einmal auf, dass sich die Kinder zanken und keineswegs auf der gleichen Ebene miteinander umgehen. Dennoch ist Gleichheit das „regulative Prinzip" der Kindergruppe: „Diese Sozialwelt der Kinder bringt ein neues Moment in den Aufbau einer autonomen, sozial handlungsfähigen Persönlichkeitsstruktur, denn der sozialisatorische Beitrag der Kinderinteraktion kann sich nicht auf Erfahrung, Vorbild und Belehrung stützen, sondern in der Kinderwelt konfrontieren sich relativ Gleiche mit ihren Erwartungen und Absichten und stehen vor der Aufgabe, ihre Sichtweisen und Vorhaben wechselseitig zu koordinieren. (…) In ihren Bemühungen um eine gemeinsame Handlungslinie erfahren die Kinder, welche Vorgehensweisen, Behauptungen, Beweise, Regeln in diesem Prozess der Situationsdefinition und Handlungskoordination taugen." (Krappmann 1991, S. 356)

Es ist also die strukturierte Situation, die den Kindern ganz neue Leistungen abverlangt und neue Kompetenzen fördert. Erwachsene greifen gerne helfend in diesen Prozess ein, weil sie meinen, sie würden ihrem Kind dann schneller zur Kompetenz personaler Verständigung und Kooperation verhelfen. Doch im Grunde stören sie den Prozess der „Ko-Konstruktion". (Krappmann 1991, S. 357) Mead hat sich einmal gewundert, mit welchem Eifer Kinder über Regeln streiten. (Mead 1934, S. 194) Hier liegt die Begründung: In der Verhandlung von Gleichen erfinden alle gemeinsam etwas und legen fest, woran sie sich schließlich auch alle halten wollen. Deshalb akzeptiert die Kindergruppe auch keinen, der übertrieben streitsüchtig ist oder die Anderen beherrschen will. Nicht in diesem Zusammen-

---

[7] Siehe oben Kap. 5.4 *Interaktion – Verschränkung der Perspektiven*.

hang, sondern nur am Rande möchte ich noch hinzufügen, dass die Kindergruppe auffällig oft gleichgeschlechtlich organisiert ist.

Wenden wir uns jetzt der peer group der *Jugendlichen* zu. Ich habe oben[8] die Sozialisationstheorie von Parsons als Erklärung der Herstellung und Wahrung sozialer Ordnung referiert und in seiner Formulierung der alternativen Wertorientierungen des Handelns *(pattern variables)* das gelesen, was die Gesellschaft vom Individuum mit Fug und Recht erwarten kann. Vor allem die Orientierung an einem Kollektiv (statt Selbstorientierung) und die Orientierung an universellen, gesellschaftlichen Werten (statt an partikularen, nur für eine einzelne Gruppe geltenden) sind die Orientierungen, die dem Individuum beim Übergang in die Gesellschaft abverlangt werden. Vor dem Hintergrund dieser Grundannahmen der strukturfunktionalistischen Gesellschaftstheorie hat der israelische Soziologe SAMUEL N. EISENSTADT (1923–2010) gefragt, welche Funktion der Gruppe der Gleichaltrigen in diesem Zusammenhang zukommt. Diese Frage behandelt er in dem Buch „From generation to generation" (Eisenstadt 1956), das den bezeichnenden Untertitel „Age groups and social structure" trägt.

Eisenstadt sieht wie Parsons den Übergang von der Familie zur Gesellschaft als problematisch an: „Dieser Übergang verlangt, dass das Individuum nach universalistischen Kriterien handeln lernt, das heißt die Auswahl seiner Objekte, das Verhalten und Verhaltenserwartungen ihnen gegenüber nach generalisierten, universalistischen Standards auszurichten, ohne Bezug auf seine partikularistischen Eigenheiten." (Eisenstadt 1956, S. 39) Diese neue Art der Interaktion mit anderen Individuen erlernt und erprobt das Kind in der *peer group*. Aus der Sicht der Gesellschaft erfüllt die peer group in allen Gesellschaften die Aufgabe der Sozialisation, indem sie auf die sozialen Rollen in der Gesellschaft vorbereitet.

Die Sozialisation in der peer group ist allerdings durchaus widersprüchlich, denn „teilweise versuchen diese Gruppen zur Abwehr gegen die erwarteten zukünftigen Rollen andere Formen von Beziehungen aufrechtzuerhalten als die für die Zukunft erwarteten. Andererseits existieren jedoch innerhalb dieser Gruppen bereits – latent oder manifest – Orientierungen auf diese zukünftigen Rollen hin. (…) Diese beiden Attitüden – Abwehr gegen zukünftige Rollen und die Orientierung an ihnen – finden sich in allen solchen Altersgruppen und bilden einige ihrer Hauptkomponenten." (Eisenstadt 1956, S. 41) Aus dieser Perspektive sind peer groups also funktional und funktional notwendig für die Gesellschaft und tragen zur Kontinuität des sozialen Systems bei.

Das war die Perspektive der Gesellschaft. Wie sieht es aus der Sicht des Individuums aus? Es liegt auf der Hand, dass der Übergang von emotionalen Be-

---

8   Siehe oben Kap. 2.7 *Lernen von Rollen, Herstellung funktional notwendiger Motivation* und Kap. 4.3 *Alternative Wertorientierungen des Handelns.*

ziehungsformen, die in der Familie galten, zu sachlichen Formen des Rollenhandelns im Sozialsystem auch emotional belastet. Das Kind, noch mehr aber der Heranwachsende, muss sich beim Erlernen neuer Rollen, die in der größeren Gesellschaft gelten, in gewisser Weise von den Mustern, die in der Familie angemessen sind, distanzieren. Der Übergang von partikularistischen zu universalistischen Beziehungen gefährdet die emotionale Sicherheit. Es müssen neue Dispositionen entwickelt werden, die auch den emotionalen Bedürfnissen gerecht werden. Genau das leistet die peer group: „Unter allen Arten von Beziehungen genügen wahrscheinlich nur die mit Altersgenossen, mit Mitgliedern altershomogener Gruppen, diesen Typen von Bedürfnisdispositionen. Diese Beziehungen sind (...) zugeschrieben, während ihre Diffusität durch die Diffusität von Altersdefinitionen ‚garantiert' wird. Sie haben auch eine inhärente Tendenz zur Solidarität (a) wegen einer gemeinsamen Definition von Lebensraum und Schicksal und (b) wegen gemeinsamer emotionaler Spannungen und Erfahrungen während der Zeit des Übergangs und emotionaler Belastungen." (Eisenstadt 1956, S. 40)

Aus der Sicht des Individuums hat die peer group die Funktion, den Übergang von emotionalen zu sachlichen Beziehungen zu erleichtern. Weniger soziologisch kann man aus der Sicht der Jugendlichen auch sagen: Geteiltes Leid ist halbes Leid. Aus der Sicht der Gesellschaft ist die sozialisatorische Funktion der peer group, die Motivation zur Zustimmung zu den Rollen der Erwachsenengesellschaft herzustellen. Dafür gewährt sie einen Übergangsraum, in dem emotionale Bedürfnisse noch befriedigt werden und neue, sachliche Beziehungen ohne direkte negative Sanktion gelernt werden können. Diese Mischung aus emotionaler Zuneigung und sachlicher Distanz ist auch noch in einer anderen Hinsicht förderlich: Die peer group im Jugendalter ist praktisch der erste soziale Raum, in dem der soziale Status des Individuums nicht mehr zugeschrieben ist, sondern von der persönlichen Leistung abhängt. Der Jugendliche bringt bei seiner Annäherung an die Clique im Grunde nur sein Alter mit; wie er letztlich angesehen wird und wo man ihn in der Struktur der Gruppe plaziert, das hängt ganz wesentlich von seinen Anstrengungen ab. Er muss sich seinen Status hart erarbeiten. Zwar bringt die Gruppe der Gleichaltrigen einiges Verständnis mit, weil sich alle in der gleichen Phase emotionaler, sexueller und sozialer Entwicklung befinden, auf der anderen Seite ist die Gruppe nicht zimperlich mit der Definition von gut und böse, richtig und falsch. Der soziale Status verlangt, sich ständig der Zustimmung durch die Anderen zu versichern!

In diese Richtung zielt auch die Theorie von ERIK H. ERIKSON (1902–1994), der die Funktion der peer group im Jugendalter darin sieht, die Identität des Jugendlichen zu stützen. Das werde ich noch ausführlich behandeln.[9] Ich will nur kurz

---

9   Siehe unten Kap. 8.5 *Erfahrung eigener Gleichheit, Grundhaltung zur Welt*.

vorgreifen. Der Jugendliche ist nicht Fisch und nicht Fleisch, und so empfindet er auch. Er will ständig herausfinden, wer er ist und wer er nicht ist, wie er aussieht und wie ihn die Anderen ansehen. (vgl. Erikson 1950b, S. 106) Unsicher in seinem Selbstgefühl sucht er nach Anerkennung der ganzen Person. Da er dabei ist, sich neu zu positionieren, löst er sich von den Eltern ab, deren Urteil von heute auf morgen nichts mehr gilt. Das geschieht oft in großen Gesten und in dramatischen Auseinandersetzungen, was aber nicht darüber hinwegtäuschen sollte, dass die Jugendlichen diese Ablösung selbst auch als Risiko erleben.

In dieser Phase ist die Gruppe der Gleichaltrigen besonders wichtig. Doch alle sind sie in der gleichen Situation, sodass sich manches subjektive Problem schon durch die Erfahrung, dass alle Anderen genau die gleichen Probleme (meist mit den Eltern) haben, aufschaukelt. Im Zweifel, wer man wirklich ist und wie es weitergehen soll, entscheidet man sich für eine bestimmte Meinung oder Verhaltensform, die man heute total vertritt und vielleicht morgen schon wieder vergessen hat. Dahinter steckt der Versuch, eine einmal entworfene Identität zusammenzuhalten. Die Anderen in der Gruppe bilden dafür gewissermaßen den Chor, der diesen Entwurf absegnet und stützt. Das erfolgt in der kommentierenden Form von Kritik („Find ich doof!") und Lob („Echt cool!"). Die peer group ist in diesem Alter die bei weitem wichtigste Bezugsgruppe. Gemeinsam versichern sich die Jugendlichen ihrer Identitätsentwürfe und erwarten, dass sich alle an die Ideale halten, die dahinter stehen. Deshalb ist die Treue in dieser Phase auch so wichtig. (vgl. Erikson 1961, S. 108) Es ist natürlich auch die Treue im emotionalen Sinne oder gar romantischen Sinne.

Genauso wichtig ist aber die durch Reden und Handeln zu belegende Treue, die fest zu gemeinsamen Weltentwürfen steht. Das erklärt auch, warum Jugendliche oft totalitären Ideen anhängen: Sie erklären alles, grenzen richtig und falsch klar ab und geben gemeinsamem Handeln die Richtung vor. Das hat zur Folge, dass mit dem erwachenden „Wir-Gefühl" in der Gruppe fast immer eine Abgrenzung zu „den Anderen" verbunden ist! Die Solidarität, die sie sich gegenseitig geben, hat eine gefährliche Rückseite: die Verachtung aller Anderen. Dabei ist die harmloseste Form der Trennung zwischen „in group" und „out group" ein bestimmtes modisches Outfit.

Nach der Theorie von Erikson findet der Jugendliche seine soziale Identität ganz wesentlich in der peer group. Darüber besteht in der Soziologie Konsens. Strittig ist aber, ob es eine soziale Identität ist, die auch der Gesellschaft nützt. Diese Frage hat in der Diskussion über die Funktion der peer group von Anfang an eine wichtige Rolle gespielt, und manche Soziologen haben die peer group auch als Raum betrachtet, in den Jugendliche ausweichen oder in dem sie gar den Widerstand gegen diese Gesellschaft proben. In vielen Jugenduntersuchungen spielte diese Befürchtung eine zentrale Rolle und manchen Eltern ist auch heute noch der Einfluss der Clique nicht ganz geheuer. Dass die Gruppe der Gleichaltrigen abweichendes Verhalten fördern kann, ist auch gar nicht zu leugnen. Doch auch hier muss man wieder sagen, dass Individuen und soziale Gebilde nicht im gesellschaftsfreien Raum existieren. Wo die peer group einen anderen Zugang zu einer anderen gesellschaftlichen Ordnung vermittelt, gibt es dafür Gründe. Sie liegen sicher oft genug auf der Seite der Individuen, aber genauso oft sicher auch auf der Seite der Gesellschaft.

Von den vielen, höchst spannenden einschlägigen Studien zu diesem Problem will ich kurz die klassische Studie „The gang" von Frederic M. Thrasher ansprechen. Er hat in Chicago mehr als tausend gangs, also Jugendbanden, besucht, befragt und auf andere Weise beobachtet und ist zu dem Schluss gekommen, dass die gang die Funktion hat, dem Jugendlichen einen sozialen Status zu verschaffen, den er auf andere Weise – z. B. mit legalen Mitteln – nicht erreichen kann. Da es sich um Jugendliche aus Einwandererfamilien handelte, standen sie zwischen den Werten, die ihre Familie noch verkörperte, und den Werten und Normen der amerikanischen Gesellschaft, die sich selbst in heftigem Wandel befand. In diesem Widerspruch war die gang der Ort, wo für alle Beteiligten die Dinge draußen richtig „definiert" wurden, wo vor allem aber eine spezifische Moral der Gruppe selbst festgelegt wurde. (vgl. Thrasher 1927a, S. 930)

In jeder gang gibt es eine große Übereinstimmung, was Gefühle, Handlungsmuster und Einstellungen angeht. Es herrscht so etwas wie ein „esprit de corps", in dem sich alle eins fühlen und dem sie sich bedingungslos unterwerfen. Jede gang weist eine bestimmte Handlungsstruktur auf, in der jedes Mitglied die Nische besetzt, die die Gruppe ihm bestimmt hat. (Thrasher 1927b, S. 40) Es ist wichtig, in der Hierarchie der Gruppe einen genau definierten Status zu erreichen. Thrasher erklärt es mit der These von William I. Thomas, dass es zu den Grundbedürfnissen des Menschen gehört, *wahrgenommen* zu werden. Deshalb ist „jedes Ansehen in der Gruppe", auch wenn es gering ist, „besser als gar keines, und es besteht immer die Möglichkeit, seinen Status zu verbessern. Für den Jungen bedeutet die Teilnahme an den Aktivitäten der gang alles. Sie bestimmt nicht nur, wo er in der einzigen Gesellschaft, um die es ihm überhaupt geht, sozial steht, sondern sie ist auch die Grundlage seiner Selbsteinschätzung." (Thrasher 1927b, S. 41 f.)

Was Riesman später generell über die Bedeutung der peer group gesagt hat, trifft für die gang in besonderer Weise zu: „Die Gruppe der Altersgenossen ist das Maß aller Dinge. Das Individuum hat wenig Schutzwälle, die die Gruppe nicht niederreißen könnte." (Riesman 1950, S. 95) Thrasher erklärt diese Bedeutung so: Der Junge lebt ganz in der Gegenwart, und in der nimmt er sich als Teil der Bande wahr. Die gang ist seine soziale Welt, alles andere ist nachrangig bis völlig unwichtig. Es gibt aber noch eine zweite Erklärung, die in der sozialen Kontrolle in der Gruppe besteht. Wer sich falsch verhält, wird verprügelt oder mit Worten höhnisch fertiggemacht; wer im Geist der gang handelt, kann mit Applaus rechnen. Interessant scheint mir aber ein anderer, subtilerer Mechanismus zu sein, den Thrasher *Rapport* nennt. Darunter versteht er die ständige symbolische Demonstration der Zugehörigkeit z. B. in Form der Kleidung, der Sprache oder auch bestimmter Taten. (vgl. Thrasher 1927a, S. 933) Eine andere Form des Rapports scheint mir aber genauso wichtig, die eher beiläufige Abfrage, was man so getan und erlebt hat. So fangen die allermeisten Begrüßungen zwischen Jugendlichen an. Es sind unbewusste Prüfungen der Zusammengehörigkeit. Hier schließt sich dann der Kreis: Der Junge ist mit der Aufnahme in die gang aus der Gesellschaft ausgetreten; mit der symbolischen Demonstration, dass er ganz zu der gang steht, zeigt er auch, dass er in die andere Gesellschaft nicht eintreten will. Die Kontrolle durch die Gruppe stellt sicher, dass das auch nicht passiert.

6.5 Bezugsgruppe, soziale Beeinflussung, Gruppendruck (Locke, Smith, Durkheim, Riesman)

Anfang der 1940er Jahre kam in der amerikanischen Psychologie der Begriff der *Bezugsgruppe (reference group)* auf, der dann vor allem durch ROBERT K. MERTON Eingang in die Soziologie fand. (Merton 1957d) Wie ich oben[10] ausgeführt habe, versteht er unter „reference groups" Gruppen, deren Zustimmung oder Ablehnung dem Individuum sehr wichtig sind. Dabei denkt Merton nicht nur an eine konkrete Gruppe, an deren Erwartungen und Einstellungen sich das Individuum in seinem Handeln und Denken orientiert, sondern auch an die Schicht oder die Subkultur und auch einen Betrieb oder eine Organisation, mit denen es sich identifiziert. Ich will mich hier auf face-to-face-Gruppen konzentrieren und kurz den theoretischen Hintergrund für die Theorie der Bezugsgruppe skizzieren.

Da sind zum einen der englische Staatsphilosoph des 17. Jahrhunderts JOHN LOCKE und der schottische Moralphilosoph ADAM SMITH zu nennen.[11] Nach Locke denken und handeln wir so, wie es Mode ist, weil wir so die größte Achtung durch die Anderen erfahren. Diesem „law of opinion or reputation" bzw. „law of fashion" gehorchen wir mehr als dem göttlichen oder staatlichen Gesetz. (Locke 1690, II, Kap. 28, § 10 und § 12) Was die Anderen von uns sagen, ist uns wichtig! Und es sind nicht die Obrigkeit oder ganz entfernte Andere, die wir vor Augen haben, sondern die, mit denen wir tagtäglich umgehen. Smith erklärte das Handeln der Individuen damit, dass „die fortgesetzten Beobachtungen, die wir über

---

10 Siehe oben Kap. 3.2 *Kulturelle Ziele, legitime Mittel; Rollenkonflikte, Bezugsgruppen*.
11 Sie wurden in Band 1, Kap. 3.3.2 *Wechselseitige Beobachtung, Suche nach Anerkennung* behandelt.

das Verhalten anderer Menschen machen, (…) uns unmerklich dazu (bringen), dass wir uns gewisse allgemeine Regeln darüber bilden, was zu tun oder zu meiden schicklich und angemessen ist." (Smith 1759, S. 238) Wir lernen also durch Beobachtung, wie wir uns richtig verhalten sollen. Auch hier kann man davon ausgehen, dass wir gerade die beobachten, mit denen wir konkret zu tun haben. Sie sind es, von denen wir unsere Vergleichsmaßstäbe des „Schicklichen und Angemessenen" nehmen.

Da ist zum anderen die These von EMILE DURKHEIM, dass es feste Vergleichsmaßstäbe geben muss, damit das Individuum überhaupt handeln und die Gesellschaft sich auf das Individuum verlassen kann. Wo es diese Vergleichsmaßstäbe nicht gibt, kommt es zu einem Zustand „gestörter Ordnung oder *Anomie*". (Durkheim 1897, S. 289) Vergleichsmaßstäbe ergeben sich zwar aus den Werten und Normen der *ganzen* Gesellschaft, aber konkret werden sie erst an dem Platz, den der Einzelne in der sozialen Hierarchie einnimmt. (Durkheim 1897, S. 283) Für diesen Ausschnitt[12] gibt die Gesellschaft, ich würde jetzt in moderner Terminologie einschränkend sagen: geben die Bezugsgruppen, die Maßstäbe vor. Sie existieren als Kollektivbewusstsein eines *Teils* der Gesellschaft. Durkheim drückt es so aus: „Und tatsächlich gibt es in jedem Augenblick der Geschichte im sittlichen Bewusstsein der Gesellschaften ein vages Gefühl dafür, was die verschiedenen sozialen Dienste wert sind, und für ihre jeweilige entsprechende Belohnung und damit für das Maß an Wohlbefinden, das als Mittelwert den Arbeitenden jedes Berufes zukommt. In der öffentlichen Meinung sind die verschiedenen Funktionen in eine Art Hierarchie eingeteilt, und jedem Einzelnen wird ein bestimmtes Maß an Wohlergehen zuerkannt, je nachdem, welchen Platz er innerhalb der Hierarchie einnimmt. Nach den geltenden Vorstellungen gibt es zum Beispiel für den Arbeiter eine ganz bestimmte Lebensführung, die als obere Grenze dessen angesehen wird, was er sich vorstellen darf, wenn er versucht, sich sein Leben besser einzurichten, und eine untere Grenze, die er, ohne in der allgemeinen Achtung tief zu sinken, schwerlich unterschreiten darf. Beide Grenzen sind verschieden für den Arbeiter in der Stadt oder auf dem Land, für den Hausangestellten oder für den Tagelöhner, für den Büroangestellten oder für den Beamten, usw. Aus diesen Gründen wirft man es dem Reichen vor, wenn er zu ärmlich lebt, aber auch wenn er übermäßigen Luxus treibt." (Durkheim 1897, S. 283) Natürlich kann sich der Mensch mit allen möglichen vergleichen und seine Ziele ins Unendliche setzen, aber wirklich wohlfühlen kann er sich nach der Ansicht Durkheims nur dann, „wenn seine Bedürfnisse (…) mit den ihm zur Verfügung stehenden Mitteln einigermaßen in Einklang stehen." (Durkheim 1897, S. 279)

---

12 Erinnern Sie sich, was Durkheim oben in Kap. 6.1 *Die Herstellung moralischer Gefühle in der Gruppe* über Zusammenhalt und die Funktion der Berufsgruppen gesagt hat.

Schließlich hat auch die These von der *Außenleitung* des modernen Charakters, die der amerikanische Soziologe DAVID RIESMAN (1950) aufgestellt hat, die Aufmerksamkeit für den Einfluss von Bezugsgruppen geschärft.[13] Danach hat sich die innere Steuerung *(Innenleitung)* des Menschen, die ihn durch feste moralische Prinzipien oder religiöse Überzeugungen auf Kurs hielt, im 20. Jahrhundert aufgelöst. Der Grund hängt mit der Pluralisierung der symbolischen Ordnung der Welt und der Differenzierung der Gesellschaft zusammen. Die Rollen, die sich aus letzterem ergaben, wurden zahlreicher und differenzierter. Politische Entwicklungen garantierten größere individuelle Freiheiten, diese Rollen wahrzunehmen und zu gestalten. Mit der Anerkennung unterschiedlicher Interessen ließen sich auch für die unterschiedlichsten Verhaltensformen gute Gründe anführen. Die geschlossenen Weltbilder wurden entzaubert oder lösten sich auf, und es kam zu einer Vielfalt von Überzeugungen und Einstellungen. Für die gleichen Situationen stehen heute konkurrierende Muster des Verhaltens zur Verfügung. Die Menschen geraten mit immer mehr fremden Kulturen in Kontakt, was bedeutet, dass sie permanent mit Neuem und Anderem konfrontiert werden. Und sie sehen, dass das Neue und das Andere *auch* Sinn macht und insofern sogar eine realistische Alternative zum eingelebten Verhalten sein könnte. Die Massenmedien tun ein Übriges, die Alternativen bekannt zu machen, und sie zeigen, dass die Alternativen auch gelebt werden können.

Die Fülle des möglichen Lebens ist nun gewiss nicht nur Segen, sondern kann auch verunsichern. Schon im Vorfeld der Überforderung durch die Pluralität beginnt der Mensch nach einem Halt zu suchen. Da ein verbindliches inneres Steuerungszentrum, das einen sicher auf Kurs hielte, nicht mehr vorhanden ist oder nur noch schwach funktioniert, hält er sich an die Anderen, von denen er auf den ersten Blick annehmen muss, dass sie ihren Weg durch das Leben schon gefunden haben. Diese Orientierung nennt Riesman, wie gesagt, *Außenleitung*. „Das gemeinsame Merkmal der *außengeleiteten* Menschen besteht darin, dass das Verhalten des Einzelnen durch die Zeitgenossen gesteuert wird; entweder von denjenigen, die er persönlich kennt, oder von jenen anderen, mit denen er indirekt durch Freunde oder durch die Massenunterhaltungsmittel bekannt ist. Diese Steuerungsquelle ist selbstverständlich auch hier ‚verinnerlicht', und zwar insofern, als das Abhängigkeitsgefühl von dieser dem Kind frühzeitig eingepflanzt wird. Die von den außengeleiteten Menschen angestrebten Ziele verändern sich jeweils mit der sich verändernden Steuerung durch die von außen empfangenen Signale. Unverändert bleibt lediglich diese Einstellung selbst und die genaue Beobachtung, die den von den anderen abgegebenen Signalen gezollt wird." (Riesman 1950, S. 38) Der außen-

---

13 Vgl. Band 1, Kap. 10.8 *Mentalitätswandel, Wertewandel* und oben Kap. 1.5 *Von materialistischen zu postmaterialistischen Werten.*

geleitete Mensch geht im Grunde keinen *eigenen* Weg durch das Leben, sondern widmet all seine Aufmerksamkeit seinen Bezugsgruppen, „um sich nach ihren Verhaltensweisen und Werturteilen zu richten" (Riesman 1950, S. 150).

Wenden wir uns nun einigen empirischen Studien zu, die belegen, dass und wie sich Individuen an Erwartungen einer konkreten Gruppe orientieren. Dazu will ich noch einmal kurz auf die schon[14] erwähnte *Hawthorne-Studie* zu sprechen kommen. Das Management der Western Electric Company in Hawthorne bei Chicago war mit der Produktivität nicht zufrieden und bat ein Forscherteam um den Industriepsychologen Elton Mayo, die Ursachen herauszufinden. Die Wissenschaftler führten zwischen 1927 und 1933 verschiedene Experimente in dem Betrieb durch. Aus den Forschungsergebnissen will ich nur eines herausgreifen, das die Bedeutung und den Einfluss der Gruppe belegt.

Das Management ging davon aus, dass vor allem ein höherer Akkordlohn die Produktivität steigern würde. Dem wollten die Forscher auch nachgehen, vermuteten aber, dass auch Verbesserungen der konkreten Arbeitsbedingungen eine Rolle spielen würden. In der ersten Phase führten die Sozialforscher standardisierte Befragungen durch und experimentierten mit bestimmten Veränderungen der Arbeitsbedingungen. Da die Forschungsergebnisse widersprüchlich oder wenig ergiebig waren, ging man dazu über, das Arbeitsverhalten genau zu beobachten. Vor allem aber führte man Interviews durch, in denen keine direkten Fragen gestellt wurden und die Arbeiter einfach erzählten. Die Interviews wurden möglichst genau protokolliert. Diese offenen Interviews brachten nun das überraschende Ergebnis, dass für die Arbeitszufriedenheit und die Bereitschaft, mehr zu leisten, nicht das Geld, sondern die *sozialen Beziehungen (human relations)* die entscheidende Rolle spielten.

So fanden die Sozialforscher heraus, dass es einen stillschweigenden *Gruppenkonsens* gab, was z. B. als angemessenes Arbeitstempo galt. Wer zu schnell arbeitete, wurde mit Sticheleien zurückgepfiffen, und wer zu langsam war, wurde angespornt oder unterstützt. Auch die Aussicht auf einen höheren Akkordlohn änderte an diesem informellen Konsens nichts. „Gruppensolidarität und Gruppenzusammenhalt waren ihnen wichtiger als individuelle Leistung." (Lindgren 1969, S. 422) Ein zweites Ergebnis war ebenfalls überraschend. Die Arbeiter schienen besonders motiviert, wenn sie das Gefühl hatten, beachtet zu werden. So führte die Beobachtung durch die Forscher zu einer deutlichen Steigerung der Produktivität. Drittens fanden die Forscher heraus, dass die Wege der Kommunikation, was Anleitung, Kontrolle oder Klagen anging, andere als die offiziellen waren. Neben der formellen Organisation des Betriebes gab es offensichtlich eine *informelle*, die wesentlich effektiver funktionierte. Alles in allem war nicht zu übersehen, dass

---

14 Vgl. Band 1, Kap. 5.7 *Human relations – der Hawthorne-Effekt.*

sich die Arbeiter als Individuen (die beachtet werden wollten), als Mitglieder einer Gruppe (in der sie sich an einem stillschweigenden Konsens des richtigen Verhaltens orientierten) und als Interaktionspartner (die auf informellen Wegen miteinander umgingen) verstanden.

An dieser Studie wurde deutlich, dass die Bezugsgruppe *normativ* ist. Sie setzt die Maßstäbe, wie wir uns verhalten sollen. Das gilt für das aktuelle, manifeste Verhalten in der Gruppe selbst, aber natürlich hat die Bezugsgruppe, an der wir uns vor allem orientieren, auch eine symbolische, latente Funktion für uns in anderen Situationen. Wem die Bezugsgruppe der Yuppies überaus wichtig ist, wird ein entsprechendes Verhalten nicht nur an den Tag legen, wo er von ihnen gesehen wird, sondern auch bei ganz anderen Gelegenheiten. Ich erinnere abkürzend noch einmal an den Satz von Anselm Strauss: Interaktion ist immer Interaktion mit unsichtbaren Dritten! (Strauss 1959, S. 58)[15] Die Bezugsgruppe ist ein solcher „unsichtbarer Dritter", auch wenn die Handelnden es gar nicht bemerken.

Diese Überlegungen zur normativen Funktion der Bezugsgruppe legen es nahe, sich einem merkwürdigen Phänomen zuzuwenden, das man als *soziale Beeinflussung* in der Gruppe bezeichnen kann. Ich beginne mit drei allgemeinen Feststellungen:

- Der Mensch neigt dazu, sein Verhalten der Mehrheit anzupassen, um nachher nicht als der Einzige dazustehen, der falsch gelegen hat. So wundert man sich, wie viele Leute nach einem überraschenden Wahlausgang sagen, dass sie selbstverständlich die Mehrheitspartei gewählt hätten. (Der andere Fall, dass man einen falschen Sieger selbstverständlich nicht gewählt habe, bestätigt diesen Wunsch, dazuzugehören: Es ist nur eine andere Bezugsgruppe!)
- Zweitens: Der Mensch hat das Bedürfnis, die Dinge unter Kontrolle zu wissen. Die Gefahr besteht darin, dass er die tatsächliche Kontrolle der Anderen über- und seine eigene unterschätzt und deshalb keine eigenen Entscheidungen trifft. Wenn er z. B. sieht, dass anscheinend jeder in der Gruppe das Gefühl hat, die Dinge im Griff zu haben, hält er sich mit „störenden" Entscheidungen zurück.
- Drittens verlässt sich der Mensch auf seinen gesunden Menschenverstand, reflektiert die Dinge also nicht unnötig. Auch hier fühlt er sich durch das Nicht-Handeln der Gruppe beruhigt.

Alles in allem: Der Mensch möchte so sein, wie die Anderen in seiner Bezugsgruppe offensichtlich sind, zumindest möchte er nicht völlig anders sein. Weil er ohne soziale Anerkennung und das Gefühl, dazu zu gehören, nicht leben kann, lässt er sich durch die Gruppe beeinflussen.

---

15 Siehe auch oben Kap. 5.6 *Symbolische Interaktion, Definition der Situation*.

So belegt dann auch eine ganze Reihe von experimentellen Untersuchungen, dass die Gruppe einen starken Einfluss auf die Meinungen und das Handeln der Mitglieder ausübt. In einem der bekanntesten Experimente dazu ging es um den sog. *autokinetischen Effekt*. Diesen Effekt der *scheinbaren Selbstbewegung* können wir wahrnehmen, wenn wir einen einsamen Stern betrachten. Da unsere Augenachsen niemals ganz ruhig stehen, scheint sich der Stern zu bewegen. Dieser Eindruck entsteht vor allem dann, wenn es keinen festen Bezugspunkt gibt, an dem wir uns orientieren könnten. Diesen Effekt hat der amerikanische Psychologe Muzafer Sherif in den 1930er Jahren für ein Gruppenexperiment genutzt. Er zeigte Versuchspersonen in einem dunklen Raum für kurze Zeit einen kleinen intensitätsschwachen Lichtpunkt. Als sie einzeln befragt wurden, ob und, wenn ja, wie weit sich der Lichtpunkt bewegt habe, streuten die Schätzungen beträchtlich. Als in einem zweiten Versuch alle ihre Schätzungen laut in der Gruppe nennen sollten, konvergierten die Schätzungen. Die Versuchspersonen beeinflussten sich also gegenseitig. Ein anderes Experiment hat Salomon E. Asch in den 1950er Jahren durchgeführt. (Asch 1955) Er zeigte einer Gruppe eine Karte mit einem senkrechten Strich und eine zweite Karte mit drei senkrechten Strichen. Jeder sollte sagen, welcher der drei Striche der zweiten Karte gleich lang wie der Strich auf der ersten Karte sei. Solange jeder für sich antwortete, waren die Ergebnisse einheitlich. Als aber Asch in mehreren Experimenten jeweils alle bis auf einen instruierte, ein objektiv falsches Urteil abzugeben, wurden viele derjenigen, die mit ihrem Urteil allein dastanden, unsicher und schlossen sich letztlich dem Urteil der Gruppe an.[16]

Was wird an diesen Experimenten deutlich? Deutlich wird, dass eine Gruppe ein dynamischer Prozess ist, in dem das Verhalten der Gruppenmitglieder beeinflusst wird. So ist für George Caspar Homans die Gruppe auch „definiert durch die Interaktion ihrer Teilnehmer". (Homans 1950, S. 102) Das kann man wörtlich im Sinne der Wechselwirkung verstehen.

6.6 Wir und Andere: Gelernte Wir-Gefühle und Ethnozentrismus (Sumner, Freud)

Auch wenn wir uns das nicht immer bewusst machen, so unterscheiden wir doch ständig zwischen denen, die „so sind, wie wir", und solchen, die „eben anders" sind. Mit den ersten identifizieren wir uns, die zweiten lehnen wir ab oder halten sie zumindest nicht für gleichwertig. Das ist keine Frage der natürlichen Unter-

---

16 Wem die experimentelle Situation zu konstruiert erscheint, kann einmal beobachten, was passiert, wenn einer, der in der Runde etwas gilt, sagt, der Wein habe einen leichten Beigeschmack!

schiede, sondern Produkt der gesellschaftlichen Einschätzungen, die wir lernen und an denen wir ständig mitwirken. Diese Einschätzungen entstehen vor allem in Gruppen, denen wir angehören oder denen wir uns verbunden fühlen, und dort werden sie unmerklich auch bestärkt. Die soziologische These dazu lautet: Wir-Gefühle werden gelernt.

Der schon erwähnte Muzafer Sherif hat Anfang der 1950er Jahre in den USA ein berühmtes Experiment durchgeführt, bei dem herauskam, dass Einstellungen in erheblichem Maße mit der Zugehörigkeit zu einer Gruppe variieren. Sherif lud 24 Jungen im Alter von 12 Jahren, die sich bis dahin nicht kannten und alle einen ähnlichen sozialen und Bildungshintergrund aufwiesen, in ein Ferienlager ein:

- In der ersten Phase kam es zu spontanen Zusammenschlüssen, Freundschaften und Abneigungen. Diese Beziehungen wurden in einem soziometrischen Test[17] festgestellt.
- In der zweiten Phase teilte der Versuchsleiter die Jungen in zwei Gruppen auf, und zwar brachte er möglichst Jungen zusammen, die – nach dem soziometrischen Test – einander nicht besonders gut leiden konnten. Das tat Sherif unter der Annahme, dass Abneigung eine schlechte Voraussetzung für eine Gruppenbildung ist. Jede der beiden neugebildeten Gruppen lebte in den nächsten fünf Tagen für sich. Schon in dieser kurzen Zeit entwickelte sich eine deutliche Struktur, d. h. es gab Führer und Mitläufer und andere Rollen. Jede Gruppe entwickelte einen esprit de corps, d. h. ein Wir-Gefühl. Der soziometrische Test ergab, dass nunmehr 90 % der positiven Wahlen auf Mitglieder der eigenen Gruppe entfielen.
- In der dritten Phase wurden die beiden Gruppen wiederholt in Situationen gebracht, in denen sie als Konkurrenten gegeneinander antraten. Dabei zeigten sich ein starker Zusammenhalt in der Eigengruppe und eine auffällige Feindseligkeit gegen die andere Gruppe.
- In der vierten Phase versuchten die Leiter des Experiments die beiden Gruppen wieder zu reintegrieren, indem sie eine Notsituation konstruierten, die beide betraf. Die Wasserzufuhr zum Ferienlager ging kaputt und konnte nur repariert werden, indem alle anpackten. Außerdem setzten sie einen Wettkampf mit einer Gruppe von außerhalb des Lagers an. Nach beiden Aktionen

---

17 In solchen Tests, die gerne in der Schule, aber auch in Arbeitsteams oder in Gruppentherapien durchgeführt werden, geht es z. B. um Fragen wie „Neben wem möchtest Du gerne sitzen?", „Mit wem würdest Du gerne ein paar Tage zusammen Urlaub machen?", „Wer, glaubst Du, hätte Verständnis für dich, wenn du ihn fragen würdest?" oder „Wer trägt viel zu einem guten Arbeitsklima bei?".

zeigte der soziometrische Test, dass die Unterscheidung zwischen Eigen- und Fremdgruppe in der dritten Phase fast völlig verschwunden war.

An diesem Experiment wird deutlich, dass unsere Einstellung zu Anderen ganz wesentlich von der Gruppe abhängt, der wir uns selbst zurechnen. Dies war schon WILLIAM G. SUMNER[18] aufgefallen, der in seinem Buch über „Folkways" festgestellt hatte, dass „durch Gewohnheit und Brauch (...) auf jedes Individuum ein starker Druck ausgeübt" wird. (Sumner 1906, sec. 2) Diese „soziale Kraft" geht vor allem von der Gruppe aus, in der wir leben. Auffällig ist, dass die Anpassung an die Gruppe fast immer mit einer *Ausgrenzung* anderer Gruppen einhergeht. Die Individuen unterscheiden genau zwischen „ihrer" Gruppe und der der „Anderen". Sumner hat die eigene Gruppe als „in group" und die Fremdgruppe als „out group" bezeichnet. (Sumner 1906, sec. 13 f.) Die Eigengruppe wird aufgewertet, die Fremdgruppe abgewertet. Diese meist unbewusste Einstellung hat er *Ethnozentrismus* genannt: Die eigene Gruppe gilt als der Nabel der Welt und als Maßstab des richtigen Verhaltens. Man „rühmt sich seiner Überlegenheit, übertreibt die eigenen Vorzüge und blickt mit Verachtung auf Außenstehende herab." (Sumner 1906, sec. 15)

Solche ethnozentrischen Vorstellungen finden wir in vielen drastischen Bezeichnungen, die die Völker füreinander haben. Ethnozentrismus zeigt sich auch in vielen Schöpfungsmythen. Der Kulturanthropologe Melville J. Herskovits hat von einem schönen Mythos gehört, mit dem sich die Cherokee-Indianer ihre „natürliche" Überlegenheit erklären. Er geht so: Der Schöpfer der Welt krönte sein Werk, indem er den Menschen schuf. Das tat er, indem er einen Teig anrührte und einen Backofen anheizte. Dann formte er drei menschliche Figuren und schob sie in den Ofen. Ungeduldig, wie er war, schaute er nach kurzer Zeit nach, was aus den Figuren geworden war. Als er die erste herauszog, war er ganz enttäuscht, denn sie war noch nicht ganz gar und ziemlich bleich. Doch sie war nun einmal so, wie sie war, und so entstanden die Bleichgesichter. Wieder nach einer Weile zog er die zweite Figur heraus, und die war wunderschön. Sie hatte eine kräftige braune Farbe, und der Schöpfer konnte sich gar nicht satt genug sehen an ihr. Darüber vergaß er die dritte Figur. Als er sich mit Schrecken daran erinnerte, war sie schon ganz verkohlt. (vgl. Herskovits 1947, S. 68 f.) Von wem die Cherokee sich selbst ableiten, bedarf keiner Frage.

SIGMUND FREUD hatte einige weniger krasse Differenzierungen vor Augen: „Jedesmal, wenn sich zwei Familien durch Eheschließung verbinden, hält sich jede von ihnen für die bessere oder vornehmere auf Kosten der anderen. Von zwei be-

---

18 Zu Sumners Erklärung, wie soziale Regeln zustande kommen und welche Formen sie annehmen, vgl. Band 1, Kap. 4.2 *Folkways, Mores, Institutions*.

nachbarten Städten wird jede zur missgünstigen Konkurrentin der anderen; jedes Kantönli sieht geringschätzig auf das andere herab. Nächstverwandte Völkerstämme stoßen einander ab." (Freud 1921, S. 95) Später hat Freud diesem letzteren Phänomen, „dass gerade benachbarte und einander auch sonst nahestehende Gemeinschaften sich gegenseitig befehden und verspotten, so Spanier und Portugiesen, Nord- und Süddeutsche, Engländer und Schotten", den Namen „Narzissmus der kleinen Differenzen" gegeben. (Freud 1930, S. 104) Er sieht „darin eine bequeme und relativ harmlose Befriedigung der Aggressionsneigung, durch die den Mitgliedern der Gemeinschaft das Zusammenhalten erleichtert wird", und er fügt sarkastisch hinzu: „Das überallhin versprengte Volk der Juden hat sich in dieser Weise anerkennenswerte Verdienste um die Kulturen seiner Wirtsvölker erworben." (Freud 1930, S. 104)

Das Bewusstsein „Wir" scheint immer mit dem Bewusstsein einherzugehen, dass es „Die" gibt, Fremde, die nicht dazugehören und anders sind. „Wir" und „Die" – darin schwingt immer das Gefühl der natürlichen Überlegenheit mit. Das leitet über zu der Frage, was der „Fremde" soziologisch eigentlich ist und welche Funktion er für eine soziale Gruppe hat.

6.7 Fremde[19]

> Ein Fremder ist ja eigentlich für den Menschen kein Mensch.
> (Plinius, römischer Schriftsteller, 1. Jahrhundert nach Chr.)
>
> Es ist ein Grundzug der Kultur, dass ein Mensch dem außerhalb seines eigenen Kreises lebenden Menschen aufs tiefste misstraut, also dass nicht nur ein Germane einen Juden, sondern auch ein Fußballspieler einen Klavierspieler für ein unbegreifliches und minderwertiges Wesen hält.
> (Robert Musil: Der Mann ohne Eigenschaften, 1930, S. 26)

6.7.1 Distanzierte Nähe (Simmel)

In seinem berühmten „Exkurs über den Fremden" hat Georg Simmel den Fremden als Wanderer beschrieben und zwar nicht als den Wandernden, „der heute

---

19 In meinem Buch *Wirklichkeit* (Abels 2009) habe ich das Thema „Fremde" in einen größeren, wissenssoziologischen Zusammenhang gestellt. Es trägt den Untertitel *Über Wissen und andere Definitionen der Wirklichkeit, über uns und Andere, Fremde und Vorurteile* und endet mit einem Beitrag von Benita und Thomas Luckmann über die Macht des Vorurteils, nämlich die Hexenverfolgung in Salem.

kommt und morgen geht", sondern als Wandernden, „der heute kommt und morgen bleibt". Der Fremde ist „sozusagen der potenziell Wandernde, der, obgleich er nicht weitergezogen ist, die Gelöstheit des Kommens und Gehens nicht ganz überwunden hat." (Simmel 1908a, S. 764) Seine Position in seinem sozialen Umkreis „ist dadurch wesentlich bestimmt, dass er nicht von vornherein in ihn gehört", also bestimmte Qualitäten nicht aufweist, dass er aber andere Qualitäten mitbringt und sie von außen „in ihn hineinträgt". Der Fremde ist gewissermaßen in der Gruppe und außerhalb von ihr: „Die Einheit von Nähe und Entferntheit, die jegliches Verhältnis zwischen Menschen enthält, ist hier zu einer, am kürzesten so zu formulierenden Konstellation gelangt: die Distanz innerhalb des Verhältnisses bedeutet, dass der Nahe fern ist, das Fremdsein aber, dass der Ferne nah ist." Diese Einheit von Nähe und Distanz gibt es in jeder *realen* sozialen Beziehung, und deshalb ist „das Fremdsein" für Simmel „natürlich eine ganz positive Beziehung, eine besondere Wechselwirkungsform; die Bewohner des Sirius sind uns nicht eigentlich fremd (…), sondern sie existieren überhaupt nicht für uns, sie stehen jenseits von Fern und Nah." Der Fremde, wie wir ihn konkret erleben, „ist ein Element der Gruppe selbst", ein Element, dessen Qualität und Einschätzung „zugleich ein Außerhalb und Gegenüber einschließt". (Simmel 1908a, S. 765)

Unter dieser Perspektive, dass der Fremde von außen kommt, bleibt und ein Element der Gruppe wird, können wir im soziologischen Sinne nicht von einem Fremden sprechen, wenn unsere Vorfahren auf Menschen mit einer anderen Hautfarbe stießen, Weltreisende von Wesen mit zwei Köpfen berichteten und uns der sanfte Tourismus behutsam mit den letzten unentdeckten Fremden im Regenwald vertraut macht: diese Fremden wurden und werden nicht Element unserer Gruppe hier. Interessant ist, wie Simmel die Erfahrung des Fremden erklärt: „In der ganzen Geschichte der Wirtschaft erscheint der Fremde allenthalben als Händler, bzw. der Händler als Fremder. Solange im Wesentlichen Wirtschaft für den Eigenbedarf herrscht oder ein räumlich enger Kreis seine Produkte austauscht, bedarf es innerhalb seiner keines Zwischenhändlers; ein Händler kommt nur für diejenigen Produkte in Frage, die ganz außerhalb des Kreises erzeugt werden." (Simmel 1908a, S. 765) Der Fremde nimmt also von außen Kontakt zu einer fremden Gesellschaft auf, um ihr etwas anzubieten, was diese Gesellschaft nicht hat. Er kommt regelmäßig und pendelt beweglich hin und her, aber er bleibt nicht.

Aber im Laufe der Zeit gibt es immer wieder Fremde, die *bleiben*. Auch ihnen haftet ein Moment der Beweglichkeit an: „Der Fremde ist eben seiner Natur nach kein Bodenbesitzer", wobei Simmel „Boden nicht nur in dem physischen Sinne", sondern auch „in dem übertragenen einer Lebenssubstanz" versteht: Der Fremde ist auch „nicht an einer ideellen Stelle des (neuen, Ergänzung H. A.) gesellschaftlichen Umkreises fixiert". Und so wird der Fremde auch von den Einheimischen wahrgenommen: „Auch in den intimeren Verhältnissen von Person zu

Person mag der Fremde alle möglichen Attraktionen und Bedeutsamkeiten entfalten", aber er wird, „so lange er eben als Fremder empfunden wird", von den Andern nicht als „Bodenbesitzer" angesehen. Er steht nicht auf demselben *festen* sozialen und ideellen Boden! Dieses Nicht-Fixiertsein auf die festen sozialen Formen und entsprechenden Werte der Gruppe der Einheimischen begünstigt eine typische „Beweglichkeit" des Fremden und eine spezifische „Synthese von Nähe und Ferne": „der schlechthin Bewegliche kommt gelegentlich mit jedem einzelnen Element in Berührung, ist aber mit keinem einzelnen durch die verwandtschaftlichen, lokalen, beruflichen Fixiertheiten organisch verbunden." (Simmel 1908a, S. 766) Das macht die formale *Position* des Fremden *in* einer Gruppe aus.

Blicken wir nun auf die *Funktion* des Fremden *für* die Gruppe. Die Nicht-Fixierung auf einheimische Traditionen und Strukturen hält den Fremden *selbst* beweglich in *seinem* Denken und im Urteil über die *Anderen*: „Weil er nicht von der Wurzel her für die singulären Bestandteile oder die einseitigen Tendenzen der Gruppe festgelegt ist, steht er allen diesen mit der besonderen Attitüde des ‚Objektiven' gegenüber, die nicht etwa einen bloßen Abstand und Unbeteiligtheit bedeutet, sondern ein besonderes Gebilde aus Ferne und Nähe, Gleichgültigkeit und Engagiertheit ist." (Simmel 1908a, S. 766 f.) Deshalb sei es früher Praxis vieler italienischen Städte gewesen, Richter von auswärts zu berufen, weil kein Einheimischer von Familieninteressen und Parteiungen frei war. Mit der von Simmel idealtypisch unterstellten Objektivität des Fremden hängt auch zusammen, „dass ihm oft die überraschendsten Offenheiten und Konfessionen, bis zu dem Charakter der Beichte, entgegengebracht werden, die man jedem Nahestehenden sorgfältig vorenthält." (Simmel 1908a, S. 767) In dieser Hinsicht besteht die Funktion des Fremden darin, individuelle und soziale Probleme zur Kenntnis zu nehmen, die den Zusammenhalt der Anderen gefährdeten, wenn sie bekannt würden. Die Beziehung zum Fremden lebt in diesem Fall davon, dass er offen für ein Geheimnis ist und dieses Geheimnis für sich bewahrt.

Aus der Objektivität, die manchem Fremden unterstellt wird, kann allerdings auch ein Problem entstehen: Der objektive Mensch ist „durch keinerlei Festgelegtheiten gebunden" und insofern im Prinzip frei in seiner „Abwägung des Gegebenen"; der Fremde „übersieht die Verhältnisse vorurteilsloser, misst sie an allgemeineren, objektiveren Idealen". (Simmel 1908a, S. 767) „Diese Freiheit, die den Fremden auch das Nahverhältnis wie aus der Vogelperspektive erleben und behandeln lässt, enthält freilich allerhand gefährliche Möglichkeiten. Von jeher wird bei Aufständen aller Art von der angegriffenen Partei behauptet, es hätte eine Aufreizung von außen her, durch fremde Sendlinge und Hetzer stattgefunden." (Simmel 1908a, S. 767) Die Einstellung des Fremden wird nicht mehr als *mögliche* Perspektive akzeptiert und schon gar nicht als *objektiv* wahrgenommen, sondern als Angriff auf das Selbstverständnis der Gruppe.

Simmel bringt schließlich noch einen anderen Gedanken über die Beziehung der Mitglieder einer Gruppe zum Fremden ins Spiel: Während sich die Mitglieder *organisch* in einem *Gemeinsamen* als *Gleiche* verbunden fühlen und sich gleichzeitig ihrer individuellen Besonderheiten bewusst sind, ist ihr Verhältnis zum Fremden *abstrakt*. Mit ihm hat man „nur gewisse allgemeinere Qualitäten" gemein, und man nimmt ihn auch nicht in seiner Individualität, sondern als „Typus" wahr. (Simmel 1908a, S. 768) Simmel schildert die Konsequenzen dieses Gleichmachens zu einem Typus so: „Auch dies ist ersichtlich eine Art, in der ein Verhältnis gleichzeitig Nähe und Ferne einschließt: in dem Maße, in dem die Gleichheitsmomente allgemeines Wesen haben, wird der Wärme der Beziehung, die sie stiften, ein Element von Kühle, ein Gefühl von der Zufälligkeit gerade dieser Beziehung beigesetzt, die verbindenden Kräfte haben den spezifischen, zentripetalen Charakter verloren. Diese Konstellation nun scheint mir in dem Verhältnis zu dem Fremden ein außerordentliches prinzipielles Übergewicht über die individuellen, nur der in Frage stehenden Beziehung eigenen Gemeinsamkeiten der Elemente zu besitzen. Der Fremde ist uns nah, insofern wir Gleichheiten nationaler oder sozialer, berufsmäßiger oder allgemein menschlicher Art zwischen ihm und uns fühlen; er ist uns fern, insofern diese Gleichheiten über ihn und uns hinausreichen und uns beide nur verbinden, weil sie überhaupt sehr viele verbinden. In diesem Sinne kommt leicht auch in die engsten Verhältnisse ein Zug von Fremdheit." (Simmel 1908a, S. 768 f.)

Auf der anderen Seite „gibt es eine Art von ‚Fremdheit', bei der gerade die Gemeinsamkeit auf dem Boden eines Allgemeineren (…) ausgeschlossen ist". (Simmel 1908a, S. 770) So waren die alten Griechen der Ansicht, dass manche Völker eigentlich gar nicht richtig sprechen können, sondern nur „brabbeln"; deshalb bezeichnete man sie als „Barbaren".[20] Simmel führt an vielen Stellen als Beispiel für die prekäre Spannung von Nähe und Distanz die Stellung der Juden an. Ihnen wurde der Aufenthalt gewährt, aber sie wurden „nicht als Individuen, sondern als Fremde eines bestimmten Typus überhaupt empfunden" und blieben vom Leben in der größeren Gemeinschaft als „Rassefremde" ausgeschlossen; „hier hat ‚der Fremde' keinen positiven Sinn, die Beziehung zu ihm ist Nicht-Beziehung", er ist kein Mitglied der Gruppe. (Simmel 1908a, S. 770) Man muss diesen Gedanken noch fortführen: In Krisenzeiten suchen viele Gruppen und ganze Gesellschaften sich gerade dadurch zu stabilisieren, dass sie „Fremde" als „Feinde" identifizieren, die an allem Elend schuld sind.

---

20 Um ein Beispiel aus der jüngsten Geschichte zu nennen: Die Hetze der Nazis gegen die Juden gipfelte darin, dass man sie nicht mehr als Menschen, sondern als Ungeziefer bezeichnete, das aus der Volksgemeinschaft auszurotten sei.

6.7.2 Marginal man (Park)

Eine ganz andere Sicht auf den Fremden findet sich bei ROBERT EZRA PARK (1864–1944). Park, ursprünglich Zeitungsreporter, war einige Jahre Mitarbeiter eines Schwarzenführers und später Professor für Soziologie am berühmten Department of Sociology in Chicago. Er beobachtete, in welche Konfliktsituationen Menschen gerieten, die z. B. aus der Unterschicht aufstiegen oder als schwarze einen Status in der weißen Gesellschaft erreichen wollten. Es geht also um Individuen, die aus der Fremde kommen und in einem neuen Milieu Wurzeln schlagen wollen.

Mit dem Begriff des „marginal man" (Park 1928) bezeichnet er Personen, die zwischen verschiedenen Kulturen und Gruppen stehen. Ihre psychologische und soziale Situation ist dadurch gekennzeichnet, dass sie ihr Herkunftsmilieu verlassen haben und im neuen Milieu nicht ganz akzeptiert werden. Sie gelten als Fremde, weil sie nicht die gleiche Herkunft aufweisen. Um nun zu beweisen, dass sie dennoch genauso gut sind wie die Etablierten, bringen sie permanent Mehrleistungen. Das kann so weit gehen, dass sie das Denken ihres Herkunftsmilieus verleugnen oder es mit allen Mitteln sogar bekämpfen. So sind Lehrer, die selbst sozial aufgestiegen sind, oft die entschiedensten Kritiker der Kinder eben dieses Milieus. Auf diese Weise versuchen sie den Makel der Fremdheit zu leugnen. Im Grunde aber bleiben sie am Rande des erstrebten Milieus, da die Etablierten ihre Herkunft natürlich nicht vergessen und beim kleinsten Fehler daran erinnern, dass sie ja eigentlich auch nicht dazu gehören. Die geborenen Mitglieder setzen unter Umständen sogar symbolische Zeichen, um die Kluft zu den eingedrungenen Fremden offen zu halten. Pierre Bourdieu hat das in seinem Buch über die feinen Unterschiede beschrieben.

Der marginal man ist der Fremde, dem man den Zutritt zur eigenen Welt nicht hat verwehren können. Wenn er dann auch noch aus irgendwelchen Gründen Macht und Reichtum erworben hat, bleibt den Etablierten oft nur die Häme hinter vorgehaltener Hand im intimen Kreis: „Emporkömmling!", „Neureiche!"

Etwas leichter wird die Position des marginal man, wenn er sich mit einer Existenz in einer sozialen Nische bescheidet, die von keinem anderen beansprucht wird. Dann wird seine Funktion akzeptiert und die daraus vorsichtig beanspruchte Anerkennung in Maßen auch gewährt. Oft genug stellt aber genau diese Nische die Verbindung zu der alten Vergangenheit her: der Schwarze, der mit seiner Musik seine soziale Reputation gewinnt, spielt die Musik, die seinem Getto entstammt. Der Kulturkonflikt wird latent erhalten.

6.7.3 Gespür für Krisen und zögerliche Loyalität (Schütz)

ALFRED SCHÜTZ (1899–1959) emigrierte als Jude im Jahre 1938 in die USA. Vor dem Hintergrund der Erfahrungen in einem fremden Land schrieb er im Jahre 1944 einen kleinen „sozialpsychologischen Versuch" über den Fremden. Er betrachtete die typische Situation des Fremden, der eine fremde Kultur interpretieren muss, der also verstehen will, was die Menschen dort als selbstverständlich und verbindlich annehmen. Es geht also nicht um den Fremden, der Urlaub in einem anderen Land macht, sondern um den Fremden, der von einer neuen Gruppe „dauerhaft akzeptiert oder zumindest geduldet werden möchte." (Schütz 1944, S. 53) Sein Problem besteht darin, dass ihm die „Zivilisationsmuster des Gruppenlebens" der neuen Gesellschaft nicht bekannt sind. Die muss er aber zumindest soweit kennen, dass er richtig handelt. Dazu wird er zunächst einmal das Wissen, das er benötigt, nach Graden der Relevanz ordnen. Ausgehend sicher von dem Muster, wie man z. B. nach dem Weg fragt, wie man eine Wohnung findet und wo man etwas zu essen bekommt, wird der Fremde allmählich ein Wissen sammeln, das für die lebenswichtigen Bereiche notwendig ist.

Das strukturelle Problem besteht für Schütz nun darin, dass alle die Annahmen, die die Mitglieder einer Gesellschaft über sich und ihren Alltag haben, für den Fremden nicht gelten. Während die Einheimischen guten Grund zu der Annahme haben, dass das Leben so weitergehen wird wie bisher, fängt für die Fremden etwas ganz Neues an. Jene können sich auf ein Wissen verlassen, dass ihre Eltern ihnen hinterlassen haben und das von allen auch geteilt wird. Diese haben diesen background der Vergangenheit nicht und müssen Gründe, warum etwas so und nicht anders gesehen wird, selbst herausfinden. Da der Fremde sein eigenes Wissen noch mitbringt, aber mit neuen Selbstverständlichkeiten konfrontiert wird, ist sein Zugang zu dem neuen Wissen prinzipiell ein kritischer. So müssen es auch die Einheimischen verstehen, die erstaunt feststellen, dass der Fremde so wenig weiß, was doch eigentlich selbstverständlich ist. Der Fremde ist also „wesentlich der Mensch, der fast alles, das den Mitgliedern der Gruppe, der er sich nähert, unfraglich erscheint, in Frage stellt." (Schütz 1944, S. 59)

Die Dinge haben für ihn nicht die Autorität des Selbstverständlichen, weil er nicht an ihrer lebendigen Tradition beteiligt ist. Obwohl er „willens und fähig" ist, „die Gegenwart und die Zukunft mit der Gruppe, welcher er sich nähert, in lebendiger und unmittelbarer Erfahrung zu teilen. Er bleibt jedoch unter allen Umständen von den Erfahrungen ihrer Vergangenheit ausgeschlossen. Vom Standpunkt der Gruppe aus, welcher er sich nähert, ist er ein Mensch ohne Geschichte." (Schütz 1944, S. 59 f.)

Deshalb wird er zunächst versuchen, die Kulturmuster der neuen Gruppe nach den Mustern seiner alten natürlichen Weltanschauung zu verstehen, indem er sie gewissermaßen übersetzt: „Was bei uns so und so gemacht wurde, machen sie hier so und so." Solange er unbeteiligter Zuschauer ist oder nur auf Zeit verweilt, reicht diese Übersetzung aus. Sobald er aber auf Dauer bleiben will, werden die neuen Kulturmuster zu seiner relevanten Umwelt, und die muss er von innen her verstehen. Dann reicht es nicht, die neuen Muster nur ungefähr zu kennen, sondern er muss wissen, *warum* sie so sind, wie sie sind. Das bedeutet aber, dass er das „Denken wie üblich", mit dem die Einheimischen durch ihr Leben gehen, durchbrechen muss.

Über dieses Befragen des Selbstverständlichen erklärt Schütz die zwei Einstellungen, die der Fremde gegenüber der Gruppe hat: seine Objektivität und seine zweifelhafte Loyalität. (1) Objektivität entspringt dem Wunsch, sich voll in die Gruppe zu integrieren, indem man ihre Muster des Denkens und Handelns von innen her versteht. Dabei stößt der Fremde auch auf die latenten Widersprüche und Differenzen hinter den Mustern. Der tiefere Grund für diese Objektivität liegt allerdings für Schütz woanders: er liegt in der „bitteren Erfahrung, die ihn lehrte, dass ein Mensch seinen Status, seine leitende Rolle und sogar seine Geschichte verlieren kann", dass also die Idealisierung des „und so weiter" plötzlich unterbrochen wird, das „Denken wie üblich" nicht mehr möglich ist. (Schütz 1944, S. 68) Weil er erfahren hat, wie die Normalität des Lebens abgerissen ist, registriert er viel genauer, wo Normalitätsannahmen brüchig sind. „Deshalb bemerkt der Fremde häufig mit einer schmerzlichen Klarsichtigkeit das Heraufkommen einer Krise", wo die Mitglieder der in-group sich noch vollkommen sicher wähnen. (Schütz 1944, S. 68) So waren es z.B. Juden, die in Deutschland die Katastrophe kommen sahen, als alle anderen auf dem Vulkan tanzten. (2) Die zweite Einstellung des Fremden gegenüber der neuen Gruppe bezeichnet Schütz als „zweifelhafte Loyalität". Sie wird im Vorurteil der Einheimischen meist damit erklärt, dass er die Muster seiner Herkunft nicht ablegen kann oder ablegen will und insofern ein Risiko darstellt. Die kollektive Hetze gegen Juden wurde genau so organisiert: von Natur aus sind sie anders, und sie wollen sich auch nicht ändern. Deshalb untersagte man ihnen, Beamte zu sein. Schütz erklärt die unterstellte mangelnde Loyalität aber viel grundsätzlicher: die Mitglieder der in-group sind einfach erstaunt, dass der Fremde die Kulturmuster, die doch seit Generationen gelten und somit ganz natürlich sind, nicht als die besten Regelungen akzeptiert. Indem er sich Gedanken über ihren Sinn macht, stellt er sie in den Augen der in-group letztlich in Frage. Deshalb ist es auch nicht weit bis zu dem Vorwurf, der Fremde sei undankbar, denn es sind ja genau diese Regelungen, die ihm „Obdach und Schutz garantieren." (Schütz 1944, S, 69) Das erklärt auch, weshalb sich jede Gesellschaft Kritik von Fremden verbittet.

Will man die Überlegungen von Schütz zusammenfassen, dann kann man sagen: das Problem des Fremden liegt darin, dass er bei seinem Versuch, die Verhältnisse von innen her zu verstehen, auf ihre Widersprüche, zumindest ihre Künstlichkeit stößt. In dieser Situation ist er prinzipiell zur Objektivität des Urteils in der Lage, aber sobald diese Objektivität als Kritik an Mustern verstanden werden kann, die der Gesellschaft seit je Gewissheit verbrieften, wird sein Urteil zurückgewiesen. Ja, mehr noch, dann gilt er als illoyal und potentieller Feind, den man misstrauisch beobachten muss, bzw. als undankbar, dem man deshalb auch keine freundlichen Gefühle entgegenzubringen braucht.

6.7.4 Die Unbestimmtheit des Fremden gefährdet die soziale Ordnung (Bauman)

Der polnisch-britische Soziologe ZYGMUNT BAUMAN (1925–2017), der selbst in ein fremdes kulturelles Milieu vertrieben wurde, beginnt seinen Aufsatz über „Moderne und Ambivalenz" mit den Worten: „Es gibt Freunde und Feinde. Und es gibt *Fremde*." (Bauman 1990, S. 23) Freunde und Feinde sind Gegensätze: „Die ersten sind, was die zweiten nicht sind, und umgekehrt." Doch diesen Status nehmen sie nicht mit gleichen Chancen ein: „Es sind die Freunde, die die Feinde definieren. Die Freunde kontrollieren die Klassifikation und Zuschreibung. Der Gegensatz ist das Werk und die Selbstbehauptung der Freunde." Das Verhältnis von Freunden und Feinden ist also zunächst einmal ein Verhältnis ungleicher Macht. Hinzu kommt, dass dadurch auch die Wirklichkeit unterschiedlich und einseitig definiert wird: „Der Gegensatz von Freund und Feind trennt Wahres von Falschem. (…) Er trennt auch eigen und uneigen, richtig und falsch. (…) Er macht die Welt lesbar und dadurch instruktiv. Er zerstreut Zweifel." (vgl. Bauman 1990, S. 23 f.) *Dieser Gegensatz ist beim Fremden nicht entschieden.* Er könnte beides sein. Das war solange kein Problem, wie die Menschen in ihrem angestammten Territorium unter sich blieben. Fremde jenseits des Horizontes kannten sie nur vom Hörensagen, und was sie über sie „wussten", ergötzte sie oder trieb ihnen Schauer über den Rücken. Andere Konsequenzen hatte es nicht. Das änderte sich mit den Wanderungsbewegungen in der Moderne. Nun traten massenhaft Träger einer fremden Kultur auf, die auch nicht auf der Durchreise waren, sondern blieben.

In dieser Eigenschaft, Träger einer fremden Kultur in einer etablierten Kultur zu sein, liegt für Bauman das zentrale Problem des Fremden. Der Fremde, der hier bleibt, fällt aus der einfachsten Ordnung sozialer Beziehungen, Freund oder Feind zu sein, heraus. Freund ist er nicht, weil ihm lange solidarische Kooperationen mit uns fehlen, Feind ist er aber auch nicht, weil er uns nicht angegriffen hat und auch keinen Anlass zu Angriffen auf ihn gegeben hat. Der Fremde ist *ambivalent*. Er fällt aus der dichotomen Welt heraus und kann nicht eingeordnet werden.

Ordnung in seiner Welt und im Umgang mit den anderen zu schaffen ist aber das grundliegende Bedürfnis des Menschen. Er will seine Wirklichkeit verstehen. Für den österreichischen Philosophen Ludwig Wittgenstein heißt verstehen, zu wissen, wie es weitergeht. Bei Schütz haben wir oben gelesen, dass dies sogar als naive *Einstellung* unserem Umgang mit der Wirklichkeit zugrunde liegt. Er nennt sie die Idealisierung des „und so weiter"; aus ihr ergibt sich konsequent die ebenso naive Idealisierung des „ich kann immer wieder so handeln". Beides macht uns im Handeln und Denken nach vorn sicher, auch weil wir uns im Konsens mit allen wähnen, die diese vertraute Welt seit je mit uns teilen. Der Fremde durchbricht genau diese Gewissheit. Er lässt sich nicht durch vertraute Regeln klassifizieren. (Bauman 1990, S. 27 u. 29)

Freunde und Feinde lassen sich rasch einordnen. Fremde sind unbestimmt und stellen diesen Gegensatz, der uns kollektive Identität und klare Abgrenzung gegen Andere erlaubte, in Frage. So wird er zum Problem gleich am Anfang der Vergesellschaftung, weil wir nicht wissen, was er sein wird! Während wir uns aber vor dem Feind mindestens dadurch schützen können, dass wir nicht mit ihm in Kontakt treten, ist der Fremde sichtbar da. Weil er anders ist, bringt er „das Äußere ins Innere", und weil nicht vorab entschieden ist, ob er deswegen freundlich oder feindlich sein wird, vergiftet er „die Bequemlichkeit der Ordnung". (vgl. Bauman 1990, S. 26)

Der Fremde hat sich nicht zurückgehalten wie der Feind, sondern die Grenze zu uns überschritten, und wir wissen nicht, was er nun tun wird. Das macht uns unsicher. Bauman spricht von der „Angst vor dem *Unbestimmten*". (Bauman 1990, S. 26, Hervorhebung H. A.)

Diese Angst vor dem Unbestimmten hat in der Geschichte der Menschheit verschiedene Reaktionen auf den Fremden hervorgerufen. Eine war, ihn als *heilig* zu definieren, um so auch seine mögliche, verborgene Macht in Freundlichkeit zu bannen. Aus dem Alten Testament, aus der griechischen Mythologie, aber auch aus vielen Märchen kennen wir die Geschichte, dass ein Fremder, dem man Unterkunft gewährte oder auch nicht, sich im Nachhinein als Gott oder Engel erwies. Um dem Risiko zu entgehen, sich den Zorn eines mächtigen Fremden zuzuziehen, entwickelte sich in vielen Gesellschaften das Gebot der Gastfreundschaft. Die Gesellschaft wollte durch dieses strenge Gebot, das ja in vielen Gesellschaften auch heute noch besteht, sicherstellen, dass kein Mitglied einen Fehler machte, der der Gemeinschaft insgesamt schaden könnte. Die Geschichte über die Schandtat von Sodom (Genesis 19,1–11) macht dies ganz deutlich. In der Genesis heißt es, Gott wollte Sodom vernichten, weil die Menschen sich versündigt hatten. Als Gott seine Engel zum Strafgericht ausschickt, kommt es zu einer letzten, besonders schlimmen Schandtat: Die Bewohner der Stadt umstellen Lots Haus und verlangen, dass er seine Gäste herausgibt, damit sie mit ihnen Verkehr haben. Wie das Wort schon sagt, heißt Gastfreundschaft den Fremden zum Freund auf Zeit zu machen. Das in vielen Kulturen erwähnte Ritual der zeremoniellen Reinigung des Fremden ist als Prüfung zu verstehen, wem man eine Freundschaft antragen will. Auch der Handschlag, den man gewährt oder annimmt, symbolisiert die Definition einer neuen sozialen Wirklichkeit. Der Fremde soll und will in eine *gemeinsame* Welt eintreten.

Eine viel häufigere, wohl auch ursprünglichere, Reaktion der Gesellschaft auf den Fremden als die Gastfreundschaft ist allerdings eine andere. Bauman nennt sie „territoriale und funktionale Separierung". (Bauman 1990, S. 29) Die Weltbilder vormoderner Gesellschaften waren lange ausgesprochen ethnozentrisch, und das hatte Auswirkungen auf die Einstellung zum Fremden. So finden wir auf vielen mittelalterlichen Weltkarten an den Rändern des Universums Bilder von Ungeheuern (denen man besser nicht begegnete!); bei den Römern hießen diese Gegenden außerhalb der bekannten Welt schlicht „terra incognita" oder warnend „ubi leones", „wo also Löwen" und andere wilde Wesen lebten. Eine andere Form der Separierung der Fremden bestand darin, dass man sie nur in ganz speziellen Angelegenheiten und nur auf Zeit in das Land ließ (z. B. als Händler) oder für bestimmte Zwecke vereinnahmte (z. B. als Sklaven). Im Grunde waren die Fremden unbekannt und konnten es auch bleiben, da man nichts mit ihnen zu tun hatte. Das änderte sich, als die Unbekannten von selbst kamen – und blieben! Damit stellte sich das von Bauman so bezeichnete erste Problem für die soziale Ordnung: Sie waren nicht Freunde und nicht Feinde, stellten also den Gesellschaft konstituierenden und kollektive Identität stiftenden Gegensatz „wir – die" in Frage.

Mit dem Auftritt des Fremden erwachsen der Gemeinschaft nach dem Ansatz von Bauman mehrere Probleme, die man so beschreiben kann: Da ist erstens die „unverzeihbare grundlegende Sünde des späten Eintritts" (Bauman 1990, S. 29). Der Fremde gehört nicht von Natur aus zu der Gemeinschaft, sondern ist von außen – wie freiwillig oder gezwungenermaßen auch immer – in sie eingedrungen. Er hat eine natürliche Ordnung verlassen und schickt sich an, sich in einer neuen Ordnung einzurichten. Schon diese dem Fremden unterstellte Fähigkeit muss die Gemeinschaft als Affront verstehen, die sich die Eingewöhnung in ihre selbstverständliche soziale Wirklichkeit als Leistung anrechnet, die man nicht so mir nichts dir nichts erbringt. Außerdem ist ja nicht auszuschließen, dass jemand, der mit neuen kulturellen Orientierungen so leicht fertig zu werden scheint, den Schritt ein zweites Mal tut, also wieder geht und sich deshalb von vornherein nicht wirklich binden will.

Da er aber nicht geht, sondern bleibt, verletzt der Fremde die Trennung zwischen „wir" und „die" ein zweites Mal. Im Hintergrund dieser These steht Simmels gerade zitierte Charakterisierung des Fremden als eines besonderen Typs des *Wanderers*: Der Fremde ist kein Wanderer, „der heute kommt und morgen geht", sondern einer, „der heute kommt und morgen bleibt – sozusagen der potentiell Wandernde". (Simmel 1908a, S. 764). Wer diese Potentialität des Weiterwanderns nicht realisiert, täuscht gewissermaßen die Heimischen. Er verweigert letztlich die ausgrenzende Definition des „der" und reklamiert durch sein Bleiben den Status des „wir".

Drittens untergräbt der Fremde die räumliche und moralische Ordnung der Welt. Räumlich ist eine Gemeinschaft allein schon dadurch gekennzeichnet, dass man weiß, hier leben die Freunde, und dort wohnen die Feinde. Es gibt ein Innen und ein Außen. Wo die Freunde leben, gibt es gemeinsame moralische Überzeugungen, wie man selbstverständlich auch gemeinsame Abneigungen gegen die Feinde draußen hat. Wenn dann z. B. ein seit langem in Deutschland lebender Türke nichts gegen den islamistischen Terror sagt, stellt er sich gegen uns! Der Gegensatz von Drinnen und Draußen wird durch den Fremden in Frage gestellt wie die feste Unterscheidung zwischen richtig und falsch. „Er ist physisch nah und bleibt geistig weit entfernt." (Bauman 1990, S. 30)

Die von Simmel so bezeichnete „Einheit von Nähe und Distanz" in der Person des Fremden ist somit „inkongruent" und kontradiktorisch: „Seine Nähe (...) suggeriert eine moralische Beziehung, während seine Ferne (...) nur eine kontraktuelle erlaubt." (Bauman 1990, S. 30) Das ist die vierte Gefährdung eines wichtigen Gegensatzes. Die Grenze zwischen Nähe und Ferne ist nicht mehr bestimmbar.

Diese Unbestimmbarkeit des Fremden wird fünftens dadurch noch bedrohlicher, weil er seinen eigentlich als vorübergehend erwarteten Aufenthalt in „Heimat" transformiert (Bauman 1990, S. 30) und sein ursprüngliches Zuhause als soziale Verortung mehr und mehr auszuscheiden scheint. „Auf der anderen Seite behält er, wenn auch nur theoretisch, die Freiheit zu gehen und kann so lokale Bedingungen mit einem Gleichmut betrachten, den ein Einheimischer kaum aufbringen kann." Das bedeutet umgekehrt: „Dem Engagement, das der Fremde unterstreicht, kann nicht getraut werden, da es mit dem Sicherheitsgurt der leicht möglichen Flucht verbunden ist, den sich die meisten Eingeborenen wünschen, den sie aber nur selten besitzen." (Bauman 1990, S. 30)

Die These von Bauman kann man so zusammenfassen: Der Fremde, mit dem wir es *hier* zu tun haben, verletzt entscheidende Gegensätze, die für die Herstellung und die Erhaltung einer sozialen Ordnung gebraucht werden. Er verletzt den Gegensatz zwischen Freund und Feind, Innen und Außen, Nähe und Distanz, bleiben und gehen. Der Fremde ist *ambivalent*.

6.8 Etablierte und Außenseiter (Elias u. Scotson, Becker)

Das Bewusstsein „Wir", habe ich oben gesagt, scheint immer mit dem Bewusstsein einherzugehen, dass es „Die" gibt, Fremde, die nicht dazugehören und anders sind. „Wir" und „Die" – darin schwingt oft das Gefühl der natürlichen Überlegenheit mit. In einer Studie über Nachbarschaftsbeziehungen in einer „Winston Parva" genannten kleinen englischen Vorortgemeinde nahe Leicester haben NORBERT ELIAS (1897–1990) und JOHN L. SCOTSON gezeigt, dass dieser Mechanismus der Aufwertung der eigenen und Abwertung der anderen Gruppe die etablierten Gruppen zusammenschweißt und die Gruppe der Neuhinzugezogenen auf Abstand hält. Die Studie wurde unter dem Titel „The Established and the Outsiders" 1965 veröffentlicht (Elias u. Scotson 1965) und von Elias später um ein Vorwort „Zur Theorie von Etablierten-Außenseiter-Beziehungen" (Elias 1976) ergänzt.

In dieser Gemeinde, erinnert sich Elias, „begegnete man einer scharfen Trennung zwischen einer alteingesessenen Gruppe und einer Gruppe von später Zugewanderten, die von den Etablierten als Außenseiter behandelt wurden." Die erstere, die sich in Befragungen ein bürgerliches Charisma zugutehielt, schloss sich gegen die Neuen zusammen und „stigmatisierte sie generell als Menschen von geringerem Wert." (Elias 1976, S. 7) Dazu muss man wissen, dass es zwischen den Bewohnern der alten und der neuen Wohngebiete „keine Differenzen der Nationalität, der ethnischen Herkunft, der Hautfarbe oder Rasse" gab; „ebenso wenig unterschieden sie sich in Beruf, Einkommenshöhe oder Bildung – mit einem Wort, in ihrer sozialen Klasse. Beide Wohngebiete waren Arbeiterviertel." (Elias 1976, S. 10) Die einzige Differenz war die Wohndauer, in der Tat eine kleine Differenz, um es mit Freud zu sagen.

Eine große Differenz bestand aber in der *Macht,* die sich die Gruppen zurechneten, und in der *Selbstbewertung.* In Winston Parva traf man „gleichsam en miniature auf ein universal-menschliches Thema", dass nämlich „Mitglieder von Gruppen, die im Hinblick auf ihre *Macht* anderen (…) Gruppen überlegen sind, von sich glauben, sie seien im Hinblick auf ihre menschliche Qualität *besser* als die anderen." (Elias 1976, S. 7) Diese Gruppen fühlen sich „ausgestattet mit einem Gruppencharisma, einem spezifischen Wert, an dem ihre sämtlichen Mitglieder teilhaben und der den anderen abgeht. Und mehr noch: In all diesen Fällen können die Machtstärkeren die Machtschwächeren selbst immer wieder zu der Überzeugung bringen, dass ihnen die Begnadung fehle – dass sie schimpfliche, minderwertige Menschen seien." (Elias 1976, S. 8)

Elias stellte sich die Frage, wie die Mitglieder der überlegenen Gruppe das Gefühl aufrechterhalten, nicht nur mächtiger, „sondern auch in menschlicher Hinsicht besser zu sein", und welche Mittel sie benutzen, „um den weniger Mächtigen den Glauben an ihre eigenen Höherwertigkeit aufzudrängen". (Elias 1976, S. 8)

Eine Erklärung war, dass die Etablierten jeden Kontakt mit den Neuen außerhalb der Berufsarbeit vermieden und „sie alle in einen Topf als rohe, ungehobelte Leute" warfen. „Kurzum, sie behandelten die Neuankömmlinge samt und sonders als Menschen, die nicht dazugehörten – als Außenseiter." Diese Anderen „selbst schienen nach einer Weile mit einer Art verwirrter Resignation hinzunehmen, dass sie zu einer minderwertigen, weniger respektablen Gruppe zählten." (Elias 1976, S. 9) Sie nahmen die Definition durch die sich überlegen Fühlenden gewissermaßen in ihr Selbstbild hinein.

Eine andere Erklärung für die Machtdifferenz, lag in „dem starken Zusammenhalt zwischen Familien, die einander seit zwei oder drei Generationen kannten – im Gegensatz zu den Zuwanderern, die nicht nur für die Alteingesessenen, sondern auch füreinander Fremde waren." (Elias 1976, S. 11) Dank ihres „größeren Kohäsionspotentials" konnten die Alteinwohner noch nach Jahren verhindern, dass die Neuen selbst kleine soziale Positionen in der Stadtpolitik, in Kirchen und Vereinen besetzten. Eine Strategie, die Macht zu erhalten, war die *Stigmatisierung der Außenseiter*, was in einem latenten oder offenen Sprachchauvinismus zum Ausdruck kam. Annäherungsversuche der „Außenseiter" wurden abgewehrt, was deren Aggressivität und demonstrative Verletzung der Normen der Etablierten provozierte. Als Jugendliche aus der Gruppe der Hinzugezogenen ihr Gefühl, ausgegrenzt zu sein, mit sozial auffälligem und delinquentem Verhalten quittierten, sahen die Etablierten sich in ihrer Überzeugung, die besseren Menschen zu sein und die offensichtlich schlechteren zu Recht abzulehnen, bestätigt.

Am Beispiel Winston Parva wird deutlich, dass „Außenseiter" zu sein, nicht etwas ist, was in der Natur der Sache, z. B. in den Genen der Betroffenen, liegt, sondern was von einer anderen Gruppe so bezeichnet wird. Wenn die Etablierten von sich annehmen, dass sie sich richtig verhalten, weil sie auch die richtigen Werte haben, dann kann man davon ausgehen, dass die „Außenseiter" das von sich genauso annehmen. An dieser Studie wird vor allem deutlich, dass die *Definitionsmacht* ungleich verteilt ist. Bestimmte Gruppen haben die Macht, jemanden als Außenseiter zu definieren, und andere Gruppen werden eher als Außenseiter *etikettiert*.

Was ich hier gerade angesprochen habe, ist die These, die der amerikanische Soziologe HOWARD S. BECKER (1899–1960) in seinem Buch „Außenseiter" vertritt. Danach stellen alle gesellschaftlichen Gruppen Verhaltensregeln auf und versuchen sie durchzusetzen. Diese Regeln „definieren Situationen und die ihnen angemessenen Verhaltensweisen, indem sie einige Handlungen als ‚richtig' bezeichnen, andere als ‚falsch' verbieten." (Becker 1963, S. 1) Gruppen, die sich im Einklang mit den herrschenden Werten wähnen, haben größere Macht, ihre Definitionen durchzusetzen. Das sind, so die Annahme Beckers, in der Regel die Gruppen, die sich zur breiten Mittelschicht rechnen. Umgekehrt gibt es Personen und Gruppen, die eher als andere als abweichend und somit Außenseiter etikettiert werden und darunter auch zu leiden haben. So zeigen Studien über jugendliche Delinquenz in den USA, dass schwarze Jugendliche eher von der Polizei aufgegriffen werden als weiße, eher zur Wache gebracht und häufiger verurteilt werden. Dahinter kann man vermuten, dass eine *in-group* Abweichung eher bei der *out-group* wahrnimmt, sie dort weniger toleriert und am entschiedensten sanktioniert.

Diesen Mechanismus der Definition eines „typischen", erwarteten Verhaltens hat man als *Etikettierung* oder *labeling approach* bezeichnet. Später hat Becker der „Etikettierungstheorie" einen neuen Namen gegeben, indem er von einer „Interaktionstheorie abweichenden Verhaltens" (Becker 1971, S. 163) sprach. Damit wollte er sagen, dass die Definitionen und Reaktionen wechselseitig erfolgen und weitergehen.

Die höchst farbige Arbeit von Becker hat noch etwas gezeigt, nämlich, dass es sozusagen Karrieren abweichenden Verhaltens gibt und dass das abweichende Verhalten entscheidend von der Kultur der abweichenden Gruppe geprägt wird. Mit dem Ersteren ist gemeint, dass oft eine Gruppe im Hintergrund steht, aus der heraus jemand sich von der gesellschaftlichen Normalität entfernt. Sie stützt und ermutigt ihn. Daraus folgt das Zweite: Die Gruppe liefert ihm auch die Ideologie zur Begründung seines Handelns. (Becker 1963, S. 35)

Vom Thema „Gruppe" den Bogen zum Thema „Status" zu schlagen, liegt nahe, denn ging es dort um die Strukturen und Prozesse, in denen Individuen miteinander umgehen und aufeinander einwirken, so geht es hier um die Verortung des Individuums in diesen Strukturen und Prozessen, die es selbst – bewusst oder unbewusst – vornimmt oder die die Anderen mit ihm vornehmen.

Zitierte Literatur

Abels, Heinz (2009): Wirklichkeit. Über Wissen und andere Definitionen der Wirklichkeit, über uns und Andere, Fremde und Vorurteile. Mit einem Beitrag von Benita und Thomas Luckmann (1983): Eine exemplarische Geschichte: Die Hexenverfolgung in Salem Ende des 17. Jahrhunderts. Wiesbaden: VS Verlag für Sozialwissenschaften

Asch, Salomon E. (1955): Opinions and social pressure. In: Hare u. a. (Hrsg.) (1965): Small groups. Studies in social interaction. New York: Knopf

Bauman, Zygmunt (1990): Moderne und Ambivalenz. In: Bielefeld (Hrsg.) (1991): Das Eigene und das Fremde. Neuer Rassismus in der Alten Welt? Hamburg: Junius

Becker, Howard S. (1963): Außenseiter. Zur Soziologie abweichenden Verhaltens. Frankfurt am Main: Fischer, 1973

— (1971): Nachträgliche Betrachtungen zur „Etikettierungstheorie". In: Becker (1963)

Cooley, Charles H. (1909): Social organization. A study of the larger mind. New York: Schocken Books, 2nd edition 1963
Durkheim, Émile (1897): Der Selbstmord. Frankfurt am Main: Suhrkamp, 3. Aufl. 1990
— (1902): Vorwort zur zweiten Auflage „Über soziale Arbeitsteilung". In: Durkheim (1893): Über soziale Arbeitsteilung. Studie über die Organisation höherer Gesellschaften. Frankfurt am Main: Suhrkamp, 1992
Eisenstadt, Samuel N. (1956): Von Generation zu Generation. Altersgruppen und Sozialstruktur. München: Juventa, 1966
Elias, Norbert (1976): Zur Theorie von Etablierten-Außenseiter-Beziehungen. In: Elias u. Scotson (1965)
Elias, Norbert; Scotson, John L. (1965): Etablierte und Außenseiter. Frankfurt am Main: Suhrkamp, 1993
Erikson, Erik H. (1950b): Wachstum und Krisen der gesunden Persönlichkeit. In: Erikson (1959a): Kindheit und Gesellschaft. Stuttgart: Klett, 5. Aufl. 1974
— (1961): Die menschliche Stärke und der Zyklus der Generationen. In: Erikson (1964): Einsicht und Verantwortung. Die Rolle des Ethischen in der Psychoanalyse. Frankfurt am Main: Fischer, 1971
Freud, Sigmund (1921): Massenpsychologie und Ich-Analyse. In: Freud: Studienausgabe, Bd. IX. Frankfurt am Main: Fischer, 1982
— (1930): Das Unbehagen in der Kultur. In: Freud (1953): Abriss der Psychoanalyse. Das Unbehagen in der Kultur. Frankfurt am Main: Fischer
Herskovits, Melville J. (1947): Man and his works. The science of cultural anthropology. New York: Alfred A. Knopf, third printing 1949
Homans, George Caspar (1950): Theorie der sozialen Gruppe. Opladen: Westdeutscher Verlag, 5. Aufl. 1970
Krappmann, Lothar (1991): Sozialisation in der Gruppe der Gleichaltrigen. In: Hurrelmann u. Ulich (Hrsg.) (1991): Neues Handbuch der Sozialisationsforschung. Weinheim: Beltz, 4., völlig neubearbeitete Aufl.
Lindgren, Henry C. (1969): Einführung in die Sozialpsychologie. Weinheim: Beltz, 1973
Locke, John (1690): An essay concerning human understanding. Oxford: Clarendon Press, 1975
Mead, George Herbert (1934): Geist, Identität und Gesellschaft. Frankfurt am Main: Suhrkamp, 1973
Merton, Robert K. (1957d): Continuities in the theory of reference groups and social structure. In: Merton (1968): Social theory and social structure. New York: The Free Press
Müller, Hans-Peter; Schmid, Michael (1992): Arbeitsteilung, Solidarität und Moral. Eine werkgeschichtliche und systematische Einführung in die „Arbeitsteilung" von Emile Durkheim. In: Durkheim (1893): Über soziale Arbeitsteilung. Studie über die Organisation höherer Gesellschaften. Frankfurt am Main: Suhrkamp, 1992
Musil, Robert (1930): Der Mann ohne Eigenschaften. Hrsg. Von Adolf Frisé. Reinbek: Rowohlt, 1978, Sonderausgabe 1981
Park, Robert Ezra (1928): Human migration and the marginal man. In: American Journal of Sociology, vol. 33, 1928

Riesman, David (1950): Die einsame Masse. Reinbek: Rowohlt, 1958

Schäfers, Bernhard (1980a): Primärgruppen. In: Schäfers (Hrsg.) (1980): Einführung in die Gruppensoziologie. Geschichte, Theorien, Analysen. Heidelberg: Quelle & Meyer, UTB

Schütz, Alfred (1944): Der Fremde. Ein sozialpsychologischer Versuch. In: Schütz (1972): Gesammelte Aufsätze, II. Studien zur soziologischen Theorie. Den Haag, Nijhoff

Simmel, Georg (1888): Die Ausdehnung der Gruppe und die Ausbildung der Individualität. In: Simmel (1983): Schriften zur Soziologie. Eine Auswahl. Hrsg. von Dahme u. Rammstedt. Frankfurt am Main: Suhrkamp

— (1898): Die Selbsterhaltung der socialen Gruppe. In: Simmel (1989 ff.): Georg Simmel Gesamtausgabe, Band 5. Frankfurt am Main: Suhrkamp

— (1908): Soziologie. Untersuchungen über die Formen der Vergesellschaftung. (Georg Simmel Gesamtausgabe, Band 11) Frankfurt am Main: Suhrkamp, 1992

— (1908a: Exkurs über den Fremden. In: Simmel (1908)

Smith, Adam (1759): Theorie der ethischen Gefühle. Hamburg: Meiner, 1985

Strauss, Anselm L. (1959): Spiegel und Masken. Die Suche nach Identität. Frankfurt am Main: Suhrkamp, 1968

Sumner, William Graham (1906): Folkways. A study of the sociological importance of usages, manners, customs, mores, and morals. New York: Dover Publications, 1959

Thomas, William I. (1917): Die Normen der Primärgruppe. (Auszug aus: The persistence of primary-group norms in present-day society.) In: Thomas (1965)

— (1965): Person und Sozialverhalten. Neuwied: Luchterhand

Thomas, William I.; Znaniecki, Florian (1927a): Einführung zu dem Lebensbericht eines Einwanderers. In: Thomas (1965)

Thrasher, Frederic M. (1927): The gang. A study of 1313 gangs in Chicago. Chicago: University of Chicago Press

— (1927a): The gang. Auszug in: Parsons et al. (eds.) (1961): Theories of society. New York: The Free Press, One Volume Edition, 1965

— (1927b): The gang. Auszug in: Hare et al. (eds.) (1955): Small groups. Studies in social interaction. New York: Knopf, revised edition 1967

Status: Wo das Individuum in der Gesellschaft steht und wie es angesehen wird

7

Inhalt:
7.1	Zuschreibung und Leistung (Linton)	283
7.2	Statuskriterien, Statusinkonsistenz, Statussymbole (Parsons, Homans)	284
7.3	Demonstrativer Müßiggang und Konsum der feinen Leute (Veblen)	291
7.4	Der Kampf um den sozialen Status: Habitus und feine Unterschiede (Bourdieu)	297
7.5	Stigma und soziale Identität (Goffman)	305
7.6	Statuswechsel, Statuszwang, Transformation von Statusarten (Strauss)	310
7.7	Investive Statusarbeit (Schimank u. a.)	315
	Literatur	319

Wird der Begriff des *Status* in einem neutralen, statistischen Sinn verwendet, dann dient er dazu, die *objektive Stellung* einer Person in der Gesellschaft festzustellen: Dann ist jemand z. B. verheiratet, getrennt lebend, alleinerziehend, arbeitssuchend oder asylberechtigt. In der Soziologie wird unter einem *sozialen Satus* in aller Regel die *bewertete Position* in einer sozialen Gruppe, einem sozialen Gebilde oder in der Gesellschaft insgesamt verstanden. In jeder Gesellschaft gibt es typische Bilder von den Anderen (und von Unseresgleichen natürlich auch!), entsprechende Wertschätzungen und damit auch Vorstellungen vom sozialen Status einer Person oder „Leuten in dieser Position". Es gibt manchmal objektive Kriterien, nach denen man einen sozialen Status bemisst, aber im Alltag hat die Einschätzung eines Status viel mit dem zu tun, „was *man* so hört" und „was doch *jeder* weiß"!

„Hilfsarbeiterin, Dozent, Straßenkehrer, Ärztin, Manager, Verkäuferin, Industriefacharbeiter ... – bei jeder dieser Bezeichnungen entstehen Bilder in unseren Köpfen. Wir stellen uns Menschen vor mit bestimmter Kleidung, bestimmten Utensilien und bestimmten Verhaltensweisen. Befragt nach unseren weiteren Assoziationen, könnten wir dazu bestimmte Lebensgewohnheiten, kulturelle Interessen oder Hobbys nennen, und nicht zuletzt könnten wir unsere Einschätzung dazu abgeben, wieviel eine derartige Person ungefähr verdient bzw. welchen Einfluss sie im gesellschaftlichen Leben hat oder nicht. Mit diesen impliziten Personenschemata wird grundsätzlich ein bestimmtes gesellschaftliches Ansehen, ein Sozialprestige assoziiert. Würden wir uns etwas bemühen, könnten wir regelrecht eine soziale Landkarte erstellen, mit der die Überordnung, Gleich- oder Unterordnung bestimmter gesellschaftlicher Gruppen nach ihrem sozialen Prestige sichtbar gemacht würde. Unsere soziale Welt zeichnet sich aus durch eine Fülle von Kategorien und Klassifizierungen. Die Vorstellungen, die sich Menschen von der sozialen Welt machen, tragen zur Konstruktion einer relativ stabilen Sozialstruktur bei." (Pastner 1996, S. 323) Die typischen Bewertungen von Individuen und Positionen werden, wie gesagt, mit dem Begriff des sozialen Status bezeichnet.

Der Gedanke der Verortung in einem sozialen Referenzsystem kommt schon in einer frühen Verwendung des Wortes „status" zum Ausdruck. So heißt es bei John Stuart Mill, dem englischen Nationalökonomen Mitte des 19. Jahrhunderts, dass eine privilegierte Klasse, die einen Status über den anderen hat („having a status above the common level"), diesen nicht verlieren möchte. (Mill 1848, S. 370)

Wenn man von einem hohen oder niederen sozialen Status spricht, müssen auch die Werte benannt werden, auf denen diese Einordnung basiert. In der einen Gesellschaft gilt der Schreibkundige als Weiser, in der anderen rangiert er knapp oberhalb der Analphabeten. Selbst innerhalb ein und derselben Gesellschaft gibt es sehr unterschiedliche Vorstellungen davon, was wertvoll und bedeutend ist. Schließlich muss man sehen, dass Statuskriterien sich durchaus verändern können. In dem Maße nämlich, wie sie von mehr Individuen erfüllt werden, sinkt ihre Bedeutung. Ist beispielsweise Schulbildung ein seltenes Gut, hat dieses Kriterium einen hohen Stellenwert; hat aber fast jeder das Abitur, dient es als Kriterium der sozialen Differenzierung nur noch bedingt. Solange Autos ausgesprochene Luxusartikel waren, erfreuten sich ihre Besitzer einer hohen Beachtung. Auch das hat sich heute gewandelt, abgesehen davon, dass der materielle Besitz in bestimmten sozialen Gruppen nie eine sonderliche Rolle bei der Einschätzung des sozialen Rangs gespielt hat.

Eine andere Annahme über die Bedeutung des Status scheint dagegen unbestritten zu sein, dass es nämlich zu den Grundbedürfnissen des Menschen gehört, sich einen sozialen Platz zu suchen, den er allein einnehmen kann und auf dem er auch anerkannt wird. WILLIAM I. THOMAS hat das Bedürfnis nach *Anerkennung* zu den grundlegenden Wünschen gerechnet, die der Mensch hat. (Thomas 1927, S. 159) Darunter versteht er das Bedürfnis nach sozialer Wertschätzung. Es liegt auf der Hand, dass damit nicht ein passives Abwarten gemeint ist, sondern dass das Individuum dafür etwas tun muss. Es muss bestimmte Erwartungen erfüllen, die mit seiner Platzierung in der Gesellschaft verbunden sind. Normales

Verhalten ist das Mindeste, was Wertschätzung erfährt. In der Regel wird das Individuum aber mehr tun, um beachtet zu werden. Der soziale Status hat also immer auch etwas mit einem entsprechenden Verhalten zu tun, das von *Anderen* bewertet wird.

7.1 Zuschreibung und Leistung (Linton)

Eine grundlegende theoretische Auseinandersetzung mit dem Phänomen der sozialen Verortung in einem sozialen System findet sich bei RALPH LINTON (1893–1953), der die Frage stellt, wie der kulturelle Hintergrund die Persönlichkeit prägt. Seine Antwort leitet er unter der Überschrift „Rolle und Status" so ein: „Die Teilnahme eines jeden Individuums an der Kultur seiner Gesellschaft ist keine Sache des Zufalls. Sie wird primär (…) durch seine Stellung in der Gesellschaft und die Erziehung bestimmt, die ihm im Vorgriff auf seine Übernahme dieser Position zuteilwurde. Daraus folgt, dass man das Verhalten des Einzelnen nicht lediglich in Bezug auf die Gesamtkultur seiner Gesellschaft untersuchen darf, sondern bei dieser Betrachtung auch die speziellen kulturellen Anforderungen berücksichtigen muss, die seine Gesellschaft deswegen an das Individuum stellt, weil es einen bestimmten Platz einnimmt." (Linton 1945, S. 251)

Innerhalb einer Gesellschaft werden die Individuen nach *Funktionen* klassifiziert. Diese Struktur von Funktionszusammenhängen nennt Linton *System*. Linton betont nun, dass „ein System fortbesteht, während die Individuen, die Plätze in ihm einnehmen, kommen und gehen können"; den Platz, „den ein Individuum zu einer bestimmten Zeit in einem bestimmten System einnimmt", nennt er *Status*. (Linton 1945, S. 252) Das Funktionieren einer Gesellschaft hängt davon ab, dass es Muster des wechselseitigen Verhaltens zwischen Individuen und Gruppen gibt. Die Muster gelten generell für jedes Individuum in einem bestimmten Status. Jeder Status ist mit einer bestimmten Rolle verbunden. (vgl. Linton 1936a, S. 97) Mit dem Begriff der Rolle bezeichnet Linton – ich wiederhole es – „die Gesamtheit der kulturellen Muster (…), die mit einem bestimmten Status verbunden sind." (Linton 1945, S. 252) Der Einzelne muss also eine Rolle spielen, wie sie sich von der strukturierenden Vorgabe eines Status aus ergibt. Linton fasst diese Annahme in dem Satz zusammen: Die Rolle ist „der dynamische Aspekt eines Status." (Linton 1945, S. 252)

Linton fragt nun, wie man überhaupt zu einem sozialen Status kommt. Seine Antwort kommt in der berühmten Unterscheidung zwischen einem *zugeschriebenen* und einem *erworbenen* Status zum Ausdruck. Der *ascribed status* resultiert aus konventionellen Annahmen über Geburt, Alter, Geschlecht, Herkunft und ähnliches, der *achieved status* beruht dagegen auf eigener Leistung. Ein Beispiel für den Effekt eines zugeschriebenen Status ist die Erwartung, dass ein Kind aus gutem Haus auch bessere Leistungen in der Schule erbringt, oder die umgekehrte Erwartung, dass man von einem Kind aus einer Hartz IV-Familie solches von vornherein nicht erwarten kann. Wie das funktioniert, hat das schon erwähnte[1] Experiment „Pygmalion im Klassenzimmer" (Rosenthal u. Jacobson 1968) gezeigt. Ich rufe es kurz in Erinnerung: Lehrern wurden zwei Gruppen von Kindern zugewiesen. Von der ersten Gruppe hieß es, sie hätte bei einem Leistungstest besonders gute Ergebnisse, von der zweiten, sie hätte nur unterdurchschnittliche Leistungen gezeigt. In Wahrheit unterschieden sich die Leistungen dieser Kinder überhaupt nicht. Als man dann nach einem halben Jahr diese beiden Gruppen testete, zeigte sich, dass ihre Leistungen tatsächlich dem entsprachen, was man ihnen vorher „zugeschrieben" hatte. Die Erklärung liegt auf der Hand: Positive Erwartungen führen zu wohlwollender Unterstützung auf der Seite der Lehrer und spornen zu weiteren Leistungen auf der Seite der besonders beachteten Schüler an, negative führen zu Unterforderung und demotivieren.

Der Begriff des Status dient zur *Differenzierung* der Mitglieder einer Gesellschaft. Die wichtigsten Merkmale, nach denen einem Individuum ein sozialer Status zugeschrieben wird, scheinen Alter, Geschlecht, Herkommen oder Zugehörigkeit zu einer bestimmten Familie zu sein. (Linton 1936a, S. 99) Es sind sozusagen objektive *Statuskriterien,* über die man eigentlich auch nicht zu diskutieren braucht. Wer 80 Jahre alt ist, ist älter als ein 20Jähriger, und wer nicht aus der Familie von Itzenplitz kommt, kommt nun mal nicht aus dieser Familie. Doch selbst an dieser einfachen Statuszuschreibung wird deutlich, dass Statuskriterien Bewertungen beinhalten. In einer statischen Gesellschaft hat der Alte einen höheren Status, weil er auf eine größere Erfahrung zurückblicken kann, aber in einer dynamischen Gesellschaft mit Jugendlichkeitstouch sieht das ganz anders aus. Interessant wird die Frage nach dem sozialen Status denn auch, wenn in die Differenzierung Statuskriterien hineinspielen, die aus subjektiven oder milieuspezifischen Wertungen entspringen.

7.2 Statuskriterien, Statusinkonsistenz, Statussymbole (Parsons, Homans)

Die Ausführungen von Linton zu Rolle und Status haben einen großen Einfluss auf TALCOTT PARSONS ausgeübt. Er betrachtet das Phänomen des sozialen Status unter einem *Strukturaspekt* und unter einem *Handlungsaspekt.* Unter dem ersten

---

[1] Siehe oben Kap. 4.3 *Alternative Wertorientierungen des Handelns (2) Orientierung an Leistung oder Zuschreibung.*

Aspekt geht es um Über- und Unterordnung von Positionen, unter dem zweiten um die Institutionalisierung von Handlungsmustern.

In seiner Theorie zur sozialen Schichtung[2] stellt Parsons fest, „dass sich das Handeln in einem sozialen System in großem Maße an einer Schichtungsskala orientiert." (Parsons 1940a, S. 187) Diese Skala ist natürlich in jedem sozialen System eine andere. Als grundlegende Kriterien, nach denen Wertungen erfolgen, nennt Parsons Mitgliedschaft in einer Verwandtschaftsgruppe, persönliche Eigenschaften, Leistungen, Eigentum, Autorität und Macht. „Der Status eines jeden Individuums im Schichtungssystem einer Gesellschaft kann als Resultante der gemeinsamen Wertungen betrachtet werden, nach denen ihm sein Status in diesen sechs Punkten zuerkannt wird." (Parsons 1940a, S. 189)

Dieser Begriff des Status, der sich nach einem sozialen Konsens über wichtige Kriterien der sozialen Verortung bestimmt, spielte in frühen soziologischen Schichtungstheorien eine wichtige Rolle. Dort wurde der Begriff Status verwandt, um herauszufinden, wie Personen sich oder Andere sozial einordnen bzw. wie sie glauben, von Anderen eingeschätzt zu werden. Diese Methode wurde z. B. in klassischen amerikanischen Gemeindestudien benutzt. Sie identifizierten das Sozialsystem einer Gemeinde als „status system" (Warner u. Lunt 1942, II, S. 16), in dem alle wissen, wer welche Reputation genießt. Bei der Messung der sozialen Klassen benutzten die Forscher einen „index of status characteristics" (Warner u. a. 1949, S. 39 f.), dessen wichtigste Faktoren Beruf, Art und Höhe des Einkommens, Haustyp, Wohngegend und Bildung sind. Man unterstellte gewissermaßen, dass alle im großen Ganzen einer Meinung sind, welcher Beruf angesehen ist und welcher nicht, dass 100 000 $, die man bei der Bank verdient, etwas anderes sind als 300 000 $ aus der Lotterie und dass der Abschluss in Harvard mehr gilt als der in Wallawalla usw. Die Vorstellungen von einem sozialen Status haben immer etwas damit zu tun, was *man* in bestimmten Kreisen so sagt.

Obwohl man Zweifel an dieser Übereinstimmung haben kann, sollte man den diffusen Konsens hinsichtlich solcher Statuskriterien doch nicht unterschätzen. So weiß man in jeder Stadt z. B., wo die „einfachen Leute" und wo die „besseren Leute" wohnen, und man weiß auch, woran man den Status der Bewohner dieser Viertel erkennt. Dabei spielen die gerade genannten objektiven Statuskriterien wie Einkommen, Besitz oder Bildungsabschluss eine Rolle – wie man sie vermutet oder wie sie sich dem Augenschein präsentieren. Gleichzeitig beurteilen die Bewohner sich und ihresgleichen aber auch selbst, und da spielen u. U. ganz andere, subjektive oder milieuspezifische Statuskriterien eine Rolle. Bei den einen überstrahlt das Auto mit 200 PS alles andere, bei den Anderen wird man nicht an-

---

2 Vgl. Band 1, Kap. 8.4 *Differentielle Wertungen, funktionale Leistungen, Notwendigkeit der Schichtung.*

erkannt, wenn einem ein bestimmter Bildungsabschluss fehlt. Das zeigt, dass Statuskriterien je nach Sozialschicht und Milieu unterschiedlich sind. Die Kriterien, mit denen ein sozialer Status bestimmt werden soll, sind immer nur Kriterien aus einer spezifischen sozialen Lage und aus einer bestimmten Zeit heraus. Diese Klarstellung wird in der Soziologie von Pierre Bourdieu gleich eine zentrale Rolle spielen.

Kehren wir noch einmal zu dem Strukturaspekt zurück, unter dem Parsons einen sozialen Status betrachtet. Wenn man die Kriterien, nach denen er sich bemisst, genau liest, sieht man, dass Parsons die von Linton vorgenommene Unterscheidung zwischen Zuschreibung und Leistung in seine Theorie gleich eingebaut hat. Das war erforderlich, weil sich sonst nach der strukturfunktionalen Theorie nicht erklären ließe, warum die Menschen bereit sind, sich auf die Rollenerwartungen einzulassen, die mit einer sozialen Position verbunden sind. Um diese Frage ging es z. B. in seinem Essay zur Theorie sozialen Handelns, wo Parsons den Begriff Status auf den Standort des individuellen Aktors in der Sozialstruktur bezieht. Er differenziert ihn in einem funktionalen Sinne nach drei Modalitäten: „(1) nach seinem Rang in der Schichtungsskala und den verschiedenen Teilbewertungen, die diesen Rang ergeben, (2) nach seinem Verhältnis zur Struktur von Autorität und Rechten und (3) nach seiner Stellung in Bezug auf definierte Rollen." Diese Position soll dann *Status* heißen, „insofern sie durch eine gemeinsame Wertorientierung sanktioniert, insofern sie ‚institutionalisiert' ist." (Parsons 1939, S. 188 f.) Das ist die Voraussetzung für die Akzeptanz sozialer Schichtung, und es erklärt auch, warum Parsons z. B. die Platzierung in der Gesellschaft im Großen und Ganzen für gerecht hält: Der soziale Status ist die gerechte Bewertung individueller Leistung.

Kriterien der Bewertung nennt auch GEORGE CASPAR HOMANS (1910–1989), der dazu aber gewissermaßen eine neutrale Theorie des Status entwirft. Für ihn hat Status etwas mit der Bewertung des *Austauschs* zwischen Individuen zu tun. Diese Sicht findet sich in der revidierten Fassung seines grundlegenden Werkes über „Social Behavior". Man kann Homans so verstehen, dass sich die Mitglieder einer Gruppe voneinander u. a. durch ihre wechselseitige Wertschätzung unterscheiden, wobei er Wertschätzung durchaus im Sinne eines Kosten-Nutzen-Kalküls meint. Die *dimensions of status* beschreibt er so: „The fundamental dimensions of status are those along which men can be ranked according to what they give to others and what they get from them. The capacities of persons that produce differences between them in power and therefore in status vary in detail from group to group; but of course some such capacities have been very common bases for power in a large number of groups and society. Some of them have been: intelligence and education, if these imply the capacity to find solution to problems; command of physical force; command of material goods; the presumed ability to control physical phenomena, such as rain; capacity to restore physical or spiritual health. Corresponding to this variety in what men can give to others is the variety in what they get from them. Some of the things that men get in many groups and societies are: money and other forms of wealth; esteem (…); deference; and obedience (…). Persons that have these things to give and get these things in return become recognized as holding high status not only in their immediate groups but in society at large. Note how the two main dimensions stand out even in the very generalized status systems of large modern societies. What counts most here are a person's occupation (what he gives) and his income (what he gets)." (Homans 1974, S. 198 f.)

Der Status einer Person wird also zunächst über den Austausch von Gütern zwischen Personen definiert. Neben diese Dimension des Gebens und Bekommens tritt allerdings noch eine andere Statusdimension. Homans beschreibt sie als „accretion" (Homans 1974, S. 199), was man vielleicht am ehesten mit „Zuwachs" übersetzen kann. Was damit gemeint ist, erläutert er an einem Beispiel: In einer Gruppe von einflussreichen Personen wird der Person in der Regel ein höherer Status beigemessen, die älter ist oder schon länger in einer bestimmten Position ist. Es wird angenommen, dass mit Alter oder Dienstzeit auch ein Zuwachs an Wissen, Macht u. ä. erfolgt ist, der wiederum von Vorteil im Hinblick auf das Geben ist. Das scheint Homans die Erklärung dafür zu sein, warum das Alter in vielen Gesellschaften ein wichtiges Statuskriterium ist. Neben diese „more fundamental dimensions of status" treten aber noch andere: „sex, race, ethnicity, education, ancient lineage". (Homans 1974, S. 199) Auch Homans misst also den von Linton und Parsons genannten „zugeschriebenen" Statuskriterien eine große Bedeutung bei. Sie funktionieren als Reize für bestimmte Reaktionen: „The crucial stimuli to social behavior are those presented by persons, and a person's status is a set of such stimuli." (Homans 1974, S. 200)

Wo in den Köpfen die Einstellung vorherrscht, dass Erfahrung vom Alter abhängt, wird man bestimmte Leistungen eben nicht von jüngeren Leuten anfordern. Der Friedensrichter in Wyoming hat immer weiße Haare, und für schwierige politische Missionen wählt man gerne elder statesmen. Im Austausch verstärkt also die Statusdimension Alter die Chance des Gebens und damit der Macht. Genau in diesem Sinne sind auch die anderen „zugeschriebenen" Statuskriterien wie Geschlecht oder Rasse zu verstehen: Für sich sagen sie gar nichts aus, aber in der für eine Gesellschaft typischen Einschätzung verstärken oder schwächen sie die Position im Austausch sozialer Güter.

Neben den objektiven Statusdimensionen wie Alter und Geschlecht gibt es natürlich noch andere Statusanzeichen, mit denen die Mitglieder einer Gesellschaft sich und Andere identifizieren und platzieren. Dabei spielt der sog. *Halo-Effekt*[3]

---

3   Halo – engl. Heiligenschein, Gloriole.

eine wichtige Rolle, wonach *ein* Merkmal das Gesamtbild eines Menschen überstrahlt und unterstellt wird, dass mit einem bestimmten Merkmal (z. B. Beruf) auch andere Merkmale (z. B. Bildungsinteressen) verbunden sind. (vgl. Hofstätter 1959, S. 370) Wo diese Erwartungen erfüllt werden, scheint für die Außenstehenden der soziale Status *konsistent* zu sein. In Wirklichkeit nehmen sie nur Merkmale wahr, die ihrem Vorurteil entgegenkommen. Dass dies sowohl positive als auch negative Auswirkungen auf den Anderen haben kann, liegt auf der Hand. Auf der anderen Seite kann man allerdings durchaus feststellen, dass sich „zwischen den verschiedenen Statusanzeichen ziemlich hohe Korrelationen einzustellen" pflegen. (Hofstätter 1959, S. 407) Diese Korrelation kann man dadurch erklären, dass die Angehörigen einer Rangklasse mehr und engere Binnenkontakte aufweisen als Kontakte zu anderen Gruppen. Das führt zu einer „Uniformierung des Verhaltens der Angehörigen derselben sozialen Rangklasse". (Hofstätter 1959, S. 412)

Wie schon[4] gezeigt wurde, gehört zu jedem sozialen Status nicht nur eine einzige zugeordnete Rolle, sondern eine Reihe von Rollen. (Merton 1957b, S. 260) Die Konstellation dieser Rollenbeziehungen kann in sich widersprüchlich sein. Das wurde als Rollenkonflikt bezeichnet. Nun nimmt das Individuum nicht nur einen sozialen Status, sondern mehrere Status ein. Das hat ROBERT K. MERTON in Anlehnung an den Rollenset als Statusset bezeichnet. Diese verschiedenen Status, von denen jeder wiederum einen eigenen Rollen-Set besitzt, können ebenfalls in Widerspruch zueinander stehen, weil die Erwartungen, die an sie gerichtet sind, nicht zueinander passen. Dieser Widerspruch wird als *Statusinkonsistenz* bezeichnet. „Nimmt ein Individuum diskrepante Status ein, so sieht es sich widersprechenden Erwartungen und Erfahrungen im Interaktionsprozess ausgesetzt. Seine inkonsistente Statuskonfiguration wird also im Interaktionsprozess bewertet und sanktioniert." (Bornschier u. Heintz 1977, S. 34) Wenn z. B. jemand zu Geld gekommen ist und sich eine Bibliothek zulegt, weil er meint, das gehöre zu einem höheren Status, bei der Auswahl der Bücher aber nur auf die farbliche Abstimmung mit dem übrigen Interieur geachtet hat, wird es sicher einige geben, die das hinter vorgehaltener Hand und mit Häme kolportieren. Soziologisch verweist das Beispiel darauf, dass das Individuum und seine Bezugspersonen den sozialen Status ganz anders einschätzen und von unterschiedlichen Statuskriterien ausgehen. Diese Differenz bekommt jeder Aufsteiger zu spüren, dem man noch lange den kleinsten Fehler als Beweis ankreidet, dass er nicht wirklich dazugehört. Darauf werde ich gleich noch einmal zurückkommen, wenn ich über „feine Unterschiede" spreche.

Neben dieser Statusinkonsistenz, die im Wesentlichen dadurch zustande kommt, dass man eine Platzierung im sozialen Raum und die entsprechenden

---

[4] Siehe oben Kap. 3.2 *Kulturelle Ziele, legitime Mittel; Rollenkonflikte, Bezugsgruppen.*

Kriterien des Verhaltens unterschiedlich bewertet, gibt es aber auch eine objektive Statusinkonsistenz. Dafür gibt eine interessante Untersuchung über den Zusammenhang von Bildung und Statusinkonsistenz bei bestimmten Alterskohorten ein gutes Beispiel. Dort wird festgestellt, dass die Bildungsexpansion den Zugang zu weiterführender Bildung verbessert hat. Davon haben vor allem Frauen profitiert. Doch obwohl sie gleiche Bildungsabschlüsse wie Männer haben oder sogar höhere Qualifikationen aufweisen, konnten sie sie nicht in Einkommens- oder Statusgewinne im Beruf umsetzen: „Offensichtlich kumuliert bei Frauen die Diskrepanz zwischen Investitions- und Belohnungsdimensionen und damit Statusinkonsistenz. Sie verschärft sich insofern, als Frauen trotz häufigerer Arbeitsplatzwechsel länger in statusinkonsistenten Positionen verweilen, während Männer relativ schneller und mit geringerem Ressourcenaufwand unvorteilhafte Statuslagen verlassen können." (Becker u. Zimmermann 1995, S. 360)

Kehren wir nach diesem Blick auf objektive Statusinkonsistenz wieder zurück zu den *Bewertungen*, die in der Annahme einer solchen Inkonsistenz und bei der Bewertung eines sozialen Status überhaupt immer mitschwingen. Wie viele Untersuchungen zur Fremd- und Selbsteinschätzung gezeigt haben, werden Statusränge nach Bildung, Einkommen, Herkunft, Konfession, Beruf usw. höchst unterschiedlich bewertet. Doch auch das sind keine objektiven Kriterien, sondern sie werden subjektiv oder milieuspezifisch gewichtet. Mittels dieser Bewertungen schätzen Individuen ihren Status und den der Anderen ein. Dieser Gedanke leitet über zu der Diskussion über den Zusammenhang von Sozialprestige und Statussymbolen.

Wird einem sozialen Status eine hohe Wertschätzung entgegengebracht, spricht man von *Prestige*. Prestige, Sozialprestige oder auch soziales Ansehen sind Bezeichnungen „für die Wertschätzung, die eine Person oder eine Gruppe (z. B. eine Berufsgruppe) bzw. die Inhaber eines bestimmten sozialen Status genießen. Häufig wird der Begriff des Prestiges mit dem des sozialen Status gleichgesetzt; er drückt dann die Bewertung einer bestimmten Position aus." (Klima 2007, S. 506) Auch diese Wertschätzung ist natürlich nicht objektiv und einheitlich, sondern variiert von Schicht zu Schicht. So lässt sich empirisch belegen, dass „unterschiedliche Symbolsysteme für die Zurechnung von Prestige verwandt werden – dass etwa in den unteren Schichten das Einkommen, in den Mittelschichten der Beruf und in den oberen Schichten die Schulbildung stärker betont werden." (Scheuch u. Daheim 1961, S. 72) Soziales Prestige variiert aber auch z. B. nach den Generationen. Bei jungen Leuten zählt vielleicht die sportliche Leistung oder das modische Outfit, während die mittlere Generation es mehr mit dem richtigen Kurort und der hypothekenfreien Eigentumswohnung hält.[5]

---

5 Klischees haben auch ihr Gutes: Man erntet rascher Zustimmung und Protest!

Mit dem sozialen Status sind Erwartungen normativer Art verbunden, die in einer bestimmten Bezugsgruppe gelten. Das Konzept des Status hätte ohne Gruppen auch keinen Sinn, „da er sich auf Vergleich und Hierarchien aufbaut und sich auf den relativen Standort eines Individuums bezieht." (Hartley u. Hartley 1952, S. 403) Einen sozialen Status hat man nicht für sich, sondern vor Anderen, und diese definieren ihn auch.

Um einen bestimmten sozialen Status zu unterstreichen (oder vorzutäuschen), verwenden Menschen *Statussymbole*. Es spricht viel für die These, dass Statussymbole eine Folge der Urbanisierung (Form u. Stone 1957) oder besser der sozialen Verdichtung sind. Wo jeder jeden kennt, spielen Statussymbole nur eine geringe Rolle. Je weniger man aber über eine Person weiß, umso mehr versucht man sie über Statussymbole zu identifizieren, und umgekehrt versucht man seinen Status auch dem flüchtigsten anonymen Zuschauer gegenüber durch sofort verständliche Statussymbole zu demonstrieren. Hier liegt aber ein Problem, das man die kontinuierliche Inflation und Deflation von Statussymbolen genannt hat. (Zelditch 1968, S. 256)

Tempo und Funktionalität der Symbole bestimmt die Mode. Deshalb müssen diejenigen, die es nötig haben, ständig neue Symbole für ihren Status erfinden. Doch Vorsicht, sobald alle z. B. ein Handy haben, verliert dieses Statussymbol seinen Wert als Unterscheidungsmerkmal. Noch etwas anderes macht das Spiel um soziale Abstände heikel: Statussymbole müssen auch von den Anderen verstanden werden! Es genügt keineswegs, sich symbolisch unterscheiden zu *wollen*, sondern man muss auch jemanden finden, der diese Symbole auch so interpretiert. Die Wahl der Symbole wird nicht nur von einer Seite diktiert: „Die Symbole dürfen nicht so beschaffen sein, dass sie keine Resonanz in der Umwelt, in der sie wirken sollen, hervorrufen. Sie müssen auch (...) das Interesse der Umwelt an den Trägern der Symbole wecken und aufrechterhalten." (Kluth 1957, S. 41) Etwas plastischer: Was keiner versteht (rote Ziegelsteine in jeder Zimmerecke), macht keinen neidisch; was jeder kennt oder hat (grüne Brokatdeckchen unter jedem Blumentopf), taugt auch nicht als Statussymbol. Die richtige Mischung aus Fremdheit und Vertrautheit, das macht den Wert der Statussymbole und des Prestiges aus.

Viele Statussymbole der Moderne bestehen in materiellen Gütern, die jedermann erwerben kann, wenn er „nur" das entsprechende Kleingeld hat. Ich betone „nur", weil es keine andere regulierende Kontrolle des Zugangs zu solchen Prestigesymbolen mehr gibt. Das war vor einigen hundert Jahren noch ganz anders, wo z. B. fest geregelt war, wer welche Stoffe für welche Kleider erwerben durfte![6]

---

[6] Vgl. z. B. zu den Strafen, die bei Übertretung zu zahlen waren, Band 1, Kap. 8.1 *Über das dreigeteilte Haus Gottes und den Beruf des Menschen*.

Gerade die Kleidung unterliegt der von Zelditch angesprochenen Deflation von Statussymbolen. Selbst wo sich Hersteller durch den Ausweis einer exklusiven Marke und entsprechende Preise und andererseits Kunden durch die Treue zu diesem „exklusiven" Produkt vor der symbolischen Entwertung zu schützen versuchen, ist der soziale Gewinn nur von kurzer Dauer. Die Tricks, die ein globaler Markt inzwischen anwendet, um den Kunden immer wieder einen besonderen Status einzureden, sind bekannt.

Die Entwertung von bestimmten Statussymbolen über ihre allgemeine Zugänglichkeit hat dazu geführt, dass sich Eliten über „feine Unterschiede" abgrenzen. Auf eine Konsequenz der Entwertung *kultureller* Statussymbole, konkret Leistungszertifikate und Bildungstitel, komme ich unter dem Stichwort „Habitus" gleich noch einmal zurück.

Eine weitere Konsequenz dieser Demokratisierung der sichtbaren Statussymbole liegt darin, dass Statussymbole immer unsichtbarer werden. Das war die These von Vance Packard, der behauptet, die amerikanische Gesellschaft weise „eine sich offenbar immer mehr verfeinernde Klassenstruktur" auf. (Packard 1959, S. 14) Das sei auf den ersten Blick nicht zu erkennen, weil „unsichtbare Schranken" die einzelnen Ränge trennten und verhinderten, dass die falschen Leute Zugang zu den besseren Rängen bekommen. Gleichwohl seien viele ständig auf der Suche nach einem besonderen Status. Packard hat sie *Statussucher* genannt. Sie hoffen, wenigstens den Schein eines besonderen Status zu erwecken. Deshalb umgeben sie sich mit den äußeren Zeichen – den Statussymbolen – des Rangs, den sie anstreben. Das erklärt, warum Aufsteiger[7] typischen Statusmerkmalen der angestrebten Sozialschicht viel mehr Bedeutung beimessen als diese selbst und warum Konformität als die mindeste Form der Demonstration eines neuen Status gilt. Das wiederum erklärt, warum der Aufsteiger peinlich auf Abstand zu denen hält, die er hinter sich gelassen hat.

7.3 Demonstrativer Müßiggang und Konsum der feinen Leute (Veblen)

Mit dem sozialen Status ist oft nicht nur die Erwartung bestimmter konkreter Verhaltensweisen, sondern auch einer bestimmten Lebensführung verbunden. Diesen Zusammenhang hat MAX WEBER in seiner Abhandlung über „Klasse, Stände und Parteien" dargestellt. Weber benutzt zwar nicht den Begriff Status, aber seine

---

7 Bourdieu wird das als fehlendes „spielerisches Verhältnis" der Kleinbürger zu bestimmten Statussymbolen geißeln. (Siehe unten Kap. 7.4 *Der Kampf um den sozialen Status: Habitus und feine Unterschiede*)

Beschreibung des Standes[8] trifft ziemlich genau eine kollektive Lage, die als sozialer Status einer bestimmten Gruppe bezeichnet werden kann. Weber spricht von der *ständischen Lebensführung* und der damit verbundenen *Stilisierung des Lebens*. (Weber 1922, S. 637)

Dieser Gedanke einer bestimmten *Lebensführung* steht im Mittelpunkt der „Theory of the Leisure Class" von THORSTEIN VEBLEN (1857–1929). Er stellte die These auf, dass Besitz und Konsumgüter vor allem als Zeichen von Wert *(worth)* und Tüchtigkeit *(prowess)* gelten. Dabei machte er die merkwürdige Erfahrung, dass bestimmte Leute dazu neigen, ihren sozialen Rang durch *demonstrativen Müßiggang (conspicious leisure)* oder *demonstrativen Konsum (conspicious consumption)* zu unterstreichen oder auch nur vorzutäuschen.

Veblen blickt in die Geschichte des Eigentums im Übergang von der räuberischen zur „scheinbar friedlichen" modernen Kultur des Besitzes zurück: „Das erste Eigentum bestand in der Beute, den Trophäen eines siegreichen Raubzugs. Solange die Gruppe wenig von der ursprünglichen gesellschaftlichen Ordnung abwich und solange sie in Berührung mit feindlichen Gruppen stand, lag der Nutzen von Sachen oder Personen, die der Gruppe zu Eigentum gehörten, hauptsächlich in dem neiderfüllten Vergleich zwischen der besitzenden Gruppe und dem Feind, dem sie abgenommen worden waren. Die Unterscheidung zwischen individuellen und Gruppeninteressen ist offenbar erst später entstanden. Der neidische Vergleich zwischen dem Besitzer der Ehre verleihenden Beute und seinen weniger glücklichen Gruppengefährten wurde aber zweifellos schon früh gezogen und stellte einen Teil des Nutzens dar, den Eigentum brachte." (Veblen 1899, S. 36)

Auf diese Phase, in der Eigentum durch einfachen Raub erworben wurde, „folgt eine weitere Phase, nämlich die beginnende Organisation der Arbeit auf der Grundlage des Privateigentums (das heißt hier: der Sklaven); die Horde wird zu einer mehr oder weniger autarken Arbeitsgesellschaft. Besitz gilt nun nicht mehr in erster Linie als Zeugnis eines geglückten Raubzuges, sondern vor allem als Zeichen der Überlegenheit des Besitzenden über andere Gruppenmitglieder. Damit wird der neiderfüllte Vergleich zu einem Vergleich zwischen den besitzenden und den besitzlosen Angehörigen der Gruppe." (Veblen 1899, S. 36 f.)

Die Entwicklung geregelter Arbeitsverhältnisse steigert deshalb „auch die Bedeutung des Reichtums als Grundlage von Ruf und Ansehen. (...) Bedeutsamer ist dabei noch, dass es nun das Eigentum – im Gegensatz zur heroischen Tat – ist, welches zum leicht erkennbaren Beweis des Erfolgs und damit zur gesellschaftlich anerkannten Grundlage des Prestiges wird. Besitz wird notwendig für eine angesehene Stellung in der Gesellschaft. (...) Reichtum, der einst nur als Beweis der

---

8 Deshalb haben die amerikanischen Übersetzer von „Wirtschaft und Gesellschaft" diesen Begriff zu Recht mit „status" übersetzt.

Tüchtigkeit galt, wird nun in der öffentlichen Meinung zum Verdienst an sich; er ist seinem Wesen nach ehrenhaft und verleiht deshalb seinem Besitzer Ehre. Und im Laufe einer sich immer weiter verfeinernden Entwicklung wird der von den Vorfahren ererbte Reichtum bald für ehrenhafter gehalten als vom Besitzer selbst erworbene Güter." (Veblen 1899, S. 37)

Im Übergang von der „räuberischen Kultur" zur „scheinbar friedlichen" (Veblen 1899, S. 60) Epoche der Industriegesellschaft kommt es zu einer doppelten prestigeverheißenden Strategie: Man zeigt demonstrativ seinen Reichtum und demonstrativ Nichtarbeit! „Um Ansehen zu erwerben und zu erhalten, genügt es nicht, Reichtum oder Macht zu besitzen. Beide müssen sie auch in Erscheinung treten." (Veblen 1899, S. 42) Dazu zeigen die einen durch *verschwenderischen Konsum (conspicious consumption)*, wie erfolgreich sie nach ihrer eigenen Einschätzung sind, während die anderen ihr Prestige durch *demonstrativen Müßiggang (conspicious leisure)* herausstreichen.

Demonstrativer Müßiggang soll zeigen, dass man es selbst nicht (mehr) nötig hat zu arbeiten. In die Demonstration können auch andere Personen einbezogen werden, die ebenfalls nicht arbeiten. Was die letzte Form des stellvertretenden demonstrativen Müßiggangs angeht, erinnert Veblen wortreich an die Ehefrau, die in bestimmten Kreisen nicht arbeiten darf und sich Beschäftigungen hingibt, die nicht im entferntesten an ernsthafte oder gar mühselige Arbeit erinnern.[9] Aber auch der Hinweis auf Personal oder Handwerker, die für einen auch die einfachsten Arbeiten erledigen, dient der Demonstration, dass man diese Form produktiver Arbeit nicht nötig hat. Und hinter mancher liebevollen Pflege völlig nutzloser und teurer Hobbys oder absichtslosen Versenkung in ästhetische und künstlerische Interessen mag auch der stille Wunsch stehen, dass andere das auch als weiteste Entfernung von banaler Lohnarbeit verstehen.

An dieser Stelle ist eine Zwischenbemerkung geboten. Veblens Theorie der feinen Leute ist ein typisches Bild des amerikanischen Kapitalismus um die Wende zum 20. Jahrhundert. Heute, Anfang des 21. Jahrhunderts, sucht kaum einer von denen, „die ganz oben stehen", auf sich durch „demonstrativen Müßiggang" aufmerksam zu machen, im Gegenteil: Selbst die Schönen, die uns an ihrer Dauerfreizeit teilnehmen lassen, verweisen manchmal auf ihr soziales Engagement, und wirtschaftlich Erfolgreiche und politisch Führende versuchen jeden Eindruck von Müßiggang und Zeitvergeudung zu vermeiden. „Hard working" gilt als Statuskriterium, und selbst die Freizeit muss aktiv verbracht werden.

---

9   Ich enthalte mich an dieser Stelle jeglicher Süffisanz. Ihnen fallen sicher selbst gute Beispiele ein! Wenn nicht, blättern Sie im Wartezimmer unauffällig die Klatschspalten der bunten Blätter durch.

Zurück zu Veblens These vom demonstrativen Müßiggang. Eine letzte Form, Zeit nichtproduktiv zu verwenden, sieht Veblen in den feinen Manieren: „Die Kenntnis und Beherrschung feiner Lebensformen ist eine Frage langer Gewöhnung. Guter Geschmack, Manieren und kultivierte Lebensgewohnheiten sind wertvolle Beweise der Vornehmheit, denn eine gute Erziehung verlangt Zeit, Hingabe und Geld und kann deshalb nicht von jenen Leuten bewerkstelligt werden, die ihre Zeit und Energie für die Arbeit brauchen." (Veblen 1899, S. 50) Um sich beim Austernschlürfen nicht die Finger abzusäbeln braucht man a) Zeit zum Üben, b) viel Geld für das Grundmaterial und c) Zeit, weil es sie hier leider nicht in jeder Dorfkneipe gibt. Wer all das aber hat, kann sich seinem Publikum stellen.

Ich komme zu der anderen Strategie, einen besonderen Status herauszustreichen, dem *demonstrativen Konsum*. Diese Strategie klang gerade in dem Beispiel mit den Austern (ersatzweise kann man natürlich auch bestimmte Weine aus der Toscana oder Zigarren aus der Karibik nehmen!) schon an. Wichtig ist nun, demonstrativen Konsum nicht mit dem Protz des Neureichen zu verwechseln. Solche plumpen Geschmacklosigkeiten, die Veblen um die Jahrhundertwende in den USA vielleicht besonders auffielen, gehen heute selbst „kleinen Leuten" auf die Nerven. Veblen interessierte sich denn auch mehr für die verfeinerten Formen demonstrativen Konsums, mit denen wir in der scheinbar friedlichen Industriegesellschaft Prestige erwerben und beweisen wollen. Veblen beginnt wieder mit einem Blick in die frühe, „räuberische" Kulturepoche. Dort hatte der das größte Ansehen, der der Kräftigste war, den Feinden die meisten Trophäen abgenommen hatte und seinen Reichtum dann auch hemmungslos genießen konnte. Der erfolgreichste Jäger nahm selbstverständlich das beste Stück Fleisch, und wer sich bei der Eroberung eines Dorfes hervorgetan hatte, durfte auch den größten Humpen Met leeren. Aus dieser Zeit rührt die Differenzierung der Nahrungsmittel, die wir bis heute kennen.

Heute stellt man sein Prestige aber nicht mehr unter Beweis, indem man viel isst, sondern indem man Ausgefallenes, Teures und Seltenes in kleinen Portionen zu sich nimmt. Wenn der westfälische Bauer seine Knechte betrachtete, dann sah er sie „friäten", sich selbst hielt er zugute zu „iäten", und wenn er sich den Luxus leistete, auszugehen, dann ging er „spiesen". Der sozialen Differenzierung über das Essverhalten kommen bestimmte Restaurants inzwischen dadurch entgegen, dass sie ausgefallene Zutaten kombinieren und ihre Kreationen in kleinsten Portionen servieren. Mit dieser kultursoziologischen Einschränkung ist Veblens folgende Beschreibung des demonstrativen Konsums zu lesen: „Der müßige Herr der scheinbar friedlichen Epoche konsumiert somit nicht nur viel mehr, als zur Erhaltung seines Lebens und seiner physischen Kräfte notwendig wäre, sondern er spezialisiert seinen Verbrauch auch im Hinblick auf die Qualität der konsumierten Güter. Frei und ungehemmt genießt er das Beste, was an Esswaren, Getränken, Narkotika[10], Häusern, Bedienung, Schmuck, Bekleidung, Waffen, Vergnügen, Amuletten, Idolen und Gottheiten zu haben ist. Den wesentlichsten Grund für die allmähliche Verbesserung der Verbrauchsartikel und das nächst liegende Ziel einer jeden Neuerung bildet ohne Zweifel das erhöhte persönliche Wohlbehagen. Doch stellt dieses nicht den einzigen Zweck des Konsums dar. Das Prestige bemächtigt sich nämlich alsbald der Neuerungen und bestimmt nach seinem Ermessen, welche überleben sollen. Da der Konsum von besseren Gütern ein Beweis des Reichtums ist, wird er ehrenvoll." (Veblen 1899, S. 66) Deshalb darf man auch nicht zu wenig von den feinen Dingen konsumieren, denn wer nur einmal im Jahr einen Jahrgangschampagner trinkt, kann sich vielleicht nicht mehr leisten; wer sich aber jeden Freitag das Gläschen im Edelbistro leistet, ist schon wer.

Es liegt auf der Hand, dass die Ausbildung eines feineren Geschmacks Zeit und intellektuelle Anstrengung erfordert. Deshalb gehört zum Prestige auch, „genau zwischen edlen und gemeinen Konsumgütern zu unterscheiden". (Veblen 1899, S. 66) Prestige, so könnte man die später zu referierenden Thesen von Pierre Bourdieu schon vorbereiten, ist anstrengend: Man muss ständig wissen, welcher Prestigewert einem bestimmten Verhalten oder einem bestimmten Attribut zukommt! David Riesmans These von der Außenleitung meint im Grunde nichts anderes.

Veblen leitet nun zu einem merkwürdigen Mechanismus des demonstrativen Konsums über, der darin besteht, durch exzessiven Verbrauch von Reichtum einem Rivalen zu imponieren. Kulturgeschichtlich haben die prunkvollen Feste diese Funktion seit je gehabt, und die Geschenke, die Herrscher einander machten, dienten auch dazu, das eigene Prestige nach Möglichkeit über das des Anderen zu stellen. Eine Variante des exzessiven Zurschaustellens von Reichtum hat die kulturanthropologische Forschung im sog. Potlatch der Kwakiutl-Indianer an der NW-Küste der USA identifiziert. Weil dieser Stamm vom Fischfang lebt, haben Kanoes eine wichtige Bedeutung. Nun kommt es vor, dass bei einem Stammestreffen die Häuptlinge ihren besonderen Rang nicht nur dadurch herausstellen, dass sie mit der Anzahl ihrer Kanoes prahlen, sondern sie sogar vor den Augen der Anderen zerstören, um so ihren überlegenen Status zu unterstreichen. Hans Christian Andersen hat in seinem Märchen vom fliegenden Koffer ähnliches beschrieben, wo der Sohn des Kaufmanns so reich ist, dass er Wasserhüpfen mit Goldstücken statt mit Steinen spielt. Demonstrativer Konsum heißt also, die Funktion eines Gutes zu zerstören. Auf diese Weise zeigt man, dass man jeglicher Notwendigkeit (z. B. in Form darauf zu verwendender Arbeit) enthoben ist.

---

10 Darunter versteht Veblen auch Alkohol. Es ist immerhin die Zeit, in der sich die Prohibition in den Vereinigten Staaten formierte. Die Prohibition Party wurde schon 1869 gegründet, 1893 folgte die Anti-Saloon League.

Es dürfte klar geworden sein, dass die Theorie von Veblen unter der Hand Riesmans schon mehrfach zitierte[11] These von der Außenleitung in der Moderne vorweggenommen hat. Deshalb will ich abschließend zitieren, was Veblen für unsere fortgeschrittene, schnelllebige Moderne vor gut hundert Jahren prophezeit hat, ob also sich demonstrativer Müßiggang oder demonstrativer Konsum durchsetzen wird: „Solange die Gesellschaft oder die Gruppe so klein und so übersichtlich ist, dass die Sichtbarkeit, die bloße Offenkundigkeit einer Tatsache genügt, um sie bekannt zu machen, das heißt, solange die menschliche Umwelt, an die sich der Einzelne mit Rücksicht auf das Prestige anpassen muss, aus persönlichen Bekanntschaften und nachbarlichem Klatsch besteht, solange ist die eine so gut wie die andere, was für die frühen Stadien der gesellschaftlichen Entwicklungen zutrifft. Doch mit zunehmender sozialer Differenzierung wird es nötig, eine größere menschliche Umwelt zu berücksichtigen, weshalb allmählich der Konsum als Beweis von (Schicklichkeit) *(decency)* der Muße vorgezogen wird. Dies gilt besonders für das spätere friedliche Stadium. Hier rücken die Kommunikationsmittel und die Mobilität der Bevölkerung den Einzelnen ins Blickfeld vieler Menschen, die über sein Ansehen gar nicht anders urteilen können als gemäß den Gütern (und vielleicht der Erziehung), die er vorzeigen kann. Die moderne industrielle Organisation wirkt sich auch noch in anderer Weise aus. Oft erfordert sie nämlich, dass Individuen und Haushaltungen nebeneinander leben, zwischen denen sonst keinerlei Kontakt besteht. Die Nachbarn sind gesellschaftlich gesehen oft keine Nachbarn, ja nicht einmal Bekannte, und trotzdem besitzt ihre flüchtige gute Meinung einen hohen Wert. Die einzige Möglichkeit, diesen (scheinbar unbeteiligten Beobachtern unseres Alltagslebens) die eigene finanzielle Stärke vor Augen zu führen, besteht darin, diese Stärke unermüdlich zu beweisen. In der modernen Gesellschaft begegnen wir außerdem einer Unzahl von Personen, die nichts von unserem privaten Dasein wissen – in der Kirche, im Theater, im Ballsaal, in Hotels, Parks, Läden usw. Um diese flüchtigen (Beobachter) gebührend zu beeindrucken und um unsere (Selbstzufriedenheit) *(self-complacency)* unter ihren kritischen Blicken nicht zu verlieren, muss uns unsere finanzielle Stärke auf der Stirn geschrieben stehen, und zwar in Lettern, die auch der flüchtigste Passant entziffern kann. Deshalb wird wohl in der künftigen Entwicklung der Wert des demonstrativen Konsums jenen der demonstrativen Muße weit überflügeln." (Veblen 1899, S. 75)[12]

---

11 Vgl. Band 1, Kap. 10.8 *Mentalitätswandel, Wertewandel* und in diesem Band Kap. 1.5 *Von materialistischen zu postmaterialistischen Werten* und Kap. 6.5 *Bezugsgruppe, soziale Beeinflussung, Gruppendruck*.
12 Meine Korrekturen an der deutschen Übersetzung stehen in Klammern.

Ich habe eben referiert, dass Statussymbole erst in einer Gesellschaft wichtig werden, wo nicht mehr jeder jeden kennt. Veblen hat richtig vorausgesagt, wie wir unter das Diktat bestimmter Statussymbole, die alle etwas mit demonstrativem Konsum zu tun haben, geraten. Ich sehe aber auch Anzeichen dafür, dass der demonstrative Müßiggang als Statussymbol nicht aus der Mode gekommen ist. Galt es nämlich früher als vornehm, blass zu sein, um sich von denen zu unterscheiden, die offensichtlich draußen arbeiten mussten und von der Sonne verbrannt wurden, so hebt die braune Gesichtsfarbe heute das Ansehen, denn offensichtlich kann man sich reichlich Freizeit in sonnigen Gefilden (oder zumindest den regelmäßigen Besuch im Sonnenstudio) leisten.

7.4 Der Kampf um den sozialen Status: Habitus und feine Unterschiede (Bourdieu)

Der französische Soziologe PIERRE BOURDIEU (1930–2002) untersuchte[13] in seinem Buch „Die feinen Unterschiede" (Bourdieu 1979) die französische Gesellschaft unter der Annahme, dass es eine Klassengesellschaft ist, in der sich die Angehörigen der Klassen durch die Verfügung über *Kapital* und durch Unterschiede in *Geschmack* und *Lebensstil* unterscheiden. Sowohl zwischen den Klassen als auch innerhalb der Klassen sind Individuen in dieser Hinsicht abgegrenzt und grenzen sich voneinander ab. Obwohl Bourdieu den soziologischen Begriff des Status nicht systematisch verwendet, kann man sein Buch auch als Schilderung eines Klassenkampfes um den sozialen Status[14] lesen. Ich beschränke mich hier auf die Aussagen, die die Diskussion über den sozialen Status in eine neue Richtung lenken.

Bourdieu unterscheidet zwischen drei Kapitalsorten. Die erste nennt er *ökonomisches Kapital,* und damit sind vor allem Geld und Eigentum gemeint, die zweite *soziales Kapital*. Es besteht im Wesentlichen in den sozialen Beziehungen, über die man verfügt. Im Zusammenhang mit dem sozialen Status ist vor allem das dritte, das *kulturelle Kapital* interessant. Es besteht in Wissen und Qualifikationen, aber auch in Handlungsformen und Einstellungen, die in der Familie und im Ausbildungssystem erworben wurden. Alle drei Kapitalsorten zusammen bestimmen die Platzierung des Individuums im *sozialen Raum*. Der soziale Raum besteht aus objektiven sozialen *Positionen* und aus einer *Struktur* objektiver Re-

---

13 Ich knüpfe an einigen Stellen an das an, was ich in Band 1, Kap. 9.3 *Sozialer Raum, Kapital und Geschmack* über Bourdieus Erklärung sozialer Ungleichheit gesagt habe.

14 Man kann es auch als Vertiefung der „Theorie der feinen Leute" von Veblen lesen, den Bourdieu allerdings in seinem Buch mit keinem Wort erwähnt!

lationen, die aus klassenspezifischen Handlungsweisen und Einstellungen resultieren und sie wieder determinieren. (vgl. Bourdieu 1979, S. 378 f.) Durch das tägliche Handeln wird das für einen sozialen Raum typische Muster des Denkens und Handelns immer wieder verstärkt. Das Individuum verinnerlicht die „typischen Gedanken, Wahrnehmungen und Handlungen einer Kultur", d. h. seiner Kultur, und entwickelt daraus eine typische „Disposition gegenüber der Welt". (Bourdieu 1967 S. 143 und 1983a, S. 132) Diese Disposition bezeichnet Bourdieu als *Habitus.*

Der Habitus bewirkt als *generatives Prinzip* die Praxisformen, die für den sozialen Raum angemessen sind. Und ebenso generiert er den Rahmen, in dem die Individuen sich auch selbst zu sehen gelernt haben und sich auch selbst verorten. Indem sie ihn total verinnerlicht haben, funktioniert er automatisch als immer neue Zuweisung des Individuums an den richtigen Ort. Man kann es so zusammenfassen: Ökonomisches, kulturelles und soziales Kapital definieren zusammen den Status, wo also jemand im sozialen Raum platziert wird. Der Habitus fixiert den sozialen Status.

Bei der sozialen Platzierung in der Klassengesellschaft generell und im spezifischen sozialen Raum kommt dem kulturellen Kapital, und zwar durch seine *Objektivation,* also die Art, wie es zum Ausdruck gebracht wird, eine besondere Bedeutung zu. Die Objektivation, die die soziale Differenzierung ganz eindeutig macht, ist für Bourdieu der *Geschmack.*

Bourdieu unterscheidet drei Geschmacksarten, die das Ergebnis der Unterschiede der Sozialisation, sprich hier: der Verinnerlichung eines klassenspezifischen Habitus, des kulturellen Kapitals und der objektiven Stellung in der Sozialstruktur sind: (1) den „legitimen oder herrschenden" Geschmack der Bourgeoisie, (2) den „mittleren" Geschmack in den Mittelklassen bzw. den „prätentiösen" Geschmack des Kleinbürgertums, das Bourdieu ebenfalls zu den Mittelklassen zählt, und schließlich (3) den „volkstümlichen oder barbarischen" Geschmack der „classe populaire", der Unterschicht, zu der die Arbeiter und Bauern gehören. Man kann sich denken, wie schwer sich manche kritischen Soziologen mit dieser Wortwahl eines ansonsten doch geistesverwandten Kollegen getan haben, zumal er keinen Zweifel daran ließ, was er als „legitimen Geschmack" ansah!

Bourdieu lenkt nun den Blick auf zwei Prozesse, die man als *Kampf um den sozialen Status* ansehen kann. Da ist einmal die obere Klasse, die einen raffinierten internen kulturellen Klassenkampf austrägt, und zum anderen die Mittelklasse, in der sich ebenfalls ein permanenter Kampf um Anerkennung und Unterscheidung abspielt.

Betrachten wir zunächst den internen Klassenkampf der Bourgeoisie. Es ist ein Kampf, der mit den Mitteln des kulturellen Kapitals ausgetragen wird und die Schließung sozialer Kreise zum Ziel hat. In diesem Kampf um *Distinktion,* also der bewussten Abgrenzung gegenüber Anderen, spielt die Art der Aneignung von und des Umgangs mit kulturellem Kapital eine entscheidende Rolle. In der oberen Klasse machen sich daran die feinen Unterschiede fest. Zur internen Differenzierung dient nämlich das Prinzip der Anciennität: Wer sein Bildungskapital schon im Elternhaus erworben hat, blickt verächtlich auf den Aufsteiger hinab. Es kommt noch etwas anderes hinzu: Wer sein kulturelles Kapital von Kind auf akkumuliert hat, konnte es in Muße in vielerlei Hinsicht differenzieren. Es war ihm und seinesgleichen selbstverständlich, und es zu erwerben bedeutete keine übermäßige Anstrengung. Man konnte gelassen damit umgehen und musste es Anderen in der gleichen Lage nicht beweisen. Diese Gelassenheit wird der Aufsteiger, wie Bourdieu feststellt, nicht erreichen, weil man ihm die Plackerei des Aufstiegs immer ansehen wird. (vgl. Bourdieu 1983a, S. 136) In der Sprache Lintons fehlt dem achieved status die Zuschreibung der richtigen Vorgeschichte![15]

Distinktion lebt von einem zeitlichen Vorsprung symbolischer Kompetenz und von der Ablehnung nachträglicher Qualifikation. Sie ist gepaart mit einer „ästhetischen Einstellung" zu kulturellen Symbolen. Damit ist gemeint, sie nicht auf ihre praktische Funktion oder realistische Wiedergabe zu prüfen, sondern den Stil, die Form und ihren hintergründigen Sinn zu schätzen. Etwas näher am Alltag: Man kauft nicht die Kaffeekanne, mit der man am besten einschenken kann, sondern die ein bestimmtes Design hat. Die ästhetische Einstellung ist durch „Distanz zur Notwendigkeit" gekennzeichnet: „Die ästhetische Einstellung, die zur Ausklammerung *von Natur wie Funktion des Dargestellten* tendiert, zur Ausschaltung wie aller rein ethischen so auch jeder ‚naiven' Reaktion – Grauen vor dem Grauenhaften, Begehren nach dem Begehrenswerten, gläubiger Kniefall vor dem Heiligen –, um ausschließlich die Darstellungsweise, den Stil, erfasst und bewertet im Vergleich zu anderen Stilen, in Betracht zu ziehen, ist integraler Bestandteil eines umfassenden Verhältnisses zur Welt und zu den Menschen. Sie bildet eine Dimension eines Lebensstils, worin, wenn auch in verstellter Form, spezifische Existenzbedingungen zur Wirkung kommen: Voraussetzung für jede Form des Lernens von legitimer Kultur, sei es implizit und diffus wie gemeinhin innerhalb der Familie, oder explizit und spezifisch ausgerichtet wie im Rahmen der Schule, zeichnen sich diese Existenzbedingungen aus durch den Aufschub und die Suspendierung des ökonomischen Zwangs und zugleich durch objektive wie

---

15 Ich habe im Zusammenhang mit der Entwertung von kulturellen Statussymbolen angedeutet, dass sich Eliten über feine Unterschiede definieren. Ein Beispiel für einen besonders feinen Unterschied liefert Michael Hartmann, der in einer eindrucksvollen empirischen Studie herausgefunden hat, dass bei der Rekrutierung des Nachwuchses in Leitungsfunktionen der Wirtschaft die Würdigung der objektiven Leistung durch die Wiedererkennung eines bestimmten Habitus überlagert wird. Wer einen bestimmten sozialen und kulturellen Hintergrund mitbrachte, hatte signifikant größere Chancen, eingestellt zu werden, als der, der „nur" über gute Leistungszertifikate verfügte. (vgl. Hartmann 2002)

subjektive Distanz zum Drängenden der Praxis, dem Fundament der objektiven wie subjektiven Distanz zu den diesen Determinismen unterworfenen Gruppen." (Bourdieu 1979, S. 100 f.)

Es ist genau diese Distanz, die „die ästhetische Einstellung auch objektiv wie subjektiv in Bezug auf andere Einstellungen definiert: Zur objektiven Distanz gegenüber der Sphäre des Notwendigen und gegenüber denen, die darin eingebunden sind, kommt jene beabsichtigte Distanzierung hinzu, mit der Freiheit sich verdoppelt, indem sie sich zur Schau stellt. Je mehr die objektive Distanz wächst, umso stärker wird der Lebensstil auch Ausfluss dessen, was Weber eine ‚Stilisierung' des Lebens nannte, d. h. eine systematische Konzeption, die die vielfältigsten Praktiken leitet und organisiert, die Wahl eines bestimmten Weins oder einer Käsesorte nicht minder als die Ausstattung eines Landhauses. Als Bekräftigung der Macht über den domestizierten Zwang beinhaltet der Lebensstil stets den Anspruch auf die legitime Überlegenheit denen gegenüber, die (…) von den Interessen und Nöten des Alltags beherrscht bleiben." (Bourdieu 1979, S. 103 f.) Was Bourdieu hier als Distanz zur Notwendigkeit beschreibt, liest sich wie eine moderne Umschreibung des Prinzips demonstrativen Müßiggangs bei Veblen: Ein überlegener Status wird umso mehr zum Ausdruck gebracht, je weniger die Tätigkeiten an profane Arbeit erinnern!

Wenden wir uns nun dem zweiten Kampf, der sich in der breiten Mittelklasse abspielt, zu. Die Mittelklasse, in der sich die deutlichsten Auf- und Abstiege abspielen und wo der Kampf um den sozialen Status besonders verbissen ausgetragen wird, folgt dem kulturellen Kanon, wie ihn in der Schule gelernt hat. Danach definiert sie, was gut und schön ist und was sich nicht schickt. Im Grunde ist es keine selbstbewusste Überzeugung, die dahinter steht, sondern das ängstliche Bemühen, nichts falsch zu machen. Und im Übrigen hoffen die Individuen dadurch in die Nähe der „besseren Kreise" ihrer Klasse zu kommen und ihnen zu imponieren. Auf der anderen Seite beziehen sie aus dem geglaubten kulturellen Kanon auch das Recht, über den schlechten Geschmack der „wirklichen" kleinen Leute zu spotten. Die Schließung dieser Kreise erfolgt ebenfalls über eine klare, kulturelle Grenzziehung nach unten.

Interessant ist eine Parallelbewegung, indem bestimmte Gruppen in der Mittelklasse auch über die Grenzen der Klasse hinausgreifen und damit eine scheinbar widersprüchliche Haltung einnehmen. In keiner Klasse werden so viele bunte Blätter gelesen und Sendungen über die feine Welt der Royals und die aparte des Jetsets verfolgt wie in der Mittelklasse. Sie ist auch der eifrigste Konsument der feinen Küche im Fernsehen. Was steckt dahinter? Ich meine, es ist der widersprüchliche Wunsch, der eigenen Individualität die kleine Flucht nach ganz weit draußen zu erhalten, sich also von der Masse, die solche Bilder des feinen Lebens noch nicht einmal kennt, zu differenzieren und gleichzeitig sich symbolisch bei allen vernünftigen Menschen der eigenen Kreise zu halten, indem man sich über die Skandale „der da oben" entrüstet, ihre menschlichen Schwächen genau registriert und sie letztlich auf das eigene Maß stutzt oder sogar noch darunterdrückt.

Die Mittelklasse ist eine mobile Klasse. Hier gibt es die häufigsten Auf- und Abstiege und die feinsten Abstufungen sozialer Differenzierungen. Ein entscheidendes Vehikel, einen besseren Status zu erreichen oder zu halten, ist die *formale Bildung*. Wer die richtigen Abschlüsse nachweisen kann, ist gut dran, zumindest fürs Erste. Mit der Höhe des Bildungsabschlusses wird auch ein bestimmter Kanon der „richtigen" und „wichtigen" Kulturinhalte assoziiert, und deshalb definieren sich die Angehörigen der Mittelklasse auch über diese Regeln des guten Geschmacks und den Kanon des Wissenswerten.

Bourdieu wendet sich nun zwei Gruppen zu, die um den sozialen Wert dieses Kanons wissen, ihn in dem einen Fall aber nicht auf dem üblichen Weg erworben haben und in dem anderen Fall ersetzen. Die ersten hoffen, im Kampf um den sozialen Status aufzuholen, indem sie sich an eine kulturelle Norm anpassen, die zweiten lehnen diese Norm ab und lernen etwas Neues, um so ihren sozialen Status aufzuwerten. Bourdieu nennt sie *alte* und *neue Autodidakten*. Der Begriff des Autodidakten wird gewöhnlich mit einem Menschen assoziiert, dem eine Kunst nicht in die Wiege gelegt wurde oder der etwas nicht von Grund auf und nach einem gültigen Plan gelernt hat, sondern der sich irgendwie zu Leistungen hochhangelt, die fast an die wirklichen Meister ihres Metiers herankommen. Die Charakterisierungen, die Bourdieu aus seinen empirischen Untersuchungen der Mittelklasse herausgelesen hat, kann man so verstehen, dass das Selbstbewusstsein der Autodidakten nicht stabil ist.

Der *alte* Autodidakt, stellt Bourdieu fest, entwickelt gegenüber der legitimen Kunst „eine ziellos schwärmerische Andacht" und zeigt Ehrfurcht vor „klassischer" Bildung. Davon gibt er, auch ohne dass er darum gebeten worden wäre, ständig Proben ab. Genau dadurch schließt er sich von denen aus „besserem Hause" ab, „die ihre Ignoranz durch Ignorierung der Fragen oder Situationen, die sie an den Tag bringen könnten, tarnen." (Bourdieu 1979, S. 148 f.) Der ästhetische Geschmack ist nicht aus sich begründet und hat sein Ziel nicht in sich selbst. Die *neuen* Autodidakten unterscheiden sich von den alten, dass sie anderen Göttern folgen. Sie haben sich bis zu einer relativ hohen Stufe durch die Schule durchgebissen und zeigen ein „fast blasiertes, zugleich vertrautes und ernüchtertes Verhältnis zur legitimen Kultur (...), das mit der ehrfürchtigen Haltung des älteren Autodidakten nichts gemein hat, obwohl es zu gleich intensivem und passioniertem Einsatz führt." (Bourdieu 1979, S. 149) Sie erheben moderne Zeitströmungen zum Kanon und machen ihr Bild von sich selbst an dem fest, was in irgendeiner intellektuellen Avantgarde, aktuellen „Gegenkultur" oder etablierten Nische als Rahmen des richtigen Denkens definiert worden ist. (vgl. Bourdieu 1979, S. 167)

Die dritte, bei weitem größte Gruppe der Mittelklasse stellen die *aufstrebenden Kleinbürger* dar. Ihren Geschmack bezeichnet Bourdieu als „prätentiös". Im Deutschen hat das Wort einen leicht negativen Klang und wird mit „Anmaßung" assoziiert. Im Französischen ist die Konnotation etwas anders und meint eher „behaupten, vorgeben", aber auch „streben nach". Ich will es in diesem Sinn interpretieren. Es ist ein Geschmack, der *vorgibt*, etwas selbstverständlich zu sein, das er in Wirklichkeit nicht ist: er hat sich nicht aus dem Habitus distanzierter Gelassenheit ergeben. Zweitens ist es ein Geschmack, der *nach etwas strebt*, nämlich nach Aneignung dessen, was den aufstrebenden Kleinbürgern als gesellschaftlicher Kanon des Wissens, der Bildung und der Kulturgüter erscheint.

Das Kleinbürgertum strengt sich an, um dazuzugehören. Das zeigt sich in typischen Verhaltensweisen, die einen höheren Status beanspruchen und eine andere Identität suggerieren. Bourdieu beschreibt sie drastisch so: Im Verhältnis des Kleinbürgertums zur Kultur manifestiert sich „Bildungseifer als Prinzip, das je nach Vertrautheit mit der legitimen Kultur, d.h. je nach sozialer Herkunft und entsprechendem Bildungserwerb, unterschiedliche Formen annimmt: So investiert das aufsteigende Kleinbürgertum seinen hilflosen Eifer in Aneignungswissen und Gegenstände, die unter den legitimen die trivialeren darstellen – Besuch historischer Stätten und Schlösser (statt z.B. von Museen und Kunstsammlungen), Lektüre populärwissenschaftlicher und geschichtskundlicher Zeitschriften, Photographieren, Sammeln von Kenntnissen über Filme und Jazz – mit demselben bewundernswerten Einsatz und Erfindungsreichtum, die es dafür aufwendet, ‚über seine Verhältnisse' zu leben, zum Beispiel mit der Einrichtung von ‚Nischen' (‚Koch-, Ess- und Schlafnische') die Räume in der Wohnung kunstreich zu multiplizieren oder sie durch ‚kleine Tricks' zu vergrößern (‚Ablagen', ‚Raumaufteiler', ‚Schlafcouch'), wobei wir von all den Imitaten schweigen wollen und dem, was sonst noch dazu dient, ‚mehr' (wie man so sagt) aus etwas ‚zu machen' – ganz wie ein Kind, das ‚groß sein' spielt. Der Bildungseifer zeigt sich unter anderem in einer besonderen Häufung von Zeugnissen bedingungsloser kultureller Beflissenheit (Vorliebe für ‚wohlerzogene' Freunde und für ‚bildende' oder ‚lehrreiche' Aufführungen), oft von einem Gefühl eigenen Unwerts begleitet (‚Malerei ist schön, aber schwierig', usw.), das genau so groß ist wie der Respekt, den man der Sache entgegenbringt. Der Kleinbürger ist ganz Ergebenheit gegenüber der Kultur." (Bourdieu 1979, S. 503 f.)

Gerade in dieser Hinsicht leben die Kleinbürger in latenter Angst, etwas falsch zu machen und einen Status, den sie sich vormachen, zu verlieren. Bourdieu drückt es so aus: „Die Kleinbürger haben kein spielerisches Verhältnis zum Bildungsspiel: sie nehmen die Kultur zu ernst, um sich einen Bluff oder Schwindel zu erlauben oder auch nur die lässige Distanz, die von wirklicher Vertrautheit zeugt; zu ernst, um nicht ständig besorgt zu sein, ob sie nicht bei Unkenntnissen oder

Schnitzern ertappt werden." Sie haben nicht „die Gelassenheit derjenigen, die sich ermächtigt fühlen, ihre Bildungslücken zu gestehen und sogar auf ihnen zu bestehen. (...) Die Kleinbürger machen aus der Bildung eine Frage von wahr und falsch, eine Frage auf Leben oder Tod." (Bourdieu 1979, S. 518) Die Reklamation eines Status, dessen man sich nicht sicher ist, erlaubt keine halben Sachen.

Wohlgemerkt, es geht nicht um den Spießer, der selbstgefällig und borniert seine Prinzipien für die einzig richtigen hält und sich der Anerkennung durch seinesgleichen sicher weiß, sondern um den Kleinbürger, der „jenen Hang zum Höheren" (Degenhardt) verspürt und sich in einer Mischung aus Neid und Bewunderung nach oben andient und nach unten abgrenzt. Er hat einen Status inne, der nicht wirklich Identität garantiert. Hans Magnus Enzensberger hat es einmal so gesagt: „Der Kleinbürger will alles, nur nicht Kleinbürger sein. Seine Identität versucht er nicht dadurch zu gewinnen, dass er sich zu seiner Klasse bekennt, sondern dadurch, dass er sich von ihr abgrenzt, dass er sie verleugnet. Was ihn mit seinesgleichen verbindet, gerade das streitet er ab. Gelten soll nur, was ihn unterscheidet: der Kleinbürger ist immer der Andere." (Enzensberger 1976, S. 4)

Der Kleinbürger ist „der beste Kunde von Massenkultur" (Müller 1992, S. 333), weil er meint, es seien Statussymbole der legitimen Kultur. Aber es sind eben nur äußere Zeichen, die den sozialen Abstand nach oben nicht verringern und nach unten nicht vergrößern. Bourdieu beschreibt das Dilemma der prätentiösen Klasse lapidar so: „Per Definition sind die unteren Klassen nicht distinguiert; sobald sie etwas ihr eigen nennen, verliert es auch schon diesen Charakter. Die herrschende Kultur zeichnet sich immer durch einen Abstand aus." Kaum wurde Skifahren populär, begann die herrschende Kultur außerhalb der Piste zu fahren: „Kultur, das ist im Grunde auch immer etwas ‚außerhalb der Piste'." (Bourdieu 1983a, S. 138)

Um ein letztes Mal den Bogen zu einer Theorie des sozialen Status zu schlagen, möchte ich ein Kind aus einem großbürgerlichen Haus zu Wort kommen lassen. Hans-Peter Müller hat es in seinem Buch über „Sozialstruktur und Lebensstile" zitiert. Es handelt sich um Nicolaus Sombart, der im Rückblick auf sein Leben kritisiert, dass es keine tonangebenden, bildungsbürgerlichen Häuser mehr gibt, und beschreibt, was daraus folgt: „Wenn es sie nicht mehr gibt, herrschen die Boutiquenbesitzer, Schneider, Photographen, Coiffeure und Kunsthändler, die schließlich zum wichtigsten Umgang der reichen Leute werden, und die Öffentlichkeit bekommt als Vorbild höherer Lebensformen nichts anderes geliefert als die Kaufgewohnheiten der Konsumgesellschaft auf der höchsten Einkommensstufe, die die Medien, mehr durch Werbung als durch eine Berichterstattung – denn was sollten sie berichten – vermitteln. Die Leute führen dann auch auf ihren Kleidern und Accessoires, ihrem Gepäck und ihrem Geschirr nicht mehr ihre Wappen oder Initialen, sondern die Initialen und Warenzeichen der Geschäfte, in denen sie kaufen. (...) Sie schmücken sich mit den teuersten Statussymbolen, aber sie haben darauf verzichtet, selber zu bestimmen, was Status ist." (Sombart 1984: Jugend in Berlin, S. 80; zit. nach Müller 1992, S. 330)

Bourdieu spricht von einem „naiven Exhibitionismus des ‚ostentativen Konsums', der Distinktion in der primitiven Zurschaustellung eines Luxus sucht, über den er nur mangelhaft gebietet." (Bourdieu 1979, S. 61) Das klingt wie eine Paraphrase von Thorstein Veblen, der davon spricht, dass das Prestige sich der Zeichen des Wohlstands bemächtigt und bestimmt, welche überleben sollen. Demonstrativer Konsum ist letztlich ein entfremdeter Konsum, weil seine symbolischen Formen immer von außen diktiert werden und permanent der Inflation unterliegen.

Bleibt ganz zum Schluss die Frage, warum dieser doppelte Klassenkampf – Distinktion oben und Prätention unten – immer weiter geht. Bourdieu gibt dafür eine plausible Erklärung, die mit der eingangs beschriebenen These des *generativen Prinzips des Habitus* zusammenhängt. Er schreibt: „Die Erfahrung von sozialer Welt und die darin steckende Konstruktionsarbeit vollziehen sich wesentlich in der Praxis, jenseits expliziter Vorstellung und verbalen Ausdrucks. Einem Klassen-Unbewussten näher als einem ‚Klassenbewusstsein' im marxistischen Sinn, stellt der Sinn für die eigene Stellung im sozialen Raum – Goffmans ‚sense of one's place' – die praktische Beherrschung der sozialen Struktur in ihrer Gesamtheit dar – vermittels des Sinns für den eingenommenen Platz in dieser." (Bourdieu 1984, S. 17)

Etwas weniger abstrakt: Durch das tägliche Handeln wird das einem sozialen Raum angemessene Prinzip des Handelns immer wieder verstärkt. Unmerklich werden die Akteure dazu gebracht, die Welt wie sie ist hinzunehmen. Durch Distinktion und mittels „feiner Unterschiede" hoffen sich die einen von den Anderen abzugrenzen, während die Anderen durch Prätention und immer neue Kopien von Statussymbolen die Illusion eines höheren Status nähren. Solange diese Illusion trägt, sei es dass man in Maßen „mithalten" kann oder dass einem die geträumte symbolische Nähe reicht, befriedigt das Leben. Problematisch wird es für die, deren untere Stellung strukturell in ein prestigereiches Umfeld eingebunden ist, die den großen sozialen Abstand auch spüren, aber ihn mit allen Mitteln, z. B. mit den Symbolen eines höheren Status, aus ihrem Bewusstsein ausklammern. Hinter dem symbolischen Verhalten nagt die „schmerzhafte Erfahrung", die Bourdieu „positionsbedingtes Elend" nennt. (Bourdieu 1993, S. 19) In der Dokumentation „Das Elend der Welt" (Bourdieu u. a. 1993) sind Zeugnisse dieses gar nicht so seltenen, „alltäglichen Leidens an der Gesellschaft" zuhauf aufgelistet. Man kann sie auch als Zeugnisse des verlorenen Kampfes um einen höheren Status bzw. des Leidens an der Exklusion lesen, die in die von Bourdieu beschriebene Klassengesellschaft eingeschrieben ist!

7.5 Stigma und soziale Identität (Goffman)

In der interpretativen Soziologie hat der Status auch etwas mit der Definition der Situation zu tun, die Individuen für sich und wechselseitig mit Anderen vornehmen. „Jeder Handelnde lässt durch sein Handeln erkennen, wie er die Situation definiert, und gibt (den Anderen) damit auch Anhaltspunkte für die Definition ihres eigenen Status in der Situation." (Zelditch 1968, S. 252, Übersetzung H. A.) Die Definition der Situation und der Handelnden hat Folgen, denn – so wurde das sog. Thomas-Theorem schon zitiert – „wenn Menschen Situationen als real definieren, sind auch ihre Folgen real". (Thomas u. Thomas 1928, S. 114) Erwartungen haben eine strukturierende Kraft. Liegen die Definitionen auseinander und haben die Handelnden ein Interesse am Fortgang der Interaktion, kommt es zu Korrekturen und Anpassungen. Diese Anstrengungen gehen in Richtung wechselseitig angemessener Definition, was bedeutet, füreinander reziproke Status zu bestimmen. (vgl. Zelditch 1968, S. 252) Der Status des Herrn ist nur zu denken, wenn ein Anderer den Status als Knecht einnimmt, und dieses Verhältnis hat nur solange Bestand, wie die beiden Definitionen der Situation aufeinander bezogen sind. Dass die Chancen, die Situation anders zu definieren, in diesem Beispiel nicht gleich sind, liegt auf der Hand. Das ändert aber nichts an der Tatsache, dass die eine Definition ohne die andere nicht denkbar ist, dass sich in der einen auch die andere wiederfindet. Die *Selbsteinschätzung,* die durch die wechselseitige Spiegelung des Verhaltens zustande kommt, hat Charles Horton Cooley „looking-glass self" genannt. (Cooley 1902, S. 184)[16]

Der Status einer Person hat insofern strukturierende Funktion, als mit ihm bewusst oder unbewusst Erwartungen eines typischen Verhaltens verbunden werden. Handelnde klassifizieren eine Situation und sich selbst nach den Mustern, die ihnen vertraut sind, und erwarten wechselseitig Verhalten, das ihnen als typisch und normal gilt.

Einen Sonderfall der strukturierenden Wirkung der Definition eines sozialen Status hat ERVING GOFFMAN in seinem Buch „Stigma" (Goffman 1963) beschrieben. Unter einem Stigma verstanden die Griechen ein Zeichen, das in den Körper geschnitten oder gebrannt wurde, um etwas Ungewöhnliches oder Schlechtes im Charakter des Zeichenträgers öffentlich kundzutun. Goffman interpretiert den Begriff des Stigmas weiter und versteht darunter Attribute, die in irgendeiner Form das Individuum diskreditieren. Solche Stigmata können körperliche Behinderungen, aber auch Hautfarbe, fehlende Bildung oder ein bestimmter „unehrenhafter" Beruf, oder auch Herkunft, missbilligte Neigungen und ähnliches sein.

---

16 Siehe oben Kap. 5.2 *Interaction, mutual influence, form of cooperation.*

Wie Statussymbole haben auch die Stigmata eine symbolische Funktion. Während jene aber die Funktion haben, ein Individuum öffentlich aufzuwerten, werten Stigmata seinen Status ab. Sie lösen Erwartungen aus, die seine *Identität* diskreditieren.

Dass Erwartungen den Status definieren und ein bestimmtes Verhalten provozieren, gilt für jede Interaktion. Um deutlich zu machen, dass diese Erwartungen das Individuum in seiner Gesamtheit beeinträchtigen, zieht Goffman den Begriff der „sozialen Identität" dem des „sozialen Status" vor. (Goffman 1963, S. 2) Gerade aber die Beispiele der normativen Strukturierung von Verhalten, die er in seinem Buch beschreibt, machen deutlich, dass die Definition der sozialen Identität den *Platz,* von dem aus nur noch ein begrenztes Repertoire von Verhaltensformen möglich ist, und auch den *Status* festschreibt, in dem das handelnde Individuum aufzutreten hat. Deshalb sagt das Buch „Stigma" auch etwas über die Definition eines Status und das Gesetz des Handelns aus, das die Gesellschaft damit diktiert. Goffman beschreibt den Vorgang der Definition so: „Die Gesellschaft gibt uns vor, nach welchen Kriterien wir Personen einordnen, und nennt uns auch gleich die Attribute, die wir bei ihnen als natürlich und normal erwarten können. Soziale Situationen definieren den Typ von Menschen, dem man aller Wahrscheinlichkeit nach dort begegnet. Die Handlungsroutinen in definierten Situationen erlauben uns, erwarteten Anderen zu begegnen, ohne dass wir ihnen besondere Aufmerksamkeit schenken müssten. Selbst wenn uns ein Fremder begegnet, dann stellen wir uns nach den ersten Eindrücken eine ‚soziale Identität' vor, die mit den Kategorien und Attributen konstruiert wird, die wir kennen." (Goffman 1963, S. 2, Übersetzung[17] H. A.)

Der Andere, dem wir begegnen, ist uns im Grunde also nicht völlig neu, sondern wir greifen auf „ähnliche" Situationen zurück und ordnen ihn gleich in ein Schema ein. Er wird charakterisiert und verortet nach *unseren* Vorerfahrungen mit *Menschen dieser Art in solchen Situationen.* Damit meine ich, dass wir im Alltag normalerweise in einer von Alfred Schütz[18] so genannten „natürlichen Einstellung" denken: Die Wirklichkeit *ist* so, wie wir sie kennen; wir gehen davon aus, dass die Anderen sie *genauso* sehen, wie wir, weil wir in einer gemeinsamen Welt leben, deren Bedeutungen uns vertraut sind und in der sich die Erfahrungen gleichen. Deshalb erfolgen auch die Definitionen des Anderen nach unseren Typisierungen im Gestus des „das weiß jeder" oder „solche Menschen sind so". Unser

---

17 Wo ich Goffman (1963) zitiere, habe ich den Text selbst übertragen, weil die vorliegende deutsche Übersetzung (Goffman 1963a) an entscheidenden Stellen unverständlich ist.
18 Siehe oben Kap. 5.9 *Praktische Methode, alltägliche Interaktionen in Gang zu halten,* (3) und (4). Zur Einführung in das Werk von Schütz vgl. Abels (2009): Wirklichkeit, Kap. 3.3 *Schütz: Natürliche Einstellungen und Handeln in der Lebenswelt.*

Handeln dem Anderen gegenüber erfolgt auf der Basis des „wie gewohnt" und des „und so weiter".[19] Aus unseren individuellen Erfahrungen erwachsen generelle Erwartungen. Die Konsequenzen für die Definition des Anderen und seines Verhaltens liegen auf der Hand: Die „sicheren" Erwartungen wandeln sich unmerklich in „normative Erwartungen, in zu Recht erhobene Ansprüche" um. (Goffman 1963, S. 2) Erinnern wir uns an die These von William I. Thomas von der Definition der Wirklichkeit, dann ist auch die Relevanz dieser normativen Erwartungen klar: Sie *bewirken* eine bestimmte soziale Identität des Anderen. Sie wird durch unsere „berechtigten Ansprüche" konstruiert!

Goffman fährt fort: „Normalerweise denken wir natürlich nicht darüber nach, dass wir solche Ansprüche erheben und was sie bedeuten. Erst wenn die Frage auftaucht, ob sie erfüllt werden oder nicht, werden sie uns bewusst. Erst dann machen wir uns wahrscheinlich klar, dass wir die ganze Zeit bestimmte Annahmen gemacht haben, was und wie unser Gegenüber sein *sollte*." (Goffman 1963, S. 2, Hervorhebung H. A.) Wenn man genau hinsieht, bilden unsere ersten Annahmen von den Anderen in der Regel nicht ihre *objektive* Wirklichkeit ab, sondern sind Forderungen, die aus einer *konstruierten* Wirklichkeit resultieren. Wegen dieser Differenz nennt Goffman sie auch „abgeleitete" („*in effect*"[20]) Forderungen. Und auch wenn wir einem Individuum einen bestimmten „Charakter" zuschreiben, dann sollten wir nicht vergessen, dass es sich um eine Charakterisierung handelt, die aus dem latenten Rückgriff auf unsere Vorannahmen „abgeleitet" wurde.

Unter dieser Perspektive der *Konstruktion,* die dann tatsächlich auch etwas beim Anderen *bewirkt,* lese ich auch Goffmans Unterscheidung der sozialen Identität (sprich: sozialer Status):

- Die soziale Identität, die jemandem aufgrund bestimmter Merkmale spontan und unreflektiert zugeschrieben wird, nennt Goffman *virtuelle (virtual) soziale Identität*. Es ist also eine unterstellte oder vorgestellte Identität, das Bild, wie er nach unseren ungeprüften Vorerfahrungen mit Menschen dieser Art eigentlich sein müsste.

- Die soziale Identität, die der Andere in einer konkreten Situation durch sein tatsächliches Verhalten zum Ausdruck bringt (und von der er naiv annimmt,

---

19 Vgl. zu den entsprechenden Annahmen von Schütz die letzte Anmerkung.
20 Über diese (ironisierenden?) Anführungszeichen habe ich lange mit Kollegen gegrübelt. Ich interpretiere die Aussage jetzt im Sinne des lateinischen Begriffs „efficere – hervorbringen, bewirken". Danach meint „in effect" die Ableitung aus unseren Vorannahmen, die etwas bewirkt, also das Konstrukt, das dann de facto etwas bewirkt, wie es in der zitierten These von William I. Thomas mitgedacht wird.

dass sie auch als solche zur Kenntnis genommen wird!), bezeichnet Goffman als *tatsächliche (actual) soziale Identität*.[21]

Goffmans Buch „Stigma" handelt von der Definitionsmacht hinter der Zuschreibung der virtuellen sozialen Identität und davon, wie Menschen mit einer *beschädigten* Identität umgehen und welche tatsächliche soziale Identität sie als Gegendefinition ins Spiel bringen. Er beschreibt die Ausgangslage so: „Wenn uns ein Fremder gegenübersteht, kann es sein, dass er eine Eigenschaft besitzt, die ihn von anderen seiner Kategorie unterscheidet; und dass diese Eigenschaft wenig wünschenswert ist. Im Extremfall kann es sich um eine Person handeln, die uns durch und durch schlecht oder gefährlich oder schwach zu sein scheint. In unserer Vorstellung wird sie so von einer vollständigen und normalen Person zu einer, die einen Makel hat und minderwertig ist. Ein solches Merkmal ist ein *Stigma*, besonders dann, wenn seine diskreditierende Wirkung sehr extensiv ist. Ein solches Merkmal wird manchmal auch als Defekt *(failing)*, Mangel oder Handikap bezeichnet. Es schafft eine besondere Diskrepanz zwischen virtueller *(virtual)* und tatsächlicher *(actual)* sozialer Identität." (Goffman 1963a, S. 2f.)

Auf diese Diskreditierung reagieren die einen, indem sie peinlich ihr „Stigma" kaschieren oder sich symbolisch unsichtbar machen, andere stellen ihr „Stigma" besonders heraus oder kompensieren es durch besondere Leistungen auf anderen Gebieten. Die einen wählen eine Kleidung, die körperliche Versehrtheiten verdeckt, die anderen zeigen sportliche Leistungen, die „Normale" staunen machen. Wieder andere provozieren ihre Umgebung durch gezielte Aggressivität, machen also symbolisch die anderen für ihren als geringer erachteten sozialen Status verantwortlich. In allen drei Fällen ist es ein Ringen um einen sozialen Status auf dem gleichen Niveau wie die anderen.

Das bedeutet auch, dass der zugeschriebene soziale Status, die soziale Identität, wie man also „eigentlich" nach den Erwartungen der Anderen sein sollte, außer Kraft gesetzt wird. In vielen Fällen sehen sich denn auch die Stigmatisierten gezwungen, den „Normalen" zu helfen, so zu tun, als ob sie sich so normal wie gegenüber ihresgleichen verhielten. Da poltert ein Beinamputierter im Aufzug fröhlich los, man solle ihm nicht auf seinen Holzfuß treten, und alle sind froh, dass er die Situation entspannt. Wenn dann sogar noch jemand sagt, er würde sich aber auch immer vordrängen, dann haben alle Anderen das Gefühl, sich ganz normal wie gegenüber einem Ihresgleichen verhalten zu haben. Möglicherweise wertet auch der Stigmatisierte das als Zeichen, dass er keinen Sonderstatus hat. Die Dis-

---

21 Nach dem, was ich in der letzten Anmerkung gesagt habe, könnte man hier das Wort „tatsächlich" auch durch das Wort „wirklich" ersetzen, vorausgesetzt, man versteht es als Gegensatz zu Spekulationen und anderen Voreingenommenheiten.

kreditierten leisten also eine doppelte Konstruktion von Normalität – für sich, indem sie sich der Illusion einer Schein-Akzeptanz hingeben, und für die Anderen, denen sie taktvoll die Illusion der Schein-Normalität erleichtern. (vgl. Goffman 1963a, S. 145–153) [22]

Es gibt aber auch die genau umgekehrte Situation, dass die Stigmatisierten in ihrem Sonderstatus gefangen bleiben, weil die „Normalen" nur so mit der Situation fertig werden. So lassen sich Rollstuhlfahrer an der Kasse wohl oder übel nach vorne schieben, weil die Anderen so unbewusst ihre Verlegenheit überspielen. Die meisten Menschen erwarten eben, dass Stigmatisierte ihren Status nach den Kriterien der Anderen definieren. Goffman zitiert einige Erfahrungen, die Stigmatisierte machen mussten, als sie sich nicht an das hielten, was man von ihnen erwartete. So berichtet ein Blinder, wie schockiert die Leute waren, als sie hörten, dass er zum Tanztee gegangen war.[23]

Die normativen Erwartungen sind manchmal so fest, dass der Diskreditierte die Rolle spielen muss, die mit seinem angesonnenen Status verbunden ist. Deshalb ist ihr Handeln auch immer eine Gratwanderung: Sie dürfen nicht so ganz anders sein, dass die Anderen sich nicht an dieses Verhalten anschließen können; ihr Verhalten darf aber auch nicht zu nah an die Grenze des Normalen kommen oder sie gar überschreiten, weil sich dann die Anderen in *ihrem* Anderssein (sprich: ihrer Normalität) irritiert fühlen. Goffman sagt es so: Von den Stigmatisierten wird erwartet, dass sie ihr Glück nicht erzwingen und die ihnen gezeigte Akzeptanz nicht auf die Probe stellen. (vgl. Goffman 1963a, S. 150) Die Stigmatisierten sollen ihren sozialen Status – oder in den Worten Goffmans: ihre soziale Identität – akzeptieren und ihn durch das entsprechende Verhalten konfirmieren!

Fasst man das Anliegen des Buches „Stigma" unter dem Aspekt von Status und Identität zusammen, so kann man sagen: „Techniken der Bewältigung beschädigter Identität", so lautet der Untertitel des Buches „Stigma", sind Techniken, um mit einer abträglichen Definition eines sozialen Status, den die Gesellschaft diktiert hat, fertig zu werden. Aber man darf auch nicht vergessen, dass die wechselseitige Definition – im guten wie im schlechten Sinne! – zwischen „Normalen" Voraussetzung und Form der Interaktion ist.

---

22 Ausführlich dazu Abels (2017): Identität, Kap. 23.4 *Diskreditierte: Korrekturen und doppelte Konstruktion von Normalität* und 23.5 *Diskreditierbare: Täuschen und Informationskontrolle*.

23 Sehen Sie sich unter diesem Aspekt der „normalen Erwartungen" doch einmal den Film „Der Duft der Frauen" (1992) an, in dem der blinde Held (Al Pacino) noch ein letztes Mal das Leben in vollen Zügen genießen will! Die französische Filmkomödie „Ziemlich beste Freunde" (2011) war auch deshalb so erfolgreich, weil das Publikum sich von der eigenen Unsicherheit im Umgang mit Körperbehinderten befreien konnte.

7.6 Statuswechsel, Statuszwang, Transformation von Statusarten (Strauss)

Um den Zusammenhang von Identität, Interaktion und Status geht es auch in einer Arbeit von ANSELM STRAUSS (1916–1996), einem Schüler von Herbert Blumer, die den bezeichnenden Titel „Mirrors and Masks" (Strauss 1959) trägt. Auf der „Suche nach Identität", so der deutsche Untertitel, betrachten wir die Anderen als Spiegel, die das Bild, was wir gerne von uns vermitteln möchten, reflektieren. Um dieses Bild von uns auch gebührend zum Ausdruck zu bringen, treten wir in Masken auf. Es sind Symbole unserer Identität[24] und des *Status*, den wir in einer bestimmen Situation repräsentieren. Strauss versteht unter einem Status die vorläufig *zugewiesene Identität* in einer Gruppe. Status ist also ein *temporäres* Konzept.

Indem wir mit den Anderen interagieren, definieren wir auch deren Status und klassifizieren die gemeinsame Situation nach *unseren* Erwartungen. Wir sind nicht unbefangen und völlig offen, sondern kommen mit dem biographischen Gepäck unserer Erfahrungen in „ähnlichen Situationen und mit solchen Leuten" daher und stellen uns unbewusst auch vor, wie es weitergehen wird und wie sich diese so definierten Anderen verhalten werden: „Wenn wir klassifizieren, stehen unsere Erwartungen notwendig Vergangenheit und Zukunft gegenüber. Erwartungen haben mit folgenreichen Beziehungen zwischen uns und dem Objekt zu tun. Doch Erwartungen beruhen auch auf Erinnerungen an vergangene Erfahrungen mit Objekten, die – so glauben wir – den gegenwärtigen gleichen." (Strauss 1959a, S. 21)

Erwartungen richten sich natürlich nicht nur an die Anderen und deren Status, sondern auch an uns selbst. In jeder Interaktion fragen wir uns – natürlich nicht bewusst! –, wer wir eigentlich in dieser konkreten Situation sind, welchen Status wir den Anderen gegenüber einnehmen, einnehmen wollen oder glauben einnehmen zu sollen. Man darf auch nicht vergessen, dass an der Definition des eigenen Status und der Verortung der Identität nicht nur ein konkretes ego und konkrete alter beteiligt sind, sondern viele Andere. Wir spielen vielleicht unbewusst die Rolle mit, die wir früher in einer ähnlichen Situation gespielt haben, oder nehmen schon eine Rolle vorweg, wie wir sie gerne einmal spielen wollen. Vielleicht meinen wir auch gar nicht den, über den wir uns gerade so aufregen, sondern einen anderen, an den wir uns nicht ran trauen, oder vielleicht wollen wir unbewusst symbolisch etwas wiedergutmachen, was wir früher versäumt haben. Interaktion ist immer auch Interaktion mit „unsichtbaren Dritten", heißt es bei Strauss, und man kann hinzufügen: Identität spiegelt sich nicht nur nacheinander, son-

---

24 Im vorliegenden Kapitel nehme ich einiges vorweg, was gleich in Kap. 8.4 *Spiegel und Masken: die Verortung der sozialen Identität* weiter ausgeführt wird.

dern auch gleichzeitig vor vielen Anderen: „Obwohl nur zwei Hauptdarsteller auf der Bühne stehen, sind auch andere, nur dem Publikum oder einem der beiden Akteure sichtbare Spieler anwesend. Somit kann sich jeder Darsteller, indem er sich auf den Anderen einstellt, zugleich auf einen unsichtbaren Dritten einstellen, als wäre dieser tatsächlich anwesend." (Strauss 1959a, S. 58)

Strauss nimmt nun an, „dass der Modus der Interaktion sich zu jeder Zeit oder in jeder Phase der Interaktion ändert und nicht für ihre gesamte Dauer der gleiche bleibt." (Strauss 1959a, S. 76 f.) Wir ändern dauernd unseren Status und handeln in unterschiedlichen Statusarten. Der Status, hieß es gerade, ist nach Strauss ein temporäres Konzept.

(1) Statuswechsel

Die Interaktion ist ein kompliziertes Wechselspiel von Zuschreibung und Zurückweisung von Statusarten, Ansprüchen und Bewilligungen, Kontrolle und Strategien. (vgl. Strauss 1959a, S. 92 f.) Der Status steht also nicht fest, sondern ist ein Prozess. Er wird in einem Wechselspiel von Zuweisung und Reaktion, Präsentation und Spiegelung ausgehandelt. Jede Person „tritt mit mehr Identitäten als mit ihrem Körper allein in eine Situation ein" (Stone u. Hagoel 1978, S. 49), und sie spielt vor mehr als einem Spiegel. Die wechselseitigen Erwartungen sind deshalb zumindest komplex, oft aber auch widersprüchlich. Das merkt man spätestens dann, wenn das Verhalten des einen den Erwartungen des Anderen nicht entspricht. Dann ist die soziale Definition einer Statusart zunächst einmal unterbrochen, und alter fragt, was die Motive sein könnten, warum sich ego anders als erwartet verhält, während ego an seine Identitätsarbeit geht.

Natürlich ist auch der Fall denkbar, dass es jemandem völlig egal ist, was die Anderen erwarten und was sie von ihm denken, aber der Normalfall ist doch wohl der, dass man „praktische Erklärungen" (Scott u. Lyman 1968) abgibt, warum man sich anders als erwartet verhalten hat. Man *entschuldigt* sich, wenn man die Erwartungen der Anderen für legitim hält, die Definition der Situation also akzeptiert, oder *rechtfertigt* sich, wenn man andere Motivgründe dagegensetzt. Die erste Form, die Kluft zwischen Erwartung und Handlung, zwischen zugeschriebener und präsentierter Identität zu überbrücken, stellt den *status quo ante* (vgl. Scott & Lyman 1968, S. 85) wieder her, repariert also die beschädigte soziale Identität, die zweite definiert den Rahmen um, in der eine andere Identität gelten soll. Und wieder beginnt der Prozess der Spiegelung und der Maskerade. Das Individuum muss aus den Reaktionen der Anderen ablesen, in welchem Status und in welcher sozialen Identität es ab hier angesehen wird, ob man seine Entschuldigung bzw. seinen neuen Identitätsentwurf akzeptiert oder nicht. Aus dieser Spiegelung ergibt sich dann, mit welchen Masken man weitermacht. Und denken wir daran, was wir oben im Anschluss an die deutliche These von Robert Ezra Park gelesen haben:

Wir wählen nicht *irgendeine* Maske, sondern immer die, die unser Bild von uns, wie wir unbewusst sein *wollen*, präsentiert!

Strauss beschreibt dieses Wechselspiel von sozialen Erwartungen an eine bestimmte Statusart auf Zeit und angemessenem eigenen Anzeigen eines Status am Beispiel einer trauernden Person. „Da die trauernde Person in der einen Phase anders handelt als in einer anderen (oder dies von ihr erwartet wird), ist es wesentlich, dass Andere wissen, in welcher Phase sie sich befindet, und dass sie den Anderen diese Information gibt. Sie muss sich letztlich für die Anderen identifizieren." (Strauss 1959a, S. 136 f.) Gegen den möglichen Wunsch, die eigene Identität ganz über die Trauer zu definieren, steht die soziale Erwartung einer angemessenen Form, Dauer und Bewertung von Trauer. Die Erwartung der angemessenen Bewertung beinhaltet, dass das Individuum auch zeigt, welche Facette der sozialen Identität zurzeit die entscheidende ist. Das Beispiel zeigt, dass die soziale Identität und der temporäre soziale Status selbst bei einem so individuellen und intimen Ereignis in die soziale Organisation des Lebens eingebunden sind.

In freien Interaktionsformen gehen Personen von einem Status zum anderen über, und sie wissen auch, wie sie sich der Situation entsprechend zu verhalten haben: „In bestimmten Interaktionsarten kennen die Teilnehmer vorher die verschiedenen Statustypen, die vertreten sein werden, und, wie in religiösen Ritualen, sogar die genaue zeitliche Anordnung der Handlung." (Strauss 1959a, S. 80) Wenn ich mich zum Traualtar begebe, weiß ich, wer welchen Status innehat und wie er sich dementsprechend wohl auch verhalten wird. Doch die allermeisten Interaktionen sind nicht so streng geregelt, und „für die meisten Zwecke braucht die Gesellschaft den Personen ihren Status nicht so streng zuzuweisen oder formale Mechanismen anzuwenden, damit sie sich anständig und angemessen benehmen." (Strauss 1959a, S. 80) Wieso funktioniert es trotzdem? Es gibt zwei Erklärungen: Erstens wissen wir um unseren Status und wissen, wie „man" sich darin verhält, und zweitens, sagt Strauss, reagieren wir höchst sensibel auf Regieanweisungen, die uns sagen, was wir im Augenblick tun oder nicht tun sollen. (vgl. Strauss 1959a, S. 80) Im Klartext: In jeder Interaktion wird die Situation fortlaufend von allen Beteiligten definiert, und das bedeutet auch, dass der *Status definiert* wird, den jeder haben soll und der bestimmtes Handeln festlegt. Mit dem Status wird eine soziale Identität *zugewiesen*.

(2) Statuszwang
Die soziale Identität ist das typische Bild, das Andere in einer typischen Situation von uns haben und das wir als solches wiedererkennen und uns zurechnen. Und auch mit neuen Erwartungen der Anderen kommen wir deshalb in der Regel zurecht, indem wir bewusst oder unbewusst auf ihre ebenfalls bewussten oder unbewussten typischen Regieanweisungen reagieren, wer wir sein sollen.

Der schweizerische Schriftsteller Max Frisch, der wusste, wie Menschen ihre Identität entwerfen und die der Anderen herbeihandeln, hat es so ausgedrückt: „In gewissem Grade sind wir wirklich das Wesen, das die Anderen in uns hineinsehen, Freunde wie Feinde. Und umgekehrt: Auch wir sind die Verfasser der Anderen; wir sind auf eine heimliche und unentrinnbare Weise verantwortlich für das Gesicht, das sie uns zeigen, verantwortlich nicht für die Anlage, aber für die Ausschöpfung dieser Anlage. Wir sind es, die dem Freunde, dessen Erstarrtsein uns bemüht, im Wege stehen, und zwar dadurch, dass unsere Meinung, er sei erstarrt, ein weiteres Glied in jener Kette ist, die ihn fesselt und langsam erwürgt. Wir wünschen ihm, dass er sich wandle, o ja, wir wünschen es ganzen Völkern! Aber darum sind wir noch lange nicht bereit, unsere Vorstellung von ihnen aufzugeben. Wir selber sind oft die letzten, die sie verwandeln. Wir halten uns für den Spiegel und ahnen nur selten, wie sehr der Andere seinerseits eben der Spiegel unseres erstarrten Menschenbildes ist, unser Erzeugnis, unser Opfer." (Frisch 1985, S. 29)

Was sich in jeder Interaktion nachweisen lässt, fällt in einer sozialen Gruppe besonders auf. Da ihre Mitglieder sich in der Regel über einen längeren Zeitraum kennen und in einer dauerhaften Interaktion zueinander stehen, bleibt es gar nicht aus, dass Gruppen „ihre Mitglieder in alle Arten vorläufiger Identitäten hinein- und aus ihnen herauszwingen" können, und sie tun es auch. (Strauss 1959a, S. 81) Das nennt Strauss *Statuszwang*.

Dieser Statuszwang wirkt nach oben und nach unten, hinein und hinaus. So gibt es Mechanismen, jemanden zu beschämen, ihn zu degradieren oder ihn zum Helden zu machen. Auf der horizontalen Ebene reicht der Statuszwang von Vertreibung oder Exkommunizierung bis zur Zulassung zum innersten Kreis einer religiösen Gemeinschaft oder der Aufnahme in den exklusiven Club der Trüffelschweine. Tadel und Lob, Anerkennung und Strafe sind im Grunde Mechanismen der Statuszuweisung in der Absicht, ein bestimmtes Verhalten zu bestärken oder von da an herbeizuführen.

Die Zuschreibung wirkt nicht nur von der Gruppe aus, sondern auch von der Person selbst: „Interaktion trägt das Potential unwissentlicher ebenso wie wissentlicher Zuschreibung von unzähligen Motiven und Charakterzügen (in sich, Ergänzung H. A.) – gegenüber Anderen und sich selbst. Man kann daher sagen, dass Interaktion von Natur aus den Statuszwang impliziert." (Strauss 1959a, S. 87) Dazu ein Beispiel, mit milden Mitteln beim Anderen einen bestimmten Status herbeizureden: Wenn mich die Politesse auf dem Behindertenparkplatz erwischt, werde ich mich vielleicht im Status des armen Sünders präsentieren, der nur ganz ausnahmsweise und in höchster Eile hier gelandet und sowieso gleich wieder weg ist, und sie mit dem Zuspruch, dass sie natürlich völlig Recht hat, in die Rolle der absoluten Herrscherin drängen, die Gnade vor Recht ergehen lassen möge. Natürlich kann ich mein Glück nicht zwingen (und Politessen schon gar nicht!), aber versuchen kann man es ja mal.

(3) Transformation von Statusarten

Strauss benutzt seinen dynamischen Statusbegriff auch zur Erklärung von *biographischer Entwicklung*. Diese Erklärung setzt sich deutlich ab von den beiden traditionellen soziologischen Biographiekonzepten „Laufbahn" bzw. „Variation eines Grundthemas". „Laufbahn" meint, dass die Biographie in Phasen abläuft, durch institutionelle Vorgaben geregelt und der Status im Wesentlichen über das jeweilige Alter und die damit verbundenen Normen definiert ist. Das zweite Konzept, die „Variation eines Grundthemas", unterstellt, dass die Biographie z. B. durch frühkindliche Erfahrungen festgelegt ist und jeder Status, der später eingenommen wird, im Grunde eine Ausformung eines prägenden Grundmusters ist.

Gegen beide Erklärungen setzt Strauss sein Konzept der *Transformation von Statusarten*. Es impliziert, dass sich die Person an wichtigen Kreuzungspunkten des Lebens entscheidet, welchen Status sie einnehmen will oder einnehmen muss. Der Lebenslauf besteht insofern in einer „Serie von Statusübergängen". (Strauss 1959a, S. 116) Die subjektiv empfundene Kontinuität über alle *Statusübergänge* hinweg nennt Strauss *Identität*. In Anlehnung an Erik H. Erikson[25] unterstellt Strauss, dass hinter dem Bedürfnis nach biographischer Identität ein unbewusstes Streben steht, sein Leben im Nachhinein auf die Reihe zu bringen. Identität ist eine Ordnung vom Ende her. Es ist, als ob man jeder Epoche seines Lebens „im Zeichen des Endprodukts einen Sinn gäbe." (Strauss 1959a, S. 158)

Biographische Identität ist also ein Konstrukt – nicht Lüge, aber auch nicht *die* Wahrheit.[26] Diese Konstruktionen (ausdrücklich Plural!) erfolgen laufend und unbewusst. Besonders intensiv sind sie an den „Wendepunkten" der Biographie, an denen ein Status neu definiert werden muss. Solche Wendepunkte können freiwillige Übergänge zu einem neuen Status sein, z. B. beim beruflichen Aufstieg, sie können aber auch durch das Schicksal oder andere Menschen erzwungen werden. Beispiele sind der Verlust eines Partners oder die Einweisung in eine totale Institution.[27] Nach solchen Wendepunkten erfolgt unmerklich oder auch sehr bewusst eine Bewertung des bisherigen Lebens.

---

25 Auf dessen Identitätskonzept komme ich in Kap. 8.5 *Erfahrung eigener Gleichheit, Grundhaltung zur Welt* zu sprechen.
26 Diesen Gedanken, der natürlich manchen guten Glauben erschüttert, habe ich in Kap. 25.2 *Über ‚die' Wahrheit der Biographie und andere Glättungen* im Buch „Identität" (Abels 2017) weiter ausgeführt. Dort spreche ich noch andere Zweifel an, zeige aber auch die guten Perspektiven auf, die sich daraus für eine Identität ergeben, wie wir sie wollen – und können.
27 Vgl. Band 1, Kap. 4.10 *Totale Institutionen*.

Ein besonders drastisches Beispiel für eine Rekonstruktion der Biographie zum Zwecke einer aktuellen Identität sieht Strauss in der Gehirnwäsche. (vgl. Strauss 1959a, S. 127 ff.) Das Opfer empfindet sie als Statuszwang, der einen alten Status auslöscht; aus der Sicht der Täter ist sie Resozialisation für eine neue Identität. Mit der Zuweisung eines Status als jemand, der bis dahin falsch gedacht und gehandelt hat, wird ein Prozess der radikalen Ent-Identifizierung mit alten Werten in Gang gesetzt. Er geht über in die Kritik an diesen Werten und alten Identitäten und die allmähliche „Einsicht" in die „wahren" Werte. Mit dem Bekenntnis zu diesen neuen Werten und der Bestätigung durch neues Handeln ist der Prozess der Identitätstransformation abgeschlossen. Das „umgedrehte" Individuum gehorcht von da an den Verpflichtungen, die mit dem neuen Status verbunden sind, freiwillig.

Was Strauss für die Gehirnwäsche sagt, gilt natürlich auch für religiöse Konversionen und für die Strategien mancher Sekten, in denen der neue Status oft auch durch einen neuen Namen zum Ausdruck gebracht wird. Das bekannteste Beispiel ist der Wandel vom Saulus zum Paulus. Ganz aktuell erleben wir diese Transformation in einen neuen Status und eine neue Identität bei jungen Leuten, die sich zu einem militanten Islamismus radikalisieren und sich auch neue Namen geben. Immer aber gilt, dass mit dem neuen Status die frühere Identität neu definiert wird. Entweder gilt sie als Vorgeschichte, in der sich das Spätere schon abzeichnete, oder als Zeit des Irrtums, die nun endlich überwunden wurde.

7.7 Investive Statusarbeit (Schimank u. a.)

Der soziale Status ist im Anspruch der Individuen und in der Erwartung der Bezugsgruppen implizit oder auch explizit, mehr oder weniger mit einem bestimmten Lebensstil und einer entsprechenden Lebensführung verbunden. Dieser Zusammenhang ist in der Soziologie immer wieder diskutiert worden. In chronologischer Reihenfolge nenne ich die in dieser Einführung behandelten Thesen von Thorstein Veblen[28] zum demonstrativen Müßiggang und Konsum der feinen Leute, Max Weber[29] über rationale und ständische Lebensführung, Helmut Schelsky[30] zur Nivellierung des Mittelstandes, Pierre Bourdieu[31] zum Kampf um den sozialen Status und feine Unterschiede und schließlich von Stefan Hradil[32] zum

---

28 Siehe oben Kap. 7.3 *Demonstrativer Müßiggang und Konsum der feinen Leute.*
29 Vgl. Band 1, Kap. 10.5 *Asketischer Protestantismus und rationale Lebensführung.*
30 Vgl. Band 1, Kap. 8.5 *Entschichtung: Die nivellierte Mittelstandsgesellschaft.*
31 Siehe oben Kap. 7.4 *Der Kampf um den sozialen Status: Habitus und feine Unterschiede.*
32 Vgl. Band 1, Kap. 9.5 *Soziale Lagen, soziale Milieus, Lebensstile.*

Zusammenhang von sozialem Milieu und Lebensstil. Seit Jüngerem gibt es eine Debatte um die Lage der Mittelschicht, zu der sich in Deutschland (wie auch in fast allen Ländern Westeuropas) weit mehr als die Hälfte der Bevölkerung rechnet. Politisch bildet sie das größte Wählerpotential, besetzt die wichtigsten Positionen in Staat, Verwaltung und Wirtschaft; gesellschaftlich und kulturell hat die Mittelschicht traditionell den größten Einfluss auf die öffentliche Diskussion über Mode, Lebensführung und modernen Lebensstil. Insofern ist die Frage, welchen sozialen Status die Angehörigen der Mittelschicht für sich reklamieren und was sie tun, um diesen Status zu erhalten, soziologisch höchst relevant.

Einen Weg, wo Antworten zu suchen wären, weisen Schimank, Mau und Groh-Samberg in ihrem Buch „Statusarbeit unter Druck? Zur Lebensführung der Mittelschichten" (Schimank u. a. 2014). Als Kriterien, die spätestens seit den 1980er Jahren „dominierende sozialstrukturelle Großgruppe" der Mittelschichten zu bestimmen, nennen die Autoren einen „mittleren Bildungsabschluss sowie ein mittleres Einkommen mitsamt einem damit verbundenen auskömmlichen Lebensstandard". (Schimank u. a. 2014, S. 19) Inhaltlich fragen Schimank u. a. nun, was „die generelle Logik der Lebensführung der Mittelschichten ist", und definieren ihren Lebensmodus in einer ersten Antwort als „investive Statusarbeit". (Schimank u. a. 2014, S. 15 f.) Im Hintergrund dieser Antwort steht Bourdieus[33] These, dass die soziale Lage einer Person und ihr damit gegebener Habitus vor allem als Kombination von ökonomischem und kulturellem Kapital zu verstehen ist: Der spezifische Lebensführungsmodus der Mittelschicht ist „auf den Erhalt und, wo möglich, die Verbesserung des sozialen Status durch beständiges Investieren ökonomischen und kulturellen Kapitals ausgerichtet". (Schimank u. a. 2014, S. 23)

Tragende Säulen der auf Sicherung und Ausbau des sozialen Status ausgerichteten Lebensführung sind zum einen ein „Leistungsethos" und zum anderen ein „Planungsimperativ". (Schimank u. a. 2014, S. 30) Die Statusarbeit beinhaltet nicht nur entsprechende vielfältige „Bemühungen um Statussicherung und, wenn möglich, Statusverbesserung", sondern besteht auch in einer angemessenen „Statusdarstellung". Zu dieser Darstellung zählen z. B. Praktiken des von Veblen beschriebenen demonstrativen Konsums (Kleidung, Wohnungseinrichtung, Automarke, Urlaubsort) und „darüber hinaus auch nicht konsumgetragene Einstellungen und Praktiken wie ästhetischer, weltanschaulicher oder politischer Präferenzen." (Schimank u. a. 2014, S. 31 f.)

Wie verhalten sich nun die Angehörigen der Mittelschichten, wenn ihr sozialer Status aus irgendwelchen Gründen irritiert wird? Wie sehen ihre Strategien der Statussicherung aus? Welche Praktiken wenden sie an? Schimank u. a. stellen dazu

---

33 Siehe oben Kap. 2.12 *Inkorporation eines Klassenhabitus* und 7.4 *Der Kampf um den sozialen Status: Habitus und feine Unterschiede*.

eine „Typologie von Praktiken des Bewältigungshandelns" gegenüber Irritationen und Investitionsstörungen vor. (Schimank u. a. 2014, S. 58 f. u. S. 71)
„Je stärker die Irritationen sind und je kritischere Punkte der Statusarbeit sie betreffen, desto mehr unterliegen Mittelschichtangehörige der Erwartung einer möglichst planvollen Bewältigung der Irritationen" und wenden den Planungsimperativ, unter dem ihr Leben ohnehin steht, reflexiv auf ihre Planung an: „Sobald Lebensplanung nachhaltig ins Stolpern gerät, soll sozusagen ‚Plan B' exekutiert werden, der dafür sorgt, dass die Lebensplanung wieder Tritt fasst." Nach einer „systematischen Problemsondierung" und Abwägung vernünftiger Alternativen wird „ein *nachhaltiges Neuarrangement* des betreffenden Aspekts der Lebensführung implementiert". (Schimank u. a. 2014, S. 71 f.) Dieses nachhaltige Neuarrangement der Statussicherung droht allerdings angesichts komplexer und vielfältiger Irritationen und manchmal knapper Zeit zu scheitern, sei es, dass sich die Individuen zu viel vornehmen oder zu wenig riskieren. Deshalb ist es wahrscheinlicher, dass sie „weniger anspruchsvolle Praktiken" der Statusarbeit wählen. (Schimank u. a. 2014, S. 74)

Gehen wir noch einmal einen Schritt, vor den Versuch eines planvollen Neuarrangements, zurück und betrachten das Spektrum der Bewältigungspraktiken („coping-Praktiken") gegenüber Irritationen insgesamt. Da sind auf der einen Seite passive und auf der anderen aktive Coping-Praktiken. Eine passive Coping-Praktik wäre die „*mentale Anpassung.* Dieses in manchen Erscheinungsformen nahe am hilflosen Erleiden angesiedelte Coping ist in dem Sinne zunächst passiv, dass nicht sogleich mit irgendeiner Art von Handeln auf Irritationen reagiert wird. Vielmehr werden kognitive, normative oder evaluative Orientierungen angepasst – etwa als Verlagerung von Ambitionen von einem Lebensziel auf ein anderes, z. B. von beruflicher Karriere auf ein glückliches Familienleben, als Anspruchsreduktion hinsichtlich Lebenszielen oder Lebenschance oder als Umdefinition z. B. von beruflichem Stress in eine ‚sportliche Herausforderung'." (Schimank u. a. 2014, S. 75 f.) Dieses Coping liegt ganz nahe bei einer anderen Praktik, mit der manche Angehörige der Mittelschicht auf die Herausforderungen eines sich rasant verändernden Arbeitsmarktes reagieren. Sie sehen sich mit einer Abwertung ihrer Qualifikationen und scharfer Konkurrenz auf einem unübersichtlichen und komplexen Markt konfrontiert. Eine typische „mittelschichtsspezifische Ambition besteht darin, auch bei einer ungünstigen Marktlage mindestens den Werterhalt des eigenen ökonomischen und kulturellen Kapitals und damit einen Statuserhalt zu erreichen." Die eher auf Sicherheit Bedachten stellen Ansprüche auf Statussteigerung zurück, hoffen im Zuge allgemeiner Lohnsteigerungen darauf, dass sie „relativ zu anderen nicht zurückfallen", und versuchen kulturell mit dem Zeitgeist mitzuhalten. (vgl. Schimank u. a. 2014, S. 37 f.) Eine andere Coping-Praktik, die zwischen Aktivität und Passivität changiert, besteht darin, *Zeit zu gewinnen:* „Man bemüht sich, Irritationen, denen man vorerst wehrlos ausgesetzt ist, auszusitzen, und sorgt so zumindest dafür, dass man weiterhin ‚am Ball bleibt'. (...) Dahinter steht die Hoffnung, dass die Irritationen irgendwann, auch ohne eigenes Zutun verschwinden oder sich bessere Gelegenheiten für ein aktiveres Coping bieten." (Schimank u. a. 2014, S. 76 f.)

Kommen wir zu den aktiven Coping-Praktiken. Die erste bezeichnen die Autoren als *„micro-resistance",* und meinen damit, dass sich die Individuen nur „niederschwellig aktiv zur Wehr" setzen. Hier geht es „vor allem um Identitätsbehauptung gegenüber irritierenden Handlungszumutungen. (...) Typische Praktiken sind Verzögerungen und andere Arten von heimlicher Sabotage oder auch ‚Dienst nach Vorschrift'. (...) Die Irritationen werden nicht zum Verschwinden gebracht; aber man demonstriert ohne großen Aufwand oder hohe Risiken, dass man die Irritationen als solche empfindet und missbilligt." (Schimank u. a. 2014, S. 76) Im Grunde wird der soziale Status durch einen widerständigen individuellen Status kaschiert. Eine andere aktive Coping-Praktik ist *Mehr Einsatz:* Man strengt sich mehr an „in der Hoffnung, so Schwierigkeiten überwinden und die Normalität wiederherstellen zu können." (Schimank u. a. 2014, S. 77) Dieses Coping kommt vermehrt im Beruf und in partnerschaftlichen Beziehungen vor. Ein tatsächlicher (oder auch nur vorgestellter!) sozialer Status soll wiederhergestellt werden. Schließlich ist die Bewältigungsstrategie des *Exit* zu nennen: „Wenn man die Lage (...) so einschätzt, dass man Irritationen nicht selbst bewältigen kann, (...) kann der – nicht bloß mentale oder, wie bei micro-resistance, symbolische – Rückzug aus den jeweiligen Störfeldern eine noch verbleibende Möglichkeit des Coping sein." Man kündigt den Beruf oder lässt sich scheiden, alles in der Hoffnung, „dass anderswo die jeweiligen Irritationen nicht oder in geringerem Maße existieren." (Schimank u. a. 2014, S. 78)

Die bisher geschilderten Typen des aktiven Coping „sind überwiegend restitutiv in dem Sinne, dass sie möglichst die ursprünglichen Verhältnisse (sprich: die Bedingungen des tatsächlichen oder auch nur reklamierten sozialen Status, Ergänzung H. A.) wieder herstellen wollen, wovon das Beharren auf Besitzstandswahrung eine Ausprägung ist." Eine andere Strategie, den Status angesichts von Irritationen zu sichern, nennen die Autoren *Improvisation:* Improvisation ist „innovativ ausgerichtet" und sucht (...) mit bescheidenem Aufwand ad hoc nach neuen Wegen der Irritationsbewältigung – diesbezüglich analog zum planvollen Neuarrangement der Lebensführung." Diese manchmal auch als moderne Bastler bezeichneten Individuen greifen schnell und „ohne größeres Nachdenken auf situativ bereitstehende Ressourcen und gegebenenfalls mobilisierbare Andere" in ähnlicher Lage zurück. Man kopiert anscheinend erfolgreiche Alternativen, die die Anderen gewählt haben, und „wartet dann ab, wie sich die Dinge weiter entwickeln." (Schimank u. a. 2014, S. 79)

Am Beispiel der sozialen Mittelschichten kann man ermessen, wie geboten Statusarbeit werden kann und wie anstrengend es ist, den sozialen Status auf einem gewünschten Niveau zu halten.

Zitierte Literatur

Abels, Heinz (2009): Wirklichkeit. Wiesbaden: VS Verlag für Sozialwissenschaften
— (2017): Identität. Wiesbaden: VS Verlag für Sozialwissenschaften, 3., überarbeitete und erweiterte Aufl.
Becker, Rolf; Zimmermann, Ekkart (1995): Statusinkonsistenz im Lebensverlauf. Eine Längsschnittstudie über Statuslagen von Männern und Frauen in den Kohorten 1929–31, 1939–41 und 1949–51. In: Zeitschrift für Soziologie, Jg. 24
Bornschier, Volker; Heintz, Peter (1977): Statusinkonsistenz und Schichtung: Eine Erweiterung der Statusinkonsistenztheorie. In: Zeitschrift für Soziologie, Jg. 6
Bourdieu, Pierre (1967): Der Habitus als Vermittlung zwischen Struktur und Praxis. In: Bourdieu (1970a): Zur Soziologie der Symbolischen Formen. Frankfurt am Main: Suhrkamp, 1. Aufl. 1974
— (1979): Die feinen Unterschiede. Kritik der gesellschaftlichen Urteilskraft. Frankfurt am Main: Suhrkamp, Nachdruck 1999
— (1983a): siehe Zimmermann (1983)
— (1984): Sozialer Raum und „Klassen". In: Bourdieu (1985): Sozialer Raum und „Klassen". Frankfurt am Main: Suhrkamp
— (1993): Position und Perspektive. In: Bourdieu u. a. (1993)
Bourdieu, Pierre; u. a. (1993): Das Elend der Welt. Zeugnisse und Diagnosen alltäglichen Leidens an der Gesellschaft. Konstanz: UVK Verlagsgesellschaft, 1997
Cooley, Charles H. (1902): Human nature and the social order. New Brunswick: Transaction Books, rev. edition 1922, 1983
Enzensberger, Hans Magnus (1976): Von der Unaufhaltsamkeit des Kleinbürgertums. Eine soziologische Grille. In: Kursbuch 45
Form, William H.; Stone, Gregory P. (1957): Urbanism, anonymity, and status symbolism. In: American Journal of Sociology, Vol. 62
Frisch, Max (1985): Tagebuch 1946–1949. Frankfurt am Main: Suhrkamp
Goffman, Erving (1963): Stigma. Notes on the management of spoiled identity. Englewood Cliffs: Prentice Hall
— (1963a): Stigma. Über Techniken der Bewältigung beschädigter Identität. Frankfurt am Main: Suhrkamp, 12. Aufl. 1996
Hartley, Eugen L.; Hartley, Ruth E. (1952): Die Grundlagen der Sozialpsychologie. Berlin: Rembrandt, 2. Aufl. 1969
Hartmann, Heinz (Hrsg.) (1967): Moderne amerikanische Soziologie. Stuttgart: Enke, 2. Aufl. 1973
Hartmann, Michael (2002): Leistung oder Habitus? Das Leistungsprinzip und die soziale Offenheit der deutschen Wirtschaftselite. In: Bittlingmayer u. a. (Hrsg.) (2002): Theorie als Kampf? Opladen: Leske + Budrich

Hofstätter, Peter R. (1959): Einführung in die Sozialpsychologie. Stuttgart: Kröner, 3. Aufl. 1963

Homans, George Caspar (1974): Social behavior. Its elementary forms. New York: Harcourt, rev. edition

Klima, Rolf (2007): Artikel Prestige. In: Fuchs-Heinritz u. a. (Hrsg.) (2007): Lexikon zur Soziologie, 4., grundlegend überarbeitete Aufl. Wiesbaden: VS

Kluth, Heinz (1957): Sozialprestige und sozialer Status. Stuttgart: Enke

Linton, Ralph (1936a): Mensch, Kultur und Gesellschaft. Stuttgart: Hippokrates, 1979

— (1945): Rolle und Status. In: Hartmann (Hrsg.) (1967)

Merton, Robert K. (1957b): Der Rollen-Set. In: Hartmann (Hrsg.) (1967)

Mill, John Stuart (1848): Grundsätze der politischen Ökonomie nebst einigen Anwendungen derselben auf die Gesellschaftswissenschaft. Hamburg: Perthes-Besser und Mauke, 2. Aufl. 1864

Müller, Hans-Peter (1992): Sozialstruktur und Lebensstile. Der neuere theoretische Diskurs über soziale Ungleichheit. Frankfurt am Main: Suhrkamp

Packard, Vance (1959): Die unsichtbaren Schranken. Theorie und Praxis des Aufstiegs in der „klassenlosen" Gesellschaft. Düsseldorf: Econ

Parsons, Talcott (1939): Aktor, Situation und normative Muster. Frankfurt am Main: Suhrkamp, 1986

— (1940a): Ansatz zu einer analytischen Theorie der sozialen Schichtung. In: Parsons (1964): Beiträge zur soziologischen Theorie. Hrsg. von Dietrich Rüschemeyer. Neuwied: Luchterhand

Pastner, Ulli (1996): Titel, Status und Prestige – Die symbolische Welt der Betriebe. In: Flecker u. Hofbauer (Hrsg.) (1996): Vernetzung und Vereinnahmung. (ÖZS, Sonderband 3) Opladen: Westdeutscher Verlag

Rosenthal, Robert; Jacobson, Lenore (1968): Pygmalion im Unterricht. Lehrererwartungen und Intelligenzentwicklung der Schüler. Weinheim: Beltz, 1971

Scheuch, Erwin K.; Daheim, Hans-Jürgen (1961): Sozialprestige und soziale Schichtung. In: Kölner Zeitschrift für Soziologie und Sozialpsychologie, 13. Jg.

Schimank, Uwe; Mau, Steffen; Groh-Samberg, Olaf (2014): Statusarbeit unter Druck? Zur Lebensführung der Mittelschichten. Weinheim: Beltz Juventa

Scott, Marvin B.; Lyman, Stanford M. (1968): Praktische Erklärungen. In: Auwärter u. a. (Hrsg.) (1976): Seminar: Kommunikation, Interaktion, Identität. Frankfurt am Main: Suhrkamp

Stone, Gregory P.; Hagoel, Lea (1978): Über den Umgang mit Motiven. In: Hammerich u. Klein (Hrsg.) (1978): Materialien zur Soziologie des Alltags. Kölner Zeitschrift für Soziologie und Sozialpsychologie, Sonderheft 20. Opladen: Westdeutscher Verlag

Strauss, Anselm L. (1959): Mirrors and Masks. The Search for Identity. New York: The Sociology Press

— (1959a): Spiegel und Masken. Die Suche nach Identität. Frankfurt am Main: Suhrkamp, 1968

Thomas, William I. (1927): The Polish peasant. Auszug in: Thomas (1965)

— (1965): Person und Sozialverhalten. Neuwied: Luchterhand

Zitierte Literatur

Thomas, William I.; Thomas, Dorothy S. (1928): Das Kind in Amerika. In: Thomas (1965)
Veblen, Thorstein (1899): Die Theorie der feinen Leute. München: dtv, 1971
Warner, William L.; Lunt, Paul S. (1942): The status system of a modern community. New Haven: Yale University Press
Warner, William L.; u. a. (1949): Social class in America. Chicago: Science Research Ass.
Weber, Max (1922): Wirtschaft und Gesellschaft. Tübingen: Mohr, 3. Aufl. 1947
Zelditch, Morris jr. (1968): Social status. In: Sills (ed.) (1968): International Encyclopedia of the Social Sciences, vol. 15 New York: Macmillan, repr. 1972
Zimmermann, Hans Dieter (1983): Die feinen Unterschiede oder: Die Abhängigkeit aller Lebensäußerungen vom sozialen Status. Ein Gespräch mit dem französischen Soziologen Pierre Bourdieu. In: L'80. Demokratie und Sozialismus. Köln: Verlagsgesellschaft

Identität 8

Inhalt:
8.1 Soziale Kreise, individuelles Gesetz, Übertreibung der Individualität (Simmel)   324
8.2 Identität – sich mit den Augen des Anderen sehen (Mead)   328
8.3 Die Präsentation des Selbst im Alltag (Goffman)   332
8.4 Spiegel und Masken: die Verortung der sozialen Identität (Strauss)   339
8.5 Erfahrung eigener Gleichheit, Grundhaltung zur Welt (Erikson)   342
8.6 Außenleitung: Identität bleibt offen, Individualität folgt dem Trend (Riesman)   347
8.7 Identität als System der Strukturerhaltung der Persönlichkeit (Parsons)   353
8.8 Autonomie des Subjekts in und gegen Rollen, Ich-Identität als Balance (Habermas, Krappmann)   356
8.9 Die Krise der modernen Identität (Berger, Berger und Kellner)   362
8.10 Habitus und ein Subjekt in Anführungszeichen (Bourdieu)   366
8.11 Individualisierung – strukturelle Bedingungen der Gewinnung und Behinderung von Identität (Beck)   369
8.12 Krise der Lebenswelt, Ende der Eindeutigkeit, Identitätsarbeit (Habermas, Giddens, Bauman, Sennett, Keupp, Reckwitz)   374
    Literatur   386

Identität ist das Bewusstsein, ein unverwechselbares Individuum mit einer eigenen Lebensgeschichte zu sein, in seinem Handeln eine gewisse Konsequenz zu zeigen und in der Auseinandersetzung mit Anderen eine Balance zwischen individuellen Ansprüchen und sozialen Erwartungen gefunden zu haben. Wenn der Begriff „Identität" in der gehobenen Alltagsdiskussion überhaupt vorkommt, dann meist als ungefährer Anspruch im Sinne der gerade gegebenen Definition. Die moderne soziologische Diskussion fragt nach den strukturellen kulturellen und sozialen Bedingungen für die Entstehung von Identität, und sehr oft schwingt in dieser Diskussion die Vermutung mit, dass Identität nicht gelingt oder gefährdet ist. Deshalb trägt mein Buch über Identität (Abels 2017) auch den Untertitel: „Über die Entstehung des Gedankens, dass der Mensch ein Individuum ist, den nicht leicht zu verwirklichenden Anspruch auf Individualität und Kompetenzen, Identität in einer riskanten Moderne zu finden und zu wahren."

8.1 Soziale Kreise, individuelles Gesetz, Übertreibung der Individualität (Simmel)

Zur Vorgeschichte der soziologischen Diskussion über Identität gehört GEORG SIMMELS (1858–1918) These zur *Individualität*. Dabei muss man zwischen einer *objektiven* Individualität, die dem Menschen zukommt, weil er in einem *einzigartigen Schnittpunkt sozialer Kreise* steht und jedes Leben einem *individuellen Gesetz* folgt, auf der einen Seite und dem Bedürfnis und den Chancen des Menschen, sich in seiner *subjektiven* Individualität zu behaupten, auf der anderen Seite unterscheiden. Wie es zu diesem Bedürfnis kommt und wie es um die Strategien und Chancen bestellt ist, es zu befriedigen, das zeigt Simmel am Typus großstädtischer Individualitäten.

Blicken wir zunächst auf das Konzept der *sozialen Kreise*. Gesellschaft, so habe ich Simmel oben[1] zitiert, ist „da vorhanden, wo mehrere Individuen in Wechselwirkung treten". Sie *wirken* durch ihr Handeln fortlaufend aufeinander ein und *werden* durch ihr Handeln *wechselseitig bewirkt*. Deshalb spricht Simmel auch eher von „Vergesellschaftung" als von „Gesellschaft". (Simmel 1894, S. 54 u. 57 Anm.) Die Anlässe und Formen der Vergesellschaftung ändern sich im Laufe des Lebens. Ist der Einzelne zunächst in Gruppen eingebunden, die mit seiner Geburt gegeben sind, nimmt er mit fortschreitender Entwicklung zu Anderen Kontakt auf, die „durch sachliche Gleichheit der Anlagen, Neigungen und Tätigkeiten usw. eine Beziehung zu ihm besitzen." (Simmel 1890, S. 238) Dadurch ergeben sich Konstellationen, die Simmel „soziale Kreise" nennt. Das sind objektive Gebilde, die hauptsächlich über Inhalte und Zwecke definiert sind wie z.B. Schulklassen, Arbeitsgruppen im Betrieb, lokale Initiativen oder Parteien. Die Differenzierung der Gesellschaft und die Spezialisierung der Tätigkeiten führen dazu, dass die Individuen in zahlreiche soziale Kreise gleichzeitig eingebunden sind. Objektiv ist Individualität dadurch gegeben, dass die individuelle Kombination der vielen Kreise einzigartig ist und weil es unwahrscheinlich ist, dass ein zweites Individuum in demselben Schnittpunkt dergleichen sozialen Kreise vorkommt. (vgl. Simmel 1890, S. 240 f.)

---

1 Siehe oben Kap. 5.1 *Wechselwirkung und Vergesellschaftung*.

In dem Zusammenhang muss man aber schon auf die Bedingung der subjektiven Individualität durch die objektiven sozialen Kreise vorgreifen: In den jeweiligen sozialen Kreisen gibt es Erwartungen, die nicht nur für ein bestimmtes Individuum, sondern grundsätzlich für alle Individuen gelten, die in einen solchen Kreis gestellt sind. Sie sehen sich mit einem je Allgemeinen konfrontiert, dem sie sich nicht entziehen können. Aber diese Spannung muss man differenziert betrachten: Je zahlreicher nämlich die sozialen Kreise sind, in denen eine Person vorkommt, umso geringer ist das Gewicht jedes einzelnen Kreises für ihre Persönlichkeit; der Einzelne wird von keinem Kreis ganz bestimmt. Und weiter: Je komplexer ein sozialer Kreis ist, umso diffuser sind die allgemeinen Erwartungen, und umso größer ist der Spielraum des Einzelnen.

Neben die sozialstrukturelle Erklärung von Individualität stellt Simmel eine zweite, die er als „individuelles Gesetz" bezeichnet. Jedes Individuum ist durch eine unverwechselbare Lebensgeschichte geprägt: Aus dem individuellen „Lauf des Lebens" mit seinen typischen „Maßstäben" und besonderen „Inhalten" ergibt sich „jener unbeschreibliche Stil und Rhythmus einer Persönlichkeit, ihre Grundgeste, die jede ihrer, durch die Gegebenheitsfaktoren hervorgerufenen Äußerungen zu etwas unverwechselbar *ihr* Zugehörigem macht", oder anders: „wie jeder Pulsschlag eines lebendigen Wesens durch alle seine vergangenen Pulsschläge bedingt ist, so kann auch in diesem Prozess nichts verlorengehen, der nicht nur die Tat, sondern auch das Sollen jedes Augenblicks zum Erben und Verantwortungsträger alles dessen macht, was wir je waren, taten und sollten." (Simmel 1913, S. 228 ff.)

Die These vom individuellen Gesetz darf nicht den *Dualismus* übersehen machen, in dem der Mensch grundsätzlich steht: Wie er sich entwickelt und was er tut, das hängt auch von den objektiven Bedingungen ab, die er zwar selbst geschaffen hat, über die er aber nicht mehr vollständig oder allein verfügt. Den Dualismus zwischen Subjekt und Objekt, zwischen Individuum und Gesellschaft skizziert Simmel so: Der Mensch ordnet sich „nicht fraglos (...) in die natürliche Begebenheit der Welt" ein, sondern stellt sich „fordernd, ringend, vergewaltigend" ihr gegenüber, aber er wird und ist auch selbst „vergewaltigt": Sein „Geist erzeugt unzählige Gebilde, die in einer eigentümlichen Selbständigkeit fortexistieren, unabhängig von der Seele, die sie geschaffen hat. (...) So sieht sich das Subjekt der Kunst wie dem Recht gegenüber, der Religion wie der Technik, der Wissenschaft wie der Sitte – nicht nur von ihrem Inhalt bald angezogen, bald abgestoßen, jetzt mit ihnen verschmolzen wie mit einem Stück des Ich, bald in Fremdheit (...) gegen sie." (Simmel 1911, S. 116)

Die Produkte des menschlichen Geistes, von Simmel auch „Kulturinhalte" oder „objektiver Geist" genannt, verselbständigen sich, folgen ihrer eigenen Sachlogik, und der Mensch wird zum „bloßen Träger des Zwanges, mit dem diese

Logik die Entwicklungen beherrscht." Und es kommt etwas anderes hinzu: Sie wachsen und wachsen mit einer „verhängnisvollen Selbständigkeit (...), oft fast beziehungslos zu dem Willen und der Persönlichkeit und der Produzenten und wie unberührt von der Frage, von wie vielen Subjekten überhaupt" und in welchem Maße sie aufgenommen werden. (Simmel 1911, S. 140 u. 142) Und dann bemüht Simmel ein berühmtes Bild: „Der ‚Fetischcharakter', den Marx den wirtschaftlichen Objekten in der Epoche der Warenproduktion zuspricht, ist nur ein besonders modifizierter Fall dieses allgemeinen Schicksals unserer Kulturinhalte. Diese Inhalte stehen – und mit steigender ‚Kultur' immer mehr – unter der Paradoxie, dass sie zwar von Subjekten geschaffen und für Subjekte bestimmt sind, aber (...) einer immanenten Entwicklungslogik folgen und sich damit ihrem Ursprung wie ihrem Zweck entfremden." Und die Konsequenz liegt auf der Hand: Sie wecken „künstliche und, von der Kultur der Subjekte her gesehen, sinnlose Bedürfnisse", und „der ins Unabsehbare wachsende Vorrat des objektivierten Geistes (...) schlägt (das Individuum, Ergänzung H. A.) mit Gefühlen eigener Unzulänglichkeit und Hilflosigkeit." (Simmel 1911, S. 140 f. u. 143)

Das ist der Hintergrund, vor dem Simmel die typische Individualität der Moderne beschreibt und erklärt. Er beginnt mit dem Hinweis auf den schon mehrfach angesprochenen Dualismus von Individuum und Gesellschaft: „Die tiefsten Probleme des modernen Lebens quellen aus dem Anspruch des Individuums, die Selbständigkeit und Eigenart seines Daseins gegen die Übermächte der Gesellschaft, des geschichtlich Ererbten, der äußerlichen Kultur und Technik des Lebens zu bewahren." (Simmel 1903, S. 116)

Diesen Anspruch des Individuums bzw. die – wie sich zeigen wird – „Anpassungen", durch die sich die Persönlichkeit „mit den ihr äußeren Mächten abfindet", verdeutlicht Simmel nun an der *großstädtischen Individualität*. Deren psychologische Grundlage „ist die *Steigerung des Nervenlebens,* die aus dem raschen und ununterbrochenen Wechsel äußerer und innerer Eindrücke hervorgeht". (Simmel 1903, S. 116) Würde das Individuum auf diese zahllosen Eindrücke und flüchtigen Begegnungen mit so vielen inneren Reaktionen antworten wie in der kleinen Stadt, wo jeder jeden kennt, würde es „sich innerlich völlig atomisieren und in eine ganz unausdenkbare seelische Verfassung geraten." Deshalb hat sich in der Großstadt eine Schutzreaktion gegen höchst differenzierte Reize herausgebildet, die Simmel „Blasiertheit" nennt. „Das Wesen der Blasiertheit ist die Abstumpfung gegen die Unterschiede der Dinge, nicht in dem Sinne, dass sie nicht wahrgenommen würden, wie von dem Stumpfsinnigen, sondern so, dass die Bedeutung und der Wert der Unterschiede der Dinge und damit der Dinge selbst als nichtig empfunden wird. Sie erscheinen dem Blasierten in einer gleichmäßig matten und grauen Tönung, keines wert, dem anderen vorgezogen zu werden." (Simmel 1903, S. 121 ff.)

Diese Blasiertheit ist mit einer gewissen „Reserve", ja „leisen Aversion" gepaart, mit der wir auf flüchtige Begegnungen ebenso wie z. B. auf jahrelange Hausnachbarn reagieren. Doch gerade diese innere Reserve gewährt dem Individuum der Großstadt „eine Art und ein Maß persönlicher Freiheit", wie es sie in einem kleineren sozialen Kreis nicht geben kann; in der Kleinstadt kennt jeder jeden, und der Kreis wacht peinlich „über die Leistungen, die Lebensführung, die Gesinnungen des Individuums". (Simmel 1903, S. 123 ff.) Dieser Kontrolle ist der Großstadtmensch nicht ausgesetzt, aber ist er deshalb wirklich frei? Ist die Form seiner Individualität nicht ebenfalls von außen bestimmt? Simmel gibt darauf zwei Antworten.

Da ist einmal der Versuch des Individuums, „die eigene Persönlichkeit" dadurch zur Geltung zu bringen, dass es sich als anders, unterschiedlich und besonders darstellt und dadurch „das Bewusstsein des sozialen Kreises irgendwie für sich zu gewinnen" sucht. Das verführt „zu den tendenziösesten Wunderlichkeiten" und zu „spezifisch großstädtischen Extravaganzen (…), deren Sinn gar nicht mehr in den Inhalten solchen Benehmens, sondern nur in seiner Form des Andersseins, des Sich-Heraushebens und dadurch Bemerklichwerdens liegt"; es ist für viele „das einzige Mittel, auf dem Umweg über das Bewusstsein der Anderen irgendeine Selbstschätzung und das Bewusstsein, einen Platz auszufüllen, für sich zu retten." (Simmel 1903, S. 128 f.)

Die Präsentation der Individualität in der Großstadt lebt nicht aus einem inneren, selbst bestimmten Prinzip heraus, sondern davon, wie man bei den Anderen ankommt!

In demselben Sinne wie die auffällige Präsentation individueller Besonderheit, fährt Simmel fort, „wirkt ein unscheinbares, aber seine Wirkungen doch wohl merkbar summierendes Moment: die Kürze und Seltenheit der Begegnungen, die jedem Einzelnen mit dem Anderen – verglichen mit dem Verkehr der kleinen Stadt – gegönnt sind. Denn hierdurch liegt die Versuchung, sich pointiert, zusammengedrängt, möglichst charakteristisch zu geben, außerordentlich viel näher, als wo häufiges und langes Zusammenkommen schon für ein unzweideutiges Bild der Persönlichkeit im Anderen sorgen." (Simmel 1903, S. 129) Individualität muss in kürzester Zeit und pointiert zum Ausdruck gebracht werden.

Die zweite Antwort auf die Frage, wie frei der Großstadtmensch wirklich ist und ob die Form seiner Individualität nicht ebenfalls von außen bestimmt ist, hängt mit der ersten aufs Engste zusammen und lautet so: „Der tiefste Grund indes, aus dem gerade die Großstadt den Trieb zum individuellsten persönlichen Dasein nahelegt – gleichviel ob immer mit Recht und immer mit Erfolg – scheint mir dieser. Die Entwicklung der modernen Kultur charakterisiert sich durch das Übergewicht dessen, was man den objektiven Geist nennen kann, über den subjektiven. (…) Diese Diskrepanz ist im wesentlichen der Erfolg wachsender Arbeitsteilung; denn eine solche verlangt vom Einzelnen eine immer einseitigere Leistung, deren höchste Steigerung seine Persönlichkeit als ganze oft genug verkümmern lässt. Jedenfalls, dem Überwuchern der objektiven Kultur ist das Individuum weniger und weniger gewachsen." Das Individuum ist „zu einer quantité négligeable herabgedrückt, zu einem Staubkorn gegenüber einer ungeheuren Organisation von Dingen und Mächten, die ihm alle Fortschritte, Geistigkeiten, Werte allmählich aus der Hand spielen und sie aus der Form des subjektiven in die eines rein objektiven Lebens überführen." (Simmel 1903, S. 129 f.)

Die Großstadt mit ihren Bauten und Wundern der Technik, mit ihren Formen des Lebens und Institutionen des Staates bietet eine „so überwältigende Fülle kristallisierten, unpersönlich gewordenen Geistes, dass die Persönlichkeit sich sozusagen dagegen nicht halten kann. Das Leben wird ihr einerseits unendlich leicht gemacht, indem Anregungen, Interessen, Ausfüllungen von Zeit und Bewusstsein sich ihr von allen Seiten anbieten und sie wie in einem Strome tragen, in dem es kaum noch eigener Schwimmbewegungen bedarf. Andererseits aber setzt sich das Leben doch mehr und mehr aus diesen unpersönlichen Inhalten und Darbietungen zusammen, die die eigentlich persönlichen Färbungen und Unvergleichlichkeiten verdrängen wollen; so dass nun gerade, damit dieses Persönlichste sich rette, es ein Äußerstes an Eigenart und Besonderung aufbieten muss; es muss dieses übertreiben, um nur überhaupt noch hörbar, auch für sich selbst, zu werden." (Simmel 1903, S. 130) Der Spötter Georg Christoph Lichtenberg hat es gut hundert Jahre vorher schon gewusst, was uns in der Konkurrenz der vielen Gleichen ins Haus steht: „Wenn dein Bißgen an sich nichts Sonderbares ist, so sage es wenigstens ein bißgen sonderbar." (Lichtenberg 1775, E 243) Doch möglicherweise ist selbst dieser Wunsch nicht mehr zu erwarten, wenn man sich die These des amerikanischen Kultursoziologen David Riesman über die Außenleitung in der Moderne vor Augen führt, die ich später [2] behandeln werde!

Simmels These zur Individualität in der Moderne hat die spätere soziologische Diskussion über Identität entscheidend geprägt.

8.2 Identität – sich mit den Augen des Anderen sehen (Mead)

Für GEORGE HERBERT MEAD (1863–1931), der während seines Europaaufenthaltes auch Vorlesungen Simmels besucht hatte und mit dessen Konzept der Wechselwirkung vertraut war, ist *Kommunikation* „das Grundprinzip der gesellschaftlichen Organisation des Menschen". (Mead 1934, S. 299) Und auch unser *Bewusstsein von*

---

[2] Vgl. unten Kap. 8.6 *Außenleitung: Identität bleibt offen, Individualität folgt dem Trend.*

uns selbst entsteht erst in der Kommunikation[3] zwischen uns und den Anderen. Dieses Bewusstsein bezeichnet Mead als „self", was in der nachfolgenden soziologischen Literatur mit „Identität" übersetzt wurde.

Die zentrale These lautet, dass sich das Individuum seiner selbst bewusst wird, indem es *sich mit den Augen des Anderen betrachtet*. Diese These knüpft an CHARLES HORTON COOLEY (1864–1929) an, der, wie oben[4] referiert, annahm, dass der Mensch sich seiner selbst bewusst wird, indem er das widerspiegelt, was die Anderen von ihm halten und was diese ihm gegenüber früher zum Ausdruck gebracht haben und aktuell zum Ausdruck bringen. Deshalb spricht Cooley auch von einem „looking-glass self" (Cooley 1902, S. 184) Das Ich erfährt sich über die Perspektive der Anderen. Mead, der seine Sozialpsychologie auch in Auseinandersetzung mit dem seinerzeit herrschenden Behaviorismus entwickelte und sie deshalb als *Sozialbehaviorismus* bezeichnete, führt Cooleys Gedanken so fort: Wenn wir handeln, beobachten wir immer auch die Reaktionen des Anderen und reagieren wiederum auf dessen Reaktionen. Und in dieser Kommunikation, oder besser Interaktion, gibt es einen wesentlichen Unterschied zum Verhalten eines Tieres: Während das Tier auf Verhalten instinktiv und sofort reagiert, ist der Mensch in der Lage, seine Reaktion zu *verzögern*. Er überlegt, was ein konkretes Verhalten in der aktuellen Situation bedeutet, was also sein Sinn *(meaning)* ist. Das zeichnet den Menschen aus, dass er *denken*, d. h. „eine Situation in einen ideellen Rahmen" bringen kann. (Mead 1934, S. 224) Konkret heißt das, dass die Individuen, auch wenn ihnen das nicht bewusst ist, ihr wechselseitiges Verhalten beobachten und reflektieren. Das ist der Übergang zum Bewusstsein der *eigenen* Identität: Indem wir handeln, versetzen wir uns *in die Rolle des Anderen* und stellen uns vor, wie er auf uns reagieren wird, und indem wir das reflektieren, betrachten wir uns auch selbst, wie wir reagieren. Wir werden auf uns selbst aufmerksam, ja mehr noch: Wir sehen uns aus der Perspektive des Anderen, machen uns sozusagen zum Objekt und werden uns erst auf diesem Umweg unserer selbst bewusst!

Identität ist keine Idee, die dem Individuum transzendental vorab gegeben wäre, sondern eine *soziale Struktur* und erwächst aus *sozialen Erfahrungen*. (vgl. Mead 1934, S. 182) Sie ist aus Kommunikationen entstanden und wird in Kommunikationen permanent bestärkt oder revidiert: Das *self* spiegelt die Erfahrungen, wie wir uns selbst in Reaktion auf das Verhalten Anderer gesehen haben und wie wir uns von ihnen eingeschätzt fühlten. Im Blick auf die Vergangenheit ist Identität im Grunde ein Prozess der Erinnerung, in dem das Individuum zugleich Subjekt des Handelns und Objekt der Selbstbeobachtung ist. (vgl. Mead

---

3   Wie in Kap. 5.4 *Interaktion – Verschränkung der Perspektiven* gezeigt, setzt Mead den Begriff Kommunikation mit Interaktion gleich.
4   Siehe oben Kap. 5.2 *Interaction, mutual influence, form of cooperation*.

1913, S. 241) Für die *soziale Konstitution der Identität* in einer aktuellen Kommunikation gilt das natürlich auch. Indem wir uns aus der Perspektive des Anderen betrachten, kontrollieren wir unser Handeln und unser Bewusstsein von uns. (Mead 1934, S. 300 f.)

Die These von der sozialen Konstitution der Identität kann man so zusammenfassen: In der Kommunikation nehmen sich die Individuen konkret wahr, geben einander zu verstehen, welche Bedeutung sie ihrem eigenen und dem Handeln des Anderen beimessen, und interpretieren so wechselseitig ihr Verhalten. Indem sie sich die möglichen Reaktionen des Anderen auf ihr beabsichtigtes Handeln vorstellen, werden sie sich bewusst, *als wer* sie handeln und *wer sie* also *sind.* Identität ist ein reflexiver, *sozialer* Prozess. Durch innere Kommunikation thematisiert sich das Individuum gleichsam selbst. Es beobachtet sich aus der Sicht der Anderen und in Reaktion auf diese Sicht der Anderen. Es steht gewissermaßen im Mittelpunkt wie außerhalb dieses Kreises.

Die *soziale Konstitution* der Identität hat ihre Vorgeschichte in den Kommunikationen zwischen ego und alter. Die Frage ist aber, was die sozialen und entwicklungspsychologischen Voraussetzungen sind, damit das Individuum mit Anderen kommunizieren kann und zu einem Bewusstsein seiner selbst gelangt. Diese Voraussetzungen, schreibt Mead, werden in zwei typischen Formen des kindlichen Spiels geschaffen: im kindlichen Rollenspiel *(play)* und im geregelten Mannschaftsspiel *(game).*[5] Im *play* versetzt sich das Kind in die Rolle eines *einzelnen, konkreten Anderen* aus seiner unmittelbaren Umwelt hinein; es nimmt dessen Haltung ein und reagiert in dessen Rolle auf sein eigenes Verhalten. Es *ist* in diesem Augenblick die schimpfende Mutter oder der pfiffige Kasper. Auf diesem Umweg über die Sicht eines einzelnen Anderen wird es sich *seiner selbst bewusst,* aber indem es dessen Rolle einnimmt, stellt es „die Entwicklung der eigenen Persönlichkeit", seine Identität, zugleich auch unter *soziale Kontrolle.* (vgl. Mead 1934, S. 195) Im *game* sieht sich das Kind mit *vielen Anderen* zugleich konfrontiert. Jedem Mitglied dieser Gruppe, vor allem, wenn die Gruppe gegen eine andere antritt, ist eine bestimmte Rolle zugedacht, und wenn es mitspielen will, muss es begreifen, nach welchen Regeln das game abläuft, wie alle Rollen, auch seine eigene, ineinander spielen und wie jede Haltung des Anderen auch seine Haltung tangiert. Es muss sich in die Rollen aller Anderen hineinversetzen und das *Prinzip* verstehen, nach dem ihr Handeln organisiert ist. Die *gemeinsame Haltung* dieser Gruppe oder Gemeinschaft bezeichnet Mead als den *verallgemeinerten Anderen (generalized other);* dieses Hereinholen der Haltung eines gegebenen sozialen Ganzen in die eigene Erfahrung ist „die entscheidende Basis oder Voraussetzung für die volle Entwicklung der Identität des Einzelnen". (vgl. Mead 1934, S. 196 f.)

---

5 Siehe oben Kap. 2.6 *Integration in einen organisierten Verhaltensprozess.*

Das Individuum steht in allen seinen Haltungen zu sich und seiner Umwelt in einem ständigen Dialog mit dem generalisierten Anderen, mit dem letztlich die Organisation der Gesellschaft insgesamt gemeint ist. Seine Identität wird fortlaufend sozial konstituiert und kontrolliert.

Das Individuum, hieß es eben, wird sich seiner selbst bewusst, indem es sich aus der Perspektive der Anderen betrachtet. Es spiegelt gewissermaßen die Bilder, die Andere mit ihm verbinden. Diese Seite der Identität nennt Mead das „me". Das „me" ist die Summe der *sozialen Bilder* von uns, die wir im Laufe der vielen Beziehungen zu Anderen und unter dem sanften Druck der Sozialisation verinnerlicht haben und mit denen wir uns in konkreten Interaktionen konfrontiert sehen. In dem Maße, wie wir uns *typische Bilder*, die Andere von uns in typischen Situationen haben, zurechnen, die *Haltungen der Anderen* in unsere Haltung hineinnehmen und *entsprechend handeln*, bildet sich die *soziale Identität*, das *me*, aus.

Im „me" kommt nicht nur die Kontrolle durch konkrete Andere, sondern auch die Kontrolle des generalisierten Anderen zum Ausdruck. Darauf hebt Anselm Strauss ab, wenn er schreibt: „Der generalisierte Andere ist der Repräsentant der Gesellschaft im Individuum. Selbst bei Abwesenheit Anderer ist das Individuum imstande, sein Verhalten so zu organisieren, dass es dabei berücksichtigt, welche diesbezüglichen Haltungen es von ihrer Seite zu gewärtigen hätte. Daher hängt der generalisierte Andere bei Mead sowohl mit Selbstkontrolle wie mit sozialer Kontrolle eng zusammen." Deshalb bezeichnet Strauss Meads Identitätskonzept auch als „sozialisierten Individualismus". (Strauss 1964, S. 30 f.)

Aber Meads Erklärung der *sozialen Konstitution der Identität* darf nicht dahingehend missverstanden werden, dass Identität praktisch nur eine Verdoppelung fremder Haltungen und nur von außen gesteuerte Reaktion ist. Mead stellt nämlich gegen die soziale, kontrollierende Seite der Person, die im „me" zum Ausdruck kommt, eine Instanz, die aus dem Organismus der Person heraus wirkt; diese Seite des self bezeichnet Mead als „I". Strauss hat sie die „impulsive Seite des Verhaltens" genannt. (vgl. Strauss 1964, S. 30) Während eine Person sich in einer sozialen Situation mit zahlreichen „me's" konfrontiert sieht und selbst unterschiedliche „me's" präsentieren kann, kommt das „I" ihr alleine zu und zeitigt Impulse, die nur ihr zugerechnet werden können. Deshalb kann man das „I" auch als *individuelle Identität* bezeichnen. Will man das „me" und das „I" als Auslöser des *Handelns* verstehen, kann man sagen, dass das „me" sich an *vergangenen* sozialen Erfahrungen orientiert, das „I" dagegen, das Mead an einigen Stellen auch als „ego" bezeichnet, ein „Schritt in die Zukunft" ist, ein Auslöser, der im „me" nicht angelegt ist. Das „I" ereignet sich spontan *(it just happens)*; was es in Aktion treten lässt und wohin seine Aktivität führen wird, kann man nicht voraussagen. Nur eins kann man sagen: Das „me" repräsentiert die Haltungen und Gewohnheiten seiner Gemeinschaft und lässt das Individuum so denken und handeln wie bestimmte Andere; das „I" reagiert – zustimmend oder auch widerständig – auf die kollektiven Haltungen der Gemeinschaft und auf das „me". Beiden gegenüber, der Gemeinschaft wie dem „me", bringt sich das Individuum dadurch als Individuum immer wieder selbst zum Ausdruck. Das „I" bringt so ständig ein *neues* Element in eine gegebene soziale Situation und in unser bisheriges Bewusstsein von uns hinein. (vgl. Mead 1934a, S. 197 f. u. 177 f.)

Das „I" reagiert auf das „me" und das „me" wiederum auf die Veränderungen, die durch das „I" ausgelöst worden sind. „I" und „me" stehen gewissermaßen für zwei einander bedingende Phasen des Denkens und Handelns: „The self is essentially a social process going on with these two distinguishable phases." (Mead 1934a, S. 178)

8.3 Die Präsentation des Selbst im Alltag (Goffman)

ERVING GOFFMAN (1922–1982) steht mit seinem Ansatz, Identität aus den *Interaktionen* des Alltags heraus zu erklären, in der Tradition der eben behandelten These von Mead, dass wir uns unserer Identität erst bewusst werden, wenn wir uns aus der Perspektive der Anderen betrachten, und in der Tradition des von Blumer[6] referierten Thomas-Theorems, wonach Situationen, die als real definiert werden, auch real werden. Und in diesen beiden Hinsichten kann man Goffmans Konzept der Identität so präzisieren: In einer konkreten Interaktion ist Identität aus der Sicht des Einzelnen das, wofür er sich ausgibt und als wer er sich von den Anderen angesehen fühlt, und aus der Sicht der Anderen das, was sie ihm zuschreiben.

Sein im Jahre 1959 erschienenes Buch „The presentation of self in everyday life" (Goffman 1959a), das in Deutschland den sprechenden Titel „Wir alle spielen Theater" bekam, beschreibt, wie sich der Einzelne im Alltag *darstellt*, welche Techniken er verwendet, um von sich einen bestimmten *Eindruck* zu vermitteln, und was er tut, damit ihm die Darstellung von den Anderen als Ausdruck seiner *sozialen Identität* zugerechnet wird. (vgl. Goffman 1959, S. 17) Wie sich zeigen wird, ist die Darstellung ein riskantes Geschäft, und was das Thema Identität betrifft, so lässt Goffman keinen Zweifel daran, dass auch sie in der Moderne *gefährdet* ist. Extreme Gefährdungen hat er dann in seinem Buch „Asyle" (Goffman 1961a)[7], in dem es um die Vereinnahmung durch totale Institutionen wie Gefängnisse, psychiatrische Kliniken oder Gefangenenlager geht, und in seinem Buch „Stigma" (Goffman 1963)[8] beschrieben, das von der Bewältigung beschädigter Identität

---

6 Siehe oben Kap. 5.6 *Symbolische Interaktion, Definition der Situation*.
7 Vgl. Band 1, Kap. 4.10 *Totale Institutionen*.
8 Siehe oben Kap. 7.5 *Stigma und soziale Identität*.

handelt. Auch bei der Präsentation im Alltag schwingt immer das Bedürfnis mit, die eigene Identität vor den Vereinnahmungen durch die Anderen zu schützen.

Alvin W. Gouldner hat Goffman einmal vorgeworfen, er beschreibe die Überlebensstrategien der Angehörigen der Mittelklasse in der Massengesellschaft, die „eifrig an einer Illusion des Selbst" basteln, obwohl sie wissen, dass sie den gesellschaftlichen Verhältnissen unterlegen sind. Diese bürgerliche Welt des *impression management*, fährt Gouldner fort, „wird von ängstlichen, außengeleiteten Menschen mit feuchten Händen bewohnt, die in der permanenten Angst leben, von Anderen bloßgestellt zu werden oder sich unabsichtlich selbst zu verraten." (Gouldner 1970, S. 457) Mit diesem Urteil wurde Goffman direkt in das Erbe von David Riesman[9] eingesetzt, der mit seiner These von der Außenleitung dem Individuum der Moderne jegliche Illusion von Freiheit und Einzigartigkeit geraubt hatte. Doch schärfer als bei Riesman entlarvt sich für Gouldner in den Beschreibungen Goffmans die *moralische* Seite dieses Verhaltens: Während Riesman den Übergang von einer religiös motivierten Innenleitung zu einer Anpassung um der sozialen Anerkennung willen beschriebe habe, zeichne Goffman ein Bild von „Spielern", die nicht aus einem sittlichen Prinzip heraus handeln, sondern „in schlauer Antizipation der Reaktion Anderer (…) eine raffinierte Methode" ersinnen, in das Schauspiel auf der Bühne des Lebens einzusteigen. (vgl. Gouldner 1970, S. 463) Dieses Verdikt wurde dann mit dem Verdacht kurzgeschlossen, in Goffmans Theorie der Identität gehe es um eine Identität, die nur vorgetäuscht werde.

Doch Goffman will unser Handeln nicht moralisch bewerten, sondern nüchtern (und sehr genau!) beschreiben, wie wir unsere Identität im Alltag präsentieren. Goffman blickt nach eigenem Bekunden auf die Interaktionen des Alltags wie auf eine Theatervorstellung, in der Schauspieler Rollen, die ihnen vorgegeben sind, dramatisch ausgestalten. (vgl. Goffman 1959, S. 3) Der Unterschied zwischen Bühne und Leben besteht darin, dass die Schauspieler immer nur in *einer* Rolle, die sie lange geübt haben, auftreten, darum wissen, dass das, was sie tun, *nicht echt* ist, und kalkulieren, wie man welchen *Eindruck* beim Publikum *erzielt*, dass die Individuen im Alltag dagegen mit *vielen* Rollen *zugleich* konfrontiert werden, dass sie das Zusammenspiel der Rollen nicht systematisch geübt haben, vor allem aber, dass ihnen die Differenz zwischen dem, welchen *Eindruck* sie durch ihr *echtes* Handeln beim Publikum erzielen wollen *(impression)* und was sie durch ihren Auftritt tatsächlich ausdrücken *(expression)*, in aller Regel nicht bewusst ist.

Genau um diesen *Ausdruck*, den der Einzelne in der Kommunikation mit Anderen – gezielt oder unbeabsichtigt – *ausstrahlt*, geht es in Goffmans Studie. (vgl. Goffman 1959, S. 8) Als Beispiel für das, was er untersuchen will, zitiert er aus ei-

---

9   Darauf komme ich in Kap. 8.6 *Außenleitung: Identität bleibt offen, Individualität folgt dem Trend* zurück.

nem Roman die Episode, wo Preedy, ein Engländer, zum ersten Mal am Strand in Spanien auftritt, und kommentiert dessen *impression management* auch gleich: „Auf alle Fälle aber war er darauf bedacht, niemandem aufzufallen. Als erstes musste er allen, die möglicherweise seine Gefährten während der Ferien sein würden, klarmachen, dass sie ihn überhaupt nichts angingen. Er starrte durch sie hindurch, um sie herum, über sie hinweg – den Blick im Raum verloren. Der Strand hätte menschenleer sein können. Wurde zufällig ein Ball in seine Nähe geworfen, schien er überrascht; dann ließ er ein amüsiertes Lächeln über sein Gesicht huschen (Preedy, der Freundliche[10]), sah sich um, verblüfft darüber, dass tatsächlich Leute am Strand waren, und warf den Ball mit einem nach innen gerichteten Lächeln – nicht etwa mit einem, das den Leuten zugedacht wäre – zurück und nahm heiter seine absichtslose Betrachtung des leeren Raums wieder auf. Aber jetzt war es an der Zeit, eine kleine Schaustellung zu inszenieren, die Schaustellung Preedys, des Geistmenschen. Durch geschickte Manöver gab er jedem, der hinschauen wollte, Gelegenheit, den Titel seines Buches zu bemerken – einer spanischen Homer-Übersetzung, also klassisch, aber nicht gewagt und zudem kosmopolitisch –, baute dann aus seinem Bademantel und seiner Tasche einen sauberen, sandsicheren Schutzwall (Preedy, der Methodische und Vernünftige), erhob sich langsam und räkelte sich (Preedy, die Raubkatze!) und schleuderte die Sandalen von sich (trotz allem: Preedy, der Sorglose!). Preedys Hochzeit mit dem Meer! Es gab verschiedene Rituale. Einmal jenes Schlendern, das zum Laufen und schließlich zum Kopfsprung ins Wasser wird, danach ruhiges, sicheres Schwimmen auf den Horizont zu. Aber natürlich nicht wirklich bis zum Horizont! Ganz plötzlich drehte er sich auf den Rücken und schlug mit den Beinen große weiße Schaumwogen auf; so zeigte er, dass er weiter hinaus hätte schwimmen können, wenn er nur gewollt hätte, dann reckte er den Oberkörper aus dem Wasser, damit jeder sehen konnte, wer er war. Die andere Methode war einfacher. Sie schloss den Schock des kalten Wassers ebenso aus wie die Gefahr, übermütig zu erscheinen. Es ging darum, so vertraut mit dem Meer, dem Mittelmeer und gerade diesem Strand, zu erscheinen, dass es keinen Unterschied machte, ob er im Wasser oder draußen war. Langsames Schlendern hinunter an den Saum des Wassers – er bemerkt nicht einmal, dass seine Zehen nass werden: Land und Wasser sind für ihn eins! – die Augen zum Himmel gerichtet, ernst nach den für Andere unsichtbaren Vorzeichen des Wetters ausspähend (Preedy, der alteingesessene Fischer)." (Goffman 1959, S. 8 f.)

Fragt man, was dieser Auftritt eines Meisters im impression management für eine soziologische Erklärung von Identität durch Kommunikation, sprich Interaktion, mit Anderen hergibt, kann man so sagen: In der Interaktion spielen wir bestimmte Rollen und kommen den normalen gesellschaftlichen Erwartungen

---

10 Die Klammerzusätze scheinen Goffmans soziologische Leseanleitungen zu sein.

nach, aber wir *distanzieren* uns in gewisser Weise auch immer etwas von diesen Rollen, um anzudeuten, wer wir außerhalb dieser Rollen *noch* sind – oder sein *wollen*. Betrachten wir unter dieser Perspektive nun genauer, wie Goffman die Gewinnung und Präsentation von Identität im Alltag erklärt.

Goffmans zentrale Begriffe[11] der Analyse des Schauspiels sind Interaktion *(interaction* oder *encounter)*, Darstellung *(performance)* und Rolle *(part* oder *routine)*. Unter *Interaktion* versteht er den „wechselseitigen Einfluss von Individuen untereinander auf ihre Handlungen"; *Darstellung* meint alle Tätigkeiten, mit denen ein Individuum die anderen Beteiligten in einer Situation beeinflusst; *Rolle* schließlich meint das Handlungsmuster, das sich während einer Darstellung entfaltet und auch bei anderen Gelegenheiten vorgeführt oder gespielt werden kann. (vgl. Goffman 1959, S. 18; 1959a, S. 15 f.) Da es hier um das Thema Identität geht, werde ich mich auf das Kapitel „Darstellungen" konzentrieren, in dem Goffman das anstrengende Spielen unserer „parts" vor Publikum und zusammen mit anderen Spielern beschreibt.

Darstellung bezeichnet das aktuelle Gesamtverhalten vor Anderen – und nur das. Es geht nicht um die Frage, ob die Darstellung wahr oder falsch, gut oder schlecht ist, sondern nur darum, was passiert und wie es gemacht wird. Natürlich erfindet das Individuum nicht in jeder Situation ein komplett neues Schauspiel, sondern verwendet mehr oder weniger bewusst ein „standardisiertes Ausdrucksrepertoire", mit dem es „die Situation für das Publikum der Vorstellung zu bestimmen" sucht; Goffman nennt dieses Repertoire *Fassade (front)*. (Goffman 1959, S. 23) Dazu gehört zum einen das Bühnenbild, der gestaltete Raum, in dem wir auftreten. Ein solcher Raum ist z. B. unsere Wohnung, das Auto, das Lokal, das wir am liebsten besuchen, oder auch – wie gerade zu lesen war – der Schutzwall am Meeresstrand. Dazu gehört zweitens die „persönliche Fassade". Dazu zählen Statussymbole, Kleidung, Geschlecht, Körperhaltung oder die Art zu sprechen. Schließlich gibt es noch „soziale Fassaden", worunter man die sozialen Erwartungsmuster versteht, die mit einer bestimmten Rolle verbunden sind, z. B. die festen Vorstellungen, wie „man" sich als Arzt oder als gute Mutter zu verhalten hat. In der Entwicklung der Gesellschaft ist es dazu gekommen, „eine große Anzahl verschiedenartiger Handlungen durch eine kleine Anzahl von Fassaden darzustellen." (Goffman 1959, S. 27) Diese Reduzierung auf typische Verhaltensweisen und entsprechende Fassaden, die alle kennen, die in dieser Gesellschaft groß geworden sind, macht die Erwartung der Zuschauer sicherer: Sie brauchen nur ein kleines Vokabular von Fassaden zu kennen, um zu wissen, was vor sich geht und was als nächstes passiert. Und wir, die Schauspieler, wissen das zu nutzen: Mittels be-

---

11 Zur Einführung in den Ansatz von Goffman werde ich einiges wiederholen, was ich in Kap. 5.7 *Die Ordnung der Interaktion* ausgeführt habe.

stimmter Fassaden halten wir uns im Spiel normaler Identität, und mit anderen Fassaden deuten wir an, wer wir außerdem noch sind und als wer wir angesehen werden *wollen*.

Eine andere Strategie anzuzeigen, als wer wir angesehen werden wollen, besteht darin, sich von angesonnenen Rollenerwartungen zu distanzieren. Mittels *Rollendistanz* sucht das Individuum, das Bild, das Andere von seiner Identität haben, zu korrigieren. Ein Beispiel für diese Strategie liefert der von Goffman beschriebene kleine Junge, der auf dem Karussell wild herumhampelt, um den anderen Kindern und vor allem seinen ängstlichen Eltern zu signalisieren, dass er kein Baby mehr ist. (vgl. Goffman 1961b, S. 118 ff.) Rollendistanz ist die Fähigkeit, fremde Zumutungen an die eigene Identität zurückzuweisen, seine Identität selbst zu definieren und diese Identität auch durch sinnvolles Handeln zu untermauern. Mittels Rollendistanz eröffnet das Individuum *für sich* neue Optionen der Interaktion und steuert die Interaktion aus *eigenem Interesse* in eine bestimmte Richtung.

Goffman verwendet den Begriff der Rollendistanz aber noch in einem zweiten Sinne. Danach zielt Rollendistanz nicht darauf, die *eigene* Identität *gegen* fremde Erwartungen durchzusetzen und Interaktionen in eine *neue* Richtung zu lenken, sondern darauf, die Identität *eines Anderen* zu *schützen* und eine *Interaktion,* die kurzfristig gestört war, wieder in die *übliche Bahn* zu bringen. Goffman bringt dazu das Beispiel der Chirurgie als Handlungssystem. (vgl. Goffman 1961b, S. 131 ff.) Bei einer komplizierten Operation reagierte der Chirurg auf das Missgeschick seines Assistenten nicht mit einem strengen Verweis, der ihn noch mehr verunsichern würde, sondern mit dem jovialen Satz, das sei ihm früher auch schon passiert. Soziologisch kann man diese Szene so interpretieren: Jemand, der die alleinige Macht hat, eine Situation und das angemessene Verhalten aller Beteiligten zu bestimmen, spielt die Rolle des Überlegenen nicht aus, sondern nimmt die Rolle des Kollegen ein. Rollendistanz kann also auch heißen, in einer bestimmten Situation eine Rolle nicht zu beanspruchen und sich in einer anderen Identität zu präsentieren. Im vorliegenden Beispiel hat Rollendistanz aber noch eine weitere Funktion: Sie dient dazu, die Identität eines Anderen wieder so zu stabilisieren, dass der Fortgang *gemeinsamen* Handelns gesichert ist.

Ich habe eingangs Goffmans Konzept dahingehend zusammengefasst, dass in einer konkreten Interaktion Identität aus der Sicht des Einzelnen das ist, wofür er sich ausgibt und als wer er von den Anderen angesehen werden will, und aus der Sicht der Anderen, was sie ihm zuschreiben. Um diese Zuschreibung einer *sozialen Identität* geht es nun.

Goffman steht, wie gesagt, in der Tradition des Thomas-Theorems, das so lautet: „Wenn Menschen Situationen als real definieren, hat das reale Folgen". (Thomas u. Thomas 1928, S. 114) Nach diesem *Definitionsansatz* werden „Identitäten von Personen und soziale Situationen (...) nicht identifiziert, sondern definiert oder konstruiert, nicht erkannt, sondern gesetzt." (Reck 1981, S. 8) Wie diese Definitionen erfolgen, welche Konsequenzen sie für bestimmte Personen haben und wie diese Personen damit umgehen, das beschreibt Goffman in seinem schon erwähnten[12] Buch „Stigma", das den bezeichnenden Untertitel „Notes on the management of spoiled identity" trägt. Dort beschreibt er den Vorgang der Definition so, dass die Gesellschaft uns vorgibt, „nach welchen Kriterien wir Personen einordnen", und uns „auch gleich die Attribute" nennt, die man normaler Weise bei ihnen erwarten kann. Wir „wissen" sozusagen vorab schon, welchem Typ von Menschen wir in einer bestimmten sozialen Situation begegnen werden, und müssen deshalb den Anderen keine besondere Aufmerksamkeit schenken. „Selbst wenn uns ein Fremder begegnet, dann stellen wir uns nach den ersten Eindrücken eine *soziale Identität* vor, die mit den Kategorien und Attributen konstruiert wird, die wir kennen." (Goffman 1963, S. 2, Übersetzung H. A., Hervorhebung im Original) Der Andere, dem wir begegnen, ist uns im Grunde also nicht völlig neu, sondern wir greifen auf „ähnliche" Situationen zurück und ordnen ihn gleich in ein Schema ein. Er wird charakterisiert und verortet nach *unseren* Vorerfahrungen mit *Menschen dieser Art in solchen Situationen.*

Die Definition der sozialen Identität, habe ich oben Goffman referiert, hängt natürlich nicht nur von allgemeinen Vorannahmen der Anderen ab, sondern auch von dem, was das Individuum in einer *konkreten* Situation *selbst* tut. Deshalb unterscheidet Goffman auch zwei Seiten der sozialen Identität: Die soziale Identität, die die Anderen jemandem aufgrund pauschaler Merkmale spontan und unreflektiert zuschreiben, nennt Goffman *virtuelle (virtual) soziale Identität*. Es ist also eine unterstellte oder vorgestellte Identität, das Bild, das Andere aufgrund eigener Erfahrungen oder vom Hörensagen über „Menschen dieser Art" von einem haben und das mit einer bestimmten Erwartungshaltung verbunden ist. Die Identität, die die Anderen dem Individuum aufgrund tatsächlich vorhandener Merkmale und seines konkreten Verhaltens in einer aktuellen Situation zusprechen, bezeichnet Goffman als *tatsächliche (actual)* oder *wirkliche soziale Identität*. (vgl. Goffman 1963, S. 2)

Die Zuschreibung einer sozialen Identität ist nicht nur eine Definition, *wer* der Andere *ist,* sondern ist auch immer mit latenten, „normativen Erwartungen" verbunden, „wie unser Gegenüber sein *sollte*". (Goffman 1963, S. 2, Hervorhebung H. A.) Den Druck dieser Definition der Identität durch die Anderen und die Versuche der Betroffenen, mit diesem Druck fertig zu werden, beschreibt Goffman, wie gesagt, in seinem Buch „Stigma". Unter einem Stigma verstanden die Griechen ein auffälliges, sichtbares Merkmal an einer Person, aus dem sie auf eine negative

---

[12] Siehe oben Kap. 7.5 *Stigma und soziale Identität.*

charakterliche Eigenschaft schlossen. Goffman interpretiert den Begriff des Stigmas weiter und versteht darunter ein auffälliges Merkmal, das – nach uns Normalen! – darauf hindeutet, dass dem Anderen etwas fehlt oder das ihn in unseren Augen irgendwie minderwertig macht. Es sind Attribute, die in irgendeiner Form das Individuum *diskreditieren*, es also in seiner Identität beschädigen.[13] Solche Stigmata können körperliche Auffälligkeiten, aber auch Hautfarbe, fehlende Bildung, weiter auch Herkunft, Charakterfehler, missbilligte Neigungen und ähnliches sein. Wir, die einen solchen Makel nicht haben, verbinden mit diesen Merkmalen eine mehr oder weniger feste Vorstellung von der Identität des Anderen, nämlich *anders als Normale* zu sein, und davon, wie sich Menschen dieser Art verhalten, nämlich *typisch anders*.

Goffmans These ist nun, dass die soziale Identität der bewusst oder unbewusst so Stigmatisierten oft nur an diesem *einen* Merkmal festgemacht wird. Das auffällige Merkmal wird zum „Identitätsaufhänger" *(identity peg)*. (Goffman 1963a, S. 56) In der Sozialpsychologie spricht man vom *halo-Effekt*. „Halo" ist die englische Bezeichnung für den Heiligenschein, der auf frommen Bildern die Aufmerksamkeit der Betrachter auf das „Wesentliche" konzentrierte und alles andere überstrahlte. Egal was die Heilige tat, sie tat es als Heilige, und mit dem Heiligenschein war schon alles gesagt. Ins Negative gewendet: Egal wie sich ein Betroffener selbst sieht und was er tut, in der Sicht der Anderen überstrahlt der Makel alles. Schlimmer noch: Die soziale Identität, die der Person durch dieses Vorurteil zugeschrieben wird, droht auch ihr Bild von sich selbst zu bestimmen. Entweder fügt sie sich in die Rolle, die ihr von den Anderen zugewiesen wird, oder sie setzt sich dagegen zur Wehr; immer ist es eine Identität, die aus der Reaktion auf die Erwartungen der Anderen abgeleitet ist.

Der Mechanismus, die Identität an einem auffälligen Merkmal festzumachen, kann sich in anderen Fällen natürlich auch positiv für das Individuum auswirken, in denen ihm z. B. soziale Herkunft, Titel, Stellung im Beruf oder auch nur eine herausragende Leistung in einem speziellen Bereich als Auszeichnung attestiert wird, die seine *ganze* Identität überstrahlt. In diesen Fällen sieht sich das Individuum durch die Definition seiner sozialen Identität nicht eingeschränkt, sondern im Gegenteil ermuntert, sich auch in den anderen Bereichen seines Lebens für etwas Besonderes zu halten.

Nach der Theorie von Goffman ist Identität einerseits das Bild, das wir selbst von uns haben, und die Form, in der wir dieses Bild von uns vor Anderen zum

---

13 Ausführlich dazu Abels (2017): Identität, Kap. 23.4 *Diskreditierte: Korrekturen und doppelte Konstruktion von Normalität* und Kap. 23.5 *Diskreditierbare: Täuschen und Informationskontrolle*.

Ausdruck bringen, und andererseits das Bild, das die Erwartungen der Anderen spiegelt, und die Form, mit diesen Erwartungen umzugehen.

8.4 Spiegel und Masken: die Verortung der sozialen Identität (Strauss)

In seinem schon[14] angesprochenen Buch „Mirrors and Masks. The Search for Identity" (1959) vertritt ANSELM STRAUSS die These, dass sowohl die Vorstellung von einer eigenen, persönlichen Identität als auch die Darstellung einer solchen Identität immer damit zusammenhängen, wie sich jemand selbst in der Interaktion mit den Anderen *einschätzt* und wie die Anderen ihn einschätzen. Jeder betrachtet sich im *Spiegel* der Urteile der Anderen, jeder präsentiert sich in den *Masken*, die nach der Antizipation der Urteile der Anderen geformt sind. (vgl. Strauss 1959a, S. 7) Die Masken sind Symbole unserer Identität.

Mit dem Bild der Spiegel und Masken ist auch der Ansatz schon angedeutet, den Strauss zur Erklärung des *Prozesses* der Identität, denn das ist sie für ihn, verfolgt: Er will zeigen, wie Identität dadurch *sozial organisiert* wird, dass „Personen mit anderen Personen verflochten sind und dadurch beeinflusst werden und sich gegenseitig beeinflussen". (Strauss 1959a, S. 11) Eine wesentliche Form der wechselseitigen Beeinflussung ist die *Sprache*. Sie definiert, klassifiziert und bewertet Personen und Situationen. In der gemeinsamen Sprache unserer Kultur bringen wir zum Ausdruck, wie wir uns selbst sehen und wie wir die Anderen sehen. Sprache ist ein symbolischer und ein normativer Rahmen, in dem die Individuen ihre Identität wechselseitig entwerfen, feststellen und annehmen.

Die soziale Organisation der Identität erfolgt in kontinuierlichen Interaktionsprozessen. Diese Interaktionen sind immer beides: „strukturiert" und „nicht ganz so strukturiert". (Strauss 1959a, S. 75) *Strukturiert* sind sie in dem Sinne, dass die Teilnehmer sich wechselseitig in (tatsächlichen oder vermuteten) sozialen Positionen wahrnehmen und ein entsprechendes Verhalten erwarten. Mit ihren Erwartungen strukturieren sie sowohl das Handeln des Anderen wie das Bild, das er von sich hat. *Nicht ganz so strukturiert* sind die Interaktionen, weil jeder für jeden Spiegel ist, jeder aus den Reaktionen des Anderen seine eigenen Schlüsse zieht und damit wiederum das Denken und Handeln des Anderen beeinflusst. In diesem Wechselspiel von Wahrnehmung und Erwartung, Handeln und Reaktion spielt sich der *Prozess der Identität* ab.

---

14 Siehe oben Kap. 7.6 *Statuswechsel, Statuszwang, Transformation von Statusarten*. Aus diesem Kapitel werde ich einiges wiederholen und anderes unter einer neuen Perspektive betrachten.

Interaktion bedeutet, dass sich Individuen aneinander orientieren und aufeinander reagieren. Sie suchen und finden ihre Identität im Spiegel der Anderen. Sie sind es mit ihren Erwartungen, Anerkennungen und Sanktionen, die unsere Identität von außen formen. Ihre Reaktionen registrieren wir nicht nur, sondern wir antizipieren sie und formen danach unser Bild von uns *(self-appraisal)*. „Die Zuschauer, die reagieren werden, mögen anwesend oder abwesend sein; sie können spezifische andere Personen oder so generalisiert sein wie die Äquivalente von ‚man' oder ‚die Götter'; sie mögen lebendig sein oder seit langem tot (‚Was würde sie dazu gesagt haben?') oder noch nicht geboren (‚Was werden sie sagen?')." (Strauss 1959a, S. 34) Die wahrgenommenen oder gedachten Reaktionen dieser Anderen beeinflussen unser weiteres Handeln und das Bild von uns selbst.

Diese von den Spiegeln reflektierte Stellung nennt Strauss *Status*. Es ist die *soziale Identität* in einer Interaktion. Der Status kann ganz viele Facetten haben, und dementsprechend spielen wir auch in ein und derselben Situation mehrere Rollen gleichzeitig oder nacheinander. Interaktion bedeutet, dass wir ständig unseren Status und den des Anderen definieren und dadurch anzeigen, in welcher Rolle wir gerade auftreten und von den Anderen angesehen werden wollen.[15] Um ein Beispiel zu bringen: Am Anfang des Abendessens, zu dem uns die neuen Nachbarn eingeladen haben, spielen wir die Rolle des freundlichen Neugierigen, dann die Rolle des wohlwollenden, allwissenden Alteingesessenen, ehe wir vorsichtig ausloten, wie die Neuen wohl darauf reagieren, wenn wir ihnen sagen, dass wir mit anderen Nachbarn gar nicht gut auskommen, um ihnen schließlich von unseren Sorgen erzählen, die wir mit unseren Kindern haben. Wenn wir uns in jeder einzelnen Phase unseres Auftritts vor den Anderen vorstellen, wie sie wohl in diesem Augenblick auf uns reagiert haben, welche Erwartungen bei ihnen entstanden sind und welche Identität sie uns damit zugewiesen haben, dann dürfte klar sein, dass Identität im Spiegel der Anderen häufigen Statuswechsel impliziert.

Im normalen Alltag wissen wir, was man von uns erwartet und wie wir uns verhalten sollen. Und wenn wir uns fragen würden, *wer wir* denn in einer bestimmten Situation *sind*, würden wir wahrscheinlich sagen, wir sind derselbe, der wir in ähnlichen Situationen immer sind. Wir haben das Gefühl, dass uns eine *feste, persönliche Identität* zukommt und dass wir die auch mehr oder weniger klar durchhalten. Dagegen muss unter der eingangs angesprochenen These von der *sozialen Organisation* eingewandt werden, dass Identität nie feststeht, sondern ein Prozess ist, in dem wir uns kontinuierlich mit dem typischen Bild, das Andere in einer typischen Situation von uns haben, auseinandersetzen. Teile dieses Bildes, in dem

---

15 Siehe noch einmal oben Kap. 7.6 *Statuswechsel, Statuszwang und Transformation von Statusarten*, wo das Thema Identität vor allem unter dem Aspekt der Zuweisung und Neudefinition eines Status behandelt wurde.

auch die Erwartungen der Anderen, wie wir sein sollen, markiert sind, rechnen wir uns im Laufe des Lebens auch selbst zu. Dieses Bild von uns, das die sozialen Erwartungen Anderer an uns spiegelt, kann man als *soziale Identität* bezeichnen. Das will ich an zwei Beispielen illustrieren.

(1) Wenn sich Mitglieder einer sozialen Gruppe über viele Jahre kennen, bleibt es nicht aus, dass sie sich wechselseitig auch in bestimmte Identitäten „hineinzwingen" und dass diese angesonnene Identität letztlich auch das Bild, das sie von sich selbst haben, bestimmt. (vgl. Strauss 1959a, S. 81) Wem zwanzig Jahre lang eingeredet wurde, dass er sich durch seine gleichbleibende Freundlichkeit vor allen anderen Kollegen auszeichnet, der scheut schließlich nicht nur den Konflikt mit den Anderen, sondern vergisst vielleicht auch die aggressiven Wünsche, die ihn lange geplagt haben. Die soziale, zugewiesene Identität überlagert das Bewusstsein der eigenen Identität. Die Interaktion ist ein kompliziertes Wechselspiel von *sozialen Ansprüchen* an das Individuum, wer es in der Interaktion ist und wie es sich zu verhalten hat, und damit verbundenen *Bewilligungen und Kontrollen* auf der einen Seite und *individuellen Strategien* der Zustimmung oder Verweigerung auf der anderen. (vgl. Strauss 1959a, S. 92 f.) In diesem Spiel wird die soziale Identität immer neu „verortet". Wir verorten uns selbst, indem wir mit einer bestimmten Maske das Thema und den Rahmen unseres Handelns und damit eine *personale Identität* andeuten, und wir werden durch die Anderen verortet, die mit ihren Erwartungen, Kontrollen und Zugeständnissen unsere *soziale Identität* definieren. In ihren Erwartungen spiegeln wir uns und entscheiden, ob wir das soziale Bild von uns in unser Selbstbild übernehmen, weil wir z.B. dadurch die soziale Zustimmung erhalten, oder ob wir es korrigieren, um unsere personale Identität ins Spiel zu bringen oder wenigstens zu schützen.

(2) Manche soziale Identität ist nur eine *Identität auf Zeit,* und auch diese temporäre „Verortung" wird sozial organisiert. So sind wir nur für eine bestimmte Phase Jugendlicher. Mit diesem Status wird uns nicht nur eine bestimmte Identität *zugeschrieben,* wer wir also „sind" und wie wir uns *selbst* zu *sehen* haben, sondern auch ein bestimmtes Verhalten abverlangt. Es gibt gesellschaftliche Vorstellungen davon, wie man sich als Jugendlicher verhalten sollte und wie lange man in dieser Phase verweilen darf. Das mag so diffus sein, wie es will, jedenfalls merken wir, dass es nicht nur unsere eigenen Vorstellungen sind, von denen unser Bild als Jugendlicher abhängt. Oder nehmen wir die Phase des Trauerns. Auch bei diesem so individuellen und intimen Ereignis zeigt sich, dass die Identität in die soziale Organisation des Lebens eingebunden ist. Die betroffene Person sieht sich mit sozialen Erwartungen einer angemessenen Form und Dauer von Trauer konfrontiert. Es wird erwartet, dass sie ihre Identität nicht ausschließlich über ihre Trauer definiert, sondern auch andere Facetten ihrer Person für sich selbst und für die Interaktion mit den Anderen im Spiel hält, dass sie den Status als Trauernde auch

nicht zu lange beansprucht und dass sie anzeigt, in welcher Phase des Trauerns sie sich befindet. Die trauernde Person „muss sich letztlich für die Anderen identifizieren", damit diese wissen, für wen sie sie halten können und welches Verhalten ihr zugemutet bzw. abverlangt werden kann. (vgl. Strauss 1959a, S. 136 f.)

Im Nachgang zu der These von der *sozialen* Organisation von Identität muss ich noch kurz wiederholen, was Strauss über die *individuelle* Organisation einer *biographischen Identität* geschrieben hat. Die Frage, wer wir sind, kommt vor allem im späten Rückblick auf unser Leben und an Wendepunkten des Lebens auf. Beim Blick in die Vergangenheit suchen wir immer auch nach Erklärungen für das, was wir waren und was wir heue sind. Dabei erinnern wir uns zweifellos auch an tatsächliches Verhalten, aber die meisten Erinnerungen sind unbewusste Versuche, Situationen und Verhalten so zu rekonstruieren, dass sie eine in sich stimmige biographische Identität ergeben. Doch diese Identität ist eine Ordnung vom Ende her. Es ist, als ob man jeder Epoche seines Lebens „im Zeichen des Endprodukts einen Sinn gäbe." (Strauss 1959a, S. 158) Die Frage nach der biographischen Identität stellt sich auch an wichtigen Wendepunkten des Lebens, an denen ein Status neu definiert werden muss. (vgl. Strauss 1959, S. 116) Solche Wendepunkte können freiwillige Übergänge zu einem neuen Status sein, z. B. beim beruflichen Aufstieg oder bei der Gründung einer Familie, sie können aber auch durch das Schicksal, z. B. Krankheit oder Verlust des Partners, erzwungen werden. Nach solchen Wendepunkten erfolgt oft eine Bewertung des bisherigen Lebens, aber es wird auch die biographische Identität vage konturiert, die *ab jetzt gelten soll*. Auch diese Aussicht auf das eigene Leben steht im Spiegel sozialer Erwartungen.

Zusammenfassend kann man sagen: Nach Strauss ist der Lebenslauf „als eine Serie von Statusübergängen" zu verstehen, und was den Prozess und den kontinuierlichen Wandel der Identität angeht, stimmt er ausdrücklich der These von Erik H. Erikson zu, „dass ein Gefühl der Identität ‚niemals ein für allemal gewonnen, noch behauptet wird. Wie ein gutes Gewissen wird es ständig verloren und wiedergewonnen'." (Strauss 1959a, S. 116 f.)

8.5 Erfahrung eigener Gleichheit, Grundhaltung zur Welt (Erikson)

Neben den Ansätzen, die in der Tradition Meads Identität mit Interaktionen im Alltag zusammenbrachten, wurde die *psychosoziale Entwicklungstheorie* von ERIK H. ERIKSON (1902–1994), der sich an der Psychoanalyse Freuds orientierte, in den USA und Europa überaus populär. Seine Theorie war auch deshalb attraktiv, weil sie Kriterien benannte, nach denen sich die Entwicklung einer „gesunden Persönlichkeit" bestimmen ließ. Die Entwicklung selbst erfolgt in Phasen, in denen sich jeweils eine bestimmte Grundhaltung des Individuums zu sich selbst und zu seiner sozialen Welt herausbildet. Identität besteht in der Integration der Erfahrungen, wie sich das Individuum selbst ansieht und wie es sich von den Anderen angesehen fühlt: „Das bewusste Gefühl, eine persönliche Identität zu besitzen, beruht auf zwei gleichzeitigen Beobachtungen: der unmittelbaren Wahrnehmung der eigenen Gleichheit und Kontinuität in der Zeit, und der damit verbundenen Wahrnehmung, dass auch andere diese Gleichheit und Kontinuität erkennen." (Erikson 1946, S. 17f.)

Erikson unterscheidet acht Phasen im Lebenszyklus. In jeder Phase kommt es zu einer spezifischen *Krise,* die aus der Differenz zwischen der entsprechenden körperlichen und geistigen „Reife des Individuums" und den „zu erwartenden Ansprüchen seiner Gesellschaft" entsteht. (vgl. Erikson 1956, S. 149) Nach jeder Krise bildet sich eine bestimmte *Grundhaltung* heraus, wie sich das Individuum selbst erlebt und wie es sich zur Welt verhält. Diese Grundhaltungen bezeichnet Erikson auch als „ein Gefühl von". Solche psychosozialen Gefühle „sind Weisen bewussten *Erlebens,* die der Introspektion zugänglich sind; Weisen des *Verhaltens,* die von anderen beobachtet werden können; und unbewusste *innere Zustände."* (Erikson 1950b, S. 62) Die Grundhaltung, die Erikson gelegentlich auch als Ich-Qualität bezeichnet, kann positiv oder negativ sein. Im positiven Fall spricht er auch von *Grundstärken* oder *Komponenten psychosozialer Gesundheit.* (vgl. Erikson 1950a, S. 264f. und 1950b, S. 59f.)

Obwohl sich Identität über den gesamten Lebenszyklus entwickelt und jedes psychosoziale Gefühl auf früheren aufbaut und alle späteren bedingt, kommt einer Phase eine besondere Bedeutung zu, dem Jugendalter. Gehen wir die Phasen im Einzelnen durch.

In den ersten vier Phasen geht es mehr oder weniger bewusst um Antworten auf die Frage „Wer bin ich?". Die erste Phase, das Säuglingsalter, überschreibt Erikson mit der Aussage: „Ich bin, was man mir gibt." (Erikson 1950b, S. 98) Damit will er zum Ausdruck bringen, dass der Säugling total von der Mutter abhängig ist. Die psychosoziale Krise, die der Säugling erlebt, ist die Erfahrung, dass die Befriedigung seiner Bedürfnisse nicht ständig oder nicht immer in ausreichendem Maße erfolgt. Die Ungewissheit, ob und wann und wie diese Befriedigung erfolgt, kann sich verdichten zu einem Gefühl des Misstrauens und der Resignation. Umgekehrt führt die Erfahrung der regelmäßigen und liebevollen Zuwendung zu einem Gefühl grundsätzlichen Vertrauens zu anderen Personen und zur Welt überhaupt. Erikson nennt diese Grundstärke *Urvertrauen.* Es ist der „Eckstein der gesunden Persönlichkeit" und die Basis für alle späteren Grundhaltungen. (Erikson 1950b, S. 63)

In der zweiten Phase macht das Kleinkind die Erfahrung der Differenz zwischen sich und der Welt. Es greift nach Dingen, die ihm vorgehalten werden, hält sie fest, lässt sie los und fordert sie wieder. Die Persönlichkeit kristallisiert sich um die Überzeugung „Ich bin, was ich will." (Erikson 1950b, S. 98) Das Kleinkind macht aber auch erste Erfahrungen von Ordnung und Regeln und Widerstand dagegen. Die Grundstärke dieser Phase bezeichnet Erikson als *Autonomie*. (Erikson 1956, S. 215) Das Spielalter ist die dritte Phase. Das Kind ist in der Lage, auf die Dinge zuzugehen. Es entwickelt eigene Vorstellungen, was diese Dinge sind und wie es mit ihnen umgeht. Deshalb kann man diese Phase auch mit der Antwort überschreiben: „Ich bin, was ich mir zu werden vorstellen kann." (Erikson 1950b, S. 98) Die Grundstärke, die sich in dieser Phase ausbildet, ist *Initiative* oder *Zielstrebigkeit*. In der vierten Phase, dem Schulalter, lernt das Kind Dinge, die für das Leben nützlich sind, und erfreut sich daran, etwas zu können und sich mit Anderen zu messen. Die Antwort auf die Frage „Wer bin ich?" lautet denn auch: „Ich bin, was ich lerne" und was ich mit eigener Anstrengung bewerkstelligen kann. (Erikson 1950b, S. 98 u. 103) Die entsprechende Grundstärke bezeichnet Erikson als *Werksinn* oder *Tüchtigkeit*.

In der fünften Lebensphase, der Adoleszenz, orientiert sich der Jugendliche nach draußen, d. h. er sucht sich neue Bezugspersonen, was zu einer Neubewertung der alten Orientierungen führt. Gerade was diese psychische Struktur angeht, ist die Übergangsphase zwischen Kindheit und Erwachsenenalter eine Phase des Zweifels, des Experimentierens, Entwerfens und Revidierens. Erikson fasst diese „natürliche Periode der Wurzellosigkeit" in ein schönes Bild: „Wie der Trapezkünstler muss der junge Mensch in der Mitte heftiger Bewegtheit seinen sicheren Griff an der Kindheit aufgeben und nach einem festen Halt am Erwachsenen suchen. Ein atemloses Intervall lang hängt er von einem Zusammenhang zwischen Vergangenheit und Zukunft und von der Verlässlichkeit derer ab, die er loslassen muss, und derer, die ihn aufnehmen werden." (Erikson 1959b, S. 77) Deshalb überschreibt Erikson die Phase des Zweifels und des Übergangs auch nicht mit einer Antwort, sondern mit einer Frage: „Wer bin ich, wer bin ich nicht?" Das *Gefühl*, zu wissen, wer man ist, nennt Erikson *Identität*. (Erikson 1956, S. 215 u. 151) In subjektiver Hinsicht steht der Begriff Identität für das positive *Gefühl* des Jugendlichen, einen neuen inneren Zusammenhangs des eigenen Ich selbst herzustellen, in objektiver Hinsicht steht er für die *Grundstärke*, die der Jugendliche in der Auseinandersetzung mit alten und neuen Bezugspersonen gewonnen hat und mit der er sich durch sein weiteres Leben steuern wird.

In der Adoleszenz entscheidet sich, ob es zu einer stabilen Identität kommt oder ob sie ohne Kontur und Kraft bleibt. Diesen dramatischen Prozess der Identitätsbildung beschreibt Erikson so: Was „das Individuum in sich selbst zu sehen gelernt hat, muss jetzt mit den Erwartungen und Anerkennungen, die Andere ihm entgegenbringen, übereinstimmen; was immer an Werten für ihn bedeutungsvoll geworden ist, muss jetzt irgendeiner universellen Bedeutsamkeit entsprechen. Die

Identitätsbildung geht also über den Prozess des *Sich-Identifizierens* mit Anderen in nur einer Richtung hinaus. (...) Sie ist ein Prozess, der auf einer erhöhten kognitiven und emotionalen Fähigkeit beruht, *sich selbst* als ein umschriebenes Individuum in Beziehung zu einem voraussagbaren Universum, das die Kindheitsumstände übersteigt, *identifizieren zu lassen*. Identität ist also nicht die Summe der Kindheitsidentifikationen, sondern viel eher eine neue Kombination alter und neuer Identifikationsfragmente. (...) Um das Gefühl der Ganzheit zu erfahren, muss der junge Mensch eine fortschreitende Kontinuität zwischen dem empfinden, was er während der langen Jahre der Kindheit geworden ist, und dem, was er in der vorgeahnten Zukunft zu werden verspricht; zwischen dem, wofür er sich selbst hält, und dem, wovon er bemerkt, dass Andere es in ihm sehen und von ihm erwarten. (...) Die jugendliche Suche nach einer neuen und doch zuverlässigen Identität lässt sich vielleicht am besten in dem beständigen Bemühen beobachten, sich selbst und Andere in oft unbarmherzigem Vergleich zu definieren, zu überdefinieren und neu zu definieren; während sich die Suche nach zuverlässigen Ausrichtungen in der ruhelosen Erprobung neuester Möglichkeiten und ältester Werte verrät. Wo die sich ergebende Selbstdefinition aus persönlichen oder kollektiven Gründen zu schwierig wird, entsteht ein Gefühl der Rollenkonfusion."[16] (Erikson 1959b, S. 77 ff.)

An dieser Beschreibung wird deutlich, warum Erikson der Jugendphase die entscheidende Bedeutung für die Ausbildung der Identität beimisst. Wenn der Jugendliche sich „in manchmal krankhafter, oft absonderlicher Weise darauf konzentriert herauszufinden, wie er, im Vergleich zu seinem eigenen Selbstgefühl, in den Augen Anderer erscheint" (Erikson 1950b, S. 106) – vor allem natürlich in den Augen seiner peer group! –, dann ist das ein Ringen um Selbstbewusstheit und Anerkennung. Mit dieser Suche nach Anerkennung durch neue Bezugspersonen lässt er oft auch die alten Bezugspersonen völlig hinter sich.

Er entscheidet sich „total" für eine Meinung, für ein Ziel oder für ein Outfit und lehnt Anderes „total" ab. Die rigorose Hingabe, die von heute auf morgen einer völlig anderen Sache gelten kann, ist der Versuch, eine gerade entworfene Identität zusammenzuhalten. Abgrenzung und Abwehr sind Mechanismen, eine drohende Diffusion der Identität zu verhindern. Nach dem Prinzip absoluter Exklusion und absoluter Inklusion bestimmt der Jugendliche scheinbar für die Ewigkeit, woraus sich seine Identität zusammensetzen soll: „Ist eine bestimmte willkürliche Abgrenzung angenommen, so darf nichts, was hineingehört, draußen gelassen, so kann nichts, was draußen sein soll, innen geduldet werden. Eine Totalität ist absolut inklusiv, oder sie ist vollständig exklusiv, ob die absolut zu machende Kategorie eine logische ist oder nicht und ob die Teile wirklich sozusagen

---

[16] An anderer Stelle spricht Erikson auch von „Identitätsdiffusion". (Erikson 1956, S. 151)

ein Verlangen nacheinander haben oder nicht." (Erikson 1959b, S. 79) Mit dem Bedürfnis nach Totalität ist die soziale Tugend schon angesprochen, die in dieser Lebensphase ausgebildet wird, die *Treue*. Es ist die feste Verpflichtung auf Ideale und idealisierte Personen. Treue ist eine außerordentlich dichte Beziehungsform. Mit ihr wird die Identität an etwas gebunden, das selbst Teil dieser Identität wird. Treue ist „der Eckstein der Identität." (Erikson 1961, S. 108)

In der sechsten Phase, dem frühen Erwachsenenalter, ist die weitere Entwicklung der Identität von der Partnerschaft bestimmt. Die Antwort, die in dieser Phase auf die Frage, wer man ist, gegeben werden kann, könnte man so formulieren: „Ich bin, was ich dem Anderen gebe und was ich in ihm finde." (vgl. Erikson 1961, S. 111) Es geht also um die Wechselwirkung zwischen Partnern, die sich lieben und füreinander da sind. Die Grundstärke dieser Phase bezeichnet Erikson als *Intimität* und *Solidarität*. In der siebten Phase, dem eigentlichen Erwachsenenalter, wird der Identität Kraft durch die Erfahrung zugeführt, etwas mit einem Anderen zusammen aufzubauen und zu erhalten. Die Grundstärke dieser Phase ist die *Generativität*. Darunter versteht Erikson die Grundhaltung, sich gemeinsam durch ein Kind in den Zyklus der Generationen zu stellen und Verantwortung für das Weiterleben der Gesellschaft zu übernehmen. Die achte und letzte Phase des Lebens, das reife Erwachsenenalter, ist eine Phase der Bilanz. Es geht darum, ob man seine bisherige Entwicklung akzeptiert und bereit ist, das zu sein, was man geworden ist. (vgl. Erikson 1956, S. 215) Die entsprechende Grundstärke, die letztlich die Identitätsentwicklung über den ganzen Lebenszyklus zusammenhält, bezeichnet Erikson als *Integrität*.

Die wichtigste Botschaft des Identitätskonzeptes von Erikson ist die, dass sich Identität über das ganze Leben hin entwickelt, und „das Kernproblem der Identität", so kann man die Theorie zusammenfassen, besteht „in der Fähigkeit des Ichs, angesichts des wechselnden Schicksals Gleichheit und Kontinuität aufrechtzuerhalten" und beides auch im Handeln zum Ausdruck zu bringen. (Erikson 1959b, S. 82 und 1946, S. 18)

Identität ist nichts Starres, im Gegenteil: Sie muss immer wieder neu hergestellt werden, da wir sie in wechselnden Situationen und vor immer neuen Mitspielern präsentieren müssen. Konkret heißt das, die eigene Lebensgeschichte mit der Gegenwart, in der wir handeln und uns mit Erwartungen der Anderen auseinandersetzen, und mit der Zukunft, so wie wir sie angehen, abzustimmen. „Das Gefühl der Identität setzt stets ein Gleichgewicht zwischen dem Wunsch, an dem festzuhalten, was man geworden ist, und der Hoffnung, sich zu erneuern, voraus." (Erikson 1974, S. 113) Identität ist also permanente *Aufgabe* und *Entscheidung*.

8.6 Außenleitung: Identität bleibt offen, Individualität folgt dem Trend (Riesman)

Im Jahre 1950 veröffentlichte DAVID RIESMAN (1909–2002) eine Studie über den amerikanischen Sozialcharakter, die den bezeichnenden Titel „The lonely crowd" trug. Darin kommt er zu dem Ergebnis, dass der Mensch der Massengesellschaft sich in seinem Denken und Handeln von den Anderen leiten lässt. Im Klartext: Das Individuum tut das, was alle, die ihm wichtig sind – von den engsten Freunden und nächsten Nachbarn bis zu den entferntesten Fans der gleichen Musik und den anonymen Trendsettern weltweit –, auch tun. Der Mensch der Moderne ist „außengeleitet". Das ist die zentrale These dieses Buches, das insofern etwas über Bedingungen der Identität aussagt, als es beschreibt, wovon die Individuen ihre *Bilder von sich selbst* heute abhängig machen.

Bis weit in das Mittelalter hinein wurde in Europa von niemandem erwartet, „dass er sich zu einer bestimmten Persönlichkeit entwickelt, sondern lediglich, dass er sich in der allgemein anerkannten Art und Weise verhalte." (Riesman 1950, S. 40) Jeder bewältigte sein Leben so, wie es alle anderen seit je getan hatten. Riesman nennt diese Verhaltenssteuerung *Traditionsleitung*.

Diese Verhaltenssteuerung wandelte sich im Zuge einer raschen Bevölkerungszunahme, der dadurch erzwungenen immer differenzierteren Arbeitsteilung, der verdichteten Siedlung in Städten, was eine Intensivierung der Kommunikation bedeutete, und einer Ausweitung des Fernhandels, der neue Erfahrungen vermittelte. All das beschleunigte den sozialen Wandel und brachte neue Chancen, aber auch neue Forderungen mit sich. Die alte Verhaltenssteuerung passte nicht mehr. „Die größten Chancen, die diese Gesellschaft zu vergeben hat – und die größte Initiative, die sie denen abverlangt, die mit den neuen Problemen fertig werden wollen –, werden von Charaktertypen verwirklicht", die sich aus der schwerfälligen und jeder Neuerung abholden Traditionslenkung lösen und sich an *Prinzipien*, die grundsätzlich, also auch in sich wandelnden Situationen gelten, orientieren. (Riesman 1950, S. 31) Solche Prinzipien bildeten sich in Europa in der Renaissance im 15./16. Jahrhundert und der Reformation heraus. Während die Renaissance die Individualität des Menschen betonte und die Persönlichkeit als das Ergebnis allseitiger Bildung idealisierte, betonte die Protestantische Ethik, wie sie Max Weber[17] beschrieben hat, auf der einen Seite eine religiös fundierte, prinzipiengeleitete Hinwendung zur diesseitigen Welt und die rationale Verfügung über sie und auf der anderen Seite die Verantwortung des einzelnen Individuums für sein eigenes Leben. Diese neue Verhaltenssteuerung nennt Riesman *Innenleitung*. Der innengeleitete Mensch nimmt sozusagen einen „seelischen Kreiselkompass" in sich

---

17 Vgl. Band 1, Kap. 10.5 *Asketischer Protestantismus und rationale Lebensführung.*

auf, der ihn auf Kurs hält und dem er aus eigener Überzeugung gehorcht. (Riesman 1950, S. 40)

Diese, aus dem Inneren des Individuums kommende Orientierung wird im 20. Jahrhundert abgelöst durch eine externe Orientierung, die Riesman als *Außenleitung* bezeichnet. Dass sich dieser Charaktertyp rasch durchsetzte, hängt vor allem mit der rasanten Verbreitung von *Lebensstilen* durch die Medien zusammen, die inzwischen jeden zu jeder Zeit und an jedem Ort erreichen. Als soziologische Gründe für die neue Orientierung kann man die immer weitere Ausdifferenzierung der Gesellschaft nennen. Auch die Rollen, die sich damit ergaben, wurden zahlreicher und differenzierter. Politische Entwicklungen garantierten größere individuelle Freiheiten, diese Rollen wahrzunehmen und zu gestalten. Mit der Anerkennung unterschiedlicher Interessen ließen sich auch für die verschiedensten Verhaltensformen gute Gründe anführen. Die geschlossenen Weltbilder wurden entzaubert oder lösten sich auf, und es kam zu einer Vielfalt von Überzeugungen und Einstellungen.

Es kommt noch etwas hinzu: Aufgrund eines allmählich ansteigenden breiten Wohlstands und wachsender Freizeit trat an die Stelle des dauernden „Knappheitsbewusstseins" des innengeleiteten Menschen ein „Überflussbewusstsein", das in ein „Verbrauchsbedürfnis" mündete. Für immer mehr Menschen entwickelten sich die materiellen Bedingungen so, dass sie sich immer mehr von dem leisten konnten, was ihnen die Konsumindustrie anbot und die Massenmedien als modernen Lebensstil vor Augen führten. Die Konsequenz des Übergangs in das Zeitalter des Konsums liegt auf der Hand: Nach der Erfahrung des bescheidenen Lebens und der Hinnahme des Mangels wächst das Bewusstsein, dass man sich nun etwas leisten kann und man sich auch dadurch etwas Gutes tut, wenn man seinen Lebenserfolg in materiellen Gütern und durch einen bestimmten Lebensstil zum Ausdruck bringt. Im Grunde geht es also um zweierlei: um das Bedürfnis, den eigenen Wert festzustellen, und zweitens um das Bedürfnis, ihn auch durch Andere bestätigt zu finden. Das Verhalten der anderen Konsumenten wird zum Maßstab des eigenen Wertes.

Letzteres hängt mit dem menschlichen Bedürfnis nach sozialer Anerkennung zusammen. Niemand hält Einsamkeit auf Dauer aus, umso weniger, wenn es kein inneres Steuerungszentrum mehr gibt, das auch in einer solchen Situation das Individuum auf dem Kurs des „richtigen" Lebens hält. Da die großen Sinnsysteme und kleinen Prinzipien ihren Geist ganz aufgegeben haben oder sich in zahllose Varianten verflüchtigt haben, beginnt man sich unmerklich an dem zu orientieren, was „man" in bestimmten Kreisen denkt und tut. Es ist sicher beides, was dabei eine Rolle spielt: unbedachte Anpassung, die Zugehörigkeit sichert, und symbolische Annäherung an Menschen, die anscheinend den Kurs des heute angesagten „richtigen" Lebens schon gefunden haben. „Das gemeinsame Merkmal der *außen-*

geleiteten Menschen besteht darin, dass das Verhalten des Einzelnen durch die Zeitgenossen gesteuert wird; entweder von denjenigen, die er persönlich kennt, oder von jenen Anderen, mit denen er indirekt durch Freunde oder durch die Massenunterhaltungsmittel bekannt ist. Diese Steuerungsquelle ist selbstverständlich auch hier *verinnerlicht,* und zwar insofern, als das Abhängigkeitsgefühl von dieser dem Kind frühzeitig eingepflanzt wird. Die von den außengeleiteten Menschen angestrebten Ziele verändern sich jeweils mit der sich verändernden Steuerung durch die von außen empfangenen Signale. Unverändert bleibt lediglich diese Einstellung selbst und die genaue Beobachtung, die den von den Anderen abgegebenen Signalen gezollt wird." (Riesman 1950, S. 38)

Diese Erklärung des Handelns hatte der schottische Moralphilosoph John Locke als „law of opinion or reputation" (1690b, Buch II, Kap. 28, § 10 und § 12) bezeichnet.[18] Ihm gehorchen wir mehr als dem göttlichen oder staatlichen Gesetz!

Der außengeleitete Mensch lernt „Signale von einem sehr viel weiteren als dem durch seine Eltern abgesteckten Kreis" oder seiner frühen Bezugsgruppen aufzunehmen. Das Problem des außengeleiteten Menschen besteht darin, dass er sich auf viele Sender und häufigen Programmwechsel einstellen muss. Um die *richtigen,* d.h. nach Tagesgebot der entsprechenden Kreise, Signale zeitnah mitzubekommen, ist eine innere Steuerung hilfreich, die „wie eine Radaranlage" funktioniert. Der Außengeleitete ist sozusagen „Weltbürger" und „in gewissem Sinne überall und nirgends zu Hause." (Riesman 1950, S. 40 f.)

Die Außenleitung hat Konsequenzen für die Identität in der Moderne. Die aus den unterschiedlichsten Gründen *attraktiven Anderen* werden nämlich unter der Hand zum Maßstab des Handelns und des *Bildes von einem selbst.* Wenn man sich an ihnen orientiert, kann man eigentlich nichts falsch machen, und man darf sicher sein, dass sie die Verdoppelung ihres Denkens und Handelns durch uns anerkennen, denn letztlich bestätigen sie sich dadurch auch ihr eigenes Leben. Und aus dieser Anerkennung, vielleicht auch nur Nicht-Missbilligung unseres Verhaltens, erwächst allmählich ein inneres Selbstbild, dessen Rahmung durch die Anderen uns immer weniger zum Bewusstsein kommt, je mehr wir ihre Vorgaben zu inneren Wünschen machen.

Ein Beispiel für die wachsende Außenleitung ist die *Sozialisierung des Geschmacks.* Die Konsumindustrie weckt kontinuierlich für bestimmte Zielgruppen Bedürfnisse, die Werbung preist entsprechende Angebote gezielt an, und in den Massenmedien wird das dann als normaler Lebensstil verkauft. Die Individuen werden zu einer symbolischen „Verbrauchergenossenschaft" zusammengeschlossen, in der keiner durch übertriebenen Konsum Neid und Ablehnung provoziert, in der aber auch keiner durch Nicht-Besitz der „richtigen" Gütern die stumme

---

18 Siehe oben Kap. 6.5 *Bezugsgruppe, soziale Beeinflussung, Gruppendruck.*

Anerkennung durch die Genossen aufs Spiel setzen möchte. (vgl. Riesman 1950, S. 86 u. 92)

Ein anderes Beispiel ist das *frühzeitige Erlernen normalen Verhaltens*. Von dem, was die Massenmedien tagtäglich als normales Leben in bestimmten Kreisen und in einem bestimmten Alter verkaufen, sind Eltern nicht frei. Eltern stellen die erste und entscheidende Verbindung zwischen dem Ich des Kindes und der Außenwelt her. Die Ratgeberliteratur in allen Lebenslagen und die Bilder vom typischen Verhalten eines „normalen" Kindes in den Medien sorgen direkt oder indirekt dafür, dass sich Kinder schon früh mit den Augen „*des* anderen Kindes" sehen lernen. (vgl. Riesman 1950, S. 37 u. 109) Die Sozialisation in der peer group tut ein Übriges: Indem das Kind sich in das „normale" Verhalten fügt, wächst auch die Chance, von den Anderen, die sich genau so verhalten, anerkannt zu werden. Nicht nur für Kinder dürfte das Bedürfnis, dazuzugehören, außerordentlich stark sein. In der Anpassung an die Anderen *verliert* das Individuum viel an *Individualität, gewinnt* aber eine *soziale Identität*, die ihm gut tut.

Als drittes Beispiel möchte ich die scheinbare Befriedigung des *Bedürfnisses nach Individualität* nennen. Trotz der wohltuenden Erfahrung, dazuzugehören, bleibt der Wunsch nach Individualität natürlich bestehen, doch auch der kann leicht in der Welt der Außenleitung befriedigt werden: Die Konsumindustrie, die ganz gezielt an der „Sozialisierung des Geschmacks" mitarbeitet, tut das in einer Zeit der harten Konkurrenz um Kunden natürlich nicht ins Blaue hinein, sondern differenziert nach Zielgruppen und befriedigt deren latentes Bedürfnis, doch auch ein bisschen anders als die Anderen zu sein, mit einer Differenzierung ihrer Produkte. Sie steigert die soziale Attraktivität der Produkte durch leichte Variationen, die die Homogenität der Zielgruppe und die gewünschte Anstiftung zur wechselseitigen Beobachtung und Anerkennung des richtigen Konsumverhaltens nicht stören, aber das unterschwellige Bedürfnis befriedigen, in der Masse nicht aufzugehen. Es sind oft nur Kleinigkeiten, die natürlich auch ihren Preis haben, die die Unterschiede dann ausmachen. Riesman nennt es „marginal differentiation". (Riesman 1950, S. 61) Es ist zu befürchten, dass diese marginale Differenzierung das Einzige ist, an dem der Außengeleitete seine Identität festmacht!

Der Außengeleitete geht mit der *Mode*. Diesen Begriff fasst Riesman in einem weiteren Sinne und rechnet dazu auch die Konjunkturen des Verhaltens in der Freizeit, des Denkens über Politik, wie sie von Anderen gemacht werden sollte oder wie man sich selbst dafür einsetzt, der Vorstellungen von der richtigen Erziehung der Kinder oder der Einstellungen des Individuums zu Sexualität oder Moral und vor allem *zu sich selbst*. Auch die Vorstellung einer eigenen Identität unterliegt der gesellschaftlichen Mode.

Damit sind zwei strukturelle Bedingungen der Moderne angesprochen, unter denen sich die Außenleitung verstärkt. Die Gesellschaft wird auf der einen Seite bürokratisiert, was bedeutet, dass das Verhalten der Menschen untereinander von außen geregelt wird; auf der anderen Seite ist das Individuum in zahlreiche soziale Bezüge gleichzeitig eingebunden und muss mit höchst unterschiedlichen sozialen Erwartungen zurechtkommen. Da ein verbindliches, inneres Prinzip der Verhaltenssteuerung nicht mehr vorhanden ist oder angesichts der Fülle von Möglichkeiten und Erwartungen nur noch schwach funktioniert, beginnt der moderne Mensch sich an dem zu orientieren, was ihm die wichtigsten Bezugspersonen vorleben – oder wovon er denkt, dass sie so leben.

Doch diese Bilder vom richtigen und attraktiven Leben ändern sich ständig. Das hat Folgen für die Präsentation der eigenen Identität, und es wird notwendig, sich in Zeiten der Außenleitung eine bestimmte innere Haltung zuzulegen: Der außengeleitete Mensch steht für alles *offen*. Er ist *flexibel* und stellt sich um, wenn ihm das größere Anerkennung verspricht. Während der innengeleitete Mensch sich an Prinzipien oder vorbildlichen Gestalten orientierte, um einen festen, *eigenen* Weg zu gehen, „sieht der außengeleitete Mensch sein Leben häufig gar nicht als eine individuelle Karriere an. Ihn verlangt nicht nach Ruhm, der ihn bis zu einem gewissen Grade seiner Gruppe von Kollegen *(peer-group)* entfremden oder aus einem bestimmten Lebensstil herausreißen würde. Er sucht vielmehr die Achtung, vor allem aber die affektive Zuneigung einer strukturlosen und sich ständig in ihrer Zusammensetzung wandelnden Gruppe von Kollegen und Zeitgenossen." Es ist eine paradoxe Situation, denn genau mit diesen Kollegen und Zeitgenossen, denen er „Aufmerksamkeit widmet, um sich nach ihren Verhaltensweisen und Werturteilen zu richten", steht er in Konkurrenz, da sie die gleichen Ziele wie er verfolgen. (vgl. Riesman 1950, S. 150

Der außengeleitete Mensch bewegt sich „auf einer Milchstraße von fast, wenn auch nicht gänzlich ununterscheidbaren Zeitgenossen". (Riesman 1950, S. 150) Die Milchstraße besteht bekanntlich aus schier unendlich vielen Sternen, und dem unbewaffneten Auge sehen alle gleich aus und scheinen an ihrem Ort fixiert. Auf der „sozialen Milchstraße" ist es nicht ganz so voll, aber dort ist alles in Bewegung, und man weiß nicht, wem man im nächsten Augenblick begegnet. „Unter dem Zwang, mit einer Vielzahl von Menschen zu verkehren, sie für sich zu gewinnen und beeinflussen zu müssen, behandelt der außengeleitete Mensch alle anderen Menschen wie Kunden, die immer recht haben." Um mit allen irgendwie zurecht zu kommen, ist er flexibel und spielt die Rolle, die ihm im Augenblick den größten Erfolg oder wenigstens den geringsten Ärger verspricht. So spielt der außengeleitete Mensch eine Rolle nach der anderen, manchmal sogar mehrere Rollen zugleich. Das hat Folgen für die eigene Identität, weil er „schließlich nicht mehr weiß, wer er eigentlich wirklich ist und was mit ihm geschieht." (vgl. Riesman 1950, S. 152)

Um ein Sprichwort abzuwandeln, kann man es so sagen: Wer es allen recht machen will, macht es keinem recht, am wenigsten sich selbst. Es kann sich kein

Prinzip ausbilden, nach dem das Individuum strukturiert handelt und nach dem es als Individualität identifiziert werden könnte. Der Außengeleitete gibt „die feste Charakterrolle des innengeleiteten Menschen auf und übernimmt dafür eine Vielfalt von Rollen, die er im geheimen festlegt und entsprechend den verschiedenen Begebenheiten und Begegnungen variiert". (Riesman 1950, S. 152) Es gibt eine Identität für diese Situation und eine andere für eine andere und eine dritte für eine dritte. Das Individuum zeigt nicht, wer es *ist,* sondern was es *kann.* Unbewusst misst es sein Können an dem, was die Anderen sagen, und ebenso unbewusst bleibt, dass die Kunst nur funktioniert, wenn das Individuum immer wieder vergisst, was es gestern gedacht und getan hat. Wer sich immer wieder an Prinzipien erinnert, die gestern gegolten haben, gilt als zwanghaft, wer mit der Zeit geht, als dynamisch.

Die bewegliche Umstellung ist nicht nur möglich, sondern, so muss man Riesman interpretieren, auch *geboten,* weil die verschiedenen Rollen, die der außengeleitete Mensch den vielen Anderen gegenüber spielen muss, „weder institutionalisiert noch klar voneinander abgesetzt sind". (Riesman 1950, S. 152) Sie sind keineswegs eindeutig, sondern diffus, und sie sind auch nicht zwingend, sondern Optionen. In der ersten Hinsicht lebt der Außengeleitete in der latenten Angst, etwas falsch zu machen, solange er nicht weiß, was „man" heute so richtig macht. In der zweiten Hinsicht ist er allerdings freier als der innengeleitete Mensch, denn er kann jede Option für sich und die Anderen legitimieren, wenn er nur die entsprechende Bezugsgruppe wählt.

Bei Jugendlichen schütteln wir den Kopf, wenn sie heute das und morgen das für wahnsinnig wichtig halten, und den *anderen* Erwachsenen kreiden wir es als Charakterschwäche an, wenn sie „ihr Fähnchen nach dem Wind hängen". Doch Außenleitung macht sich nicht nur *vor* unserer Haustür breit, sondern ist in die Bedingungen der Moderne eingewoben. Zwar meinen viele, die überhaupt zu dieser Diagnose durchstoßen, sie seien die einzigen, die „nicht alles mitmachen" und „authentisch" sind, aber im Grunde ist das bei vielen nur Illusion, um den Gedanken der Entfremdung von der eigenen Identität, der ja mit der Außenleitung verbunden ist, nicht an sich herankommen zu lassen. Im Grunde sind wir dankbar für die soziale Anerkennung, die wir erfahren, wenn wir so „normal" sind wie die Anderen, die uns wichtig sind. Da die Muster der Normalität selbst im Fluss sind, können wir unser Bild von uns im Wandel der Muster des richtigen Lebens im wörtlichen Sinn auch nicht *feststellen*. Identität bleibt offen, Individualität folgt dem Trend.

8.7 Identität als System der Strukturerhaltung der Persönlichkeit (Parsons)

Um zu verstehen, wo TALCOTT PARSONS das Thema „Identität" verortet, muss man sich daran erinnern, dass er eine allgemeine Systemtheorie vertritt, in der er zwischen einem dominanten Kultursystem (in dem die typischen Werte, Normen und Symbole der Gesellschaft aufgehoben sind), Sozialsystemen (in denen Individuen konkret und aufeinander bezogen handeln) und Persönlichkeitssystemen (womit die individuellen Strukturen der Orientierungen, Wertbindungen, Motivationen, Bedürfnisdispositionen gemeint sind) unterscheidet. Jedes System steht im Austausch mit jedem anderen, und jedes System muss bestimmte Grundfunktionen erfüllen, um überleben zu können. Die wichtigste ist, seine *Struktur zu erhalten.*[19] Genau hier ordnet Parsons den Begriff der Identität ein. Nach seiner Sozialisationstheorie[20], die deutlich in eine Theorie der Strukturerhaltung sozialer Ordnung[21] eingebunden ist, besteht das wichtigste Problem im Verhältnis zwischen Gesellschaft und *Individuum* darin, dass es sozial vorgegebene Rollen lernt und motiviert ist, nach diesen Vorgaben auch handeln zu *wollen.* (vgl. Parsons 1966, S. 24) In einer Zeit, in der die Rollen zahlreicher und diffuser werden, stellt sich die Frage, als *wer* das Individuum dann jeweils handelt und wie seine *Persönlichkeit* in wechselnden Situationen *zusammengehalten* wird. Darauf antwortet Parsons mit seiner Theorie der Identität.

Dass sich Parsons überhaupt mit dem Thema Identität befasst, hat auch etwas mit dem Geist der Zeit zu tun. Seit der Studie von Riesman stand der Verdacht im Raum, dass Identität in Zeiten der Außenleitung nicht möglich, vielleicht sogar nicht opportun ist. Eine andere kritische Diskussion, die Anfang der 1960er Jahre die akademische Jugend in den USA und dann weltweit mobilisierte, sah Identität grundsätzlich gefährdet, weil die Individuen die entfremdeten Verhältnisse nicht nur hinnähmen, sondern sich mit ihnen identifizierten und darin auch Befriedigung fänden. (vgl. Marcuse 1964, S. 31)

Der Begriff Identität, so beginnt Parsons seine Ausführungen, „ist zu einem Modewort geworden", das inzwischen auch „breitere Kreise von Intellektuellen anzieht. Die Verbreitung derartiger Begriffe – man denke auch an den eng verwandten der Entfremdung – ist in der Regel symptomatisch für die Spannungen, die durch Veränderungen der Struktur einer Gesellschaft und der kulturellen ‚Definition der Situation' erzeugt werden. Für die beiden genannten Begriffe möchte

---

19 Vgl. zu Parsons' Systemtheorie Band 1, Kap. 6.2 *Systemtheorie der Strukturerhaltung* und Kap. 6.2.2 *Grundfunktionen der Strukturerhaltung.*
20 Siehe oben Kap. 2.7 *Lernen von Rollen, Herstellung funktional notwendiger Motivation.*
21 Vgl. dazu Band 1, Kap. 3.9 *Normative Integration.*

ich hier lediglich behaupten, dass ihre Verbreitung – vom sozialen System her gesehen – teilweise als Konsequenz einer zunehmenden strukturellen Differenzierung der Gesellschaft zu interpretieren ist, durch die eine zunehmende Pluralisierung der Rollenverpflichtungen des typischen Individuums produziert wird. Dadurch wird nämlich ein häufig verwirrender Bereich von Wahlmöglichkeiten und – nachdem man sich einmal festgelegt hat – von sich vielfältig überlappenden Zwängen freigesetzt. (…) Das System der primären Rollenbindungen von Individuen wurde außerordentlich differenziert; aber gleichzeitig haben sich auch die Sozialsysteme, die unmittelbar Interesse auf sich ziehen, ungeheuer ausgedehnt – bis zu einem Punkt, wo eigentlich die ganze Welt für jedes einzelne einigermaßen aufgeklärte Individuum zum Handlungsfeld wird. Daher ist das Individuum entschieden stärker und bewusster damit beschäftigt, herauszufinden, was und wer es in dem ganzen Universum von Identitäten aller möglichen Menschen auf der Erde ist." (Parsons 1968, S. 68 u. 71)

Diese Diagnose darf nach Parsons nicht zu einer pauschalen Kritik falschen Denkens und Handelns („Entfremdung") verleiten, sondern muss auf die Frage zuführen, wie sichergestellt wird, dass sich das Persönlichkeitssystem auch unter gewandelten gesellschaftlichen Bedingungen in einem fließenden Gleichgewicht erhält und dass es sich in konkrete soziale Systeme, die sich ebenfalls ständig verändern, so einfügt, dass gemeinsames Handeln möglich bleibt.

Ausgehend von Durkheims These, dass durch den Prozess der Internalisierung „die Werte und Normen der Gesellschaft zu konstitutionellen Bestandteilen der Persönlichkeit ihrer Mitglieder" werden, versteht Parsons unter Handeln ein „System des Verhaltens", das durch „Systeme von kulturellen Bedeutungen organisiert und somit kontrolliert wird". (Parsons 1968, S. 72 u. 74) Die Organisation der kulturellen Bedeutungen zu einem Persönlichkeitssystem erfolgte in der Familie und in Kontakt zu nahen Bezugspersonen. Indem das Kind ihre Erwartungen internalisierte, entwickelte es ein Bewusstsein seiner selbst. In Anlehnung an Mead und den Symbolischen Interaktionismus verweist Parsons darauf, dass das Individuum in sozialen Systemen in Interaktion mit Anderen handelt: „In *jedem* durch kulturelle Symbolsysteme vermittelten System menschlicher sozialer Interaktion muss *jedes* Individuum als Einheit eines solchen Systems *sowohl* als *Handelnder*, der (…) Wünsche, Ziele, internalisierte Wertorientierungen und natürlich Affekte" hat, *„als auch* als ein *Objekt von Orientierungen,* und zwar für andere Handelnde wie auch für sich selbst, begriffen werden." (Parsons 1968, S. 73)

Jedes Individuum ist in zahlreiche und vielfältige Interaktionen zugleich eingebettet, was bedeutet, dass es in unterschiedlichen Situationen unterschiedlich handelt und dass sein motivationales Engagement von Situation zu Situation verschieden ist. (vgl. Parsons 1968, S. 73) Damit das *Individuum* unter diesen komplexen und offenen Bedingungen handeln kann und die gemeinsame *Interaktion* in Gang hält, ist zweierlei erforderlich: „Erstens: Um angemessen in psychischen und sozialen Bereichen und in deren beständigem Zusammenspiel zu fungieren, muss die Persönlichkeit des Individuums als ein hinreichend deutlich konstituiertes und fest umrissenes *Objekt* definierbar sein – und zwar, damit Fragen wie ‚Wer oder was bin ich bzw. ist er?' beantwortet werden können, sowohl für das Individuum selbst wie für seine Interaktionspartner. In diesem Zusammenhang muss man sich daran erinnern, dass die Persönlichkeit als Objekt das Produkt eines sozialen Prozesses innerhalb eines kulturellen Rahmens ist; Identität konstituiert sich nicht auf der biologischen Ebene. Zweitens: Die Tatsache, dass Rollenpluralismus an Bedeutung gewinnt, bedeutet, dass die Individuen mehr zentrifugalen Kräften ausgesetzt sind, weil an jede Rollenverpflichtung je eigene Erwartungen, Belohnungen und Verpflichtungen geknüpft sind. Für die Persönlichkeit wird es unerlässlich, ein angemessenes Niveau der Integration dieser einzelnen Komponenten herzustellen. Das internalisierte Selbstbild ist der natürliche Bezugspunkt für diese Integrationsleistung." (Parsons 1968, S. 73)

Die sozialen Systeme differenzieren sich immer mehr, und das gleiche gilt auch für die Rollen. Genau hier sieht Parsons die *Funktion* der Identität: „Das häufig als Rollenpluralismus bezeichnete Phänomen ist ein einzigartig charakteristisches Merkmal moderner Gesellschaften. Das erwachsene Individuum ist der Brennpunkt eines komplexen Rollensystems. (...) Wenn diese mannigfaltigen Rollenverpflichtungen, die mit zunehmendem Status des Individuums und mit wachsender Komplexität der Gesellschaft komplexer werden, von ein und demselben Individuum gehandhabt werden sollen, müssen sie systematisch miteinander verknüpft werden." (Parsons 1968, S. 78) Diese Verknüpfung gewährleistet das *Identitätssystem*. Es „fungiert als Bezugssystem für die Interpretation der Bedeutung der Handlungen des Individuums für das Individuum." (Parsons 1968, S. 82)

Das Identitätssystem muss „grundsätzlich als *gelernt*" betrachtet werden; „es ist Produkt der Lebenserfahrung des Individuums, seiner Interaktionen mit seiner Umwelt." Identität ist die „Code-Struktur", sozusagen das Programm der Orientierungen des Individuums in der Welt, und das „Organisationsprinzip" für die „Interpretation und Verbindung von einzelnen Bedeutungselementen". Identität ist ein Subsystem des Persönlichkeitssystems und hat die Funktion der *Strukturerhaltung der Persönlichkeit.* Und in dieser Hinsicht ist sich Parsons sicher: „Die meisten normal integrierten Personen verfügen über relativ stabile Orientierungsmuster im Umgang mit Situationen und anderen Menschen." (vgl. Parsons 1968, S. 83 f.)

Vor dem Hintergrund dieser generellen Erklärung, wie sich Identität als System konstituiert und was ihre Funktion ist, muss auch die *individuelle Identität* gesehen werden. Dazu schreibt Parsons: „Die individuelle Identität als Kern des Persönlichkeitssystems" ist ein „komplexer Mechanismus" der Kontrolle, „der für eine angemessene Balance zwischen verallgemeinerten und individualisierten Momenten verantwortlich ist. Jedes Individuum ist (...) ein ‚Kind' seiner Kultur und Gesellschaft und natürlich der besonderen Erfahrungen, die es innerhalb der beiden Systeme gemacht hat." Die generellen „kulturellen Bindungen" und die individuellen „Gruppenmitgliedschaften sind somit unvermeidlich Bestandteil der Identität. (...) Gleichzeitig variiert die *Kombination* von Momenten, die in eine Identität eingegangen sind, von Fall zu Fall: in irgendeiner Hinsicht ist sie einzigartig. Das umso mehr, je differenzierter die sozialen und kulturellen Systeme, mit denen das Individuum in enge Berührung gekommen ist, sind." (Parsons 1968, S. 84)

Zum Schluss kommt Parsons noch einmal auf den Auslöser seiner Erklärung, wie Identität als System funktioniert, zurück und betont, dass sie gegen den „auffälligen Negativismus", wir lebten „in einer Zeit der Entfremdung und Identitätsdiffusion" (Parsons 1968, S. 88), gerichtet ist. Und in der Tat kann man sich ja fragen, ob die eben angesprochene Berührung mit immer neuen Differenzierungen das Individuum nicht überfordert und zu einer Schwächung der Identität führt. Diese Gefahr ist nach dem Ansatz Parsons aus zwei Gründen als gering zu betrachten. Aus *systemtheoretischer* Sicht führt er als Argument an, dass sich Systeme durch eine kontinuierliche Steigerung der generalisierten Anpassungsfähigkeit auszeichnen. Das ist auch beim Identitätssystem nicht anders, sprich: es findet immer neue Balancen zwischen der Einschätzung eigener Möglichkeiten und eigener Fähigkeiten und der Kalkulation neuer sozialer Freiheiten und Zwänge. Aus sozialisationstheoretischer Sicht führt er an: Je fester sich die Codestruktur der Identität im Prozess der Internalisierung kultureller Orientierungen und sozialer Erwartungen ausgebildet hat, umso eher ist das Individuum in der Lage, neue Freiheitsmöglichkeiten zu riskieren. (vgl. Parsons 1968, S. 85)

8.8 Autonomie des Subjekts in und gegen Rollen, Ich-Identität als Balance (Habermas, Krappmann)

In Deutschland setzte die Diskussion über Identität im Wesentlichen mit der Kritik am Begriff der *Rolle* an. Gegen die entsprechende Theorie, für die vor allem Parsons[22] stand, wurde eingewandt, sie fordere die *willige Anpassung* des Individuums an gesellschaftliche Verhältnisse und verstünde Identität nur als persönliches Arrangement in *gegebenen* Rollen. Vor allem JÜRGEN HABERMAS wies mit der Skizzierung einer Theorie des *Subjektes* die Identitätsdiskussion in eine ganz neue Richtung. Er rückte nämlich die Frage in den Vordergrund, wie sich das *Individuum* in und *gegenüber* bestehenden sozialen Verhältnissen und entsprechenden

---

22 Siehe zu dessen Theorie oben Kap. 3.1 *Rolle – normative Erwartung*.

Rollenerwartungen *selbstbewusst* und *autonom* behaupten kann. Die Antwort gab er mit der Formulierung von *Grundqualifikationen des Handelns*, von angemessenen *kognitiven* und *moralischen Fähigkeiten* zur Ausbildung einer *Ich-Identität* und von *Interaktionskompetenzen*.

Habermas kritisierte die Rollentheorie, sie verstünde *Sozialisation* rein als einen „Vorgang der Integration (…) in bestehende Rollensysteme" (Habermas 1968, S. 118); sie *fördere* keine reflexive Kompetenz und *fordere* sie auch nicht, im Gegenteil: sie propagiere Normbefolgung und Anpassung. Von Autonomie und wirklicher Identität des Individuums könne keine Rede sein. Diese Kritik an der Rollentheorie hatte Habermas schon in einem anderen Zusammenhang erhoben, als er ihr vorwarf, sie würde die Gefahr der *Verdinglichung* der Rollen ignorieren. Dabei berief er sich auf Max Weber, der die Moderne durch eine Rationalisierung und Standardisierung aller Verhältnisse gekennzeichnet sah. Habermas stellt eine Verbindung zwischen Webers Erklärung und der Rollentheorie so her: „In einem fortgeschrittenen Stadium der industriellen Gesellschaft ist mit dem, was Max Weber die Rationalisierung[23] ihrer Verhältnisse genannt hat, die funktionelle Interdependenz der Institutionen so gewachsen, dass die Subjekte, ihrerseits von einer zunehmenden und beweglichen Vielfalt gesellschaftlicher Funktionen beansprucht, als Schnittpunktexistenzen sozialer Verpflichtungen gedeutet werden können. Die Vervielfältigung, die Verselbständigung und der beschleunigte Umsatz abgelöster Verhaltensmuster gibt erst den ‚Rollen' eine quasi dingliche Existenz gegenüber den Personen, die sich darin ‚entäußern' (…)." (Habermas 1963, S. 238 f.) In den Rollen kommt der stumme Zwang der Verhältnisse zum Ausdruck, und indem die Subjekte diese von der Gesellschaft festgelegten (und eingeforderten!) Rollen fest verinnerlichen, laufen sie Gefahr, dass sie nicht mehr aus freien Stücken, d. h. aus eigenem Interesse und nach selbstgewählten Zielen handeln.

Gegen eine an der Rollentheorie orientierte Sozialisationstheorie, die letztlich die Entäußerung des Individuums in verdinglichten Rollen fördere, stellt Habermas die Forderung, Aufgabe der Sozialisation müsse sein, die *Autonomie des Subjektes* in und gegen Rollen auszubilden. Diese Forderung präzisierte Habermas, wie an anderer Stelle[24] schon ausgeführt, durch drei fundamentale Einwände gegen die Rollentheorie und durch die Formulierung von drei *Grundqualifikationen* des Handelns. Ich fasse die Argumentation zusammen.

Habermas warf der Rollentheorie vor, sie unterstelle erstens, dass sich im Sozialisationsprozess „eine Kongruenz zwischen Wertorientierungen und Bedürfnisdispositionen" auf Seiten des Individuums und den in Rollen festgestellten Bedürfnisbefriedigungen ergeben hat. Tatsächlich müssten aber in jedem Rollen-

---

23 Vgl. dazu Band 1, Kap. 10.5 *Asketischer Protestantismus und rationale Lebensführung*.
24 Siehe oben Kap. 3.4 *Die quasi dingliche Existenz von Rollen und die Entäußerung der Person*.

handeln immer einige Bedürfnisse unterdrückt werden. Das muss, so Habermas, das Individuum aushalten lernen. Die entsprechende *Grundqualifikation* nennt er *Frustrationstoleranz*. (vgl. Habermas 1968, S. 125 u. 128) Die Rollentheorie nehme zweitens an, die Beteiligten würden die Rollen *gleich definieren* und deshalb in gleicher Weise annehmen. Doch das sei nicht der Fall, denn soziale Rollen seien mehrdeutig *(ambigue)* und würden, wie Goffman gezeigt habe, von den Handelnden unterschiedlich interpretiert und nach eigener Intention gespielt. Die *Grundqualifikation*, die Mehrdeutigkeit der Rollen auszuhalten, bezeichnet Habermas als *Ambiguitätstoleranz*. Positiv gewendet ist sie die Voraussetzung, den Spielraum einer mehrdeutigen Rolle zu einer *kontrollierten Selbstdarstellung* zu nutzen. (vgl. Habermas 1968, S. 128) Drittens nehme die Rollentheorie an, die Individuen hätten in einem erfolgreichen Sozialisationsprozess die Normen so sehr internalisiert, dass sie sie zu ihrem eigenen Willen machen und sich konform verhalten. Dieser Annahme setzt Habermas entgegen, das Individuum handele keineswegs nur zwanghaft, sondern bringe sich auch *gegen* Rollenzumutungen ins Spiel. Diese *Grundqualifikation* bezeichnet er in Anlehnung an Goffman als *Rollendistanz*. „Autonomes Rollenspiel setzt beides voraus: die Internalisierung der Rolle ebenso wie eine nachträgliche Distanzierung von ihr." (Habermas 1968, S. 127)

Mit dem Begriff der *Grundqualifikationen* rückt Habermas die Frage des Bewusstseins und der *Kompetenzen* des handelnden *Subjekts* in und gegenüber den gesellschaftlichen Strukturen in den Fokus: Frustrationstoleranz, kontrollierte Selbstdarstellung und Rollendistanz sind Bedingung und Möglichkeit, dass das *Subjekt* in seinen Rollen und gegenüber ihnen *autonom* handelt.

Diese drei „Grundqualifikationen des Rollenhandelns", schreibt Habermas, eignen sich auch als Kategorien „für einen soziologischen Begriff von Ich-Identität". (vgl. Habermas 1968, S. 175 u. 129) Diesen Begriff der Ich-Identität legt Habermas im Sinne des Symbolischen Interaktionismus als *Handlungsbegriff* (vgl. Habermas 1976, S. 66 f.) an und benennt damit sozusagen die zweite Funktion (nach der, autonomes Rollenhandeln zu begründen) gelingender Sozialisation: Sie soll bestimmte *Kompetenzen* der *Ich-Identität* ausbilden. Er schreibt: „Ich-Identität (besteht) in einer Kompetenz, die sich in sozialen Interaktionen bildet. Die Identität wird durch *Vergesellschaftung* erzeugt, d. h. dadurch, dass sich der Heranwachsende über die Aneignung symbolischer Allgemeinheiten in ein bestimmtes soziales System erst einmal integriert, während sie später durch *Individuierung*, d. h. gerade durch eine wachsende Unabhängigkeit gegenüber sozialen Systemen gesichert und entfaltet wird." (Habermas 1976, S. 68) In der konkreten Auseinandersetzung mit seiner sozialen Welt soll sich das Individuum seiner selbst bewusst werden, aber es muss auch ein *moralisches Bewusstsein* entwickeln, um in und trotz seiner Individualität mit dieser sozialen Welt zu *interagieren* und sie als *kulturellen Rahmen* mit zu tragen.

Diesen Gedanken entwickelt Habermas, indem er Jean Piagets Theorie der kognitiven Entwicklung mit Lawrence Kohlbergs Konzept der Stufen des moralischen Bewusstseins verbindet. Im Anschluss an Piaget nimmt Habermas an, dass sich die Fähigkeiten zu denken, zu sprechen und zu handeln „in einer zugleich konstruktiven und adaptiven Auseinandersetzung des Subjekts mit seiner Umwelt ausbilden". (Habermas 1974, S. 191) Nach der Phase, in der das Kleinkind in symbiotischer Einheit mit seiner natürlichen und sozialen Umgebung lebt und von einer Abgrenzung der Subjektivität nicht die Rede sein kann, entwickelt sich die menschliche Persönlichkeit über drei Stufen, „die durch allgemeine Strukturen der Welterfassung charakterisiert sind". (vgl. Habermas 1974, S. 215 u. 198)

Auf der ersten Stufe, in der von Piaget so genannten Phase des präoperativen Denkens, kommt es zwar zu einer „Differenzierung zwischen Ich und Umwelt", aber das Kind kann Situationen noch „nicht unabhängig von seinem eigenen Standpunkt wahrnehmen, verstehen und beurteilen". (Habermas 1974, S. 198) Die Stufe des moralischen Bewusstseins bezeichnet Kohlberg als präkonventionell: Das Kind orientiert sich in seinem Handeln an den unmittelbaren positiven oder negativen Reaktionen konkreter Bezugspersonen. (vgl. Habermas 1976, S. 71) Nach Piaget ist diese Welt des anschaulichen Denkens durch einen kognitiven und moralischen *Egozentrismus* geprägt. Die Identität kann man als *natürliche Identität* bezeichnen.

Auf der zweiten, *soziozentrischen* Stufe, die Piaget als Stufe des konkret-operationalen Denkens bezeichnet und die um das siebte Lebensjahr einsetzt, wird sich das Kind der Perspektivität seines Standpunktes inne und lernt, seine Vorstellung von der sozialen Welt mit generellen Verhaltenserwartungen abzustimmen. (vgl. Habermas 1974, S. 199) Auf dieser Stufe bildet sich eine *Rollenidentität* aus; die Einstellung zur sozialen Welt ist von einer konventionellen Moral geprägt. Kohlberg bezeichnet diese Stufe des moralischen Bewusstseins ebenfalls als konventionell, differenziert aber die Reichweite des sozialen Bezugs: Das konventionelle moralische Bewusstsein ist zunächst von der selbstverständlichen Hinnahme der Normen der Bezugsgruppe geprägt und weitet sich erst allmählich zu einer generellen Einstellung gegenüber den gesetzten Normen seiner Gesellschaft insgesamt. (vgl. Habermas 1976, S. 71)

In der dritten Phase, nach Piaget der Stufe des formal-operationalen Denkens, entwickelt der Jugendliche die Fähigkeit „Diskurse zu führen und hypothetisch zu denken"; er ist nicht mehr bereit, „die in Behauptungen und Normen enthaltenen Geltungsansprüche" naiv zu akzeptieren, sondern prüft Rollen und andere Konventionen „im Lichte von Prinzipien". (Habermas 1974, S. 199) Auf dieser von Kohlberg so bezeichneten Stufe des postkonventionellen Bewusstseins entwickelt sich bei gelingender Sozialisation eine reflexive Orientierung an *universellen* ethischen Grundsätzen (vgl. Habermas 1976, S. 71), und auch die Einstellung zum eigenen Ich wird reflexiv, weshalb man bei gelingender Sozialisation die Identität auch als *Ich-Identität* bezeichnen kann. (vgl. Habermas 1974, S. 220)

Ich-Identität darf nun nicht im Sinne eines *festen, endgültigen* Ergebnisses gelungener Reflexion missverstanden werden, sondern der Begriff steht für einen *Prozess,* in dem sich das Individuum in der *Interaktion* mit den Anderen seiner selbst bewusst wird und diesen wiederum andeutet, als wer es von ihnen angesehen werden will. Auf diesen Zusammenhang hat LOTHAR KRAPPMANN in seinem Buch „Soziologische Dimensionen der Identität" vor allem abgehoben, in dem „identitätsfördernde Fähigkeiten" als strukturell notwendig für die Fortführung einer Interaktion bezeichnet werden. (vgl. Krappmann 1969, S. 132)

Dem Geist der Zeit entsprechend setzte sich Krappmann von der *normativen* Rollentheorie ab und verband sein Identitätskonzept ausdrücklich mit einem kritischen Blick auf die *gesellschaftlichen Verhältnisse.* Deshalb beschreibt er seinen Ansatz so: „Dieses Identitätskonzept will das Individuum nicht an vorgegebene Verhältnisse anpassen, obwohl in die Identitätsbalance Normen und Bedürfnisse der Anderen eingehen. Dem Individuum wird nicht die falsche Sicherheit einer festen Position – sei es im Versuch vollständiger Übernahme angesonnener Erwartungen, sei es durch die Bemühung um völligen Rückzug aus Handlungssystemen, in denen divergierende Erwartungen auftreten – empfohlen. Vor den widersprüchlichen Anforderungen einer in sich zerstrittenen Gesellschaft kann es sich nicht schützen. Der hier entwickelte Identitätsbegriff versucht vielmehr dem Erfordernis Raum zu geben, kreativ die Normen, unter denen Interaktionen stattfinden, zu verändern. Dieses kritische Potential des Individuums zieht seine Kraft aus der strukturellen Notwendigkeit, nicht übereinstimmende Normen negierend zu überschreiten. Tatsächlich kann das Individuum nicht jede ihm erwünschte Neuinterpretation vorgegebener Normen bei seinen Interaktionspartnern durchsetzen, denn es stößt auf widerstrebende Interessen der Anderen. Auch sind die Chancen, einer Identitätsbehauptung Anerkennung zu sichern, ungleich, weil von den verschiedenen Positionen eines sozialen Systems aus unterschiedliche Einflussmöglichkeiten bestehen. Nur eine Analyse der jeweiligen sozialen Verhältnisse kann zeigen, welche Interpretationsmöglichkeiten dem Individuum offenstehen und welche Grenzen seiner Bemühung um Identität in einem gegebenen System sozialer Ungleichheit gesetzt sind." (Krappmann 1969, S. 208 f.)

Blicken wir genauer auf die Möglichkeit und die Notwendigkeit, Identität in der Interaktion mit Anderen zu finden und zum Ausdruck zu bringen. Mit Mead stimmt Krappmann überein, dass sich das Individuum seiner selbst bewusst wird, indem es sich mit den Augen des Anderen betrachtet, und mit Erikson, dass das Selbstbild in Auseinandersetzung mit konkreten Bezugspersonen gewonnen wird und der Anerkennung durch sie bedarf. Identität ist also eine ständige *Balance.* (Krappmann 1969, S. 70)

Diese Balance in einer konkreten Interaktion zu leisten, aber auch auszuhalten, sind bestimmte „identitätsfördernde Fähigkeiten"[25] vonnöten. (Krappmann 1969, S. 132) Krappmann, nennt vier: (1) Da ist zunächst die Fähigkeit, Rollenerwartungen bis zu einem gewissen Maße in Frage zu stellen. Krappmann nennt diese Fähigkeit mit Goffman *Rollendistanz*. (2) Die zweite Fähigkeit besteht darin, sich in die Situation des Partners hineinzuversetzen, ihn von seinem Standpunkt aus zu verstehen. Das wird als *Empathie* bezeichnet. (3) Drittens muss man auch aushalten können, dass Rollen zweideutig (lat. ambiguus) sind und die Motivationsstrukturen einander widerstreben, weshalb auch nicht alle Bedürfnisse in einer Situation befriedigt werden können. Krappmann bezeichnet diese Fähigkeit als *Ambiguitätstoleranz*. (4) Schließlich muss man auch zeigen, wer man ist, was impliziert, dass man ein persönliches Profil sowohl gegenüber den Normalitätserwartungen der Anderen als auch in der Kontinuität der eigenen Biographie zeigt. Diese Fähigkeit wird als *Identitätsdarstellung* bezeichnet. (vgl. Krappmann 1969, S. 133 ff., 142 ff., 150 ff., 168 ff.)

Um in der Interaktion bleiben zu können, muss sich das Individuum in gewisser Weise so normal geben wie alle anderen, um seine Individualität ins Spiel zu bringen, muss es sich von anderen normalen Erwartungen distanzieren. Das Bewusstsein, in dieser Balance zu stehen, bezeichnet Krappmann – wie Erikson und auch Habermas – als *Ich-Identität*. Man muss Ich-Identität aber auch als Kompetenz verstehen, in jeder Interaktion diese Balance aufs Neue zu finden und seine Identität darzustellen. (vgl. Krappmann 1969, S. 79 u. 208)

Krappmann hat, wie gesagt, sein Konzept der Identität ursprünglich unter dem Aspekt entworfen, dass sie eine strukturelle Bedingung für die Teilnahme an Interaktionsprozessen ist. Später hat er dann, in kritischer Würdigung der Identitätstheorie von Erikson, die Frage gestellt, wie denn heutzutage die Bedingungen sind, sich seiner Identität bewusst zu werden und sie vor den Anderen auch zum Ausdruck zu bringen. Dazu knüpft er an Eriksons Gedanken an, dass sich Identität in der *Adoleszenz* entscheidet und dass jedes Individuum seine Identität entwirft, „indem es auf Erwartungen der Anderen, der Menschen in engeren und weiteren Bezugskreisen, antwortet. Diese Bezugskreise müssen den Identitätsentwurf akzeptieren, in dem aufgebaute Identifikationen und Bedürfnisse des Heranwachsenden mit den Mustern der Lebensführung, die in einer Gesellschaft angeboten werden, zusammengefügt werden." (Krappmann 1997, S. 67) Diese Muster haben sich vervielfältigt, sind diffus und widersprüchlich, und auch die Bezugsgruppen, an denen sich Jugendliche orientieren und von denen sie Anerkennung erwarten, sind zahlreicher und flüchtiger geworden.

---

25 Siehe auch oben Kap. 5.10 *Annahmen über das Gelingen von Interaktion*.

Auf der Suche nach Identität findet der Jugendliche keinen festen Halt mehr, sondern muss zwischen Unklarheiten, widersprüchlichen Erwartungen und flüchtigen Chancen ständig neu vermitteln. „Nicht Inhalte machen diese Identität aus, sondern bestimmt wird sie durch die Art, das Verschiedenartige, Widersprüchliche und Sich-Verändernde wahrzunehmen, es mit Sinn zu füllen und zusammenzuhalten." Erreicht wird in der rasanten Moderne „trotz dieses Aufwands keine ein für alle Mal gesicherte Identität, sondern lediglich, sich trotz einer immer problematischen Identität die weitere Beteiligung an Interaktionen zu sichern." (Krappmann 1997, S. 81)

8.9 Die Krise der modernen Identität (Berger, Berger und Kellner)

Das Buch „The Homeless Mind" von PETER L. BERGER, BRIGITTE BERGER und HANSFRIED KELLNER (1973) befasst sich mit der Frage, wie das *moderne Bewusstsein* entstanden ist und woran sich das „Moderne" an diesem Bewusstsein ablesen lässt. Eine zentrale Frage ist die nach der *Identität* in der Moderne. Für Berger, Berger und Kellner ist ein „fundamentales Merkmal der menschlichen Existenz", in einer Welt zu leben, die „geordnet" erscheint und die „der Aufgabe des Lebens einen Sinn verleiht". (Berger u. a. 1973, S. 59) Diese Welt nennen sie *Lebenswelt*. Es ist die Welt, die wir als schlicht gegeben vorfinden und fraglos hinnehmen. (vgl. Schütz u. Luckmann 1975, S. 23) In der Lebenswelt haben alle Dinge ihren festen Platz, die Menschen, mit denen wir es in dieser Welt des Alltags zu tun haben, teilen im Prinzip die gleichen Erfahrungen, und aus den Erfahrungen der Vergangenheit lässt sich die Zukunft mit einiger Sicherheit vorhersagen. Diese Lebenswelt ist in der Moderne *nicht mehr festgefügt,* sondern ist wegen der *Pluralisierung* des sozialen Lebens diffus geworden; aus den Erfahrungen der Lebenswelt lässt sich *kein klarer Lebensplan* ableiten; die *Identität,* d. h. wie sich der Einzelne in konkreten Situationen selbst erfährt und wie er sich selbst vor den Herausforderungen seiner eigenen Zukunft definiert, ist in eine *grundlegende Krise* geraten.

Während die Menschen in früheren Gesellschaften alle in der gleichen „Welt" lebten, ist das in der Moderne völlig anders: In den verschiedenen Bereichen ihres Alltags kommen die Menschen „in Beziehung zu außerordentlich verschiedenartigen und oft sehr gegensätzlichen Bedeutungs- und Erfahrungswelten. Das moderne Leben ist typischerweise in sehr hohem Grade segmentiert." (Berger u. a. 1973, S. 60) Nicht nur sind der *öffentliche* und der *private* Bereich getrennt, sondern innerhalb dieser beiden Bereiche findet eine *Pluralisierung* statt. Die Differenzierung im Beruf und in den sozialen Beziehungen vervielfältigt die Rollen, bringt aber auch neue Zwänge mit sich, die in ihrer Komplexität belasten. Die Liberalisierung der Weltanschauungen und Rationalitäten gibt Raum für individuelle Handlungsoptionen, aber die Fülle der Möglichkeiten überfordert so manchen. In dieser Situation versucht der moderne Mensch, seine *private* Welt so zu gestalten, dass sie ihm „im Gegensatz zu seiner verwirrenden Verwicklung" in die undurchschaubare Komplexität von Anforderungen und Möglichkeiten „eine Ordnung integrierender und stützender Sinngehalte liefert. Mit anderen Worten, der Mensch versucht, eine ‚Heimatwelt' zu konstruieren und zu bewahren, die ihm als sinnvoller Mittelpunkt seines Lebens in der Gesellschaft dient." Doch dieser Mittelpunkt wird vor allem durch die rasante Ausbreitung der *Massenmedien* pluralisiert. Sie informieren inzwischen in Echtzeit über Lebensstile und Trends des Denkens und Handelns weltweit. Richtig ist, dass dieser beschleunigte Prozess der Information „den Horizont erweitert", aber zugleich „schwächt er die Unversehrtheit und Überzeugungskraft der ‚Heimatwelt'." (Berger u. a. 1973, S. 61 f.)

Das Wissen über die Welt, das bisher selbstverständlich war, ist nicht mehr selbstverständlich, sondern muss gegenüber Alternativen abgewogen (u. U. sogar begründet) werden, und vor allem stellt sich die Frage, ob dieses Wissen für die Bewältigung der Zukunft ausreicht. Das hat Konsequenzen für eine langfristige *Lebensplanung*. „Der Lebensplan ist der grundlegende Kontext, in dem das Wissen um die Gesellschaft im Bewusstsein des Individuums organisiert ist", und, vor allem, bei der Lebensplanung entwirft der Einzelne auch ein *Projekt seiner Identität*. (vgl. Berger u. a. 1973, S. 67 f.) Lebensplanung heißt, sich vorzustellen, wie die persönliche Zukunft aussieht oder aussehen soll und wie man sich darauf vorbereiten kann. Diese Vorstellungen orientieren sich an typischen Lebensabläufen, wie man sie vom Hörensagen kennt, wie man es bei Verwandten und Bekannten sieht und wie man es in Sozialisationsagenturen wie Familie und Schule gelernt hat. Abgesehen davon, dass man überall hört, dass altes Wissen nicht mehr ausreicht, muss das Individuum bedenken, dass die Laufbahn, auf die es sich begeben will, nicht klar definiert ist, dass es nicht selten mehrere Fahrpläne gibt und vor allem dass man es mit einer ganzen Reihe von Bezugspersonen zu tun haben wird, mit denen man sich irgendwie arrangieren muss. Praktisch bei jeder *individuellen* Entscheidung in einer sozialen Beziehung stellt sich die Frage, wer man unter sich wandelnden Bedingungen sein *will* und sein *wird*. „Im Falle von Menschen, die füreinander von großer persönlicher Wichtigkeit sind, überlagern sich diese Projekte, sowohl hinsichtlich der geplanten Karrieren, als auch hinsichtlich der geplanten Identitäten. Der eine ist ein Teil der Projekte des Anderen und umgekehrt." (Berger u. a. 1973, S. 68) Bedenkt man dann noch, dass sich mit jeder Entscheidung des einen nicht nur neue soziale Konstellationen für diesen selbst, sondern auch für den Anderen ergeben, dann kann man sich die Komplexität vorstellen, in der Identität behauptet und in Frage gestellt wird oder gar neu erfunden werden muss.

Angesichts der Pluralisierung der Wirklichkeit ist nicht nur das *Bewusstsein* einer Identität problematisch geworden, sondern die eigene *Identität selbst* ist nach Ansicht von Berger, Berger und Kellner in der Moderne in eine Krise geraten. Sie verstehen unter Identität „die tatsächliche Erfahrung des Ich in einer bestimmten sozialen Situation" und „die Art und Weise, in der der Einzelne sich selber definiert." Eine „Quelle der Identität" ist – wie gerade gezeigt – der Lebensplan, und angesichts der riskanten Entscheidungssituationen muss man auch „die Identität in der modernen Gesellschaft als einen Plan definieren." (Berger u. a. 1973, S. 69 f.) Identität ist eine fortlaufende *Konstruktion*.

Diese *individuelle* Konstruktion steht allerdings nicht im alleinigen Belieben des Menschen. Da jeder Teil einer *sozialen Wirklichkeit* ist, die ihn sozialisiert, ist auch die Art und Weise, in der er sich seine Identität vorstellt und wie er sie präsentiert, durch die „gesellschaftliche Konstruktion der Wirklichkeit"[26] bestimmt. Unter dieser Prämisse heben Berger, Berger und Kellner vier Aspekte der modernen Identität hervor.

(1) Die moderne Identität ist *besonders offen*, wobei Offenheit im Sinne der von Riesman[27] beschriebenen Außenleitung zu verstehen ist. Der moderne Mensch hält sich offen für das, was der Zeitgeist bietet und gebietet. Er ist bereit, sich umzustellen, und das kann er auch: „Nicht nur ist offenbar eine große objektive Fähigkeit zu Transformationen der Identität (...) vorhanden, es ist auch eine subjektive Kenntnis und sogar Bereitschaft für solche Transformationen da. Der moderne Mensch ist nicht nur besonders ,bekehrungsanfällig'; er weiß das auch und ist oft darauf stolz." In einer gewissen Weise sind die Menschen zu allen Zeiten und in allen Gesellschaften außengeleitet gewesen, und immer haben sie ihre Identität an veränderte Bedingungen angepasst. Das Besondere an der modernen Identität ist der Grad, in dem das erfolgt. (vgl. Berger u. a. 1973, S. 70)

(2) Die moderne Identität ist *besonders differenziert*. Während in der vormodernen Gesellschaft das Individuum in einer einheitlichen Welt lebte, die feste Orientierungen bot, sieht es sich heute mit einer Pluralität von Welten konfrontiert, die jede für sich Sinn haben. Dadurch wird aber jede einzelne von ihnen relativiert. „Wegen der Pluralität der sozialen Welten in der modernen Gesellschaft werden die Strukturen jeder einzelnen Welt als relativ labil und unverlässlich erlebt." Die institutionelle Ordnung erfährt gewissermaßen einen *Wirklichkeitsverlust*. Das hat zur Folge, dass „der ,Wirklichkeitsakzent' (...) sich von der objektiven Ordnung der Institutionen in das Reich der Subjektivität" verlagert. „Anders

---

26 Vgl. zu dieser These von Berger und Luckmann Band 1, Kap. 3.10 *Gesellschaftliche Konstruktion der Wirklichkeit* und oben Kap. 2.9 *Sozialisation als objektive und subjektive Konstruktion von Wirklichkeit*.
27 Siehe oben Kap. 8.6 *Außenleitung: Identität bleibt offen, Individualität folgt dem Trend*.

ausgedrückt: Für das Individuum wird die Selbsterfahrung realer als seine Erfahrung der objektiven sozialen Welt. Es sucht deshalb seinen ‚Halt' in der Wirklichkeit mehr in sich selbst als außerhalb seiner selbst. Das hat unter anderem zur Folge, dass die subjektive Wirklichkeit des Einzelnen (...) für ihn zunehmend differenzierter, komplexer und ‚interessanter' wird. Die Subjektivität erlangt bislang ungeahnte ‚Tiefen'." (Berger u. a. 1973, S. 70 f.) Nimmt man die *Offenheit* und *Differenziertheit* der modernen Identität zusammen, so ist die „Krise der modernen Identität offenkundig": Etwas, das „unabgeschlossen, transitorisch, fortlaufendem Wandel ausgesetzt" ist, soll „der hauptsächliche Halt des Individuums in der Wirklichkeit" sein! Von daher ist es für Berger, Berger und Kellner nicht überraschend, „dass der moderne Mensch an einer *permanenten Identitätskrise* leidet, ein Zustand, der zu starker Nervosität führt." (Berger u. a. 1973, S. 71)

(3) Die moderne Identität ist *besonders reflexiv*. „Wenn man in einer integrierten und intakten Welt lebt, kann man mit einem Minimum an Reflexionen auskommen. In solchen Fällen werden die Grundvoraussetzungen der sozialen Welt für selbstverständlich genommen und bleiben das in der Regel auch innerhalb des Lebenslaufes des einzelnen, jedenfalls der ‚normalen' Individuen. Dieser Zustand des unreflektierten ‚Zuhauseseins' in der sozialen Welt" und des ruhigen Vollzugs üblicher Lebenspläne ist in der modernen Gesellschaft vorbei: „Sie konfrontiert den Einzelnen mit einem fortwährend wechselnden Kaleidoskop sozialer Erfahrungen und Bedeutungen, sie zwingt ihn, Entscheidungen zu treffen und Pläne zu schmieden. Außerdem zwingt sie ihn zur Reflexion. Das moderne Bewusstsein ist deshalb besonders wach, gespannt, rationalisierend." (Berger u. a. 1973, S. 71 f.) Situationen werden im Kontext mit vielen anderen und unter vielen Konsequenzen reflektiert, und immer stellt sich die Frage, wie man als Person mit dieser nicht mehr zu überschauenden Komplexität fertig wird. Berger, Berger und Kellner meinen, dass sich die Reflexion der „wachen" Menschen angesichts der Pluralität und Relativität der Wirklichkeit draußen gleichermaßen auf die Außenwelt und „auf die Subjektivität des Individuums, besonders auf seine Identität" richtet: „Nicht nur die Außenwelt, sondern auch das Ich wird zum Gegenstand bewusster Aufmerksamkeit und manchmal angstvollen Forschens." (Berger u. a. 1973, S. 72) Identität, so könnte man diesen Gedanken fortführen, besteht in der permanenten Beobachtung des Ichs in der permanenten Umstellung auf die Außenwelt.

(4) Die moderne Identität ist *besonders individuiert*. Damit meinen Berger, Berger und Kellner, dass das *Individuum* „einen sehr wichtigen Platz in der Hierarchie der Werte" erlangt. „Individuelle Freiheit, individuelle Autonomie und individuelle Rechte werden als moralische Imperative von fundamentaler Bedeutung für selbstverständlich genommen, und das oberste dieser individuellen Rechte ist das Recht, sein Leben so frei wie möglich zu planen und zu gestalten." (Berger u. a. 1973, S. 72) Doch dieser unbedingte Anspruch auf Individualität darf nicht darüber

hinweg täuschen, dass die gesellschaftlichen Verhältnisse immer komplexer werden und dem Individuum so viele Optionen eröffnen, aber auch so viele Entscheidungen abverlangen, dass dieser Anspruch letztlich ins Leere läuft. Die sozialen Beziehungen werden immer mehr rationalisiert und standardisiert, immer unbegreiflicher und anonymer, und damit sinken die Chancen, sich ganz anders, ganz autonom zu verhalten. Auch die Tatsache, dass dem Individuum in der Moderne immer mehr Optionen zugespielt werden, schafft nicht wirklich Freiheit: Das Individuum hat zu viele Bälle gleichzeitig in der Luft. (vgl. Berger u. a. 1973, S. 158)

Mit Bezug auf das Bewusstsein von Identität kann man es vielleicht so sagen: Dem Individuum in der Moderne stellt sich nicht mehr die Frage, wer es im Ganzen ist. Es definiert seine Identität von Situation zu Situation.

8.10 Habitus und ein Subjekt in Anführungszeichen (Bourdieu)

PIERRE BOURDIEU (1930–2002) hat die soziologische Diskussion über Identität mit der starken These, dass das Individuum in seinem Denken und Handeln und auch in seinem Bewusstsein von sich selbst durch einen klassenspezifischen „Habitus" bestimmt ist, und dem ebenso starken Zweifel, ob man wegen dieser Bestimmung überhaupt von einem „Subjekt" sprechen könne, verstört.

Um These und Zweifel verständlich zu machen, muss ich einiges wiederholen, was ich an anderer Stelle ausgeführt habe.[28] Bourdieu versteht die moderne Gesellschaft westlicher Prägung als *Klassengesellschaft,* in der sich die Angehörigen der Klassen durch die Verfügung über ökonomisches, soziales und kulturelles Kapital unterscheiden. Das bei weitem wichtigste Kapital ist das kulturelle. Darunter versteht Bourdieu Wissen und Bildung, Qualifikationen und Bildungstitel, aber auch Geschmack und Lebensstil und vor allem die kulturellen Einstellungen und Handlungsformen, die in der Familie grundgelegt werden.

Alle drei Kapitalsorten zusammen bestimmen die Platzierung des Individuums in einem *sozialen Raum.* Der soziale Raum besteht aus objektiven sozialen *Positionen,* worunter Bourdieu die statistisch erfassbare objektive ökonomische, kulturelle und soziale Lage versteht, und aus objektiven *Relationen,* womit soziale Strukturen gemeint sind, die, um in den Worten von Marx zu sprechen, „unabhängig vom Bewusstsein und Willen der Individuen" bestehen. (Bourdieu u. Wacquant 1987, S. 127) Mehr noch: Der soziale Raum ist als Struktur objektiver Relationen zu sehen, „*die die mögliche Form der Interaktionen wie die Vorstellungen*

---

28 Siehe oben Kap. 2.12 *Inkorporation eines Klassenhabitus* und auch Band 1, Kap. 9.3 *Sozialer Raum, Kapital und Geschmack.*

der Interagierenden determiniert." (vgl. Bourdieu 1979, S. 378 f., Hervorhebungen im Original) Er zeichnet sich durch gemeinsame kulturelle Orientierungen und kollektive Vorstellungen des richtigen Verhaltens aus.

Der soziale Raum ist eine *symbolische Ordnung,* nach der die Menschen Dinge, Situationen, *sich selbst,* die Angehörigen des eigenen sozialen Raumes und auch die, die nicht dazugehören, einordnen und bewerten. Ein sozialer Raum ist durch „eine allgemeine Grundhaltung, eine Disposition gegenüber der Welt" gekennzeichnet, die Bourdieu als *Habitus* bezeichnet. (Bourdieu 1983a, S. 132) Darunter kann man die für einen sozialen Raum oder eine Klasse *typische* Art zu denken und zu handeln verstehen. Der Habitus wird durch die tägliche Praxis unmerklich und beständig „einverleibt". Das versteht Bourdieu wörtlich, wenn er von *incorporation* spricht. (Bourdieu 1983c, S. 92)

Der Habitus ist das unausweichliche Programm des sozialen Lebens, ein *Schema,* nach dem wir unsere Welt ordnen und auch uns selbst verstehen. Er geht uns in Fleisch und Blut über, wird selbstverständlich und als solcher nicht mehr reflektiert und letztlich sogar vergessen. Die Akteure *sind* (im Sinne von „verkörpern") Gesellschaft, indem sie deren Strukturen als Praxis reproduzieren. Die Gesellschaft ist mit all ihren Werten, Normen und Regeln längst in unsere Körper eingewandert und wirkt dort, ohne dass wir davon ein Bewusstsein hätten. In bekannt provokanter Art zog Bourdieu denn auch über die Intellektuellen (zu denen selbstredend auch die Soziologen gehörten!) her, die seit je für Verstand, Psyche und Bewusstsein voreingenommen seien. Sie übersähen, „dass wir Menschen, laut Leibniz, ,in Dreiviertel unserer Handlungen Automaten sind', und dass die, wie es so schön heißt, ,letzten Werte' nichts weiter sind als erste und ursprüngliche Dispositionen des Körpers." Die Meisterung des Alltags ist „weniger in den expliziten Prinzipien eines pausenlos wachsamen und in jeder Hinsicht kompetenten (individuellen, Ergänzung H. A.) Bewusstseins" oder im Klassenbewusstsein, als vielmehr „im Klassen-Unbewussten" (Bourdieu 1979, S. 740 u. 657) fundiert!

Man kann sich gut vorstellen, warum bei vielen der Eindruck entstanden ist, Bourdieu vertrete einen ausweglosen Determinismus, der Individualität gar nicht zulasse! Diesen Eindruck hat er auch in einem Interview, in dem ihm vorgehalten wurde, er habe eigentlich keinen Subjektbegriff, nicht ausgeräumt. Bourdieu antwortete nämlich: „Ich habe versucht zu sagen, dass das ,*Subjekt*' sozialer Handlungen, ich verwende dieses Wort in Anführungszeichen, kein Subjekt ist, kein bewusstes ,*Ich*', das sich explizite Ziele setzt, seine Mittel in Abhängigkeit von diesen explizit gesetzten Zielen kalkuliert etc., es ist kein rationaler Akteur – was nicht heißen soll, dass er ein Mechanismus ist, der automatisch wie eine Maschine auf äußere *Stimuli* reagiert – also das, was ich einen *Habitus* nenne, ist eine inkorporierte Geschichte, eine Körper gewordene Geschichte, eingeschrieben in das Gehirn, aber auch in die Falten des Körpers, die Gesten, die Sprechweisen, den

Akzent, in die Aussprache, die Ticks, in alles, was wir sind. Diese inkorporierte Geschichte ist der Ursprung, von dem aus wir antworten." (Bourdieu 2000a, S. 165)

In diesem deterministischen Sinne kann man den Satz von den Automaten auch als die *Sozialgeschichte der Individualität* lesen. Das Individuum spricht, aber es spricht in klassenspezifischer Weise. So fällt auch Bourdieus Einschätzung der *individuellen* Ausgestaltung eines Klassenhabitus verhalten aus: „Zwar ist ausgeschlossen, dass *alle* Mitglieder derselben (oder auch nur zwei davon) *dieselben Erfahrungen* gemacht haben, und dazu noch in *derselben Reihenfolge*, doch ist gewiss, dass jedes Mitglied einer Klasse sehr viel größere Aussichten als ein Mitglied irgendeiner anderen Klasse hat, mit den für seinen Klassengenossen häufigsten Situationen konfrontiert zu werden." (Bourdieu 1980, S. 112)

Natürlich berücksichtigt Bourdieu, dass die Individuen im Leben unterschiedliche Erfahrungen machen, aber sie machen sie auf einer *sozialen Bahn (trajectoire)*, und deshalb sind sie strukturell ähnlich. Auch der Einwand, Individualität sei allein schon dadurch gegeben, dass die Kombination aus biologischer Ausstattung, Verfügung über Kapitalien und Erfahrungen in einem sozialen Raum kein zweites Mal auftritt, kann angesichts der Habitustheorie nicht überzeugen. Zwar gewährt der Habitus einen Spielraum, den das Individuum individuell nutzen kann. Aber bei dem, was das Individuum tut und denkt, wird es erkannt und will es anerkannt werden, und die Kriterien der Erkennung und der Anerkennung sind Kriterien seines sozialen Raumes! Der Habitus erzeugt als Schema nämlich nicht nur spezifische Praxisformen, sondern auch „Wahrnehmungs- und Beurteilungsschemata" (Bourdieu 1979, S. 279). Das wiederum generiert eine soziale Praxis, in der eine *soziale* Identität zum Ausdruck gebracht, erkannt und als einzige auch anerkannt wird. Das Bewusstsein sozialer Identität gibt jedem Individuum auch den Rahmen seiner Individualität vor.

„Die Identität jedes Akteurs ist (...) eine soziale, also eine relationale Identität." (Papilloud 2003, S. 31 f.) Nach der Habitustheorie ist das von Bourdieu so qualifizierte „Subjekt in Anführungszeichen" auch gar nicht anders denkbar, und wenn Bourdieu das Verhältnis zwischen Individuum und Gesellschaft definiert, dann unter der klaren Annahme, dass diese sich in jenem äußert: „Der sozialisierte Körper (was man Individuum oder Person nennt) steht nicht im Gegensatz zur Gesellschaft: er *ist* eine ihrer Existenzformen." (Bourdieu 1980a, S. 28, Klammerzusatz im Original, Hervorhebung H. A.)

8.11 Individualisierung – strukturelle Bedingungen der Gewinnung und Behinderung von Identität (Beck)

Anfang der 1980er Jahre hat ULRICH BECK (1944–2015) eine Analyse der Sozialstruktur der Gegenwartsgesellschaft vorgelegt, die den sprechenden Titel „Jenseits von Klasse und Stand? Soziale Ungleichheit, gesellschaftliche Individualisierungsprozesse und die Entstehung neuer sozialer Formationen und Identitäten" (Beck 1983) trug. Seine These lautete: „In allen reichen westlichen Industrieländern und besonders deutlich in der Bundesrepublik", hat sich seit den 1950er Jahren „ein *gesellschaftlicher Individualisierungsprozess*"[29] von bislang nicht gekannter Reichweite und Dynamik vollzogen und vollziehe sich noch immer, „in dessen Verlauf auf dem Hintergrund eines relativ hohen Lebensstandards und weit vorangetriebener sozialer Sicherheiten durch die Erweiterung von Bildungschancen", durch Mobilitätsprozesse und soziale Aufstiege, „Verrechtlichung der Arbeitsbeziehungen, Verkürzung der Erwerbsarbeit", Erweiterung der Freizeit und vieles andere mehr „die Menschen in einem historischen Kontinuitätsbruch aus traditionellen Bindungen" und Abhängigkeiten „herausgelöst und auf sich selbst und ihr individuelles (…) Schicksal mit allen Risiken, Chancen und Widersprüchen verwiesen wurden und werden". (Beck 1983, S. 40 f.)

Jeder steht sozusagen immer allein vor der Frage, wie es in seinem Leben weitergehen soll. Er ist deshalb *auf sich selbst gestellt,* weil sich soziale Bindungen auflösen und institutionelle Sicherheiten erodieren. *Selbst* entscheiden zu *können,* ist im Prinzip ein Stück Freiheit; Entscheidungen unter dem sanften Druck eines sozialen Kreises und dem manchmal etwas stärkeren der Moden und Konjunkturen, der rechtlichen Regelungen und institutionellen Zwänge treffen zu *sollen,* schon weniger; *allein* entscheiden zu *müssen,* ohne sicher zu wissen, was daraus in direkter Linie oder gar auf den vielen Nebenschauplätzen des eigenen Lebens folgt, ist *Risiko.* Die Menschen stehen in einem „widersprüchlichen Prozess der Vergesellschaftung", der sie „immer nachdrücklicher mit sich selbst und den Fragen der Entfaltung ihrer Individualität, ihres persönlichen Wohin und Wozu" konfrontiert, sie aber zugleich „in die Enge und Zwänge standardisierter und gegeneinander isolierter Lebenslagen" einbindet. (vgl. Beck 1983, S. 42 u. 68)

Widersprüchlich ist der Prozess der Individualisierung, weil er sich in drei einander bedingenden und widersprechenden sozialen Prozessen vollzieht, die Beck als *Freisetzung, Entzauberung* und *Kontrolle bzw. Reintegration* bezeichnet. (vgl.

---

[29] Ausführlich wird diese These in Band 1, Kap. 9.4 *Individualisierung und Diversifizierung von Lebenslagen und Lebensstilen* behandelt. Siehe auch oben Kap. 2.13 *Individualisierung – der Zwang, das Leben fortlaufend neu zu entscheiden.*

Beck 1986, S. 206) Nimmt man diese drei Dimensionen zusammen, kann man sie auch als strukturelle Bedingungen der Gewinnung und der Behinderung von Identität lesen. Betrachten wir die Dimensionen also genauer.

(1) Freisetzung

Mit der *Freisetzungsdimension* meint Beck die „*Herauslösung* aus historisch vorgegebenen Sozialformen und -bindungen im Sinne traditionaler Herrschafts- und Versorgungszusammenhänge". (Beck 1986, S. 206) Ein Kristallisationspunkt für Freisetzungen ist die „Herauslösung aus ständisch geprägten sozialen Klassen". (Beck 1986, S. 208) Sie zeichnete sich seit langem ab, erhielt aber in Deutschland erst nach dem zweiten Weltkrieg eine neue Qualität. Ein entscheidender Punkt ist die Verbreiterung des allgemeinen Wohlstands. Soziale und kulturelle Klassenbindungen lockerten sich in dem Maße, wie sich z. B. das Verhalten in der Freizeit, im Konsum und in der Mode anglich. Klassenbindungen lockerten sich aber auch durch die Ausweitung der Schulzeit und durch deutlich höhere Bildungsentscheidungen in weiten Teilen der Bevölkerung. Die Bedeutung religiöser Vorschriften zur Lebensführung nahm rapide ab; Lebensformen verloren ihre Verbindlichkeit und wurden vielfältiger; personale Autoritäten wurden in Frage gestellt.

Die Herauslösung aus „historisch vorgegebenen Sozialformen" hat mehrere Dimensionen. Zum einen hat sich das Individuum aus Familien- und Verwandtschaftsbeziehungen gelöst. Die Gründe liegen in der Ausweitung und Differenzierung des Arbeitsmarktes, auf dem das Individuum ohne traditionelle Rücksichten frei seinen Beruf finden konnte, in der sozialen Sicherheit, die durch Arbeitsgesetzgebung garantiert wurde, und in der räumlichen und sozialen Mobilität der Bevölkerung. Die Individuen wurden aus gemeinschaftlichen Versorgungszusammenhängen freigesetzt, die durch staatliche Sicherungssysteme ersetzt wurden. Die Freisetzung von der Familie erfolgte aber noch auf eine andere Weise: Die Ehegesetzgebung sicherte der Frau eine eigenständige Existenz, auch wenn sie diesen Versorgungszusammenhang verließ. Vor allem aber nahmen immer mehr Frauen eine eigene Berufstätigkeit auf.

Die Herauslösung aus den so bezeichneten traditionellen Bindungen hieß auch, dass *gemeinschaftliche* Beziehungen aufgegeben wurden. Während früher Klasse und Stand, aber auch Familie oder Nachbarschaften auf der kognitiven Ebene durch das diffuse Bewusstsein, in einem *gemeinsamen Sinnhorizont* zu leben, und auf der sozialen Ebene durch wechselseitige Zuneigung und unbefragte Solidarität zusammengehalten wurden, treten in der fortgeschrittenen Moderne an die Stelle der gemeinschaftlichen *gesellschaftliche,* d. h. sachliche, verrechtlichte, funktionale Beziehungen. Es sind oft nur noch lockere und flüchtige Verbindungen, in denen sich Individuen in jeweiligen Rollen und mit sachlichen Interessen gegenüberstehen. Die Frage, wer der Einzelne in diesem komplexen Prozess überhaupt ist, wird von den Anderen nicht gestellt, und er selbst würde bei dieser Frage leicht ins Grübeln geraten!

Für die vielen Rollen, die das Individuum heute nebeneinander und nacheinander spielen muss, gibt es keine eindeutigen kollektiven Muster, sondern viele Optionen, von denen jede für sich Sinn macht. Für jeden Lebensstil gibt es gute Gründe und legitime Vorbilder, und da die *Pluralisierung* und der Wandel der Lebensstile als individuelle Freiheit propagiert werden, braucht sich in dieser Hinsicht auch keiner zu fragen, was ihn an einen Anderen dauerhaft bindet oder was Andere von ihm erwarten. Die Gesellschaft ist in der Tat eine „Loseblattsammlung von Individuen" (Beck 1991, S. 42)! Und deshalb muss jeder in jeder Rolle allein entscheiden, welchen Stellenwert sein nächstes Handeln für sein Leben haben soll.

Rollen werden diffus, jede Entscheidung für irgendeine Rolle tangiert inzwischen zahlreiche andere Rollen, eigene und die der Anderen. Wer ist man dann selbst in den komplexen Interaktionen im gemeinsamen Alltag und über die Zeit? Wie lange haben die Bilder von uns selbst und unsere Bilder in den Augen der Anderen Bestand? Das ist eben der Unterschied zwischen einem gebundenen Buch und einer Loseblattsammlung: Beim Buch ergeben die Blätter zusammen eine gemeinsame Geschichte, und bei der bleibt es; in der Loseblattsammlung kann jede Seite immer wieder ausgetauscht werden, wenn eine neue Geschichte geschrieben werden soll. Die Blätter, die ausgetauscht wurden, hinterlassen keine Spuren. Und trotzdem erwarten wir alle von uns und den Anderen, dass wir motiviert und in der Lage sind, jeden Tag einen *eigenen* Text zu schreiben.

Individualisierung, so möchte ich eine erste Zwischenbilanz ziehen, bedeutet, dass die Gesellschaft dem Individuum das Recht auf *Eigenheiten* einräumt und das Individuum dieses Recht inzwischen durchgängig auch als *Anspruch* erhebt. Nach der Freisetzung aus festen kollektiven Orientierungen und engen sozialen Bindungen empfindet mancher diese Freiheit zu jedweder oder auch nur irgendeiner Eigenheit als Zwang, nur ja nicht so zu sein wie alle Anderen. In einer Gesellschaft, die für alles und jedes die richtige Mode anpreist, bleibt es nicht aus, dass man sich und den Anderen manchmal auch nur vormacht, man sei anders. Freisetzung bedeutet auch, dem Risiko der Identität ausgesetzt zu sein.

(2) Entzauberung

Die zweite Dimension der Individualisierung bezeichnet Beck als *Entzauberung.* Darunter versteht er den „*Verlust von traditionalen Sicherheiten* im Hinblick auf Handlungswissen, Glauben und leitende Normen". (Beck 1986, S. 206) Es gibt keine verbindlichen Sinnsysteme mehr, auf die sich alle bezögen. Für fast alles, was man tun und wünschen könnte, gibt es gute Gründe, und kein Wert und keine Norm, kein Geheimnis und kein Glaube ist im Prinzip besser oder schlechter als ein anderer. Entzauberung heißt denn auch, dass *naives Vertrauen* auf einen festen Sinn nicht mehr möglich ist.

Kulturelle Orientierungen, die dem Individuum Routinen gestatten könnten, sind fraglich geworden, weil sie sich überlebt haben oder keiner mehr so richtig an sie glaubt. Andererseits sieht sich das Individuum mit einer *Pluralisierung* von Werten und Orientierungen in vielerlei Hinsicht und in verschiedenen Bereichen des Lebens gleichzeitig konfrontiert. Die Pluralisierung beschert ihm neue *Wahlmöglichkeiten*, aber es hat keine Erfahrungen, zu welchem Ende sie führen können, und es weiß auch nicht, ob und ggf. wie sie sich gegenseitig bedingen. Das betrifft auch seine Vorstellungen vom eigenen Leben! „Individualisierung bedeutet in diesem Sinne, dass die Biographie der Menschen aus vorgegebenen Fixierungen herausgelöst, offen, entscheidungsabhängig und als Aufgabe in das individuelle Handeln jedes einzelnen gelegt wird. Die Anteile der prinzipiell entscheidungsverschlossenen Lebensmöglichkeiten nehmen ab und die Anteile der entscheidungsoffenen, selbstherzustellenden Biographie nehmen zu. Individualisierung von Lebensläufen heißt also hier, dass Biographien ‚*selbstreflexiv*' werden: sozial vorgegebene Biographie wird in selbst hergestellte und herzustellende transformiert, und zwar so, dass der einzelne selbst zum ‚Gestalter seines eigenen Lebens' wird und damit auch zum ‚Auslöffler der Suppe, die er sich selbst eingebrockt hat'. Entscheidungen über den Beruf, die Ausbildung, den Wohnort, den Ehepartner, die Kinderzahl usw. mit all ihren Unter- und Unterunterentscheidungen können nicht nur, sondern müssen getroffen werden, und keiner kann diese Entscheidungen einem anderen letztlich abnehmen. Im Zuge von Individualisierungsprozessen muss der einzelne lernen, sich selbst als Handlungszentrum, als Planungsbüro in bezug auf seinen eigenen Lebenslauf, seine Fähigkeiten, Orientierungen, Partnerschaften usw. zu begreifen." (Beck 1983, S. 58 f.)

Wenn das Individuum wissen will, wer es ist, dann hat es sich selbst zu erfinden – oder sich an Moden und Konjunkturen zu halten, die es heißen, wer „man" aktuell ist. Individualisierung, so hat es Beck später formuliert, heißt, die eigene Biographie kontinuierlich selbst herzustellen und zu inszenieren. (vgl. Beck 1993, S. 150) Identität wird zu einem riskanten Projekt.

(3) Re-Integration und Kontrolle

Indem „Klassenidentitäten zunehmend wegschmolzen" und „ständisch eingefärbte Klassenlagen enttraditionalisiert" wurden, kam es zu „einer *Diversifizierung* und *Individualisierung* von Lebenslagen und Lebenswegen". (Beck 1983, S. 36) Das bedeutet, dass die soziale Existenz in der Summe höchst differenzierter Individuallagen besteht, die sich selbst ständig wandeln. Das Individuum ist gehalten, aus seiner individuellen Lage die Entscheidungen seines eigenen Lebens zu treffen, aber es sieht sich von Institutionen und Regelungen, von Moden und Erwartungen umstellt, die seine individuellen Entscheidungen in eine bestimmte Richtung lenken oder Standardentscheidungen sogar erzwingen. Das Private wie das Öffentliche geraten unter den Druck von Moden und Konjunkturen, von Institutionen und Standards. Diesen neuen Modus der Vergesellschaftung nennt Beck *Re-Integration und Kontrolle.* Damit wird die Bedeutung des Begriffes Individualisierung „gleichsam in ihr Gegenteil verkehrt", denn Individualisierung impliziert auch „eine *neue Art der sozialen Einbindung".* (Beck 1986, S. 206)

Was ist gemeint? Beck denkt z. B. an die institutionellen Regelungen des Bildungssystems, des Arbeitsmarktes oder der sozialen Versorgung, durch die unser Leben prozessiert wird. „Ständisch geprägte, klassenkulturelle oder familiale Lebenslaufrhythmen werden überlagert oder ersetzt durch *institutionelle Lebenslaufmuster:* Eintritt und Austritt aus dem Bildungssystem, Eintritt und Austritt aus der Erwerbsarbeit, sozialpolitische Fixierungen des Rentenalters, und dies sowohl im Längsschnitt des Lebenslaufes (Kindheit, Jugend, Erwachsensein, Pensionierung und Alter) als auch im täglichen Zeitrhythmus und Zeithaushalt (Abstimmung von Familien-, Bildungs- und Berufsexistenz)." (Beck 1986, S. 211 f.)

Die Individuen werden aber auch – ganz im Sinne der von Riesman beschriebenen Außenleitung – durch den Zeitgeist, die öffentliche Meinung in bestimmten Kreisen, durch Moden und Medien standardisiert. Nehmen wir als Beispiel für den Zusammenhang von Freisetzung und *Standardisierung* nur das Fernsehen: „Das Fernsehen vereinzelt *und* standardisiert. Es löst die Menschen einerseits aus traditional geprägten und gebundenen Gesprächs-, Erfahrungs- und Lebenszusammenhängen heraus. Zugleich befinden sich aber alle in einer ähnlichen Situation: Sie konsumieren institutionell fabrizierte Fernsehprogramme, und zwar von Honolulu bis Moskau und Singapur. Die Individualisierung – genauer: Herauslösung aus traditionalen Lebenszusammenhängen – geht einher mit einer Vereinheitlichung und Standardisierung der Existenzformen." (Beck 1986, S. 213) Identität droht zur kontinuierlichen Anpassung an Moden und soziale Standards von sozialer Identität zu verkommen.

Durch den widersprüchlichen Prozess der Individualisierung verschieben sich die Koordinaten der Individualität, weg von der Determination durch Klasse und Stand, hin zu der Freiheit vielfältiger Optionen. Über diese *Freiheit* hinaus, die in einer reichen Versorgungsgesellschaft gegeben ist, verschieben sich die Koordinaten aber weiter bis zu dem *Zwang,* in wechselnden, unverbundenen Lebenslagen ständig neu entscheiden zu müssen, was zu denken und zu tun ist und was man von sich halten soll. Identität, jetzt gedacht als Vorstellung, als wer man durchs Leben geht, ist in der Tat eine Loseblattsammlung von Episoden, deren Anfänge und Enden offen sind.

8.12 Krise der Lebenswelt, Ende der Eindeutigkeit, Identitätsarbeit (Habermas, Giddens, Bauman, Sennett, Keupp, Reckwitz)

Durch die soziologische Diskussion über Identität zog sich immer stärker die Frage, welche Chancen das Subjekt in der fortgeschrittenen Moderne hat, eine Identität auszubilden und zum Ausdruck zu bringen. Als Beispiele für skeptische Antworten referiere ich die Thesen von Jürgen Habermas, Anthony Giddens, Zygmunt Bauman, Richard Sennett, Heiner Keupp und Andreas Reckwitz.

Ausgehend von Max Webers[30] düsterer Prognose, dass die unaufhaltsame Rationalisierung aller Lebensbereiche das Individuum in ein „Gehäuse der Hörigkeit" sperrt, stellt JÜRGEN HABERMAS fest, dass Zweckrationalität und Berechnung heute alle Bereiche des Lebens durchdringen.[31] Das erklärt er damit, dass sich die Gesellschaft in Subsysteme aufgespalten hat, die sich mehr und mehr verselbständigen und alle ihrer eigenen zweckrationalen Logik folgen. Wo wir mit ihnen in Berührung kommen, beanspruchen sie uns nach Maßgabe ihrer Logik und nur unter spezifischen Rollenerwartungen. Sie erzwingen jeweils eigene Formen des Denkens und Handelns. Parallel und gegeneinander dringen sie in das Bewusstsein ein und spalten es in abgetrennte Bereiche auf. Nicht das falsche Bewusstsein, das sich nach der These von Karl Marx der Widersprüche einer antagonistischen Gesellschaft nicht innewird, sondern das *fragmentierte Bewusstsein* ist nach Habermas das eigentliche Problem der Moderne. (Habermas 1981b, Bd. 2, S. 522)

Fragmentiert ist unser Bewusstsein von uns selbst nicht nur durch die Tatsache, dass wir in verschiedenen Subsystemen in unterschiedlichen Rollen auftreten und von den Anderen auch nur in diesen jeweiligen Rollen wahrgenommen und beansprucht werden, sondern weil Zweckrationalität und Berechnung inzwischen auch in die *Lebenswelt* eingedrungen sind. Diese Welt des Alltags zeichnet sich durch soziale Nähe und emotionale Verbundenheit aus. Sie ist eine Welt *gemeinsamer* Überzeugungen und Vorstellungen – auch unserer Vorstellungen, wer wir sind und wie die Anderen uns sehen und anerkennen. Die Lebenswelt ist eine Welt unbefangenen Vertrauens.

Das hat sich geändert: An die Stelle des Gefühls, in emotional dichten sozialen Beziehungen mit Anderen als ganze Person verbunden zu sein, tritt bei den Subjekten das diffuse Gefühl, dass sie auch dort je nach Situation differenzierte, standardisierte Rollen zu spielen haben. Man kann z. B. nicht mehr unbefangen Mutter sein, weil der öffentliche Diskurs genau sagt, wie sie wann zu fühlen hat und was der

---

30 Vgl. Band 1, Kap. 10.5 *Asketischer Protestantismus und rationale Lebensführung.*
31 Ich wiederhole einiges, was ich in Kap. 5.11 *Kommunikatives Handeln und Diskurs* ausgeführt habe.

günstigste Zeitpunkt für sprachliche Frühförderung und soziale Kontakte ist. Die soziale Identität wird daran bemessen, wie man aktuelle Standarderwartungen erfüllt. Die Lebenswelt gerät noch auf andere Weise unter Weise unter Druck: Die soziale Identität des Individuums wird immer stärker nach seinen funktionalen Leistungen außerhalb der Lebenswelt bemessen. Schließlich: Die Beziehungen, die sich innerhalb der Lebenswelt ergeben, geraten unter den Druck der Verrechtlichung und der Kalkulation. Das reicht von der Haftpflicht bei der Mitnahme des Nachbarkindes zur Kita über die Auswahl der „richtigen" Freunde für das Kind bis zur Vermeidung von Gesprächen über moralische oder politische Überzeugungen. Die gemeinsame Sprache einer vertrauten Lebenswelt dient der *sozialen* Integration und der Verständigung über die *Identität*, die Subjekte für sich reklamieren und voreinander zum Ausdruck bringen. Diese Verständigung ist heute gefährdet: bestimmte Facetten der Identität sind nicht mehr gefragt oder werden nach fremden Maßstäben bewertet, andere Facetten – z. B. Wertorientierungen, Ängste oder Begeisterungen – zeigt man besser nicht, und bei wieder anderen tut man nur als ob, weil eine mittlere Normalität allemal leichter ist als eine auffällige, eigene Identität.

Nach ANTHONY GIDDENS (* 1938) ist die Moderne durch auffällige *Diskontinuitäten* gekennzeichnet, die unsere Lebensformen von allen traditionalen Ordnungen fortreißen. Eine ist die extreme *Geschwindigkeit des Wandels*[32], eine andere die globale *Reichweite des Wandels,* durch den die „Wogen der sozialen Umgestaltung" in einem Teil der Welt „praktisch über die gesamte Oberfläche der Erde" schwappen. (Giddens 1990, S. 14 f.) Das hat eine „Orientierungslosigkeit" zur Folge, die „aus der vielfach empfundenen Ahnung" hervorgeht, „wir seien Gefangene einer Welt von Ereignissen, die wir nicht zur Gänze verstehen und die sich weitgehend unserer Kontrolle entzieht." (Giddens 1990, S. 10 f.) In dieser Situation entsteht „ein starkes psychisches Bedürfnis, andere zu finden, denen man vertrauen kann, doch im Verhältnis zu vormodernen sozialen Situationen fehlt es an institutionell organisierten persönlichen Verbindungen." Damit meint Giddens z. B. Einbindungen in Gemeinde, Vereine oder Nachbarschaften, in denen das Individuum Orientierung und Rat fand und über die es „Vertrauen und Identität" aufbaute. (Giddens 1990, S. 150)

Diese lokalen Gemeinschaften gleicher Werte und selbstverständlichen persönlichen Vertrauens haben ihre Bedeutung verloren. „Das ist weniger ein Phänomen der Entfremdung vom Lokalen als eines der Integration in globalisierte ‚Gemeinschaften' gemeinsamer Erfahrung." (Giddens 1990, S. 175 f.) Die Medien machen uns mit Ereignissen und Entwicklungen vertraut, die tausende von Meilen entfernt sind, und – ob wir es wollen oder nicht – das tangiert unsere Lebens-

---

32 Zu Giddens' Theorie des Wandels vgl. Band 1, Kap. 10.11 *Entgrenzung von Raum und Zeit, Entbettung, reflexive Ordnung und Umordnung.*

welt, und meistens macht es uns Angst. „Für uns alle, die wir in der modernen Welt leben, sind die Dinge in einer spezifischen Weise *undurchsichtig*, und zwar in einer Weise, die es früher nicht gab." In der Vormoderne war das „lokale Wissen (...) reichhaltig, vielfältig und den Erfordernissen des Lebens im lokalen Milieu angepasst." (Giddens 1990, S. 180) Das *globale* Wissen, müsste man fortfahren, passt nicht zu den Erfordernissen des Alltags, im Gegenteil: Auch wenn wir vieles, was uns über den technischen Fortschritt, hochkomplexe finanzielle Transaktionen und politische Zusammenhänge erzählt wird, kaum verstehen, so spüren wir doch, dass diese Dinge unser Alltagsleben immer stärker beeinträchtigen. Mehr noch: Uns beschleicht das Gefühl, dass wir die „Kontrolle über die Umstände des tagtäglichen Lebens" verlieren. (Giddens 1990, S. 181) Globale Risiken, von der Umweltverschmutzung über Armutswanderungen und religiöse Konfrontationen bis hin zur Erzeugung gesunder Nahrungsmittel, stören unsere Vorstellungen auf, wer wir heute sind und morgen möglicherweise sein werden.

Das *Wissen*, „das Kollegen, Freunde und enge Vertraute untereinander weitergeben", ist in der globalisierten, hochkomplexen Moderne „häufig fragmentarisch und widersprüchlich". (Giddens 1990, S. 184) Auch die Expertenmeinungen, die uns in Spezials, Talkshows und Zeitungskommentaren offeriert werden, sind keineswegs einhellig, und als Laien sind wir gar nicht mehr in der Lage, die Triftigkeit des Expertenwissens zu überprüfen. Das Vertrauen, das wir in das Wissen hochspezialisierter Experten setzen (müssen!), ist zu einem großen Teil „unweigerlich ein Glaubensartikel". (Giddens 1990, S. 42) Hinzu kommt, dass die Experten sich immer nur zu einem Thema äußern; wie das mit den anderen großen Themen, die uns bedrücken, zusammenhängt, dazu sagen sie selten etwas. Es bleibt uns nicht nur überlassen, widersprüchliches Spezialwissen in eine plausible Erklärung der großen Ereignisse in der Welt insgesamt zu bringen, sondern auch seine Relevanz für unsere Lebenswelt herzustellen. Diese Versuche, soweit sie überhaupt ernsthaft unternommen werden, drohen die Ratlosigkeit noch zu steigern. Für die Identität in der Moderne heißt das: wir sind gezwungen, mit *Ungewissheit* heute zu leben und die Zukunft von morgen unter kaum geringerer Ungewissheit anzugehen.

Experten gibt es nicht nur für die weltbewegenden Themen, sondern auch für den ganz normalen Alltag. Sie greifen ungefragt in unseren Alltag ein, indem sie in Serviceseiten der Tageszeitung, in der Gesundheitswerbung im Fernsehen und durch Ratgeberliteratur zu allen möglichen Bereichen des Lebens auf Fragen antworten, über die wir oft noch nicht einmal nachgedacht haben. Die Meinung der Experten z. B. über „die richtige" Erziehung einer Dreijährigen, „best practices" im Umgang mit pubertierenden Teenies oder „die gesündeste" Ernährung im Alter mag hin und wieder hilfreich sein, aber man darf zweierlei nicht übersehen: Wir stellen fest, dass wir in bestimmten Bereichen des Lebens offensichtlich nicht so kompetent und vernünftig sind, wie wir das bisher naiv angenommen haben.

Das rechnen wir uns als Makel an, und ein wesentlicher Pfeiler unserer Identität, Kompetenz in der Bewältigung des ganz normalen Alltags, bröckelt. Der zweite Aspekt: Strukturieren wir unser Leben nach den neuesten Erkenntnissen der Experten um, dann ist nicht ausgeschlossen, dass diese neue Kompetenz auch wieder erodiert, wenn neue Experten etwas ganz Anderes verkünden. Identität, die sich Kompetenz nur nach den neuesten Moden attestiert und schon für das pure Mitschwimmen im Strom Anerkennung erheischt, ist ein riskantes Projekt.

Betrachten wir nun, was ZYGMUNT BAUMAN (1925–2017) über die Moderne sagt und welchen Zusammenhang er mit der Frage nach der Identität herstellt. Bauman spricht vom „Ende der Eindeutigkeit" in der Moderne, was dem Individuum abverlangt, mit *Ambivalenzen* zu leben. Heute können Phänomene nicht mehr eindeutig, das heißt nur einer Kategorie zugeordnet werden. Wir sind außerstande, „die Situation richtig zu lesen und zwischen alternativen Handlungen zu wählen". (Bauman 1991, S. 13) Das bereitet uns Unbehagen. Ich lese aus Baumans Analyse drei Ratlosigkeiten heraus: Wir wissen nicht mehr, *wo* wir sind, weil sich Grenzen zwischen Ereignissen, Prozessen und Interaktionen verwischen; wir wissen nicht mehr, *wie* wir sind, weil sich die Konturen der Ordnung auflösen und die wechselseitigen Perspektiven beliebig werden; und wir wissen nicht mehr, *wer* wir sind, weil wir im Grunde immer nur auf dem Weg zu etwas sind, was wir morgen sein könnten.

Die Welt wird uns fremd, und wir ahnen, dass wir uns selbst *fremd* werden. Die Erfahrung, fremd zu sein, schreibt Bauman, gehört zu den Grunderfahrungen des Menschen in einer Welt, die ihre Eindeutigkeit verloren hat. In der „zeitgenössischen Gesellschaft mit ihrer extremen Arbeitsteilung und der Trennung funktional getrennter Sphären" ist im Prinzip jeder irgendwo fremd. (Bauman 1991, S. 123) „Ein Fremder zu sein bedeutet zuerst und vor allem, dass nichts *natürlich* ist; nichts wird von Rechts wegen gegeben, nichts geschieht gleichsam von selbst." (Bauman 1991, S. 99) Diese existentielle Herausforderung gilt für den, der total fremd ist in einer völlig neuen Gesellschaft. In abgeschwächtem Maße gilt dies auch für uns in unserer vertrauten Gesellschaft. Sie ist eben aufgrund ihrer Differenzierung und Komplexität längst nicht mehr vertraut. Jeder befindet sich immer irgendwo und irgendwie „in der Position der Ambivalenz (…), die er nicht gewählt und über die er keine Kontrolle hat." (Bauman 1991, S. 98)

Bauman hat den Bogen von der Ambivalenz zur Beliebigkeit und zur Identität in der Postmoderne in einem Zeitungsartikel, der die sprechende Überschrift „Wir sind wie Landstreicher" trägt, so geschlagen: „Die Postmoderne ist der Punkt, wo das moderne Freisetzen aller gebundenen Identität zum Abschluss kommt. Es ist jetzt nicht nur leicht, Identität zu wählen, aber nicht mehr möglich, sie festzuhalten. Im Augenblick des höchsten Triumphs muss Befreiung erleben, dass sie den Gegenstand der Befreiung vernichtet hat. Je freier die Entscheidung ist, desto weniger wird sie als Entscheidung empfunden. Jederzeit widerrufbar, mangelt es ihr an Gewicht und Festigkeit – sie bindet niemanden, auch nicht den Entscheider selbst; sie hinterlässt keine bleibende Spur, da sie weder Rechte verleiht noch Verantwortung fordert und ihre Folgen, als unangenehm empfunden und unbefriedigend geworden, nach Belieben kündbar sind. Freiheit gerät zu Beliebigkeit; das berühmte Zu-allem-Befähigen, für das sie hochgelobt wird, hat den postmodernen Identitätssuchern alle Gewalt eines Sisyphos verliehen. Die Postmoderne ist jener Zustand der Beliebigkeit, von dem sich nun zeigt, dass er unheilbar ist. Nichts ist unmöglich, geschweige denn unvorstellbar. Alles, was ist, ist bis auf weiteres. Nichts, was war, ist für die Gegenwart verbindlich, während die Gegenwart nur wenig über die Zukunft vermag. Heutzutage scheint alles sich gegen ferne Ziele, lebenslange Entwürfe, dauerhafte Bindungen, ewige Bündnisse, unwandelbare Identitäten zu verschwören." (Bauman 1993, zit. nach Keupp 1997, S. 24 f.)

Hinzu kommt das ungute Gefühl, dass alles mit allem irgendwie zusammenhängt, dass sich Entwicklungen durchdringen und beeinflussen und dass Richtungen eingeschlagen werden, die niemand intendiert hat. Selbst Entwicklungen, bei denen man sich bisher einigermaßen auszukennen schien, erweisen sich als ambivalent. Kurz: Es gibt keinen festen Platz, auf dem sich das Individuum fest verorten könnte – weder in der Gegenwart, denn die ist plural und widersprüchlich, noch in der Vergangenheit, denn auch sie ist nicht vor nachträglichen neuen Erklärungen gefeit, und schon gar nicht in der Zukunft, da sie strukturell kontingent ist. Die Identität in der Postmoderne lebt von der Hand in den Mund. Ich möchte noch eine letzte kritische Vermutung anschließen: Die Optionen in der Moderne sind so zahlreich geworden und suggerieren jede für sich Sinn, dass das Individuum sich letztlich nur noch danach entscheiden kann, was kurzfristig Erfolg verspricht und längerfristig alternative Entscheidungen nicht unmöglich macht. Identität, jetzt gedacht als das Gefühl, in den meisten Situationen des Lebens *selbst* und *richtig* zu entscheiden, bleibt offen.

Im Jahre 1998 legte der amerikanische Soziologe der Neuen Linken, RICHARD SENNETT (* 1943), ein Buch mit dem Titel „The Corrosion of Character" vor. Es handelt von der „ungeduldigen Gesellschaft" des „flexiblen Kapitalismus", in der eine entscheidende Basis der modernen Identität wegbreche: die Selbstachtung aus dem Beruf. Das Motto des Kapitalismus *„Nichts Langfristiges"* bedroht die Identität des Menschen. (Sennett 1998, S. 12 u. 25) Er kann seine Erfahrungen nicht mehr als konsequente Geschichte eines individuellen Charakters lesen, und er kann keine langfristige Perspektive ausbilden, wie diese Geschichte sinnvollerweise weitergehen sollte.

Bei dieser düsteren Diagnose greift Sennett auf eine Studie des amerikanischen Journalisten Walter Lippmann aus dem Jahre 1914 mit dem Titel „Drift and Mastery" zurück. Lippmann hatte sich gefragt, wie die Hunderttausende von

Immigranten, die von den Sicherheiten ihrer Vergangenheit abgeschnitten waren, im hektischen Kapitalismus der USA zurechtkamen. Bei den Erfolgreichen stellte er fest, dass sie ihr Leben dadurch „meisterten" *(mastery)*, dass sie ihre Arbeit, so bescheiden sie auch sein mochte, als *Karriere* verstanden, während andere, die scheiterten, ihr Leben als zielloses Dahintreiben *(drift)* ansahen. Karriere bedeutete für Lippmann, den Lebenslauf als einen Prozess zu begreifen, an dem man aktiv mitgestaltet, und sein Leben methodisch zu führen. Die Arbeit wurde als Teil einer „lebenslangen Erzählung" verstanden, die alle Erfahrungen in einen sinnvollen Zusammenhang brachte und daraus wiederum Zuversicht für die Meisterung der Zukunft förderte. „Der Mensch, der eine Karriere verfolgt, definiert für sich langfristige Ziele, Verhaltensmaßregeln im Berufs- und Privatleben und ein Verantwortungsgefühl für sich und sein Verhalten." (Sennett 1998, S. 163)

Doch die wirtschaftlichen und sozialen Verhältnisse, sie sind nicht mehr so. Alles ist auf kurze Fristen ausgelegt, immer auf dem Sprung, flexibel auf irgendetwas zu reagieren, weiträumig vernetzt und deshalb auch in kurzer Dauer kaum zu überschauen. Die Bedingungen für die Ausbildung eines Charakters stehen schlecht, da sich keine dauerhaften, emotionalen und gemeinsamen sozialen Erfahrungen ausbilden können und keine langfristigen Ziele finden lassen: „Charakter drückt sich durch Treue und gegenseitige Verpflichtung aus oder durch die Verfolgung langfristiger Ziele und den Aufschub von Befriedigung um zukünftiger Zwecke willen. Aus der wirren Vielfalt von Empfindungen, mit der wir alle uns jederzeit herumzuschlagen haben, wählen wir einige aus und versuchen, sie aufrechtzuerhalten. Diese nachhaltigen Züge werden zum Charakter, es sind die Merkmale, die wir an uns selbst schätzen und für die wir den Beifall und die Zuwendung der Anderen suchen. Wie aber können langfristige Ziele verfolgt werden, wenn man im Rahmen einer ganz auf das Kurzfristige ausgerichteten Ökonomie lebt? Wie können Loyalitäten und Verpflichtungen in Institutionen aufrechterhalten werden, die ständig zerbrechen oder immer wieder umstrukturiert werden? Wie bestimmen wir, *was in uns von bleibendem Wert ist,* wenn wir in einer ungeduldigen Gesellschaft leben, die sich nur auf den unmittelbaren Moment konzentriert?" (Sennett 1998, S. 11 f., Hervorhebung H. A.)

Für Sennett ist es diese „Zeitdimension des neuen Kapitalismus, mehr als die High-Tech-Daten oder der globale Markt, die das Gefühlsleben der Menschen" im Beruf und dann auch „außerhalb des Arbeitsplatzes am tiefsten berühren". (Sennett 1998, S. 29) Der flexible Kapitalismus lässt keine Karriere im Sinne einer zusammenhängenden, sinnvollen Lebenserzählung mehr zu. Er zwingt das Individuum, selbst flexibel zu sein und auf Zufälliges und Beliebiges so gut wie auf Zwangsläufiges und Entschiedenes richtig zu reagieren. Sennett wendet die Diagnose in die Frage nach der Identität des Menschen: „Wie lassen sich langfristige Ziele in einer auf Kurzfristigkeit angelegten Gesellschaft anstreben? Wie sind dauerhafte soziale Beziehungen aufrechtzuerhalten? Wie kann ein Mensch in einer Gesellschaft, die aus Episoden und Fragmenten besteht, seine Identität und Lebensgeschichte zu einer Erzählung bündeln? Die Bedingungen der neuen Wirtschaftsordnung befördern vielmehr eine Erfahrung, die in der Zeit, von Ort zu Ort und von Tätigkeit zu Tätigkeit driftet." (Sennett 1998, S. 31)

„Die Psyche befindet sich in einem Zustand endlosen Werdens – ein Selbst, das sich nie vollendet. Unter diesen Umständen kann es keine zusammenhängende Lebensgeschichte geben, keinen klärenden Moment, der das Ganze erleuchtet. Solche narrativen Formen, die manchmal als ‚postmodern' bezeichnet werden, spiegeln in der Tat die Erfahrung der Zeit in der modernen Politökonomie. Ein nachgiebiges Ich, eine Collage aus Fragmenten, die sich ständig wandelt, sich immer neuen Erfahrungen öffnet – das sind die psychologischen Bedingungen, die der kurzfristigen, ungesicherten Arbeitserfahrung, flexiblen Institutionen, ständigen Risiken entsprechen." (Sennett 1998, S. 181 f.) Die Parole „Nichts Langfristiges", unter der der flexible Kapitalismus antritt, „desorientiert auf lange Sicht jedes Handeln, löst die Bindung von Vertrauen und Verpflichtung und untergräbt die wichtigsten Elemente der Selbstachtung". Und gerade der erfolgreiche Mensch ist oft „verwirrt": „Er hat Angst, dass jenes flexible Verhalten, das ihm seinen Erfolg gebracht hat, den eigenen Charakter in einer Weise schwächt, für die es kein Gegenmittel gibt. Wenn er ein Jedermann unserer Zeit ist, dann aufgrund dieser Angst." (Sennett 1998, S. 38)

Und was ist mit den Erfolgreichen in Wirtschaft und Politik? Sie zeichnen sich durch eine besondere, *flexible* Charakterstruktur aus. Ihr persönliches Merkmal besteht erstens darin, dass sie in der Lage sind, Dinge loszulassen, das heißt, sie binden sich nicht langfristig an Personen, Ziele oder Strukturen, sondern bewegen sich „in einem Netz von *Möglichkeiten*" (Sennett 1998, S. 78, Hervorhebung H. A.). Sie sind in jeder Hinsicht flexibel und anschlussfähig, vor allem aber grundsätzlich offen – auch für Revisionen sozialer Obligationen. „Dieses Fehlen langfristiger Bindungen ist mit einem zweiten persönlichen Merkmal der Flexibilität verbunden, der Hinnahme von Fragmentierung." In der festen Überzeugung, dass wirtschaftliches Wachstum nicht auf die ordentliche, bürokratische Art stattfindet, verfolgen sie viele Möglichkeiten gleichzeitig. Das erfordert „jedoch eine besondere Charakterstärke – das Selbstbewusstsein eines Menschen, der ohne feste Ordnung auskommt, jemand, der mitten im Chaos aufblüht. (…) Die wahren Sieger leiden nicht unter der Fragmentierung, sie regt sie vielmehr an, an vielen Fronten gleichzeitig zu arbeiten. (…) Die Fähigkeit, sich von der eigenen Vergangenheit zu lösen und Fragmentierung zu akzeptieren, ist der herausragende Charakterzug der flexiblen Persönlichkeit." (Sennett 1998, S. 79 f.)

Identität ist keine vorab gegebene Substanz und auch kein Endprodukt, das feststünde, sondern ein Prozess, an dem das Individuum aktiv beteiligt ist. In diesem Sinne versuchte eine Forschergruppe um den Sozialpsychologen HEINER KEUPP (*1943) „die alltägliche ‚Identitätsarbeit' ins Zentrum zu rücken, in der Subjekte ihr Gefühl für beziehungsweise Verständnis von sich selbst suchen und konstruieren." (Keupp 1997, S. 12) Neben dieser These von der *permanenten Arbeit* an der Identität, die (gemeint: die Arbeit) als solche in aller Regel weder ständig reflektiert noch systematisch organisiert ist, ist ein anderer Hinweis wichtig: Der Ansatz der *Identitätsarbeit* geht bewusst auf Distanz „zu den gängigen normativen Erwartungen" einer *gelingenden* Identitätsbildung. (Keupp 1997, S. 12) Sich vom Gedanken einer gelingenden Identitätsbildung zu verabschieden, empfiehlt sich allein schon deshalb, weil in einer Welt der Individualisierung und Pluralisierung, der Fragmentierung und der Brüche „Vorstellungen von Einheit, Kontinuität, Kohärenz, Entwicklungslogik oder Fortschritt in Frage gestellt worden" sind. (vgl. Keupp u. a. 1999, S. 30)

In Keupps nun folgender Definition von Identität stecken noch zwei andere Implikationen, die ebenfalls einen zu hohen Anspruch an gelingende Identität dämpfen: Identitätsarbeit ist Arbeit an *Teilidentitäten,* und sie hängt von der *Anerkennung* durch Andere ab. Die erste These trägt der Differenzierung der Rollen in der Moderne Rechnung, die zweite der Einbindung des Individuums in unterschiedliche soziale Beziehungen. Nun also Keupps Definition von Identität: „Identität ist ein Projekt, das zum Ziel hat, ein individuell gewünschtes oder notwendiges ‚Gefühl von Identität' *(sense of identity)* zu erzeugen. Basale Voraussetzungen für dieses Gefühl sind soziale Anerkennung und Zugehörigkeit. Auf dem Hintergrund von Pluralisierungs-, Individualisierungs- und Entstandardisierungsprozessen ist das Inventar übernehmbarer Identitätsmuster ausgezehrt. Alltägliche Identitätsarbeit hat die Aufgabe, die Passungen (das *matching*) und die Verknüpfungen unterschiedlicher Teilidentitäten vorzunehmen." (Keupp 1997, S. 34)

In der Moderne ist der Katalog probater Identitätsmuster ausgedünnt worden. Das Individuum ist auf sich gestellt, und es muss *Passungsarbeit* zwischen seinen Vorstellungen von sich und den Erwartungen der *Gesellschaft* einerseits und zwischen seinen Vorstellungen von sich in *verschiedenen Identitäten* leisten. Passung ist Verknüpfungsarbeit zwischen dem Strom der biographischen und aktuellen Erfahrungen im Individuum und den Erwartungen und Ressourcen seiner Umwelt. Dabei wird unterstellt, dass die Verknüpfungsarbeit ganz im Sinne des Interaktionismus als „Aushandlungsprozess des Subjekts mit seiner gesellschaftlichen Umwelt" erfolgt. (vgl. Keupp u. a. 1999, S. 191)

In die Passungsarbeit spielen aber nicht nur die Vergangenheit und die aktuell erlebte Gegenwart, sondern auch die Zukunft hinein. Identität ist ein „Projektentwurf des eigenen Lebens" (Fend 1991), mehr noch: Bei Identität geht es „um die Abfolge von Projekten, wahrscheinlich sogar um die gleichzeitige Verfolgung unterschiedlicher und teilweise widersprüchlicher Projekte". (Keupp u. a. 1999, S. 30)

Es muss nicht eigens betont werden, dass diese Entwürfe in aller Regel nicht bewusst sind und schon gar nicht in ihren Konsequenzen zu Ende gedacht werden. Deshalb sprechen die Autoren auch von einem „Patchwork der Identitäten in der Spätmoderne".

Passungsarbeit heißt, sich in einer komplexen, pluralisierten und durchaus widersprüchlichen Wirklichkeit zu arrangieren. Passung heißt nicht, dabei eine durchgehende *Einheitlichkeit* des Denkens und Handelns zu zeigen (vielleicht nicht einmal zu wünschen!) oder den *Abschluss* eines *Projektes* zu intendieren. Keupp führt deshalb seine Definition von Identität so weiter: „Das Identitätsprojekt muss nicht von einem Wunsch nach einem kohärenten Sinnganzen bestimmt sein, wird aber von Bedürfnissen geleitet, die aus der persönlichen und gesellschaftlichen Lebenssituation gespeist sind. Insofern konstruieren sich Subjekte ihre Identität nicht in beliebiger und jederzeit revidierbarer Weise, sondern versuchen sich in dem, was ich Gefühl von Identität genannt habe, in ein ‚imaginäres Verhältnis zu ihren wirklichen Lebensbedingungen' zu setzen." (Keupp 1997, S. 35 unter Bezug auf eine Arbeit von Louis Althusser) Die Individuen konstruieren also ihre Identität unter den objektiven Bedingungen ihrer sozialen Lage und mit den Mustern ihrer subjektiven Einschätzung dieser Lage.

Damit stellt sich dann doch noch die Frage, was eine gelingende Identität ist. Zwei mögliche Antworten scheiden für Keupp u. a. aus: „Eine auf Anpassung ausgerichtete Identität bietet zwar ein gesichertes Maß an Anerkennung, Integration und hinlänglicher Handlungsfähigkeit. Dafür ist jedoch vom Subjekt, das unangepasste mögliche Selbste, Identitätsentwürfe und -projekte unterdrücken muss, oft ein recht hoher Preis zu entrichten. Angesichts dieser vergrabenen und begrabenen Möglichkeiten kann nicht unbedingt von einer ‚gelungenen Identität' gesprochen werden – auch nicht aus der Perspektive der sozialen Umwelt." Von einer gelingenden Identität kann aber auch nicht gesprochen werden, wenn sich das Individuum nur und ausschließlich von innen her entwirft und sich „wegen der vermeintlichen Bedrohtheit von Autonomie und Individualität in heftigen Dauerfriktionen mit der sozialen Umwelt ‚verteidigt'". (Keupp u. a. 1999, S. 274 f.)

Die Antwort, was gelingende Identität ist, ist nach eigener Aussage wenig „überraschend": Sie besteht in einer Balance zwischen den beiden geschilderten Extremen. Konkreter: „Wenn Identitätsarbeit Passungsarbeit ist, die zu einer mehr oder weniger gelungenen Einpassung des Subjekts mit all seinen oft widersprüchlichen Anteilen in eine ebenfalls ambivalente, dynamische und komplexe Welt ist, dann ist gelungene Identität ein temporärer Zustand einer gelungenen Passung." (vgl. Keupp u. a. 1999, S. 275 f.) Nur das können wir, die wir hin und wieder bedenken, wer wir sind und warum wir uns in dieser Situation so und nicht anders verhalten und was die ungefähren Antworten auf diese Fragen mit unserer Vergangenheit und unserer möglichen Zukunft zu tun haben, erreichen – einen *Zustand auf Zeit* oder, wie Hartmut Rosa es angesichts der Beschleunigung sozialen Wandels genannt hat, eine „situative Identität". (Rosa 2012, S. 224)

Das Buch von ANDREAS RECKWITZ (*1970) über „Die Gesellschaft der Singularitäten" (2017) wartet mit der These auf, dass in der Spätmoderne „ein gesellschaftlicher Strukturwandel" stattfindet, in dem die *„soziale Logik des Besonderen"* die bis dahin geltende Logik des Allgemeinen verdrängt. (Reckwitz 2017, S. 11) Dieser Wandel tangiert auch das Subjekt in der Moderne und seine Identität.

Seit den 1970er Jahren, schreibt Reckwitz, entwickelt sich eine *„Gesellschaft der Singularitäten",* in der „nicht das *Allgemeine,* sondern das *Besondere"* erwartet wird. (Reckwitz 2017, S. 12 u. 7) *Singularisierung,* worunter Reckwitz das komplizierte „Streben nach Einzigartigkeit und Außergewöhnlichkeit" versteht, ist „nicht nur subjektiver Wunsch, sondern paradoxerweise gesellschaftliche *Erwartung* geworden. (…) Markant ausgeprägt ist dies in der neuen, der hochqualifizierten Mittelklasse", die zum „Leitmilieu der Spätmoderne geworden ist. An alles in der Lebensführung legt man hier den Maßstab der Besonderung an: wie man wohnt, was man isst, wohin und wie man reist, wie man den eigenen Körper oder den Freundeskreis gestaltet. Im Modus der Singularisierung wird das Leben nicht einfach gelebt, es wird *kuratiert*[33]. Das spätmoderne Subjekt *performed* sein (dem Anspruch nach) besonders Selbst vor den Anderen, die zum Publikum werden. Nur wenn es authentisch wirkt, ist es attraktiv. Die allgegenwärtigen sozialen Medien mit ihren Profilen sind eine der zentralen Arenen dieser Arbeit an der Besonderheit. Das Subjekt bewegt sich hier auf einem umfassenden sozialen Attraktivitätsmarkt, auf dem ein Kampf um Sichtbarkeit ausgetragen wird, die nur das ungewöhnlich Erscheinende verspricht. Die Spätmoderne erweist sich so als eine *Kultur des Authentischen,* die zugleich eine *Kultur des Attraktiven* ist". (Reckwitz 2017, S. 9 f., Hervorhebungen und Klammern im Original)

Die Singularisierung ist ein durchgängiger Zug der Postmoderne, in den neuen Ansprüchen an die Organisation der Arbeit, in der Versorgung des Marktes mit immer spezielleren Produkten oder in der Mode. „Singularisiert werden gewiss auch (…) menschliche Subjekte, weshalb der klassische, für Menschen reservierte Begriff der Individualität nicht mehr passt." Im Klartext: „Singularitäten sind nicht kurzerhand objektiv oder subjektiv vorhanden, sondern durch und durch *sozial fabriziert."* (Reckwitz 2017, S. 12 f.) Wenn es heißt, dass Einzigartigkeiten sozial konstruiert werden, heißt das natürlich nicht, dass sie keine soziale Realität wären. Deshalb erinnert Reckwitz auch an das Thomas-Theorem, wonach die Definition einer Situation als wirklich wirkliche Konsequenzen hat.[34] „In un-

---

33 Vom Lateinischen curare – pflegen, für etwas Sorge tragen; was Reckwitz mit diesem Begriff meint, werde ich gleich referieren.
34 Zum Thomas-Theorem siehe oben Kap. 5.6 *Symbolische Interaktion, Definition der Situation.*

serem Zusammenhang", fährt Reckwitz fort, „heißt dies: Indem die soziale Welt sich zunehmend an Menschen, Gegenständen, Bildern, Gruppen, Orten und Ereignissen ausrichtet, die sie als singulär begreift und empfindet, ja, diese teilweise gezielt als solche hervorbringt, entfaltet die soziale Logik der Singularitäten für ihre Teilnehmer eine Realität mit erheblichen, sogar unerbittlichen Konsequenzen." (Reckwitz 2017, S. 14)

Die soziale Suggestion der Einzigartigkeit hängt mit dem Trend der Postmoderne, normative Ordnungen und die damit gegebenen Standardisierungen in Frage zu stellen, und dem wachsenden Anspruch auf Selbstentfaltung zusammen. Es kommt noch etwas Anderes hinzu: In der Gesellschaft wächst das Bedürfnis nach sozialen Unterscheidungen. Wie z.B. die Analysen Pierre Bourdieus[35] gezeigt haben, geht das einher mit der Bewertung von Statusmerkmalen. Reckwitz bezeichnet diese manchmal aggressive Unterscheidung zwischen Wertvollem und Wertlosem, zwischen sozialer Geltung und sozialer Geringschätzung als *Valorisierung*.[36] (Reckwitz 2017, S. 22 u. 16) *Gesellschaftstheoretisch* bedeutet das, dass soziale Ungleichheit in der Spätmoderne sich in einer neuen, kulturellen Dimension verfestigt. *Identitätstheoretisch* bedeutet Valorisierung, dass die neue, akademisch gebildete Mittelklasse, die sich „als Träger der zukunftsweisenden Lebensform" begreift und „zum gesellschaftlichen Maßstab gelingenden und erfolgreichen Lebens insgesamt geworden ist", ihren kulturellen Wert an der besonderen Qualität und dem Prestige eines einzigartigen „guten Lebens" bemisst, während die untere Klasse „überwiegend an der Aufrechterhaltung von Normalität und der Befriedigung von Grundbedürfnissen orientiert ist. Hier herrscht eine Alltagslogik des *muddling through,* das notgedrungen auf die Bewältigung von alltäglichen Schwierigkeiten fixiert bleibt." (Reckwitz 2017, S. 283 f.)

Der Lebensstil der neuen, tonangebenden Mittelklasse trägt das Etikett „erfolgreicher Selbstverwirklichung". (Reckwitz 2017, S. 285) Er knüpft einerseits an die bürgerliche Lebensführung seit dem Ende des 18. Jahrhunderts an, die „eine konsequente Arbeit *am* Status erforderlich machte. Bildung war ein wichtiger Pfeiler dieser bürgerlichen Statusinvestition über die Generationen hinweg. Die Bürgerlichkeit gewann ihre Identität in erheblichen Teilen aus ihrem Arbeitsethos, einem Ethos der Selbstverantwortung und der Leistung. (...) Sie folgte dem Ideal eines souveränen Selbst, das sich in einer Haltung der distanzierten Souveränität und Kennerschaft im Umgang mit der Welt und zuletzt ihrer Kultur unter Beweis stellt." (Reckwitz 2017, S. 287 f.) Auf der anderen Seite greift die neue, gebildete Mittelklasse schon in der Romantik um 1800 virulente Vorstellungen von der Los-

---

35 Siehe oben Kap. 7.4 *Der Kampf um den sozialen Status: Habitus und feine Unterschiede.*
36 Lat. valor – Geltung; engl. to valorize – aufwerten.

lösung des Individuums vom Reich der Notwendigkeiten und der Durchbildung der Persönlichkeit gegen den Strom dumpfer Normalität auf. Von entscheidender Bedeutung war dann die von Ronald Inglehart in zahlreichen Ländern empirisch nachgewiesene *silent revolution* „eines Wertewandels[37] von den Pflicht-, Akzeptanz- und Statuswerten zu den postmaterialistischen Werte der Selbstverwirklichung". (Reckwitz 2017, S. 286 f.)

Seit den 1980er Jahren, so die These von Reckwitz, ändern sich in der ökonomisch und kulturell erfolgreichen neuen Mittelklasse der Anspruch und die Form der Selbstverwirklichung. „Die Subjekte der neuen Mittelklasse betreiben (...) eine beständige Mikropraxis" der Ästhetisierung und der Ethisierung des Lebens. *Ästhetisierung* heißt, dass „die alltäglichen Dinge und Praktiken zu Gegenständen sinnlichen Wohlgefallens werden – vom Design über Kultur-Events bis zum Umgang mit den Kindern." *Ethisierung* des Lebens heißt, dass man sein Leben nach Prinzipien gestaltet, die als ethisch gut gelten, z. B. in der Ernährung, in der Gesundheit oder in der Körperkultur. Die gesamte Lebensführung wird zur Kultur, d. h. zu etwas *Wertvollem* an sich, und ist „zugleich Singularisierungsarbeit: Man sucht nach dem Einzigartigen oder ist bestrebt, etwas durch eigene Gestaltung zu etwas Singulärem (...) zu machen. (...) Überall geht es um Originalität und Interessantheit, Vielseitigkeit und Andersheit. (...) Das spätmoderne Subjekt kreiert sich damit selbst als etwas Wertvolles." (Reckwitz 2017, S. 292 f.)

„Das spätmoderne Subjekt, konzentriert in der neuen Mittelklasse, befindet sich seiner Welt und seinem Lebens gegenüber in der Haltung eines *Kurators* – es lebt ein kuratiertes Leben." Der Begriff des Kurators stammt aus der Kunst- und Museumsszene. „Der Kurator erfindet nicht von Grund auf Neues", sondern stellt Vorhandenes „klug zusammen. Er wählt aus, eignet sich Kunstwerke und Traditionen an, er *macht* Dinge erst zu Ausstellungsstücken." So geht im Prinzip auch das spätmoderne Subjekt vor: Es „fängt nicht ‚bei null' an", sondern befindet sich in einem hochkomplexen kulturellen „Netzwerk bereits bestehender, zirkulierender Praktiken und Objekte. (...) Seine Kunst besteht in der klugen Auswahl und Aneignung, der kreativen Transformation und Einbettung, die aus dem Disparaten ein stimmiges Ganzes (...) und das eigene Leben zu einem ‚guten', qualitativ reichen und reizvollen machen." (Reckwitz 2017, S. 295 f.)

Die Selbstverwirklichung des postmodernen Subjekts ist eine *weltzugewandte* und folgt „einem *materialistisch grundierten Postmaterialismus*". Im Klartext: Das postmoderne Subjekt der akademischen Mittelklasse betreibt auf dem Fundament

---

37 Siehe oben Kap. 1.5 *Von materialistischen zu postmaterialistischen Werten* und Kap. 1.6 *Pflicht, Selbstentfaltung, Wertesynthese.*

eines sicheren ökonomischen Kapitals[38] eine „investive Statusarbeit"[39], indem es sein hohes kulturelles Kapital stets auf den neuesten Stand bringt und sein soziales Kapital in Gestalt differenzierter Netzwerke pflegt. (Reckwitz 2017, S. 291 u. 303 f.)

Unter den gegebenen spätmodernen Verhältnissen gilt es, eine weitere Ressource zu entwickeln: „das *psychophysische Subjektkapital*". Das Subjekt muss sich kontinuierlich physisch und psychisch fit machen, um „ein stabiles Fundament sowohl für den beruflichen Erfolg als auch den geglückten Lebensstil" zu halten. Diese Statusinvestition ist allerdings keineswegs nur am individuellen Bedürfnis eigener Selbstaufwertung orientiert, sondern dient auch der „*performativen Selbstverwirklichung*, also einer Darstellung von Selbstverwirklichung vor einem sozialen Publikum, um von dort als ‚attraktives Leben' anerkannt zu werden." (Reckwitz 2017, S. 305) Wenn die Subjekte dann auch noch mit interessanten Alleinstellungsmerkmalen, seien es spezialisierte Leistungen, Reisen in entlegenste Regionen, ausgefallene Güter oder auch besonderes soziales oder kulturelles Engagement, aufwarten können, steigt ihr „*Singularitäsprestige*" enorm. „Anerkannte Singularität wird für das Subjekt hier selbst zum Kapital – zum *Singularitätskapital.*" Auch durch dieses Kapital findet „eine *Valorisierung der Subjekte* statt, und zwar in Hinsicht sowohl auf das *Selbst*wertgefühl als auch auf ein Prestige in den Augen *anderer.*" Die Subjekte gewinnen an Wert und werten sich selbst auf. (Reckwitz 2017, S. 306 f.)

Und hier liegt das Problem der Identität in einer Gesellschaft der Singularitäten: Die Identität der Subjekte verdankt sich letztlich nicht einer selbstentschiedenen Individualität, sondern ist von sozialer Anerkennung geborgt. Mit Blick auf Singularisierungsprozesse, fasst Reckwitz seine These zusammen, wird ein „Mythos der Moderne, das vorgeblich *Individuelle*, (…) zwar nicht entlarvt, aber entzaubert." (Reckwitz 2017, S. 429)

Zitierte Literatur

Abels, Heinz (2017): Identität. Wiesbaden: VS Verlag für Sozialwissenschaften, 3., überarbeitete u. erweiterte Aufl.
Bauman, Zygmunt (1991): Moderne und Ambivalenz. Das Ende der Eindeutigkeit. Hamburg: Junius, 1992
— (1993): Wir sind wie Landstreicher. In: Süddeutsche Zeitung vom 16./17. November 1993. Im Auszug zitiert bei Keupp (1997)

---

38 Zu dem hier verwendeten und auf Bourdieu zurückgehenden Begriff des Kapitals vgl. Band 1, Kap. 9.3 *Sozialer Raum, Kapital und Geschmack*.
39 Hier bezieht sich Reckwitz auf die Arbeit von Schimank u. a. (2014) *Statusarbeit unter Druck? Zur Lebensführung der Mittelschichten*. Siehe oben Kap. 7.7 Investive Statusarbeit.

Beck, Ulrich (1983): Jenseits von Klasse und Stand? Soziale Ungleichheit, gesellschaftliche Individualisierungsprozesse und die Entstehung neuer sozialer Formationen und Identitäten. In: Kreckel (Hrsg.) (1983): Soziale Ungleichheiten. Göttingen: Schwartz
— (1986): Risikogesellschaft. Auf dem Weg in eine andere Moderne. Frankfurt am Main: Suhrkamp
— (1991): Der Konflikt der zwei Modernen. In: Zapf (Hrsg.) (1991): Die Modernisierung moderner Gesellschaften. Frankfurt am Main: Campus
— (1993): Die Erfindung des Politischen. Zu einer Theorie reflexiver Modernisierung. Frankfurt am Main: Suhrkamp
Berger, Peter L; Berger, Brigitte; Kellner, Hansfried (1973): Das Unbehagen in der Modernität. Frankfurt am Main: Campus, 1975
Bourdieu, Pierre (1979): Die feinen Unterschiede. Kritik der gesellschaftlichen Urteilskraft. Frankfurt am Main: Suhrkamp, Nachdruck 1999
— (1980): Sozialer Sinn. Frankfurt am Main, Suhrkamp, 3. Aufl. 1999
— (1980a): Eine störende und verstörende Wissenschaft. In: Bourdieu (1980c) Soziologische Fragen. Frankfurt am Main: Suhrkamp, 1993
— (1983a): siehe Zimmermann (1983)
— (1983c) Für einen anderen Begriff von Ökonomie. In: Bourdieu (1997): Der Tote packt den Lebenden. Schriften zu Politik & Kultur 2. Hamburg: VSA-Verlag
— (2000a): Habitus, Herrschaft und Freiheit. In: Bourdieu (2001): Wie die Kultur zum Bauern kommt: Schriften zu Politik & Kultur 4. Hamburg: VSA-Verlag
Bourdieu, Pierre; Wacquant, Loïc J.D. (1987): Die Ziele der reflexiven Soziologie. In: Bourdieu u. Wacquant (1992): Reflexive Anthropologie. Frankfurt am Main: Suhrkamp, 1996
Cooley, Charles H. (1902): Human nature and the social order, rev. edition 1922. New Brunswick: Transaction Books, 1983
Erikson, Erik H. (1946): Ich-Entwicklung und geschichtlicher Wandel. In: Erikson (1959a)
— (1950a): Kindheit und Gesellschaft. Stuttgart: Klett, 5. Aufl. 1974
— (1950b): Wachstum und Krisen der gesunden Persönlichkeit. In: Erikson (1959a)
— (1956): Das Problem der Ich-Identität. In: Erikson (1959a)
— (1959a): Identität und Lebenszyklus. Drei Aufsätze. Frankfurt am Main: Suhrkamp, 2. Aufl. 1974
— (1959b): Identität und Entwurzelung in unserer Zeit. In: Erikson (1964)
— (1961): Die menschliche Stärke und der Zyklus der Generationen. In: Erikson (1964)
— (1964): Einsicht und Verantwortung. Frankfurt am Main: Fischer, 1971
— (1974): Dimensionen einer neuen Identität. Frankfurt am Main: Suhrkamp
Giddens, Anthony (1990): Konsequenzen der Moderne. Frankfurt am Main: Suhrkamp, 1996
Goffman, Erving (1959): Wir alle spielen Theater. München: Piper, 7. Aufl. 1991
— (1959a): The presentation of self in everyday life. Barden City, New York: Doubleday Anchor Books
— (1961a): Asyle. Über die soziale Situation psychiatrischer Patienten und anderer Insassen. Frankfurt am Main: Suhrkamp, 8. Aufl. 1991

— (1961b): Rollendistanz. In: Goffman (1973): Interaktion: Spaß am Spiel. Rollendistanz. München: Piper
— (1963): Stigma. Notes on the management of spoiled identity. Englewood Cliffs: Prentice Hall
— (1963a): Stigma. Über Techniken der Bewältigung beschädigter Identität. Frankfurt am Main: Suhrkamp, 12. Aufl. 1996
Gouldner, Alvin W. (1970): Die westliche Soziologie in der Krise, 2 Bde. Reinbek: Rowohlt, 1974
Habermas, Jürgen (1963): Zwischen Philosophie und Wissenschaft: Marxismus als Kritik. In: Habermas (1963): Theorie und Praxis. Frankfurt am Main: Suhrkamp, 1978
— (1968): Stichworte zur Theorie der Sozialisation. In: Habermas (1973): Kultur und Kritik. Frankfurt am Main: Suhrkamp
— (1974): Notizen zur Entwicklung der Interaktionskompetenz. In: Habermas (1984): Vorstudien und Ergänzungen zur Theorie des kommunikativen Handelns. Frankfurt am Main: Suhrkamp.
— (1976): Moralentwicklung und Ich-Identität. In: Habermas (Hrsg.) (1976): Zur Rekonstruktion des Historischen Materialismus. Frankfurt am Main: Suhrkamp
— (1981b): Theorie des kommunikativen Handelns, 2 Bände. Frankfurt am Main: Suhrkamp
Keupp, Heiner (1997): Diskursarena Identität. In: Keupp u. Höfer (Hrsg.) (1997)
Keupp, Heiner; u. a. (1999): Identitätskonstruktionen. Das Patchwork der Identitäten in der Spätmoderne. Reinbek: Rowohlt, 2. Aufl. 2002
Keupp, Heiner; Höfer, Renate (Hrsg.) (1997): Identitätsarbeit heute. Klassische und aktuelle Perspektiven der Identitätsforschung. Frankfurt am Main: Suhrkamp
Krappmann, Lothar (1969): Soziologische Dimensionen der Identität. Strukturelle Bedingungen für die Teilnahme an Interaktionsprozessen. Stuttgart: Klett, 1. Aufl. 1971
— (1997): Die Identitätsproblematik nach Erikson aus einer interaktionistischen Sicht. In: Keupp u. Höfer (Hrsg.) (1997)
Lichtenberg, Georg Christoph (1775): Sudelbücher 1. (Lichtenberg: Schriften und Briefe, Erster Band) München: Hanser, 1968, Zweitausendeins o. J.
Locke, John (1690): An essay concerning human understanding. Oxford: Clarendon Press, 1975
Marcuse, Herbert (1964): Der eindimensionale Mensch. Studien zur Ideologie der fortgeschrittenen Industriegesellschaft. Neuwied: Luchterhand, 6. Aufl. 1968
Mead, George Herbert (1913): Die soziale Identität. In: Mead (1980): Gesammelte Aufsätze, Bd. 1. Frankfurt am Main: Suhrkamp
— (1934): Geist, Identität und Gesellschaft. Frankfurt am Main: Suhrkamp, 1973
— (1934a): Mind, Self, and Society. From the Standpoint of a Social Behaviorist. Chicago: The University of Chicago Press, 7th impression 1970
Papilloud, Christian (2003): Bourdieu lesen. Einführung in eine Soziologie des Unterschieds. Bielefeld: transcript
Parsons, Talcott (1966): Gesellschaften. Evolutionäre und komparative Perspektiven. Frankfurt am Main: Suhrkamp, 1975

— (1968): Der Stellenwert des Identitätsbegriffs in der allgemeinen Handlungstheorie. In: Döbert u. a. (Hrsg.) (1977): Entwicklung des Ichs. Königstein: Athenäum, Hain, Scriptor, Hanstein, 2. Aufl. 1980

Reck, Siegfried (1981): Identität, Rationalität und Verantwortung. Grundbegriffe und Grundzüge einer soziologischen Identitätstheorie. Frankfurt am Main: Suhrkamp

Reckwitz, Andreas (2017): Die Gesellschaft der Singularitäten. Zum Strukturwandel der Moderne. Berlin: Suhrkamp

Riesman, David (1950): Die einsame Masse. Reinbek: Rowohlt, 1958

Rosa, Hartmut (2012): Weltbeziehungen im Zeitalter der Beschleunigung. Umrisse einer neuen Gesellschaftskritik. Berlin: Suhrkamp, 2. Aufl. 2013

Schimank, Uwe; u. a. (2014) Statusarbeit unter Druck? Zur Lebensführung der Mittelschichten. Weinheim: Beltz Juventa

Schütz, Alfred; Luckmann, Thomas (1975): Strukturen der Lebenswelt, Bd. 1. Neuwied: Luchterhand

Sennett, Richard (1998): Der flexible Mensch. Die Kultur des neuen Kapitalismus. Berlin: Berlin Verlag

Simmel, Georg (1890): Über sociale Differenzierung. In: Simmel (1989 ff.), Band 2

— (1894): Das Problem der Sociologie. In: Simmel (1989 ff.), Band 5

— (1903): Die Großstädte und das Geistesleben. In: Simmel (1989 ff.), Band 7

— (1911): Der Begriff und die Tragödie der Kultur. In: Simmel (1968)

— (1913): Das individuelle Gesetz. In: Simmel (1968)

— (1968): Das individuelle Gesetz. Philosophische Exkurse. Frankfurt am Main: Suhrkamp

— (1989 ff.): Georg Simmel Gesamtausgabe. Frankfurt am Main: Suhrkamp

Strauss, Anselm L. (1959): Mirrors and Masks. The Search for Identity. New York: The Sociology Press

— (1959a): Spiegel und Masken. Die Suche nach Identität. Frankfurt am Main: Suhrkamp, 1968

— (1964): Einleitung zu Mead (1964): Sozialpsychologie. Neuwied: Luchterhand, 1969

Thomas, William I.; Thomas, Dorothy S. (1928): Das Kind in Amerika. In: Thomas (1965): Person und Sozialverhalten. Neuwied: Luchterhand

Zimmermann, Hans Dieter (1983): Die feinen Unterschiede oder: Die Abhängigkeit aller Lebensäußerungen vom sozialen Status. Ein Gespräch mit dem französischen Soziologen Pierre Bourdieu. In: L'80. Demokratie und Sozialismus. Köln: Verlagsgesellschaft

Wie man theoretische Positionen im Gesamtzusammenhang und in typischen Ausschnitten lesen kann[1]

9

Zygmunt Bauman (1925–2017)

6.7.4 Die Unbestimmtheit des Fremden gefährdet die soziale Ordnung *(Gruppe)*

8.12 Krise der Lebenswelt, Ende der Eindeutigkeit, Identitätsarbeit *(Identität)*

Ulrich Beck (1944–2015)

2.13 Individualisierung – der Zwang, das Leben fortlaufend neu zu entscheiden *(Sozialisation)*

8.11 Individualisierung – strukturelle Bedingungen der Gewinnung und Behinderung von Identität *(Identität)*

Howard S. Becker (1899–1960)

6.8 Etablierte und Außenseiter *(Gruppe)*

---

1 Vgl. den entsprechenden Überblick in Band 1.

© Springer Fachmedien Wiesbaden GmbH, ein Teil von Springer Nature 2019
H. Abels, *Einführung in die Soziologie*, Studientexte zur Soziologie,
https://doi.org/10.1007/978-3-658-22476-9_10

Daniel Bell (1919–2011)

1.5 Von materialistischen zu postmaterialistischen Werten *(Werte und Normen)*

Peter L. Berger (1929–2017), Berger, Kellner

8.9 Krise der modernen Identität *(Identität)*

Peter L. Berger (1929–2017) u. Thomas Luckmann (1927–2016)

2.9 Sozialisation als objektive und subjektive Konstruktion von Wirklichkeit *(Sozialisation)*

Herbert Blumer (1900–1987)

5.6 Symbolische Interaktion, Definition der Situation *(Interaktion)*

Pierre Bourdieu (1930–2002)

2.12 Inkorporation eines Klassenhabitus *(Sozialisation)*

7.4 Der Kampf um den sozialen Status: Habitus und feine Unterschiede *(Status)*

8.10 Habitus und ein Subjekt in Anführungszeichen *(Identität)*

James Samuel Coleman (1926–1995)

4.4 Rationale Wahl, gerechter Tausch, symbolische Transaktion *(Soziales Handeln)*

Charles Horton Cooley (1864–1929)

2.2 The development of a social nature or character *(Sozialisation)*

5.2 Interaction, mutual influence, form of cooperation *(Interaktion)*

6.3 Primärgruppen – nursery of human nature *(Gruppe)*

Ralf Dahrendorf (1929–2009)

3.3 Homo Sociologicus und die ärgerliche Tatsache der Gesellschaft *(Rolle)*

Emile Durkheim (1858–1917)

1.2 Gewohnheiten, Regeln, sittliches Bewusstsein *(Werte und Normen)*

2.3 Socialisation méthodique *(Sozialisation)*

6.1 Die Herstellung moralischer Gefühle in der Gruppe *(Gruppe)*

6.5 Bezugsgruppe, soziale Beeinflussung, Gruppendruck *(Gruppe)*

Samuel N. Eisenstadt (1923–2010)

6.4 Peer group – Sozialisation auf der Schwelle zur Gesellschaft *(Gruppe)*

Norbert Elias (1897–1990)

6.8 Etablierte und Außenseiter *(Gruppe)*

Erik H. Erikson (1902–1994)

6.4 Peer group – Sozialisation auf der Schwelle zur Gesellschaft *(Gruppe)*

8.5 Erfahrung eigener Gleichheit, Grundhaltung zur Welt *(Identität)*

Hartmut Esser (* 1943)

4.6   Rationale Wahl trotz habits und frames *(Soziales Handeln)*

Sigmund Freud (1856–1939)

2.4   Unterwerfung unter die Kultur und die Ausbildung eines Über-Ichs *(Sozialisation)*

6.5   Wir und Andere: Ethnozentrismus und Außenseiter *(Gruppe)*

Harold Garfinkel (1917–2011)

5.9   Praktische Methoden, alltägliche Interaktionen in Ganz zu halten *(Interaktion)*

Anthony Giddens (* 1938)

4.5   Dualität der Struktur *(Soziales Handeln)*

8.12 Krise der Lebenswelt, Ende der Eindeutigkeit, Identitätsarbeit *(Identität)*

Franklin H. Giddings (1855–1931)

2.2   The development of a social nature or character *(Sozialisation)*

Erving Goffman (1922–1982)

5.7   Die Ordnung der Interaktion *(Interaktion)*

7.5   Stigma und soziale Identität *(Status)*

8.3   Die Präsentation des Selbst im Alltag *(Identität)*

Matthias Grundmann (* 1959)

2.16   Sozialisation als soziale Praxis *(Sozialisation)*

Jürgen Habermas (* 1929)

2.8   Kommunikatives Handeln, Rollendistanz, personale Identität
       (Sozialisation)

3.4   Die quasi dingliche Existenz von Rollen und die Entäußerung der Person
       (Rolle)

4.7   Vier Handlungsbegriffe: teleologisches, normenorientiertes,
       dramaturgisches und kommunikatives Handeln *(Soziales Handeln)*

5.11   Kommunikatives Handeln und Diskurs *(Interaktion)*

8.8   Autonomie des Subjekts in und gegen Rollen, Ich-Identität als Balance
       (Identität)

8.12   Krise der Lebenswelt, Ende der Eindeutigkeit, Identitätsarbeit
       (Identität)

George Caspar Homans (1910–1989)

4.4   Rationale Wahl, gerechter Tausch, symbolische Transaktion
       (Soziales Handeln)

7.2   Statuskriterien, Statusinkonsistenz, Statussymbole *(Status)*

Klaus Hurrelmann (* 1944)

2.11   Sozialisation als produktive Verarbeitung der inneren und äußeren
       Realität *(Sozialisation)*

Ronald F. Inglehart (* 1934)

1.5 Von materialistischen zu postmaterialistischen Werten
(Werte und Normen)

Heiner Keupp (* 1943)

8.12 Krise der Lebenswelt, Ende der Eindeutigkeit, Identitätsarbeit
(Identität)

Kieserling, André (* 1962)

5.8 Interaktionssysteme, Kommunikation unter Anwesenden
(Interaktion)

Helmut Klages (* 1930)

1.6 Pflicht, Selbstentfaltung, Wertesynthese *(Werte und Normen)*

René König (1906–1992)

1.7 Normen – das Urphänomen des Sozialen *(Werte und Normen)*

Lothar Krappmann (* 1936)

5.10 Annahmen über das Gelingen von Interaktion *(Interaktion)*

6.4 Peer group – Sozialisation auf der Schwelle zur Gesellschaft
(Gruppe)

8.8 Autonomie des Subjekts in und gegen Rollen, Ich-Identität als Balance
(Identität)

Ralph Linton (1893–1953)

7.1 Zuschreibung und Leistung *(Status)*

John Locke (1632–1704)

6.5 Bezugsgruppe, soziale Beeinflussung, Gruppendruck *(Gruppe)*

Niklas Luhmann (1927–1998)

2.14 Sozialisation als selbstreferentielle Reproduktion des personalen Systems *(Sozialisation)*

4.1 Verhalten unter gegeben Umständen oder sinnvolles Handeln? *(Soziales Handeln)*

4.8 Handlung und Kommunikation *(Soziales Handeln)*

5.8 Interaktionssysteme, Kommunikation unter Anwesenden *(Interaktion)*

Karl Marx (1818–1883)

„Es ist nicht das Bewusstsein der Menschen, das ihr Sein, sondern umgekehrt ihr gesellschaftliches Sein, das ihr Bewusstsein bestimmt." *(Vorwort: Welche Themen in diesem Band behandelt werden …)*

George Herbert Mead (1863–1931)

1.3 Erfahrung des Richtigen, Generalisierung des Guten *(Werte und Normen)*

2.6 Integration in einen organisierten Verhaltensprozess *(Sozialisation)*

5.4 Interaktion – Verschränkung der Perspektiven *(Interaktion)*

8.2 Identität – sich mit den Augen des Anderen sehen *(Identität)*

Robert K. Merton (1910-2003)

3.2 Kulturelle Ziele, legitime Mittel; Rollenkonflikte, Bezugsgruppen *(Rolle)*

John Stuart Mill (1806-1873)

Gesellschaftliche Strukturen aus den Handlungen der Individuen erklären *(Vorwort: Welche Themen in diesem Band behandelt werden ...)*

Robert Ezra Park (1864-1944)

6.7.2 Marginal man *(Gruppe)*

Talcott Parsons (1902-1979)

1.4 Werte bestimmen die Richtung des Handelns *(Werte und Normen)*

2.7 Lernen von Rollen, Herstellung funktional notwendiger Motivation *(Sozialisation)*

3.1 Rolle – normative Erwartung *(Rolle)*

4.3 Alternative Wertorientierungen des Handelns: Universalismus vs. Partikularismus, Leistung vs. Zuschreibung, Spezifität vs. Diffusität, Affektivität vs. Neutralität, Selbstorientierung vs. Kollektivorientierung *(Soziales Handeln)*

5.5 Das soziale System als Interaktionssystem – Rolle, Austausch, Kontingenz *(Interaktion)*

7.2 Statuskriterien, Statusinkonsistenz, Statussymbole *(Status)*

8.7 Identität als System der Strukturerhaltung der Persönlichkeit *(Identität)*

Andreas Reckwitz (*1970)

8.12 Krise der Lebenswelt, Ende der Eindeutigkeit, Identitätsarbeit
(Identität)

David Riesman (1909–2002)

1.5 Von materialistischen zu postmaterialistischen Werten
(Werte und Normen)

6.4 Peer group – Sozialisation auf der Schwelle zur Gesellschaft *(Gruppe)*

6.5 Bezugsgruppe, soziale Beeinflussung, Gruppendruck *(Gruppe)*

8.6 Außenleitung: Identität bleibt offen, Individualität folgt dem Trend
(Identität)

Edward A. Ross (1866–1951)

2.2 The development of a social nature or character *(Sozialisation)*

Uwe Schimank (*1955)

7.7 Investive Statusarbeit *(Status)*

Alfred Schütz (1899–1959)

6.7.3 Gespür für Krisen und zögerliche Loyalität *(Gruppe)*

Richard Sennett (*1943)

8.12 Krise der Lebenswelt, Ende der Eindeutigkeit, Identitätsarbeit
(Identität)

Georg Simmel (1858–1918)

1.1 Die Ordnung der Dinge – die Rangierung nach Werten
(Werte und Normen)

2.1 Socialisierung – soziale Verähnlichung und Versittlichung *(Sozialisation)*

5.1 Wechselwirkung und Vergesellschaftung *(Interaktion)*

6.2 Die Selbsterhaltung der socialen Gruppe *(Gruppe)*

6.7.1 Distanzierte Nähe *(Gruppe)*

8.1 Soziale Kreise, individuelles Gesetz, Übertreibung der Individualität
(Identität)

Adam Smith (1723–1790)

6.5 Bezugsgruppe, soziale Beeinflussung, Gruppendruck *(Gruppe)*

Anselm Strauss (1916–1996)

7.6 Statuswechsel, Statuszwang, Transformation von Statusarten *(Status)*

8.4 Spiegel und Masken: die Verortung der sozialen Identität *(Identität)*

William Graham Sumner (1840–1910)

6.5 Wir und Andere: Ethnozentrismus und Außenseiter *(Gruppe)*

William I. Thomas (1863–1947)

5.6 Symbolische Interaktion, Definition der Situation *(Interaktion)*

Thorstein Veblen (1857–1929)

7.3 Demonstrativer Müßiggang und Konsum der feinen Leute *(Status)*

John B. Watson (1878–1958)

2.5 Lernen unter den Bedingungen der Umwelt *(Sozialisation)*

Max Weber (1864–1920)

4.2 Bestimmungsgründe des Handelns: zweckrational, wertrational, affektuell, traditional *(Soziales Handeln)*

5.3 Soziale Beziehung – aufeinander eingestelltes Verhalten *(Interaktion)*

Sachregister

(Kapitelangaben)

A

achievement   4.3; 7.1
action frame of reference   4.3
adaptation   3.1
Ästhetisierung des Lebens   8.12
Aggressionsneigung   2.4
AGIL-Schema   3.1
Akteurtheorien   4.4
allgemeines Handlungssystem   1.4
Allokation   2.7
Alltag
    Alltagswissen   5.9
    Generalthese wechselseitige
        Perspektiven   5.9
    natürliche Einstellung   5.9
    praktische Methoden   5.9
    Typisierungen   5.9
Alter   2.7
Ambiguitätstoleranz   2.8; 3.4; 5.10; 8.8
Ambivalenz
    des Fremden   6.7.4
    der Moderne   8.12
Anerkennung   4.4
Anomie   1.2; 3.2
    moralische   6.1

Apathie   3.2
arbeitsteilige Gesellschaften   1.2
Arbeitsteilung   1.2
ascription   4.3; 7.1
Assoziationen   5.1
attitudes   2.6; 5.4
Aufklärung
    soziologische   Vorw
Ausdruckskontrolle   5.7
Außenleitung   1.5; 3.1; 6.5; 8.6
    Identität bleibt offen   8.6
    Individualität folgt
        dem Trend   8.6
Außenseiter   5.6; 6.5; 6.8
Austausch   4.4; 5.5
    symbolische Formen   4.4
autokinetischer Effekt   6.5
Autonomie
    Grundstärke   8.5
    in und gegen Rollen   8.8
Autopoiesis   2.14

B

Bedeutungen 2.6; 5.6
Bedürfnisse 4.4
   Befriedigung 4.3; 5.10
   Hierarchie 1.5
   Unterdrückung 2.8
Beeinflussung 5.2
Behaviorismus 2.5; 5.4
   Sozialbehaviorismus 2.6; 5.4
Beliebigkeit 8.12
Beobachtung
   wechselseitige 6.5
Berufsgruppen 6.1
Bewältigungshandeln 7.7
Bewusstsein 5.1; 5.2; 5.4
   und Erwartung 4.8
   fragmentiertes 5.11; 8.12
   moralisches 2.8
   nicht kommunizierbar 2.14
   sittliches 1.2
Beziehungen
   affektive 2.7.
   neutrale 2.7
   soziale 5.3
Bezugsgruppen 3.2; 3.3; 6.5
Bienenfabel 4.4
biographische Identität 8.4
   Ordnung vom Ende her 7.6 (3)
   Rekonstruktion 7.6 (3)
   Resozialisation 7.6 (3)
   selbstreflexiv 8.11
Biographisierung 2.10
Blasiertheit 8.1
bounded rationality 4.6

C

Charakter
   flexibler 8.12
   sozialer 2.2
Charakterrolle 3.1

Code
   eines sozialen Systems 5.5
commitment 1.4; 2.7; 3.1
Coping-Praktiken 7.7
   Exit 7.7
   Improvisation 7.7
   Mehr Einsatz 7.7
   mentale Anpassung 7.7
   micro-resistance 7.7
   Zeit gewinnen 7.7

D

Darstellung 5.7; 8.3
   der Identität 5.10; 8.8
   des Status 7.7
Definition
   einer Situation 2.6; 5.6
Definitionsmacht
   Beschädigung der Identität 7.5
   der Gruppe 6.8
demonstrativer Konsum 7.3
demonstrativer Müßiggang 7.3
Denken 5.2; 5.4
   egozentrische Stufe 8.8
   inneres Gespräch 5.4
   in natürlicher Einstellung 5.9
   soziozentrische Stufe 8.8
Differenzen
   in der Interaktion 5.5
   Erfahrung der Differenz 6.2
Differenzierung
   der Funktionen 1.2
   strukturelle 8.7
Diskreditierung 7.5; 8.3
Diskrepanztheorem 3.4
Diskurs 5.11
   universe of discourse 2.6
Dissense
   in der Interaktion 5.5
Distinktion 7.4

Sachregister

Diversifizierung
　von Lebenslagen 8.11
dokumentarische Methode
　der Interpretation 5.9
doppelte Kontingenz 3.1; 5.5
drift 8.12
Dritter, unsichtbarer 7.6
Dualität der Struktur 4.5
Dunkelziffer 1.8

E

Egozentrismus
　des Kindes 8.8
　natürliche Identität 8.8
Ehre
　Gruppenehre 6.2
Eigentum 7.3
Eindeutigkeit, Ende 8.12
Eindruck vermitteln 8.3
　impression management 8.3
Einfluss, sozialer 6.5
Einstellung
　ästhetische 7.4
　Distanz zur Notwendigkeit 7.4
Einverleibung 2.12
Einzigartigkeit 8.12
Eliten 7.4
Empathie 5.10; 8.8
encounter, interaction 8.3
Enkulturation 2.7
Entäußerung 3.4; 8.8
Entfremdung 3.3; 3.4; 8.7
　vom Lokalen 8.12
Entscheidung 4.7 (1)
Entwicklungsaufgaben 2.11
Erfahrung 2.6; 4.4
　kollektive 5.4
　Organisation von E.n 5.7
erklärende Soziologie 4.4; 4.6
Erklärungen, praktische 7.6 (1)

Entschuldigung 7.6 (1)
Rechtfertigung 7.6 (1)
Erleben
　Aktualität 4.1
　Potentialität 4.1
Erwartungen 2.6; 2.7; 2.14; 4.8; 8.1
　drei Arten 3.3
　doppelt kontingent 3.1; 5.5
　Generalisierung 4.8; 7.5
　E. der Intentionalität 5.11
　kollektive 5.4
　kontingent 3.1; 5.5
　E. der Legitimität 5.11
　normative 7.5
　Reduktion von Komplexität 4.8
　Rollen als Bündel von E. 3.3
　unklar, inkonsistent 5.10
Eskapismus 3.2
Etablierte 6.8
Ethisierung des Lebens 8.12
Ethnomethodologie 5.9
Ethnozentrismus 6.6
Etikettierungsansatz 5.6; 6.8

F

Fähigkeiten
　identitätsfördernde 8.8
　　Ambiguitätstoleranz, Empathie,
　　Identitätsdarstellung, Rollen-
　　distanz
　kognitive, moralische 8.8
Fassade 5.7; 8.3
　persönliche 5.7; 8.3
　Raum 5.7
　soziale 5.7; 8.3
feine Unterschiede 7.4
Fetischcharakter der Kulturinhalte 8.1
flexibel
　Charakter 8.12
　Kapitalismus 8.12

frames 4.6
Fremde, Fremder 6.7; 8.12
　Ambivalenz 6.7.4
　Gespür für Krisen 6.7.3
　Objektivität 6.7.1
　zögerliche Loyalität 6.7.3
Frustration 3.1
Frustrationstoleranz 2.8; 3.4
Funktion
　Aufteilung der Funktionen 1.2

G
game 1.3; 2.6; 8.2
gang 6.4
Gefühle
　moralische 6.1
　Tausch von G.n 4.4
　Wir-Gefühle 6.6
Gehäuse der Hörigkeit 8.12
Gehirnwäsche 7.6 (3)
Geist
　mind 5.4
Geltungsansprüche 5.11
　Gesagtes muss richtig, wahr und wahrhaftig sein 5.11
Gemeinschaften 2.16
　globalisierte 8.12
generalisierte Medien 5.5
generalisierter Anderer 1.3; 2.6; 5.4; 8.2
generalisiertes Medium
　Sprache 5.5
Generalthese der wechselseitigen Perspektiven 5.9
　Kongruenz der Relevanzsysteme 5.9
　Vertauschbarkeit der Standpunkte 5.9
Geschlecht 2.7

Geschmack 7.4
　drei Geschmacksarten 7.4
　Sozialisierung des G. 8.6
Gesellschaft
　als Prozess 5.1
　Vergesellschaftung 5.1
Gesten 2.6; 5.4
Gewohnheiten 1.2; 4.4
globalisierte Gemeinschaften 8.12
goal-attainment 3.1
Gratifikation 3.1; 4.3
Grenze eines Systems 2.14
Grundbedürfnisse
　Anerkennung 7 Einleitung
　Wahrnehmung 6.4
Grundhaltung, Ich-Qualität 8.5
　Urvertrauen, Autonomie, Initiative, Tüchtigkeit, Identität, Treue, Intimität, Solidarität, Generativität, Integrität
Grundqualifikationen des Handelns 8.8
　Ambiguitätstoleranz 8.8
　Frustrationstoleranz 8.8
　Rollendistanz 8.8
Gruppe 6
　Berufsgruppe 6.1
　Einfluss 6.5
　Gruppendruck 6.5
　Individualität 6.2
　in-group, out-group 6.6
　Konsens 6.5
　Kontrolle 6.4
　Primärgruppen 2.2; 6.3
　Selbstbewertung 6.8
　Selbsterhaltung 6.2

Sachregister

H
habits 4.4; 4.6
Habitus 2.12; 7.4; 8.10
  generatives Prinzip 7.4
  Klassenhabitus 2.12
Halo-Effekt 7.2; 8.3
Haltungen 2.6; 5.4
Handeln 4
  affektuell 4.2
  alternative Wertorientierungen 4.3
  Bestimmungsgründe 4.2
  Grundqualifikationen 8.8
  kommunikatives 4.7
  Rolle u. Handeln 3.1
  sinnvolles 4.1
  soziales 4.2; 5.3
  traditional 4.2
  wertrational 4.2
  zweckrational 4.2
Handlung
  als Element des sozialen Systems 5.5
  H. und Kommunikation 4.8
  Netzwerk von H.n 5.6
Handlungsbedingungen
  Struktur der Erwartungen 4.4
  Struktur der Deutungen 4.4
  Struktur der Konstellation 4.4
Handlungsbegriffe, vier 4.7
  dramaturgisch 4.7
  kommunikativ 4.7
  normenorientiert 4.7
  teleologisch 4.7
Handlungssystem 5.5
  allgemeines 1.4; 4.3
Handlungstheorien Vorwort (a); 4.4
Hawthorne-Studie 6.5
homo sociologicus 3.3
human relations 6.5

I
I, individuelle Identität 8.2
Ich 1.3
  kein bewusstes 8.10
Ich-Identität 2.8; 2.11; 8.8
  als Balance 8.8
  als Handlungsbegriff 8.8
Ich-Qualitäten 8.5
ideale Sprechsituation 5.11
  vierfache Symmetrie 5.11
Idealisierungen
  der Kontinuität 5.9
  der Wiederholbarkeit 5.9
Identität
  biographische 7.6 (3); 8.4
  Code-Struktur 8.7
  differenziert 8.9
  Diskreditierung 7.5
  Entidentifizierung 7.6 (3)
  Erfahrung eigener Gleichheit 8.5
  Fähigkeiten zur Förderung 5.10
  Funktion: Strukturerhaltung der Persönlichkeit 8.7
  funktionaler Wandel 1.6
  Grundhaltung zur Welt 8.5
  Ich-Identität (siehe dort)
  Ich-Qualität (siehe Grundhaltung)
  Krise 8.9
  bleibt offen 8.6
  offen, individuiert 1.5; 8.9
  persönliche 1.3; 8.4
  personale 2.8
  als Projekt 8.9; 8.12
  reflexiver Prozess 8.2; 8.9
  relationale 8.10
  Resozialisation 7.6 (3)
  soziale 1.3; 6.4; 7.5; 8.4 (siehe auch dort)
  soziale Konstitution 8.2
  als System 8.7

tatsächliche 7.5; 8.4
Teilidentitäten 8.12
virtuelle 7.5; 8.4
auf Zeit 8.4
Identitätsarbeit 8.12
Identitätsaufhänger 8.3
Identitätsbehauptung 7.7
Identitätsdarstellung 5.10
Identitätstheorem 3.4
impression management 8.3
Index, Indices 5.9
   indexikale Äußerungen 5.9
Individualisierung 2.13; 8.11
   Entzauberung 2.13; 8.11
   Freisetzung 2.13; 8.11
   Kontrolle und Reintegration 2.13; 8.11
Individualität 1.2; 2.3
   großstädtische 8.1
   in der Gruppe 6.2
   und Normalität 5.7
   objektive, subjektive 8.1
   im Trend 8.6
   Übertreibung 8.1
Individuation 2.8; 2.15
individuelles Gesetz 8.1
Individuum
   als Element des sozialen Systems 5.5
Information
   Selektion der Kommunikation 4.8
Inkorporation 2.12; 8.10
Innenleitung 1.5
Innovation 3.2
Institutionen 1.2; 2.3
   organisierte Haltungen 2.6
   totale 8.3
integration 3.1
Integrationstheorem 3.4

Intentionalitätserwartung 5.11
Intentionsinterferenzen 4.4
interaction, encounter 8.3
Interaktion 5
   face-work 5.7
   gelingende 5.10
   Mead 2.6; 5.4
   Rahmen 5.7
   Rituale 5.7
   symbolische 5.6
   symmetrische 5.11
Interaktionskompetenz 8.8
Interaktionsordnung 5.7
   doppelte: soziale und situative 5.7
Interaktionssystem 5.5; 5.8
Internalisierung 5.4
Interpretation
   dokumentarische Methode 5.9
   der Handlungssituation 4.7 (4)
   Interaktion 5.6
interpretatives Paradigma 2.6; 5.6
   Imperialismus des Subjekts 4.5
Interrollenkonflikt 3.2
Intrarollenkonflikt 3.2
investive Statusarbeit 7.7
Inzesttabu 2.7

K

Kapitalismus
   unabänderliches Gehäuse 5.11
Kapitalsorten 2.12; 7.4; 8.10
   kulturelles Kapital 2.12; 7.4
   ökonomisches Kapital 2.12; 7.4
   soziales Kapital 2.12; 7.4
Klassenhabitus 2.12
Knappheitsbewusstsein 1.5; 8.6
kognitive Entwicklung 2.8
   Stufen (nach Piaget) 8.8

Kollektivität 1.4
Kollektivbewusstsein 1.2; 2.3
Kolonialisierung der Lebenswelt 5.11; 8.12
Kommunikation
  unter Anwesenden 5.8
  aussichtsreiche K. und soziale Systeme 4.8
  basale Operation sozialer Systeme 4.8
  Cooley 5.2
  K. und Handlung 4.8
  Luhmann 4.8; 5.8
  Mead 1.3; 2.6; 5.4; 8.2
  selbstreferentieller Prozess 4.8
  Synthese von drei Selektionen: Information, Mitteilung, Verstehen 4.8
  Verzerrung 5.11
kommunikatives Handeln 2.8; 4.7; 5.11
  drei Funktionen: Wissen, Solidarität, personale Identität 2.8
  Geltungsansprüche (s. d.)
Kompetenz 2.8
  der Ich-Identität 8.8
Komplexität 4.1
  Selektionszwang 4.1
Konditionierung 4.4
Konfiguration 5.1
Konflikttheorie 3.3
Konformität 3.2
Konformitätstheorem 3.4
Konsens
  Aushandlung 4.7 (4)
  Bedingung sozialen Handelns 5.5
  faktischer 5.11

falscher 5.11
tentativer 5.10
wahrer 5.11
Konstruktion von Wirklichkeit
  objektive 2.9
  subjektive 2.9
Konsum
  demonstrativer K. 7.3
  Verbrauchsbedürfnis 8.6
Kontextbegriffe 5.9
Kontingenz 3.1; 4.1; 5.5
  doppelte 3.1
Kontrolle
  soziale 2.2; 5.4; 6.4
Kooperation 5.2
Kreise, soziale 5.1; 8.1
Krisenexperimente 5.9
Kuratierung des Lebens 8.12

L
labeling approach 5.6; 6.8
latency 3.1
latent pattern maintenance 3.1
law of fashion 6.5; 8.6
law of opinion or reputation 6.5
Lebensereignisse 2.10
Lebensführung 7.7
  Kuratierung 8.12
Lebenslagen
  Individualisierung, Diversifizierung 8.11
Lebenslauf 2.10
  institutionelle Muster 8.11
  Serie von Statusübergängen 8.4
Lebensplanung 8.9
Lebensstil 7.4; 7.7; 8.6
Lebenswelt
  Berechnung 8.12
  Kolonialisierung 5.11

Krise 8.9; 8.12
Zerstörung 5.11; 8.12
Zweckrationalität 8.12
Lebenszyklus, Phasen 8.5
Legitimitätserwartung 5.11
Leistungsethos 7.7
Lernen
    Behaviorismus 2.5
    Konditionierung 2.5
    Lernen am Erfolg 2.5
looking glass self 2.2; 5.2; 8.2
Loyalität
    zögerliche 6.7.3

M
Macht 4.4
    Definitionsmacht 5.6
marginal differentiation 8.6
marginal man 6.7.2
Maske 8.4
    wahreres Selbst 3 Einleitung; 5.7
mastery 8.12
matching 8.12
me, soziale Identität 8.2
Mentalitätswandel 1.5
methodologischer Individualismus 4.4; 4.6
Mitteilung
    Selektion der Kommunikation 4.8
Mittel, legitime 3.2
Mittelschichten 7.7; 8.12
    Definition 7.7
Moderne
    Diskontinuitäten 8.12
    Dynamik der M. 4.5
    reflexive Ordnung und Umordnung 4.5
    Wandel 8.12

Moral
    Bewusstsein 2.8
    moralische Gefühle 6.1
moralisches Bewusstsein
    Stufen nach Kohlberg 8.8
Motivation 3.1
    funktional notwendig 2.7

N
nachindustrielle Gesellschaft 1.5
Nähe, distanzierte 6.7.1
Narzissmus der kleinen Differenzen 6.6
Normalität
    und Individualität 5.7
normative Erwartung 3.1
normative Integration 1.8
normatives Paradigma 4.3
Normbefolgung 4.7 (2)
Normen 1; 1.4; 1.7
Normkonformität 5.5
Normverletzung 1.8

O
objektiver Geist 8.1
Objektivität des Fremden 6.7.1
operantes Konditionieren 4.4
Ordnung 4.3

P
Paradigma
    interpretatives Vorwort (b); 2.6; 5
    normatives Vorwort (b); 4.3
Passungen 8.12
pattern variables (siehe Wertorientierungen, alternative)
peer group 6.4
    Aufgabe der Sozialisation 6.4
    Identitätsfindung 6.4; 8.5

pattern variables 6.4
performance 8.3
Persönlichkeit 2.8
   Entwicklung 2.11
   Gewohnheitssystem 2.5
   Ich-Identität 2.8
   Kompetenzen 2.8
   Strukturerhaltung 8.7
Person
   Entäußerung 3.4
personales System 2.14
Perspektive
   Generalthese wechselseitige Perspektiven 5.9
   Verschränkung 5.4; 8.2
Phänomenologie Vorwort (b)
Planungsimperativ 7.7
play 1.3; 2.6; 8.2
Pluralisierung 8.9
   der Rollen 8.7
Positionen 3.3
   im sozialen Raum 2.12; 8.10
postindustrielle Gesellschaft 1.5
Postmaterialismus
   materialistisch grundiert 8.12
Postmoderne 8.12
Präsentation 5.7; 8.3
   der Individualität 8.1
   kontrollierte Darstellung 8.8
Pragmatismus 5.2; 5.4
praktische Erklärungen 7.6 (1)
   Entschuldigung 7.6 (1)
   Rechtfertigung 7.6 (1)
praktische Methoden 5.9
Praxis
   Praxisformen 7.4
   soziale 8.10
   Theorie der Praxis 2.12
Prestige 7.2; 7.3
   Singularitätsprestige 8.12

Primärgruppen 6.3
Projekt
   Identität als P. 8.9
psychosoziale Entwicklungstheorie (Erikson) 8.4

R
Rahmen
   der Interaktion 5.7
   Interpretationsschemata 5.7
rational choice 4.4; 4.6
rationale Wahl 4.4; 4.6
Rationalisierung
   des modernen Lebens 5.11
Rationalität
   begrenzte 4.6
   Zweckrationalität unterdrückt Rationalität der Verständigung 5.11
Raum
   sozialer 2.12; 7.4; 8.10
   objektive Relationen 7.4; 8.10
   soziale Positionen 7.4
Rebellion 3.2
Reflexivität
   des Handelns 4.5
   soziale 4.5
Regeln 1.2
   der Interaktion 5.6; 5.7
   konventionelle 5.9
   moralische 6.1
   soziale 1.7; 4.4
   unabdingbare 5.9
   zulässige 5.7
Regelungen, soziale 2.3
Reize, soziale 5.4
rekursives Handeln 4.5
Relationen 2.12
Repressionstheorem 3.4

Rituale
  Interaktion 5.7
Ritualismus 3.2
role making 2.7; 2.8; 5.10
role taking 2.7; 2.8; 5.10
Rolle 1.4; 3; 5.5
  Bündel von Erwartungen 3.3
  dynamischer Aspekt des Status
    3 Einleitung; 3.3; 7.1
  als Element des sozialen Systems
    5.5
  Entfremdung 3.3; 3.4
  expressive 2.7
  instrumentelle 2.7
  Lernen von R.n 2.7
  normative Funktion 2.7
  part oder routine 8.3
  verdinglichte 3.4; 8.8
Rollendistanz 2.8; 3.4; 5.7; 5.10;
  8.3; 8.8
Rollenerwartungen 5.7
Rollenhandeln
  erfolgreich: normative Theorie
    3.1
  erfolgreich: interaktionistische
    Theorie 5.10
  Grundqualifikationen 2.8
  interaktionistische Theorie 5.10
Rollenkompetenz 3.4
Rollenkonflikte 3.2
Rollenset 3.2
Rollentheorie
  klassische 3.1; 3.4
  Kritik 3.4
Rollenübernahme 2.6; 5.4

S

Sanktionen 1.8; 3.3
Schema 2.12
  Habitus 8.10

schottische Moralphilosophie 4.4
segmentierte Gesellschaften 1.2
Segmentierung des Lebens 8.9
Sekundärgruppen 6.3
Selbst
  Maske, truer self 3 Einleitung
  Überhöhung 1.5; 6.8
Selbstdarstellung 2.8; 3.4
  kontrollierte 8.8
  ungekränkte 5.11
Selbstentfaltung 1.5; 1.6
Selbstmord 1.2
selbstreferentielle Reproduktion 2.14;
  4.8
Selbstrepräsentation 4.7 (3)
Selbstsozialisation 2.14; 2.15
Selbstverwirklichung 1.5; 1.6; 8.12
Selektion 2.7
  Selektionszwang 4.1
selektive Bewegungen 2.10
self 8.2
signifikanter Anderer 1.3; 2.6; 5.4
Singularisierung 8.12
Singularität 8.12
  Prestige 8.12
Sinn
  gemeinter 4.2; 5.3
  Luhmann 4.1; 4.8
  Mead 2.6; 5.4; 8.2
Sinnstrukturen
  latente 2.10
sittliches Bewusstsein 1.2
Situation
  als Element des sozialen Systems
    5.5
Situationsdefinition 5.6
  Aushandeln 4.7 (4)
socialisation méthodique 2.3
Solidarität
  der Ähnlichkeiten 1.2

Sachregister

der Individualität 1.2
mechanische 1.2
organische 1.2
Sozialbehaviorismus 1.3; 2.6
soziale Identität 8.4
 tatsächliche 8.3
 virtuelle 8.3
 Zuschreibung 8.3
soziales Handeln 4.2
Sozialisation 2
 Bildungsprozesse 2.10
 Fremdsozialisation 2.15
 Gemeinschaften 2.16
 lebenslange 2.10
 primäre 2.9
 produktive Verarbeitung 2.11
 sekundäre 2.9
 Selbstsozialisation 2.14; 2.15
 soziale Kontrolle 2.2
 als soziale Praxis 2.16
sozialisatorische Interaktion 2.10
Soziologie
 fünf Aufgaben Vorwort
 Definition Vorwort
Spiegel und Masken 8.4
Spiegelselbst 5.2
Sprache 5.5
 Medium der Handlungs-
  koordinierung 5.11
 Medium der Vergesellschaf-
  tung 5.11
 Medium der Verständigung 5.11
Stand 7.3
 ständische Lebensführung 7.3
Status 7
 Austausch von Gütern 7.2
 Darstellung 7.7
 erworben 4.3
 Kampf um den sozialen St. 7.4
 Leistung 2.7; 4.3; 7.1

Rolle: dynamischer Aspekt
 des St. 3 Einleitung; 3.3
Sicherung 7.7
temporäres Konzept 7.6
Verbesserung 7.7
zugeschrieben 2.7; 4.3; 7.1
zugewiesene Identität 7.6
Statusarbeit 7.7
 investive 7.7
Statusarten
 Transformation 7.6 (3)
Statuskriterien 7.1; 7.2
Statusinkonsistenz 7.2
Statussucher 7.2
Statussymbole 7.2
 Demokratisierung 7.2
Statusübergänge 2.10; 7.6 (3)
Statuswechsel 7.6 (1)
Statuszwang 7.6 (2)
Stigma 7.5; 8.3
 soziale Identität 7.5; 8.3
Stilisierung des Lebens 7.3
Struktur 5.5
 Dualität 4.5
Strukturen, soziale
 Erwartungsstrukturen 4.8
Strukturierung
 Theorie der St. 4.4
Strukturtheorien Vorwort (a)
Subjekt 2.8
 in Anführungszeichen 8.10
 Autonomie u. Rollen 8.8
 Bildung des S. 2.10
 Subjektzentrismus 2.15
Symbole 5.2; 5.4
 signifikante 2.6; 5.4; 5.6
Symbolischer Interaktionismus
 2.6; 5.6
 drei Prämissen 5.6
 vier Kernvorstellungen 5.6

symbolisches System
  als Element des sozialen Systems 5.5
Synchronisierung von Reden und Schweigen 5.8
System
  Grenze 2.14
  Grundfunktionen 3.1 (siehe AGIL)
  Interaktionssystem 5.5
  Persönlichkeitssystem 1.4; 3.1; 4.3
  kulturelles 1.4; 3.1; 4.3
  offen 3.1
  organismisches 4.3
  personales 2.14
  psychisches 2.14
  selbstreferentiell 2.14
  soziales 1.4; 2.14; 3.1; 4.3; 5.5
  symbolisches 5.5
  Umwelt 2.14
  Wertesystem 1.4

T
taking the role of the other 2.6; 5.4
Tatsachen, soziale 1.2
Tausch
  von Gefühlen 4.4
  gerechter 4.4
  von Leistungen 4.4
Thema 5.8
Thomas-Theorem 2.6; 5.6; 7.5; 8.3
Tradition
  Rechtfertigung 4.5
Traditionsleitung 1.5
Transaktionen
  symbolische 4.4
Trauern 8.4
Treue
  in der peer group 6.4; 8.5

Triebe 5.1
Tugenden (siehe Grundhaltung)
Typenprogramm 5.8

U
Überflussbewusstsein 1.5; 8.6
Über-Ich 2.4
  flexible Formation 3.4
Umwelt eines Systems 2.14
Urvertrauen 8.5
Utilitarismus 4.3; 4.4

V
Valorisierung 8.12
Verähnlichung 2.1
Verallgemeinerung 5.1; 5.4; 5.5
Verdinglichung 3.4
  von Rollen 8.8
Vergesellschaftung 1.1; 2.1; 5.1
Verhalten 4.1; 4.2
Verinnerlichung 5.4
Verkettung 5.6
Verschränkung der Perspektiven 2.6; 5.4
Versittlichung 2.1
Verständigung 2.8; 5.11
  Interesse an V. 5.11
  kooperativer Deutungsprozess 5.11
  Zweckrationalität unterdrückt Rationalität der Verständigung 5.11
Verstehen
  Selektion der Kommunikation 4.8
Verzögerung der Reaktion 2.6; 5.4; 8.2
voluntaristische Handlungstheorie 2.7

Sachregister

W
Wahrnehmung
   in der Interaktion 5.8
Wechselwirkung 1.1; 2.1; 5.1
Wertbindung 2.7; 3.1
Werte 1; 1.4
   materialistische 1.5
   postmaterialistische 1.5
Wertesynthese 1.6
Wertewandel 1.5; 8.12
   Mangelhypothese 1.5
   materialistisch grundierter
      Postmaterialismus 8.12
   Sozialisationshypothese 1.5
   Umkehr 1.6
Wertorientierung 4.3
Wertorientierungen, alternative
   Affektivität 4.3
   Diffusität 4.3
   Kollektivorientierung 4.3
   Leistung 4.3
   Neutralität 4.3
   Partikularismus 4.3
   Selbstorientierung 4.3
   Spezifität 4.3
   Universalismus 4.3
   Zuschreibung 4.3
Wir-Gefühle 6.6; 6.8
Wirklichkeit
   Konstruktion 2.9
Wissen
   Expertenwissen 8.12
   fragmentarisch 8.12

Z
Ziele
   kulturelle 3.2
   strukturelle Verallgemeinerung 3.1
Zwecke 5.1
Zweckrationalität
   fragmentiertes Bewusstsein 5.11
   Kolonialisierung Lebenswelt 5.11
   unterdrückt Rationalität der
      Verständigung 5.11

Inhaltsübersicht Band 1: Der Blick auf die Gesellschaft

Worauf diese Einführung auch zielt, wie sie konzipiert ist, wie man lesen soll und zwei Definitionen

1 Soziologisches Denken
1.1 Die Kunst des Misstrauens und die Lehre vom zweiten Blick
1.2 Hintergrundannahmen und Wertfreiheit (Gouldner, Weber)
1.3 Die Konstruktion des Idealtypus (Weber)
1.4 Was Wissenschaft leisten kann und was nicht (Weber)
1.5 Reflektierte Gewissheit

2 Was ist Soziologie und was ist ihre Aufgabe?
2.1 Zugänge zur Soziologie
2.2 Was ist eigentlich nicht Gegenstand der Soziologie?
2.3 Soziologie wozu? Drei klassische Antworten
    2.3.1 Mittels positiver Wissenschaft Moral festigen (Comte)
    2.3.2 Richtungweisende Ideen geben (Durkheim)
    2.3.3 Soziales Handeln verstehen und in seinen Wirkungen erklären (Weber)
2.4 Soziologie wozu? Eine moderne Debatte
2.5 Wann Soziologie beginnt und warum sie nicht endet
2.6 Was tut ein Soziologe und was ist seine Aufgabe?
2.7 Ermunterung

3 Soziale Ordnung oder: Wie ist Gesellschaft möglich?
3.1 Die Furcht vor dem Leviathan (Hobbes)
3.2 Gesellschaftsvertrag und moralische Freiheit (Rousseau)

3.3 Sympathie, ethische Gefühle, nützliche Erfahrungen, Gegensätze (Schottische Moralphilosophie)
   3.3.1 Sittliche Gefühle, Nützlichkeit sozialer Tugenden (Hume)
   3.3.2 Wechselseitige Beobachtung, Suche nach Anerkennung (Smith)
   3.3.3 Moral sentiment, Gewohnheit, Nützlichkeit von Konflikten (Ferguson)
3.4 Fortlaufende Differenzierung und Integration (Spencer)
3.5 Verdichtung von Wechselwirkungen zu einer Form (Simmel)
3.6 Mechanische und organische Solidarität (Durkheim)
3.7 Handeln unter der Vorstellung einer geltenden Ordnung (Weber)
3.8 Gesellschaft – Ordnung als Diskurs (Mead)
3.9 Normative Integration (Parsons)
3.10 Gesellschaftliche Konstruktion der Wirklichkeit (Berger u. Luckmann)
3.11 „Wie ist soziale Ordnung möglich?" – Über Sinn, Erwartungsstrukturen, Kommunikation und soziale Systeme (Luhmann)

4 Institution: Feststellung von sozialen Regeln und Formen
4.1 Soziale Tatsachen (Durkheim)
4.2 Folkways, Mores, Institutions (Sumner)
4.3 Abgeleitete Bedürfnisse und die soziale Organisation des Verhaltens (Malinowski)
4.4 Institution als organisierte Form des Handelns (Mead)
4.5 Normative Muster (Parsons)
4.6 Institutionen – sich feststellende Gewohnheiten (Gehlen)
4.7 Rituale der Rebellion
4.8 Die fortlaufende Institutionalisierung von Erwartungen (Luhmann)
4.9 Habitualisierung und Institutionalisierung (Berger u. Luckmann)
4.10 Totale Institutionen (Goffman)

5 Organisation: Struktur und Form zweckvoller Zusammenarbeit
5.1 Wurzeln des organisationssoziologischen Denkens
5.2 Bürokratische Organisation (Weber)
5.3 Bewusstes Zusammenwirken zu einem bestimmten Zweck (Mayntz, Scott)
5.4 Die doppelte Realität der Sozialstruktur einer Organisation
5.5 Motivation der Mitglieder
5.6 Scientific management
5.7 Human relations – der Hawthorne-Effekt

5.8 Verwaltungsbürokratie, Organisationsziele (Parsons)
5.9 Reduzierung von Komplexität, Spezifizierung und Generalisierung von Verhaltenserwartungen, Entscheidungen (Luhmann)
5.10 Organisationsgesellschaft: Individuelle Lebenschancen und Integration der Gesellschaft (Schimank)

6 System: Wie das Soziale zusammenhängt und funktioniert und wie es sich ständig selbst reproduziert
6.1 Zur Vorgeschichte des Systemgedankens
6.2 Systemtheorie der Strukturerhaltung (Parsons)
    6.2.1 Das allgemeine Handlungssystem und seine Subsysteme
    6.2.2 Grundfunktionen der Strukturerhaltung des Sozialsystems
6.3 Soziale Systeme als Handlungssysteme (Luhmann I)
    6.3.1 Die Differenz von System und Umwelt und von psychischen und sozialen Systemen;
    6.3.2 Komplexität und Kontingenz; Sinn als Ordnungsform der Welt und menschlichen Erlebens
    6.3.3 Generalisierung von Erwartungen
    6.3.4 Interaktionssysteme und soziale Systeme vom Typ Gesellschaft
6.4 Die Theorie selbstreferentieller, autopoietischer Systeme (Luhmann II)
    6.4.1 Autopoiesis und Selbstreferenz
    6.4.2 Selbstbeweglichkeit des Sinngeschehens
    6.4.3 Kommunikation statt Handlung
    6.4.4 Umformung unwahrscheinlicher in wahrscheinliche Kommunikation
    6.4.5 Interpenetration und die Notwendigkeit von Unordnung

7 Macht und Herrschaft
7.1 Macht als Durchsetzung und Struktur sozialer Ordnung
    7.1.1 Macht der Abschreckung, nicht beanspruchte Freiheit
    7.1.2 Ideologische Macht
    7.1.3 Disziplinarmacht und eigene Richtgewalt (Foucault)
    7.1.4 Verborgene Mechanismen der Macht (Bourdieu)
7.2 Die Macht des Handelns
    7.2.1 Wann ist der Gedanke aufgekommen, Macht zu hinterfragen und sich die Macht eigenen Handelns zuzutrauen?
    7.2.2 Macht besteht in der Fähigkeit, in die Welt einzugreifen

	7.2.3 Macht – die Chance, den eigenen Willen durchzusetzen (Weber)
	7.2.4 Impressionen über Leidenschaften
7.3	Macht als Eigenschaft und Form sozialer Beziehungen
	7.3.1 Die Macht der Anderen
	7.3.2 Einfluss, Überzeugung, Motivation, Drohen, Versprechen
	7.3.3 Autoritative Macht
	7.3.4 Durchsetzung von Macht, Ausnutzung von Überlegenheit, Gewalt
7.4	Prozesse der Machtbildung (Popitz)
7.5	Herrschaft
	7.5.1 Stufen der Institutionalisierung von Macht (Popitz)
	7.5.2 Herrschaft – die Legitimation von Macht (Weber)
	7.5.3 Bürokratie – reine Herrschaft und ihre Gefahr (Weber)
8	**Soziale Schichtung**
8.1	Über das dreigeteilte Haus Gottes und den Beruf des Menschen
8.2	Klassen und Stände (Marx, Weber)
8.3	Soziallagen und Mentalitäten (Geiger)
8.4	Differentielle Wertungen, funktionale Leistungen, Notwendigkeit der Schichtung (Parsons; Davis, Moore)
8.5	Entschichtung: Die nivellierte Mittelstandsgesellschaft (Schelsky)
8.6	Die empirische Ermittlung von Schichten
8.7	Jenseits von Klasse und Schicht (Beck)
8.8	Nicht Auflösung der Schichtung, sondern Umschichtungen (Geißler)
9	**Soziale Ungleichheit**
9.1	Natürliche Ungleichheit?
	9.1.1 Über Herrschen und Dienen
	9.1.2 Was der Frau fehlt und was ihre Bestimmung ist
9.2	Eigentum, Besitz und soziale Lage als Erklärung und Ausdruck sozialer Ungleichheit
	9.2.1 Privateigentum, Macht und Abhängigkeit
	9.2.2 Materielle Differenzen, Interessengegensätze, Lebenschancen, Lebensführung
9.3	Sozialer Raum, Kapital und Geschmack (Bourdieu)
9.4	Individualisierung und Diversifizierung von Lebenslagen und Lebensstilen (Beck)

9.5 Soziale Lagen, soziale Milieus, Lebensstile (Hradil)
9.6 Die Dominanz marktvermittelter Ungleichheiten,
Lebenschancen und soziale Integration (Schimank)
    9.6.1 Lebenschancen und Ungleichheitsstrukturen
    9.6.2 Erwerbseinkommen als dominante Ungleichheit
    9.6.3 Effekte auf Lebenschancen und gesellschaftliche Integration

10 Sozialer Wandel
10.1 Dreistadiengesetz – der Wandel des Denkens (Comte)
10.2 Klassenkämpfe als Triebkraft der Entwicklung und das Ende der Geschichte (Marx)
10.3 Fortschritt: Differenzierung von Funktionen und Strukturen (Spencer)
10.4 Arbeitsteilung und Integration und die treibende Kraft der Ideale (Durkheim)
10.5 Asketischer Protestantismus und rationale Lebensführung (Weber)
10.6 Der Anstoß sozialen Wandels durch Erfindungen und die These vom cultural lag (Ogburn)
10.7 Spannungen, Differenzierung, Steigerung der Leistungsfähigkeit des Systems, gesellschaftliche Evolution (Parsons)
10.8 Mentalitätswandel, Wertewandel (Riesman, Bell, Inglehart)
10.9 Strukturwandel der Moderne
10.10 Postmoderne: transitorische Ordnung, Handeln unter ambivalenten Bedingungen (Bauman)
10.11 Entgrenzung von Raum und Zeit, Entbettung, reflexive Ordnung und Umordnung (Giddens)
10.12 Reflexive Modernisierung (Beck)

11 Wie man theoretische Positionen im Gesamtzusammenhang und in typischen Ausschnitten lesen kann

12 Sachregister

Subjekte handeln u. Eindruck der bestehenden Strukturen mit dem
✗ Gepäck ihrer Sozialisation u. in Reaktion auf das Handeln der Anderen

- Sozialis. Greyugt zu In Spektrung. Vergesellschafty
  u. Individualism (8
- Das Individ. soll handeln wollen, was es handeln soll
- Frustrationstoleranz (aushalten können)
- Rollendistanz / Ambiguitätstoleranz
- Handlungsdisposition
- Wandelnde Lebenskontexte
  - Kulturelle Orientierungsmuster
  - Spanny v. 1) Soz. Integration
    u. 2) personl. Individualism
- 163 Handeln was einer über die ... sagen ...
- objektive Welt - wahr
- sozi. soz. u. - richty (Normangempf)
- Subje u. - wahrhaftig

- Status wirkungsspezifisch fein/otet
- Stilisierung (systematische Konzeption) des Lebens
- Soz.

- Austarierung/Balance d Spannung v. soziale Erwarty u. Pers. Individualism